Konfessionalisierung
in Ostmitteleuropa

GEISTESWISSENSCHAFTLICHES ZENTRUM
GESCHICHTE UND KULTUR OSTMITTELEUROPAS E.V., LEIPZIG

Forschungen zur Geschichte und Kultur
des östlichen Mitteleuropa

Band 7

Konfessionalisierung in Ostmitteleuropa

Wirkungen des religiösen Wandels im 16. und 17. Jahrhundert in Staat, Gesellschaft und Kultur

Herausgegeben von
Joachim Bahlcke
und Arno Strohmeyer

K. Zach

Franz Steiner Verlag Stuttgart 1999

Umschlagabbildung: Ausschnitt eines Genfer Kupferstichs um 1600: „Die Bibel und die päpstlichen Insignien auf den Waagschalen“ (Zentralbibliothek Zürich, Graphische Abteilung)

Gedruckt mit Unterstützung des Geisteswissenschaftlichen Zentrums Geschichte und Kultur Mitteleuropas e.V.

Die Deutsche Bibliothek - CIP-Einheitsaufnahme
Konfessionalisierung in Ostmitteleuropa : Wirkungen des religiösen Wandels im 16. und 17. Jahrhundert in Staat, Gesellschaft und Kultur / hrsg. von Joachim Bahlcke und Arno Strohmeyer - Stuttgart : Steiner, 1999
Forschungen zur Geschichte und Kultur des östlichen Mitteleuropa ; Bd. 7)
ISBN 3-515-07583-6

ISO 9706

Inhalt

ZUR EINFÜHRUNG

Die vorliegenden Beiträge sind das Ergebnis einer vom 11.-13. Dezember 1997 am „Geisteswissenschaftlichen Zentrum Geschichte und Kultur Ostmitteleuropas“ in Leipzig durchgeführten Tagung über Fragen der Konfessionalisierung. Es ging um allgemeine Überlegungen zum Paradigma Konfessionalisierung, vor allem aber darum, an Fallbeispielen den Zusammenhang zwischen gesellschaftlichem und religiösem Wandel im Osten des ständischen Europa während der Frühneuzeit zu diskutieren.

„Konfessionalisierung“ stellt ein umfassendes geschichtswissenschaftliches Paradigma dar, das in den siebziger und achtziger Jahren von Wolfgang Reinhard und Heinz Schilling, basierend auf Ernst Walter Zeedens Konzept der „Konfessionsbildung“, entwickelt wurde. Im Mittelpunkt steht der Versuch einer gesellschaftsgeschichtlichen Einordnung des Konfessionellen. Dabei wird von der Annahme einer kausalen Verknüpfung zwischen dem Streben nach konfessioneller Vereinheitlichung der frühneuzeitlichen Gesellschaften einerseits und weiteren sozialen, politischen und kulturellen Integrationsprozessen andererseits ausgegangen; ferner davon, daß die tiefgreifenden politisch-sozialen Auseinandersetzungen des 16. und 17. Jahrhunderts überwiegend in konfessionelle Frontenbildungen mündeten, das Konfessionelle also „konfliktleitend“ für die frühneuzeitliche Gesellschaft wirkte[1]. Verschiedene Konfessionalisierungsprozesse – lutherische, reformierte und katholische Konfessionalisierung – waren in den letzten Jahren Gegenstand mehrerer internationaler Fachtagungen, die sich allerdings auf den mittel- und westeuropäischen Raum konzentrierten[2]. 1997 war daher ein geeigneter Zeitpunkt, um einerseits eine Bilanz über die theoretische Weiterentwicklung des Paradigmas und den aktuellen Diskussionsstand zu ziehen, andererseits aber auch, um sein Erklärungspotential für die ostmitteleuropäischen Ständegesellschaften auszuloten. Denn in den Nationalhistoriographien Ostmitteleuropas wurde Konfessionalisierungs-Forschung bislang so gut wie nicht betrieben. Eine eigene Begriffsbildung oder eine adäquate Übersetzung des Begriffs „Konfessionalisierung“ fand hier noch nicht statt. Aus diesem Grund sind die Fragen nach dem Verlauf der Konfessionalisierung in dieser europäischen Geschichtsregion, nach dem Stellenwert und der Erklärungskraft des Paradigmas, bislang unbeantwortet.

---

1 Siehe dazu die Grundsatzbeiträge von Heinz Schilling und Wolfgang Reinhard in diesem Band.

2 Dazu die im Anschluß an die Tagungen veröffentlichten Sammelbände: Die reformierte Konfessionalisierung in Deutschland. Das Problem der „Zweiten Reformation“. Wissenschaftliches Symposion des Vereins für Reformationsgeschichte 1985. Hg. v. Heinz SCHILLING, Gütersloh 1986. - Die lutherische Konfessionalisierung in Deutschland. Wissenschaftliches Symposion des Vereins für Reformationsgeschichte 1988. Hg. v. Hans-Christoph RUBLACK, Gütersloh 1992. - Die katholische Konfessionalisierung. Wissenschaftliches Symposion der Gesellschaft zur Herausgabe des Corpus Catholicorum und des Vereins für Reformationsgeschichte 1993. Hg. v. Wolfgang REINHARD und Heinz SCHILLING, Münster 1995.

Für die Initiatoren der Tagung stellte sich die Frage nach der Konfessionalisierung im Zusammenhang eines breiter angelegten Forschungsprojekts, in dem allgemein die Funktionsweise politischer Systeme in Polen, Böhmen, Ungarn und den östlichen österreichischen Ländern sowie deren Integrationskraft für konfessionelle, regionale und nationale Pluralität vom 16. bis 18. Jahrhundert untersucht wird. Der Leitgedanke ist, daß die Großregion Ostmitteleuropa mit ihren ständischen Konsenssystemen – hier hatten sich um 1500 Ständeverfassungen mit weitgehenden korporativen Partizipations- und Kontrollrechten und einem ausgeprägten Repräsentativbewußtsein ausgebildet – einen eigenen Strukturtypus von frühmoderner Staatlichkeit und Gesellschaftlichkeit ausgebildet hat – und daß von dieser Strukturbildung eine grundlegende Prägung der politischen Kulturen in der Region ausgegangen ist, deren Wirkungen sich bis in die Gegenwart verfolgen lassen. Der Schwerpunkt liegt dabei auf der Erforschung von Trägergruppen und Handlungsfeldern ständischer Politik. Eine thematische Leitfrage bildet die nach den spezifischen Formen der Lösung der epochentypischen gesellschaftlichen und politischen Anpassungsprobleme. Mit anderen Worten: Es geht darum nachzuvollziehen, wie regionale bzw. gruppenspezifische Interessen und gesamtstaatliche Modernisierungsbedürfnisse in ständepolitische Aktion „übersetzt" wurden. Hierzu wurden 1996 erste Zwischenergebnisse vorgelegt[3].

Das Ziel des Gesamtprojekts und auch der hier dokumentierten Tagung ist ein doppeltes. Zum einen werden aktuelle Paradigmata der internationalen Frühneuzeit-Forschung – Konfessionalisierung, Staatsbildung, Modernisierung – auf die Frage nach deren Übertragbarkeit auf das östliche Mitteleuropa hin untersucht. Zum anderen wird mit Hilfe ausgewählter Fallstudien eine gleichsam konvertierbare Begriffsbildung angestrebt, die dazu beitragen soll, die weitgehend unverbundenen nationalgeschichtlichen Diskurse zusammenzuführen.

Bei der Auswahl der Fragestellungen schien es geboten, sich auf vier zentrale Problemkreise zu beschränken:

1. Konfessionalisierung als wissenschaftliches Paradigma: Nach einem einführenden Beitrag von Heinz Schilling, der die Konfessionalisierung der europäischen Länder seit der Mitte des 16. Jahrhunderts und deren Folgen für Kirche, Staat, Gesellschaft und Kultur skizziert und dabei zugleich Forschungsperspektiven und Forschungsaufgaben der allgemeinen Frühneuzeithistorie aufzeigt (der Beitrag konnte auf der Tagung selbst nicht vorgetragen werden), setzen sich Luise Schorn-Schütte und Wolfgang Reinhard aus jeweils anderer Perspektive kritisch mit der Konfessionalisierung als wissenschaftlichem Paradigma bzw. mit der Kritik an diesem Konzept auseinander. Winfried Eberhard unternimmt den Versuch, Formen und Phasen der Konfessionalisierung im östlichen Mitteleuropa als einer strukturgeschichtlich zusammenhängenden Geschichtsregion typologisch zu bestimmen. Um den Blick für Abweichungen und Übereinstimmungen

---

3 Ständefreiheit und Staatsgestaltung in Ostmitteleuropa. Übernationale Gemeinsamkeiten in der politischen Kultur vom 16.-18. Jahrhundert. Hg. v. Joachim BAHLCKE, Hans-Jürgen BÖMELBURG und Norbert KERSKEN, Leipzig 1996.

innerhalb der europäischen Gesamtentwicklung zu schärfen, wurde komplementär eine Studie von Andrew Pettegree über die Situation in Westeuropa aufgenommen.

2. Frühmoderne Staatsbildung und Bedeutung des Konfessionellen: In regional wechselnden Kontexten wird in einem ersten Schritt der Zusammenhang von Konfessionalisierung und Staatsbildung untersucht. Fallstudien hierzu liefern die Beiträge von Michael G. Müller über die Bedeutung des Toleranzrechts der Warschauer Konföderation für die Ständepolitik im Königlichen Preußen und in Polen-Litauen, Robert Frost über die Armee in der polnisch-litauischen Adelsrepublik 1550-1667 sowie István György Tóth über die Problematik Kirche – Staat in Türkisch-Ungarn während des 17. Jahrhunderts. In einem zweiten Schritt wird danach gefragt, ob der Zusammenhang von religiösem und gesellschaftlichem Wandel auch auf den Bereich der Außenpolitik und neuzeitlichen Staatenordnung übertragbar ist. Während der Frage von Außenpolitik, Konfession und kollektiver Identitätsfindung am Beispiel Kroatiens und Innerösterreichs Joachim Bahlcke nachgeht, werden Möglichkeiten und Formen ständischer Außenpolitik in Polen von Antoni Mączak, in Böhmen von Petr Vorel und in Österreich ob der Enns von Georg Heilingsetzer näher beleuchtet.

3. Ständische Kultur und Konfessionalisierung: Den Anfang bilden zwei ideengeschichtliche Beiträge, in denen die politischen Theorien der Stände im Prozeß der Konfessionalisierung untersucht werden. Arno Strohmeyer analysiert das Geschichtsdenken der innerösterreichischen, vor allem der Kärntner Stände, und problematisiert dabei die Erklärungskraft des Paradigmas, wenn es darum geht, in diesem Kontext Modernisierungsprozesse zu analysieren. Karin Friedrich stellt in ihrer Untersuchung die politischen Ideen in Polen-Litauen im Zeitraum zwischen 1570 und 1650 in den Mittelpunkt der Betrachtung. Der polnischen Adelsrepublik ist auch der Beitrag von Sergiusz Michalski gewidmet, der aus kunsthistorischer Sicht die Rivalität zwischen der lutherischen, katholischen und reformierten Konfession im Bereich der Bildenden Kunst im Gebiet von Danzig um 1600 untersucht. Den Zusammenhang zwischen Konfessionalisierung und Klosterreform thematisiert Franz Machilek am Beispiel der Zisterzienserklöster in Böhmen in der ersten Hälfte des 17. Jahrhunderts.

4. Sozialverfassung und Konfessionalisierung: Thomas Winkelbauer verwendet in seinem Beitrag über die Konfessionalisierung in Böhmen, Mähren und Österreich unter der Enns im 16. und 17. Jahrhundert das Konfessionalisierungsmodell zur Analyse der obrigkeitlichen Sozialdisziplinierung auf der lokalen Ebene der Grundherrschaften. In den folgenden Beiträgen wird der ungarische Raum in den Mittelpunkt gerückt. István Fazekas widmet seine Studie dem Thema Dorfgemeinde und Glaubenswechsel im späten 16. und 17. Jahrhundert, Eva Kowalská untersucht die Konfessionalisierung aus kulturpolitischer Sicht in den ungarischen Städten. Krista Zach schließlich fragt nach der Integrationskraft von Konfessionalisierung und Sozialdisziplinierung auf regionaler bzw. territorialer Ebene in Siebenbürgen.

Umfassende Einwicklungslinien, die in die Ära nach dem konfessionellen Zeitalter reichen, zeigt Robert J. W. Evans in einer großräumigen Studie über die Folgen der Gegenreformation für die Habsburgerländer zwischen 1650 und 1781 auf. In dieser werden auch die Grenzen der Konfessionalisierung deutlich. In der Diskussionsbilanz zieht Michael G. Müller einerseits ein Resümee über das Erkenntnispotential des Konfessionalisierungsmodells bei der Analyse von Modernisierungsprozessen in den ostmitteleuropäischen Ständegesellschaften, andererseits zeigt er aber auch Forschungsperspektiven sowie theoretische und methodische Entwicklungsmöglichkeiten des Paradigmas auf.

Allen Überlegungen gemeinsam ist die Überzeugung, daß der gewählte (Zeit-)Raum und die genannten Problemfelder nur dann angemessen durchdrungen werden können, wenn das Nachdenken über die Geschichts- und Strukturregion Ostmitteleuropa zugleich als Reflexion über gesamteuropäische Phänomene, Entwicklungslinien und Handlungsräume verstanden wird. Daher steht einleitend bewußt ein räumlich und zeitlich breit angelegter systematischer Entwurf über das „konfessionelle Europa“. Allgemein wurde nicht der Versuch gemacht, divergierende Auffassungen, die in der gegenwärtigen Konfessionalisierungsdebatte sowohl von makro- als auch von mikrohistorischer Seite her geäußert werden, in den einzelnen Beiträgen auszugleichen. Denn ganz offensichtlich wurden und werden die Probleme, die sich bei der Erörterung des religiösen und gesellschaftlichen Wandels in Ostmitteleuropa während der Frühneuzeit stellen, in verschiedenen Nationalhistoriographien und in verschiedenen Disziplinen auf recht unterschiedliche Weise behandelt.

Wie stets gaben die in Leipzig anwesenden Stipendiaten und Gastwissenschaftler bei der Vor- und Nachbereitung der Tagung wichtige Denkanstöße. Ihnen und den Teilnehmern an Kolloquium und Sammelband gilt unser herzlicher Dank für ihre Bereitschaft, auf die genannten Fragestellungen einzugehen. Darüber hinaus danken wir Uta Bock, Stephan Niedermeier und Ulrich von Sanden für die redaktionelle und technische Unterstützung bei der Herstellung des Bandes.

Leipzig, im Mai 1999 Joachim Bahlcke – Arno Strohmeyer

Konfessionalisierung als wissenschaftliches Paradigma

Das konfessionelle Europa. Die Konfessionalisierung der europäischen Länder seit Mitte des 16. Jahrhunderts und ihre Folgen für Kirche, Staat, Gesellschaft und Kultur

Gottfried Schramm gewidmet*

Heinz Schilling

I. Entwicklungs- und strukturgeschichtliche Voraussetzungen

Rund hundert Jahre, etwa zwischen 1550 und 1650, wurde die Geschichte Europas wesentlich durch den Faktor „Konfession" geprägt. Das war die neuzeitliche Variante des Christentums, die auf einem ausformulierten, dogmatisch ab- und ausgrenzenden Bekenntnis (lat.: confessio) beruhte. Die wichtigsten waren die Confessio Augustana (1530) und das Konkordienbuch (1580) im Luthertum; die Confessiones Helveticae (1536 und 1566), der Consensus Tigurinus (1549), die Dordrechter Canones (1619) und einige weitere regional gültige Bekenntnisse bei den Reformierten und Calvinisten; das Book of Common Prayer (1549) und die 39 Articles (1563) bei den Anglikanern; das Tridentinum, vor allem die „professio fidei Tridentina" (1564), und die päpstlichen Verlautbarungen bei den Katholiken. Auf der Basis dieser Bekenntnisschriften formierten sich die drei, mit den Anglikanern vier Großkonfessionen zu institutionell, personell und „ideologisch" ausdifferenzierten Weltanschauungssystemen mit Totalitätsanspruch, und zwar sowohl nach innen gegenüber den Angehörigen des eigenen Bekenntnisses als auch nach außen gegenüber den anderen Konfessionen[1]. Jede dieser Konfessionskirchen ging eine Allianz

---

* Das Vorwort meiner Ende der sechziger Jahre in Freiburg entstandenen Dissertation bezeugt, wie sehr ich mich als junger Wissenschaftler von Gottfried Schramm und „seiner Art, historische Probleme anzugehen", geprägt wußte. Das war Demutsformel und hoher Anspruch in einem. Nach dreißig Jahren, in denen der Gedankenaustausch zwangsläufig seltener wurde, aber nie abriß, erscheint mir der hier vorliegende makrohistorische Versuch zum konfessionellen Europa besonders geeignet, Gottfried Schramm zum 11. Januar 1999 zu grüßen und ihn erneut meiner nicht nur wissenschaftlichen Verbundenheit zu versichern.

1 Der im folgenden nur knapp entwickelte theoretische Rahmen ist ausführlich legitimiert bei SCHILLING, Heinz: Konfessionskonflikt und Staatsbildung. Eine Fallstudie über das Verhältnis von religiösem und sozialem Wandel in der Frühneuzeit am Beispiel der Grafschaft Lippe. Gütersloh 1981, 15-49. - DERS.: Religion, Political Culture and the Emergence of Early Modern Society. Essays in German and Dutch History. Leiden 1992, XIVf., 205ff., 247ff. - Die Konfessionalisierungen waren Gegenstand von drei Symposien des Vereins für Reformationsgeschichte: Die reformierte Konfessionalisierung in Deutschland. Das Problem der „Zweiten Reformation". Hg. v. Heinz SCHILLING, Gütersloh 1986; Die lutherische Konfessionalisierung

mit dem aufsteigenden frühmodernen Staat ein, wenn auch in unterschiedlicher staatskirchenrechtlicher, politischer und gesellschaftlicher Konfiguration. Dank der Zwangsgewalt des Staates konnte der innere Formierungswille weitgehend freien Lauf nehmen, wenn auch die Erfolge häufig hinter dem Angestrebten zurückblieben. Dagegen waren dem nach außen gerichteten Totalitätsstreben von vornherein entschiedene Grenzen gesetzt, und zwar durch das europäische „Gleichgewicht" der Konfessionen, das direkt mit dem in eben jenen Jahrzehnten sich herausbildenden neuzeitlichen Mächteeuropa korrelierte.

Neben den Konfessionskirchen gab es im konfessionellen Europa zwar noch weitere Religions- und Glaubensgemeinschaften, wie die Täufer, Spiritualisten, Antitrinitarier und andere Erben der radikalen Reformation. Und auch innerhalb der Konfessionen selbst gab es schon auf dem Höhepunkt der Orthodoxie Sonderströmungen. Interkonfessionelle Abweichungen und außerkonfessionelle Denominationen wurden aber in den Hinter- oder gar in den Untergrund gedrängt. Dadurch blieben ihre politischen und gesellschaftlichen Wirkkräfte auf private Kreise beschränkt, bis sie ab dem zweiten Drittel des 17. Jahrhunderts im Zuge der Entkonfessionalisierung wieder Bewegungsfreiheit und neue Möglichkeiten erhielten, das öffentliche Leben mitzugestalten. Und natürlich gab es in vielen europäischen Ländern auch Judengemeinden mit einem äußerst

---

in Deutschland. Hg. v. Hans-Christoph RUBLACK, Gütersloh 1992; Die katholische Konfessionalisierung. Hg. v. Wolfgang REINHARD und Heinz SCHILLING Münster 1995. - Englischsprachiger Überblick: SCHILLING, Heinz: Confessional Europe. In: Handbook of European History in the Late Middle Ages, Renaissance and Reformation 1400-1600. Hg. v. Thomas A. BRADY, Heiko A. OBERMAN und James D. TRACY, Bd. 2, Leiden 1995, 641-681. - In biographischer Perspektive DERS.: Luther, Loyola, Calvin und die europäische Neuzeit. In: Archiv für Reformationsgeschichte 85 (1994) 5-31. - Die international breite Diskussion und Rezeption des Konfessionalisierungsparadigmas läßt sich in den Anmerkungen nicht erschöpfend dokumentieren. Verwiesen sei auf meine beiden umfangreichen Literaturberichte: „Konfessionsbildung" und „Konfessionalisierung" – ein Literaturbericht. In: Geschichte in Wissenschaft und Unterricht 42 (1991) 447-463, 779-794, sowie: Literaturbericht „Konfessionelles Zeitalter". Ebd. 48 (1997) 350-370, 618-627, 682-694, 748-766. - Eine theoretisch wie sachlich gleichermaßen tiefdringende Erörterung findet sich bei REINHARD, Wolfgang: Ausgewählte Abhandlungen. Berlin 1997, sowie HARRINGTON, Joel F./WALSER SMITH, Helmut: Confessionalization, Community, and State Building in Germany, 1555-1870. In: Journal of Modern History 69 (1997) 77-101. - Zur internationalen Rezeption des Paradigmas „Konfessionalisierung" SCHMIDT, Heinrich Richard: Konfessionalisierung im 16. Jahrhundert. München 1992. - HSIA, Ronnie Po-Chia: Social Discipline in the Reformation. Central Europe 1550-1750. London-New York 1989. - PRODI, Paolo: Das Sakrament der Herrschaft. Der politische Eid in der Verfassungsgeschichte des Okzidents. Berlin 1997. - DELUMEAU, Jean/WANEGFFELEN, Thierry: Naissance et affirmation de la Réforme. Paris 1997. - CHÂTELLIER, Louise: Le catholicisme en France. Bd. 1-2, Paris 1995. - CAMERON, Euan: The European Reformation. Oxford 1991, 361ff., spricht von „confessional Reformation" und „confessional movements"; die französische Forschung arbeitet vor allem mit den Konzepten „les réformes" (CHAUNU, Pierre: Le temps des réformes. La Crise de la chrétienté. L'Éclatement, 1250-1550. Paris 1975) und „christianisation" (DELUMEAU, Jean: Un chemin d'histoire. Chrétienté et christianisation. Paris 1981). - Die damit ermöglichte Vielfalt der Forschungen dokumentieren: Les Réformes. Encracinement socio-culturel. Hg. v. Bernard CHEVALIER und Robert SAUZET, Paris 1985, sowie: Die Zeit der Konfessionen (1530-1620/30). Hg. v. Marc VENARD, Freiburg Basel-Wien 1992.

lebendigen religiösen Leben. Aber auch dieses war isoliert und daher ohne Möglichkeit, die europäischen Gesellschaften dieser Epoche entscheidend mitzuprägen[2].

Die Charakterisierung des nachreformatorischen Europa als „konfessionelles Europa" ist nicht das Ergebnis eines idealistisch verkürzten Geschichtsbegriffs, der demographische, ökonomische, politische und soziale Bedingungen zugunsten theologischer oder religiöser Wirkfaktoren in den Hintergrund drängt. Vielmehr ergibt sich die Hervorhebung der kirchen- und religionsgeschichtlichen Strukturen und Entwicklungen aus theoretischen und methodologischen Reflexionen über den religionssoziologischen Typus Alteuropas im allgemeinen und der ersten Phase der europäischen Neuzeit im besonderen. Ein solcher systemtheoretischer Ansatz überwindet sowohl die marxistische Depravation der Religion zu einem Schibboleth für die angeblich eigentlichen Triebkräfte als auch die idealistische Verkürzung, wie sie lange Zeit an den geistesgeschichtlichen und theologischen Fakultäten diesseits und jenseits des Atlantik vorgenommen wurde. Es geht um die historisch adäquate Erfassung der gesellschaftlichen Implikation und Wirkungen von Religion und Kirche, die einerseits die Idealisierung vermeidet, die sich aus der jahrhundertelangen existentiellen Identifikation der Historiker mit dem Christentum bzw. der einen oder anderen seiner Konfessionen ergab, andererseits aber auch nicht in jene Vorurteile verfällt, die dem materialistischen Denken des 19. Jahrhunderts anhaften, weil es in einer zeitbedingten Konfrontation zu der damals noch übermächtig erscheinenden religiösen Tradition Alteuropas stand.

Erkenntnistheoretisch erscheint es angemessen, sich die Wirkweise der einzelnen Faktoren – religiöser und anderer – im politisch-gesellschaftlichen Geschehen Alteuropas in Art eines medizinischen Syndroms vorzustellen. In einem solchen Syndrom sind die einzelnen Verursacher sowohl als eigenständig als auch als sich wechselseitig beeinflussend gedacht, wobei die Gesamtwirkung von der jeweiligen Zusammensetzung abhängt, aber auch von Leitfaktoren und Schlüsselprozessen, die je nach Konstellation verschieden sein können. In der gesellschaftlichen Konstellation „Alteuropa" war die Religion eine solche Leitkategorie, insbesondere in der formierten und institutionalisierten Qualität als Konfession. Systematisch gesehen, war das in einem spezifischen Verständnis von Politik begründet, das offensichtlich den Strukturen und den aus ihnen resultierenden Bedürfnissen der mittelalterlichen und frühneuzeitlichen Gesellschaft entsprach: Während nämlich das moderne Verständnis von Politik deren Autonomie betont und Kirche oder Religion lediglich als Subsysteme eines übergeordneten säkularen Gesamtsystems begreift, schlossen die vorherrschenden alteuropäischen Konzeptionen staatlicher und gesellschaftlicher Ordnung Religion und Kirche stets ein. Das gilt selbst für Theoretiker wie

---

2 Wegscheiden der Reformation. Alternatives Denken vom 16. bis zum 18. Jahrhundert. Hg. v. Günter VOGLER, Weimar 1994. - Zu den strukturellen Grenzen religiöser Differenzierung im 16. Jahrhundert bes. SCHILLING, Heinz: Alternative Konzepte der Reformation und Zwang zur lutherischen Identität. Möglichkeit und Grenzen religiöser und gesellschaftlicher Differenzierung zu Beginn der Neuzeit, 277-308. - LEHMANN, Hartmut: Das Zeitalter des Absolutismus. Gottesgnadentum und Kriegsnot. Stuttgart [u.a.] 1980. - ISRAEL, Jonathan Irvine: European Jewry in the Age of Mercantilism, 1550-1750. Oxford ^{2}1989.

Thomas Hobbes und Jean-Jacques Rousseau, die deren direkte Einmischung in die staatlichen und gesellschaftlichen Angelegenheiten bekämpften.

In der alteuropäischen Gesellschaft waren Religion und Kirche zentrale, tragende Achsen des Gesamtsystems: „Religio vinculum societatis", lesen wir bei den deutschen Juristen des 17. Jahrhunderts – die Religion ist das einheitsstiftende Band, ohne das geordnetes gesellschaftliches Zusammenleben nicht möglich ist. Dieses religionssoziologische Axiom frühneuzeitlicher Vergesellschaftung macht es evident, daß Religion und kirchliche Institutionen in sich selbst politische und soziale Angelegenheiten waren und demzufolge religiöser Wandel zugleich sozialer Wandel war.

Die strukturgeschichtlich-funktionalistische Behandlung von Religion und Kirche, die sich aus dem skizzierten religionssoziologischen Ansatz ergab, eröffnete der Frühneuzeitforschung neue Perspektiven und ermöglichte Vergleiche und Gewichtungen, zu denen die materialistische Sicht ebensowenig in der Lage war wie die idealistische. Für die Geschichte des konfessionellen Europa bedeutete das eine nachgerade revolutionäre Verschiebung: Nachdem seit der Reformation die Geschichte der religiösen Strömungen und konfessionellen Formationen über Jahrhunderte hin als Konkurrenz- und Abgrenzungsgeschichte geschrieben wurde, ist heute das Interesse der Allgemein- und Gesellschaftshistoriker sowie der meisten Kirchenhistoriker nicht mehr vorrangig auf die Unterschiede zwischen den konfessionellen Ausprägungen christlicher Religiosität gerichtet, sondern auf strukturelle und funktionale Ähnlichkeiten. Das bezieht sich sowohl auf die innerkirchliche Entwicklung als auch auf ihren Beitrag zu jenem Prozeß gesellschaftlichen Wandels, den wir das Werden der Neuzeit oder die frühneuzeitliche Modernisierung nennen. Es geht um die kulturellen, mentalen, sozialen und politischen Funktionen von Religion bzw. Konfession des sich formierenden frühneuzeitlichen Gesellschaftssystems sowie um die damit verbundenen Impulse oder Hemmnisse für das Werden der Neuzeit. Das gesellschaftsgeschichtliche Paradigma lautet Konfessionalisierung. In dieser Perspektive erscheint die konfessionelle Formierung des späten 16. Jahrhunderts als einer der Kernvorgänge innerhalb der frühneuzeitlichen Modernisierung. Innerhalb des gesamtgesellschaftlichen Wandels wirkte die bekenntnismäßige und organisatorische Verfestigung der Kirche als Leitvorgang für die weitergreifende politische und gesellschaftliche Formierung. Das war eine Angelegenheit der Konfessionskirchen. Zwar gab es bei den Denominationen, voran bei den Täufern, vergleichbare Formierungsvorgänge, diese blieben aber fürs erste ohne gesamtgesellschaftliche Konsequenzen für das Profil der europäischen Gesellschaften, da in ihrem Fall die Verknüpfung mit dem parallel verlaufenden staatlich-politischen Formierungsprozeß der frühmodernen Staatsbildung fehlte.

Die Geschichte der Konfessionalisierung und des „konfessionellen Europa" zielt somit auf eine system- oder gesellschaftsgeschichtliche Gesamtanalyse ab. Sie ist europäisch vergleichend ausgerichtet und nimmt eine universalgeschichtliche Perspektive an. Die gesellschaftsgeschichtliche Deutung und die Herausarbeitung diesbezüglicher Äquivalenzen bei den Konfessionen wird sicher den einen oder anderen Leser befremden, der existentiell in der konfessionellen Tradition seiner Kirche steht. Diese unterschiedlichen Traditionen in Spiritualität und Theologie sind von den Historikern über Jahrhunderte hin beschrieben worden. Der neue Ansatz leugnet sie nicht. Die Fragestellung ist aber eine andere geworden. Gefragt ist nach dem sozialen Wandel, seinen Bedingungen und Haupttriebkräften, der Europa in den Stand versetzte, das „traditionelle" oder „feudale" Gesellschaftssystem zu überwinden und in die moderne Bürger- und Wirtschaftsgesellschaft des 19. und 20. Jahrhunderts aufzubrechen. Mit dem Konfessionalisierungsparadigma wird diese bislang von Sozialwissenschaftlern oder Historikern der Neuesten Geschichte auf die engere Transformationsphase des späten 18. und 19. Jahrhunderts beschränkte Diskussion bewußt in die Frühneuzeit verlängert, und zwar epochal konzentriert auf die Jahrzehnte an der Wende vom 16. zum 17. Jahrhundert, die unter dieser Perspektive als „Vorsattelzeit der Moderne" erscheinen[3].

Die beschriebene religionssoziologische Akzentuierung gibt dem Modernisierungsansatz, der ursprünglich rein gegenwartsbezogen war, die für seine Anwendung in der Frühneuzeitforschung unabdingbare historische Vertiefung: Das historische Interesse wird nicht mehr allein von säkular-sozialen und wirtschaftlichen Zusammenhängen dominiert, wie das für die Geschichte des 19. und 20. Jahrhunderts am Platz sein mag. Vielmehr wird der Versuch unternommen, die gesellschaftliche Totalität der genannten Epoche unter religionssoziologischer Perspektive zu erfassen. Die demographischen, politischen, ökonomischen sowie die sozialen und sozialpsychologischen Zusammenhänge werden dadurch nicht aus-, sondern eingeschlossen. Denn religiöser Wandel wird konsequent als gesellschaftlicher Wandel begriffen und dient damit zugleich als heuristisches Instrument oder Indikator für die Identifizierung auch und gerade der säkularisierenden Kräfte innerhalb dieses Prozesses.

Daß die allgemein- und gesellschaftsgeschichtliche Relevanz der kirchen- und religionsgeschichtlichen Strukturen und Bewegungen im „konfessionellen Europa" besonders markant war, hing neben den eingangs skizzierten systemhistorischen und religionssoziologischen Zusammenhängen mit zwei weiteren Grundgegebenheiten des 16. und frühen 17. Jahrhunderts zusammen: erstens mit der in der Reformation wurzelnden dialektischen Gleichzeitigkeit von säkularisierenden und resakralisierenden Tendenzen[4] und zweitens mit der zeitlich parallel zur Konfessionalisierung verlaufenden und angesichts der genannten Allianz zwischen Kirche und Staat mit ihr interferierenden Herausbildung des frühmodernen Staates und der von diesem angestrebten Formierung einer

---

3 SCHILLING, Heinz: Aufbruch und Krise. Deutschland 1517-1648. Berlin 1988, 313ff. - Anknüpfend an Kosellecks „Sattelzeit" der Moderne ab 1750 KOSELLECK, Reinhart: Einleitung zu: Geschichtliche Grundbegriffe. Historisches Lexikon zur politisch-sozialen Sprache in Deutschland. Hg. v. Otto BRUNNER, Werner CONZE und Reinhart KOSELLECK, Bd. 1-7, Stuttgart 1972[[4]1992]-1992, Bd. 1, XIII-XXVII, hier XV. - Zu einem ähnlichen Ergebnis kommt COCHRANE, Eric W.: Counter Reformation or Tridentine Reformation? Italy in the Age of Carlo Borromeo. In: San Carlo Borromeo. Catholic Reform and Ecclesiastical Politics. Hg. v. John M. HEADLEY und John B. TOMARO, Cransbury, N.J. 1988, 31-46, der Konfessionalismus und Krise als „Age of Consolidation" (43) deutet.

4 PRODI: Sakrament der Herrschaft (wie Anm. 1), bes. 197ff. - SCHILLING: Konfessionskonflikt (wie Anm. 1) 23-26.

relativ einheitlichen disziplinierten Gesellschaft von Untertanen im absolutistischen oder ständestaatlichen Sinne. Angesichts dieses Sachverhalts verliefen entscheidende Teile des sozialen Kardinalwandels in der ersten Phase der frühen Neuzeit im Überschneidungsfeld von Staat und Kirche. Und es waren keineswegs allein oder gar primär die säkularisierenden Momente[5], so wichtig und beachtenswert sie sind, die diesen grundsätzlichen Wandel vorantrieben. Entscheidend und unverzichtbar beteiligt waren vielmehr auch und gerade die resakralisierenden Kräfte, wie etwa die neue religiös-konfessionelle Interpretation des Eides samt seiner den Staat und die Gesellschaft festigenden Funktion[6].

Die für das konfessionelle Europa typische Zusammenarbeit von Staat und Kirche sowie die historisch bedingte Verschränkung sakral legitimierter Fundierung und Modernisierung wird nirgendwo deutlicher als bei der frühmodernen Universität, dem

---

5 Grundlegende Betrachtungen hierzu bei SCHULZE, Winfried: Vom Gemeinnutz zum Eigennutz. Über den Normenwandel in der ständischen Gesellschaft der frühen Neuzeit. In: Historische Zeitschrift 243 (1986) 591-626. - DERS.: Concordia, Discordia, Tolerantia. Deutsche Politik im konfessionellen Zeitalter. In: Neue Studien zur frühneuzeitlichen Reichsgeschichte. Hg. v. Johannes KUNISCH, Berlin 1987, 43-79. Schulze meldet prinzipielle Bedenken gegen den „Konfessionalisierungs-Ansatz" an, vgl. Zeitschrift für Historische Forschung 12 (1985) 104-107 sowie DERS.: Einführung in die Neuere Geschichte. Stuttgart ^{3}1996, 65-70, 218-231. Die Einwände lassen sich m.E. ausräumen. Denn sie gehen offenbar davon aus, gesellschaftsgeschichtliche Analyse und Anerkennung der „Dignität dieser [scil. konfessionellen - H.S.] Probleme" (ebd., 225) bzw. Konfessionalisierungs- und Modernisierungsparadigma seien unvereinbar. Wie im Text ausgeführt, gilt genau das Gegenteil: Konfessionalisierung ist die epochenspezifische Modernisierung, die historisch adäquat nur erfaßbar ist, wenn die Dignität des religions- und kirchengeschichtlichen Faktors bewahrt ist. Damit wird in keiner Weise in Frage gestellt, daß die von Schulze herausgearbeiteten Säkularisierungszusammenhänge ebenfalls eine wichtige Rolle im europäischen Modernisierungsprozeß spielten. Der scheinbare theoretisch-methodologische Gegensatz Schulze – Schilling reduziert sich somit auf die zeitliche Perspektive – die einerseits aktuelle Modernisierung als Konfessionalisierung im 16./17. Jahrhundert und die andererseits langfristige Modernisierung vom Mittelalter bis zum 19. Jahrhundert als Säkularisierung; dazu SCHILLING, Heinz: Alternatives to the Lutheran Reformation and the Rise of Lutheran Identity. In: Germania illustrata. Essays in Early Modern Germany presented to Gerald Strauss. Hg. v. Andrew FIX und Susan KARANT-NUNN, Kirksville 1992, 99-120. - Wichtige Grundsatzüberlegungen auch bei SCHEUNER, Ulrich: Staatsräson und religiöse Einheit des Staates. In: Staatsräson. Hg. v. Roman SCHNUR, Berlin 1975, 363-405. - BÖCKENFÖRDE, Ernst-Wolfgang: Entstehung des Staates als Vorgang der Säkularisation. In: DERS.: Staat, Gesellschaft, Freiheit. Frankfurt a.M. 1976, 42-64. - DERS.: Zum Verhältnis von Kirche und Moderner Welt. In: Studien zum Beginn der modernen Welt. Hg. v. Reinhart KOSELLECK, Stuttgart 1977, 154-177. - VAN DÜLMEN, Richard: Religion und Gesellschaft. Beiträge zu einer Religionsgeschichte der Neuzeit. Frankfurt a.M. 1984.

6 Von theologischer Seite wurde Konfessionalisierung bzw. die ihr zugrunde liegende Orthodoxie treffend charakterisiert als „Moment in einem gesamtgesellschaftlichen Modernisierungsprozeß [...], in dem traditionale und dynamische Faktoren noch einmal eine relativ homogene Lebenswelt ausbildeten" (Evangelisches Kirchenlexikon. Göttingen 1990, Artikel „Orthodoxie", Sp. 953-976, hier Sp. 954). - Zum Eid PRODI: Sakrament der Herrschaft (wie Anm. 1) 245ff. - SCHREINER, Klaus: Disziplinierte Wissenschaftsfreiheit. Tübingen 1981. - DERS.: Rechtsgläubigkeit als „Band der Gesellschaft und Grundlage des Staates". In: Bekenntnis und Einheit der Kirche. Studien zum Konkordienbuch. Hg. v. Martin BRECHT und Reinhard SCHWARZ, Stuttgart 1980, 351-378.

Kardinalagenten frühmoderner Modernisierung. In der ersten Phase war sie allenthalben, besonders ausgeprägt in Zentraleuropa, Konfessionsuniversität, die sich durch einen religiös fundierten Eid konstituierte und natürlich keine Wissenschaftsfreiheit im Sinne des 19. Jahrhunderts kannte. Zugleich war sie, und zwar nicht trotzdem, sondern gerade deswegen, Motor der Professionalisierung, der Rationalität, der Herausbildung neuzeitlicher Eliten mit Sachqualifikation sowie der schrittweisen Zurückdrängung der Theologie als Leitwissenschaft – zunächst zugunsten der Jurisprudenz, sehr viel später erst dann auch der Naturwissenschaften.

Begreifen wir die systemgeschichtlich bedingte (es ließe sich sogar sagen: entwicklungsgeschichtlich „notwendige") Allianz zwischen Konfessionalisierung und frühmoderner Staatsbildung als einen entscheidenden, wenn auch nicht einzigen Auslöser der frühneuzeitlichen Modernisierung im nachreformatorischen Europa, so sind die Hauptbeobachtungsfelder leicht identifizierbar, wenn es im folgenden um eine Beschreibung des konfessionellen Europa im Vogelflug geht: Es sind die Konfessionskirchen selber und die von ihnen geprägte neuzeitliche Religion und Kirchlichkeit (Kap. III); Staat und Gesellschaft einschließlich Kultur und Wissenschaft im Zeichen des Konfessionalismus (Kap. IV); schließlich die vor- oder unkonfessionellen Kräfte, die zunächst im Hintergrund blieben, später aber maßgeblichen Anteil am Werden des neuzeitlichen Europa gewannen (Kap. V). Da all dies von tiefgreifenden demographischen und konjunkturellen Einbrüchen im Rahmen der alteuropäischen „langen Wellen" begleitet und mitgeprägt wurde, gilt es, dieses Geschehen vorweg zu skizzieren (Kap. II).

II. Bevölkerung, Konjunktur und soziopsychische Erregtheit

Waren Renaissance und Reformation in eine Phase demographischen und konjunkturellen Aufschwungs eingebettet, so dominierte im konfessionellen Europa die gegenläufige Entwicklung – zunächst Verlangsamung, dann Stagnation und Schrumpfung. Natürlich sah das Geschehen in den einzelnen europäischen Regionen konkret recht unterschiedlich aus – im Süden und in der Mitte waren die Probleme ausgeprägter als in Skandinavien und England. Die nördlichen Niederlande traten aufgrund ihrer besonders günstigen Lage im Achsenkreuz europäischer Handelswege sogar in ihr goldenes Zeitalter ein. Die sozialökonomischen Probleme fielen zeitlich mit dem Höhepunkt der Konfessionalisierung und der mit ihr verkoppelten etatistisch-politischen und gesellschaftlichen Formierung zusammen. Hinzu kam der kulturelle Umbruch von der Spätrenaissance zum Barock. Selbst das Klima veränderte sich spürbar – die „kleine Eiszeit" zog auf mit kälteren und feuchteren Wintern und einem generellen Temperaturrückgang, was zu schlechten Ernten und rücklaufender Vegetationsgrenze in den Randzonen führte[7].

---

7 LE ROY LADURIE, Emmanuel: Histoire du climat depuis l'an mil. Paris 1967. - PFISTER, Christian: Bevölkerung, Klima und Agrarmodernisierung 1525 bis 1860. Bern-Stuttgart ^{2}1985.

Um dieses Geflecht von demographischen, ökonomischen, konfessionell-kirchlichen, staatlich-politischen und kulturellen Veränderungen synthetisch zu erfassen, erscheint der Begriff einer „Krise" geeignet, auch wenn hiergegen immer wieder bedenkenswerte Einwände erhoben werden[8]. Dabei soll „Krise" allerdings nicht nur die zweifellos vorhandene Verunsicherung und die Verschlechterung der Lebensbedingungen markieren; sie muß auch und vor allem als modernisierende Veränderungskrise begriffen werden. Besonders wichtig ist die Gleichzeitigkeit der Probleme im Erfahrungs- und Erlebnishorizont der Menschen im konfessionellen Zeitalter. Vielen war die Koinzidenz der Probleme durchaus bewußt. Kausalzusammenhänge wurden aber selten diskutiert, abgesehen von dem immer wiederkehrenden Hinweis auf die strafende Hand Gottes. Der Historiker kann rückblickend Ursachen und Folgen besser abschätzen. Er sollte sich aber vor monokausalen oder geschlossenen Deutungsmustern hüten.

Relativ eindeutig ist der demographische Befund, insofern um die Wende des 16. Jahrhunderts das Bevölkerungswachstum mit wenigen Ausnahmen (vor allem der nördlichen Niederlande: 1600 rund 1,5 Millionen, 1650 rund 1,9 Millionen) stagnierte, wenn nicht sogar in eine Schrumpfungsphase eintrat, so vor allem in den Mittelmeerländern (von 23,6 Millionen um 1600 auf 22,7 Millionen um 1700), wobei die Hauptverluste meist ins frühe 17. Jahrhundert fielen, während zu seinem Ende hin Stabilisierung oder erneutes Wachstum einsetzten[9]. Unter diesen aggregierten Zahlen verbirgt sich ein außerordentlich kompliziertes mikrodemographisches Geschehen, über dessen einzelne Komponenten die Demographen heftig diskutieren. Dabei geht es vor allem um das Zusammenspiel von sich verschlechternder Ernährungslage, Epidemien und Kriegseinwirkungen einerseits sowie um die Reaktion der Bevölkerung hinsichtlich Nuptalität, Fertilität und Mobilität andererseits[10].

Ähnlich kompliziert und regional differenziert war die ökonomische Situation[11]. Allgemein gilt folgendes: Die „kommerzielle Revolution" des 16. Jahrhunderts neigte sich ihrem Ende zu. Seit den zwanziger Jahren des 17. Jahrhunderts kam es zu gravierenden

---

8 The General Crisis of the Seventeenth Century. Hg. v. Geoffrey PARKER und Lesley SMITH, London 1978. - RABB, Theodore K.: The Struggle for stability in Early Modern Europe. New York 1975. - ZELLER, Winfried: Theologie und Frömmigkeit. Gesammelte Aufsätze. Bd. 1-2, Marburg 1971-1978. - Traditio, Krise, Renovatio aus theologischer Sicht. Festschrift Winfried Zeller. Hg. v. Bernd JASPERT und Rudolf MOHR, Marburg 1976, bes. 24-40. - LEHMANN: Absolutismus (wie Anm. 2). - Einzelne Fallstudien: The European Crisis of the 1590s. Hg. v. Peter CLARK, London 1985. Kritisch dazu KOENIGSBERGER, Helmut: Die Krise des 17. Jahrhunderts. In: Zeitschrift für Historische Forschung 9 (1982) 143-165.

9 Alle Zahlen aus vorstatistischer Zeit basieren auf Schätzungen und variieren dementsprechend. Der Trend ist aber gesichert: DE VRIES, Jan: The Economy in the Golden Age, 1500-1700. New Haven 1974, 4f. - DERS.: European Urbanization: 1500-1800. London 1984, 20, 36. - FABER, J. A. [u.a.]: Population Changes and economic development in the Netherlands. In: Afdeling Agrarisch Geschiedenis 12 (1965) 47-113, table 110.

10 Die umfangreiche demographische Spezialliteratur läßt sich auch nicht annähernd nennen. Als Beispiel die Fallstudie von FRIEDRICHS, Christopher: Urban Society in an Age of War: Nördlingen 1580-1720. Princeton 1979.

11 Noch immer einer der besten Überblicke: DE VRIES: Economy (wie Anm. 9).

Einbrüchen, und zwar beim Schiffsverkehr sowohl in der Ostsee als auch auf dem Atlantik, im Getreide- ebenso wie beim Viehhandel[12]. Die Verlagerung der Verkehrswege aus der Süd-Nord- (Levante über Italien nach Mittel- und Nordeuropa) hin in die West-Ost-Richtung (Amerika, Spanien, Niederlande, Baltikum, Rußland) war zu einem Abschluß gekommen. Die aktivsten Handels- und Gewerbezentren lagen nicht mehr in Italien, Südfrankreich und Süddeutschland, sondern am Atlantiksaum, vor allem in den Niederlanden, später auch in England. Der Früh- und Handelskapitalismus der norditalienischen und oberdeutschen Firmen, der auf den vier Säulen Fernhandel, Verlag, Montangewerbe (meist durch staatliche Monopole abgesichert) und Bank- beziehungsweise Geldgeschäften geruht hatte, war durch das vom Atlantik- und Ostseehandel getragene frühmoderne europäisch-atlantische Weltwirtschaftssystem abgelöst worden, das mit ganz neuen Betriebs- und Finanzierungsformen (staatlich lizenzierten Handelskompanien; öffentlichen statt Familienbanken) arbeitete und in dem sich die neuzeitlich rationale Wirtschaftsgesinnung rasch entfalten konnte[13].

In den nördlichen Niederlanden war ein hochspezialisierter, intensiver Agrarkapitalismus entstanden[14], der bald auch in England Fuß faßte. Noch war Mittel- und Westeuropa existentiell auf die Kornlieferungen aus dem Baltikum angewiesen. Im Verlaufe des 17. Jahrhunderts änderte sich das aber, als England als großer Kornexporteur auf den Markt kam. Das städtische Gewerbe, das bereits anfangs des 16. Jahrhunderts in eine Krise geraten war, dann aber neue Impulse erhalten hatte, und zwar häufiger durch Konfessionsmigranten vor allem aus den Niederlanden[15], erlebte um 1600 seine entscheidende Strukturkrise: Abgesehen von den Problemen, die sich aus der Überbevölkerung ergaben (Arbeitslosigkeit, sinkende Reallöhne, Lebensmittelversorgung), ging es vor allem um den Standort des massenproduzierenden Großgewerbes. Die im späten Mittelalter einsetzende Verlagerung in Kleinstädte und aufs Land beschleunigte sich. Das europäische Gewerbe besaß fortan zwei Äste, deren jeweilige Stärke von Region zu Region variierte. Der eine war das nicht mehr an zünftige Ordnung und Produktionsbeschränkungen gebundene Landgewerbe, das sich auf der Basis spezifischer Familienstrukturen und demographischer Reproduktion zum sogenannten protoindustriellen Lebens- und Produktionssystem entwickeln konnte[16]. Den anderen Ast bildete die höchstqualifizierte, zünftig gebundene handwerkliche Produktion von Luxusgütern (kostbare Tuche, Tapisserien, Gold- und Silberschmuck, Edelsteine, Luxusmöbel, Harnische, Zucker, Seife etc.), ange-

12 Zahlen und Graphiken bei DE VRIES: Economy (wie Anm. 9) 15ff.

13 Zusammenfassend, aber nicht unproblematisch WALLERSTEIN, Immanuel: The Modern World-System. Bd. 1-2, New York 1980. Vgl. etwa die Kritik von DE VRIES: Economy (wie Anm. 9) 72f.

14 Grundlegend DE VRIES, Jan: The Dutch Rural Economy in the Golden Age 1500-1700. New Haven 1974.

15 SCHILLING, Heinz: Confessional Migration and Social Change. The case of the Dutch Refugees of the sixteenth century. In: Liber Amicorum Prof. Herman van der Wee. Hg. v. Eddy H.G. VAN CAUWENBERGHE und Paul M.M. KLEP, Löwen 1994, 321-333.

16 Ausführlicher Überblick bei MENDELS, Franklin F.: Proto-Industrialization. Theory and Reality. In: Eighth International Economic History Congress Budapest 1982. Bd. 1, Budapest 1982, 69-107.

siedelt in den alten urbanen Zentren der südlichen Niederlande (Brüssel, Löwen, Gent u.a.), Deutschlands (Frankfurt am Main, Nürnberg, Augsburg), Frankreichs (Lyon) und Oberitaliens[17]. Eine Ausnahme machte wiederum die niederländische Republik, wo auch die Massenproduktion, etwa billiger Textilien, in den alten Städten blieb. Vor allem in Leiden entstand auf der Basis eines höchstentfalteten Traditionalismus ein Gewerbeboom, der bis ins letzte Drittel des Jahrhunderts anhielt[18].

Die Koinzidenz dieser demographischen und sozioökonomischen Probleme mit den Verunsicherungen für Gruppen und Individuen, die sich aus der im nächsten Paragraphen zu beschreibenden Verbindung von Konfessionalisierung und frühmoderner Staatsbildung ergaben, erzeugten jene soziopsychische Erregtheit, die die Jahrzehnte an der Wende des 16. Jahrhunderts kennzeichnete. Und auch die Ventile, über die der Überdruck entwich, waren charakteristisch für die Kombination von soziokultureller, politischer und sozioökonomischer Krise. Endzeiterwartung breitete sich aus – unter den politischen und intellektuellen Eliten als eschatologisches oder chiliastisches Geschichtsdenken, unter den breiten Schichten als Sternen- und Wunderglaube. Allenthalben kam es zum Ausbruch von Gewalt – zu Judenpogromen, zur Jagd auf Hexen und Häretiker, zu bestialischen Ausschreitungen der Soldateska, zu soziopolitischen Protesten vor allem in den Städten, aber auch auf dem Lande[19].

Neben der Aktion gegen vermeintlich Verantwortliche stand die Interpretation der Zeit und ihrer Zeichen. In einer wahren Flut von Flugschriften brach sich ein öffentlicher Diskurs Bahn, der demjenigen der Reformationszeit an Umfang durchaus gleicht, die Probleme aber anders wendet. Ging es damals um den rechten Weg zum Heil und die reine Ordnung der wahren Kirche, so jetzt im Zeichen des Konfessionalismus um die

---

17 VAN DER WEE, Hermann: Industrial Dynamics and the Process of Urbanization and De-Urbanization in the Low Countries from the late Middle Ages to the 18th Century. A Synopsis. In: The Rise and Decline of Urban Industries in Italy and the Low Countries (Late Middle Ages – Early Modern Times). Hg. v. DEMS., Leuven 1988, 307-381, zugleich eine prinzipielle Auseinandersetzung mit der Protoindustrialisierungsdiskussion.

18 DE VRIES: Economy (wie Anm. 9) 18f., 101f.

19 Aus einer Vielzahl von Untersuchungen seien als Beispiele genannt: Early Modern European Witchcraft. Hg. v. Bengt ANKARLOO und Gustav HENNINGSEN, Oxford 1990. - MUCHEMBLED, Robert: La sorcière au village, 15e-18e siècle. Paris 1979. - MIDELFORT, Eric: Witch Hunting in Southwestern Germany, 1562-1684. Stanford 1972. - BEHRINGER, Wolfgang: Hexenverfolgung in Bayern. Volksmagie, Glaubenseifer und Staatsräson in der Frühen Neuzeit. München 1988. - ISRAEL: European Jewry (wie Anm. 2) 35-53. - HSIA, Ronnie Po-chia: The Myth of Ritual Murder. Jews and Magic in Reformation Germany. New Haven 1988, bes. 197-230. - BISCHOFF, Michael: Himmelszeichen. Nördlingen 1986. - LEHMANN, Hartmut: Die Kometenflugschriften des 17. Jahrhunderts als historische Quelle. In: Literatur und Volk im 17. Jahrhundert. Hg. v. Wolfgang BRÜCKNER, Dieter BREUER und Peter BLICKLE, Wiesbaden 1985, 683-700. - DERS.: Die Deutungen der Endzeitzeichen in J.M. Meyfarts Buch vom Jüngsten Gericht. In: Pietismus und Neuzeit 14 (1988) 13-24. - MOUT, M.E.H. Nicolette: Calvinoturcismus und Chiliasmus im 17. Jahrhundert. Ebd., 72-84. - THOMAS, Keith: Religion and the Decline of Magic. Harmondsworth 1975. - FRIEDRICHS, Christopher R.: German Town Revolts and the Seventeenth-Century Crisis. In: Renaissance and Modern Studies 26 (1982) 27-51. - BLICKLE, Peter: Unruhen in der ständischen Gesellschaft, 1300-1800. München 1988.

Konsequenzen, die sich aus dem Sieg des richtigen oder falschen Bekenntnisses der Anhänger Christi oder des Antichristen für die Situation in der Welt ergeben würden. Charakteristisch ist die Internationalität des Diskurses, die zu einem großen Teil über die Konfessionsidentität hergestellt wurde[20].

Weite Teile Europas wurden von soziopsychischer Erregtheit erfaßt. Die konkreten Ausdrucksformen waren allerdings unterschiedlich: in Spanien die Autodafés der Inquisition; im Süden Italiens der von Tommaso Campanella und dem Millenarismus des Joachim von Floris inspirierte Volksaufstand gegen die spanische Besatzung; in Frankreich die Massaker der Religionskriege, von denen die Bartholomäusnacht nur die bekannteste war; in England und den Niederlanden die calvinistische Eschatologie, die sich im endzeitlichen Ringen mit dem spanischen Antichristen wähnte; in der Schweiz neben den soziokonfessionellen Konflikten in Appenzell, dem Bündnerland und dem Wallis vor allem der Aufruhr und die Massaker im Veltlin, die zugleich den Auftakt zu zwei Dezennien der Verwicklung in den europäischen Staatenkrieg gaben; in Schweden der erbitterte Kampf des lutherischen Adels in Allianz mit den Bischöfen gegen calvinisierende oder katholisierende Tendenzen der Krone; in Böhmen der tief verwurzelte Aufstand der Stände mit einem breiten Spektrum antikatholischer Gesinnung gegen die Habsburger; schließlich die breiten Bürgerunruhen in den deutschen Städten des Königlichen Preußen gegen Calvinisierungstendenzen und damit verbundenen gesellschaftlich-politischen Wandel, während die etwa gleichzeitig verlaufende katholische Konfessionalisierung in Polen selbst weitgehend ohne Krise verlief. Daß all diese Konflikt- und Unruheherde im Bewußtsein der Zeit nicht isoliert blieben, sondern als Teilphänomene eines ganz Europa umgreifenden Geschehens begriffen wurden, dafür sorgte der internationale öffentliche Diskurs der einzelnen Konfessionen, besonders offenkundig bei

---

20 TSCHOPP, Silvia Serena: Heilsgeschichtliche Deutungsmuster in der Publizistik des Dreißigjährigen Krieges. Frankfurt a.M. (u.a.) 1991. - SOLÉ, Jacques: La signification eschatologique de la Réforme dans le débat confessionel français autour de 1600. In: Les Réformes (wie Anm. 1) 57-64. - DERS.: Le débat entre protestants et catholiques français de 1598 à 1685. Bd. 1-4, Paris 1985. Ausführlich zu Prophetie, Eschatologie und Antichrist Bd. 3, 531-876. - Weiter ausgreifend DELUMEAU, Jean: La Peur en Occident (XIVe-XVIIIe siècles). Une cité assiégée. Paris 1978, Kap. VI. Die konfessionalistischen Flugschriften sind bei weitem nicht so gut aufgearbeitet wie die der Reformationszeit. Bibliographisch sind sie erfaßt in: Flugschriftensammlung Gustav Freytag. Hg. v. Paul HOHENEMSER, Hildesheim 1925 (ND Hildesheim 1966) (dazu die Microfiche-Edition München 1980). - Deutsche illustrierte Flugblätter des 16. und 17. Jahrhunderts. Hg. v. Wolfgang HARMS, Bd. 1-4, Tübingen 1980-1989. - Demnächst KÖHLER, Hans-Joachim: Bibliographie der Flugschriften des 16. Jahrhunderts, Teil II: 1530-1600. - Eine konfessionsgeschichtliche Analyse bei TRAITLER, Hildegard: Konfession und Politik. Interkonfessionelle Flugschriftenpolemik aus Süddeutschland und Österreich (1564-1612). Frankfurt a.M. (u.a.) 1989. - KNUTTEL, Willem Pieter Cornelis: Catalogus van de pamfletten-verzameling berustende in de Koningklijke Bibliotheek. Bd. I/1 (1486-1620), Bd. I/2 (1621-1648), Utrecht 1890 (ND Utrecht 1978). - JACKSON, William Alexander (u.a.): A Short-Title Catalogue of Books Printed in England, Scotland and Ireland etc., 1475-1640. Bd. 1-2, London ^{2}1976-1986. - Zu Frankreich BAUMGARTNER, Frederic J.: Radical Reactionaries. The Political Thought of the French Catholic League. Genf 1975. - SOLÉ: Le débat (wie oben).

Angriff und Niederlage der Armada, beim Bartholomäus-Massaker oder bei der Publizistik der Jesuiten[21].

In Zentraleuropa war die soziopsychische Erregung besonders ausgeprägt. Denn dort trafen die weltanschaulichen und machtpolitischen Fronten direkt aufeinander, wurden innere durch äußere Konfrontationen verstärkt und umgekehrt[22]. Zudem fielen schließlich alle politischen und rechtlichen Schlichtungsmechanismen aus. Erst als sich die Spannungen im Krieg entluden, trat, je länger dieses große Staaten- und Weltanschauungsringen währte, an die Stelle der nervösen Zukunftsängste der physische Kampf ums tägliche Überleben.

III. Die Konfessionalisierung der Kirchen – Formation des kirchlichen Personals und der Institutionen, des Dogmas und der Riten, des Denkens und des Verhaltens

Die modernisierende Wirkung der Konfessionalisierung erfaßte auch und vor allem die Kirchen selbst. Wo die Reformation gesiegt hatte, stand die Zeit nach 1550 im Zeichen des institutionellen und personellen Aufbaus sowie der Abgrenzung im Dogma und beim Ritus. Es war das Zeitalter der Kirchenordnungen, Bekenntnisbücher und Konfessionsbündnisse, vor allem in Zentraleuropa, wo jedes der nach Dutzenden zählenden protestantischen Territorien sowie jede Reichs- und Autonomiestadt eine mehr oder weniger eigenständige Kirchenordnung erließ und darüber hinaus das Feld zwischen Luthertum und Calvinismus abzustecken war. Auf die als „zweite Reformation" auftretenden reformierten Konfessionalisierungen antworteten die bei der Confessio Augustana invariata von 1530 bleibenden Territorien und Städte mit der lutherischen Konfessionalisierung[23].

Bei den Spätreformationen in den Niederlanden, in Frankreich und Schottland fielen reformatorischer Aufbruch und konfessionalistische Formierung weitgehend zusammen. Die Gewinne des Protestantismus kamen vor allem dem Calvinismus zugute, in Westeuropa nicht anders als in Ostmittel- und Südosteuropa (Polen, Böhmen, Siebenbürgen, Ungarn, selbst in den habsburgischen Erblanden). In keinem dieser Fälle kam es noch zu einer Totalreformation von Staat und Gesellschaft. Das gilt selbst für die nördlichen Niederlande, wo der konfessionalistische Calvinismus zwar den Status einer bevorrechtigten „publieken kerke" erhielt, der alle politischen Amtsträger anzugehören hatten, wo sich

---

21 MALTBY, William S.: The Black Legend in England: The Developement of Anti-Spanish Sentiment, 1558-1660. Durham 1971. - KINGDON, Robert M.: Myths about the St. Bartholomew's Day Massacres, 1572-1576. Cambridge 1988. - KREBS, Richard: Die politische Publizistik der Jesuiten und ihrer Gegner. Halle 1890 (ND Leipzig 1976).

22 Ausführlich zur Krise im Reich SCHILLING: Aufbruch und Krise (wie Anm. 3) 371-419.

23 COHEN, Henry: The Territorial Princes in Germany's Second Reformation, 1559-1622. In: International Calvinism, 1541-1715. Hg. v. Menna PRESTWICH, Oxford 1985, 135-166, sowie die Beiträge in den drei Sammelbänden: Reformierte Konfessionalisierung, Lutherische Konfessionaliserung, Katholische Konfessionalisierung (alle wie Anm. 1).

aber dessenungeachtet eine multikonfessionelle und relativ tolerante Gesellschaft durchsetzte. Die niederländische Republik warf im frühen 17. Jahrhundert um so leichter den in der revolutionären Polarisierung akzeptierten, aber nie dominanten Konfessionalismus der „precizen“ Calvinisten ab, als diese vor allem in der Leitprovinz Holland kaum je mehr als die Hälfte der Einwohner ausmachten[24].

Auch in England kam es zu einer Spätreformation. Elisabeth I. versuchte zwar die Konfessionalisierung zu vermeiden – weil das ihrem Temperament widersprach, aber sicher auch, um dem damit zwangsläufig verbundenen Einflußgewinn der Geistlichkeit zu entgehen. Da sich aber auch England letztlich nie von den gesamteuropäischen Tendenzen abkoppeln konnte, gewann der puritanische Konfessionalismus als Oppositionsbewegung innerhalb der Staatskirche an Boden[25]. Es kam zu einer schleichenden Spaltung der protestantischen Nation. Die für das konfessionelle Europa typische Verkopplung der Konfessionsfrage mit politischen und gesellschaftlichen Faktionen wurde in England um so brisanter, als sie sich über mehrere Generationen verfestigen konnte und die endgültige Klärung erst in dem großen Bürger- und Religionskrieg der vierziger Jahre des 17. Jahrhunderts erfolgte, also rund 100 bzw. 50 Jahre später als in Deutschland bzw. Frankreich und den Niederlanden.

In den katholischen Ländern war die im Zuge der Konfessionalisierung vollzogene innere Formierung der Kirche einerseits eine Reaktion auf die entsprechenden Vorgänge im Protestantismus. Andererseits konnte die tridentinische Konfessionalisierung an vorreformatorische Reformen der spätmittelalterlichen Kirche anknüpfen. Denn so wichtig die reformatorische Tat Luthers für die Erneuerung des europäischen Kirchenwesens

---

24 DEURSEN, Aadrian Theodor van: Bavianen en Slijkgenzen. Kerk en kerkvolk ten tijde van Maurits en Oldenbarnevelt. Assen 1974. - DUKE, Alastaire: Reformation and Revolt in the Low Countries. London 1990. - DERS.: The Ambivalent face of Calvinism in the Netherlands, 1561-1618. In: International Calvinism (wie Anm. 23) 109-134. - TRACY, James D.: With and Without the Counter-Reformation: The Catholic Church in the Spanish Netherlands and the Dutch Republic, 1580-1650. In: Catholic Historical Review 71 (1985) 547-575. - SCHILLING, Heinz: Religion and society in the Northern Netherlands. In: DERS.: Religion, Political Culture and the Emergence of Early Modern Society (wie Anm. 1) 353-412. - Herausragende Fallstudien KAPLAN, Benjamin Jacob: Calvinists and Libertines: The Reformation in Utrecht, 1578-1618. Phil. Diss. Harvard 1989, bes. 362f. (straffe Konfessionalisierung der calvinistischen Kirche, aber verfehlte Konfessionalisierung der niederländischen Gesellschaft). - MARNEF, Guido: Het Calvinistisch Bewind te Mechelen 1580-1585. Kortrijk-Heule 1987. - DERS.: Antwerpen in Reformatietijd. Ondergronds Protestantisme in een internationale handelsmetropool, 1550-1577. Antwerpen-Amsterdam 1994 (engl. Übersetzung: Antwerp in the Age of Reformation. Underground Protestantism in a Communal Metropolis, 1550-1577. Baltimore-London 1996), wichtig für das noch nicht hinreichend erforschte calvinistische Zwischenspiel in den Südprovinzen.

25 Grundlegend COLLINSON, Patric: England and International Calvinism, 1558-1640. In: International Calvinism (wie Anm. 23) 197-224. - O'DAY, Rosemary: The Debate on the English Reformation. London-New York 1986. - TYACKE, Nicholas: Anti-Calvinists. The Rise of English Arminianism, c. 1590-1640. Oxford 1987. - WATTS, Michael R.: The Dissenters. From the Reformation to the French Revolution. Oxford 1985. - From Persecution to Toleration: the Glorious Revolution and Religion in England. Hg. v. Ole Peter GRELL, Jonathan ISRAEL und Nicholas TYACKE, Oxford 1991.

auch war, es darf nicht übersehen werden, daß die frühneuzeitliche Bürokratisierung und Rationalisierung der Kirchen, die im Protestantismus parallel zur dogmatischen und rituellen Formierung erfolgte, bereits in der spätmittelalterlichen Kirche in Gang gekommen war, ähnlich wie die religiöse Erneuerung in der Laienfrömmigkeit und den monastischen Reformbewegungen.

In einigen Punkten läßt sich die europäische Reformation sogar als „Modernisierungskrise" verstehen, nämlich als Antwort auf den rapiden Wandel, der die Kurie im ausgehenden 15. Jahrhundert rasch veränderte und der nördlich der Alpen auf Unverständnis und Mißtrauen stieß. Diese spätmittelalterlichen Modernisierungsansätze waren aber steckengeblieben, weil die Interessen der Klerikerhierarchie ihnen entgegenstanden und das Renaissancepapsttum sich vordringlichere Aufgaben gestellt hatte. So waren es in gewisser Weise Luther und die Reformation, die auch für die alte Kirche die spätmittelalterlichen Reformen retteten und die katholische Konfessionalisierung des ausgehenden 16. Jahrhunderts in die Lage versetzten, daran anzuknüpfen[26]. Mit der Reformation hatten jedenfalls die Protestanten für drei, vier Generationen bei der Modernisierung des europäischen Kirchenwesens die Führung übernommen, bis die Katholiken mit der Durchführung des Tridentinums, die sich langwierig genug gestaltete, gleichzogen[27].

Die mit der katholischen Konfessionalisierung verbundene Offensive zur Rückeroberung der an den Protestantismus verlorenen Länder, die wir Gegenreformation nennen, war nur teilweise erfolgreich: So in bestimmten Gebieten Deutschlands, und zwar vor allem in den sogenannten geistlichen Territorien, wo Bischöfe oder Äbte der alten Kirche Landesherren waren, und in den habsburgischen Erblanden. Auch Polen, das sich zu einem in weiten Teilen protestantisch geprägten multikonfessionellen und toleranten Staatswesen entwickelte hatte, wurde seit dem ausgehenden 16. Jahrhundert Zug um Zug rekatholisiert. Die Jesuiten, die einen wesentlichen Anteil an dieser Leistung hatten, versuchten dasselbe in dem zeitweilig mit Polen dynastisch verbundenen Schweden. Dauerhafter Erfolg blieb ihnen dort ebenso versagt wie in den übrigen skandinavischen Ländern. Denn die politische Elite und breite Schichten der Bevölkerung

---

26 Zur „Modernisierungskrise" REINHARD, Volker: Der Primat der Innerlichkeit und die Probleme des Reiches. Zum deutschen Nationalgefühl in der frühen Neuzeit. In: Deutschland in Europa. Hg. v. Bernd MARTIN, München 1992, 88-104, hier 90. - Die Blockierung spätmittelalterlicher Reformen zeigt am Beispiel der Synodalreformen in der Diözese Konstanz GORDON, Bruce: Clerical Discipline and the Rural Reformation. The Synod in Zürich, 1532-1580. Bern 1992, 23-36. - Grundsätzlich zum Verhältnis zwischen spätmittelalterlichem und reformatorischem Wandel SCHILLING, Heinz: Reformation – Umbruch oder Gipfelpunkt einer Temps des Réformes? In: Reformation als Umbruch. Hg. v. Bernd MOELLER, Gütersloh 1998, 1-19.

27 Selbst für Frankreich, dem klassischen Fall argwöhnisch gehüteter Unabhängigkeit von Rom, betont die jüngere Forschung: „Dès le règne d'Henri IV, la France est bel et bien touchée par l'esprit tridentin, qui s'est manifesté avec une particulière vigeur dans les années, sous le règne d'Henri III". (VENARD, Marc: Henri IV et la réforme catholique. In: Avenement d'Henri IV. Quatrième Centenaire. Colloque III. Pau-Nérac 1989. Paris 1990, 301-315, hier 302). - BERGIN, Joseph: Cardinal de la Rochefoucauld. Leadership and Reform in the French Church. New Haven-London 1987.

waren dort inzwischen im Luthertum verwurzelt. Ähnlich sah es in England, Schottland, den Niederlanden und den protestantischen Territorien Deutschlands und der Schweiz aus. Der Katholizismus konnte froh sein, wenn er als eine Art Außenposten Jesuitenmissionen oder Untergrundgemeinden behaupten konnte, die später dann, in der nachkonfessionalistischen Zeit, als Kristallisationskerne für den Aufbau einer katholischen Kirchenorganisation dienten[28].

So unterschiedlich die konfessionelle Kirchenbildung im einzelnen auch ausfiel, so lassen sich doch allgemeine Grundtendenzen erkennen. Von diesen erscheinen vier gesellschaftsgeschichtlich besonders wichtig: die Allianz mit dem Staat (§ 1); das Engagement auf dem Feld der weltlich-kirchlichen „Mitteldinge" (§ 2); der Aufbau von Steuerungs- und Kontrollkapazitäten zur Durchsetzung christlicher Normen in Glauben, Denken und Verhalten der Menschen (§ 3); schließlich die Formierung der frühmodernen Kirchendiener-Gesellschaft, dominiert von der konfessionalisierten Geistlichkeit, aber auch mit einer von Konfession zu Konfession unterschiedlich legitimierten und strukturierten Laienbeteiligung (§ 4).

§ 1 Die Allianz mit dem Staat

Daß die konfessionelle Kirchenbildung institutionell und personell in enger Anlehnung an den frühmodernen Staat erfolgte, ist besonders evident im Falle der protestantischen Staatskirchen in Skandinavien, England und der Schweiz (vor allem Zürich) und bei den Landes- und Stadtkirchen im Reich, und zwar unter reformiertem Vorzeichen nicht anders als unter lutherischem. Das kirchliche Personal hatte einen quasi beamtenhaften Status und unterstand dem jeweiligen Staatsoberhaupt als dem Summus Episcopus oder supreme head of the church. In diesen Fällen war die kirchliche Bürokratie eine Art Seitenzweig der im Aufbau begriffenen frühmodernen Staatsbürokratie. Besonders ausgeprägt war das bei den durch Theologen und landesherrliche Juristen besetzten Konsistorien der deutschen Landeskirchen, die die für Kirche, Schulen, Erziehung, Ehefragen etc. zuständigen Zentralbehörden der deutschen Territorialstaaten bildeten. Selbst der Calvinismus, der – anders als die zwinglische Spielart des Reformiertentums – theoretisch die Autonomie der Kirche vom Staat postulierte, machte in der Praxis keine Ausnahme. Denn die calvinistischen Presbyterien oder Consistoires waren in der Regel eng mit der

---

28 Catholizism in Early Modern History. A Guide to Research. Hg. v. John W. O'MALLEY, St. Louis 1988. - Katholische Konfessionalisierung (wie Anm. 1). - San Carlo Borromeo (wie Anm. 3). - GARSTEIN, Oskar: Rome and the Counter-Reformation in Scandinavia. Bd. 1: 1539-1583, Bd. 2: 1583-1622. Oslo 1963-1980, Bd. 3: 1622-1656. Leiden 1991. - ROGIER, L. J.: Geschiedenis van het Katholicisme in Noord-Nederland in de 16e en de 17e eeuw. Bd. 1-2, Amsterdam ²1947. - TRACY: Counter-Reformation (wie Anm. 24). - KŁOCZOWSKI, Jerzy: Ostmitteleuropa: Böhmen, Ungarn und Polen. In: Zeit der Konfessionen (wie Anm. 1) 618-661. - SCHRAMM, Gottfried: Der polnische Adel und die Reformation 1548-1607. Wiesbaden 1965.

politischen Elite verflochten, wenn sie sich nicht gar, wie in Genf, formell zu einem Teil aus Mitgliedern des Magistrates rekrutierten[29].
In den Niederlanden wurden selbst die Synoden, die übergemeindlichen Versammlungen, durch staatliche Politikkommissare überwacht. Eine tatsächliche Regierungs- und Verwaltungsautonomie in kirchlichen und gemeindlichen Dingen setzte der Calvinismus nur dort durch, wo er nicht die herrschende Konfession war und seine Kirchenorganisation unabhängig von der weltlichen Obrigkeit oder gar gegen sie aufbauen mußte. Das gilt für die französischen Hugenotten, die Kreuz- oder Untergrundkirchen am Niederrhein ebenso wie für die englischen Puritaner. In diesen Fällen bestand auch eine eindeutige Trennung zwischen politischer und kirchlicher Elite. Denn die Dissidenten waren von staatlichen Ämtern und jeglicher politischer Partizipation ausgeschlossen.

Wenn irgendwo kirchlich-gemeindliche Selbstverwaltung unabhängig von staatlichem Einfluß ausgeübt wurde und ein Weg von der presbyterial-synodalen Kirchenverfassung der frühen Neuzeit zu moderner Demokratie führte, dann über diese calvinistischen Minderheitengemeinden. Und auch die religionssoziologischen Wurzeln des Kapitalismus, wenn es sie denn gibt, sind wohl eher in dieser Minderheitensituation des Calvinismus zu suchen. Von öffentlichen Ämtern ausgeschlossen und damit von den feudalkonservativen Schranken befreit, die in Alteuropa mit der Teilhabe an „Herrschaft“ verbunden waren, stand der Führungsschicht dieses Minderheitencalvinismus neben dem Engagement in der Gemeinde nur die Wirtschaft als öffentliches Betätigungsfeld offen. Gestützt auf das Kraftdreieck Gemeinde – Familie – Wirtschaft, entwickelte sich in diesem religionssoziologischen Umfeld, zu dem neben den Calvinisten bald auch Täufergemeinden gehörten, ein bereits frühmodernes Wirtschaftsbürgertum, das die hemmenden Schranken alteuropäisch-feudaler Gesinnung und Sozialverfassung hinter sich ließ[30].

Der tridentinische Papal-Katholizismus behielt die nominell staatsunabhängige Organisation der mittelalterlichen Kirche bei. Da aber auch und gerade die katholische Konfessionalisierung eine Allianz mit den weltlichen Magistraten einging – sei es, um verlorengegangene Gebiete zurückzuerobern, sei es, um die bislang gehaltenen Länder endgültig gegen die protestantische Häresie zu imprägnieren –, verstärkte sich auch im Katholizismus der bereits im späten Mittelalter spürbare Staatseinfluß erheblich. In der Regel basierte er rechtlich auf Konkordaten mit der Kurie und entsprechenden Verträgen mit den zuständigen Diözesen bzw. Erzdiözesen. Die Instrumente und Institutionen staatlicher Kontrolle waren in den einzelnen Staaten aber recht unterschiedlich, ebenso das Ausmaß des Einflusses. In den deutschen Territorien z.B. bildeten sich in der Regel für die kirchlichen Angelegenheiten besondere geistliche Zentralbehörden heraus, die den Konsistorien in den protestantischen Territorien durchaus vergleichbar waren. In

29 KINGDON, Robert M.: Calvin and the Establishment of Consistory Discipline. In: Nederlands Archief voor Kerkegeschiedenis 70 (1990) 158-172. - SCHILLING, Heinz: Civic Calvinism in Northwestern Germany and the Netherlands, Sixteenth to Nineteenth Centuries. Kirksville, Mo. 1991, 105-161. - WOLTJER, Jan Julian: Een nieuw ende onghesien Dingh. Verkenningen naar de positie van de kerkeraad in twee Hollandse steden. Leiden 1985.

30 SCHILLING: Confessional Migration (wie Anm. 15).

Bayern war das der aus theologisch-geistlichen und juristisch-weltlichen Räten zusammengesetzte Geistliche Rat, dessen Mitglieder der Fürst berief und über den er nicht nur das kirchliche und religiöse Leben seiner Untertanen kontrollierte, sondern auch die Klöster beaufsichtigte und die personelle Besetzung von Pfarreien und Kollegiatsstiften steuerte. Die Situation in Spanien war insofern vergleichbar, als auch hier ein oberster, das gesamte kirchliche und geistige Leben steuernder Rat als Teil der königlichen Regierung bestand, nämlich der Oberste Rat der Inquisition (Consejo de la Suprema y General Inquisición), an dessen Spitze der König den Großinquisitor berief. Dieses spanische Staatskirchentum war auch strukturprägend für die Kolonisation und damit für Staat und Gesellschaft des frühneuzeitlichen Südamerika. In Frankreich war das wichtigste staatliche Steuerungsinstrument das im Bologneser Konkordat von 1516 errungene königliche Ernennungsrecht für die Bischöfe[31].

§ 2 Die kirchlich-weltlichen Mitteldinge (res mixtae)

Parallel zum Aufbau des kirchlichen Apparates intensivierte und formierte sich die Aktivität der Konfessionskirchen im Bereich der von den protestantischen Staatskirchenrechtlern so genannten res mixtae. Diese „gemischten Dinge" lagen auf dem gesellschaftspolitisch besonders wichtigen Überschneidungsfeld kirchlich-staatlicher Interessen. Im Mittelalter hatten sie angesichts fehlender staatlicher Steuerungskapazitäten im wesentlichen der Kompetenz der Kirche unterstanden. Mit dem Aufstieg des frühmodernen Staates gerieten sie dann zunehmend auch und bald vorrangig unter dessen Kontrolle. Die wichtigsten dieser res mixtae waren Ehe und Familie, Schule und Erziehung, Armen- und Sozialfürsorge. Anders als bei den protestantischen Konfessionen galt die Ehe im Katholizismus als Sakrament, gehörte also der Kirche und nicht den res mixtae an. Dessenungeachtet setzten sich aber auch in katholischen Ländern die Grundtendenzen durch, die auf eine Formalisierung sowie auf Rationalität, Disziplin und Effizienz hinausliefen.

In katholischem wie protestantischem Umfeld ergab sich bei diesen res mixtae eine doppelte Kompetenz, wobei längerfristig meist der Staat davon profitierte. Die Regel war

---

31 MOUSNIER, Roland: Les institutions de la France sous la Monarchie absolue, 1598-1789. Bd. 1, Paris 1974, 222ff. - BAUMGARTNER, Frederic J.: Change and Continuity in the French Episcopate. The Bishops and the Wars of Religion 1547-1610. Durham, NC 1986. - Miscellanea historicae ecclesiasticae. Bd. VIII, Colloque de Strasbourg 1983 sur: L'institution et les pouvoirs dans les églises de l'antiquité à nos jours. Hg. v. Bernard VOGLER, Brüssel 1987. „Philip did everything possible to extend his control over the Spanish Church [...]. The Inquisition was duly reduced to little more than a department of state" (ELLIOT, John H.: Imperial Spain, 1469-1716. Harmondsworth 1970, 230, ansonsten kaum etwas zur Staat-Kirchen-Problematik in diesem Klassiker). - Ausführlicher KAMEN, Henry: Spain 1469-1714. London 1983, 177-190 und bes. PIETSCHMANN, Horst: Staat und staatliche Entwicklung am Beginn der spanischen Kolonisation Amerikas. Münster 1980, 39-52. - MONTER, William: Frontiers of Heresy. The Spanish Inquisition from the Basque Lands to Sicily. Cambridge 1990.

die gleichgerichtete Zusammenarbeit kirchlicher und staatlicher Institutionen. Nicht selten kam es aber auch zu Meinungsunterschieden oder gar Konflikten, wobei sich keineswegs nur der Katholizismus in der Lage zeigte, einen eigenständigen kirchlichen Standpunkt zu vertreten.

Die einzelnen Konfessionen waren allerdings institutionell und personell zur Wahrnehmung ihrer Aufgaben bei den res mixtae recht unterschiedlich ausgestattet. Besonders abgestimmt und neuzeitlich rational war die Regelung bei den Calvinisten. Zuständig war das Presbyterium der Einzelgemeinde, subsidiär auch die Synode. Wo der Calvinismus staatlich anerkannt war, stimmten beide ihre Aktivität mit den weltlichen Magistraten ab[32]. Im Luthertum waren die Kompetenzen der Einzelgemeinde in die landeskirchliche Bürokratie eingebunden, was dem Staat Weisungs- und Steuerungsmöglichkeiten eröffnete[33].

Im Katholizismus blieben die meisten der zahlreichen mittelalterlichen Institutionen erhalten. Das Bemühen um Abstimmung und Koordination ist aber auch hier unverkennbar, getragen durch die im Tridentinum gestärkte Diözese, durch die neuen Orden, etwa die Jesuiten, vor allem aber durch den Staat[34]. Die Leistungen des Jesuitenordens beim Aufbau frühmoderner Schulen und Universitäten sowie in der Erziehung und Bildung allgemein sind gut erforscht. Hatte der Jesuit Petrus Canisius 1576 noch zu klagen,

---

32 GASSMANN, Benno: Ecclesia Reformata. Die Kirche in den reformierten Bekenntnisschriften. Freiburg/Brsg. 1968. - VAN DEURSEN: Bavianen (wie Anm. 24) 1ff., 227ff. - SCHILLING: Religion, Political Culture and the Emergence of Early Modern Society (wie Anm. 1) 360ff., 401ff. - DERS.: Civic Calvinism (wie Anm. 29) 105ff. - Für die kurzlebigen Ansätze calvinistischer Kirchenverfassungen in den Südprovinzen MARNEF: Mechelen (wie Anm. 24) 243ff., 300ff. - DERS.: Antwerpen (wie Anm. 24). - MÜNCH, Paul: Zucht und Ordnung. Reformierte Kirchenverfassungen im 16. und 17. Jahrhundert (Nassau-Dillenburg, Kurpfalz, Hessen-Kassel). Stuttgart 1978. - CHOISE, Eugéne: L´Etat Chrétien calviniste à Genève au temps de Théodore de Bèrze. Geneva 1902. - KINGDON, Robert M.: Geneva and the Consolidation of the French Protestant Movement, 1564-1572. Geneva 1967, Kap. I. - STAUFFENEGGER, Roger: Église et Société. Genève au 17e siècle. Bd. 1-2, Geneva 1983. - GARRISON-ESTÈBE, Janine: Protestants du midi, 1559-1598. Toulouse 1980, 89ff. - LYNCH, Michael: Calvinism in Scotland. In: International Calvinism (wie Anm. 23) 225-255.

33 Vorzügliche Quelle hierzu SECKENDORFF, Veit Ludwig von: Teutscher Fürstenstaat. Frankfurt a.M. 1656 [ND Aalen 1972 der Ausgabe Jena 81720]. - DERS.: Christen-Stat in Drey Bücher abgetheilt. Leipzig 1685. - Fallstudien zur realgeschichtlichen Situation von RELLER, Horst: Vorreformatorische und reformatorische Kirchenverfassung im Fürstentum Braunschweig. Wolfenbüttel-Göttingen 1959. - KRUMWIEDE, Hans-Walter: Zur Entstehung des landesherrlichen Kirchenregiments in Kursachsen und Braunschweig-Wolfenbüttel. Göttingen 1967. - Vgl. auch VOGLER, Bernard: Le monde germanique et helvétique à l´époque des Réformes 1517-1618. Bd. 1-2, Paris 1981, hier Bd. 2, 304ff. Zur juristisch-theologischen Begründung HECKEL, Martin: Staat und Kirche nach der Lehre der evangelischen Juristen Deutschlands in der ersten Hälfte des 17. Jahrhunderts. München 1968. - HONECKER, Martin: Cura religionis magistratus christiani. München 1968.

34 Jüngste Zusammenfassung VENARD, Marc: Die katholische Kirche. In: Zeit der Konfessionen (wie Anm. 1) 239-308. - Zur realhistorischen Situation die Fallstudien in: Römische Quartalschrift für christliche Altertumskunde und Kirchengeschichte 84 (1989) (Symposion „Katholische Reform" im Campo Santo Teutonico, 26.-29.9.1988) und BECKER, Thomas: Konfessionalisierung in Kurköln. Bonn 1989.

„daß die Katholiken nun mehr so wenig und noch dazu so armselige Universitäten haben"[35], so führte die von ihm und anderen Reformern seit dem ausgehenden 16. Jahrhundert energisch vorangetriebene Bildungsoffensive schließlich zu einer schrittweisen Verringerung des Abstandes. Der wesentliche Unterschied bestand darin, daß hinter den calvinistischen und lutherischen Bildungseinrichtungen in der Regel ein territorialer Stifter und Träger oder gar ein Nationalstaat stand, während in den katholischen Ländern die supraterritoriale Organisation der Orden bestimmend war. Auf seine Art trug auch der frühneuzeitliche Katholizismus durch seine Universitäten, durch die Kollegien der Jesuiten, durch die Ordensstudien vor allem der Benediktiner und auf vielen anderen Wegen zum wissenschaftlichen Fortschritt bei, und zwar auch in den Naturwissenschaften[36]. Der im 19. Jahrhundert greifbare Bildungsrückstand katholischer Gebiete läßt sich nicht direkt aus der frühneuzeitlichen Konfessionalisierung herleiten.

Für die Armen-, Alten-, Waisen- und Krankenfürsorge entwickelten die Calvinisten mit der Diakonie eine eigenständige Institution. Sie unterstand der Kontrolle des Presbyteriums, wurde aber von dem Gremium der Diakone eigenverantwortlich durchgeführt. Das vor allem in calvinistischen Städten entwickelte effektive System bezirksmäßiger bzw. nachbarschaftlicher Verantwortlichkeit von jeweils ein oder zwei Diakonen bei der Sammlung von Almosen und der Betreuung von Bedürftigen („Sozialfällen"), was in Alteuropa immer auch Kontrolle bedeutete, konnte im 19. Jahrhundert teilweise Vorbild für staatlich-säkulare Fürsorgesysteme werden. Das Luthertum hatte auf gemeindlicher Ebene die Institution des „gemeinen Kastens" entwickelt, die sich aber nur selten in ein ähnlich differenziertes kirchliches Fürsorgesystem entfalten konnte, dieses auch nicht mußte, weil Landeskirche und frühmoderner Fürsorgestaat einsprangen.

---

35 Canisius an Giovanni Kardinal Morone, Regensburg 1576 (mit einem Gutachten über die Lage der Kirche in Deutschland): Beati Petri Canisii, SJ, epistulae et acta. Bd. 1-8, Hg. v. Otto BRAUNSBERGER, Freiburg/Brsg. 1896-1926, hier Bd. 7, 358-366.

36 STICHWEH, Rudolf: Der frühmoderne Staat und die europäische Universität. Zur Interaktion von Politik und Erziehungssystem im Prozeß der Ausdifferenzierung (16.-18. Jahrhundert). Frankfurt a.M. 1991, 38-42, 170-187. - HAMMERSTEIN, Notker: Aufklärung und katholisches Reich. Berlin 1977, bes. 25-32 (Bildungsrückstand des 18. Jahrhunderts nicht in der Konfessionalisierung wurzelnd). - SCHINDLING, Anton: Die katholische Bildungsreform zwischen Humanismus und Barock. Dillingen, Dole, Freiburg, Molsheim und Salzburg. In: Vorderösterreich in der frühen Neuzeit. Hg. v. Hans MAIER und Volker PRESS, Sigmaringen 1989, 137-176. - Les Universités Européennes du 14e au 18e siècle. Hg. v. Sven STELLING-MICHAUD, Genève 1967. - SCAGLIONE, Aldo D.: The Liberal Arts and the Jesuit College System. Amsterdam-Philadelphia 1986. - SCHREINER, Klaus: Mönchtum im Zeitalter des Barock. Der Beitrag der Klöster zur Kultur und Zivilisation Südwestdeutschlands im 17. und 18. Jahrhundert. In: Barock in Baden. Hg. v. DEMS., Karlsruhe 1981, 343-363. - DERS.: Bücher, Bibliotheken und „gemeiner Nutzen". In: Bibliothek und Wissenschaft 9 (1975) 202-249. - Zum niederen Schulwesen FRANÇOIS, Étienne: Die Volksbildung am Mittelrhein im ausgehenden 18. Jahrhundert. Eine Untersuchung zum vermeintlichen Rückstand der katholischen Bevölkerung Deutschlands im Ancien Régime. In: Jahrbuch für westdeutsche Landesgeschichte 3 (1977) 277-304.

Der Katholizismus bewahrte auch hier die mittelalterliche Vielfalt, formierte aber dennoch vieles neuzeitlich rational um[37]. Unabhängig von dieser Aktivität der Konfessionkirchen wurde der frühmoderne Staat im Fürsorgewesen tätig, vor allem der deutsche Territorialstaat mit seinem ausgeprägten Hang, das Gemeine Beste (bonum commune) über den Verordnungsweg durchzusetzen. Hunderte von Polizei- und Armenordnungen wurden erlassen, die meist auf einer Symbiose konfessionell-religiöser und etatistisch-säkularer Elemente basierten und keine manifesten Konfessionsunterschiede erkennen lassen[38].

Besonders nachhaltig waren die Auswirkungen der Konfessionalisierung auf Ehe und Familie sowie allgemein auf das Zusammenleben der Geschlechter[39]. Die Entstehungsgeschichte der neuzeitlichen Ehe ist weitgehend die Geschichte des Eheverständnisses, der Eheschließungspraxis sowie der Normen für das alltägliche Eheleben, wie sie die Konfessionskirchen entwickelten, längerfristig und im Verborgenen wirkend auch die der Dissidenten, vor allem der Täufer. Auch hier ist wiederum der Einfluß des eng mit den Konfessionen verbundenen frühmodernen Staates mitzubedenken. Und auch die These von der funktionalen Äquivalenz der drei Konfessionalisierungen bleibt ungeachtet deutlicher theologischer Unterschiede im Eheverständnis gültig. Denn im Kern ging es

---

37 Das frühneuzeitliche Fürsorgewesen steht gegenwärtig im Zentrum des Forschungsinteresses. Interkonfessionell vergleichende Studien sind aber selten. Zum Calvinismus MCKEE, Elsie Anne: John Calvin on the Diaconate and Liturgical Almsgiving. Geneva 1984. - OLSEN, Jeannine: Calvin and Social Welfare. Selinsgrove 1989. - KINGDON, Robert M.: Church and Society in Reformation Europe. London 1985, 81-90. - VAN DEURSEN: Bavianen (wie Anm. 24) 102-127. - FEHLER, Time: Calvinist poor relief in Emden. Wisconsin 1996. - Zur Situation in katholischen Ländern CHÂTELLIER, Louis: L'Europe des Dévots. Paris 1987. - DINGES, Martin: Stadtarmut in Bordeaux (1525-1675). Bonn 1988. - PULLAN, Brian: Rich and Poor in Renaissance Venice: The Social Institutions of a Catholic State to 1620. Oxford 1971. - DERS.: Catholics and the Poor in Early Modern Europe: In: Transactions of the Royal Historical Society, Vth series, 26 (1976) 15-34, hier 33: on „common ground between [...] territories of Catholicism and Protestantism" as well as on „distinguishing marks of [...] poor relief among Catholics".

38 BATTENBERG, Friedrich: Obrigkeitliche Sozialpolitik und Gesetzgebung. In: Zeitschrift für Historische Forschung 18 (1991) 33-70. - Zur Situation in den Städten FISCHER, Thomas: Städtische Armenfürsorge im 15. und 16. Jahrhundert: Basel, Freiburg im Breisgau, Straßburg. Göttingen 1979. - JÜTTE, Robert: Obrigkeitliche Armenfürsorge in deutschen Reichsstädten der frühen Neuzeit: Frankfurt am Main, Köln. Köln-Wien 1984. - DINGES: Stadtarmut (wie Anm. 37).

39 Zum folgenden mit ausführlichen Literaturbelegen und einer Fallstudie auf der Basis seriell-quantitativen Materials SCHILLING, Heinz: Frühneuzeitliche Formierung und Disziplinierung von Ehe, Familie und Erziehung im Spiegel calvinistischer Kirchenratsprotokolle. In: Glaubensbekenntnisse, Treueformeln und Sozialdisziplinierung. Hg. v. Paolo PRODI, München 1993, 199-235. - SAFLEY, Thomas Max: Let No Man Put Asunder: The Control of Marriage in the German Southwest. Kirksville, Mo. 1984 (interkonfessionell vergleichend). - DERS.: Civic Morality and the Domestic Economy. In: The German People and the Reformation. Hg. v. Ronnie Po-Chia HSIA, Ithaca 1988, 173-190. - Im Anglikanismus INGRAM, Martin: Church Courts, Sex and Marriage in England, 1570-1640. Cambridge 1987. - GREAVES, Richard L.: Society and Religion in Elizabethan England. Minneapolis 1981, 115-376. - ADDY, John: Sin and Society in the seventeenth century. London 1984, 161-198.

darum, die Eheschließung aus der Zuständigkeit der Sippenverbände heraus in die Öffentlichkeit zu bringen und sie geregelten, kontrollierbaren und dokumentierbaren Normen zu unterwerfen. Das erfolgte in der Regel durch mehrmalige öffentliche Ankündigung des Ehevorhabens von der Kanzel herab, durch kirchliche Trauung, für die der vor Zeugen abgelegte Konsens der Brautleute und ihrer Eltern oder Verwandten erforderlich war, schließlich durch die Registrierung der Eheschließung in den Kirchenbüchern, deren sorgfältige Führung im Zuge der Konfessionalisierung jedem Gemeindepfarrer zur Pflicht auferlegt wurde.

Für die beiden protestantischen Konfessionen war die Ehe „ein weltlich Ding", das auf einem Treueeid der Beteiligten basierte, auf einem säkularen Band also, das aber den allgemeinen Normen christlicher Zuverlässigkeit, Ehrlichkeit und Verantwortlichkeit dem Nächsten gegenüber unterlag. Demgegenüber schloß der im Tridentinum festgeschriebene Sakramentcharakter der Ehe eine Säkularisierung grundsätzlich aus. Daraus ergab sich eine originäre Verantwortlichkeit der katholischen Kirche in Ehesachen und eine Selbständigkeit gegenüber dem Staat, die nach der Entlassung der Ehe aus dem Kreis der Sakramente im Protestantismus theoretisch nicht mehr gegeben war. Indem aber die protestantischen Konfessionen davor zurückschreckten, als Konsequenz aus ihrem im Prinzip entsakralisierten Eheverständnis Ehe und Familie ganz in den Zuständigkeitsbereich des Staates zu übergeben, blieb in der Praxis auch im protestantischen Umfeld die Rolle von Religion und Kirche prägend. Eine Ausnahme machten nur die nördlichen Niederlande sowie zeitweilig England, wo im ausgehenden 16. Jahrhundert bzw. für einige Jahre zu Mitte des 17. Jahrhunderts eine von kirchlichem Einfluß freie Zivilehe geführt wurde. Umgekehrt war das sakramentale Eheband des tridentinischen Katholizismus in der Realität keineswegs stabiler als der säkulare Treueeid, den protestantische Ehepaare ablegten und auf dessen Einhaltung calvinistische Presbyterien ebenso streng achteten wie lutherische Konsistorien. Es steht sogar zu vermuten, daß ein quantitativer Vergleich zwischen Annulationsentscheidungen bischöflischer Matrimonialgerichte und der Römischen Rota einerseits und protestantischen Ehescheidungen, die vor allem im Luthertum nur sehr zögerlich erlaubt wurden, andererseits zeigen würde, daß das säkulare Eheversprechen als Basis protestantischer Ehen in der Praxis stabiler war als die katholische Sakramentsehe, die im Einzelfall für ungültig erklärt werden konnte[40].

Ungeachtet solcher Ähnlichkeiten erfuhren die Heiratsmuster durch die angeratene oder gebotene Gleichkonfessionalität der Ehepartner eine strenge Konfessionalisierung, die traditionelle regionale oder soziale Strategien des Konnubiums abschnitten und durch ganz neue, konfessionell geprägte ersetzte. In den konfessionellen und territorialen Mischlagen Mitteleuropas erweist sich „für die Heiratsbeziehungen der Bevölkerung die Konfessionsgrenze stärker als die Territorialgrenze"[41]. Es gab zwar konfessionsverschiedene

40 SCHILLING: Ehe, Familie und Erziehung (wie Anm. 39).

41 SCHÖLLER, Peter: Die rheinisch-westfälische Grenze zwischen Ruhr und Ebbegebirge. Münster 1953, 40, vgl. allgemein 36-45 als Fallbeispiel zur konfessionellen „Heiratsgrenze". - Zu

„Mischehen", und zwar in allen Schichten, damit waren aber vielfältige individuelle und soziale Probleme verbunden, die vor allem in den gemischtkonfessionellen Regionen die europäischen Gesellschaften weit über das konfessionelle Zeitalter hinaus in Atem hielten.

§ 3 Disziplinierung und Kontrolle

Der Aufbau von Steuerungs- und Kontrollkapazitäten zur Durchsetzung christlicher Normen im Glauben, Denken und Verhalten der Menschen war eng mit dem Engagement in Erziehung, Eheangelegenheiten und Armenfürsorge verzahnt[42]. Die dabei eingesetzten Mittel waren einerseits durchaus ähnlich, wie etwa im Fall der Katechismen, die keineswegs, wie häufig angenommen wird, ein rein protestantisches Phänomen waren[43]. Andererseits entwickelte jede Konfession ihre eigenen Institutionen und Instrumente[44].

---

den „Mischehen" FRANÇOIS, Etienne: Die unsichtbare Grenze. Protestanten und Katholiken in Augsburg 1648-1806. Sigmaringen 1991.

42 JÜTTE, Robert: Poor Relief and Social Discipline in 16th Century Europe. In: European Studies Review 11 (1981) 25-52. - DINGES, Martin: Frühneuzeitliche Armenfürsorge als Sozialdisziplinierung? Probleme mit einem Konzept. In: Geschichte und Gesellschaft 17 (1991) 5-29.

43 Aux origines du catéchisme en France. Hg. v. Pierre COLIN (u.a.), Tournai 1989.

44 Zum Katholizismus: VENARD: Die katholische Kirche (wie Anm. 34). - CHÂTELLIER: L'Europe des Dévots (wie Anm. 37). - Kirche und Visitation. Beiträge zur Erforschung des frühneuzeitlichen Visitationswesens in Europa. Hg. v. Ernst Walter ZEEDEN und Peter Thaddäus LANG, Stuttgart 1984. - SEIDEL MENCHI, Silvia: Ketzerverfolgung im 16. und 17. Jahrhundert. Wiesbaden 1992 (die letzten beiden interkonfessionell vergleichend). - MONTER, William: Enforcing Morality in Early Modern Europe. London 1987. - Zur Beichte im erneuerten Katholizismus jetzt wegweisend David MYERS: Poor, Sinning Folk: Confession and Conscience in Counter-Reformation Germany. Ithaca 1996. - Zu Calvinismus und Luthertum: Sin and the Calvinists. Morals Control and the Consistory in the Reformed Tradition. Hg. v. Raymond A. MENTZER, Kirksville, Missouri 1994. - SCHILLING: Civic Calvinism (wie Anm. 29) 41-68. - Kirchenzucht und Sozialdisziplinierung in interkonfessionell vergleichender Perspektive. Hg. v. Heinz SCHILLING, Berlin 1993. - KINGDON: Church and Society (wie Anm. 37) Kap. VIII. - ROODENBURG, Herman: Onder Censuur. Hilversum 1990. - BRECHT, Martin: Kirchenordnung und Kirchenzucht in Württemberg. Stuttgart 1967. - SCHNABEL-SCHÜLE, Helga: Der große Unterschied und die kleinen Folgen. Zum Problem der Kirchenzucht als Unterscheidungskriterium zwischen lutherischer und reformierter Konfession. In: Krisenbewußtsein. Hg. v. Monika HAGEMEIER, Frankfurt a.M. 1992, 197-214. - SCHMIDT, Heinrich Richard: Die Christianisierung des Sozialverhaltens als permanente Revolution. In: Kommunalisierung und Christianisierung. Hg. v. Peter BLICKLE, Berlin 1989, 113-163. - GORDON: Clerical Discipline (wie Anm. 26). - KONERSMANN, Frank: Presbyteriale Kirchenzucht und landesherrliches Regiment. Pfalz-Zweibrücken im 17. und 18. Jahrhundert. In: Kultur und Staat in der Provinz. Hg. v. Stefan BRAKENSIEK, Bielefeld 1992, 315-350. - DERS.: Kirchenregiment und Kirchenzucht im frühneuzeitlichen Kleinstaat. Studien zu den herrschaftlichen und gesellschaftlichen Grundlagen des Kirchenregiments der Herzöge von Pfalz-Zweibrücken 1410-1793. Speyer 1996. - WESTPHAL, Siegrid: „Die Welt kann also ohne Frauen nicht bestehen". Frau und lutherische Konfessionalisierung, dargestellt am Beispiel des Fürstentums Pfalz-Neuburg 1542-1614. Frankfurt a.M. 1994. - SCHMIDT, Heinrich Richard: Dorf und Religion. Reformierte Sittenzucht in Berner Landgemeinden der Frühen Neuzeit. Stuttgart-Jena-New York 1995, dazu die Bemerkungen bei SCHILLING, Heinz: Disziplinierung oder

Besonders breit war das Spektrum im Katholizismus. Dort lag die Überwachung des religiösen und sittlichen Lebens bei mehr oder weniger regelmäßigen Visitationen und Synoden, bei den geistlichen Gerichten der Dekanate, Diözesen, Erzdiözesen und der römischen Kurie selbst, bei der vor allem in Spanien und Italien omnipräsenten Inquisition, schließlich auch bei den Nuntiaturen, die das katholische Europa netzartig überspannten. In dieselbe Richtung wirkte der erzieherische und selbst- wie fremddisziplinierende Elan der konfessionalistischen Orden. Institutionell und psychologisch besonders ausgefeilt war das System der Jesuiten, die ein Europa und seine Kolonien umspannendes Netz von Niederlassungen, Gymnasien, Universitäten, Kongregationen und Einzelagenten, etwa den fürstlichen Beichtvätern, aufbauten[45].

Abgesehen vom Kirchenbann und den quasi bürokratischen Kontrollen durch Visitatoren, Superintendenten und Konsistorien bildete das Luthertum nur in Sonderfällen eigenständige Institutionen der Kirchenzucht aus, so daß hier die Disziplinierung vorrangig über Predigt und Seelsorge des Pfarrers sowie über staatliche Verordnungen und Beaufsichtigung erfolgte, denen aber die Normen des lutherischen Konfessionalismus zugrunde lagen. Ähnlich verhielt es sich beim Züricher Modell des Reformiertentums, wo Chorgericht und Synode, letztere hauptsächlich Disziplinargericht für die Geistlichkeit, durch die weltlichen Magistrate dominiert wurden.

Im Anglikanismus bestand eine deutliche institutionelle Kontinuität mit der mittelalterlichen Kirche, insofern formell die Bischöfe und Erzbischöfe für Visitationen und kirchliche Gerichte verantwortlich waren. Die königliche Kirchenpolitik bemühte sich aber um Zentralisierung, Nationalisierung und Kontrolle dieses Systems. Zudem spielten jetzt bei der konkreten Durchführung in den Parochien die gemeindlichen Laienvertreter eine wichtige Rolle, nämlich die Kirchenältesten, die jährlich neu von den Geistlichen und den Pfarrangehörigen (parishioners) gewählt wurden. In dieser Hinsicht bestanden durchaus Berührungspunkte mit den Puritanern, die aber eine gemeindeautonome Kirchenzucht nach Genfer Vorbild verlangten.

Ungeachtet ähnlicher Ansätze bei Luther, Zwingli, a Lasco und Buzer war es dieses von Calvin errichtete Genfer Modell, das theologisch, institutionell und personell die tragfähigste Basis für eine umfassende Beeinflussung der Gesellschaft im Geiste des

„Selbstregulierung der Untertanen"? - Ein Plädoyer für die Doppelperspektive von Makro- und Mikrohistorie bei der Erforschung der frühmodernen Kirchenzucht. In: Historische Zeitschrift 264 (1997) 675-692. - Zum Anglikanismus INGRAM: Church Courts (wie Anm. 39). - ADDY: Sin and Society (wie Anm. 39). - O'DAY, Rosmary: Geschichte der bischöflichen Kirchenvisitationen in England, 1500-1648. In: Kirche und Visitation (wie Anm. 44) 191-215. - Interkonfessionell vergleichend GOERTZ, Hans Jürgen/LEITH, John H.: Kirchenzucht. In: Theologische Realenzyklopädie. Bd. 19, Berlin-New York 1996, 173-191.

45 BIRELEY, Robert: Religion and Politics in the Age of the Counterreformation. Emperor Ferdinand II., William Lamormaini, S.J. and the Formation of Imperial Policy. Chapel Hill 1981. - DERS.: Maximilian von Bayern, Adam Contzen, S.J. und die Gegenreformation in Deutschland, 1624-1635. Göttingen 1975. - Zur Inquisition MONTER: Frontiers of Heresy (wie Anm. 31). - GRENDLER, Paul F.: The Roman Inquisition and the Venetian Press, 1540-1605. Princeton N.J. 1977. - Inquisition and Society in Early Modern Europe. Hg. v. Stephen HALICZER, London 1986. - Fallstudien zu den Nuntiaturen REINHARD, Wolfgang: Katholische Reform und Gegenreformation in der Kölner Nuntiatur 1584-1621. In: Römische Quartalschrift 66 (1971) 8-65.

neuzeitlichen Konfessionalismus und seiner Denk- und Verhaltensnormen legte. Wichtigste Steuerungsinstanz war das „Consistoire", das sich aus meist durch Kooptation gewählten Ältesten und den Pastoren zusammensetzte. Es tagte in der Regel allwöchentlich, um neben der kirchlichen Regierungs- und Verwaltungsarbeit die Kirchenzucht auszuüben, die Calvin im Anschluß an Matthäus 18, 1-18 in seiner Institutio zum tragenden Pfeiler reformierter Kirchlichkeit gemacht hatte. Einige calvinistische Kirchenordnungen, so namentlich die Confessio Gallicana und die Confessio Belgica, erklärten sie sogar zur dritten nota ecclesiae, neben Predigt und Verwaltung der Sakramente.

Allen Konfessionen ging es um die Durchsetzung der neuen konfessionalistischen Normen im Glauben, Denken und Verhalten. Neben dem daraus resultierenden politischen und gesellschaftlichen Wandel (Kap. IV, §§ 1-2) wurden davon auch die Kirchen und die Religion selbst tiefgreifend verändert. Es läßt sich mit Jean Delumeau von einer neuzeitlichen Welle der „Christianisierung" sprechen[46]. Denn die territorial flächenmäßige Durchsetzung der konfessionell normierten Religiosität der „Hochkirchen" verdrängte oder schwächte entscheidend ältere, vorkonfessionelle Formen der Volksreligiosität, die auf einem animistisch-magischen, teils noch dem Heidentum entstammenden Weltbild gründeten. Solche magischen Vorstellungen bezogen sich auf Naturereignisse, auf den Jahreszyklus des Säens und Erntens, auf Riten und Feste des individuellen und familiären Lebenszyklus – Geburt, Mannbarkeit, Hochzeit und Tod –, und schließlich kamen sie auch in der auf Tiere und Menschen bezogenen Volksmedizin zum Ausdruck. In Zusammenarbeit mit dem frühmodernen Staat gingen die neuzeitlichen Konfessionssysteme daran, das kirchlich-religiöse Leben in ihrem Sinne zu reinigen, zu normieren und zu vereinheitlichen. Dabei schlug jede der Großkonfessionen durchaus eigene Wege ein. Denn die Fähigkeit, sich volksreligiöse Elemente zu integrieren, war bei ihnen recht unterschiedlich ausgeprägt. Am stärksten war sie beim tridentinischen Katholizismus, in Ansätzen auch beim Luthertum, das etwa den Bedürfnissen der bäuerlichen Bevölkerung nach visueller Vergegenwärtigung des Religiösen durch Ausmalung der Kirchen, durch Beibehaltung von Heiligenstatuen, Hochaltären und Wetterläuten nachzukommen vermochte. Nur sehr begrenzt, wenn überhaupt vorhanden, war die Assimilationskraft des Calvinismus, weil dessen Zug zur Rationalität und zum Purismus einen Kompromiß mit den sinnenfrohen Formen der Volksreligiosität ausschloß[47].

Generell gilt, daß die tiefgreifende Prägung der Menschen des konfessionellen Zeitalters durch Kirche und Religion keineswegs allein über Kontrolle erfolgte. Auch die Seelsorge und die Verkündigung der christlichen Lehre gingen neue, erfolgreiche Wege – mit frommen Schriften wie Trost-, Andachts-, Gebet- und Gesangbüchern, Postillen,

---

46 DELUMEAU: Un chemin d'histoire (wie Anm. 1).

47 Aus einer umfangreichen Literatur MUCHEMBLED, Robert: Culture populaire et culture des élites dans la France moderne. Paris 1978. - Religion and Society in Early Modern Europe (1500-1800). Hg. v. Kaspar VON GREYERZ, London 1985. - Vorzügliche Fallstudien FREITAG, Werner: Volks- und Elitefrömmigkeit in der Frühen Neuzeit. Marienwallfahrten im Fürstbistum Münster. Paderborn 1991. - HÖRGER, Hermann: Dorfreligion und bäuerliche Mentalité im Wandel ihrer ideologischen Grundlagen. In: Zeitschrift für bayerische Landesgeschichte 38 (1975) 244-316.

Heiligenviten und Lehrdramen, durch Ehe- und Erziehungsspiegel, Leichenpredigten; in durchdachter psychologischer Seelenführung, am ausgeprägtesten in den Exerzitien der Jesuiten; schließlich auch durch den mannigfaltigen Einsatz der bildenden Kunst, am entschiedensten die katholische, im Prinzip aber auch die protestantischen Konfessionalisierungen (Kap. IV, § 3). Des weiteren ist zu beachten, daß sich in allen vier Großkonfessionen bereits an der Wende des 16. Jahrhunderts eine neue Frömmigkeit ankündigte, die im Verlauf des 17. Jahrhunderts den Konfessionalismus immer entschiedener in den Hintergrund drängte, weil sie an die Stelle der Lehr- und Bekenntnisorthodoxie die „einfältige" Herzensfrömmigkeit setzte[48].

§ 4 Die frühmoderne Kirchendiener-Gesellschaft

Im Protestantismus formierte sich eine frühmoderne Geistlichkeit, die sich in Herkunft, Selbstverständnis und Sozialhabitus eindeutig von der mittelalterlichen Priesterkaste unterschied, gleichgültig, ob – wie im Luthertum und im Anglikanismus – eine Amtshierarchie vom Pfarrer über den Superintendenten hin zum Generalsuperintendenten, Präses oder Bischof erhalten blieb oder – wie im Calvinismus – eine prinzipielle Gleichheit der Prädikanten galt. Mit dem heilsmäßig qualifizierten Priesterstatus waren auch die Sonderstellung in der Gesellschaft und die besondere politische Vertretung im Ständestaat aufgehoben. Protestantische Geistliche waren Bürger und Untertanen wie ihre Gemeindemitglieder[49]. Wo eine ständische Vertretung erhalten blieb, war das eine Amtsträger-

---

48 ZELLER: Theologie und Frömmigkeit (wie Anm. 8). - Frömmigkeit in der Frühen Neuzeit. Studien zur religiösen Literatur des 17. Jahrhunderts in Deutschland. Hg. v. Dieter BREUER, Amsterdam 1984. - LEHMANN: Absolutismus (wie Anm. 2). - Lutherische Konfessionalisierung (wie Anm. 1). - Le Livre religieux et ses pratiques. Etudes sur l'histoire du livre religieux en Allemagne et en France à l'époque moderne. Göttingen 1991. - CHAIX, Gérard: Réforme et Contre-réforme catholiques. Recherches sur la Chartreuse de Cologne au 16e siècle. Bd. 1-3, Salzburg 1981. - VEIT, Patrice: Das Gesangbuch als Quelle lutherischer Frömmigkeit. In: Archiv für Reformationsgeschichte 79 (1988) 206-229. - Les Réformes (wie Anm. 1).

49 Die Akten der Synode der Niederländischen Kirchen zu Emden vom 4.-13. Oktober 1571. Hg. v. J.F. Gerhard GOERTERS, Neukirchen-Vluyn 1971, § 1: „Nulla ecclesia in alias, nullus minister in ministros [...] primatum seu dominationem obtinebit, sed potius ab omni et suspitione et occasione cavebit". - MOELLER, Bernd: Kleriker als Bürger. In: DERS.: Die Reformation und das Mittelalter. Kirchenhistorische Aufsätze. Göttingen 1991, 35-52. - Zur frühen Sozial- und Mentalitätsgeschichte der protestantischen Geistlichkeit liegen inzwischen einige gewichtige Fallstudien vor, so VOGLER, Bernhard: Le clergé protestant rhénan au siècle de la Réforme 1555-1619. Paris 1976. - KARANT-NUNN, Susan C.: Luther's Pastors. The Reformation in the Ernestine Countryside. Philadelphia 1979. - SCHORN-SCHÜTTE, Luise: Evangelische Geistlichkeit in der Frühneuzeit. Deren Anteil an der Entfaltung frühmoderner Staatlichkeit und Gesellschaft. Gütersloh 1996. - Evangelische Pfarrer. Zur sozialen und politischen Rolle einer bürgerlichen Gruppe in der deutschen Gesellschaft des 18. bis 20. Jahrhunderts. Hg. v. DERS. und Walter SPARN, Stuttgart 1997. - GROENHUIS, Gerrit: De Predikanten: de sociale Positie van de gereformeerde Predikanten in de Republiek der Verenigde Nederlanden voor 1700. Groningen 1977. - O'DAY, Rosemary: The English Clergy. The Emergence and Conso-

partizipation und keine politische Privilegierung eines Klerikerstandes. Da das Recht der protestantischen Geistlichen auf Ehe faktisch zu einem Ehezwang wurde, waren diese in der Regel verheiratet und standen mit ihrer zumeist kinderreichen Familie in ganz anderer Weise mitten in der bürgerlichen Welt als die katholischen Priester. Ihre Tätigkeit war zu einem Beruf geworden, der eine formalisierte Ausbildung voraussetzte und den Normen einer Laufbahn unterworfen war.

Die damit gegebene Tendenz zur Professionalisierung war insofern theoretisch und strukturell verankert, als das Amtsprofil des protestantischen Geistlichen durch Predigt und Verwaltung des Wortes bestimmt und die Fähigkeit dazu durch ein Studium zu erlangen war. Seine Amtsgewalt erhielt der protestantische Geistliche durch Prüfung und Ordination; in Staatskirchen wie der englischen und den skandinavischen oder in den Landeskirchen des Reiches besaß er einen quasi beamtenhaften Status, der ihn auf die obrigkeitliche Politik festzulegen drohte und ihn leicht zum Vertreter des Staates im Dorf oder in der Stadt werden ließ. Diese Tatsache und der hervorgehobene Bildungsstand förderte, wie Rosemary O'Day für den anglikanischen Klerus gezeigt hat, die Entstehung eines Corpsgeistes, der vor allem bei der Dorfgeistlichkeit häufig eine unüberbrückbare Distanz zur Gemeinde schuf[50]. Dem entsprach eine soziale Nähe zu Inhabern vergleichbarer akademischer Berufe, in den deutschen Territorien namentlich zu den bürgerlichen Juristen und Beamten. Ungeachtet des eindeutig höheren Sozialprestiges der letzteren bildeten vor allem in den Städten Juristen und protestantische Geistlichkeit eine häufig auch durch Konnubium verbundene Eliteformation, die als frühmodernes Territorialbürgertum charakterisiert werden kann.

Neben den ordinierten Kirchendienern gab es im Protestantismus die Laienvertreter. Auch sie waren ein Teil der frühmodernen „Kirchendiener-Gesellschaft". Streng genommen trifft das allerdings nur für den Calvinismus zu, wo neben den Prädikanten auch Älteste, Diakone und die für die Auslegung der Schrift zuständigen Doktoren, Kollegien, Akademien oder Hohen Schulen offiziell Diener der Kirche waren[51]. Laienbeteiligung gab es aber auch bei Lutheranern und Anglikanern, wenn auch auf institutionell und theologisch schwächerer Basis. Zudem besaßen sie keine allgemeine Regierungs-, sondern nur eine Spezialkompetenz – die Finanzaufsicht über Kirchengebäude und Armenvermögen im Fall der lutherischen Kastenherren oder Kirchenprovisoren; im Fall der jährlich durch Pfarrangehörige und Geistliche gewählten anglikanischen Kirchenältesten darüber hinaus noch die Mitwirkung bei Visitationen und bischöflichen Gerichtstagen.

Im Zuge der tridentinischen Konfessionalisierung wurde auch die katholische Geistlichkeit neu formiert. Da das Tridentinum gerade in der sacerdotalen Grundlage des Kirchendienstes entschieden an die altkirchliche Tradition anknüpfte und sich darüber hinaus – wie vor allem beim Zölibat – bewußt von der Reformation absetzte, erscheint

lidation of a Profession, 1558-1648. Leicester, U.P. 1979. - CAMERON: The European Reformation (wie Anm. 1) 389ff.

50 O'DAY: The Debate (wie Anm. 25).

51 CALVIN, Johannes: Institutio Christianae Religionis. Hier benutzt in der dt. Übersetzung von Otto WEBER, Neukirchen-Vluyn ^{2}1963, IV/3-4, 714-735. - Vgl. auch KINGDON: Calvin (wie Anm. 29). - GANOCZY, Alexander: Calvin, Théologien de l'église et du ministère. Paris 1964.

die nachtridentinische Priester-Geistlichkeit idealtypisch gesehen in nahezu allen genannten Punkten als Gegenbild zur protestantischen Amts-Geistlichkeit. Abgesehen von Zölibat und sacerdotalem Heilsstand sowie den daraus unmittelbar resultierenden sozialen und standesmäßigen Folgen verlieren diese Unterschiede bei einer genauen real- und sozialgeschichtlichen Analyse erheblich an Bedeutung. Es kommt dabei allerdings auf die richtige Vergleichsebene an: Den protestantischen Pfarrern entsprachen der Seelsorge-Klerus der Orden und die parochiale Weltgeistlichkeit, nicht aber die Prälaten und der Episkopat der Adelskirche, die bis zum Ende des Ancien régime ihren vormodernen, feudalen Charakter nicht abstreiften, vor allem im Reich nicht, wo die Adelskirche untrennbar mit der Fürstenherrschaft verbunden blieb.

Auf der genannten Ebene verringern sich die Unterschiede zwischen protestantischen und katholischen Geistlichen, weil einerseits der Professionalisierungsgrad der protestantischen Wort-Geistlichkeit in der Realität häufig sehr gering und vor allem die Dorfpfarrer in die alteuropäische Gesellschaft und ihre feudale Produktionsweise eingebunden blieben, während andererseits die katholische Ordens- und Weltgeistlichkeit auf Universitäten und Seminaren durchaus professionell auf die Ausübung ihres Berufes vorbereitet wurden und damit neben ihre traditionelle Sakralqualität die moderne Wissensqualifikation trat. Und selbst für die Kurie, die gemeinhin als Hort traditionell „feudaler" Personalstruktur gilt, ist gezeigt worden, daß sich im 16. Jahrhundert die Professionalisierung mit dem Typus des „Laufbahnprälaten" durchsetzte[52]. Die politische und soziale Einbindung

52 REINHARD, Wolfgang: Herkunft und Karriere der Päpste 1417-1963. Beiträge zu einer historischen Soziologie der römischen Kurie. In: Mededelingen van het Nederlands Instituut te Rome 38 (1978) 87-108. - Zum Pfarrklerus SCHAER, André: Le clergé paroissial catholique en haut Alsace sous l'ancien régime. Paris 1966. - VENARD, Marc: Pour une sociologie du clergé au 16e siècle. Recherches sur le récrutement sacerdotal dans la province d'Avignon. In: Annales 23 (1968) 987-1016. - DERS.: Le prètre en France au début du XVIIe siècle. In: Bulletin de Saint Sulpice (1982) 197-213. - SAUZET, Robert: Contre-réforme et Réforme catholique en Bas-Languedoc. Le diocèse de Nîmes au 17e siècle. Paris-Louvain 1979. - L'institution et les pouviers dans les églises de l'Antiquité à nos jours. Hg. v. Bernhard VOGLER, Bruxelles 1987. - ANGELO, Vladimir: Le recrutement des séculiers à Paris (1560-1620). In: Les débuts de la Réforme catholique dans les Pays de la langue française (1560-1620). Hg. v. Marc VENARD, Paris 1989, 79-91. - VIARD, Georges: Curés et vicaires en pays Langrois au dernier tiers du 16e siècle. Ebd., 93-101. - FERTÉ, Jean: La vie religieuse dans les campagnes parisiennes, 1622-1695. Paris 1962. - BECKER: Konfessionalisierung in Kurköln (wie Anm. 34) 77-146. - Interkonfessionelle vergleichende Überlegungen sind noch selten, vgl. REINHARD, Wolfgang: Kirche als Mobilitätskanal frühneuzeitlicher Gesellschaft. In: Ständische Gesellschaft und soziale Mobilität. Hg. v. Winfried SCHULZE, München 1988, 333-351. - DERS.: Möglichkeiten und Grenzen der Verbindung von Kirchengeschichte mit Sozial- und Wirtschaftsgeschichte. In: Spezialforschung und „Gesamtgeschichte". Beispiele und Methodenfragen zur Geschichte der frühen Neuzeit. Hg. v. Grete KLINGENSTEIN und Heinrich LUTZ, Wien 1981, 243-278, bes. 266-270. - SCHILLING: Religion, Political Culture and the Emergence of Early Modern Society (wie Anm. 1) 179-187. - DERS.: Vergleichende Betrachtungen zur Geschichte der bürgerliche Eliten in Nordwestdeutschland und in den Niederlanden. In: Bürgerliche Eliten in den Niederlanden und in Nordwestdeutschland. Hg. v. Herman DIEDERIKS und Heinz SCHILLING, Köln 1985, 1-32, hier 28-32 (lutherisches Pfarrerbürgertum und calvinistische Prädikanten). - TOLLEY, Bruce Warren Higgins: Pastors and Parishioners in Württemberg during

des protestantischen Pfarrers in den Staat und die Untertanengesellschaft hinderte ihn keineswegs prinzipiell an kritischer Distanz und Opposition[53], wie umgekehrt der formell vom Staat unabhängige, weil letztlich der episkopalen und papalen Hierarchie verantwortliche Priester in der Realität in durchaus ähnlicher Weise als Vertreter der weltlichen Obrigkeit und ihrer Ordnung auftrat.

Selbst die Laienbeteiligung markiert funktional und struktural gesehen keinen prinzipiellen Gegensatz. Denn einerseits gaben in den calvinistischen Presbyterien und auf den Synoden in der Regel nicht die Laienvertreter, sondern die Theologen den Ton an, in Genf nicht anders als in den Niederlanden, wo sich deswegen sogar der Vorwurf der „domineesheerschappij" und neuer „papisterij" regte. Und andererseits förderte die katholische Konfessionalisierung durchaus zwar nicht die Laienmitregierung, wohl aber ein entschiedenes Laienengagement. Neben der bereits im Mittelalter üblichen Beteiligung an der Finanzverwaltung sowie der Hilfe bei Visitationen und beim geistlichen Gericht war dieses Laienengagement besonders ausgeprägt bei den Marianischen Kongregationen der Jesuiten, wobei deren Leitung allerdings fest in der Hand von Priestern blieb[54].

Was den Grad anbelangt, in dem es real gelang, die Laien für die Kirche zu mobilisieren und dadurch die Konfessionssysteme zu festigen, so spricht einiges dafür, daß die katholischen Priester-Geistlichen erfolgreicher als die protestantischen Amts-Geistlichen waren. Schließlich gilt es, eine weitere fundamentale Gemeinsamkeit bei der konfessionellen Formierung der frühmodernen Kirchendiener-Gesellschaft zu betonen: die prinzipielle Wahrung des Männermonopols bei gleichzeitiger Integration der Frauen, seien es die anfänglichen Versuche mit einem weiblichen Diakonat bei den Calvinisten oder die neue Sozialkonfiguration der protestantischen Pfarrfrau[55], seien es die großen Ordensfrauen, die wie Teresa de Ávila den katholischen Konfessionalismus spirituell tief mitprägten, oder die indirekte oder direkte Öffnung der Marianischen Bruderschaften für Ehefrauen und Töchter[56].

---

the Late Reformation (1581-1621): A Study of Religious Life in the Parishes of Districts Tübingen and Tuttlingen. Phil. Diss. Stanford 1984. - Kurze Bemerkungen auch bei RAEFF, Marc: The Well-Ordered Police-State. Yale 1983, 63-65.

53 Abgewogene und tiefgreifende Analyse bei SOMMER, Wolfgang: Gottesfurcht und Fürstenherrschaft. Studien zum Obrigkeitsverständnis Johann Arndts und lutherischer Hofprediger zur Zeit der altprotestantischen Orthodoxie. Göttingen 1988.

54 SCHILLING, Heinz: Domineesheerschappij. In: Anticlericalism. Hg. v. Peter DYKEMA und Heiko A. OBERMAN, Leiden 1992, 655-668. - Les Réformes (wie Anm. 1). Zu den „Kirchenmeistern", den wichtigsten Laien in der Finanzverwaltung der mittelalterlichen Kirche in Deutschland, bereitet Arndt REITEMEIER, Kiel, eine größere Darstellung vor. Vgl. einstweilen seinen Beitrag in: Power and Authority in English and German Towns 1000-1650. Oxford 1998. Hg. v. Bärbel BRODT (im Druck).

55 SCHORN-SCHÜTTE: Evangelische Geistlichkeit (wie Anm. 49). - DIES.: „Gefährtin" und „Mitregentin". Zur Sozialgeschichte der evangelischen Pfarrfrau. In: Wandel der Geschlechterbeziehungen zu Beginn der Neuzeit. Hg. v. Heide WUNDER und Christina VANJA, Frankfurt a.M. 1991, 109-153.

56 Les Réformes (wie Anm. 1) 156ff. - MADRE DE DIOS, Efrén de la/STEGGINK, Otger: Tiempo y vida de Santa Teresa. Madrid [2]1977.

IV. Staat, Gesellschaft und Kultur im Zeichen des Konfessionalismus

Angesichts der eingangs markierten Verzahnung von Religion und Gesellschaft war die Formierung der Konfessionskirchen als solcher bereits ein politisches und soziales Faktum. Doch erst die Gleichzeitigkeit mit dem politisch-rechtlich-administrativen Grundsatzwandel der frühmodernen Staatsbildung brachte einen tiefgreifend modernisierenden Wandel hervor, der uns berechtigt, das konfessionelle Europa als „Vorsattelzeit der Moderne" zu charakterisieren. Konfessionalisierung und Staatsbildung interferierten, und zwar dergestalt, daß sich ihre sozialwandelnden Kräfte addierten. Anfangs war es die Konfession, die den Ton angab und den Staat für ihre Zwecke einzusetzen wußte, so daß man daher für diese erste Phase vom „Konfessionsstaat" oder gar vom „Sakralstaat" sprechen kann.

Auf im einzelnen unterschiedlichen Wegen gelang es den Juristen und Politikern der europäischen Staaten jedoch bald, die autonomen Kräfte des Konfessionalismus zu zügeln und in die Staatsinteressen einzubinden (Kap. V). So läßt sich allgemein in Europa beobachten, daß nach einer sehr kurzen Zeitspanne, in der die frühmodernen Staaten in die Pflicht eines der drei Konfessionssysteme genommen werden konnten, es die weltlichen Obrigkeiten waren, die Kirche und Religion mit ihrer Staatsräson in Einklang zu bringen wußten, ja teilweise sogar für ihre säkularen Machtstaatsinteressen instrumentalisierten. Das gilt für fürstlich-absolutistische ebenso wie für republikanische oder ständestaatliche Regierungen. Längerfristig gesehen profitierte daher eindeutig nicht die Kirche, sondern der Staat von der im Zeichen des Konfessionalismus geschlossenen Allianz. In einem gleichsam dialektischen Prozeß erzeugte die frühneuzeitlich modernisierende Resakralisierung des Konfessionalismus die neuzeitlich modernisierende Säkularisierung seit dem ausgehenden 17. Jahrhundert.

Die Allianz von Konfessionalisierung und frühmoderner Staatsbildung hat nahezu alle Bereiche des öffentlichen und privaten Lebens geprägt und neuzeitlich formierend umgestaltet. Die folgende Skizze kann nur die wesentlichen Züge markieren. Im Vordergrund müssen die Folgen für Staat und Politik (§ 1) sowie für die Gesellschaft (§ 2) stehen. Die Einflüsse auf die europäische Kultur (§ 3) können nur kursorisch, die seit Max Weber zu einem großen, speziellen Diskussionskomplex gewordenen Zusammenhänge zwischen Konfessionalisierung und Aufstieg der kapitalistischen Wirtschaft gar nicht behandelt werden.

§ 1 Konfessionalisierung und frühmoderne Staatsbildung

Allgemein und abstrakt gesprochen, lassen sich die politischen Folgen der Konfessionalisierung unter Anlehnung an Norbert Elias' Zivilisationstheorie als „Monopolisierungsvorgang" bezeichnen. Elias sieht bekanntlich in der alleinigen Verfügungsgewalt über das Militär und über die Finanzen die beiden entscheidenden „Schlüsselmonopole", die den Aufstieg des frühmodernen institutionellen bürokratischen Flächenstaates konstituierten. Er übersieht dabei, daß die Monopolisierung des Einflusses auf Religion und Kirche zeitlich vorangegangen war und den Zugriff auf die beiden genannten Bereiche nicht unwesentlich erleichtert hatte[57]. Trotz spezifischer Unterschiede zwischen den Konfessionen und zwischen den einzelnen Ländern lassen sich wichtige allgemein europäische Grundzüge erkennen. Sie betreffen die theoretisch-ideologischen Grundlagen der frühmodernen Staatsgewalt (a); deren personelle und sachliche Ausstattung (b); die politisch-kulturelle Identitätsbildung und die Integration der Untertanen zur frühmodernen Staatsgesellschaft (c); schließlich auch die zwischenstaatlichen Beziehungen innerhalb des sich herausbildenden Mächteeuropa einschließlich des missionierenden und kolonialisierenden Ausgreifens dieses Mächteeuropa auf die anderen Kontinente (d).

(a) Die politische Theorie und die politische Kultur im konfessionellen Europa wurden entscheidend dadurch geprägt, daß der grundlegende Wandel in der rechtlichen und ideologischen Qualität der Obrigkeit von mittelalterlichen personal bestimmten Formen hin zur neuzeitlich sachlich begründeten Position als Träger einer einheitlichen höchsten Staatsgewalt durch die Sakralisierung wesentlich gefördert wurde, die sich im Zuge der Konfessionalisierung für die Sphäre der Herrschaft ergab. Davon profitierten in erster Linie die Fürsten auf dem Weg zum Absolutismus, in weniger spektakulärer Form aber auch die Magistrate der Stände- und Stadtrepubliken. Diese Entwicklung wurzelt in der Reformationszeit und in den anschließenden Konfessionalisierungskonflikten, als Sieg oder Niederlage einer Konfession entscheidend von der Haltung des Fürsten – als eines „defensor ecclesiae" oder als eines Reformationsfürsten – abhing. Beim Aufbau protestantischer Kirchen erhielten die Fürsten die Position eines summus episcopus bzw. supreme head oder zumindest eines praecipuum membrum ecclesiae. Verbunden damit war eine theologisch sicherlich nicht intendierte, mit der alltäglichen Praxis aber zwangsläufig verbundene Sakralisierung der noch vorwiegend personal verstandenen Staatsgewalt. Diese alltägliche Praxis umfaßte den nun von nahezu aller Obrigkeit, gleich welchen ständischen Ranges, teilweise selbst von städtischen Magistraten, geführten

57 ELIAS, Norbert: Über den Prozeß der Zivilisation. Bd. 2, Bern ²1969, 142ff. - KRUEDENER, Jürgen von: Die Rolle des Hofes im Absolutismus. Stuttgart 1973, 30f., betont die „Kultisierung" als zentrales Strukturelement des absolutistischen Hofes – auch sie wäre ohne vorherige Integration der Kirche in den Staat nicht möglich gewesen. - Zur Begründung der Kritik an Elias SCHILLING: Konfessionskonflikt und Staatsbildung (wie Anm. 1), bes. 365ff. - Allgemein zum Problem REINHARD, Wolfgang: Etat et Eglise dans l'Empire entre Réforme et Absolutisme. In: Etat et Eglise dans la genèse de l'Etat moderne. Hg. v. Bernhard VINCENT, Madrid 1986, 175-185.

Gottes-Gnaden-Titel ebenso wie die sakrale Überhöhung des Herrschers durch die allsonntägliche Fürbitte in den Gemeinden für die Obrigkeit sowie bei außergewöhnlichen Vorfällen (z.B. Regierungswechsel und Vertragsabschlüssen) oder bestimmten Ereignissen im Leben des Staatsoberhauptes und seiner Familie (Reisen, Krankheit, Schwangerschaft, Geburten, Ster befällen etc.).

Vergleichbares entwickelte sich auch in katholischen Staaten, wenn auch auf anderer kirchenrechtlicher und kirchenpolitischer Basis – man denke nur an die Rolle der Kirche im spanischen Herrschaftszeremoniell von der Geburt über Taufe und Firmung hin zu Salbung und Krönung und schließlich zur Beisetzung und postmortalen Herrscherverehrung. Aus alldem resultierte im konfessionellen Europa eine quasi numinose Distanzierung des Fürsten von seinen Untertanen, die zusammen mit gleichgerichteten Tendenzen wie vor allem dem Vordringen des römischen Rechts und der Bodinschen Souveränitätslehre zur Steigerung und zum neuzeitlichen Qualitätswandel der staatlichen Gewalt führte. Dahinter stand keine platte Instrumentalisierung der Religion. Vielmehr wurzelte diese Entwicklung in einer zeitspezifischen Herrscher- bzw. Regentenfrömmigkeit, der die Aufrichtigkeit nicht abgesprochen werden kann, auch wenn sie zweifellos eine politische Funktion innerhalb des frühabsolutistischen Staates erfüllte[58].

Welche politischen und verfassungsgeschichtlichen Konsequenzen sich längerfristig aus der Sakralisierung der Herrschersphäre ergaben, hing wesentlich von dem rechtlichen und gesellschaftlichen Rahmen ab, in dem sie sich durchsetzte. In England waren die Konsequenzen ganz andere als in Deutschland, um nur zwei besonders extreme Entwicklungen innerhalb des Protestantismus herauszuheben. In den deutschen Territorien entwickelte sich auf der Basis der konfessionalistischen Herrschersakralität und des Cuius-regio-eius-religio-Prinzips seit dem ausgehenden 16. Jahrhundert jene Allianz von Thron und Altar, die im 19. Jahrhundert die Autokratie vor allem in Preußen förderte. In England dagegen, wo der König die Gesetzgebungskompetenz nur in Zusammenarbeit mit dem Parlament besaß, wurde bereits während der Frühreformation der herrscherliche Supremat über die reformierte Landeskirche in der praktischen Ausübung an das Parlament und das Common Law gebunden. Nachdem alle Versuche, das zu revidieren, Mitte des 17. Jahrhunderts gescheitert waren, hatte im Rechtsstreit zwischen lex ecclesiae und lex terrae letzteres triumphiert, und das königliche Oberhaupt mußte sich hernach in kirchlichen Angelegenheiten ebenso legal und konstitutionell benehmen wie in der Regierung des weltlichen Staates. Statt das Papsterbe zum Aufbau eines absoluten Königtums verwenden zu können, mußte man das Päpstliche soweit abschleifen lassen, bis es in den Rahmen einer effektiv konstitutionellen Monarchie paßte[59].

58 Vergleichend hierzu BREUER, Dieter: Absolutistische Staatsreform und neue Frömmigkeitsformen. In: Frömmigkeit in der frühen Neuzeit. Hg. v. DEMS., Amsterdam 1984, 5-25. - CORETH, Anna: Pietas Austriaca. Österreichische Frömmigkeit im Barock. München 1959. - Laienfrömmigkeit im späten Mittelalter. Hg. v. Klaus SCHREINER, München 1992.

59 ELTON, Geoffrey R.: Lex terrae victrix: Der Rechtsstreit in der englischen Frühreformation. In: Zeitschrift der Savigny-Stiftung für Rechtsgeschichte. Kan. Abt. 70 (1984) 217-236.

Auch außerhalb Englands beeinflußte die Konfessionalisierung die politische Theorie und die politische Kultur der werdenden Neuzeit nachhaltig. Die ältere Forschung sah klare Gegensätze – Pathos des Gehorsams und Stärkung absolutistisch-autokratischer Strukturen bei Luthertum und Katholizismus; Pathos der Freiheit und Impulse für Konstitutionalismus und Demokratie im Reformiertentum, besonders im Calvinismus[60]. Inzwischen schätzen wir auch an diesem Punkt die Wirkungen der frühneuzeitlichen Konfessionen differenzierter ein, und zwar die realgeschichtlichen Konsequenzen ebenso wie die politiktheoretischen. – Realgeschichtlich gab es neben der eben beschriebenen integrierenden, herrschaftsstabilisierenden Wirkung der Konfessionalisierung stets auch die Möglichkeit, daß sich die konfessionellen Kräfte mit der Opposition und dem ständischen oder innerstädtischen Widerstand verbanden. Wo es zum Konfessionskonflikt zwischen der Staatsgewalt und der herrschenden Kirche auf der einen und einer konfessionellen Minderheit auf der anderen Seite kam, wurde der politische Handlungsspielraum der antiherrschaftlichen Kräfte gesichert oder gar ausgeweitet. Das gilt für lutherische, calvinistische und katholische Konfessionsminderheiten gleichermaßen.

In der Geschichte der politischen Theorie und in der politischen Kultur sieht es ganz ähnlich aus. Die angeblich rein westeuropäisch-calvinistische Widerstandslehre hat ihre historischen Wurzeln in den Traktaten lutherischer Theologen zum Widerstandsrecht der Stadt Magdeburg gegen den katholischen Kaiser. Und sie hat eine Entsprechung bei den katholischen Monarchomachen. Umgekehrt findet sich die obrigkeitliche Fürstenreformation, die angeblich typisch lutherisch ist, in ihrer reinsten Form in der sogenannten „zweiten Reformation", also unter reformiert calvinistischem Vorzeichen. Immer deutlicher treten die zwangsläufig nicht demokratischen Grundstrukturen Calvinscher Theologie zutage und die Erkenntnis, daß es vor allem die stadtbürgerlichen Traditionen und die spezifische historische Konstellation waren, die Genf zu einem „political model" (Robert M. Kingdon) machten. Das Freiheits- und Grundrechtsdenken hat zwar seinen historisch wirkungsvollsten Durchbruch erst in der nordamerikanischen und französischen Revolution erfahren, und zwar unabhängig von konfessionellen Zusammenhängen. „Spuren der Grundrechtskonzeptionen" im konfessionellen Europa weisen aber darauf hin, „daß das Interesse an Grundrechten eine mehrfache Wurzel hat"[61], und zwar gerade auch in der Konfessionalisierung. Beteiligt waren alle Konfessionen und Denominationen, wenn auch unterschiedlich stark[62].

---

60 Ausführlich diskutiert von VAHLE, Hermann: Calvinismus und Demokratie im Spiegel der Forschung. In: Archiv für Reformationsgeschichte 66 (1975) 182-221.

61 DREITZEL, Horst: Grundrechtskonzeptionen in der protestantischen Rechts- und Staatslehre im Zeitalter der Glaubenskämpfe. In: Grund- und Freiheitsrechte von der ständischen zur spätbürgerlichen Gesellschaft. Hg. v. Günter BIRTSCH, Göttingen 1987, 180-214, hier 214. - Von anderem Blickwinkel her zwischenkonfessionell vergleichend LUTZ, Heinrich: Ragione di stato und christliche Staatsethik im 16. Jahrhundert. Münster 1961. - Vgl. dazu jüngst BIRELEY, Robert: The Counter-Reformation Prince: Anti-Machiavellianism or Catholic Statecraft in Early Modern Europe. Chapel Hill-London 1990.

62 Die Diskussion zusammenfassend SCHULZE, Winfried: Zwingli, lutherisches Widerstandsdenken, monarchomachischer Widerstand. In: Zwingli und Europa. Hg. v. Peter BLICKLE, Andreas

(b) Auch personell und institutionell kam die Konfessionalisierung der Kirchen direkt oder indirekt der frühmodernen Staatsbildung zugute. Denn der noch ganz unvollkommene staatliche Behördenapparat wurde ergänzt und verstärkt durch den neuformierten kirchlichen Behördenstrang. In den protestantischen Ländern und Städten kann man geradezu von einem zweiten Zweig staatlicher Bürokratie sprechen; in den katholischen Ländern konnten die staatlichen Institutionen in der Regel indirekt auf die kirchlichen Institutionen zurückgreifen bzw. sich in all jenen Belangen auf sie stützen, in denen Staat und Kirche gleichgerichtete Interessen verfolgten. Das war wichtig insbesondere für die staatliche Durchdringung von Dörfern und Kleinstädten, die noch ganz unvollkommen in das entstehende Behördensystem eingebunden waren. Die Geistlichen übten hier wichtige Kontroll- und Disziplinierungsfunktionen aus, und zwar der quasibeamtenhafte Pfarrer der protestantischen Staats- und Territorialkirche nicht anders als der katholische Priester, dessen formell unabhängige Universalkirche rechtlich und politisch mannigfaltige Bindungen und Absprachen mit dem Staat eingegangen war.

Erst die von den Geistlichen geführten Tauf-, Trau- und Sterberegister, die mit der Konfessionalisierung flächendeckend einsetzten, lieferten die Grundlage staatlicher Bevölkerungspolitik, besonders markant im Fall der sogenannten Peuplierungspolitik der deutschen Territorien. Die Geistlichen waren wichtige Transmissionsriemen zwischen staatlich-bürokratischem Zentrum und Peripherie – indem sie die Dekrete und Anordnungen der Zentrale in der dörflichen Gemeinde oder der städtischen Nachbarschaft bekanntgaben und indem sie umgekehrt eine Vielzahl von Informationen von „unten" nach „oben" weitergaben, die für den Aufbau der sachgerechten und effektiven Steuerungskapazität der frühmodernen Administration unerläßlich waren. In gewisser Weise waren die Geistlichen, und zwar die protestantischen deutlicher als die katholischen, die ersten, noch recht unvollkommenen Vertreter des „Kommissar-" oder Agenten-Beamtentypus, der für den frühmodernen Staat Entscheidendes geleistet hat. Die erwähnte Tendenz zur „Refeudalisierung", d.h. zur Verschmelzung mit der vorstaatlichen Land-Gesellschaft, widerspricht dem nicht – im Gegenteil, sie läßt sich auch bei den später auftretenden Staats-Kommissaren beobachten[63].

Wesentliche Impulse für die staatliche Verdichtung ergaben sich auch in sachlicher Hinsicht: Indem die weltlichen Obrigkeiten zahllose Verordnungen zum Schutz und zur Normierung des religiösen und kirchlichen Lebens innerhalb ihrer Staaten erließen und durchführten, kam es zu einer enormen Ausweitung der bis dahin noch schwach entwikkelten Staatsaktivität. Zugleich gewann der Staat neue Sachkompetenzen, nämlich in Ehe- und Familienangelegenheiten, dem Schul- und Erziehungswesen, der Armen- und

---

LINDT und Alfred SCHINDLER, Zürich 1985, 199-216. - Differenzierend zu Genf zuletzt KINGDON, Robert M.: John Calvin's contribution to representative government. In: Politics and Culture in Early Modern Europe. Essays in Honour of Helmut G. Koenigsberger. Hg. v. Phyllis MACK, Cambridge 1987, 183-198. - Zur calvinistischen Obrigkeitsreformation: Reformierte Konfessionalisierung (wie Anm. 1).

63 GERHARD, Dietrich: Amtsträger zwischen Krongewalt und Ständen. In: Alteuropa und die moderne Gesellschaft. Festschrift Otto Brunner. Hg. v. Alexander BERGENGRUEN und Ludwig DEIKE, Göttingen 1963, 230-247.

Sozialfürsorge. Vor der Reformation hatte sich im wesentlichen die Kirche darum gekümmert. Wie in Kapitel II dargelegt, reklamierten die Konfessionskirchen auf diesen Gebieten zumindest eine Teilverantwortung. Die für das konfessionelle Europa charakteristische Symbiose von Staat und Kirche erlaubte es dann aber den weltlichen Obrigkeiten, auf diesen für den modernen Anstalts- und Fürsorgestaat so wichtigen Feldern schrittweise die Hauptkompetenz an sich zu ziehen, und zwar zunächst durchaus mit Billigung der Kirchen. Ähnlich verhielt es sich mit dem Kirchenvermögen, dessen direkte oder indirekte Aneignung durch den frühmodernen Staat im einzelnen sehr unterschiedlich verlief, das auf die eine oder andere Weise aber dazu beitrug, das staatliche Finanzwesen zu festigen, und zwar in einem Moment, als dieses noch ganz schwach ausgebildet und auf Stützung angewiesen war.

(c) Zu den konkreten Auswirkungen der Konfessionalisierung auf die Herausbildung nationaler Identitäten in Europa, auf die Formierung des internationalen Systems sowie auf die Expansion Europas nach Übersee steht die Forschung noch in den Anfängen. Die Grundzüge lassen sich aber bereits beschreiben. So ist unverkennbar, daß die Konfessionalisierung nicht nur die etatistisch-institutionelle Staatsbildung förderte, sondern auch einen wichtigen Faktor in der neuzeitlichen europäischen Nationenbildung ausmachte. Denn bei nahezu allen europäischen Ländern und Völkern waren Konfessionsbildung und kulturell-politische Identitätsbildung zeitlich und inhaltlich aufs engste verschränkt. Diese Verbindung prägte das kulturelle und politische Profil der einzelnen europäischen Nationen tief, und zwar bis ins 19. und 20. Jahrhundert hinein[64]. Am deutlichsten ist das im Fall Spaniens und Italiens unter katholischem oder Englands und der skandinavischen Länder unter protestantischem Vorzeichen.

Aufgrund einer komplexen Reformationsgeschichte mußten die „Nationen" in der Mitte Europas – von Holland über Deutschland bis hin zur Schweiz – eine multikonfessionelle Identität entwickeln. Besonders kompliziert war die Entwicklung in Deutschland. Denn hier war die frühneuzeitliche Nationenbildung durch die Realität des vorstaatlichen Reiches sowie die Vielzahl von Territorialstaaten blockiert, und es gab nicht eine, sondern drei Konfessionsidentitäten. Politologen haben von „verspäteter Nation" gesprochen[65]. Hinzu kam die gespaltene Konfessionsidentität, die im 19. Jahrhundert die nachgeholte Nationenbildung zusätzlich belastete, indem sie dem modernen Politikverständnis in Deutschland eine gleichsam metaphysische Bedeutungsschwere verlieh. Man hat sogar von einem Überschuß an konfessioneller und ideologischer Unversöhnlichkeit gesprochen, der im Falle der deutschen politischen Kultur aus der Konfessionsepoche bis in die Gegenwart wirksam sei[66].

64 SCHILLING, Heinz: Nationale Identität und Konfession in der europäischen Neuzeit. In: Nationale und kulturelle Identität. Studien zur Entwicklung des kollektiven Bewußtseins in der Neuzeit. Hg. v. Bernhard GIESEN, Frankfurt a.M. 1991, 192-252.

65 PLESSNER, Helmuth: Die verspätete Nation. Stuttgart 1957.

66 LUTZ, Heinrich: Das Ringen um deutsche Einheit und kirchliche Erneuerung 1490-1648. Berlin 1983, 32-34. - Zur Rolle des Konfessionellen in der deutschen Geschichte des 19. Jahr-

In Frankreich war das Verhältnis zwischen konfessioneller und politischer Identität aus anderen Gründen kompliziert. Hier setzte sich im Innern seit Heinrich IV., verstärkt dann seit Ludwig XIV., der Katholizismus als politisch-kulturelle Identität der Nation durch. Das wurde im europäischen Rahmen aber immer wieder konterkariert, weil die machtpolitische Gegnerschaft zu Spanien und dem Hause Habsburg Frankreich wiederholt an die Seite protestantischer Mächte zwang. Kein geringerer als der in religiösen Dingen angeblich skrupellose Kardinal Richelieu sah darin eine schwere politische und geistige Bürde. Er hätte sie gerne und sofort abgeworfen, wenn ihm die außenpolitischen Konstellationen erlaubt hätten, auch im internationalen System konform zur katholischen Identität Frankreichs zu handeln[67].

(d) Daß die konfessionellen Gegensätze im europäischen Mächtespiel des 16. und 17. Jahrhunderts, ja sogar bis ins 18. Jahrhundert hinein eine Rolle spielten, war der Forschung stets bewußt[68]. Kaum untersucht wurden dagegen bislang die systematischen Zusammenhänge zwischen Konfessionalisierung und Entstehung eines internationalen Systems unabhängiger Staaten in Europa, obgleich die zeitliche Parallelität beider Prozesse an der Wende des 16. Jahrhunderts evident ist. Erste Versuche konnten dann auch die Hypothese befestigen, „daß ebenso wie bei der inneren Formierung des frühmodernen Staates die konfessionellen Kräfte auch bei der Herausbildung des neuzeitlichen Typus eines internationalen Systems modernisierend wirkten und daß dabei dem Wechselspiel zwischen religiös-kirchlichen und staatlichen Kräften eine wichtige Rolle zukommt“[69].

Ganz ähnlich verhält es sich mit der Auswirkung der Konfessionalisierung auf die europäische Expansion. Nach Überwindung der traditionellen Eurozentrik ist der Weg frei für eine kritische Bestandsaufnahme. Im Rahmen der darauf aufbauenden strukturalfunktionalen Analyse zur Rolle des Christentums innerhalb des von den Entdeckungen und Eroberungen ausgelösten sozialen Wandels wäre besonders darauf zu achten, wie die Formierung und Dynamisierung im Zuge der innereuropäischen Konfessionalisierung

---

hunderts grundlegend NIPPERDEY, Thomas: Deutsche Geschichte im 19. Jahrhundert. Bd. 1-3, München 1983-1991.

67 MALETTKE, Klaus: Richelieus Außenpolitik und sein Projekt kollektiver Sicherheit. In: Kontinuität und Wandel in der Staatenordnung der Neuzeit. Hg. v. Peter KRÜGER, Marburg 1991, 47-68, bes. 50ff.

68 VOGLER, Bernard: La dimension religieuse dans les relations internationales en Europe au 17e siècle (1618-1721). In: Histoire, économie et société (1991) 379-398. - BURKHARDT, Johannes: Konfession als Argument in den zwischenstaatlichen Beziehungen. In: Rahmenbedingungen und Handlungsspielräume europäischer Außenpolitik im Zeitalter Ludwigs XIV. Hg. v. Heinz DUCHHARDT, Berlin 1991, 135-154. - DERS.: Abschied vom Religionskrieg. Der Siebenjährige Krieg und die päpstliche Diplomatie. Tübingen 1985.

69 SCHILLING, Heinz: Konfessionalisierung und Formierung eines internationalen Systems während der Frühen Neuzeit. In: The Reformation in Germany and Europe. Interpretations and Issues. Hg. v. Hans GUGGISBERG und Gottfried KRODEL, Gütersloh 1992, 583-605, hier 584. - Interessante Beobachtungen zu Kontakten zwischen dem „calvinistischen Internationalismus“ und den Türken im gemeinsamen Kampf gegen das Haus Habsburg bei MOUT: Calvinoturcismus (wie Anm. 19).

auch in den Kolonien seit der zweiten Hälfte des 16. Jahrhunderts eine neue Phase im Prozeß der „Verchristlichung“, der „Zivilisierung“ und der „Modernisierung“ allgemein einleiteten. Dabei wäre auch in diesem außereuropäischen Raum die enge Verzahnung mit den Interessen des frühmodernen Machtstaates zu beachten. Die Übertragung des Konfessionalisierungsparadigmas auf die Geschichte der europäischen Expansion bedeutete nicht einen Rückfall in den überwundenen Entwicklungseuphemismus einer eurozentrischen Geschichtswissenschaft. Im Gegenteil: Die Anführungszeichen bei den Worten „Zivilisierung“ und „Modernisierung“ sollen andeuten, daß deren gewaltsame Implantation in Gesellschafts- und Kultursysteme, denen jene in Europa ausgelösten Prozesse fremd und feindlich waren, zu schwerwiegenden Schädigungen und Zerstörungen führen mußten. Ihr ganzes Ausmaß wird erst seit Mitte des 20. Jahrhunderts begreifbar, nachdem mit der Dominanz der europäischen Perspektive auch die Phase der Konfessionalisierung endgültig überwunden wurde[70].

§ 2 Konfessionalisierung und Formierung der Gesellschaft

Die Konfessionalisierung gestaltete auch die Gesellschaft an den Wurzeln um. Denn die mit ihr verbundene geistlich-sittliche Formierung prägte das öffentliche und private Leben nachhaltig, und zwar in allen Bevölkerungsschichten, wenn auch in unterschiedlicher Intensität, nämlich in der Elite und in den Städten stärker als bei den Unterschichten und im Dorf. Die daraus resultierenden sozial- und gesellschaftsgeschichtlichen Folgen waren Teil übergreifender Entwicklungen, die auch von anderen Kräften vorangetrieben wurden, und zwar vor allem wiederum durch den frühmodernen Staat. Gemeint ist die Formierung einer relativ einheitlichen Untertanengesellschaft und die Durchsetzung neuzeitlich disziplinierter und „zivilisierter“ (im Sinne Norbert Elias') Verhaltens-, Denk- und Mentalitätsformen bei den Individuen, den sozialen Gruppen sowie der Gesellschaft

70 In diesem Zusammenhang ist nicht nur an den Synkretismus christlicher und einheimischer Kulte in Südamerika zu denken, sondern auch an die dort verwurzelte sogenannte „Befreiungstheologie“. - Von den nicht zahlreichen Überlegungen, die den Konfessionalismus einbeziehen in die kritische Neudeutung des Verhältnisses von Christentum und europäischer Expansion, nenne ich LUTZ, Heinrich: Dreißig Jahre nach Guardinis „Ende der Neuzeit“: Für ein Einbringen unserer kulturkritischen Tradition in heutige globale Perspektiven. In: Festschrift für Wilhelm Messerer zum 60. Geburtstag. Köln 1980, 383-397. - REINHARD, Wolfgang: Gelenkter Kulturwandel im 17. Jahrhundert. Akkulturation in den Jesuitenmissionen als universalgeschichtliches Problem. In: Historische Zeitschrift 223 (1973) 529-590. - DERS.: Christliche Mission und Dialektik des Kolonialismus. In: Historisches Jahrbuch 109 (1989) 353-370. - MILHOU, Alain: Lateinamerika, und DEBERGH, Minako/VON COLLANI, Claudia: Anfänge der Evangelisierung Indiens, Japans und Chinas. In: Zeit der Konfessionen (wie Anm. 1) 772-958. - Gesamtdarstellungen in neuer Perspektive: REINHARD, Wolfgang: Geschichte der europäischen Expansion. Bd. 1-3, Stuttgart 1985-1988. - GRÜNDER, Horst: Welteroberung und Christentum. Ein Handbuch zur Geschichte der Neuzeit. Gütersloh 1992. - Neue große Quellenedition aus den Vatikanischen Archiven: America Pontificia primi saeculi evangelizationis 1493-1592. Hg. v. Josef METZLER, Città del Vaticano 1991.

insgesamt. Politisch wurde die Entstehung des frühmodernen Untertanenverbandes dadurch gefördert, daß die Konfessionalisierung zur Ausschaltung der alten Zwischengewalten Klerus, Adel und Städte beitrug oder diese doch entscheidend schwächte.

Da mancherorts Fürstenmacht und neuer, konfessionalistischer Klerus bis in die zweite Häfte des 17. Jahrhunderts hinein in einer Interessenallianz standen, konnte zwar auch die neue Geistlichkeit – etwa der tridentinische Klerus, voran die Jesuiten – ein beachtliches Maß an Selbständigkeit gewinnen. Als die konfessionelle Uniformierung der Gesellschaft jedoch vollendet war und die Interessenallianz für den Staat an Wert verloren hatte, wurde auch diese Selbständigkeit beseitigt und die unbedingte Dominanz des Staates im konfessionellen Absolutismus etabliert, in Frankreich spätestens unter Ludwig XIV., in Österreich wenig später im Zusammenhang mit dem Aufstieg des spätbarocken Staatskatholizismus. Die Zähmung des Klerus und der Stände konnte aber auch im Zeichen des betonten Anti-Konfessionalismus erfolgen – so in Preußen, wo die staatlich verordnete Toleranz ein wichtiges Instrument der absolutistischen Staats- und Gesellschaftspolitik war.

Für die frühneuzeitliche Formierung von Verhalten und Denken der Menschen prägte Gerhard Oestreich den Begriff „Sozialdisziplinierung“. Gemeint ist damit die Einfügung des einzelnen und gesellschaftlicher Gruppen in den homogenen Untertanenverband sowie das Abschleifen von regionalen und partikularen Interessen zugunsten eines staatlich definierten „Gemeinen Besten“, dessen Inhalte durch den Fürsten und seine Beamtenschaft bestimmt wurden. Das war ein im späten Mittelalter einsetzender säkularer Prozeß, der zunächst durch den „Staat“ bzw. die Obrigkeiten getragen wurde[71]. Auf seinem Höhepunkt im ausgehenden 16. Jahrhundert wurde er dann aber entscheidend durch die Konfessionalisierung gefördert. Besonders wichtig war das für alle Fragen der Legitimation, wo der frühmoderne Staat noch große Defizite hatte, die nur durch Rekurs auf Religion und Kirche auszugleichen waren.

Die Konfessionskirchen des 16. und 17. Jahrhunderts waren unersetzbare Agenten für die erfolgreiche Verpflichtung des einzelnen und der sozialen Gruppen auf das neue moralisch-ethische und politisch-rechtliche Normensystem: In Familie und Nachbarschaft sollte der gute Christ in brüderlich-schwesterlicher Verträglichkeit leben, er bzw. sie hatte das von Gott übertragene „Amt“ in der Familie und in der Öffentlichkeit ernsthaft und nach bestem Wissen und Gewissen auszuüben – d.h. Kinder und Gesinde zu erziehen und zu beaufsichtigen und seinen Beruf ernstzunehmen, als Staatsdiener ebenso wie als Handwerker, Unternehmer oder Kaufmann. Durch Predigt und Seelsorge, durch Hausbesuche und religiöse Vereinigungen, etwa die Bruderschaften und Kongregationen der Katholiken, trugen die Konfessionskirchen zur Einübung von Gehorsam und politischem Wohlverhalten bei – gegenüber dem Hausherrn und der Hausfrau ebenso wie gegenüber den unteren und mittleren Magistraten und Beamten oder gegenüber dem Inhaber der höchsten Staatsgewalt selbst. Dadurch und durch ihre ständige Mahnung zu friedlichem

---

71 SCHULZE, Winfried: Gerhard Oestreichs Begriff „Sozialdisziplinierung in der Frühen Neuzeit“. In: Zeitschrift für Historische Forschung 14 (1987) 265-302.

und geordnetem Miteinander stützten die Konfessionskirchen entscheidend das noch junge staatliche Gewaltmonopol.

Vor allem die Kirchenzucht, die durch spezifische Institutionen ausgeübt wurde (Kap. II, § 3) und nicht Kriminal-, sondern Sündenzucht war[72] ,leistete einen eigenständigen Beitrag zu Formierung von Verhalten und Denken der frühneuzeitlichen Gesellschaft. Auch wo es, wie im Falle von Frei- oder Untergrundkirchen (Puritaner oder Calvinisten in katholischem Umfeld in Frankreich oder am deutschen Niederrhein) nicht zu einer Zusammenarbeit mit dem Staat kam, verstärkte diese Sündenzucht im Ergebnis die Wirkung der staatlichen Sozialdisziplinierung. Denn kirchliche und staatliche Zuchtinstanzen vertraten letztlich dieselben Normen. Entwicklungsgeschichtlich war dieser Beitrag der Konfessionskirchen unverzichtbar, weil der vorabsolutistische Staat noch nicht über hinreichende Steuerungs- und Kontrollinstanzen verfügte und vor allem für die Internationalisierung des neuen Wertsystems auf die religiös-kirchliche Sanktionierung angewiesen war.

Zahlreiche Feldstudien zur calvinistischen Kirchenzucht in Zentral- und Westeuropa, die sich auf die sorgfältig geführten und häufig lückenlos überlieferten Presbyterialprotokolle stützen, lassen es plausibel erscheinen, daß insbesondere diese institutionell fest verankerte (Kap. III, § 3) Variante der konfessionalistischen „Sündenzucht" die Gesellschaftsgeschichte Europas nachhaltig beeinflußte. Sie hatte einen wesentlichen Anteil an der Herausbildung jener rationalen, nüchternen und disziplinierten Verhaltensweisen, die sich im Verlaufe der frühen Neuzeit mehr oder weniger schnell in Europa ausbreiteten und die als Vorbedingung für die gelungene Transformation der alteuropäischen Stände zur modern-bürgerlichen Wirtschaftsgesellschaft des Industriezeitalters gelten. In ihrem unermüdlichen Kampf gegen Abweichungen von den festgelegten Glaubens- und Weltanschauungssätzen, gegen Nachlässigkeit in den kirchlichen und religiösen Pflichten; gegen Streit, Gewalt und Unehrlichkeit; gegen Unmäßigkeit, demonstrativen Luxus, Exzesse in Spiel, Tanz und Vergnügung; gegen Unzucht, Kuppelei und Ehebruch; gegen Trunkenheit, Unreinlichkeit, Müßiggang und all die anderen kleinen oder großen Normabweichungen von einem in der Konfessionalisierung des 16. Jahrhunderts neu definierten und neuzeitlich formierten christlichen Sitten- und Verhaltenskodex – in diesen unermüdlichen Formierungs- und Normierungsaktionen erwiesen sich die calvinistischen Gemeinden nicht nur als Agenten eines geschlossenen Glaubens- und Weltanschauungssystems, sondern auch und vor allem der Affektenkontrolle, des vernünftig-gemäßigten Lebensstils, der Ausdauer und Selbstdisziplin sowie der nüchternen Verantwortlichkeit für das eigene Leben und dasjenige des Nächsten in Ehe, Familie und Gemeinde sowie der Gesellschaft insgesamt[73].

---

72 Zu „Kriminal-" versus „Sündenzucht" SCHILLING, Heinz: „History of Crime" or „History of Sin". In: Politics and Society in Reformation Europe. Hg. v. Erkki J. KOURI und Tom Scott, London 1987, 289-310.

73 Zu den Fallstudien vgl. Anm. 44. - Zu den Kosten der reformiert-calvinistischen Mentalität aufschlußreich SCHÄR, Markus: Seelennöte der Untertanen. Selbstmord, Melancholie und Religion im alten Zürich 1500-1800. Zürich 1985. - Mentalitätsgeschichtlich vergleichend

Die weniger zahlreichen Untersuchungen zur anglikanischen, lutherischen oder katholischen „Sündenzucht" lassen ein ganz ähnliches Bild erkennen, obgleich die theologische Begründung und die institutionelle Basis jeweils anders waren. Wie die calvinistischen Consistoires und Synoden trug auch das weitgespannte Netz der Jesuiten (Kap. III, § 3) entscheidend zur sozial tief gestaffelten Verbreitung neuzeitlich formierter Denk- und Verhaltensweisen bei – unter den Fürsten und im Adel ebenso wie bei der neu entstandenen staatlichen Politik- und Bildungselite, aber auch in den Städten, allerdings kaum auf dem Lande. Bedeutend für den längerfristigen Wandel waren vor allem die Impulse für die bürgerliche Gesellschaft, in die die Jesuiten „suffisamment de nouveautés" hineintrugen, „sur le plan de la famille et de la société, comme sur la manière de vivre la region, pour inquiéter les tenants de la tradition". Auch im katholischen Umfeld, nicht anders als bei Lutheranern und Anglikanern, wirkten die Agenten der Konfessionalisierung im Sinne einer Verchristlichung der Gesamtgesellschaft, einer Verpflichtung jedes einzelnen zu individueller Selbsterforschung und Selbstlenkung, einer programmatischen Verbindung von religiöser Innerlichkeit und sittlich verantwortungsvoller Lebensführung in und für die christlich-brüderliche Gemeinschaft, für die Familie, die Kirche und die städtische Öffentlichkeit. Für alle Konfessionskirchen gilt, daß sie, wenn auch mit unterschiedlichen Mitteln und Erfolgen, einen „christianisme moderne" vertraten und „apparaissent, d'une certaine façon, à l'origine de l'esprit bourgeois en Europe"[74].

Diese Verbindung zwischen Konfessionalisierung und Geist des frühmodernen Bürgertums wurde zusätzlich dadurch verstärkt, daß die Angriffe auf die vorkonfessionalistische Volksreligion (Kap. III, § 3) vor allem in den Städten, kaum aber in den Dörfern erfolgreich waren. Die Reinigung des Glaubens und der Frömmigkeit von magischem Beiwerk und ihre lehrmäßige, also rationale Begründung sowie die Verankerung in der inneren Überzeugung statt in veräußerlichter ritueller Praxis waren in den Städten um so leichter, als sich diese Tendenzen bereits in der neuen Frömmigkeit der spätmittelalterlichen Reformbewegungen, etwa der Devotio moderna, angekündigt hatten und auch die frühreformatorische Frömmigkeit dem städtischen Selbstverständnis und dem frühmodernen Bürgergeist entsprach.

Von kaum zu überschätzender gesellschaftsgeschichtlicher Wirkung waren die Konfessionalisierungen schließlich auch dadurch, daß sie das alteuropäische gender-Modell nachhaltig neuprägten. Die Beziehungen der Geschlechter zueinander und die Rollen, die Männer und Frauen in Ehe, Familie, Haus und Öffentlichkeit spielten, wurden auf Generationen, wenn nicht auf Jahrhunderte hin durch die neue Anthropologie der Reformation und des Tridentinums geprägt, die die Agenten der Konfessionalisierung in die europäischen Gesellschaften einwurzelten. Schon das neue Eheverständnis und die Formalisierung der Eheschließungsverfahren (Kap. III, § 2) hatten weitreichende Folgen für die Beziehungen der Geschlechter zueinander. Evident ist das vor allem bei der

HERSCHE, Peter: Die protestantische Laus und der katholische Floh. Konfessionspezifische Aspekte der Hygiene. In: Ansichten von der rechten Ordnung. Hg. v. Benedikt BIETENHARD, Bern 1991, 43-60.

74 CHÂTELLIER: L'Europe des Dévots (wie Anm. 37) 127, 150f. - „Christianisme modern" von mir in Analogie zu Châtelliers „catholicisme moderne" gebildet.

reformatorischen Wende, weil „mit dem neuen, an der Schrift ausgerichteten Eheverständnis [...] Ehe zur zentralen gesellschaftlichen Ordnung der Geschlechter“[75] wurde. Das Verhältnis zwischen Mann und Frau, aber auch zwischen Ehepaar und Kindern wurde auf eine andere Basis gestellt als in einem Normensystem, das Zölibat und Keuschheit zum erstrebenswerten Ideal menschlicher Selbstverwirklichung erhebt. Aber auch im Zuge der katholischen Konfessionalisierung ergaben sich wichtige familiensoziologische Neuansätze. Ideal- und Vorbild war nicht die Familie des Pastors, wie im Protestantismus, sondern die „heilige Familie“ selbst, in der die Mutter Maria dominierte und der Vater Joseph eher im Hintergrund stand[76].

Auch dieser Wandel in der Beziehung der Geschlechter hatte bereits im späten Mittelalter eingesetzt, zudem wirkten daran auch außerkirchliche Kräfte mit – wirtschaftliche und demographische ebenso wie vor allem staatliche[77]. Die entscheidende Durchschlagskraft erhielt er aber im konfessionellen Europa. Am besten untersucht sind wiederum die Wirkungen im reformatorischen Umfeld, und zwar in diesem Fall besonders im Luthertum. Das dabei gewonnene Bild ist gegenwärtig noch durch gegensätzliche Einschätzungen geprägt. Einerseits soll die reformatorische Anthropologie, speziell die Aufwertung der Ehe, eine Abwertung der Frau und ihre „Domestizierung“ bewirkt haben, und Predigten orthodoxer Lutheraner sieht man charakterisiert durch den „view that uncontrolled women were dangerous to themselves and society“[78]. Andererseits kann eine tiefdringende Analyse der Schriften Luthers zeigen, daß die Theologie des Reformators die Stellung der Frau aufwertete, indem auch verheiratete und alleinstehende Frauen zum allgemeinen Priestertum der Gläubigen berufen waren, der Vorgang der Geburt als ein „besonderes Wunderwerk Gottes“ begriffen und alte Tabus durchbrochen wurden, „die Vorstellung nämlich, körperliche Vorgänge bei Frauen (Menstruation, Empfängnis, Schwangerschaft, Geburt und Wochenbett) machten sie unrein“[79]. Im

75 WUNDER, Heide: „Er ist die Sonn', sie ist der Mond“. Frauen in der Frühen Neuzeit. München 1992, 67. - Zur Reformationsgeschichte WIESNER, Merry E.: Beyond Women and the Family: Towards A Gender Analysis of the Reformation. In: Sixteenth Century Journal 18 (1987) 311-321.

76 CHÂTELLIER: L'Europe des Dévots (wie Anm. 37) 163.

77 WIESNER, Merry E.: Working Women in Renaissance Germany. New Brunswick, NY 1986, 149-198. - WUNDER, Heide: Überlegungen zum Wandel der Geschlechterbeziehungen im 15. und 16. Jahrhundert aus sozialgeschichtlicher Sicht. In: Wandel der Geschlechterbeziehungen (wie Anm. 55) 12-26. - DIES.: Frauen in der Frühen Neuzeit (wie Anm. 75).

78 KARANT-NUNN, Susan: Kinder, Küche Kirche. In: Germania illustrata (wie Anm. 5) 121-140, hier 121. - LORENZ, Dagmar: Vom Kloster zur Küche: Die Frau vor und nach der Reformation Dr. Martin Luthers. In: Die Frau von der Reformation zur Romantik. Hg. v. Barbara BECKER-CANTARINO, Bonn 1985, 7-35. - WIESNER, Mary: Luther and women. In: Disciplines of Faith. Studies in Religion, Politics and Patriarchy. Hg. v. Jim OBELKEVICH, Lyndal ROPER und Raphael SAMUEL, London 1987, 295-308.

79 SCHARFFENORTH, Gerta: Im Geiste Freunde werden. Mann und Frau im Glauben Martin Luthers. In: Wandel der Geschlechterbeziehungen (wie Anm. 55) 97-108, hier 106f.

Reformiertentum vollzog sich dieselbe Wende, wobei der Theorie des allgemeinen Priestertums durch die Einrichtung des Diakonissenamtes Rechnung getragen wurde[80].

Fallstudien zur alltäglichen Realität zeigen ein differenziertes Bild. Für den Augsburger Protestantismus z.B. waren „Mann und Frau [...] in geistlicher Hinsicht gleich", andererseits entwickelte er aber so etwas wie eine „Zwei-Reiche-Lehre des Geschlechterunterschieds", die besagte, daß sich die Ämter von Mann und Frau auf Erden unterschieden. Einerseits schuf er „eine exklusive von Männern geleitete Kirche", andererseits betraf sie aber nicht die Religiosität selbst, so daß auch die evangelischen Frauen in der Lage waren, „eine spezifisch weibliche Frömmigkeit zu entwickeln"[81].

Für den evangelischen Pfarrhaushalt, der vor allem in Deutschland eine außerordentliche Vorbildfunktion hatte, wurde jüngst sogar herausgestellt, daß die Pfarrfrau neben dem Mann als „Gefährtin" und „Mitregentin" wirkte, gestützt auf das „Amt der Hausmutter", das formal dem „Amt des Hausvaters" korrespondierte. Allerdings bestand insofern Ungleichheit, als sich dieses weibliche „Herrschaftsamt" durch das männliche definierte, eine Beobachtung, die dem reformatorischen gender-Modell in den südfranzösischen Städten entspricht, wo eine ähnliche Ungleichheit erhalten blieb, obgleich beide Geschlechter gemeinsam in die neuen befreienden religiösen Verhältnisse eingetreten waren[82]. Schließlich belegte der Sonderfall der protestantischen Reichsabteien, wie sich Frauen aufgrund spezifischer Rechts- und Standesverhältnisse, aber auch durch „gender" im lutherischen Umfeld eine ganz eigenständige kirchliche Position zu sichern wußten, obgleich die lutherische Kirche eigentlich eine Männerkirche war[83].

Was die Kirchenzucht anbelangt, deren gesellschaftliche, individual-psychologische und mentale Tiefenwirkung alle anderen Manifestationen des Konfessionalismus übertroffen haben dürfte, so zeigen genderspezifische Erhebungen, daß sowohl das Verfehlungs- als auch das Zuchtprofil im konfessionellen Zeitalter kaum genderspezifisch war. Denn „die Maßnahmen der Konfessionalisierung richteten sich nicht spezifisch gegen oder auf Frauen"[84]. Eine Langzeitanalyse im calvinistischen Emden belegt, daß „the double standard (Keith Thomas) appeared relatively late", und zwar hervorgebracht durch eine spezifisch pietistische Frömmigkeit und durch staatlich geforderte Kontrollmaßnahmen gegen ledige Mütter. Dagegen deutete nichts darauf hin, daß die Kirchenzucht des Konfessionalismus „discriminated either males or females regarding the normes of standards of Christian

---

80 So in den Canones V, § 10f. des Wesler Konvents der niederländisch-niederdeutschen Calvinisten. Die Beschlüsse des Wesler Konvents. Hg. v. J.F. Gerhard GOERTERS, Düsseldorf 1968, 15.

81 ROPER, Lyndal: Das fromme Haus. Frauen und Moral in der Reformation. Frankfurt a.M.-New York 1995, 226, 227.

82 SCHORN-SCHÜTTE: „Gefährtin" und „Mitregentin". In: Wandel der Geschlechterbeziehungen (wie Anm. 55) 109-153. - DAVIS, Natalie Zemon: Städtische Frauen und religiöser Wandel. In: Humanismus, Narrenfreiheit und die Riten der Gewalt. Hg. v. DERS., Frankfurt a.M. 1987, 75-105.

83 WIESNER, Mary: Reformed Convents and the Reformation. In: Germania illustrata (wie Anm. 5) 181-195, bes. 192ff.

84 WESTPHAL: Frau und lutherische Konfessionalisierung (wie Anm. 44) 366, eine der ganz seltenen Untersuchungen zu den genderspezifischen Folgen der Konfessionalisierung.

sexual life". Vielmehr wurden Männer wie Frauen gleichermaßen in die Pflicht genommen, nach den Normen christlicher Verantwortlichkeit, Liebe und Friedfertigkeit miteinander zu leben, was die Stellung der Frau in der Ehe nur verbessern konnte, quantitativ greifbar in der Tatsache, daß „during the first century of church discipline in Emden (ca. 1550-1650) males were more frequently called before the church council"[85].

Auf anderer theologischer Basis wirkte auch die katholische Konfessionalisierung für grundlegenden Wandel im alteuropäischen Gendermodell. Auch hier ist der Befund eher differenziert: „Der Katholizismus pflegte einen spezifisch weiblichen Frömmigkeitsstil", und er entwickelte einen ganz anderen Kosmos von weiblichen Heiligen, andererseits konnte eine Frau diese „Heiligkeit [...] nur erlangen, indem sie sich ihrer sexuellen, weiblichen „Körperlichkeit" entledigte"[86]. Was die höhere Mädchenbildung anbelangt, scheint der katholische Konfessionalismus sogar eindeutiger noch als der protestantische „die intellektuelle Gleichwertigkeit der Frau, ihre Fähigkeit und ihr Recht zur Gelehrsamkeit"[87] theoretisch vertreten und auch praktisch angestrebt zu haben.

In ländlichen Regionen Mitteleuropas wurde im Zuge der katholischen Konfessionalisierung der ältere, feudale Heiligenkosmos, durch den „vorwiegend das Verhältnis von Herr – Untertan und das Gemeinschaftsleben eines weitgehend geschlossenen dörflichen Wirtschafts- und Gesellschaftsverbandes geregelt" worden war, abgelöst durch einen Heiligenkosmos zur „Programmierung und Normierung des Problemkreises Mann – Frau – Kind". Die „patriarchalische Ordnung der bäuerlichen Mentalité" wurde aufgebrochen durch eine auf die Heilige Familie hin orientierte frühneuzeitliche Mentalité, in deren Zentrum Maria stand, während Joseph im Hintergrund blieb und sämtliche Herrschaftsfunktionen des Mannes über Frau und Kind, Haus und Hof bei ihm zu ausschließlichen Schutzfunktionen herabreduziert worden waren". Eine „kurze Phase matriarchal beeinflußter Normen" und eines „matriarchalen Familientypus"[88] war aufgezogen. Und auch die jesuitische Anthropologie und Seelsorge förderte den Wandel in den Geschlechterbeziehungen, „une nouvelle conception de la famille, marquée par une revalorisation du sacrement du mariage, un partage des responsabilités au sein du couple, une atténuation du pouvoir despotique du père, est en train de se dégager. La famille patriarcale n'est pas la „famille sainte"[89]. Eine Entwicklung zur Verbürgerlichung und Verinnerlichung also, ganz ähnlich wie bei den protestantischen Konfessionalisierungen.

Diese in Reformation und Konfessionalisierung ausgelösten Trends konnten sich allerdings nicht ungebremst ausbreiten: Seit Mitte des 17. Jahrhunderts war in der katholischen

---

85 SCHILLING: Civic Calvinism (wie Anm. 29) 62, 63. - DERS.: Ehe, Familie und Erziehung (wie Anm. 39).

86 ROPER: Das fromme Haus (wie Anm. 81) 225. - IRWIN, Jouce L.: Womanhood in Radical Protestantism 1525-1675. New York 1979, eine Quellensammlung über den von uns nicht behandelten nichtkonfessionalistischen Protestantismus.

87 CONRAD, Anne: Katholische Mädchenbildung in der Frühen Neuzeit. In: Wandel der Geschlechterbeziehungen (wie Anm. 55) 154-179, hier 156.

88 HÖRGER: Dorfreligion (wie Anm. 47) 273, 297, 307f. - DÜNNINGER, Hans: Maria siegt in Franken. Die Wallfahrt Dettelbach als Bekenntnis. Würzburg 1979.

89 CHÂTELLIER: L'Europe des Dévotes (wie Anm. 37) 163.

Mädchenerziehung der „Elan der Gründerinnen [...] gebrochen [...] Die Diskrepanz zwischen Jungen- und Mädchenerziehung verschärfte sich wieder“. Dieselbe Trendwende erfuhren der „matriarchale Familientypus“ und die aktive Teilhabe der Frauen am „allgemeinen Priestertum der Gläubigen“[90]. Auch im Bereich der gender history sind die „Barrieren“ des 19. Jahrhunderts nicht eine direkte Konsequenz von Reformation und Konfessionalisierung, sondern eher späterer Rücknahmen des von ihnen ausgelösten Modernisierungsschubes.

§ 3 Die konfessionellen Kulturen

Neben Politik und Gesellschaft hat die Konfessionalisierung auch die Kultur Europas nachhaltig geprägt (was sich hier nur noch andeuten läßt). Kunst- und literaturgeschichtlich folgt auf die abgewogene Ruhe der Renaissance die nervöse Dynamik des Barock, der in der Spannung zwischen unsicherer Zerrissenheit und tiefglühender Glaubensgewißheit stand. Theodore Karl Rabb sah darin ein Zeugnis der Suche eines tief verunsicherten Zeitalters nach neuer Sicherheit. Dieser „struggle for stability“[91] erfolgte in innerer Allianz mit der Konfessionalisierung. Der Barock war die kongeniale Kunstform des konfessionellen Europa, weil er die Kunst resakralisierte, nachdem die Renaissance sie bereits weitgehend säkularisiert hatte. Wie in der Gesellschaft und in der Politik bedeutete Resakralisierung aber nicht Rückkehr zu mittelalterlichen Verhältnissen, also die Vorherrschaft einer rein kirchlichen Kunst. Vielmehr bahnte die Allianz von Sakralem und Profanem auch in der Kunst und Kultur dem Grundsatzwandel den Weg, und damit langfristig der Säkularisierung.

Der Barock ist auch insofern Ausdruck des konfessionellen Europa, als er die kirchliche Spaltung sinnfällig macht. Das gilt bis auf den heutigen Tag, wie sich jeder Reisende leicht überzeugen wird, wenn er katholische und protestantische Länder in Europa miteinander vergleicht. Während die Renaissance ungeachtet nicht zu übersehender Unterschiede zwischen Süd- und Nordeuropa sich noch als einheitliche Kunstrichtung zu erkennen gibt, geprägt nicht zuletzt durch die Internationalität und die gemeinsame Koine der Humanisten, ist der Barock zerrissen und gespalten, und zwar entlang den konfessionellen Bruchlinien. Auf den ersten Blick scheint dieser Kernbereich kultureller Mentalitäts- und Identitätsbildung, die die adlige und bürgerliche Elitekultur ebenso erfaßte wie die bäuerliche Volkskultur, der eingangs entwickelten Theorie von der funktionalen Äquivalenz protestantischer und katholischer Konfessionalisierungen zu wider-

---

90 CONRAD: Katholische Mädchenbildung (wie Anm. 87) 178. - SCHARFFENORTH: Mann und Frau (wie Anm. 79), 107 (Luthers frauenfreundliche Aussage wurde in neuhochdeutschen Ausgaben seiner Eheschrift ausgelassen, weil „zeitbedingt“). - HÖRGER: Dorfreligion (wie Anm. 47) 307ff. - Das Diakonissenamt wurde auf Ausnahmefälle in Notzeiten beschränkt, dazu SCHILLING, Heinz: Calvinistische Presbyterien in Städten der Frühneuzeit. In: Städtische Führungsgruppen und Gemeinden. Hg. v. Wilfried EHBRECHT, Köln 1980, 385-444, hier 401.

91 RABB: Struggle for stability (wie Anm. 8).

sprechen. Denn lassen sich größere Unvereinbarkeiten denken als zwischen der Farb-, Form- und Lebensfülle des südlich gleißenden Bildbarocks der katholischen Länder einerseits und dem nördlich-kargen, nicht selten düsteren, rational gezügelten Wort- und Oratorienbarock des protestantischen, vor allem des reformierten Europa andererseits?[92]

Dennoch lassen sich auch in den konfessionellen Kulturen Entsprechungen erkennen. Etwa in der Kirchenarchitektur, deren gemeinsames Leitbild Rationalität und berechnete Effekte waren. Das gilt für die präzise auf den Seeleneffekt angelegte Jesuitenarchitektur, deren Ur- und Vorbild die in den siebziger Jahren des 16. Jahrhunderts erbaute Il Gesù in Rom war, und für den Salzburger Dom oder das barocke Gesamtkunstwerk von Vierzehnheiligen in Franken ebenso wie für die protestantische Predigttempelarchitektur eines Hendrik de Keyser in den Niederlanden oder eines Christopher Wren und seiner St. Pauls Cathedral in London. Ähnliches gilt von der barocken Herrschaftsarchitektur katholischer oder protestantischer Höfe oder von der Tafelmalerei, wo die scheinbar unversöhnlichen Extreme markiert sind durch die verklärt in den Himmel blickenden menschlichen Heiligen und heiligen Menschen eines Guido Reni einerseits und den Bibel-Bildern eines Rembrandt andererseits. Mittel und Ausdrucksweisen dieser Gemälde wie der des Katholizismus und des Protestantismus allgemein sind unübersehbar verschieden. Der Geist und das Ziel sind aber ganz ähnlich, nämlich neuzeitliche Rationalität und die Ausrichtung auf die Wirkung beim Betrachter.

Läßt man sich ein auf die rationale Farb-, Form- und Lichtgestaltung und die ausdifferenzierte Psychologie, die die italienische und spanische Barockmalerei ebenso auszeichnet wie die Architektur der großen Barockkirchen im katholischen Europa, dann ist unverkennbar, daß der südlich-katholische Bildbarock von nicht geringerer neuzeitlich-moderner Qualität war als der Wort- und Oratorienbarock des nord- und westeuropäischen Protestantismus. Diese idealtypische Entgegensetzung, in die vieles an Klischee und Vorurteil der Aufklärung und des 19. Jahrhunderts eingegangen ist, gilt es generell zu relativieren. Denn jüngst hat die Literaturwissenschaft die Sprachkraft des katholischen Konfessionalismus wiederentdeckt, wie umgekehrt zumindest dem Luthertum und dem Anglikanismus bildliche Ausdrucksmöglichkeiten nicht abgesprochen werden können[93].

---

92 Ausführlich mit Beispielen SCHILLING: Aufbruch und Krise (wie Anm. 3) 293ff. - Eine größere interkonfessionell vergleichende Untersuchung zu diesen Zusammenhängen ist mir nicht bekannt. Hilfreich: Luther und die Folgen für die Kunst. Hg. v. Werner HOFMANN, München 1983. - KNIPPING, Jan: Iconography of the Counter Reformation in the Netherlands. Nieukoop 1974. - MALE, Emile: L'art religieux de la fin du 16ᵉ siècle du 17ᵉ siècle. Étude sur l'iconographie après le concile de Trente. Paris ²1951. - Guido Reni und Europa. Ruhm und Nachruhm. Katalog der Ausstellung Schirn. Hg. v. Sibylle EBERT-SCHIFFERER, Frankfurt a.M. 1988.

93 Gegenreformation und Literatur. Beiträge zur interdisziplinären Erforschung der katholischen Reformbewegung. Hg. v. Jean-Marie VALENTIN, Amsterdam 1979. - BREUER, Dieter: Oberdeutsche Literatur 1565-1650. Deutsche Literaturgeschichte und Territorialgeschichte in frühabsolutistischer Zeit. München 1979. - DERS.: Deutsche Nationalliteratur und katholischer Kulturkreis. In: Nation und Literatur der Frühen Neuzeit. Hg. v. Klaus GARBER, Tübingen 1989, 701-715. - Zur Rolle der Literatur im katholischen Spanien BEHM, Irene: Spanische Mystik. Darstellung und Deutung. Düsseldorf 1957. - Zum Jesuitendrama VALENTIN, Jean-

Selbst der tridentinisch erneuerte Heiligenhimmel, der durch Deckenfresken in Schlössern oder Kirchen, durch Vornamensgebung, Patrozinienfeste, Wallfahrten und Millionen von Heiligenbildern die Hoch- und die Volkskultur des katholischen Europa nachhaltig prägte, fußte auf psychologischer und perspektivischer Rationalität und hatte einen wesentlichen Anteil an der modernisierenden Umgestaltung von Kultur und Mentalität[94].

V. Die un- oder antikonfessionellen Kräfte

Es ist nicht möglich, über das konfessionelle Europa zu sprechen, ohne auch jene Kräfte vorzustellen, die sich der Konfessionalisierung, so mächtig sie auch auf sie eindrängen mochte, widersetzten. Darüber hinaus muß wenigstens ausblickhaft auf die Überwindung des Konfessionalismus eingegangen werden. Denn auch das Nichtkonfessionelle im konfessionellen Europa[95] besaß modernisierende Potenzen. Das kam allerdings im konfessionellen Europa kaum zum Tragen. Die gesamtgesellschaftliche Wirkung entfaltete sich erst langfristig, und zwar vor allem in Verbindung mit der Aufklärung. Diese gegenüber der Konfessionalisierung resistenten Kräfte haben den Konfessionalismus zweifellos geschwächt. Nicht weniger wichtig war aber die Überwindung von innen her. Denn die Konfessionalisierung selbst setzte in einem quasi dialektischen Prozeß Kräfte frei, die Europa in das nachkonfessionelle Zeitalter führten. Dieses hatte sich schließlich auch unter staatlich-politischer Perspektive überlebt: Der frühmoderne Staat war in der Allianz mit der Konfessionalisierung im Innern rasch erstarkt, hatte genügend weltliche Steuerungskapazitäten und auch eine eigene Legitimation aufgebaut, um ohne die Hilfe von Religion und Kirche effektiv zu funktionieren. Daher konnte er nun die „religio-vinculum-societatis"-Maxime des konfessionellen Zeitalters ablegen und sich zur Pluralität der Kirchen und Weltanschauungen bekennen. Und auch zwischenstaatlich war die Akzeptanz eines multikonfessionellen Europa der Mächte herangereift.

Marie: Le Théâtre des Jésuites dans les pays de la langue allemande (1554-1680). Salut des âmes et ordres des cités. Bd. 1-3, Bern (u.a.) 1978. - DERS.: Gegenreformation und Literatur. Das Jesuitendrama im Dienste der religiösen und moralischen Erziehung. In: Historisches Jahrbuch 100 (1980) 240-256. - Le Théâtre des Jésuites dans les pays de la langue allemande. Répertoire chronologique des pièces représentatées et des documents conservés (1553-1773). Bd. 1-2. Bearb. v. DEMS., Stuttgart 1983-1984.

94 WIEDEMANN, Conrad: Himmelsbilder des Barock. In: Jahrbuch der Berlin-Brandenburgischen Akademie der Wissenschaften. Berlin 1994, 247-270 - HÖRGER: Dorfreligion (wie Anm. 47).

95 Analogienbildung zu Gerhard OESTREICH: das „Nichtabsolutistische am Absolutismus".

§ 1 Die Grenzen der Konfessionalisierung

So dynamisch und allumfassend die Konfessionalisierung auch war, es gab gesellschaftliche und staatlich-rechtliche Kernbereiche, die gegenüber deren Totalitäts- und Absolutheitsanspruch resistent blieben, bleiben mußten, sollte auf dem Höhepunkt der weltanschaulichen Konfrontation öffentliches und privates Zusammenleben in Europa überhaupt noch möglich sein. Das traf insbesondere auf das Recht zu – auf das Römische Recht; partiell sogar auf das Kanonische Recht, das die Protestanten bei kirchenrechtlichen Fragen, etwa den ehehindernden Verwandtschaftsgraden, subsidiär heranzogen; in Deutschland zusätzlich auch noch auf das Reichsrecht[96].

In der konfessionellen Spaltung waren es die in einem gemeineuropäischen Rechtsdenken erzogenen Juristen, die die unabdingbaren gesellschaftlichen und politischen Funktionen zwischen den Konfessionsblöcken sicherstellten – am entschiedensten die Politiques in Frankreich, die das Staatsrecht für neutral und über den konfessionellen Parteiungen stehend erklärten, aber auch die Vertreter des Natur- und Völkerrechts, voran Hugo Grotius, die selbst den scheinbar unversöhnlichen Glaubenskrieg zähmten, indem sie ihn an Rechtsnormen banden und als sein letztes Ziel den Ausgleich der Gegensätze in einer neuen Friedensordnung festlegten. Zumindest teilweise resistent blieben auch wesentliche Steuerungsbereiche des alltäglichen Lebens – so etwa das Ehe- und Erbrecht, das in der Regel über die Konfessionsgrenzen hinweg Sicherheit gewährte. Ähnlich verhielt es sich mit der Internationalität der europäischen Adelshäuser, die nie vollständig konfessionalisiert wurde, und mit der europäischen Diplomatie, die im konfessionellen Zeitalter ihre neuzeitlichen Institutionen und Instrumentarien aufbaute.

Ungeachtet der Tatsache, daß die Konfessionalisierung und damit die reale und geistige Konfrontation auf allen Seiten hauptsächlich von den „Intellektuellen" und Gebildeten vorangetrieben wurde, wurde auch die europäische Gemeinsamkeit der Bildung und Kultur nie vollständig zerrieben. Das belegt die komparatistische Rezeptionsgeschichte der Literatur- und Kunstwissenschaften ebenso wie der transkonfessionelle Austausch zwischen den späthumanistischen Gelehrtenzirkeln[97]. Trotz der Konfessionalisierung von Schulen und Universitäten blieben auch wesentliche Teile des wissenschaftlichen Diskurses resistent. Das gilt für die Naturwissenschaften und die Medizin auf ihrem Weg zur neuzeitlichen Empirie ebenso wie für das politische Denken, wo

96 HELMHOLZ, Richard H.: Canon Law in Protestant Lands. Berlin 1992 (bes. MENTZER, Raymond: The Reformed Churches of France and Medieval Canon Law, 165-185). - Zum Reichsrecht grundlegend HECKEL, Martin: Gesammelte Schriften. Staat, Kirche, Recht, Geschichte. Bd. 1-2. Hg. v. Klaus SCHLAICH, Tübingen 1989. - STOLLEIS, Michael: Religion und Politik im Zeitalter des Barock. „Konfessionalisierung" oder „Säkularisierung" bei der Entstehung des frühmodernen Staates. In: Religion und Religiosität im Zeitalter des Barock. Hg. v. Dieter BREUER, Bd. 1-2, Wiesbaden 1993, hier Bd. 1, 23-42. - Vgl. auch die grundlegende Studie von BÖCKENFÖRDE, Ernst Wolfgang: Die Entstehung des Staates als Vorgang der Säkularisierung. In: Säkularisierung. Hg. v. Heinz Horst SCHREY, Darmstadt 1981, 67-89.

97 Unter literaturkomparatistischer Perspektive KOPPENFELS, Werner von: Meditative Lyrik im Europa des 17. Jahrhunderts. In: Religion und Religiosität (wie Anm. 96) Bd. 1, 93-114.

Männer wie Jean Bodin oder Justus Lipsius sich nicht konfessionell verrechnen lassen, weil sie Wege wiesen, die sowohl von katholischen als auch von protestantischen Staaten zur gesellschaftlichen und politischen Modernisierung genutzt wurden.

Mit der Überwindung des Konfessionalismus seit Mitte des 17. Jahrhunderts konnten dann diese und andere säkulare oder nicht-konfessionelle Modernisierungskräfte, deren Wirkung bislang durch das dominante Modernisierungssyndrom „Konfessionalisierung“ begrenzt geblieben war, zum Hauptträger des gesellschaftlichen Wandels in Europa werden. Das gilt einerseits für säkulare Prozesse wie den Aufstieg des individualrechtlichen Denkens oder der neuzeitlichen Kategorie „Eigennutz“[98]. Das gilt andererseits aber auch für die im Religiösen wurzelnden Modernisierungskräfte der frühen Alternativ- oder Radikalreformation und der aus ihr hervorgegangenen nichtkonfessionellen Denominationen. Im Reformationszeitalter und im konfessionellen Europa konnten sie nicht zu einer gesamtgesellschaftlich relevanten Wirkung kommen, weil sie „had been willing to push social change forward beyond the point possible at the beginning of the early modern period“. Erst als „the structural necessity of the coalition between early modern state and confessionalism had vanished“[99], konnte das von Anfang an im nicht-konfessionellen protestantischen Dissens und Denominalismus vorhandene Modernisierungspotential gesamtgesellschaftlich wirksam werden.

Das geschah zuerst in den nördlichen Niederlanden und in England, wo die Glorious Revolution den Kompromiß zwischen anglikanischen Konfessions- und protestantischen Freiwilligkeitskirchen besiegelte. In den anderen europäischen Ländern bedurfte es dazu erst noch der Aufklärung, die die geistigen und institutionellen Fundamente der europäischen Gesellschaft radikal säkularisierte, sowie der politischen Umbrüche im Anschluß an die Französische Revolution, die den alteuropäischen Typus der Staats-Kirchen-Allianz davonfegten.

---

98 SCHULZE, Winfried: Vom Gemeinnutz zum Eigennutz (wie Anm. 5). - DERS.: Ständische Gesellschaft und Individualrechte. In: Grund- und Freiheitsrechte (wie Anm. 61) 161-179. Im Gegensatz zu unserer Darstellung räumt Schulze diesen säkularen Modernisierungswegen bereits für das 16. Jahrhundert Vorrang ein. Dieser Unterschied in der Gewichtung hängt m.E. damit zusammen, daß Schulze hauptsächlich den Wandel auf der Ebene von Theorien und Kategorien untersucht, während das Konfessionalisierungsparadigma auch und gerade die politische, gesellschaftliche und individuell-persönliche Realität meint. Jedenfalls ist es sympathisch, daß die um 1600 in der Gesellschaftstheorie auftauchende Kategorie „Eigennutz“ in der politischen und gesellschaftlichen Realität erst eine Generation später wirksam wurde, und zwar zuerst in Holland, dann in England, in denjenigen Gesellschaften Europas also, die der vorangehende Konfessionalismus am wenigsten geprägt hatte. Dazu SCHILLING, Heinz: Der libertär-radikale Republikanismus der holländischen Regenten. In: Geschichte und Gesellschaft 10 (1984) 498-533, bes. 528-533 (Kurzfassung in DERS.: Religion, Political Culture and the Emergence of Early Modern Society [wie Anm. 1] 413-428). - HIRSCHMAN, Albert: The Passions and the Interests. Princeton 1977.

99 SCHILLING, Heinz: Alternatives to the Lutheran Reformation and the Rise of Lutheran Identity. In: Germania illustrata (wie Anm. 5) 99-120, hier 119.

§ 2 Die Überwindung des Konfessionalismus

Das konfessionelle Europa selbst war allerdings bereits eineinhalb Jahrhunderte zuvor zu Ende gegangen. Das erfolgte auf zwei Wegen – durch die innere Überwindung der Orthodoxie sowie durch die von außen, vom Staat und den Politikern erzwungene Entkonfessionalisierung von Politik und Gesellschaft.

Die *innere* Erneuerung der europäischen Großkirchen setzte bereits im ersten Drittel des 17. Jahrhunderts ein, als sich aus dem Geist allgemeinchristlicher Herzensfrömmigkeit Widerspruch gegen den herrschenden Dogmatismus regte und Pietismus, Puritanismus oder Jansenismus neue Wege wiesen[100]. Gleichzeitig traten die vor- und transkonfessionellen Kräfte wieder in den Vordergrund, die durch Reformation und Konfessionalisierung überdeckt, aber nicht ausgelöscht worden waren. Das waren zum einen säkulare Kräfte, nämlich die sich emanzipierenden Wissenschaften und Künste sowie allgemein die Ideen und Einstellungen von Renaissance und Humanismus, die Religion tendenziell durch Philosophie und Moralität ersetzten und eine „sittliche Gewissensreligiosität" (Johannes Kühn) an die Stelle der Offenbarungsreligion stellen wollten[101]. Das waren zum anderen aber auch zutiefst religiöse Kräfte, nämlich Sekten, Denominationen und „Libertiner", deren Spiritualität nicht – wie häufig fälschlicherweise behauptet – durch „secularisation or Renaissance enlightenment" charakterisiert war, sondern durch eine „innovative synthesis of spiritualism, pietism and [...] early Protestant religious sentiments"[102]. Und schließlich regte sich in den Konfessionen selbst das mit dem Abbruch der interkonfessionellen Religionsgespräche in den sechziger Jahren des 16. Jahrhunderts erschütterte christliche Einheitsbewußtsein samt der daran anknüpfenden Irenik und Reunionsidee[103].

Für die *äußere* Entkonfessionalisierung waren die leidvollen Erfahrungen der europäischen Bürger- und Mächtekriege entscheidend, der Hugenotten- und Puritanerkriege in Frankreich und England sowie vor allem des Dreißigjährigen Krieges, der weite Gebiete des Kontinents in das Inferno der Selbstzerfleischung stürzte. Bei Juristen und Politikern, aber auch in der alteuropäischen Öffentlichkeit, die im konfessionellen Meinungskampf erstarkt war – auch das übrigens ein wichtiger Modernisierungsimpuls –, setzte sich die Einsicht durch, daß die in weltanschaulicher Totalkonfrontation denkenden Kirchen-

100 In leider auch heute noch seltener vergleichender Perspektive ANGERMANN, Erich: Religion – Politik – Gesellschaft im 17. und 18. Jahrhundert. Ein Versuch in vergleichender Sozialgeschichte. In: Historische Zeitschrift 214 (1972) 26-95, hier 26-29. - Allgemein LEHMANN: Absolutismus (wie Anm. 2).

101 Grundlegend GELDER, H. A. Enno van: The Two Reformations in the 16th Century. A Study of the Religious Aspects and Consequences of Renaissance and Humanism. The Hague 1961. - WOLLGAST, Siegfried: Philosophie in Deutschland zwischen Reformation und Aufklärung 1550-1650. Berlin 1988.

102 KAPLAN: Calvinists and Libertines (wie Anm. 24) 36, 90. - Dazu auch SCHILLING: Alternatives (wie Anm. 5) 99-120.

103 BENRATH, Gustav Adolf: Irenik und Zweite Reformation. In: Reformierte Konfessionalisierung (wie Anm. 1) 349-358. - HANSEN, Reimer: Der Friedensplan Heinrich Rantzaus und die Irenik in der Zweiten Reformation. Ebd., 359-372.

männer und Theologen sowohl im Inneren der Staaten als auch zwischenstaatlich ein nicht mehr kalkulierbares Chaos hervorrufen würden, wenn es nicht gelänge, ihre Aktivität und den Konfessionalismus allgemein staatlich-politisch zu bändigen. Fast gleichzeitig mit der Konfessionalisierung setzten daher Bestrebungen ein, den Konfessionalismus politisch und rechtlich einzuhegen und seine Dynamik den Interessen des Staates anzupassen. Im Innern der katholischen und evangelischen Territorien Deutschlands erfolgte das im großen und ganzen auf friedlichem Wege, weil das Cuius-regio-eius-religio-Prinzip des Augsburger Religionsfriedens hierzu die Rechtsmittel zur Verfügung stellte.

In Frankreich waren es die unter dem Namen „Politiques" bekannten Kronjuristen, die während der siebziger und achtziger Jahre des 16. Jahrhunderts im Inferno des konfessionellen Bürgerkrieges die Theorie vom unbedingten Vorrang des Staates vor den religiösen Funktionen formulierten und später dann an der Seite König Heinrichs IV. unter dem Vorzeichen eines tendenziell postkonfessionalistischen Katholizismus in die Praxis umsetzten. In ihrem Umkreis wurde die neue, nachkonfessionalistische Staatsmaxime formuliert, die im 17. Jahrhundert ihren Siegeszug in Europa antrat: „L'Estat et la Religion n'ont rien de commune"[104].

In England führte ein gutes halbes Jahrhundert später eine ähnliche innenpolitische Konstellation zu einer doppelten Lösungsstrategie: Thomas Hobbes erfand den Leviathan-Machtstaat, der die Religion zur Privatangelegenheit mediatisierte und für sich selbst die absolute Verfügungsgewalt über den öffentlichen Kultus beanspruchte. Realisiert wurde dieses Lösungsmodell jedoch nicht auf der Insel, sondern allenfalls in einigen absolutistischen Staaten des Kontinents. In England setzte sich dagegen das liberale Lösungsmodell der Glorious Revolution durch, das zwar den Staat anglikanisch beließ, der Gesellschaft aber den Weg in den religiösen Pluralismus öffnete. Zwischenstaatlich war es der Feuersturm des als Religionskrieg begonnenen dreißigjährigen europäischen Mächteringens, der die Entkonfessionalisierung des Politischen besiegelte.

Mit der zur Mitte des 17. Jahrhunderts vollzogenen Entkoppelung von Politik und Religion in der politischen Theorie sowie entsprechender politischer Praxis, die den Vorrang staatlicher oder gesellschaftlicher Interessen vor theologischen oder kirchlichen Interessen garantierte, war dem Konfessionalismus die Basis entzogen, wenn konfessionelle Momente durchaus auch noch weiterhin inner- wie zwischenstaatlich eine Rolle spielten. Damit war der Weg frei für den Wechsel vom Konfessionsstaat der älteren Frühneuzeit, der nach außen den Sieg der richtigen Lehre in Europa, ja in der Welt erkämpfen wollte und sich im Innern für das ewige Seelenheil der Untertanen verantwortlich fühlte, hin zum Verwaltungs-, Wohlfahrts- und Toleranzstaat der späteren Früh-

---

104 Anonym 1591. Zit. nach KLIPPEL, Diethelm: Souveränität. In: Geschichtliche Grundbegriffe (wie Anm. 3) Bd. 6, 98-128, hier 108 Anm. 65. - Zur Praxis der königlichen Religionspolitik unter Heinrich IV. die Quellenedition von RAGUT, Élisabeth: Le roi, l'église et le temple. L'exécution de l'édit de Nantes en Dauphiné. Paris 1987. - Zur Entwicklung in Deutschland SCHEUNER, Ulrich: Staatsräson und religiöse Einheit des Staates. In: Staatsräson. Studien zur Bedeutungsgeschichte eines Wortes. Hg. v. Roman SCHNUR, Berlin 1975, 363-406.

neuzeit, der nach außen als Machtstaat seine säkulare Staatsraison verfolgte und im Innern das Gemeine Beste, d.h. die säkulare innerweltliche Glückseligkeit seiner Untertanen, förderte. Auch die Stellung der Konfessionskirchen veränderte sich grundlegend. Die Aufklärung wollte ihnen nur noch die rechtliche Organisationsform eines Vereins zur Wahrnehmung religiöser und kultischer Interessen seiner Mitglieder zugestehen[105]. Selbst dort, wo sie als bevorrechtigte Kirche weiterhin vom Staat geschützt und gefördert wurde, mußte sie den Totalitätsanspruch des Konfessionalismus aufgeben und längerfristig akzeptieren, eine Glaubensgemeinschaft unter vielen zu sein.

105 Das Allgemeine Landrecht für die Preußischen Staaten von 1794, eine der im aufgeklärten Sinne fortschrittlichen Gesetzeskodifikationen Alteuropas, bezeichnet die Kirchen und Glaubensgemeinschaften als „Kirchengesellschaften" oder „geistliche Gesellschaften": Allgemeines Landrecht. Hg. v. Hans HATTENHAUER, Frankfurt a.M. 1970, Kap. 11, 542-584. - Zum Fortbestand konfessioneller Strukturen in den Staaten des 18. Jahrhunderts STIEVERMANN, Dieter: Politik und Konfession im 18. Jahrhundert. In: Zeitschrift für Historische Forschung 18 (1991) 178-199.

Konfessionalisierung als wissenschaftliches Paradigma?

Luise Schorn-Schütte

Einleitung

Ein Paradigma ist für den Historiker ein Deutungsmuster vergangener Wirklichkeiten. Es ist der *per definitionem* zeitgebundene Blick des Historikers, dessen Maßstäbe die ungeordnete Vielfalt der vergangenen Wirklichkeiten zu strukturieren versucht. Denn das verstehende Beschreiben „wie es eigentlich gewesen" eines Leopold von Ranke gehört nach den wissenschaftstheoretischen Debatten der letzten Jahrzehnte der Vergangenheit unserer Disziplin an[1].

Auch „Konfessionalisierung" ist als Forschungsparadigma das Konstrukt einer Historikergeneration. Es liegt in der Natur der Sache, daß rund zwanzig Jahre nach seiner ersten Formulierung über dessen Tragfähigkeit und Aussagekraft nachgedacht wird[2]. Und es gehört zu den Markenzeichen der Wissenschaftskultur, *daß* darüber nachgedacht werden kann. Damit wird betont, daß die eindrucksvollen wissenschaftlichen Erkenntnisse, die mit Hilfe des Deutungsmusters „Konfessionalisierung" in den letzten Jahrzehnten formuliert werden konnten, in ihrem Wert nicht in Frage gestellt sind. Wissenschaft aber lebt von der Diskussion und dem Verlassen erprobter Wege.

Als Beitrag zu dieser „Wegediskussion" verstehen sich die folgenden Überlegungen. Zunächst ist zu klären, worin der paradigmatische Charakter von „Konfessionalisierung" liegt bzw. gelegen hat. Dabei ist sogleich auf die Beziehung einzugehen, in der „Konfessionalisierung" zu den beiden anderen Deutungsmustern steht, die in der gegenwärtigen Frühneuzeitforschung von Belang sind: nämlich „Modernisierung" und „Sozialdisziplinierung". Vor diesem Hintergrund sollen zum zweiten einige Kritikpunkte genannt werden, die gegen das Konfessionalisierungsparadigma vorgetragen werden

1 Die gegenwärtigen Diskussionen über den Charakter historischer Erkenntnis sind eine Neuauflage der Debatten der vergangenen Jahrzehnte, wie sie besonders ertragreich in den ersten beiden Dekaden unseres Jahrhunderts geführt wurden, ohne daß dies jedoch den gegenwärtigen Diskutanten deutlich genug bewußt ist. Ausführlicher zu diesen Traditionen SCHORN-SCHÜTTE, Luise: Religion, Kultur und Staat. Deutungsmuster aus dem Krisenbewußtsein der Republik von Weimar. Eine Einleitung. In: Alteuropa oder Frühe Neuzeit? Deutungsmuster für das 16. bis 18. Jahrhundert aus dem Krisenbewußtsein der Weimarer Republik in Theologie, Rechts- und Geschichtswissenschaften. Hg. v. DERS., Berlin 1999 [im Druck].

2 Das Deutungsmuster mit der Festlegung bestimmter Begriffe stammt von Ernst Walter Zeeden, Wolfgang Reinhard und Heinz Schilling. Zu den Nachweisen im einzelnen verweise ich auf die Beiträge von Schilling und Reinhard in diesem Band. Es handelt sich demnach nicht um „Profilierung gegen" eine vorhandene Interpretation, wie Reinhard in seinem Beitrag schreibt, sondern um die ganz normale Weiterführung der wissenschaftlichen Diskussionen.

können. Daraus ergeben sich zum dritten einige Überlegungen zur Weiterführung des Interpretaments über seine Kohärenzbehauptung hinaus.

1. Konfessionalisierung: ein „Paradigma" aus den siebziger Jahren

Der Paradigmabegriff stammt aus den naturwissenschaftlichen Diskussionen der sechziger und siebziger Jahre; er hat aufgrund der These von Thomas S. Kuhn, daß es so etwas wie einen revolutionären Umbruch als Wechsel der gesamten Deutungsmatrix innerhalb der naturwissenschaftlichen Erkenntnis gebe[3], eine breite Rezeption insbesondere unter den Geisteswissenschaften gefunden[4]. Ein Wechsel der Perspektive liegt auch der Formulierung der Konfessionalisierungsthese zugrunde: einerseits in Gestalt der starken Betonung der anhaltenden *Verflechtung von Religion und Politik* im 16. und 17. Jahrhundert, die in den Arbeiten der sechziger und siebziger Jahre nicht zuletzt aufgrund der steten Konfrontation mit marxistischen Deutungsmustern zunehmend bestritten und als Verbrämung interessengeleiteter Machtpolitik charakterisiert worden war[5], andererseits in der Öffnung des Blickes für die *Parallelität* der Ausbildung konfessioneller Kulturen, wodurch das über ein Jahrhundert dominante Urteil, daß es eine Kulturbedeutung nur des Protestantismus gegeben habe[6], revidiert wurde. Nachdem zunächst Ernst Walter Zeeden diese Parallelität mit dem Begriff der Konfessionsbildung belegt hatte, wurde das Deutungsmuster durch die Verbindung mit der These von der Entfaltung frühmoderner Staatlichkeit sowie mit der Sozialdisziplinierungsthese von Gerhard Oestreich zu einer *Theorie der Konfessionalisierung* (Heinz Schilling, Wolfgang Reinhard)[7] ausgeweitet, die den Anspruch erhob, die ganze Zeitspanne vom späten 16. bis in das ausgehende 18. Jahrhundert erklärend zu strukturieren. Damit wurde die Frühe Neuzeit zur Vorgeschichte der Moderne.

---

3 KUHN, Thomas S.: Die Struktur wissenschaftlicher Revolutionen. Frankfurt a.M. [2]1976.

4 Als Hinweis auf die damals breit geführte Debatte: DERS.: Postskript 1969 – zur Analyse der Struktur wissenschaftlicher Revolutionen. In: Wissenschaftssoziologie. Bd. 1. Hg. v. Paul WEINGART, Frankfurt a.M. 1972, 287-319.

5 Diese vulgärmarxistische Interpretation insbesondere der Geschichte der Frühen Neuzeit (die in der Sprache der DDR-Geschichtswissenschaft zum Zeitalter des Feudalismus gehörte) war Bestandteil aller Lehr- und Handbücher der Geschichtswissenschaft der DDR. Eine Auseinandersetzung mit dieser Perspektive ist bislang noch nicht vorgelegt worden, ebensowenig eine solche mit dem seit den sechziger Jahren unseres Jahrhunderts international diskutierten Deutungsmuster der „frühbürgerlichen Revolution". Erste Ansätze dazu bei SCHORN-SCHÜTTE, Luise: Die Reformation. Vorgeschichte, Verlauf, Wirkungen. München 1996. In der jüngsten Veröffentlichung zu dieser Thematik fehlt eine entsprechende Berücksichtigung: Die DDR-Geschichtswissenschaft als Forschungsproblem. Hg. v. Georg G. IGGERS u.a., München 1998.

6 Zu verweisen ist auf die Aufsätze zu Ernst Troeltsch, Paul Joachimsen und Karl Holl. In: SCHORN-SCHÜTTE: Alteuropa oder Frühe Neuzeit (wie Anm. 1) mit dem Nachweis der Forschungsliteratur.

7 Dazu die Beiträge beider Autoren in diesem Band.

Diese Entwicklung wurde gestützt durch die Verbindung der Konfessionalisierungsthese mit der Modernisierungstheorie und dem Interpretament der sozialen Disziplinierung, das als „sozialgeschichtlich gewendete Variante des Absolutismusbegriffs"[8] charakterisiert worden ist. Sozialdisziplinierung war sozialer Wandel in Gestalt sogenannter „Fundamentaldisziplinierung", die für Oestreich aufgrund militärischer Ausbildung und normierender Umgestaltung durch die Erziehung der Eliten stattfand[9]. Es stand für ihn außer Frage, daß die darin skizzierte Entwicklung auf die Gegenwart zielte, soziale Disziplinierung den Weg zur modernen Gesellschaft ebnete, in diesem Sinne das „Modernerwerden" unterstützte.

Für die Debatte um einen gemeineuropäischen Charakter der Staatsbildung war Oestreichs Begriffsbildung wichtig. Zeigte sie doch, daß auch im preußischen, vielgeschmähten Weg zum absoluten Staat das Potential des Effektiver-, Rationaler- und damit Modernerwerdens lag. Modernisierung und soziale Disziplinierung bildeten seit dem Ende der siebziger Jahre eine „Deutungseinheit", die zwar von Oestreich theoretisch nicht reflektiert, aber von der nachfolgenden Generation in eine theoriebezogene Reflexion eingebunden wurde. Sie versuchte zugleich, die aus der entwicklungspolitischen Debatte der siebziger Jahre stammenden Kategorien der sozialwissenschaftlichen Modernisierungstheorien für die Geschichtswissenschaft fruchtbar zu machen[10].

Daß gerade diese zeitgenössische Anregung für die Erforschung der Frühen Neuzeit erhebliche Probleme schuf, zeigte sich vor allem daran, daß die Gesellschaften des 16. bis 18. Jahrhunderts als „traditionale" den „modernen" Gesellschaften des 19. und 20. Jahrhunderts gegenübergestellt wurden, so daß historischer Wandel sich scheinbar einfach mit Hilfe der Stufen des Modernisierungsalphabets „buchstabieren" ließ[11]. Das hatte Konsequenzen für die Wahrnehmungsbereitschaft der Historiker.

In diese Deutungseinheit paßte die Konfessionalisierungsthese zunächst nicht einfach hinein, stand doch die Ausbildung konfessioneller Kulturen dem Ziel des moderner werdenden Staates durchaus im Wege. Denn für die Schaffung der einheitlichen Untertanen-

---

8 SCHULZE, Winfried: Einführung in die Neuere Geschichte. Stuttgart 1987, 67. - Ebenso SCHMIDT, Heinrich Richard: Konfessionalisierung im 16. Jahrhundert. München 1992, 86-91.

9 Zur Argumentation Oestreichs die Aufsatzsammlung: OESTREICH, Gerhard: Geist und Gestalt des frühmodernen Staates. Ausgewählte Aufsätze. Berlin 1969; zum Begriff der Fundamentaldisziplinierung ebd., 179-197; zur Erläuterung SCHULZE, Winfried: Gerhard Oestreichs Begriff „Sozialdisziplinierung in der Frühen Neuzeit". In: Zeitschrift für Historische Forschung 14 (1987) 265-302.

10 Maßgeblich beteiligt an dieser Rezeption war WEHLER, Hans-Ulrich: Modernisierungstheorie und Geschichte. Göttingen 1975. Die Frühneuzeitforschung hat diese auf das 19. und 20. Jahrhundert bezogenen Theorieelemente zu übernehmen versucht, vgl. z.B. SCHILLING, Heinz: Die Geschichte der nördlichen Niederlande und die Modernisierungstheorie. In: Geschichte und Gesellschaft 8 (1992) 475-517, sowie einige Beiträge in: Studien zum Beginn der modernen Welt. Hg. v. Reinhart KOSELLECK, Stuttgart 1977.

11 Diese Gegenüberstellung bei WEHLER: Modernisierungstheorie (wie Anm. 10), und für die Frühe Neuzeit unter anderem bei SCHILLING: Geschichte der nördlichen Niederlande (wie Anm. 10) sowie KRÜGER, Kersten/JUNG, Evi: Staatsbildung als Modernisierung. Braunschweig-Wolfenbüttel im 16. Jahrhundert. Landtag – Zentralverwaltung – Residenzstadt. In: Braunschweigisches Jahrbuch 64 (1983) 41-68.

gesellschaft waren auch territorial gebundene, aber weiterhin privilegierte Konfessionskirchen ein Hindernis[12]. Die Verbindung gelang mit Hilfe der Charakterisierung des Aufbaus der Konfessionskirchen als Vorgang der *konfessionellen Disziplinierung*, die dem Interesse des Staates an Vereinheitlichung durch Schaffung konfessioneller als regional bezogener Identitäten dienlich war[13].

2. Konfessionalisierung in der Kritik

Einige der kritischen Punkte, die mit dem Konfessionalisierungsparadigma verbunden sind, wurden bereits angedeutet; Wolfgang Reinhard hat sie in seinem Beitrag aufgenommen und weitergeführt[14]. Faßt man die kritischen Stimmen zusammen, so ergibt sich dreierlei:

– Die Perspektive des Deutungsmusters „Konfessionalisierung“ ist ausgesprochen *etatistisch*;

– die Perspektive des Deutungsmusters ist „erfolgsorientiert“ und deshalb als teleologische Geschichtsdeutung auf die stete *Höherentwicklung* gesellschaftlicher und staatlicher Strukturen konzentriert;

– das Deutungsmuster ist Ausdruck der Zeitbindung der beteiligten Historiker in dem Sinne, als es ein *funktionalistisches* Geschichtsbild formuliert. Die Frühe Neuzeit wird zur Vorgeschichte der Moderne „degradiert“.

Den *Etatismusvorwurf* hätte z.B. mein akademischer Lehrer Gerhard Oestreich nicht als Vorwurf verstanden. Für seine Generation war es notwendig und deshalb legitim, über Staatsbildungsprozesse nachzudenken. In der ihm folgenden Generation von Historikern aber war dies durchaus eine Kritik, die den Nerv traf. Vorgetragen wurde sie unter anderem von einer Forschungsrichtung, die sich mit der Untersuchung der sogenannten Volksreligiosität der Frömmigkeitsgeschichte des „gemeinen Mannes“ annahm und deshalb wiederholt den Nachweis führte, daß die Konfessionalisierung dort gar nicht angekommen sei, wo sie wirken sollte, sie also im Sinne der Staatsbildung durch konfessionelle Diszi-

12 Dieses Argument gilt nicht nur für die protestantischen Kirchen, es gilt selbstverständlich auch für die katholischen Territorien, in denen zwar die überregionale konfessionelle Bindung an Rom eine Territorialisierung verhinderte, nicht jedoch die Ausbildung eines kirchlichen Autonomiebewußtseins gegenüber weltlicher Herrschaft! Insofern bestätigt der Hinweis auf die katholische Entwicklung in dem Beitrag Reinhards in diesem Band mein Argument.

13 Dazu in aller Ausführlichkeit und in europäischer Perspektive der Beitrag von Heinz Schilling in diesem Band.

14 Dazu der Beitrag von Wolfgang Reinhard in diesem Band.

plinierung „erfolglos" geblieben sei[15]. Unabhängig davon, daß die Richtigkeit der Annahme zweier oppositioneller Formen frühneuzeitlicher Religiosität in der Forschung umstritten geblieben ist[16], blieb die Beobachtung treffend, daß Bewegungen innerhalb der frühneuzeitlichen Gesellschaft als norm- und verhaltensprägend charakterisiert wurden, die in der Realität vielfach nur als Zentralisierungs*absicht* existierten. Die Entwicklungen im Bereich der Adressaten – und das sind ja keineswegs immer nur die vielzitierten Unterschichten, es handelt sich z.B. auch um den regionalen Adel, um Stadtbürger, Gemeindepfarrer oder lokale Beamte – wurden nur unzulänglich wahrgenommen. Man könnte dies als wissenschaftliche *self-fullfilling-prophecy* bezeichnen.

Die Einbindung von Konfessionalisierungs- und Sozialdisziplinierungsthese in die Modernisierungstheorie legte die *Richtung* des damit gemeinten *sozialen Wandels* von Anfang an fest: Die frühneuzeitlichen, als traditional charakterisierten sozialen und politischen Ordnungen bewegten sich auf die modernen Formen des 19. und 20. Jahrhunderts zu. Es ist unterblieben zu klären, was „Modernität" bzw. „Modernisierung" für frühneuzeitliche Gesellschaften denn eigentlich heißt. Die einfache Übertragung der Begriffe, die den soziologischen und sozialgeschichtlichen Diskussionen zum 19. und 20. Jahrhundert entstammen, erweist sich hier als untaugliches Mittel. Die Diskussionen haben gezeigt, daß sozialer Wandel keineswegs immer zielgerichtet verläuft und daß er vor allem keineswegs immer *intendiert* ist[17]! Bei meinen eigenen Arbeiten zur Rolle der Geistlichkeit in der Frühen Neuzeit war ich mit der bemerkenswerten Tatsache konfrontiert, daß diese unter sozialgeschichtlichen Aspekten entwicklungsfördernde Gruppe ein im Sinne der Modernisierungstheorie „traditionales" Selbstverständnis entfaltete, das durchaus praktisch

---

15 Aus der Fülle der Literatur sei hier nur auf zwei Arbeiten verwiesen, die kürzlich entstanden sind und die Argumentation stellvertretend verdeutlichen können: SCHLUMBOHM, Jürgen: Gesetze, die nicht durchgesetzt werden – ein Strukturmerkmal des frühneuzeitlichen Staates? In: Geschichte und Gesellschaft 23 (1997) 647-663. - RUBLACK, Ulinka: Frühneuzeitliche Staatlichkeit und lokale Herrschaftspraxis in Württemberg. In: Zeitschrift für Historische Forschung 24 (1997) 347-376.

16 Dazu zusammenfassend PO CHIA HSIA, Ronnie: Gegenreformation. Die Welt der katholischen Erneuerung 1540-1770. Frankfurt a.M. 1998.

17 Diese Kritik wurde von Reinhard selbst schon 1993 anerkannt und ausgeführt. REINHARD, Wolfgang: Sozialdisziplinierung – Konfessionalisierung – Modernisierung. Ein historiographischer Diskurs. In: Die frühe Neuzeit in der Geschichtswissenschaft. Hg. v. Nada BOŠKOVSKA LEIMGRUBER, Paderborn 1997, 39-55, hier 49f. Eine entsprechende Kritik, bezogen auf die Historische Sozialwissenschaft als epochenübergreifenden Forschungsansatz, formulierte WELSKOPP, Thomas: Die Sozialgeschichte der Väter. Grenzen und Perspektiven der Historischen Sozialwissenschaft. In: Geschichte und Gesellschaft 24 (1998) 173-198, hier 188: „Es kann aber viele – durchaus konkurrenzfähige – Komplexitätsausprägungen von ‚moderner Gesellschaft' geben. Immer wieder wird unterschätzt, wie fast ununterscheidbar nahe sich Elemente kommen, die die Modernisierungstheorie säuberlich in ‚moderne' und ‚traditionale' scheiden will."

politisch wirksam wurde[18]. Mit Hilfe der Kategorien der Konfessionalisierung als Modernisierung konnte die Dynamik der geistlichen Wirkung nicht hinreichend erfaßt werden, die Begriffe gingen an den Phänomenen der frühneuzeitlichen Gesellschaft vorbei.

Die Konsequenz daraus muß sein, die analytischen Kategorien zu überdenken. Dies geschieht innerhalb der modernisierungstheoretischen Forschung schon seit geraumer Zeit, und zwar mit bemerkenswerten Ergebnissen. So wird inzwischen nicht nur die Existenz verschiedener Entwicklungs*pfade*, sondern auch die Existenz verschiedener Entwicklungs*ziele* anerkannt[19]. Unter dieser Voraussetzung gewinnt die Überlegung Bedeutung (die z.B. in der Mediävistik mit Erfolg schon länger diskutiert wird[20]), daß die historische Realität frühneuzeitlicher Gesellschaften eher durch ein *Nebeneinander* dieser Pfade und Ziele als durch ein *Nacheinander* gekennzeichnet war, so daß eine stets anzunehmende konfessionell verfestigte Phase nur die halbe Wahrheit bezeichnen würde[21]. Dafür sprechen auch die Erträge der angelsächsischen Forschungen zum Charakter der Debatten um die politische Legitimität der Frühen Neuzeit[22]. Denn trotz aller Kritik im einzelnen ist inzwischen anerkannt, daß es nicht *die* Legitimität politischer Ordnung gegeben hat, vielmehr eine Parallelität politischer Sprachen zu denken ist, durch deren Miteinander erst politische Wirklichkeit konstituiert wurde.

---

18 SCHORN-SCHÜTTE, Luise: Evangelische Geistlichkeit in der Frühneuzeit. Deren Anteil an der Entfaltung frühmoderner Staatlichkeit und Gesellschaft. Gütersloh 1996, zusammenfassend dazu 449-452.

19 So die Charakterisierung durch MERGEL, Thomas: Geht es weiterhin voran? Die Modernisierungstheorie auf dem Weg zu einer Theorie der Moderne. In: Geschichte zwischen Kultur und Gesellschaft. Hg. v. Thomas MERGEL und Thomas WELSKOPP, München 1997, 203-232, hier 225.

20 Insbesondere OEXLE, Otto Gerhard: „Die Statik ist ein Grundzug des mittelalterlichen Bewußtseins." Die Wahrnehmung sozialen Wandels im Denken des Mittelalters und das Problem ihrer Deutung. In: Sozialer Wandel im Mittelalter. Wahrnehmungsformen, Erklärungsmuster, Regelungsmechanismen. Hg. v. Jürgen MIETHKE und Klaus SCHREINER, Sigmaringen 1994, 45-70.

21 Diese These wird bestärkt durch die anregende Arbeit von KAUFMANN, Thomas: Dreißigjähriger Krieg und Westfälischer Friede. Kirchengeschichtliche Studien zur lutherischen Konfessionskultur, München 1998. Ein Fazit bei Kaufmann lautet: „Nicht das Nach-, sondern das Ineinander des Verschiedenen [...] scheint die konfessionskulturelle Entwicklung des Luthertums [...] zu bestimmen." (149) Und nachdrücklich betont der Verfasser, daß die Folgen des Dreißigjährigen Krieges sicherlich auch als „Rationalisierung des Rechts" gedeutet werden könnten, die von Theologen und Juristen mitgetragen wurde; daß andererseits aber gerade im Luthertum „die historische Vielfalt in solcher Art ‚Modernisierungsteleologie'" (33) nicht aufgehe.

22 Dazu die Arbeiten von Quentin Skinner und John G. A. Pocock. – Eine gute Einführung in die Diskussionen bietet der Band: Meaning and Context. Quentin Skinner and his Critics. Hg. v. James TULLY, Princeton 1988; zudem der konzise Aufsatz von ROSA, Hartmut: Ideengeschichte und Gesellschaftstheorie. Der Beitrag der „Cambrigde-School" zur Metatheorie. In: Politische Vierteljahresschrift 35 (1994) 197-223.

Auf die *Zeitbindung* der Historiker der „Konfessionalisierungsthese" hat Wolfgang Reinhard erneut hingewiesen[23]: Sie kann als Einbindung in das *Geschichtsbild einer pluralistischen Gesellschaft* interpretiert werden, die sich nur mehr durch ihr Funktionieren legitimiert, was von den Juristen als Legitimation durch „Verfahren"[24] bezeichnet worden ist. Auch die Konfessionalisierungsforschung verfahre ausgesprochen funktionalistisch, indem sie die Trägergruppen zu „Funktionslementen im disziplinierten Verfahrensablauf"[25] macht. Zusammen mit der eingangs bereits skizzierten zeitgebundenen Rezeption der Modernisierungstheorien der siebziger Jahre verdeutlicht dieser Hinweis, warum das Interesse der Konfessionalisierungsforschung so stark auf das *Werden eines Systems* konzentriert ist und damit den zunächst einmal zu vermutenden Charakter der Frühen Neuzeit als einer *eigenständigen* historischen Zeit weitgehend aus den Augen verloren hat.

3. Perspektiven

In der Skizze der Kritikpunkte am hier zu diskutierenden Deutungsmuster sind verschiedene Perspektiven für die Forschung jenseits der Kohärenzbehauptung der Konfessionalisierungsthese bereits angedeutet worden. Deren Fortführung erscheint schon deshalb angebracht, weil die Erklärungskraft der Modernisierungstheorien auch für die Gesellschaften des 19. und 20. Jahrhunderts in Frage gestellt wurde[26]. So besteht z.B. keineswegs Einigkeit darüber, was das Spezifikum „moderner Gesellschaften" sei, so daß die Annahme regelmäßiger Umformung sogenannter traditionaler in sogenannte moderne Gesellschaften außer Kraft gesetzt zu sein scheint. Wenn aber diese Differenzierung keine Aussagekraft mehr hat, ist es Aufgabe der historischen Forschung, die Eigenart der bislang als „traditional" charakterisierten Gesellschaften neu zu bestimmen.

In der gegenwärtigen Forschungsdebatte zeichnen sich dazu verschiedene Ansätze ab, deren Ertrag selbstverständlich noch offen ist. Es gibt zum einen den Versuch, die spezifische Form *politischer Integration* in der Frühen Neuzeit herauszustellen[27] und

---

23 REINHARD: Konfessionalisierung auf dem Prüfstand (wie Anm. 2).

24 DERS.: Sozialdisziplinierung – Konfessionalisierung – Modernisierung (wie Anm. 17) 54, womit sich der Autor auf den systemtheoretischen Legitimationsbegriff bezieht.

25 Ebd.

26 Dazu eine Skizze des Diskussionsstandes bei PETERS, Bernhard: Die Integration moderner Gesellschaften. Frankfurt a.M. 1993, besonders 20-28.

27 Die Anregungen aus der Abhandlung PETERS': Integration (wie Anm. 26) werden in der historischen Frühneuzeitforschung in solchen Arbeiten aufgenommen, die sich mit der „Bestimmung des Verhältnisses von symbolischen und nichtsymbolischen Komponenten des sozialen Lebens" (51) befassen; dazu neben SOEFFNER, Hans-Gerhard: Zur Soziologie des Symbols und des Rituals. In: Das Symbol. Brücke des Verstehens. Hg. v. Jürgen OELKERS und Klaus WEGENAST, Stuttgart 1991, vor allem: Im Spannungsfeld von Recht und Ritual. Soziale Kommunikation in Mittelalter und Früher Neuzeit. Hg. v. Heinz DUCHHARDT und Gert MELVILLE, Köln-Weimar-Wien 1997.

zum anderen, frühneuzeitspezifische *Formen der Kommunikation* zu identifizieren, mit denen spezifische Wertesysteme verbunden gewesen zu sein scheinen[28]. Und ein dritter Ansatz versucht, spezifisch frühneuzeitliche *Formen* der Generierung, der Vermittlung und der Funktion von politischem, kulturellem und sozialem *Wissen* zu bestimmen[29]. Keiner der drei Ansätze geht mehr davon aus, daß der Entwicklungsweg aller Gemeinschaften derjenige von der „ritualisierten" zur „rationalen" Form sozialen und politischen Wissens, Denkens und Handelns gewesen sei. Vielmehr kann eine *Parallelität* verschiedener Wissens- und Kommunikationsformen angenommen werden, die sich institutionalisierte und mit deren Existenz frühneuzeitspezifische Normen sozialer und politischer Ordnung verbunden waren. Den Konfessionen als den Trägern und Vermittlern frühneuzeitspezifischer Wertehorizonte kam in diesem Prozeß eine zentrale Rolle zu, die aber nicht in der Bedeutung aufgeht, die ihnen unter dem Blickwinkel der „Konfessionalisierung" bisher zugemessen wurde. Nicht allein die Funktion der Abgrenzung, der herrschaftsstützenden Zentrierung ist von Interesse, sondern ebensosehr die Bedeutung des Konfessionellen als wertgebundene Handlungsorientierung[30]. Diese hatte eine eminent politische Wirkung, denn sie zielte auf Weltwirkung in korrigierender Absicht. Korrektur oder Veränderung sollte in der Frühneuzeit keineswegs zur Ablösung des Vorhandenen führen; aber eine auf Konsens gestützte Herrschaftsübung kannte auch Phasen der Störung des Konsenses[31]. Veränderung hieß andererseits nicht immer zugleich Abgrenzung gegenüber den anderen Konfessionen.

Plausibel wird das Gemeinte am (knapp zu skizzierenden) Beispiel der *zeitgenössischen Debatte um den Umfang eines Rechts auf Obrigkeitskritik*. Für die Mehrheit der politischen Entscheidungsträger in der Frühneuzeit war dieses Recht – unabhängig von der konfessionellen Zugehörigkeit – Teil der politischen Legitimität[32]. Eine Debatte über

---

28 Zusätzlich zu der in Anm. 27 genannten Literatur ALTHOFF, Gerd: Zur Bedeutung symbolischer Kommunikation für das Verständnis des Mittelalters. In: Frühmittelalterliche Studien 31 (1997) 370-389.

29 Dieser Thematik widmet sich das soeben eingerichtete kulturwissenschaftliche Forschungskolleg „Wissenskultur und gesellschaftlicher Wandel" an der J.-W.-Goethe-Universität Frankfurt a.M. - Zum methodischen Ansatz FRIED, Johannes: Wissenschaft und Phantasie. In: Historische Zeitschrift 263 (1997) 291-316. - Erste Forschungsergebnisse gibt WALTHER, Gerrit: Adel und Antike. Zur politischen Bedeutung gelehrter Kultur für die Führungselite der Frühen Neuzeit. In: Historische Zeitschrift 266 (1998) 359-385.

30 In entsprechender Argumentation KAUFMANN: Dreißigjähriger Krieg (wie Anm. 21) 149f.

31 Zum Begriff der konsensgestützten Herrschaft MEIER, Ulrich: Mensch und Bürger. Die Stadt im Denken spätmittelalterlicher Theologen, Philosophen und Juristen. München 1994, Kap. III, 6.

32 Die Untersuchung des Rechts auf Widerstand durch die Geschichtsschreibung ist naturgemäß in hohem Maße abhängig von zeitgebundenen Fragestellungen und Leitlinien; eine entsprechende historiographiegeschichtliche Untersuchung gibt es nicht. Die in den letzten Jahren wiederbelebte Forschung zum Gegenstand legt deshalb auch Traditionslinien innerhalb der deutschen Diskussion des 16. und 17. Jahrhunderts frei, die westeuropäischem Denken vorbehalten gewesen zu sein schienen. Einen kompetenten Überblick, wenngleich mit einer zeitlich breiter ansetzenden Zeitperspektive, gibt DREITZEL, Horst: Monarchiebegriffe in der Fürsten-

seine Gültigkeit mußte deshalb sehr rasch an die Grenze des politisch Tragbaren führen, weil nur der wechselseitige Konsens über die Wirkkraft des Rechts politische und soziale Integrationskraft besaß. Dies gilt für alle im ausgehenden 16. und beginnenden 17. Jahrhundert existierenden Konfessionen. Die Situationen, in denen die Legitimität praktisch eingefordert wurde, konnten sich naturgemäß voneinander unterscheiden. Die damit gegebene Vielgestaltigkeit und Vielschichtigkeit der Argumentationen wurde in der Forschung bislang auf die Frage nach dem Beitrag zur Zentrierung politischer Herrschaft konzentriert. Dabei geriet einerseits die Ernsthaftigkeit der christlichen Prägungen politiktheoretischer Diskussionen aus dem Blick[33]; und es ging andererseits das Wissen um die Kontinuität politiktheoretischer Traditionsbestände auch der nichtverbalen Art verloren, deren Wirkung häufig durch die Charakterisierung als „traditionsverhaftet" für nicht relevant erklärt worden ist[34]. Wenn nunmehr nach der frühneuzeitspezifischen Integrationskraft politischer Normen und deren Symbolisierung gefragt wird, so ist bereits jetzt deutlich, daß die Vorstellung von der Existenz einer einzigen, allein gültigen politischen Legitimität kaum aufrecht erhalten bleiben kann. Die Geschichte Ostmitteleuropas bestätigt dies im übrigen besonders nachdrücklich. Denn die stets als Weg in die Neuzeit charakterisierte „Autonomisierung des Politischen" war weder für die schlesische, noch die böhmische, noch die polnische Entwicklung von allein ausschlaggebender Bedeutung[35];

---

gesellschaft. Semantik und Theorie der Einherrschaft in Deutschland von der Reformation bis zum Vormärz. Bd. 1-2, Köln-Weimar-Wien 1991. - Einen guten Einblick in die Diskussionen im werdenden Protestantismus, zudem mit reichem Quellenmaterial, gibt der Band: Das Widerstandsrecht als Problem der deutschen Protestanten 1523-1546. Hg. v. Heinz SCHEIBLE, Gütersloh 1969. Die Forschung ist an manchen Orten zu anderen Ergebnissen gekommen, so etwa SCHULZE, Winfried: Zwingli, lutherisches Widerstandsdenken, monarchomachischer Widerstand. In: Zwingli und Europa. Hg. von Peter BLICKLE, Andreas LINDT und Alfred SCHINDLER, Zürich 1985, 199-216. - Die neueste Diskussion in den Beiträgen von Robert von Friedeburg, Luise Schorn-Schütte und Wolfgang Mager in: Strukturen des politischen Denkens im Europa der Frühen Neuzeit. Hg. v. Luise SCHORN-SCHÜTTE, München 1999.

33 Dazu die zeitgenössischen Topoi politiktheoretischer Diskussion, für die die Annahme der wechselseitigen Verzahnung von *politica* und *ecclesia* selbstverständlich war. Einige Überlegungen dazu bei RIGOTTI, Francesca: Die Macht und ihre Metaphern. Über die sprachlichen Bilder der Politik. Frankfurt a.M. 1994, 77-114 und öfter.

34 Charakteristisch hierfür DENZER, Horst: Spätaristotelismus, Naturrecht und Reichsreform. Politische Ideen in Deutschland 1600-1750. In: Pipers Handbuch der politischen Ideen. Hg. v. Iring FETSCHER und Herfried MÜNKLER, Bd. 3: Neuzeit: Von den Konfessionskriegen bis zur Neuzeit, München-Zürich 1985, 233-273. - Eine Auseinandersetzung damit z.B. bei SCHORN-SCHÜTTE, Luise: Drei-Stände-Lehre im reformatorischen Umbruch. In: Die Reformation als Umbruch. Hg. von Bernd MOELLER, Gütersloh 1998, 435-461. Am Beispiel der Drei-Stände-Lehre kann die Wirkungsmächtigkeit der sogenannten traditionalen Argumentationsbestände aufgezeigt werden.

35 Dazu z.B. BAHLCKE, Joachim: Regionalismus und Staatsintegration im Widerstreit. Die Länder der Böhmischen Krone im ersten Jahrhundert der Habsburgerherrschaft (1526-1619). München 1994. - In eine entsprechende Richtung laufen auch die Argumente von SCHULZE, Winfried: Estates and the Problem of Resistance in Theory and Practice in the 16th and 17th Century. In: Crown, Church and Estates. Central European Politics in the Sixteenth and Seventeenth Centuries. Hg. v. R[obert] J. W. EVANS und T[revor] THOMAS, New York 1991, 158-175.

aber sie war dies auch nicht für die Diskussionen im Umkreis des Augsburger Interim (1548) oder für diejenigen um das Widerstandsrecht in der ersten Phase des Dreißigjährigen Krieges (1620-1629), d.h. also für die Geschichte des Alten Reichs[36]. Es ist vielleicht kühn, aber mit Belegen zulässig, das Gegenteil herauszustellen, war doch gerade die Intensivierung des Zusammenhanges von *ecclesia* und *politica* das Anliegen vieler Beteiligter. Denn mit der Anknüpfung an bekannte, insofern traditionsbezogene Formen politischer Legitimität eröffnete sich die Möglichkeit politischer Integration für solche Gruppen, die wie der landsässige Adel oder das Bürgertum der Reichsstädte bzw. reichsstadtähnlicher Gemeinden die Versuche der Herrschaftszentrierung durch die Territorialherren mit äußerstem Mißtrauen betrachteten[37]. Die Plausibilität der Tradition war für diese Gruppen unbestritten, Integration gelang geradezu auf der Basis eines konsensfähigen Umgangs mit der Tradition, nicht gegen diese. Das Verständnis von reformatio als renovatio hat einen spezifisch frühneuzeitlichen Sinn, war handlungsleitende Norm der Protestanten ebenso wie der Katholiken.

Die Variante, die in diesem Sinne politische Legitimität zu begründen vermochte, wurde von den Zeitgenossen konfessionsübergreifend als *politica christiana* bezeichnet[38]. Für die entscheidende Frage nach dem Verhältnis von Religion und Politik lagen zeitgenössisch drei Lösungsangebote vor: Neben dem Aristotelismus/Spätaristotelismus, dessen Dominanz auch in der gegenwärtigen Forschung nicht bestritten wird, existierte der sogenannte Tacitismus, geprägt durch den Niederländer Justus Lipsius, und schließlich die Christliche Staatslehre. Letztere charakterisierte die politische Herrschaft als Teil der Schöpfungsordnung und ging somit im Unterschied zu den beiden anderen Varianten weiterhin von einer christlichen Einbindung aller Politik aus. Eben deshalb wurde sie in der Forschung lange Zeit als „grundsätzlich jenseitsorientiert, autoritätsgläubig quietistisch-konservativ, antiemanzipatorisch und zeitfremd"[39] charakterisiert. Ihre praktische Wirkung war trotz der Mißachtung durch die Historiker groß, sie wirkte konfessionsübergreifend in praxisnahen Regimentsentwürfen, radikaler Zeitkritik und in utopischen Gesellschaftsentwürfen[40]. Und sie diente häufig als Legitimationsbasis in den Konfessionskonflikten seit der Mitte des 16. Jahrhunderts.

---

36 Dazu vorläufig SCHORN-SCHÜTTE: Evangelische Geistlichkeit (wie Anm. 18) 394-399. - Weitere Forschungen dazu werden betrieben im Rahmen des Schwerpunktprogramms der Deutschen Forschungsgemeinschaft „Ideen als gesellschaftliche Gestaltungskraft der Neuzeit: Die Politica christiana". - Zum Dreißigjährigen Krieg KAUFMANN: Dreißigjähriger Krieg (wie Anm. 21) 26-33.

37 Dazu SCHORN-SCHÜTTE: Evangelische Geistlichkeit (wie Anm. 18), mit den Ausführungen zu Marburg und der Stadt Braunschweig 416-429.

38 Die 1614 in Goslar erstmals veröffentlichte Schrift des Christian F. Warner trägt den Titel: „Prudentia Politica Christiana".

39 So die Charakterisierung des Forschungsstandes durch DREITZEL, Horst: Der Aristotelismus in der politischen Philosophie Deutschlands im 17. Jahrhundert. In: Aristotelismus und Renaissance. In memoriam Charles B. Schmitt. Hg. v. Eckhard KESSLER u.a., Wiesbaden 1988, 163-192, hier 171, der sich von diesem zugleich nachdrücklich distanziert.

40 Vgl. ebd., 178 (die Nachweise).

Geht man den Existenzbedingungen und theoretischen Ausprägungen der *politica christiana* seit den dreißiger Jahren des 16. Jahrhunderts anhand einiger Konfliktfälle nach, so lassen sich ihre Trägergruppen, die Mittel ihrer Durchsetzung und ihre „Leitideen“ etwas präziser formulieren. Diese können als politisches Vokabular einer Gemeinschaft verstanden werden, mit deren Reformulierung eine Annäherung an die Autoritäts- und Wertstruktur der sozialen Ordnung des ausgehenden 16. und des beginnenden 17. Jahrhunderts möglich wird[41].

Zu Recht ist darauf hingewiesen worden, daß die *politica christiana* „materiell in sehr verschiedenen Konzeptionen“[42] auftreten konnte. Eine prägend-einflußreiche im protestantischen Teil des Alten Reichs war die Drei-Stände-Lehre, deren Wiederbelebung bereits im Umbruch der *frühen Reformation* seit den zwanziger Jahren des 16. Jahrhunderts zu beobachten war[43]. Sie diente der Rechtfertigung des Anspruchs auf Verteilung politischer Herrschaftskompetenz. Ihr Kern war das gleichberechtigte Nebeneinander von *status politicus*, *status oeconomicus* und *status ecclesiasticus*. Die Debatte um die Bedeutung der Drei-Stände-Lehre behielt – anders als die Diskussionen um das Recht auf Widerstand[44] – eine bis in das ausgehende 17. Jahrhundert anhaltende Resonanz. Im Sinne konsensgestützter Herrschaft ging es um die Zuordnung der Rechte zwischen den Beteiligten, zu denen in Anknüpfung an die spätmittelalterlichen Traditionen auch die neue protestantische Geistlichkeit gerechnet wurde[45].

In den Auseinandersetzungen um die Akzeptanz des Augsburger Interim 1548 finden sich die Argumentationslinien in großer Deutlichkeit. Als Antwort auf das Drängen des Kaisers, das Interim anzunehmen, formierte sich in den süd- und norddeutschen Reichs- und Hansestädten sowie in zahlreichen Territorien Ablehnung mit dem Hinweis darauf, daß man die gesamte Reformation verraten würde, denn mit der Annahme würden städtische oder territoriale Obrigkeiten zugeben, unrechte Lehre und falschen Gottesdienst geübt zu haben. Eine Obrigkeit also, „die das Interim annehme, [versündige] sich

41 Diese Aussage folgt dem Konzept von Quentin Skinner und John G. A. Pocock, die politische Theorien als politische Sprache einer politisch-sozialen Ordnung charakterisiert haben. Dazu ROSA: Ideengeschichte (wie Anm. 22). Der methodische Ansatz ist natürlich nicht unumstritten, lohnt aber eine Rezeption. - Zur frühen Kritik im angelsächsischen Raum BOUCHER, David: Texts in Context. Revisionist methods for Studying the History of Ideas, Dordrecht-Boston-Lancaster 1985. - In den letzten Jahren ist die Diskussion um das Konzept der politischen Sprache intensiver geführt worden, in Deutschland wird es erst allmählich rezipiert. Dazu unter anderem einige Ansätze im Schwerpunktprogramm der DFG „Ideen als gesellschaftliche Gestaltungskraft der Neuzeit“ sowie bei SCHORN-SCHÜTTE, Luise: Kulturgeschichte, Ideengeschichte, Mentalitätsgeschichte. In: Grundkurs Geschichte. Hg. v. Hans-Jürgen GOERTZ, Hamburg 1998, 489-515.

42 DREITZEL: Aristotelismus (wie Anm. 39) 178.

43 Ausführlich dazu SCHORN-SCHÜTTE: Drei-Stände-Lehre (wie Anm. 34).

44 Dazu kompetent vor allem WOLGAST, Eike: Die Religionsfrage als Problem des Widerstandsrechts im 16. Jahrhundert. Heidelberg 1980. - DERS.: Obrigkeit und Widerstand in der Frühzeit der Reformation. In: Wegscheiden der Reformation. Alternatives Denken vom 16. bis zum 18. Jahrhundert. Hg. v. Günter VOGLER, Weimar 1994, 235-258.

45 Dazu mit Einzelnachweisen SCHORN-SCHÜTTE: Evangelische Geistlichkeit (wie Anm. 18) und DIES.: Drei-Stände-Lehre (wie Anm. 34).

gegen Gott und [verfehle] ihr Amt [den Schutz des rechten Gottesdienstes]"[46]; deshalb müsse sie sich in dieser Sache widersetzen. Diese Position, wie sie z.B. der Bremer Prediger Johann Timann als Ratschlag für die Bremer Stadtobrigkeit formulierte, knüpfte an die von Johannes Bugenhagen und Nikolaus von Amsdorff bereits seit 1523 vertretene Auffassung an[47], dehnte sie nun aber auch auf die Gemeindeglieder, den *status oeconomicus*, aus: Da man die erkannte göttliche Wahrheit höher achten müsse als alle weltlichen Dinge, sollten die Untertanen für den Fall, daß Kaiser, Bürgermeister oder Landesherren befehlen, das Unrecht (in Gestalt des Interim) hinzunehmen, diese meiden und ihnen nicht gehorchen[48]. Die Prediger als der *status ecclesiasticus* hätten in einem solchen Zusammenhang die Aufgabe, auf das Unrecht öffentlich aufmerksam zu machen.

Entsprechende Argumentationen finden sich reichsweit an allen Orten, an denen die Einführung des Interim abgelehnt wurde[49]. Sie belegen, soviel kann in aller Vorläufigkeit festgehalten werden, daß die politische Kraft des Religiösen ungebrochen war. Aber sie wurde in diesem Zusammenhang nicht im machiavellistischen Sinne als Machtfrage behandelt, sondern als Wahrheitsfrage. Wolf-Dieter Hauschild hat dies sehr treffend zusammengefaßt: „Deshalb ist für ihre Regelung [d.i. die Zuordnung von Politik und Religion] nicht der Bischof oder der Kaiser zuständig, sondern die Gemeinschaft von Obrigkeit, Gemeinde und Geistlichkeit jeweils vor Ort, also die drei Stände im Zusammenwirken unter dem Wort Gottes als der ausschlaggebenden Instanz."[50] In den Diskussionen um das Interim wurde die Gemeinsamkeit der drei Stände, das *corpus christianum*, als Modell politisch-sozialer Ordnung fortentwickelt. Jeder Stand hatte sein Amt zu führen; dessen Verletzung eröffnete zumindest das Recht zur Kritik. Eine Trennung von politischem und religiösem Bereich war dieser Vorstellung fremd.

Diese Intensivierung der Verbindung von Religion und Politik war keine isolierte Debatte unter Theologen. Die Forschungen zur Entwicklung des Rechts zur Kritik an der

---

46 HAUSCHILD, Wolf-Dieter: Der theologische Widerstand der lutherischen Prediger der Seestädte gegen das Interim und die konfessionelle Fixierung des Luthertums. In: Herrschaft und Verfassungsstrukturen im Nordwesten des Reiches. Beiträge zum Zeitalter Karls V. Franz Petri zum Gedächtnis (1903-1993). Hg. von Bernhard SICKEN, Köln-Weimar-Wien 1994, 253-264, hier 259.

47 Zu den unterschiedlichen Positionen unter den Reformatoren der ersten Generation in dieser Frage knapp und präzis mit Nachweis der älteren Literatur WOLGAST: Religionsfrage (wie Anm. 44). - DERS.: Obrigkeit und Widerstand (wie Anm. 44). - Einige wichtige Quellentexte dazu bei SCHEIBLE: Widerstandsrecht (wie Anm. 32).

48 HAUSCHILD: Widerstandsrecht (wie Anm. 46) 259.

49 Die Forschungen dazu stehen noch völlig am Anfang; ich verweise deshalb lediglich auf einige jüngere Veröffentlichungen zum Thema, die zusammengefaßt wurden in SICKEN: Herrschaft (wie Anm. 46). Untersuchungen zu den süddeutschen Reichsstädten sind zahlreicher. Dazu z.B. WEYRAUCH, Erdmann: Konfessionelle Krise und soziale Stabilität: Das Interim in Straßburg (1548-1562). Stuttgart 1978. Diese Arbeit würde unter heutigen Fragestellungen vermutlich andere Zielsetzungen erhalten. Im Rahmen eines Forschungsprojektes, das im Schwerpunktprogramm der Deutschen Forschungsgemeinschaft „Ideen als gesellschaftliche Gestaltungskräfte der Neuzeit" angesiedelt ist, wird unter meiner Leitung eine systematische Untersuchung der Argumentationen vorbereitet.

50 HAUSCHILD: Widerstandsrecht (wie Anm. 46) 260.

Obrigkeit in der ersten Hälfte des 16. Jahrhunderts haben gezeigt, daß mit dem konfessionellen Wahrheitsanspruch die wechselseitige ständische Treueverpflichtung eine religiös begründete Erweiterung erfuhr[51]. Anders allerdings als die Forschung bisher betonte, erweist sich die Vertiefung[52] nicht als das Ende „traditionaler" Vorstellungen über die Verteilung von Herrschaft. Im Konflikt mit ihrem Landesherrn betonten z.B. „Gildemeister und Hauptleute" der Stadt Braunschweig 1550, „dat twissen I.f.d. und der stadt Brunswigk keine absoluta, sunder reciproca obligatio et subiectio vorhanden is."[53] Vierzig Jahre später (1592) beriefen sich eben diese Braunschweiger Hauptleute erneut auf die Wechselseitigkeit der Verpflichtung von Herrschenden und Beherrschten, wenn auch nunmehr bezogen auf das Verhältnis zwischen Rat und Bürgergemeinde. Dabei verbanden sie jene ausdrücklich mit der Drei-Stände-Lehre als Ausdruck der Einheit von Religion und Politik im *corpus christianum* der Stadt. Im Zusammenhang des Streits um die Beteiligung der Gemeinde an der Entscheidung über Entlassung oder Berufung des Superintendenten der Stadt entstand eine Schrift der Bürgerhauptleute an den Rat der Stadt, in der es hieß: „Und sagte die ehrliche Bürgerschaft, als je *ein* fürnehmes Teil und Glied der christlichen Kirchen dieses Orts / ausdrücklich / sie setzten sich in diesem nicht wider E.E. Rat / sondern derselben als nur *ein* Gliedmaß der christlichen Kirchen / setzte sich wider das Ministerium und gantze Corpus der christlichen Gemeinde."[54]

Die Stadt Lüneburg dokumentierte die Gültigkeit jener konsensgestützten Herrschaftsausübung mit Hilfe der Gemälde, die der Hamburger Künstler Daniel Frese 1573 für die große Ratsstube des Lüneburger Rathauses anfertigte. An die lange Tradition der Rezeption des alttestamentlichen Buches Daniel anknüpfend, die in der zweiten Hälfte des 16. Jahrhunderts von Protestanten und Katholiken zur Beschreibung der Herrschaftsformen gleichermaßen bemüht wurde, wird dort das zeitgenössische Herrscherbild beschworen, das als Nebeneinander von *res publica* und *imperium* (gemeint ist das Reich, der Landesherr bleibt unerwähnt) erscheint. Die Inschrift einer Darstellung der Ratsherren lautet: „Die Oberkeit den Unterthanen und dieselben liebet und das Volk liebet, zu halten Einigkeit und Recht, das die eine des andern Borde trägt."[55] Die Wechsel-

---

51 Dazu WOLGAST: Religionsfrage (wie Anm. 44). - DERS.: Obrigkeit und Widerstand (wie Anm. 44).

52 Zentrales Dokument für diese Entwicklungen ist die sogenannte Magdeburger Confessio der Theologen der Stadt von 1550; dazu SCHORN-SCHÜTTE: Evangelische Geistlichkeit (wie Anm. 18) 394-399, mit weiterer Literatur.

53 Stadtarchiv Braunschweig, B III 1, 25-2, fol. 480r-489v, zitiert nach GRÜTER, Marlies E.: „Getruwer Her, getruwer Knecht". Zur Politik der Stadt Braunschweig im Spannungsfeld von Kaiser, Reich und Landesfürst in der Mitte des 16. Jahrhunderts. In: SICKEN: Herrschaft (wie Anm. 46) 241-252, hier 241.

54 Nach WALTER, Jörg: Rat und Bürgerhauptleute in Braunschweig 1576-1604. Braunschweig 1971, 100.

55 Ich verdanke diese Hinweise meinem Theologen-Kollegen Klaus Koch, Universität Hamburg, der als Bibelwissenschaftler eine äußerst anregende Untersuchung über die Rezeption des Buches Daniel geschrieben hat und dabei auf die Überlieferung im Lüneburger Rathaus gestoßen ist: KOCH, Klaus: Europa, Rom und der Kaiser vor dem Hintergrund von zwei Jahrtausenden Rezeption des Buches Daniel. Hamburg 1997. Ich danke Herrn Kollegen Koch nachdrücklich!

seitigkeit der Herrschaftsbeziehung wird auch hier beschworen, indem die Ehemetapher des Neuen Testamentes aufgegriffen wird; diese fungierte in der zeitgenössischen Diskussion als Modell von Herrschaft sowohl bei Katholiken als auch bei Protestanten[56]. Herrschaft aber war, wie gerade dieses Modell zeigt, keine auf Befehl und Gehorsam beruhende Über- und Unterordnung, sondern die Wechselseitigkeit der Treuebeziehung, wie sie auch der Rat der Stadt Braunschweig 1550 unterstrichen hatte. Wie präsent jenes Modell noch in den aktuellen Konflikten des 16. und 17. Jahrhunderts war, zeigt das Beispiel der Stadt Lübeck. Gegen Ende des 17. Jahrhunderts wehrte sich die dortige Bürgergemeinde gegen eine vom Rat vorgeschlagene Neuformulierung des Bürgereides. Während der Rat vorschlug, die Bürger sollten schwören, „treu und hold" sowie „gehorsam und gewärtig" zu sein, erklärten die Vertreter der opponierenden Bürgerschaft: Treu und hold wolle man sich gerne erweisen, denn so könne innerhalb der Familie das Verhältnis zwischen Mann und Frau gekennzeichnet werden. Nicht aber sei man bereit, sich gehorsam und gewärtig dem Rat gegenüber zu erzeigen, denn solcherart könne nur das Verhältnis zwischen Herrschaft und Dienstboten bezeichnet werden; das aber treffe auf die Beziehung zwischen Rat und Gemeinde nicht zu[57]!

Die hier für den protestantischen Raum skizzierten Metaphern, mit deren Hilfe die konsensgestützte Herrschaft als gemäßigte Herrschaft im Sinne der *politica christiana* beschrieben wurde, begegnen in der zeitgenössischen katholischen Herrschaftslehre *nicht*. Und dennoch gab es eine katholische Variante der *politica christiana*. Als christliche Herrschaft galt dort – parallel zur hierarchischen Schöpfungsordnung – die Monarchie; der Fürst war Ebenbild und Stellvertreter Gottes, der allerdings als Person nur mittelbar von Gott eingesetzt war, unmittelbar war nur der Papst. Die Einheit von Kirche und Welt lag auch diesem Verständnis zugrunde: Jede weltliche Herrschaft war „monarchia" unter dem „vicarius Christi in terris", Christus war „pater regum et principum". Daraus leitete der Jesuitenkardinal Roberto Bellarmin in seiner Schrift „De officio principis"[58] von 1619 eine vierfache Unterordnung weltlicher Herrscher ab: zum einen unter die Herrschaft Gottes, zum anderen unter die Herrschaft des Papstes, zum dritten unter die Herrschaft des jeweiligen Beichtvaters, zum vierten unter die Herrschaft des eigenen Gewissens.

Konfessionsübergreifendes Merkmal christlicher Staatslehre war demnach die Herrschaftsbegrenzung: im Protestantismus sollte dies die herrschaftsbegrenzende Wirkung

56 Unter diesem Aspekt gewinnt die Diskussion über die Ehe in und nach der Reformation einen politiktheoretischen Stellenwert. Dementsprechend SCHORN-SCHÜTTE, Luise: Obrigkeitskritik im Luthertum? Anlässe und Rechtfertigungsmuster im ausgehenden 16. und 17. Jahrhundert. In: Querdenken: Dissens und Toleranz im Wandel der Geschichte. Festschrift zum 65. Geburtstag von Hans R. Guggisberg. Hg. v. Michael ERBE u.a., Mannheim 1996, 253-270. - DIES.: Wirkungen der Reformation auf die Rechtsstellung der Frau im Protestantismus. In: Frauen in der Geschichte des Rechts. Hg. v. Ute GERHARD, München 1997, 94-104.

57 Die Nachweise bei BRUNNER, Otto: Souveränitätsproblem und Sozialstruktur in den deutschen Reichsstädten der Frühen Neuzeit. Jetzt in: DERS.: Neue Wege der Verfassungs- und Sozialgeschichte. Göttingen 1968, 294-321, hier 315.

58 BELLARMIN, Roberto: De officio principis christiani libri tres. Rom 1619; dazu DREITZEL: Monarchiebegriffe (wie Anm. 32) 495.

der Drei-Stände-Ordnung erreichen, im Katholizismus die durch die Einbindung in die Königsherrschaft Christi gemäßigte Monarchie. Aus beiden Ansätzen wurde das Recht zur Obrigkeitskritik hergeleitet, das vornehmlich der Geistlichkeit aufgrund ihrer Funktion als Mahner zustehen sollte[59].

Kehren wir zur Ausgangsfrage nach der Funktion des Konfessionellen als wertgebundene Handlungsorientierung zurück, so ergibt sich dreierlei:

1. Konfessionsabgrenzung bleibt ein Charakteristikum der Frühen Neuzeit; die Wiederbelebung bzw. Fortführung unterschiedlicher Traditionen der Herrschaftslegitimation bestätigt diese Einsicht auch auf der Ebene des binnengesellschaftlichen Nachdenkens über die Legitimation von Herrschaft.

2. Die Bedeutung solcher Differenzierung aber ist vielschichtiger als es die Rede von der herrschaftszentrierenden Funktion der Konfessionalisierung bisher erkennen ließ. Die Vertiefung der Verzahnung von Politik und Konfession durch die Konfessionsspaltung bestärkte die herrschaftsbegrenzenden Potentiale frühneuzeitlicher politischer Theorie. Damit werden spezifische Werte der frühneuzeitlichen Gesellschaften sichtbar. Sie als traditionale zu bezeichnen ist durchaus korrekt, denn sie bleiben mit der vorreformatorischen Einheit von Kirche und Welt verbunden.

3. Der Wandel solcher Gesellschaften und damit auch ihr Charakteristikum ist mit Kategorien des Revolutionären, des Moderner-Werdens o.ä. allein nicht zu fassen. Es ist die Einsicht in die Notwendigkeit der Wiederherstellung der als richtig beschriebenen Vergangenheit, die zu Veränderungen beitrug. Die legitime Form politischer Herrschaft war deshalb unter Berufung auf die Tradition die konsensgestützte Herrschaft, die bereits das Mittelalter kannte[60]. Deren Konkretion konnte im protestantischen Teil des Alten Reichs eine andere sein als im katholischen; konfessionsdifferenzierte Normen waren also durchaus präsent. Als konfessionsübergreifende politische Norm aber galt die Herrschaftsbegrenzung durch Machtverteilung: in Gestalt der Drei-Stände-Lehre oder in Gestalt der Unterordnung der weltlichen unter die geistliche Macht nach dem Vorbild der Königsherrschaft Christi. Die Traditionalität dieser politischen Legitimität änderte nichts an ihrer treffsicheren Gültigkeit in den Gesellschaften des 16. und 17. Jahrhunderts. Es erscheint überzeugend, sie als „relationale Modernität“[61] zu bezeichnen.

---

59 Zu diesen Ansätzen in beiden Konfessionen auch SCHORN-SCHÜTTE, Luise: Clergy in the Old Reich. In: Sixteenth Century Journal 29 (1998) 717-731.

60 Damit ist nicht die Reduzierung auf einen Kommunalismus oder einen frühneuzeitlichen „Republikanismus“ gemeint! Konsensgestützt ist die Form politischer Teilhabe, die seit dem Mittelalter in den Diskussionen der Ständeversammlungen zentral war und in dem Satz zusammengefaßt werden kann: „Das, was alle angeht, dem muß auch von allen zugestimmt werden.“

61 So die Formulierung von BLÄNKNER, Reinhard: „Absolutismus“ und „frühmoderner Staat“. Probleme und Perspektiven der Forschung. In: Frühe Neuzeit – Frühe Moderne? Hg. v. Rudolf VIERHAUS, Göttingen 1992, 48-74.

„KONFESSIONALISIERUNG" AUF DEM PRÜFSTAND

Wolfgang Reinhard

Obwohl ich in der Sache weitgehende Übereinstimmung mit Luise Schorn-Schütte feststellen kann, möchte ich es doch nicht bei dieser pauschalen Feststellung belassen, sondern versuchen, durch eine etwas andere Beleuchtung die eine oder andere nützliche Ergänzung beizutragen[1]. Schließlich will ich zum Schluß für mich selbst das Fazit aus der Tagung ziehen, festhalten, was ich persönlich daraus gelernt habe. Das könnte aus zwei Gründen auch für andere Leute von Interesse sein, zum einen zu sehen, wie einer der Erfinder des Konfessionalisierungsparadigmas auf Konfrontation mit neuen Forschungsergebnissen reagiert, zum anderen für den bislang nicht besonders gut entwickelten Dialog zwischen der Ostmitteleuropaforschung und der übrigen Neuzeithistorie, die hier durch Schorn-Schütte und mich vertreten ist.

Nur in einem Punkt möchte ich Vorbehalte zu den Ausführungen meiner Vorrednerin anbringen, wo sie nämlich „auch territorial gebundene [...] Konfessionskirchen" zu einem „Hindernis" „für die Schaffung einer einheitlichen Untertanengesellschaft" erklärt. Mir scheint das eine Überbewertung der von ihr empirisch festgestellten Kritik angeblich obrigkeitshöriger lutherischer Pfarrer an ihren lutherischen Obrigkeiten zu sein. Rein empirisch läßt sich dagegenhalten, daß die katholische Welt in noch ganz anderem Ausmaß von schärfsten Konflikten zwischen „Kirche" und „Staat" erfüllt war, ohne daß der von beiden ausgeübte konfessionelle Druck auf die Untertanen dadurch wesentlich beeinträchtigt worden wäre. Das ist theoretisch durch eines meiner Grundaxiome zu erklären, auf das ich gleich zurückkommen muß, daß nämlich nicht-intendierte Wirkungen sehr viel wichtiger waren und sind als intendierte – freilich auch schwerer nachzuweisen, was m.E. das Grundproblem der empirischen Anwendung des Konfessionalisierungsparadigmas darstellt.

„Konfessionalisierung" in der Kritik

Die allmählich in größerer Menge vorliegende Kritik am Konfessionalisierungsparadigma – es ehrt Heinz Schilling und mich, daß man sich inzwischen durch Kritik an uns profilieren kann – läßt sich in makrohistorische und mikrohistorische Varianten gruppieren.

---

1 Bei diesem Beitrag handelt es sich um den nachformulierten Text eines spontanen Korreferats zu dem Vortrag von Luise SCHORN-SCHÜTTE, dessen improvisierter Charakter erhalten bleiben soll.

1. *Makrohistorische Kritik* wurde vor allem von Winfried Schulze und Michael Stolleis geübt. Heinz Schilling und ich haben die Konfessionalisierung ja nicht mehr als einen rein kirchengeschichtlichen Vorgang sehen wollen wie einst Ernst Walter Zeeden die „Konfessionsbildung", sondern haben sie zu einem sozialgeschichtlichen Fundamentalprozeß der europäischen Geschichte erklärt, ihr modernisierende Wirkung zugeschrieben und sie bisweilen sogar zu einer Variante der „Sozialdisziplinierung" nach Gerhard Oestreich gemacht. Dabei haben wir einen engen Zusammenhang mit der frühmodernen Staatsbildung festgestellt. Durch mehr oder weniger koordinierte Einwirkung kirchlicher und weltlicher Obrigkeiten entstand der disziplinierte Untertan als Vorstufe des modernen Menschen. Diese Verbindung von „Konfessionalisierung" mit „Modernisierung", „Sozialdisziplinierung" und „Staatsbildung"[2] hat Widerspruch erregt.

Winfried Schulze z.B. hat 1986 nicht viel von der modernisierenden Wirkung von Konfessionalisierung gehalten – ob er noch heute bei dieser Auffassung bleibt, konnten wir leider nicht feststellen. Jedenfalls vertrat er damals die an und für sich naheliegende Ansicht, daß modernisierend zunächst einmal wirkte, was selbst modern oder – mit der für die frühe Neuzeit erforderlichen Einschränkung – wenigstens modernitätsträchtig war, die modernen Kräfte in Wirtschaft und Gesellschaft, vor allem solche mit säkularer und individualisierender Tendenz[3].

Das mag der Fall gewesen sein, es muß sich aber nicht so verhalten haben, denn – noch einmal – diese Auffassung unterschätzt die Bedeutung der nicht-intendierten Nebenwirkungen in der Geschichte, die m.E. oft genug sogar größer ist als diejenige der eigentlich intendierten Zielrichtung. Was war z.B. – um an unsere eigene Erfahrung zu appellieren – mit der deutschen Hochschulreform intendiert, und was ist dabei herausgekommen? Das heißt aber, Modernisierung kann zustandekommen, obwohl etwas anderes intendiert war, oder anscheinend moderne Sachverhalte können dennoch höchst unmoderne Folgen haben.

So sind bekanntlich die frühen Jesuiten keineswegs mit der Absicht angetreten, irgendetwas zu modernisieren, haben sich aber zur Erreichung ihrer konservativen oder sogar reaktionären Ziele hochmoderner wirtschaftlicher, psychologischer und wissenschaftlicher Methoden bedient und auf diese Weise zur Modernisierung beigetragen[4].

Dazu gehören unter anderem auch die ambivalenten Folgen der konfessionellen Instrumentalisierung des Humanismus, der in der Renaissance sicherlich eine moderne Bewegung gewesen ist, aber bald nach der Reformation von den Konfessionen auf ein intellektuelles Werkzeug reduziert in Dienst genommen wurde, nicht zuletzt von der Jesuitenpädagogik, aber auch von protestantischer Seite. Aber die Texte und Ideen der

---

2 REINHARD, Wolfgang: Sozialdisziplinierung – Konfessionalisierung – Modernisierung. Ein historiographischer Diskurs. In: Die Frühe Neuzeit in der Geschichtswissenschaft. Hg. v. Nada BOŠKOVSKA LEIMGRUBER, Paderborn 1997, 39-55 (dieser Text stammt allerdings aus dem Jahre 1993).

3 SCHULZE, Winfried: Vom Gemeinnutz zum Eigennutz. Über den Normenwandel in der ständischen Gesellschaft der frühen Neuzeit. In: Historische Zeitschrift 243 (1986) 591-626.

4 Details bereits bei REINHARD, Wolfgang: Gegenreformation als Modernisierung? Prolegomena zu einer Theorie des konfessionellen Zeitalters [1977]. Jetzt in: DERS.: Ausgewählte Abhandlungen. Berlin 1997, 77-101.

Antike haben trotz aller Entschärfung im konfessionellen Milieu überlebt, um im Zeitalter der Aufklärung erneut modernisierende Wirkungen zu entfalten.

Auf der anderen Seite heißt es kurzschlüssig argumentieren, wenn man der bloßen Tatsache der neuen Pluralität der Konfessionen/Religionen automatisch Wirkungen in Richtung auf modernen Pluralismus zuschreibt. Gewiß, auf lange Sicht verloren die Religionen und Religion überhaupt dadurch an Glaubwürdigkeit. Zunächst erwies sich Toleranz als erforderlich, bis sich schließlich die Beliebigkeit des modernen Pluralismus durchsetzte. Aber historisch war zunächst einmal die gegenteilige Wirkung ausschlaggebend. Der Schock der Pluralität von Religion produzierte durch tiefe Verunsicherung das heftige Bedürfnis, sich im Kreise der Rechtgläubigen zusammenzuschließen, sich des eigenen Glaubens zu vergewissern und sich mit gesteigerter Aggressivität nach außen abzusichern. Schließlich erleben wir in unserer angeblich pluralistischen Gesellschaft mit den Reaktionen auf die Herausforderung faktischer Multikulturalität heute noch cum grano salis denselben Vorgang!

Wo Schulze gesellschaftsgeschichtlich argumentiert, bezieht sich Michael Stolleis als Rechtshistoriker vor allem auf den behaupteten Beitrag der Konfession zur Entstehung des modernen Staates[5]. Die einst wohletablierte Dialektik von fortschrittlicher Reformation (These), reaktionärer Gegenreformation (Antithese) und konfessionsneutralem Staat als Retter aus dem konfessionellen Bürgerkrieg und damit entscheidendem Agenten der Modernisierung (Synthese) mag zwar falsifiziert sein, sie entspricht aber viel zu sehr nicht nur dem liebgewordenen deutschen protestantischen Geschichtsbild, sondern auch der traditionellen Hochschätzung des Staates durch die deutschen Juristen, um sang- und klanglos zu verschwinden. So ist für Stolleis Säkularisierung nach wie vor der wichtigere, weil langfristig wirkende und prägende Aspekt der modernen Staatsbildung. Da der moderne Staat in der Tat beansprucht, säkular zu sein, kann man Stolleis kaum widersprechen, zumal er bereit ist, Konfessionalisierung in diesem Rahmen als eine vorübergehende Phase im Staatsbildungsprozeß zu akzeptieren und ihr durchaus eine staatsbildende Rolle zuzugestehen.

Allerdings bleibt dabei nach wie vor die genauere zeitliche Bestimmung strittig. Es ist nämlich empirisch falsch, den konfessionsneutralen Staat mit den französischen „politiques“ der Hugenottenkriege im 16. Jahrhundert beginnen zu lassen. Mit Jean Bodin mag die konfessionsneutrale Staats*theorie* beginnen, nicht aber die Praxis. Diese war nämlich unter Heinrich IV. vielleicht nur formal, spätestens unter Ludwig XIV. ab 1661 auch material katholisch-konfessionalistisch. Die Aufhebung des Edikts von Nantes 1685 war wahrlich kein Akt konfessionsneutraler Staatsbildung, sondern konfessioneller Staatsräson par excellence und wurde von den Zeitgenossen auch so verstanden. Auch in Preußen herrschte erst unter Friedrich II. seit 1740 so etwas wie Toleranz; bei Friedrich

5 STOLLEIS, Michael: „Konfessionalisierung“ oder „Säkularisierung“ bei der Entstehung des frühmodernen Staates. In: Ius commune 20 (1993) 1-23, sowie DERS.: Religion und Politik im Zeitalter des Barock. „Konfessionalisierung“ oder „Säkularisierung“ bei der Entstehung des frühmodernen Staates. In: Religion und Religiosität im Zeitalter des Barock. Hg. v. Dieter BREUER, Wiesbaden 1995, 23-42.

Wilhelm I. hingegen ist die konfessionell-protestantische Motivation immer wieder deutlich durchgebrochen. Und in Österreich hat nicht nur Maria Theresia noch massiven Katholisierungsdruck ausgeübt, sondern selbst die Toleranz Josephs II. blieb „Toleranz" im frühen Verständnis, d.h. bloße Duldung der Andersgläubigen, die am katholischen Charakter des Habsburger Staates nichts ändern sollte, der denn auch bis Mitte des 19. Jahrhunderts bestehen blieb.

Deswegen spreche ich nicht nur von einem „Konfessionellen Zeitalter" der europäischen Geschichte, sondern möchte dieses auch relativ weit ausdehnen, mit einem bißchen einprägsamer Zahlenspielerei von 1530, als die evangelische Bewegung mit ihrer ersten großen „Confessio", derjenigen von Augsburg, langsam zur Konfessionalisierung überging, bis 1730, als die Vertreibung der Salzburger die letzte, aber keineswegs isolierte spektakuläre konfessionelle Maßnahme darstellte. Selbstverständlich „verdünnte" sich der konfessionelle Impuls dabei im Lauf der Zeit; Religion rinnt aus der Geschichte aus – aber sehr allmählich. Das ist freilich nicht der einzige Grund dafür, Konfessionalisierung langfristiger zu konzipieren, als bei Heinz Schilling und anderen üblich ist. Denn auch aus mikrohistorischer Perspektive spricht einiges dafür.

2. *Mikrohistorische Kritik* hat derzeit Hochkonjunktur. Dabei schwimmt aber neben Alltagsgeschichte und historischer Anthropologie eine Menge platter Neo-Historismus mit, für den es empirisch nur Einzelfälle gibt und „wahr" sowieso nur eine historische Individualität sein kann. Der übliche Verlauf einer Veranstaltung wie dieser läuft doch darauf hinaus, daß die versammelten hochkarätigen Spezialisten auf den Vortrag umfassenderer Überlegungen der Generalisten von vornherein gereizt reagieren, weil sie die einmalige Würde ihres jeweiligen Lebensthemas in Frage gestellt sehen, um anschließend mit ihren eigenen Beiträgen triumphierend nachzuweisen, daß in ihrem Fall eben doch alles ganz anders gewesen sei, der Generalist nicht genügend differenziere, es so etwas wie Konfessionalisierung überhaupt nicht gegeben habe[6] usw. Dabei wird allerdings die ziemlich banale Tatsache übersehen, daß die Definition historischer Individualitäten und die Wahl des wissenschaftlichen Allgemeinheitsgrades entweder eine reine Ermessensentscheidung ist oder von nicht hinterfragten Konventionen der „Zunft" abhängt. Für einen Japaner ist das europäische konfessionelle Zeitalter bereits eine ausgesprochene historische Individualität, während für den Historiker eines bestimmten Klosters in der ersten Hälfte des 15. Jahrhunderts schon eine Geschichte des Herzogtums Württemberg viel zu undifferenziert ausfällt.

Ernsthafter sind Überlegungen, wie sie besonders eindrucksvoll Peter Hersche für Frankreich im 17. Jahrhundert angestellt hat[7], die die Vielgestaltigkeit der Konfessionen selber in den Mittelpunkt stellen. So habe es z.B. einen römisch-jesuitischen und einen

6 So z.B. jüngst wieder ZIEGLER, Walter: Altgläubige Territorien im Konfessionalisierungsprozeß, in: Die Territorien des Reichs im Zeitalter der Reformation und Konfessionalisierung. Hg. v. Anton SCHINDLING und Walter ZIEGLER, Bd. 7, Münster 1997, 67-90, hier 89.

7 HERSCHE, Peter: „Klassizistischer" Katholizismus. Der konfessionsgeschichtliche Sonderfall Frankreich. In: Historische Zeitschrift 262 (1996) 357-389.

jansenistischen Katholizismus gegeben, wobei dann die Polarität dieser beiden den französischen Katholizismus von demjenigen anderer Länder unterscheide, mit Folgen bis in die Kunststile hinein. Daß das Konfessionalisierungsparadigma für den Katholizismus wirklich nur in Frankreich greife, wie Hersche aus dem eigentümlichen Charakter seiner „klassizistischen" französischen Variante schließen möchte, erscheint jedoch überzogen. Gerade die Forschungen des Franzosen Louis Châtellier haben m.E. gezeigt, daß es sich für den nachtridentinischen römischen Katholizismus europaweit bewährt[8]. Und obwohl es sogar innerhalb des römischen katholischen Konfessionalismus Gegensätze gegeben hat, etwa franziskanischer oder benediktinischer Spiritualität gegen die dominierende jesuitische, wurde durch solche binnenkonfessionellen Konflikte, wie bereits eingangs festgestellt, der Konfessionalisierungsdruck nicht vermindert. Wenn Anton Schindling jüngst im Interesse der „Vielgestaltigkeit und Farbigkeit des [...] historischen Lebens"[9] für die Rückkehr zum lokalen und regionalen Einzelphänomen plädiert, so kommt er doch nicht umhin, damit wenigstens die Forderung nach Vergleich und Typenbildung mittleren Abstraktionsgrades zu verbinden. Recht hat er, denn das heuristische Potential des Paradigmas ist m.E. bei weitem noch nicht ausgeschöpft, wie ich unten noch zu zeigen hoffe.

Berechtigter erscheint mir hingegen der Vorwurf des Etatismus, den Heinrich Richard Schmidt soeben wieder vor allem an meine Adresse erhoben hat; Heinz Schilling fange an, sich davon zu distanzieren, verwickle sich dabei aber in Widersprüche, meint Schmidt[10]. Das Konzept befasse sich nur mit der Aktivität der Obrigkeiten und sehe das Volk als passives Objekt obrigkeitlicher Einwirkung, während es in Wirklichkeit vor allem durch seine Gemeinden selbständiger Gestalter seines religiösen Lebens gewesen sei. Dank neuer Forschungen zur Kirchenzucht lasse sich sogar zeigen, daß die Gemeinde und nicht der Staat Träger der Disziplinierung gewesen sei – soll man von „Selbstdisziplinierung" und „Selbstkonfessionalisierung" sprechen? –, weshalb die Verknüpfung der „Konfessionalisierung" mit der staatlichen „Sozialdisziplinierung" auf einen forschungsstrategischen Irrweg hinauslaufe.

Dazu ist zunächst festzuhalten, daß das Konzept an den von Obrigkeiten produzierten Quellen entwickelt wurde, was der Quellenlage vollkommen angemessen war, und daß es dadurch eine gewisse legitime Einseitigkeit erhalten hat. Allerdings möchte ich auch darauf bestehen, daß es nach wie vor wichtig ist, die Rolle der Obrigkeiten für die Entwicklung der Gesellschaft zum Forschungsgegenstand zu machen. Daß damit aber nicht der gesamte sozialgeschichtliche Prozeß zu erfassen ist, versteht sich längst von selbst – auch für mich. Auf der anderen Seite schien diese Kritik bisweilen von dem klassen-

---

8 CHÂTELLIER, Louis: L'Europe des dévots. Paris 1987 (engl. 1989). - DERS.: La religion des pauvres. Paris 1993 (engl. 1997).

9 SCHINDLING, Anton: Konfessionalisierung und die Grenzen von Konfessionalisierbarkeit. In: Die Territorien des Reichs im Zeitalter der Reformation und Konfessionalisierung. Hg. v. Anton SCHINDLING und Walter ZIEGLER, Bd. 7, Münster 1997, 9-44, hier 40f.

10 SCHMIDT, Heinrich Richard: Sozialdisziplinierung? Ein Plädoyer für das Ende des Etatismus in der Konfessionalisierungsforschung. In: Historische Zeitschrift 265 (1997) 639-682.

kampfnostalgischen Konstrukt eines Gegensatzes von Volksreligion und Elitenreligion geprägt, der empirisch wie theoretisch ebenfalls längst überholt ist. In Wirklichkeit handelte es sich um eine ziemlich komplizierte und von Fall zu Fall anders gewichtete Interaktion von Individuen, Familien, Gemeinden, kirchlichen und weltlichen Obrigkeiten, wobei ich nach wie vor das *relative* Gewicht staatlicher Instanzen höher einschätzen möchte als Schmidt. Das ist recht banal darauf zurückzuführen, daß ich von Forschung im Bereich der römischen Konfessionalisierung einerseits, der Entstehung des modernen Staates andererseits herkomme, er hingegen von der Erforschung der Kirchenzucht im Bereich des reformierten Gemeindechristentums. Doch läßt sich auch an dem von ihm erwähnten Beispiel des schwedischen Luthertums zeigen, daß die Konfessionalisierung im sogenannten Hustavlan-System zwar durch die Gemeinde stattfand, aber durchaus in keineswegs antagonistischem Zusammenspiel mit Agenten des Staates und der Staatskirche[11]. Insgesamt erscheint mir aber ein Komplementärverhältnis von obrigkeits- und gemeindeorientierter Konfessionalisierungsforschung eine vielversprechende Weiterentwicklung des Paradigmas darzustellen[12].

Es dürfte außerdem immer noch angebracht sein, im Sinne meiner derzeitigen Forschungsinteressen[13] zusätzlich nicht nur nach der Rolle oder Un-Rolle des Staates für die Konfessionalisierung, sondern ebenso nach der Bedeutung der Konfessionalisierung für die Staatsbildung zu fragen. Selbst wenn es Konfessionalisierung ohne Beteiligung einer Staatsgewalt gegeben haben sollte, dann ist damit immer noch nicht ausgemacht, daß umgekehrt ein Weg zum modernen Machtstaat geführt hat, ohne die Etappe der politischen Konfessionalisierung zu durchlaufen. Genau zu dieser Frage sind aber m.E. von der Ostmitteleuropaforschung aufschlußreiche Anregungen zu erwarten.

Eine radikalere Variante mikrohistorischer Kritik behauptet mehr oder weniger unverblümt, sowohl Konfessionalisierung als auch Sozialdisziplinierung seien weitgehend erfolglose Initiativen der Obrigkeiten gewesen, denn die – romantisch verklärten? – „kleinen Lebenswelten“ des Volkes hätten sich erfolgreich gegen ihre „Kolonisierung“ durch Staat und Kirche zur Wehr gesetzt. In der Tat, es gibt Untersuchungen wie jüngst diejenige von Ulinka Rublack über Württemberg[14], die das weitgehende Scheitern obrigkeitlicher Intervention auf lokaler Ebene detailliert nachweisen.

Nun ist aber nicht zu bestreiten, daß sowohl Konfessionalisierung als auch Sozialdisziplinierung erfolgreich gewesen sind. Denn der moderne Europäer ist – oder war bis vor kurzem – in Selbstverständnis und Verhalten fast immer konfessionell geprägt und legt – oder legte bis vor kurzem – in vielen Dingen ein ziemlich diszipliniertes Sozialverhalten an den Tag. Dieser Sachverhalt ist evident und bedarf keines ausführlichen

---

11 PLEIJEL, Hilding: Från hustavlans tid. Stockholm 1951.

12 Etliche interessante Beiträge mit verschiedenen Perspektiven in dem von Michael PRINZ eingeführten Bd.: Westfälische Forschungen 42 (1992) 1-323.

13 Sie gelten einer umfangreichen Untersuchung mit dem Titel „Geschichte der Staatsgewalt. Eine vergleichende Verfassungsgeschichte Europas“.

14 RUBLACK, Ulinka: Frühneuzeitliche Staatlichkeit und lokale Herrschaftspraxis in Württemberg. In: Zeitschrift für Historische Forschung 24 (1997) 347-376.

Nachweises. Da aber ebenfalls feststehen dürfte, daß beides ursprünglich nicht gegeben war, erhebt sich die Frage, wann und wie es zustandegekommen sein soll, wenn Konfessionalisierung und Sozialdisziplinierung nie stattgefunden haben oder zumindest im Regelfall erfolglos gewesen sein sollen.

Mir scheint, des Rätsels Lösung liegt in der Zeitdimension dieser Prozesse. Wenn Ulinka Rublacks Württemberger in der zweiten Hälfte des 17. Jahrhunderts noch nicht diszipliniert waren, dann gilt es eben nachzuforschen, wie sie sich im 18. und 19. Jahrhundert verhalten haben. Kurzum, wenn Konfessionalisierung und Sozialdisziplinierung tatsächlich Fundamentalprozesse sozialen Wandels gewesen sein sollten, dann muß man schon auf Grund der allgemein bekannten Tatsache, daß sozialer Wandel in der Regel immer langsamer abläuft als politischer oder wirtschaftlicher, mit sehr viel längerer Zeitdauer rechnen, als es normalerweise geschieht. Empirisch wird dieser Befund durch die bereits erwähnten Arbeiten von Châtellier bestätigt. Es genügt also nicht, der Zeit zwischen 1555 und 1648 einfach statt des alten Etiketts „Gegenreformation" das neue „Konfessionalisierung" aufzukleben.

Auch aus diesem Grunde plädiere ich für ein langdauerndes „Konfessionelles Zeitalter", das mit den ersten Anläufen zur konfessionellen Institutionalisierung um 1530 beginnt und bis weit ins 18., in manchen Ländern bis ins 19., ja 20. Jahrhundert reicht. Selbstverständlich rückten im Laufe dieser Epoche, vor allem seit der Mitte des 17. Jahrhunderts, allmählich andere Antriebe anstelle der Konfessionalisierung in den Mittelpunkt der Geschichte, aber die Konfession blieb daneben noch lange eine bestimmende Kraft. Es ist ja durchaus sinnvoll, bei einer an „vorwaltenden Tendenzen" orientierten Einteilung der Geschichte in Zeitalter zeitliche Überschneidungen vorzusehen. Gerade weil Zeitalterbegriffe reine und bis zu einem gewissen Grad sogar willkürliche Konstrukte sind, vermögen sie auf diese Weise am besten zur Reduktion der Komplexität historischer Wirklicheit beizutragen.

„Modernisierung" und „Konfessionalisierung" in der Diskursgeschichte

1. Der Anspruch, daß „Konfessionalisierung" auf „Modernisierung" hinausgelaufen sei, hat nicht nur aus den oben genannten wissenschaftlichen, sondern ebenso aus metawissenschaftlichen, aber für den Wissenschaftsbetrieb nichtsdestoweniger ausschlaggebenden Gründen Anstoß erregt. Nicht nur, daß man sich mit der „Moderne" positiv identifizierte und das konfessionelle Zeitalter ihr gegenüber als fremdartig ablehnte oder – seltener – dem umgekehrten Werturteil folgte. Das Konzept „Modernisierung" wurde auch wegen der teleologischen Unterstellung einer Höherentwicklung abgelehnt; ältere Zeiten wie das konfessionelle Zeitalter würden dadurch zur Vorgeschichte der Moderne degradiert.

Derartige Emotionen sind m.E. unschwer, aber wirkungsvoll zu entschärfen, wenn man den Historismus konsequent weitertreibt und aufhört, sich mit der Moderne durch ein Werturteil zu identifizieren, wie es jenen Modernisierungstheorien selbstverständlich war, die die Geschichtswissenschaft zur Zeit der Entstehung des Konfessionalisierungsparadigmas beeinflußt haben. Warum die Moderne nicht als eine historische Epoche unter anderen betrachten, gleichgültig ob unsere Zeit noch dazugehört, oder nicht, wie die Postmodernisten nicht ohne Grund behaupten möchten? Man könnte die Moderne charakterisieren durch industriell dominierte Wirtschaft, tendenziell egalitäre Gesellschaft und partizipatorische, aber nicht unbedingt demokratische Politik sowie den überall vorwaltenden Willen zur Einheitlichkeit, ja zur Totalität.

Sieht man die Geschichte in dieser Weise entspannt, kann man ohne Aufregung der unbestreitbaren Tatsache gerecht werden, daß das konfessionelle Zeitalter in der Tat die Vorgeschichte der Moderne gewesen ist, weil es dadurch nicht mehr degradiert wird. Denn es liegt in der Tat eine teleologische Entwicklung vor, aber keine *Höher*entwicklung. Die Moderne hat ihre unbestreitbaren Vorzüge gegenüber dem Konfessionellen Zeitalter – trotz ihrer bekannten Nachteile möchte niemand von uns das Konfessionelle Zeitalter vorziehen. Aber sie ist deswegen nicht mehr *wert* als jenes, nur anders.

Für Ostmitteleuropa ist in diesem Zusammenhang die Reduzierung des „modernen" Machtstaates vom teleologischen Ziel- und wertmäßigen Höhepunkt der Weltgeschichte zu einem – möglicherweise bereits wieder überholten – Ergebnis geschichtlicher Entwicklung neben anderen von besonderer Bedeutung. Dann kann man ihn nämlich durchaus als Produkt eines gerichteten Entwicklungsprozesses und sogar als vorläufigen Sieger der Weltgeschichte sehen, ohne daß deswegen mögliche Alternativen, insbesondere die nicht-machtstaatlichen, ständestaatlichen Gemeinwesen Ostmitteleuropas durch ihre relative Erfolglosigkeit abgewertet würden. Man muß dann keine unzutreffende Erfolgsgeschichte mehr für sie konstruieren, sondern kann sie unbefangen in ihrer Erfolglosigkeit sympathischer finden – zumal es in der Geschichte ohnehin immer nur vorläufige Sieger gibt!

2. Die beliebte argumentative Taktik, einen außerhistorisch inspirierten theoretischen Entwurf als bloße intellektuelle Modeerscheinung zu diffamieren, trifft, ohne es zu wollen, den Kern der Diskursgeschichte. Denn wie die herrschende Mode ist der herrschende Diskurs etwas, dem alle folgen, ohne sich genau Rechenschaft darüber zu geben, warum. Wenn sie andererseits Gründe dafür nennen können, dann summiert sich ihre im Einzelfall anscheinend durchaus rationale Wahl dennoch zu einer so nicht erklärbaren Gesamttendenz, ähnlich wie bei wirtschaftlichen Kaufentscheidungen. Wir denken zwar, aber gleichzeitig denkt es in uns, so daß unser Denken erstaunlich ähnlich ausfällt. Offensichtlich gehörten Heinz Schilling und ich in den frühen achtziger Jahren, ohne darum zu wissen, zur selben diskursiven Formation.

Das heißt, „Sozialdisziplinierung" wie „Konfessionalisierung" entsprangen der Wende weg von der politischen und kirchlichen Ereignis-, Ideen- und Institutionengeschichte und hin zur systemtheoretisch-funktionalistischen Makrohistorie. Wie die gesellschaftsgeschichtliche Kategorie „Sozialdisziplinierung" an die Stelle des politik- und ideengeschichtlichen „Absolutismus", so trat die gesellschaftsgeschichtliche Kategorie

„Konfessionalisierung“ an die Stelle der kirchen- und ereignisgeschichtlichen „Gegenreformation“. Die späten sechziger, siebziger und frühen achtziger Jahre waren nicht nur die Zeit der Verfahrensgesellschaft, die sich durch ihr Funktionieren legitimierte, sondern auch die Zeit der sozialen Reformen, der Blüte der Sozialtechnologie, als der Glaube vorherrschte, Gesellschaft sei machbar. Unverkennbar sind „Sozialdisziplinierung“ und „Konfessionalisierung“ Bestandteile dieses Diskurses, denn sie fanden in der Geschichte nichts anderes, nämlich das Machen einer neuen, disziplinierten konfessionellen Gesellschaft.

3. Selbstverständlich gehört dann auch die Wende zur Mikrohistorie in den neunziger Jahren mit den genannten Konsequenzen für unser Paradigma in ihren eigenen diskursgeschichtlichen Zusammenhang. Es bedarf keiner besonderen Anstrengung, um sie mit der Grunderfahrung des „anything goes“ oder – vielleicht besser – „nothing goes“ dieses Jahrzehnts zu verknüpfen, der vollständigen Beliebigkeit des Lebens einerseits, der Frustration, daß man nichts mehr machen oder verändern kann, andererseits und dem daraus resultierenden Rückzug auf die Gestaltung der eigenen kleinen Lebenswelt. Abermals findet man daraufhin in der Geschichte dasselbe Leitmotiv wieder, die kleine Lebenswelt, die sich erfolgreich gegen ihre Kolonisierung durch kirchliche und staatliche Fremdherrschaft wehrt. Wenn Historie eine Legitimationswissenschaft ist, wofür bekanntlich eine Menge spricht, dann ist Mikrohistorie nichts anderes als die historische Legitimationsideologie der Single-Gesellschaft.

Entscheidend bleibt aber dabei, daß solche diskursgeschichtliche Verortung unser Paradigma keineswegs falsifiziert, sondern nur relativiert, das heißt ganz wörtlich: in Bezüge einfügt. Gründe wie Grenzen seines Erfolgs werden dadurch genauer faßbar, sein wissenschaftlicher Anspruch wird möglicherweise bescheidener, dafür aber die Zuverlässigkeit seiner Ergebnisse wahrscheinlich größer. Wir brauchen nicht aufhören zu denken, weil wir erkannt haben, warum wir denken, wie wir denken!

Ergebnisse

Die versuchte Anwendung des Konfessionalisierungsparadigmas auf ostmitteleuropäische Fälle hat m.E. eine Reihe von Ergebnissen von allgemeiner Bedeutung gezeitigt, die alle mehr oder weniger mit der offensichtlich notwendigen Entkoppelung des unterstellten engen Zusammenhangs von Konfessionalisierung und Staatsbildung zusammenhängen.

1. Meine seinerzeit auf Grund römischer Quellen getroffene Feststellung, daß Konfessionalisierung im Regelfall nur im Bündnis mit weltlichen Obrigkeiten Erfolg haben konnte, möchte ich nach wie vor aufrechterhalten, allerdings künftig mit einer größeren Variationsbreite derartiger weltlicher Obrigkeiten rechnen. Es braucht sich dabei offen-

sichtlich keineswegs immer um den werdenden modernen Staat zu handeln; Stadt- und Landgemeinden kommen ebenso in Frage wie ständische Gemeinwesen oder adelige Herren.

2. Die in diesem Zusammenhang für den Historiker anderer Teile Europas neuartigste historische Erscheinung ist die hier mehrfach angesprochene, für Ostmitteleuropa offenbar grundlegende „Adelskonfessionalisierung", die Thomas Winkelbauer schon vor einigen Jahren eindrucksvoll beschrieben hat[15]. Dieses Phänomen sollte mehr als bisher ins allgemeine europäische Geschichtsbewußtsein integriert werden.

3. Ob Konfessionalisierung aus politischer Perspektive für die werdenden modernen Staaten Westeuropas und die deutschen Territorien eine notwendige Durchgangsphase auf dem Weg zum politischen Erfolg war, sollte vielleicht noch einmal überprüft werden; eine nützliche war sie auf alle Fälle. Das gilt, wie schon mehrfach betont, vor allem für die deutschen Territorien, denen andere Möglichkeiten zur Erfindung von Identität weitgehend fehlten. Sie konnten sich weder sprachlich, noch geographisch, noch mythologisch eindeutig von ihren Nachbarn und Rivalen abgrenzen; neben der Dynastie blieb ihnen dazu nur die Religion. Bekanntlich haben infolgedessen rivalisierende Zweige derselben Dynastie gar nicht selten verschiedene Religionen gewählt (Wittelsbacher, Wettiner, Hessen).

4. Insgesamt sollte Konfessionalisierungsforschung vielleicht doch stärker zu ihren mikrohistorischen Ursprüngen zurückkehren. Bevor ich ihre Bedeutung für die Staatsbildung entdeckte[16], hatte ich sie nämlich als mikrohistorisches heuristisches Instrument mit einem ziemlich exakten Frageraster für die von den verschiedenen Konfessionen parallel angewandten Sozialtechniken konzipiert[17] – um nichts anderes als um solche mikrohistorischen Parallelen ging es mir ursprünglich. Leider ist „Konfessionalisierung" seither viel zu sehr zu einem makrohistorischen Etikett geworden, das für seine Benutzer wenig exakte Verbindlichkeiten mit sich bringt, während die Möglichkeiten zu genauer und vor allem vergleichender Detailforschung, die ich bereitstellen wollte, kaum genutzt wurden. Auch auf dieser Tagung verhielt es sich oft nicht anders, am deutlichsten bei den Vorträgen zum Heiligenkult, wo sich für meine Begriffe die Möglichkeit, durch Vergleich zu allgemeingültigen Erkenntnissen zu gelangen, förmlich aufdrängte, aber weitgehend beiseite gelassen wurde. Hier bleibt noch eine Menge zu tun.

15 WINKELBAUER, Thomas: Sozialdisziplinierung und Konfessionalisierung durch Grundherren in den österreichischen und böhmischen Ländern im 16. und 17. Jahrhundert. In: Zeitschrift für Historische Forschung 19 (1992) 317-339.

16 REINHARD, Wolfgang: Zwang zur Konfessionalisierung? Prolegomena zu einer Theorie des konfessionellen Zeitalters [1983]. Jetzt in: DERS.: Ausgewählte Abhandlungen (wie Anm. 4) 127-147.

17 DERS.: Konfession und Konfessionalisierung in Europa [1981]. Jetzt in: DERS.: Ausgewählte Abhandlungen (wie Anm. 4) 103-125.

VORAUSSETZUNGEN UND STRUKTURELLE GRUNDLAGEN DER KONFESSIONALISIERUNG IN OSTMITTELEUROPA

Winfried Eberhard

Konfessionsbildung im weitesten Sinn nimmt ihren Ausgang von der Durchsetzung konfessioneller Großgruppen als konkurrierende Subsysteme einer Gesamtgesellschaft oder zumindest in deren politisch entscheidenden Schichten. Darauf aufbauend meint Konfessionsbildung zunächst die ideologische und organisatorische Verstärkung der inneren Stabilität und Identität dieser Gruppen sowie ihrer Abgrenzung nach außen[1]. Das in den letzten zwanzig Jahren entwickelte, anscheinend plausible Paradigma der Konfessionalisierung zielt indes auf die konfessionellen Entwicklungsprozesse und Strukturen in der Phase nach der bereits erfolgten Stabilisierung der konfessionellen Gruppen – im allgemeinen daher nach der Mitte des 16. Jahrhunderts – und verbindet diese darüber hinaus wesentlich mit der Ausbildung des modernen Staates und seiner Sozialdisziplinierung, für die der Prozeß der Konfessionalisierung fundamental sei. Wie weit dieses Modell für Gesamteuropa gilt, ist gerade an der reformatorischen Entwicklung des östlichen Mitteleuropa zu hinterfragen, und zwar vor allem der ungarischen, polnischen und böhmischen Länder[2]. Mit der Ausbildung starker Ständeverfassungen um 1500 und mit einem katholisch bleibenden Königtum boten sie nämlich ganz andere Voraussetzungen für die Rezeption und Stabilisierung reformatorischer Konfessionen ebenso wie für die Staatsbildung als etwa deutsche Territorien, Frankreich oder Spanien.

Der Prozeß der inneren Stabilisierung, des Zusammenschlusses sowie der Abgrenzung und Polarisierung der Konfessionen ist in allen drei Ländergruppen erst in der zweiten Hälfte des 16. Jahrhunderts zu beobachten – jeweils nach einer Phase des verzö-

1 LEMBERG, Eugen: Ideologie und Gesellschaft. Eine Theorie der ideologischen Systeme, ihrer Strukturen und Funktion. Stuttgart 1971, zur Funktion der Religion: hier 23, 43-46, 149-153, 267, 321.

2 Zur Entwicklung und Begründung dieses Modells SCHILLING, Heinz: Die Konfessionalisierung im Reich. Religiöser und gesellschaftlicher Wandel in Deutschland zwischen 1555 und 1620. In: Historische Zeitschrift 246 (1988) 1-45. - Mit partiellen Bezügen zu ostmitteleuropäischen Ländern DERS.: Nationale Identität und Konfession in der europäischen Neuzeit. In: Nationale und kulturelle Identität. Studien zur Entwicklung des kollektiven Bewußtseins in der Neuzeit. Hg. v. Bernhard GIESEN, Frankfurt a.M. [3]1991, 192-252. - DERS.: Konfessionelle und politische Identität im frühneuzeitlichen Europa. In: Nationale, ethnische Minderheiten und regionale Identitäten in Mittelalter und Neuzeit. Hg. v. Antoni CZACHAROWSKI, Toruń 1994, 103-123. - Zur Kritik des Modells insbesondere SCHMIDT, Heinrich Richard: Konfessionalisierung im 16. Jahrhundert. München 1992, 116-120. - DERS.: Sozialdisziplinierung? Ein Plädoyer für das Ende des Etatismus in der Konfessionalisierungsforschung. In: Historische Zeitschrift 265 (1997) 639-682. - Eine kritische Konfrontation des Modells mit der Situation in Böhmen bei EBERHARD, Winfried: Zur reformatorischen Qualität und Konfessionalisierung des nachrevolutionären Hussitismus. In: Häresie und vorzeitige Reformation im Spätmittelalter. Hg. von František ŠMAHEL, München 1998, 213-238, hier 228-237.

gerten Beginns, der Fluktuation und des Eklektizismus der Reformationsbewegungen. Bis zur Jahrhundertmitte erfolgte die Rezeption reformatorischer Anschauungen und Postulate über fremde Prediger oder einheimische Geistliche, die in Wittenberg studiert hatten. Gleichsam als Wanderprediger wirkten sie oft nur kurzfristig in bestimmten Gemeinden, wo sie eine feste reformatorische Ordnung kaum durchsetzen konnten. Ihre Lehren und Gottesdienstveränderungen waren teilweise von einem humanistisch gemäßigten Luthertum oder humanistisch differenzierender Kompromißbereitschaft geprägt. Gemeindebildung oder gar Kirchenorganisation ließen sich auch aus politischen Gründen infolge der Restriktionen durch die Könige noch nicht etablieren. Eine gewisse Ausnahme bildeten Böhmen und Mähren, wo das Luthertum sich unter dem Mantel der legalen hussitisch-utraquistischen Kirche ausbreiten konnte und wo überdies die Unität der Böhmischen Brüder eine feste Gemeindeorganisation unter adeligem Protektorat besaß. In Polen und Ungarn festigte sich das Luthertum am frühesten in deutschsprachigen Regionen und Städten. Konfessionspolitik und Konfessionsbildung erfuhren dann, vor allem in Ungarn und Polen, einen bedeutsamen Schub durch die zweite, calvinistische Welle der Reformation, die die Bekenntnisbildung auch bei den Lutheranern vorantrieb. Der entscheidende erste Schritt konfessioneller Stabilisierung reformatorischer Konfessionen erfolgte so erst spät mit der Annahme und Promulgation eines Bekenntnistextes durch Geistliche und vor allem durch politische Organe[3].

In Ungarn war zunächst das Luthertum Vorreiter der Entwicklung, und zwar mit den regionalen Schwerpunkten Westungarn, Zips und Oberungarn sowie bei den Deutschen Siebenbürgens. Sowohl König Ludwig und Ferdinand I. als auch der Gegenkönig János Szápolyai, Fürst von Siebenbürgen, suchten das Vordringen der Reformation zu verhindern. Nach dem Tod Szápolyais 1540 und der Eroberung Budas durch die Türken 1541 waren jedoch antireformatorische Maßnahmen nicht mehr durchzusetzen, so daß nun regionale Konfessionsbildungen sich in den folgenden Jahren rasch entwickeln konnten. In Oberungarn wurde die „Confessio Pentapolitana“ der fünf königlichen Städte von 1549 – verfaßt von Leonhard Stöckel, dem Rektor der einflußreichen humanistischen Schule in Bartfeld – zur Grundlage auch für die Bergstädte in der „Confessio Montana“ oder „Confessio Heptapolitana“ (1559) sowie der „Confessio Sepusiana“ der Grafschaft Zips. Sie basierten durchweg auf der „Confessio Augustana“, um das Luthertum gegenüber dem König zu rechtfertigen, der es danach auch anerkannte, sowie gegenüber dem Calvinismus abzugrenzen. Politisch bestimmt war die konfessionelle Richtung dieser Region von den deutschen Stadtobrigkeiten und vom königlichen Statthalter Alexius

3 Zum Vergleich der Entwicklung in Böhmen-Mähren, Ungarn, Polen und Österreich EBERHARD, Winfried: Reformation and Counterreformation in East Central Europe. In: Handbook of European History 1400-1600. Late Middle Ages, Renaissance and Reformation. Hg. v. Thomas A. BRADY Jr., Heiko A. OBERMAN und James D. TRACY, Bd. 2, Leiden-New York-Köln 1995, 531-584. - DERS.: Bohemia, Moravia and Austria. In: The Early Reformation in Europe. Hg. v. Andrew PETTEGREE, Cambridge 1992, 23-48. - Zu Ungarn DANIEL, David P.: Hungary, ebd., 49-69.

Thurzó[4]. Bei den Siebenbürger Sachsen hatte Johannes Honter bereits 1543 in Kronstadt eine „Formula reformationis" durchgesetzt (Laienkelch, Abschaffung des Meßopfers und der „guten Werke"), und zwar mit Berufung auf die Regensburger Ausgleichsverhandlungen von 1541 in der Richtung Melanchthons. Das politische Organ, die „Universitas Saxorum", erließ auf dieser Basis 1547 als Kirchenordnung die „Reformatio ecclesiarum Saxonicarum in Transsylvania". Den Abschluß des konfessionellen Formierungsprozesses bildete 1553 die Wahl Paul Wieners zum ersten lutherischen Bischof[5].

Während in Oberungarn und Siebenbürgen vor allem die Städte für die Durchsetzung eines Bekenntnisses politisch maßgebend waren, spielten in den magyarischen Regionen Westungarns die Magnaten diese Rolle, so die Perényi, Drágffy, Török. Auf den Gütern des Tamás Nádasdy in den Komitaten Eisenburg und Ödenburg wurden Predigttätigkeit, Schulen und Druckereien gefördert. Die erste protestantische Synode der magyarischen Ungarn in Erdőd 1545 erklärte sich für die Confessio Augustana Variata. Nach der Verurteilung des Protestantismus, vor allem der Schweizer Richtung, durch den Reichstag von Preßburg 1548 verschärften die Lutheraner zur Selbstlegitimation ihre Abgrenzung gegenüber den Calvinisten, deren Predigt insbesondere beim antihabsburgischen magyarischen Adel Siebenbürgens und Ostungarns jenseits der Theiß Unterstützung fand, schließlich auch beim Gegenkönig János II. Zsigmond Szápolyai seit 1559. Der konfessionelle Klärungs- und Differenzierungsprozeß zwischen Lutheranern und Calvinisten dauerte von 1549 bis 1562, als schließlich die Mehrheit der Magyaren der Schweizer Richtung folgte. Dabei kamen die führenden calvinistischen Geistlichen ursprünglich aus dem Luthertum, so der calvinistische Pionier Márton Kálmáncsehi, der Organisator der reformierten Gemeinden der osmanisch besetzen Gebiete István Kis oder der spätere Gründer der Unitarischen Kirche Ferenc Dávid[6].

Zum Organisator der reformierten Kirche Ostungarns wurde Peter Melius als Bischof[7], der die magyarischen Gemeinden Siebenbürgens, Ost- und Westungarns auf ein gemeinsames Abendmahlsverständnis einigen konnte. Eine Synode in Neumarkt (1559) akzeptierte seine „Formula refomationis", das erste magyarische Bekenntnisdokument. Er formte Debreczin mit Schule und Druckereien zwischen 1561 und 1571 zum „ungarischen Genf", wo man sich jedoch streng an Zürich orientierte.

---

4 Ebd., 59-62. - DERS.: Highlights of the Lutheran Reformation in Slovakia. In: Concordia Theological Quarterly 41 (1978) 21-34.

5 REINERTH, Karl: Die Reformation der siebenbürgisch-sächsischen Kirche. Gütersloh 1956. - ROTH, Erich: Die Reformation in Siebenbürgen. Ihr Verhältnis zu Wittenberg und der Schweiz. Bd. 1-2, Köln-Graz 1962-1964. - BINDER, Ludwig: Die Kirche der Siebenbürger Sachsen. Erlangen 1982.

6 Zur konfessionellen Differenzierung und zum Eklektizismus dieser Phase DANIEL: Hungary (wie Anm. 3) 65-68. - Zu den führenden Geistlichen und zur konfessionellen Abgrenzung TOTH, William: Highlights of the Hungarian Reformation. In: Church History 9 (1940) 141-156, hier 149-156. - DERS.: Stephen Kis of Szeged, Hungarian Reformer. In: Archiv für Reformationsgeschichte 44 (1953) 86-103.

7 Zu Melius vgl. TOTH: Highlights (wie Anm. 6) 150f. Trotz der strengen Orientierung an Zürich wurde die reformierte Kirche Ungarns auch weiterhin von Bischöfen geleitet.

Nach der „Confessio Catholica Debrecinensis“ von 1562, die Melius verfaßte, schloß die Synode von Debreczin 1567 die konfessionelle Stabilisierung mit der Annahme von Bullingers „Confessio Helvetica Posterior“ ab, obwohl es auch weiterhin im Rahmen dieses offiziellen Bekenntnisses in der Praxis der Gemeinden erhebliche lokale Unterschiede gab und die geistliche und politische Organisation der ungarischen Reformierten erst um 1600 vollendet war[8]. Bezeichnend dafür ist es, daß eine magyarische Übersetzung der Confessio Helvetica Posterior erst 1616 erschien. Im Prozeß der Konfessionalisierung waren die Laien, Stadtobrigkeiten und adelige Herren, maßgebend und kontrollierten den Klerus[9]. So setzte sich auf unterer lokaler und regionaler Ebene das Prinzip „cuius regio eius religio“ in der Praxis durch, führte jedoch im 17. Jahrhundert, als die ungarische reformierte Kirche ihre Organisation stabilisiert hatte, zu einer engen Kooperation zwischen Geistlichkeit und Adel bei der Durchsetzung der kirchlichen und moralischen Disziplin[10].

Die Präzisierung der Lehrgrundlage und konfessionellen Einheit auf der Synode von Debreczin 1567 richtete sich vor allem gegen die vom Calvinismus abgespaltenen Antitrinitarier, die in Siebenbürgen von Königin Isabella und János Zsigmond Szápolyai protegiert wurden. Auf Siebenbürgen beschränkt, wurden sie 1571 dort als vierte unter die „Rezipierten Religionen“ aufgenommen, zu denen seit 1557 Katholiken, Lutheraner und Calvinisten gehörten – die Grundlage der bekannten konfessionellen Koexistenz Siebenbürgens[11]. Diese Koexistenz von lutherischen Deutschen, calvinistischen und antitrinitarischen (unitarischen) Ungarn und orthodoxen Rumänen deutet bereits an, daß in Siebenbürgen die Konfessionalisierung ein fundamentaler Faktor der ethnischen Identität wurde. Auch im übrigen Ungarn tendierten die deutschen Städte und Regionen sowie die westungarische Nachbarschaft Österreichs zum Luthertum, die Magyaren zum Calvinismus[12].

Die ungarischen Katholiken waren auf eine kleine Minorität vor allem im Nordwesten reduziert, wo in Tyrnau der Erzbischof von Gran residierte und erst um 1590 ein Jesuitense-

---

8 EVANS, Robert J. W.: Calvinism in East Central Europe: Hungary and Her Neighbours. In: International Calvinism 1541-1715. Hg. v. Menna PRESTWICH, Oxford 1985, 167-196, hier 175f. - NAGY, Barnabás: Geschichte und Bedeutung des Zweiten Helvetischen Bekenntnisses in den osteuropäischen Ländern. In: Glauben und Bekennen. Vierhundert Jahre Confessio Helvetica Posterior. Beiträge zu ihrer Geschichte und Theologie. Hg. v. Heinz STAEDTKE, Zürich 1966, 109-204. - Auch die Synoden von Tarcal und Thorenburg im osmanisch besetzten Ungarn schlossen sich der von Melius gewiesenen Richtung an.

9 Zur Übersetzung der Helvetischen Konfession ebd., 115f. - Zur Rolle der Laien EVANS: Calvinism (wie Anm. 8) 176 f.

10 TÓTH: Highlights (wie Anm. 6) 155. - MURDOCK, Graeme: Church building and discipline in early seventeenth-century Hungary and Transylvania. In: The Reformation in Eastern and Central Europe. Hg. v. Karin MAAG, Aldershot 1997, 136-154. Die Autorin stellt die reformierte Kirchenorganisation mit Superintendenten, Synoden, Visitationen und konfessioneller Disziplinierung detailliert dar und betont dabei die Abschließung der Geistlichen als disziplinierte und disziplinierende Elite.

11 BINDER, Ludwig: Grundlagen und Formen der Toleranz in Siebenbürgen bis zur Mitte des 17. Jahrhunderts. Köln-Wien 1976.

12 EVANS: Calvinism (wie Anm. 8) 168f.

minar errichtet werden konnte. Die Bischofssitze, die vakant oder strittig besetzt waren, vermochten sich erst im 17. Jahrhundert zu Zentren der Rekatholisierung auszubilden[13]. Zunächst aber provozierte die katholische Restaurationspolitik Rudolfs II. 1604 einen Aufstand, in dem alle Protestanten erstmals solidarisch agierten und den calvinistischen magnatischen Führer István Bocskay unterstützten. Der darauf folgende Wiener Frieden von 1606 und die Krönungskapitulation von König Matthias 1608 sicherten den protestantischen Ständen und Untertanen Religionsfreiheit zu[14]. Der Versuch einer katholischen Konfessionalisierung von oben war damit gestoppt. Erst Erzbischof Péter Pázmány (1616-1637) gelang es, mit apologetischen Werken, Priesterausbildung in Wien und Tyrnau (Universität, später Buda) und Adelskollegien unter jesuitischer Leitung dreißig Magnatenfamilien der katholischen Kirche zurückzugewinnen, so etwa die Thurzó, Batthyány, Nádasdy und Zrinyi[15]. Politische Unterstützung erfuhr er durch die kaiserliche Ämterpolitik, nur Katholiken in königliche Ämter zu berufen. Auf diese Weise wurde zwar die Mehrheit des Adels, vor allem in Westungarn, der katholischen Kirche zurückgewonnen. Von einer umfassenden katholischen Konfessionalisierung durch den König im Interesse einer religiösen Staatsvereinheitlichung kann jedoch gerade in Ungarn keine Rede sein.

Die Rekatholisierung des gesamten Adels gelang niemals, und zwar trotz zeitweiliger scharfer gegenreformatorischer Maßnahmen wie unter Leopold I. („Trauerjahrzehnt" 1671-1681) und Karl VI. Ganze Regionen, vor allem Nordostungarn und Siebenbürgen, blieben Bastionen sowohl des Protestantismus als auch der Selbstbehauptung ständischer Freiheiten, zu denen die Religionsfreiheit wesentlich gehörte. Gegen deren Verletzung, gegen den habsburgischen Absolutismus und für die Wahrung der ungarischen Verfassung und damit Eigenständigkeit wandten sich periodisch Landtage und Aufstände, die schließlich immer wieder zur Behauptung der Religionsfreiheit führten[16]. Deren Bestätigung erreichte der siebenbürgische Fürst György Rákóczi im Linzer Frieden 1645 sogar für die Bauern. Die sogenannte Vesselényi-Verschwörung führte in ihrem „Bund zur

13 In ganz Ungarn soll es 1606 nur 300 katholische Priester gegeben haben. BITSKEY, István: The Collegium Germanicum Hungaricum in Rome and the Beginning of Counter-Reformation in Hungary. In: Crown, Church and Estates. Central European Politics in the Sixteenth and Seventeenth Centuries. Hg. v. R[obert] J. W. EVANS und T[revor] V. THOMAS, London 1991, 110-122, hier 115.

14 EVANS: Calvinism (wie Anm. 8) 177. - LENCZ, Géza: Der Aufstand Bocskays und der Wiener Friede. Debreczen 1917, 47-80. - MOLNÁR, Andrea: Fürst Stefan Bocskay als Staatsmann und Persönlichkeit im Spiegel seiner Briefe (1598-1606). München 1983. - BENDA, Kálmán: Absolutismus und ständischer Widerstand in Ungarn am Anfang des 17. Jahrhunderts. In: Südostforschungen 33 (1974) 85-124. - DERS.: Habsburg Absolutism and the Resistance of the Hungarian Estates in the Sixteenth and Seventeenth Centuries. In: Crown, Church and Estates (wie Anm. 13) 123-128. - SCHRAMM, Gottfried: Armed Conflict in East-Central Europe: Protestant Noble Opposition and Catholic Royalist Factions, 1604-1620. Ebd., 176-195.

15 EBERHARD: Reformation (wie Anm. 3) 571. - BITSKEY: Collegium (wie Anm. 13) 116f. - KORNIS, Julius: La personalité de Péter Pázmány. Paris 1937.

16 BÉRENGER, Jean: Les „Gravamina". Remontrances des Diètes de Hongrie de 1655 à 1681. Paris 1973. - PÉTER, Katalin: The Struggle for Protestant Religious Liberty at the 1646-1647 Diet in Hungary. In: Crown, Church and Estates (wie Anm. 13) 261-268.

Wahrung der Verfassung" 1665 mit den Protestanten auch katholische Magnaten und Prälaten zusammen. Der dann unter protestantischer Führung 1670 ausbrechende Aufstand und seine Niederlage lösten zwar die genannte gegenreformatorische Welle aus, auf die jedoch wiederum eine breite Erhebung („Kuruzzen-Aufstand" 1674, seit 1678 unter Führung des Magnaten Imre Tököly) reagierte, so daß der Reichstag von Ödenburg 1681 den protestantischen Besitzstand wiederherstellen mußte. Und schließlich mußte der von Ferenc II. Rákóczi seit 1703 geführte Freiheitskrieg gegen Habsburg mit der Bestätigung der Religionsgesetze und der Verfassung im Frieden von Szatmár 1711 beendet werden. Die Selbstbehauptung des Ständestaates und die Verteidigung der Religionsfreiheiten standen somit in Ungarn in einer festen und traditionsbildenden Verbindung. Konfessionalisierung war daher nur auf der Ebene der Adels- und Kirchenherrschaften möglich. Versuche zur katholischen Staatskonfessionalisierung scheiterten dagegen bis zu Josephs II. Toleranzpatent. Konfessionalisierung stärkte hier also die Ständeverfassung, nicht die Ausbildung eines „modernen Staates".

Einige auffällige Faktoren des protestantischen Konfessionalisierungsprozesses in Ungarn sind für alle ostmitteleuropäischen Kernländer als charakteristisch hervorzuheben:

1. Die Reformation gegen oder zumindest ohne den Herrscher[17], 2. die führende Rolle des Adels und der ständischen Organe für die Protektion, Ausbreitung und Stabilisierung der konfessionellen Subsysteme, auch für die politische Option für oder gegen eine bestimmte Konfession, 3. inhaltlich von den westlichen Modellen häufig oder wenigstens längere Zeit abweichende oder sie modifizierende Bekenntnisschriften und Organisationsformen, die häufig als Synkretismus oder Eklektizismus beurteilt werden[18], 4. vor allem eine Pluralität und Regionalisierung reformatorischer Konfessionen auf der Basis adeliger Individualfreiheit, 5. daher eine entsprechend schwierige konfessionspolitische Unions- und Solidarisierungsfähigkeit[19] und 6. die zumindest zeitweilige, in Polen kurzfristige, Reduktion der katholischen Kirche auf eine Minderheitenposition in der Gesellschaft und/oder in den politischen Eliten, so daß eine katholische Konfessionalisierung nach dem Trienter Konzil in Ungarn mit erheblicher Verzögerung, in Polen und Böhmen-Mähren zwar früher, aber nur sehr partiell auf einigen adeligen und geistlichen Herrschaften einsetzen konnte.

---

17 Diesen Reformationstypus betont SCHRAMM, Gottfried: Der polnische Adel und die Reformation 1548-1607. Wiesbaden 1965, 1-6, 239.

18 DANIEL: Hungary (wie Anm. 3) 65. - EVANS: Calvinism (wie Anm. 8) 176. - Dies trifft insbesondere auch für die „Confessio Bohemica" (1575) zu.

19 EBERHARD, Winfried: Reformatorische Gegensätze – reformatorischer Konsens – reformatorische Formierung in Böhmen, Mähren und Polen. In: Ständefreiheit und Staatsgestaltung in Ostmitteleuropa. Übernationale Gemeinsamkeiten in der politischen Kultur vom 16.-18. Jahrhundert. Hg. v. Joachim BAHLCKE, Hans-Jürgen BÖMELBURG und Norbert KERSKEN. Leipzig 1996, 187-215. - Der Aufstand István Bocskays zeigt, daß die überkonfessionelle politische Solidarisierungsfähigkeit der Protestanten in Ungarn derjenigen in Böhmen kaum nachstand.

In Polen-Litauen entwickelte sich der protestantische Konfessionalisierungsprozeß insgesamt am unvollkommensten[20]. Nachdem König Sigismund I. der Alte mit zahlreichen Ketzerdekreten, in Danzig auch mit gewaltsamer Intervention, die offene Ausbreitung der Reformation verhindert hatte, waren erst unter der toleranten Regierung Sigismunds II. seit 1548 reformatorische Gemeindebildungen und Übertritte des Adels möglich. Bald bildeten sich regionale Schwerpunkte verschiedener Konfessionen[21]. In Großpolen etablierte ein Teil des Adels, der Magnaten und der Stadtbürger lutherische Gemeinden. Daneben gelang hier der soeben aus Böhmen vertriebenen Brüderunität die Formierung einiger Zentren (Posen, Koźminek, Lissa). Der in Kleinpolen dominierende, aufstiegswillige mittlere Adel wandte sich dem Calvinismus als Alternative zum deutschen Luthertum zu, ebenso die Magnaten Litauens, wo der litauische Großkanzler Mikołaj Radziwiłł ein Buchdruck- und Propagandazentrum (Brester Bibel 1563) einrichtete, teilweise auch der Adel Rutheniens, während Masowien katholisch blieb. Nur im Königlichen Preußen wurde 1559 und im neuerworbenen Livland 1561 die Confessio Augustana eingeführt und vom König bestätigt. Eine einheitliche und definitive Konfessionsbildung oder gar Kirchenorganisation gelang jedoch nirgendwo, sogar im Königlichen Preußen fehlte eine gemeinsame Organisation mit Synode oder Bischof. In Großpolen begannen die Lutheraner zwar, sich auf einer Adelssynode in Posen 1555 zu organisieren, sie bildeten einen Synodalverband mit Superintendent[22]; und zur selben Zeit (1554/55) legten zwei calvinistische Synoden in Kleinpolen die Grundlage für ein reformiertes Kirchenwesen. 1555 schlossen in Koźminek überdies die großpolnischen Böhmischen Brüder und die kleinpolnischen Calvinisten eine Union, da sie ohnehin in Gemeindedisziplin und Abendmahlslehre verwandt waren. Aber die Bemühungen Jan Łaskis, der 1556 aus dem Westen als Führer der Calvinisten zurückkehrte und die polnischen Protestanten zu einer Nationalkirche nach Schweizer Vorbild einigen wollte, scheiterten an den Lutheranern – aber auch an der Abspaltung der Antitrinitarier als „Ecclesia minor“ von den Calvinisten

---

20 Zur Entwicklung der polnischen Reformation VÖLKER, Karl: Kirchengeschichte Polens. Berlin-Leipzig 1930. - STASIEWSKI, Bernhard: Reformation und Gegenreformation in Polen. Neue Forschungsergebnisse. Münster 1960. - JOBERT, Ambroise: De Luther à Mohila. La Pologne dans la Crise de la Chrétienté 1517-1648. Paris 1974. - KŁOCZOWSKI, Jerzy: Ostmitteleuropa. Böhmen, Ungarn und Polen. In: Die Geschichte des Christentums. Bd. 8: Die Zeit der Konfessionen (1530-1620/30). Hg. v. Marc VÉNARD und Heribert SMOLINSKY, Freiburg-Basel-Wien 1992, 618-661.

21 SCHRAMM: Adel (wie Anm. 17) 27-163. - Zur Anzahl der calvinistischen Gemeinden in den Regionen NAGY: Geschichte (wie Anm. 8) 142.

22 KNEIFEL, Eduard: Die evangelisch-augsburgischen Gemeinden in Polen 1555-1939. Vierkirchen 1971. - SMEND, Gottfried: Die Synoden der Kirche augsburgischer Konfession in Großpolen im 16., 17. und 18. Jahrhundert. Posen 1930. - Zum Luthertum in Preußen MAŁŁEK, Janusz: The Reformation in Poland and Prussia in the sixteenth century: similarities and differences. In: The Reformation in Eastern and Central Europe (wie Anm. 10) 182-191, hier 184-186, zur Organisationsschwäche der polnischen Protestanten 189f. - MÜLLER, Michael G.: Late Reformation and Protestant confessionalization in the major towns of Royal Prussia. Ebd., 192-210.

in Kleinpolen[23]. Auch der berühmte Konsens von Sandomir 1570 zwischen Calvinisten, Lutheranern und Brüdern bedeutete keine Bekenntniseinigung, sondern lediglich eine gegenseitige Anerkennung, so daß die vorgesehenen Synoden auch nur wenige Male stattfanden[24]. Schließlich verband sich der protestantische Adel 1573 während des Interregnums, in der Gefahrensituation eines Bürgerkriegs und einer katholischen Königswahl, zwar in der Warschauer Konföderation; mit dem Ziel der Friedenswahrung vereinbarte sie die allgemeine Religionsfreiheit des Adels, die in der Wahlkapitulation Heinrichs von Valois Gesetzeskraft erhielt. Aber eine Bekenntniseinheit war darin nicht vorgesehen. Man fand bei den Protestanten nicht einmal zu einer gemeinsamen Bezeichnung und damit auch zu keiner gemeinsamen Identität[25]. So ist die Warschauer Konföderation ein typisches Produkt des individuellen adeligen Libertätsdenkens, das in erster Linie die Sicherheit, Selbstbestimmung und Handlungsfreiheit der Adelsperson zu garantieren und Gemeinschaftsbindungen auf ein Minimum zu beschränken bestrebt war. Die bäuerlichen Untertanen waren in die Religionsfreiheit denn auch keineswegs einbezogen. Dennoch oder deswegen ist hinsichtlich der Konfessionalisierung an der Basis festzustellen, daß der polnische Protestantismus, vor allem der Calvinismus kaum in der Untertanenschaft verwurzelt war, sondern weitgehend eine Adelskonfession blieb[26].

So hatte zwar die Solidarisierung der polnischen Protestanten zum Zweck der Defensive 1573 zu einem Ergebnis geführt. Es fehlte jedoch an ihrer offensiven Selbstorganisation und Politisierung, da die Hinwendung des Adels zum Protestantismus – anders als in Ungarn und Böhmen – nicht aus der Opposition zum Herrscher, sondern aus dem Gegensatz zur Geistlichkeit motiviert war. Man bekämpfte nämlich in Verbindung mit der „Exekutionsbewegung" vor allem die geistlichen Immunitäts- und ausgedehnten Besitzrechte. Trotz eines Teilerfolgs dieser Bestrebungen durch die Aussetzung der Exekution geistlicher Gerichtsurteile gegen Häretiker (1552-1565) und trotz einer zeitweiligen protestantischen Dominanz in der Landbotenstube des Reichstages und bei den weltlichen Senatoren hatten aber die Protestanten 1573 schon ihren Zenit überschritten. Infolge einsetzender Rekonversionen von Magnaten bildete der katholische Hochadel damals bereits eine entschlossene Ständepartei. Zu erklären ist dieser Abfall zum einen aus dem wachsenden politischen Gegensatz des überwiegend protestantischen Mitteladels gegen

23 BARTEL, Oskar: Jan Łaski. Berlin 1981. - KOT, Stanisław: Socianism in Poland. The Social and Political Ideas of the Polish Antitrinitarians. Boston 1957. - CACCAMO, D.: Eretici italiani in Moravia, Polonia, Transsilvania 1558-1611. Firenze-Chicago 1970.

24 JÖRGENSEN, K. E. Jordt: Ökumenische Bestrebungen unter den polnischen Protestanten bis zum Jahre 1645. Kopenhagen 1942. - Den Konsens und seine Grundlage in der kurz zuvor ebenfalls in Sandomir erfolgten Annahme der polnischen Übersetzung der „Confessio Helvetica Posterior" durch die Reformierten rühmt dagegen NAGY: Geschichte (wie Anm. 8) 151-160.

25 SCHRAMM, Gottfried: Ein Meilenstein der Glaubensfreiheit. Der Stand der Forschung über Ursprung und Schicksal der Warschauer Konföderation von 1573. In: Zeitschrift für Ostforschung 24 (1975) 711-736. - SALMONOWICZ, Stanisław: Geneza i treść uchwał konfederacji warszawskiej. In: Odrodzenie i Reformacja w Polsce 19 (1974) 7-30.

26 NAGY: Geschichte (wie Anm. 8) 170.

die Besitzrechte der Magnaten an ehemaligem Königsgut („Exekutionsbewegung“)[27], zum anderen aus der nachtridentinischen Konfessionalisierungsstrategie, die von Kardinal Stanislaus Hosius, Bischof von Ermland, mit den üblichen Mitteln betrieben wurde: mit der Verbreitung von Kontroversschriften, mit der bereits 1557 verfaßten abgrenzenden „Confessio fidei Catholicae Christianae“, mit der 1565 beginnenden Gründung von Jesuitenkollegien in Wilna, Posen und Pułtusk, mit der Stärkung der Klerusdisziplin und schließlich mit der direkten und – auf diesen Wegen – indirekten Beeinflussung der Magnaten und der Erziehung der Magnatensöhne[28]. Mit allen Instrumenten der Formierung und Propaganda gelang es somit der katholischen Kirche in Polen, nach dem Tridentinum eine durchstrukturierte Konfessionalisierung zu beginnen. Mangels eigener Bildungsstätten – ganz im Unterschied zu Ungarn – konnten die Protestanten dem wenig entgegensetzen. Politisch unterstützte König Sigismund III. die Rekatholisierung vor allem durch die exklusive Rekrutierung königlicher Amtsträger aus dem katholischen Adel wie in Ungarn König Ferdinand II. Im Unterschied zu Ungarn scheiterte jedoch ein protestantischer Adelsaufstand 1606/07 am bereits festen Bündnis zwischen Krone, Magnatenmehrheit und Klerus. Anders als in Böhmen folgte jedoch keine gewaltsame, absolutistische katholische Staatskonfessionalisierung, sondern eine allmähliche, friedliche, dann aber nicht weniger erfolgreiche Rekatholisierung des Adels. Im Gegensatz zu Ungarn verschwand der Protestantismus auf diese Weise im polnischen Adel bis ins 18. Jahrhundert hinein fast ganz. Die katholische Konfessionalisierung wurde jedoch auch hier nicht zum Fundament für eine moderne Staatsbildung oder auch nur für eine Verstärkung der Königsherrschaft, sondern vielmehr zu einem mentalen und ideellen Band der Adelsnation. Für eine Modernisierung des Staates stand dem polnischen Königtum allerdings auch kein Ämterapparat als Instrument zur Verfügung. Jeder Ansatz zum Zentralismus, zum Absolutismus oder zur Begrenzung der Adelsfreiheiten widersprach überdies dem fundamentalen Selbstverständnis auch der katholischen Adelsnation in Polen.

Die deutlichste protestantische Konfessionalisierung in Ostmitteleuropa auf landespolitischer Ebene läßt sich dagegen in Böhmen beobachten, zumal sich hier bereits im 15. Jahrhundert eine Konfessionalisierung der hussitischen Kirche vollzogen hatte, allerdings nicht zugunsten von Herrscher und Staat, sondern zugunsten der Stände[29]. Diese fanden in der utraquistischen Kirche, wo sie auf allen Ebenen die Entscheidungskompetenz in der Hand hielten, also in einer ständischen Konfession, die Legitimation und ideologische Vertiefung ihrer politischen Position. Auszugehen ist aber auch in Böhmen von einer Pluralität, ja wachsenden Differenzierung der Konfessionslandschaft: Neben den Katholiken und Utraquisten hatte sich seit etwa 1490 unter dem Schutz einiger Adeliger

---

27 SCHRAMM: Adel (wie Anm. 17) 174-181 analysiert die sozialen Gegensätze im Adel als Hauptursache des Scheiterns einer ständepolitischen Union der polnischen Protestanten und damit der polnischen Reformation.

28 LORTZ, Josef: Kardinal Stanislaus Hosius. Beiträge zur Erkenntnis der Persönlichkeit und des Werkes. Münster 1931.

29 EBERHARD: Qualität (wie Anm. 2). - DERS.: Konfessionsbildung und Stände in Böhmen 1478-1530. München-Wien 1981, 112-119.

die Unität der Böhmisch-mährischen Brüder fest etabliert, und nun kamen im 16. Jahrhundert auch die Lutheraner deutschsprachiger Regionen und Städte hinzu[30]. Alle drei Konfessionen waren im Landtag als Ständeparteien vertreten. Bekenntnistexte lagen für die Utraquisten und für die Böhmischen Brüder bereits vor, während die lutherischen Gemeinden ohne jede gemeinsame Kirchenorganisation blieben und theologisch vor allem der Entwicklung der sächsischen Reformation folgten, aus der sie auch die meisten ihrer Pfarrer und Prediger erhielten[31]. Die Utraquisten differenzierten sich überdies in einen romfreundlichen Flügel der Alt-Utraquisten und einen reformationsfreundlichen der Neu-Utraquisten, die, vom Luthertum beeinflußt, zusammen mit den Lutheranern bald die Ständemajorität und den Kern der ständischen Opposition gegen monarchische Ansprüche bildeten[32]. Diese Opposition einigte sich 1575 auf den Text der „Confessio Bohemica", auf der Basis der Augsburgischen Konfession mit hussitischen Varianten[33]. Überdies anerkannten die Brüderunität und die Neu-Utraquisten gegenseitig ihre Konfessionen als rechtgläubig – ein vergleichbarer Vorgang wie der Konsens von Sandomir fünf Jahre zuvor in Polen. Der Kaiser akzeptierte die Confessio zusammen mit dem ständischen Recht der Wahl von „Defensoren" für die „Evangelischen", wie sie sich nun nannten. Damit waren die böhmischen Protestanten in ihrem ständepolitischen Formierungsprozeß bereits erheblich weiter gediehen als diejenigen in Polen und in Ungarn. In Böhmen bildeten nämlich nun die Protestanten nicht nur die Mehrheit im Landtag, sondern verfügten auch über einen gemeinsamen Konfessionstext und vor allem über ein Führungskollegium, das ihre kirchlichen und ständischen Interessen gegen katholische Kirche und König zu vertreten hatte („Defensores fidei"). Die erstrebte ständische Kirchenordnung mit Aufsicht über Konsistorium und Universität erreichten sie aber erst im Majestätsbrief Kaiser Rudolfs II. von 1609.

Bis dahin kann man von Konfessionalisierung – im Sinne von Homogenisierung und Herrschaftsintensivierung – im nichtkatholischen Böhmen auf zwei Ebenen sprechen: zum einen auf der Ebene der freien Städte und der adeligen Grundherrschaften

---

30 MÜLLER, Joseph Th.: Geschichte der Böhmischen Brüder. Bd.1-3, Herrnhut 1922-1931. - EBERHARD, Winfried: Die deutsche Reformation in Böhmen 1520-1620. In: Die Deutschen in den böhmischen Ländern. Hg. v. Hans ROTHE, Köln-Weimar-Wien 1992, 103-123.

31 Die grundlegenden Konfessionsschriften der Utraquisten waren die Vier Prager Artikel und andere Synodenbeschlüsse aus der Zeit der hussitischen Revolution sowie die Iglauer Kompaktaten von 1436. Die Böhmischen Brüder hatten eine erste Konfessionsschrift („Apologia sacre scripture") 1511 in Nürnberg drucken lassen und überreichten einen auch später gültigen Konfessionstext 1535 dem König; zum Inhalt MÜLLER: Geschichte (wie Anm. 30) 69f.

32 PÁNEK, Jaroslav: Stavovská opozice a její zápas s Habsburky 1547-1577. Praha 1982, 41f., 91, 100, 119. - DERS.: The opposition of the estates in the Habsburg Re-Catholization of Bohemia. In: History and Society. Published on the occasion of the XVIth International Congress of Historical Sciences in Stuttgart 1985. Hg. v. Jaroslav PURŠ und Karel HERMAN, Prague 1985, 353-380, hier 365-371.

33 HREJSA, Ferdinand: Česká konfese, její vznik, podstata a dějiny. Praha 1912. - Der tschechische Text in: Čtyři vyznání. Vyznání augsburské, bratrské, helvetské a české. Hg. v. Rudolf ŘÍČAN, Praha 1951, 269-306. - Deutsch-Latein: Böhmische Konfession 1575 - Confessio Bohemica MDLXXV. Hg. v. Alfred ECKERT, Nürnberg 1975.

mit ihrer Tendenz zur konfessionellen Vereinheitlichung und – über das Patronatsrecht – zur Beherrschung des Kirchenvermögens, zum anderen auf der Ebene der politischen Ständegemeinde. Hier repräsentierten die evangelischen Stände den Kern der antimonarchischen Ständeinteressen, und die Konfession bot ihnen eine wesentliche ideelle Basis für ihre wachsende politische Solidarisierung und Opposition, so daß Ständepolitik und Konfession sich gegenseitig stützten und die Identität der evangelischen Ständepartei sich zwischen 1575 und 1620 zunehmend intensivierte. Mähren folgte dagegen vielmehr dem adeligen libertären Modell Polens, mit konfessioneller Pluralität sogar in Städten und Grundherrschaften[34]. Die individuelle Religionsfreiheit bildete ein Grundprinzip des ständischen Selbstbewußtseins des mährischen Adels, das dieser auch zum Schutz der Täufer gegenüber dem König konsequent verteidigte[35]. Vielfach etablierten die Adeligen auf ihren Herrschaften auch keineswegs ihre eigene Konfession, sondern duldeten Utraquisten, Brüderunität oder Täufer nebeneinander. Gelegentliche Einigungsbemühungen einzelner Barone unter ihren reformatorischen Gemeinden blieben erfolglos. Überdies wurden auch die utraquistischen Pfarreien kaum von der Autorität des Prager Konsistoriums erreicht.

Das Lateinschulwesen war in beiden Ländern beachtlich verbreitet. Neben dem angesehenen Schulwesen der Böhmischen Brüder (z.B. Eibenschitz in Mähren seit 1557) und den zahlreichen, der utraquistischen Prager Universität unterstehenden Schulen in den königlichen Städten – so die überregional bedeutsame Prager Teyn-Schule – entwickelten sich auch bedeutende Schulen der lutherischen Reformation. Für die Ausbildung künftiger Pfarrer und Lehrer spielte besonders die Lateinschule in St. Joachimsthal unter dem berühmten Rektor Johannes Mathesius eine bemerkenswerte Rolle, aber auch die Schulen in Elbogen, Schlaggenwald, Saaz, Trautenau und Eger gehörten zu diesem nordböhmischen Schulnetz[36]. Diese Infrastruktur für die Heranbildung von Multiplikatoren der Konfessionalisierung war in Böhmen besonders dicht, da sie teilweise auf dem existierenden utraquistischen Schulwesen aufbauen konnte. Aber auch in Ungarn gab es Schulzentren wie die lutherischen im oberungarischen Bartfeld, im siebenbürgischen Kronstadt und auf den Gütern des Magnaten Nádasdy sowie das calvinistische in Debreczin mit einem sich im 17. Jahrhundert erweiternden Schulnetz, während der polnische Protestantismus in der kurzen Zeit seiner Blüte kaum ein Schulwesen zu entwickeln vermochte. In der höheren theologischen Ideenvermittlung war man jedoch in Böhmen-Mähren wie in Polen und Ungarn auf ausländische reformatorische Universitäten angewiesen, da in Prag nur eine utraquistische Artistenfakultät bestand[37].

---

34 EBERHARD: Gegensätze (wie Anm. 19) 202-205.

35 VÁLKA, Josef: Dějiny Moravy. Bd. 2: Morava reformace, renesance a baroka. Brno 1995, 13-18, 27.

36 EBERHARD: Deutsche Reformation (wie Anm. 30) 109f.

37 Zum Auslandsstudium BAHLCKE, Joachim: Regionalismus und Staatsintegration im Widerstreit. Die Länder der Böhmischen Krone im ersten Jahrhundert der Habsburgerherrschaft (1526-1619). München 1994, 282f. (mit Lit.). - MAŁŁEK: Reformation (wie Anm. 22) 186 und 188. - Zum calvinistischen Schulnetz in Ungarn MURDOCK: Church building (wie Anm. 10) 136 und 151f.

Zwischen 1609 und 1620 erfuhr die ständisch-evangelische Konfessionalisierung in Böhmen bekanntlich ihren Höhepunkt, da die evangelischen Stände über Konsistorium und Universität, Kirchen- und Schulbaurecht verfügten. Und ihre Defensoren entwickelten sich zur protestantisch-ständischen Nebenregierung eines „Direktoriums". Überdies hob – im Gefolge des ungarischen Bocskay-Aufstandes und des Wiener Friedens von 1606 – die mährisch-ungarisch-österreichische Konföderation sowie die zwischen Böhmen und Schlesien die protestantische Ständesolidarität auf eine höchste, länderübergreifende politische Ebene[38]. Eine protestantische Konfessionalisierung der Böhmischen Kronländer insgesamt, eine protestantische Staatskonfessionalisierung enthielt schließlich die im Ständeaufstand 1619 beschlossene Verfassung der „Confoederatio Bohemica", und zwar in Verbindung mit einer föderalen Modernisierung des Ständestaates[39]. Sie blieb freilich ein zwar bemerkenswertes, aber vergebliches Projekt.

In Polarität dazu hatte sich aber auch die katholische Konfessionalisierung seit 1556 entwickelt. Jesuitenkollegien in Prag, Olmütz, Böhmisch Krumau, Komotau und Neuhaus sorgten nicht nur für Adelserziehung , sondern – mangels bischöflicher Seminare – auch für Priesterausbildung und für Seelsorge, ebenso wie die Prager Zentren der Prämonstratenser und seit 1600 der Kapuziner. Der Erzbischof von Prag (seit 1561) und die königsunmittelbaren, im mährischen Landtag und Landrecht einflußreichen Olmützer Bischöfe waren fast durchweg in Rom ausgebildet worden. Der katholische Adel, durch Konversionen vermehrt, erlaubte ihnen Visitationen und die Ausübung des Patronatsrechts, stiftete Jesuitenkollegien – so die Rosenberger, die Herren von Neuhaus und die Lobkowitz – und betrieb gezielt die konfessionelle Vereinheitlichung seiner Herrschaften. Den Ausgleich für den erheblichen Priestermangel boten zunehmend die Orden, vor allem die Jesuiten, Kreuzherren, Prämonstratenser und Kapuziner. Diözesansynoden zur Promulgation der Trienter Beschlüsse waren in Olmütz und Prag jedoch erst 1592 bzw. 1605 politisch durchsetzbar[40]. Um so bedeutsamer erwies sich die gezielte politisch-strategische Kooperation zwischen Nuntius, Jesuiten, katholischem Adel und Erzbischof seit 1584 sowie die Abstimmung aller konfessionspolitischen Maßnahmen zwischen

---

38 Zu dieser bedeutenden, weitausgreifenden Konföderationsbewegung BAHLCKE (wie Anm. 37) 309-360.

39 Ebd., 416-430.

40 EBERHARD, Winfried: Entwicklungsphasen und Probleme der Gegenreformation und katholischen Erneuerung in Böhmen. In: Römische Quartalschrift 84 (1989) 235-257. - KROESS, Alois: Geschichte der böhmischen Provinz der Gesellschaft Jesu. Bd.1-2, Wien 1910-1938, hier Bd. 1, 16-25. - KALISTA, Zdeněk: Die katholische Reform von Hilarius bis zum Weißen Berg. In: Bohemia Sacra. Das Christentum in Böhmen 973-1973. Hg. v. Ferdinand SEIBT, Düsseldorf 1974, 110-144, hier 134-144. - Zu den Erzbischöfen von Prag und den Bischöfen von Olmütz: Die Bischöfe des Heiligen Römischen Reiches 1448-1648. Ein biographisches Lexikon. Hg. v. Erwin GATZ, Berlin 1996 (mit Lit.). - PÁNEK, Jaroslav: Olomoucký biskup Stanislav Pavlovský a česká šlechta. In: Okresní Archiv v Olomouci (1989) 35-58 betont die kirchenpolitische Schlüsselrolle der Olmützer Bischöfe. - Dazu auch BAHLCKE (wie Anm. 37) 184-186, 214-221, 230-250.

dem Olmützer Bischof und den katholischen Landesbeamten[41]. Die nach 1620 zwangsweise katholische Vereinheitlichung war somit konfessionsstrategisch längst vorbereitet. Infolge der nichtkatholischen Ständemehrheit in Böhmen und Mähren war an eine flächendeckende Rekatholisierung vor 1620 freilich nicht einmal im Ansatz zu denken. Die katholische Konfessionalisierung hatte jedoch auf zwei Ebenen eingesetzt. Seit den achtziger Jahren des 16. Jahrhunderts begannen katholische oder katholisch gewordene Barone ihre Herrschaften mit Hilfe katholischer Pfarreibesetzungen und Ansiedlung von Ordensniederlassungen zu rekatholisieren – und zwar früher, als dies auf den geistlichen Herrschaften durchsetzbar war. Auf der Ebene des Hofes und der Landesbeamten führte die Strategie des Nuntius und der Bischöfe um 1600 zu einer Wende, als in Böhmen und bald auch in Mähren die Landesbeamten nur noch aus dem katholischen Adel ernannt wurden[42]. Diese Wende führte zu der bekannten protestantisch-katholischen Polarisierung, die dann im Aufstand von 1618 gipfelte.

Im Gesamtbild lassen sich nun folgende Thesen festhalten:

1. Die katholische Konfessionalisierung arbeitete auch in Ostmitteleuropa durchweg mit den bekannten, vergleichbaren Mitteln. Ein tridentinisch gebildeter, reformbewußter Episkopat übernahm – am frühesten in Polen und Mähren, am spätesten in Ungarn – die Führung im Zusammenwirken mit den Jesuiten, deren Kollegien für Priesterausbildung und Adelserziehung wirkten. Eine neue, teils durch Konversionen gebildete Gruppe katholischer Hochadeliger agierte entschlossen für die Rekatholisierung der Grundherrschaften, in den Landesämtern für die Koordination und Umsetzung der Konfessionspolitik und in der Ständegemeinde der Land- und Reichstage für die Einschränkung protestantischer Ansprüche. Politisch unterstützt wurde die katholische Konfessionalisierung durch die königliche Beamtenrekrutierung aus dem katholischen Adel.

2. Die katholische Konfessionalisierung in Ungarn und Polen wirkte nicht zugunsten moderner Staatsbildung, auch nur partiell zur Intensivierung der monarchischen Herrschaft, sondern eher für die Autoritätssteigerung der adeligen Grundherren. Adelige Individualität und Libertät blieben erhalten. In Ungarn führte der Konfessionalisierungsprozeß auch zu keiner konfessionellen Homogenität – infolge der periodischen protestantischen Aufstände. Das Modell der Staatskonfessionalisierung läßt sich nur auf Böhmen-Mähren und Österreich anwenden – nach 1620.

3. Die protestantische Konfessionalisierung, die im 16. bis Anfang des 17. Jahrhunderts die herrschende Richtung bildete, entfaltete sich auf der Basis adeliger Eigenrechte und Freiheitstraditionen und produzierte daher durchweg konfessionelle Pluralität mit regionalen Schwerpunkten. Eine protestantische Union oder wenigstens Solidarisierung gelang

41 STLOUKAL, Karel: Papežská politika a císařský dvůr pražský na předělu XVI. a XVII. věku. Praha 1925, hier 155-159.

42 Ebd., 196. - JANÁČEK, Josef: Rudolf II. a jeho doba. Praha 1987, 301f.

im Grunde nur in Böhmen, bei Aufständen auch in Ungarn. Konfessionalisierung in Verbindung mit ständestaatlicher Modernisierung blieb in Böhmen eine Vision des Ständeaufstands.

4. Die vom Herrscher abweichenden Konfessionen verstärkten und überhöhten nicht nur die individuellen Adelsfreiheiten durch das Postulat der Religionsfreiheit, sondern sie verschafften auch der Ständegemeinde als ganzer eine vertiefte Legimitation und Identität des politischen Dualismus – bis hin zur latenten oder virulenten Opposition. Konfessionalisierungsprozeß und Stände-Identität unterstützten sich somit gegenseitig. In der Abwehr von Versuchen zur absolutistischen „modernen Staatsbildung" intensivierten sie den ständestaatlichen Dualismus. Damit verbunden waren auch ständische Kompetenzerweiterungen: Inhaltserweiterungen auf das Postulat konfessioneller Freiheit und Selbstbestimmung und eine entsprechende Radikalisierung der Land- und Reichstage; ständische Herrschaft über regionale oder Landeskirchen; die Funktion nicht des Monarchen, sondern der Stände als „Defensor fidei", so vor allem in Böhmen-Mähren.

5. Sowohl protestantische als auch katholische Konfessionalisierung durch den Adel intensivierte in dessen Herrschaften die Autorität des jeweiligen Grundherrn und seine Aufsichtsfunktionen. Der protestantische Adel in Ungarn und Böhmen erweiterte dabei überdies seine ökonomischen Verfügungsrechte zwar nicht durch rechtlich abgesicherte, aber durch faktische Aneignung des Kirchenvermögens.

Das Modell der homogenisierenden und disziplinierenden Staatskonfessionalisierung ist somit auf Ostmitteleuropa allenfalls mit erheblichen Modifikationen anzuwenden. Sogar bei der habsburgischen Rekatholisierung nach 1620 läßt sich bezweifeln, ob sie moderne Staatsbildung förderte oder doch nicht eher nur die Bindung an die Dynastie. Soweit Konfessionalisierungsprozesse in Ostmitteleuropa zu beobachten sind, stellen sie möglicherweise eine Alternative zu denen in Westeuropa und in deutschen Territorien dar. Jedenfalls verliefen sie zunächst im Rahmen pluralistischer Konfessionslandschaften dezentral und regional, vor allem auf der Ebene adeliger und geistlicher Herrschaften. Nur in den böhmischen und österreichischen Ländern nach 1620 läßt sich eine zentrale katholische Konfessionalisierungsstrategie erkennen.

Allerdings ist es nicht verwunderlich, daß Konfessionalisierung auf den Gesellschafts- und Verfassungsstrukturen aufbaute, die in den verschiedenen Ländern um 1500 jeweils unterschiedlich vorgegeben waren – so daß sie diese Strukturen nicht änderte, sondern verstärkte: Fürstenherrschaft in deutschen Territorien, Ständewesen und adeligen Regionalismus in Ostmitteleuropa. Somit war Konfessionalisierung ein Instrumentarium zur Intensivierung vorgegebener Verfassungs- und Herrschaftsstrukturen. Indem sie diese intensivierte, war sie an der Differenzierung von Regionen der Adelsnationen und Regionen der Fürstenstaaten in Europa und an deren Identitätsbildung beteiligt. Ein Urteil über Modernisierung ist darin noch nicht impliziert, wenn der zentralistische Fürsten- und Nationalstaat nicht von vornherein mit dem Fortschrittsbegriff verbunden werden soll. Ob und wieweit die dezentrale und pluralistische Konfessionalisierung in Ostmitteleuropa politisch-soziale Modernisierung in diesen Ländern verhinderte oder verzögerte, ist nämlich eine viel weiter greifende Grundsatzfrage, die sowohl in der Reflexion über die Modernisierungsfähigkeit von Ständesystemen als auch in der Debatte über den Zusammenhang von Konfessionalisierung und Staatsmodernisierung mitzubedenken wäre.

Confessionalization in North Western Europe

Andrew Pettegree

I. Introduction

To speak of confessionalization with respect to the Reformation in North Western Europe, is to introduce to the historiography of the British Isles, France and the Netherlands a conceptual framework scarcely ever applied with respect to those lands. That is not to say that the debate about the nature of religious change during the Reformation era in those countries has been arid or sterile. On the contrary, in the case of England at least, Reformation history is one of the areas of scholarship of liveliest debate and current controversy. Historians of the English Reformation have taken up with enthusiasm questions relating to the pace of religious change, the quality of religious life on the eve of the Reformation, and the enthusiasm, or lack of it, with which people embraced the Reformation[1]. Recent contributions to this literature show an increasing and proper awareness of the importance of continental influences[2].

But for all that, the conceptual precepts that underpin the confessionalization paradigm find scarcely an echo in all of this fine, and often intellectually innovative work. In the case of the British Isles, this may owe something to an instinctive distrust of theoretical structures. Certainly, this field of studies is one which manifests to the full the British preference for empirical research without any very obvious theoretical superstructure[3]. But the same point could be made also with respect to France and the Netherlands. In both cases the historian can point to much good recent work which explores with great

1 For the „revisionist“ view of the English Reformation, DUFFY, Eamon: The Stripping of the Altars. Traditional Religion in England, 1400-1580. New Haven 1992. - SCARISBRICK, John J.: The Reformation and the English People. Oxford 1984. - HAIGH, Christopher: English Reformation. Religion, Politics and Society under the Tudors. Oxford 1993. - KÜMIN, Beat: The Shaping of a Community. The Rise and Reformation of the English Parish, c. 1400-1560. Aldershot 1996. - England's Long Reformation, 1500-1800. Ed. by Nicholas TYACKE, London 1998. For the beginnings of an anti-revisionist, or post-revisionist counterblast, MACCULLOCH, Diarmaid: Thomas Cranmer. New Haven 1996. - PETTEGREE, Andrew: Marian Protestantism, Six Studies. Aldershot 1996.

2 MACCULLOCH: Canmer (see note 1). - PETTEGREE: Marian Protestantism (see note 1). - REX, Richard: The Theology of Richard Fisher. A study of the intellectual origins of the Counter-Reformation. Cambridge 1991.

3 Witness the success of the county study, which first transformed and modernized the study of the English Reformation in the 1970s. HAIGH, Christopher: Reformation and Resistance in Tudor Lancashire. Cambridge 1975. - BOWKER, Margaret: The Henrician Reformation. The Diocese of Lincoln under John Longland, 1521-1547. Cambridge 1981. - SHIELS, William J.: The Puritans in the Diocese of Peterborough, 1558-1610. Northampton 1979.

insight the power of religious ideas in a time of great religious turbulence[4]. But neither body of literature has much use for the concept of confessionalization[5].

Nevertheless, there is no intrinsic reason why such a conceptual framework, developed in one historiographical tradition, should not with profit be applied elsewhere. What follows is a brief survey of the Reformations in the lands of North Western Europe which explores the relevance of the concepts of confessionalization and confessionalism for events in those lands. It will be argued that in all its essential features the confessionalization model fails to provide an adequate description or explanatory framework for events in those lands. It may seem to many interested scholars that this essential lack of congruity, in four nations which enjoyed quite varied experience of religious change during the sixteenth century, has important lessons for other parts of Europe, including those to which the confessionalization model has generally been deemed more appropriate.

It may be best to begin with a brief restatement with what I understand to be the main features of the confessionalization paradigm. This is not of course to deny that certain aspects of this conceptualization have been controversial in Germany itself, and that the last decade or more has seen a significant refinement and re-orientation of discussion[6]. Nevertheless, I would assume a fair level of consensus that the essential features of the „classic" confessionalization paradigm could be stated thus[7]:

The process of confessionalization within the Empire had at its centre a functional alliance between the leaders of the state and the theologians and churchmen of the emerging state churches.

Rulers seized on confessional reform as an instrument of state-building, a means by which to knit their subjects into a more coherent and obedient political unit.

---

4 CROUZET, Denis: Les guerriers de Dieu: La violence au temps des troubles de religion, vers 1525 - vers 1610. I-II. Paris 1990. - BENEDICT, Philip: Rouen during the French Wars of Religion. Cambridge 1981. - DAVIS, Natalie Z.: Society and Culture in Early Modern France. London 1975. - DIEFENDORF, Barbara: Beneath the Cross. Catholics and Huguenots in Sixteenth-Century Paris. New York 1991. - ROBBINS, Kevin C.: City on the Ocean Sea: La Rochelle, 1530-1650. Leiden 1997. On the Netherlands DUKE, Alastair: Reformation and Revolt in the Low Countries. London 1990. - PETTEGREE, Andrew: Emden and the Dutch Revolt. Oxford 1992. - MARNEF, Guido: Antwerp in an age of Reformation. Underground Protestantism in a commercial metropolis, 1550-1577. Baltimore 1996. - KAPLAN, Ben: Calvinists and Libertines: confession & community in Utrecht, 1578-1620. Oxford 1995.

5 A rare exception is KAPLAN: Calvinists and Libertines (see note 4).

6 SCHMIDT, Heinrich Richard: Konfessionalisierung in der frühen Neuzeit. München 1993. For an excellent recent review article, HARRINGTON, Joel/SMITH, Helmut Walser: Confessionalization, Community and State Building in Germany, 1555-1870. In: Journal of Modern History 69 (1997) 77-101.

7 Die reformierte Konfessionalisierung in Deutschland. Das Problem der „Zweiten Reformation". Hg. v. Heinz SCHILLING, Gütersloh 1986. - DERS.: Confessionalization in the Empire: Religion and Societal Change in Germany between 1555 and 1620. In: DERS.: Religion, Political Culture and the Emergence of Early Modern Society. Essays in German and Dutch history. Leiden 1992, 205-245. - PO-CHIA HSIA, Ronnie: Social Discipline in the Reformation. Central Europe, 1550-1750. London 1989.

In the hands of assertive and determined rulers, the new religious discipline became a powerful vehicle and support for general social discipline.

The result of this development was a thorough-going social change brought about through the mutually reinforcing combination of religious reform, state-building and social discipline, the *reformatio vitae*, all imposed from above on what historians have seen as a largely unwilling population.

It is further axiomatic that this process proceeded in parallel in all three of the major confessions established in the Empire: the Lutheran, Calvinist, and Catholic churches[8].

As a working proposition it would seem far from obvious why this same dynamic, so strongly operating in the Empire, should not also be applicable to the countries of North Western Europe, which certainly entered a phase of equally dynamic religio-confessional development at precisely this time. Even if historians of these countries do not intuitively seize on the conceptual forms of the confessionalization paradigm, there is no intrinsic reason why it should be applied, given in particular that the Reformations in these countries have now been the subject of detailed and scientific investigation. But in fact as we shall see, the leading features of confessionalization described above fail, in almost every particular, to describe the true state of affairs in the countries of North Western Europe. Why this should be so is a matter that deserves further investigation.

II. The „Second Reformation"

A first and fundamental difference is that the Second Reformation, a term in my view correctly applied to the phase of Lutheran Church-building and Calvinist advance in the Empire after 1555, was in North Western Europe taking shape in lands which had fundamentally rejected the first generation of evangelical reform[9]. This is a crucial difference, which affects all of what comes after. In Germany, for all the limitations and the self-doubt which afflicted the evangelical leadership about the real impact of their call for the renovation of society, Luther's movement had put down deep roots. A substantial proportion of the German princely and city states had formally adopted Lutheran church orders, and the churches had even survived the Emperor Charles V's efforts to restore religious uniformity through military force in mid-century.

In North Western Europe, in contrast, the Lutheran phase of the Reformation had generally ended in failure. That is not to say that Luther's call for reform had not

8 For Calvinism, the works of SCHILLING (see note 7), and his: Konfessionskonflikt und Staatsbildung. Eine Fallstudie über das Verhältnis von religiösem und sozialem Wandel in der Frühneuzeit am Beispiel der Grafschaft Lippe. Gütersloh 1981. More recently: Territorialstaat und Calvinismus. Hg. v. Heinrad SCHWAAB, Stuttgart 1993, and the works of Bodo NISCHAN (see note 60).

9 For the concept of „Second Reformation" see: Reformierte Konfessionalisierung (see note 7). - SCHILLING, Heinz: The Second Reformation - Problems and Issues. In: DERS.: Religion, Political Change (see note 7) 247-301.

produced a strong reaction in these lands. Luther's works were well known and widely read in the lands to the west, even in France where a strong indigenous movement of humanist reform already existed[10]. Luther's writings were read and discussed in Paris from at least the beginning of the 1520s, leading to prompt and emphatic condemnation by the Sorbonne, the Theology Faculty of the University of Paris, which thus identified itself unambiguously with orthodoxy[11]. The swift move to condemn Luther was a considerable embarrassment to leading reformist individuals such as Guillaume Briçonnet and Jacques Lefèvre d'Etaples, a distinguished Bible translator whose contemporary reputation rivalled that of Erasmus. For these men Luther's teachings, initially optimistically received, were soon a source of danger and embarrassment, particularly when Luther's growing alienation from the Roman hierarchy effectively drove him out of the church. French evangelism, though robust enough to attract considerable hostile attention from the Sorbonne and Parlement of Paris throughout the 1520s and 1530s, never effectively solved the dilemma of how to remain true to a programme of reform while remaining dissociated from the sectarian tendencies of the German movement.

In the Netherlands, Luther's writings were seized on with particular eagerness, and frequently reprinted in Dutch translation: the call for reform found a strong echo in the sophisticated Netherlandish cities[12]. More editions of Luther's works were published during the first decades of the reform movement in Dutch than in any other European vernacular, and the extent of popular enthusiasm for the German movement could not be doubted. Writing in 1527, the English ambassador Sir John Hacket reported to his master that „if there be three men that speak, the twain keep Luther's opinions“[13]; an exaggeration, no doubt, but a pardonable one given the extent of native enthusiasm for the new teachings.

But in both of these countries the early enthusiasm for reform was stifled. In the Netherlands Charles V, enjoying a freedom of action in his patrimonial lands that was denied him in Germany, took swift action to end the evangelical ferment. Luther's teachings were swiftly condemned, and the printing, dissemination or possession of Lutheran books made a serious offence. In 1523 two Antwerp Augustinians were burned at the stake for their adherence to Luther's teaching. These were the first such executions anywhere in Europe, and an event which sent shockwaves through the evangelical movement throughout Europe. The effect of these actions on the outspoken individuals who had initially shown enthusiasm for the new teachings was profound. Netherlandish

10 MOORE, Will G.: La Réforme allemande et la littérature française. Strasbourg 1930. - MANN, M.: Erasme et les débuts de la Réforme Française. Paris 1934. - Jacques Lefèvre d'Etaples (1450? -1536). Ed. by Jean-François PERNOT, Paris 1995.

11 FARGE, James K.: Orthodoxy and Reform in Early Reformation France: the Faculty of Theology of Paris, 1500-1563. Leiden 1981. - HIGMAN, Francis: Censorship and the Sorbonne. Geneva 1979.

12 VISSER, C. Ch. G.: Luther's Geschriften in de Nederlanden tot 1546. Assen 1969. For the early Reformation in the Low Countries, DUKE: Reformation (see note 4). - PETTEGREE: Emden (see note 4) chapter 1.

13 ROGERS, Elizabeth F.: The Letters of Sir John Hacket, 1526-1534. Morgantown, Va. 1971, 81.

supporters of the evangelical movement were forced into exile or underground[14]. By 1530, the first generation of evangelical leadership had been effectively destroyed, and the Dutch Reformation would turn increasingly to radicalism[15]. The reaction of the French crown was more hesitant, but ultimately as decisive. At first French evangelicals received a degree of protection from the king, Francis I, anxious to preserve his reputation as a patron of fashionable letters. But a highly public attack on the Mass in 1534, which appeared to demonstrate the extent to which the French evangelical movement had been radicalised (the famous „Affair of the Placards") destroyed the King's residual sympathies for the reformers. Francis now committed himself to the policy of persecution urged on him by the conservative forces in his capital. French evangelicals, among them the young Jean Calvin, sought safety in exile. By the 1540s, therefore, the early reform enthusiasm in both France and the Netherlands had been effectively dissipated. Both could be counted as bastions of orthodoxy[16].

In the British Isles the situation was rather different, since in Scotland Luther's movement made little discernible impact, despite a church structure which was every bit as much in need of reform as that of the Empire[17]. Early knowledge of Luther's message was carried to the northern kingdom by a few well-known if essentially isolated and untypical individuals, who had mostly gathered knowledge of the evangelical doctrines through study at continental universities. Their fellow Scots were generally unimpressed: most were either forced, like John Knox, to withdraw abroad once more, or, like Patrick Hamilton, paid for their enthusiasm with their lives[18].

In England, in contrast, the pre-Reformation church was in generally good order, and there is no sign that it did not enjoy the full confidence of the English people. The attack on the church orchestrated by Henry VIII as a result of his break with Rome was therefore passively endured by the English people, much more than positively desired[19]. English evangelicals, particularly the circle of churchmen and propagandists associated with Thomas Cromwell, were forced to take the opportunities that came their way as a result

---

14 PETTEGREE: Emden (see note 4) 10-12.

15 On Dutch Anabaptism KRAHN, Cornelis: Dutch Anabaptism: Origins, Spread, Life and Thought. The Hague 1968. - MELLINK, Albert F.: De wederdopers in de noordelijck Nederlanden, 1531-1544. Groningen 1953.

16 FARGE: Orthodoxy (see note 11). - HIGMAN: Censorship (see note 11). - Knecht, Robert J.: Francis I. Cambridge 1982.

17 COWAN, Ian B.: The Scottish Reformation. London 1982. - LYNCH, Michael: Scotland. A New History. London 1991. - EDINGTON, Carol: Court and Culture in Renaissance Scotland. Sir David Lindsay of the Mount. Amherst 1994. - DERS.: „To speik of Preistis be sure it is na bourds": discussing the priesthood in pre-Reformation Scotland. In: The Reformation of the Parishes. The Ministry and the Reformation in town and country. Ed. by Andrew PETTEGREE, Manchester 1993, 22-42.

18 Patrick Hamilton, the proto-martyr of the Scottish Reformation, was executed at St Andrews in 1529.

19 SCARISBRICK: Reformation (see note 1). - REX, Richard: Henry VIII and the English Reformation. Basingstoke 1993. - WHITING, Robert: The Blind Devotion of the People. Popular Religion and the English Reformation. Cambridge 1989.

of the largely accidental congruity between the King's desire to take control of the church in his kingdom, and their own Protestant beliefs. In consequence, much damage was done to the institutional fabric of the English Catholic church, without any great progress in changing pre-existing patterns of belief among the mass of the populations. Notwithstanding the more confident Protestant progress following Henry's death in the reign of his young son, Edward VI, the same was substantially true when Edward died in 1553, with catastrophic consequences for English Protestantism. Most English people showed every sign of welcoming the return to Roman obedience and traditional beliefs now orchestrated by Edward's Catholic half-sister, Mary Tudor[20]. Had Mary herself not died after a relatively short reign there is little sign that England would have shrugged off this stubborn adherence to traditional religion.

The prospects for Protestantism in all of these countries was of course swiftly transformed by the mid-century advance of Calvinism, and all four were thoroughly Protestantised in the second half of the sixteenth century. But the fact that only in England were there substantial institutional foundations on which to build – and those battered and somewhat discredited by events at the end of Edward's reign – shaped the form of the new institutional church in highly significant ways.

III. Confrontation and the drive for uniformity

The Calvinist churches in North Western Europe were born in direct and often violent confrontation with entrenched Catholic churches. In no case was this a straightforward process. In the cases of France and the Netherlands the consequences were most obvious in forty years of religious warfare: civil war in the case of France, in the case of the Netherlands, a war of liberation against its then Spanish rulers[21]. In the case of Scotland open civil conflict was brief and in England largely avoided, though in both countries the governments avoided confrontation largely by adopting policies of containment and conciliation towards their substantial Catholic minorities.

Here then was another major difference from the German model, born of the very different circumstances in which these Protestant states came into being. In Germany, building on the foundations of the first generation, the drive towards religious uniformity could be harnessed to the process of state-building as the classic central thrust of the confessionalization process. In North Western Europe the processes of state-building and uniformity were essentially decoupled. In this part of Europe new and insecure regimes

20 DUFFY: Stripping (see note 1) 524-564. - BRIGDEN, Susan: London and the Reformation. Oxford 1989, 520-631.

21 SUTHERLAND, Nicola: The Huguenot Struggle for Recognition. New Haven 1980. - HOLT, Mack P.: The French Wars of Religion, 1562-1629. Cambridge 1995. - PARKER, Geoffrey: The Dutch Revolt. London 1975; dt.: Der Aufstand der Niederlande. Von der Herrschaft der Spanier zur Gründung der Niederländischen Republik 1549-1609. München 1979.

were forced to accept a high level of religious diversity as the price of security as the state-building process continued. Such confessional developments as did occur often proceeded in a process parallel to the internal consolidation of rival confessions within the same state.

The Netherlands offers the clearest and most obvious example of this pheonomenon at work. Here the prospects of successfully sustaining the independence struggle against Spain depended very largely on making the resistance movement as religiously inclusive as possible; this was the strategy of their great leader, William of Orange, who did everything in his power to prevent his Calvinist allies seizing control of the new free state[22]. Even the limited northern state that came into being had a very substantial Catholic minority, whose loyalty could not be tested by too severe pressure on their consciences[23]. The new Dutch Republic thus moved very swiftly to an effective if never formally acknowledged toleration of dissident religious confessions, even while Calvinism was recognised as the state religion, and even while warfare continued with Catholic Spain.

In England and Scotland the accommodation of minorities was more subtle, but nevertheless an important part of the respective governments' crisis management. In England the government insisted on a formal adherence to the state church, but no serious steps were taken to enforce church attendance or even to investigate the large numbers of Catholic recusants for most of Elizabeth's reign[24]. The government had its reward when the war that erupted in the last decade of the century and the threatened Spanish invasion found little support among the English Catholic population it was supposed to liberate[25]. In Scotland the Revolution of 1559 was more a *coup d'etat* than a popular religious uprising, and the leaders of the new church were forced to tread extremely carefully. The rhetoric of John Knox may have been stirring and inflammatory, but the wiser heads who made legislation in the Reformation Parliament were careful to leave most ecclesiastical property in the hands of its previous incumbents[26]. Thus the creation of a Calvinist state was forced to proceed in very straightened circumstances, with much of the pre-Reformation clergy holding themselves aloof and often continuing to adhere, albeit discreetly, to their former Catholic loyalties. Since they were allowed to continue in the possession of their benefices, they effectively deprived the new Calvinist

---

22 SWART, Koen: Willem van Oranje en de Nederlandse Opstand, 1572-1584. The Hague 1994. - DERS.: William the Silent and the Revolt of the Netherlands. London 1978.

23 ROGIER, Ludovicus J.: Geschiedenis van het katholicisme in Noord-Nederland in de 16e en de 17e eeuw. I-II. Amsterdam 1947. - VAN DERSEN, Arie Th.: Plain Lives in a Golden Age. Popular Culture, Religion and Society in seventeenth-century Holland. Cambridge 1991, 280-303.

24 MCGRATH, Patrick: Papists and Puritans under Elizabeth I. London 1967.

25 PRITCHARD, Arnold: Catholic Loyalism in Elizabethan England. London 1979, 3-72.

26 KIRK, James: The Survival of Ecclesiastical Patronage after the Reformation. In: DERS.: Patterns of Reform. Edinburgh 1989, 368-425. - CAMERON, James K.: The First Book of Discipline. Edinburgh 1972, 108-113, 156-164.

church of one of the principal sources of power and authority which generally underpinned a state Reformation.

In France, while the commitment of the French state to Catholicism was never seriously in doubt, the sheer scale of the Calvinist revolt forced a degree of bi-confessionalism that would have been unthinkable even ten years before. Grudgingly accepted by the Huguenots and bitterly resented by a large proportion of the Catholic population, the Religious Peace which ended the first war in 1563 was lauded as a positive good by a small group of writers connected to the Court, who looked to the Confession of Augsburg as a successful model of religious reconciliation[27]. The massacre of St Bartholomew's Day dealt the Huguenot movement a blow from which it never recovered, and thereafter the eventual Catholic victory was perhaps never seriously in doubt; but the residual strength of Calvinism particularly in the south secured for the Huguenot minority continuing privileges, and arrested the course of Catholic confessional consolidation by at least two generations[28].

In all of these countries the process of state-building in the second half of the sixteenth century was associated not with a drive towards religious uniformity imposed from above, but by a significant restraint towards rival confessions. To a large extent this was imposed by circumstances; but as we shall see, the governmental powers' instinctive suspicion of zealotry went beyond a mere sense of their own incapacity.

IV. The state and the *reformatio vitae*

In all synoptic treatments of the confessionalization process, the drive towards the imposition of greater social discipline and the reformation of morals is regarded as axiomatic. This involved both a negative evaluation of the achievements of the first generation of Reformation, and a sense of the potential gains to central administrations keen to impose their will through a more stringent disciplining of the population[29]. An essential feature of the confessionalization process was therefore the co-operation of church and state in the imposition, through visitation, morals courts and the application of the justicial power of the state, of a more uniform and stringent morality.

The urge towards greater social discipline was certainly a constant feature of this age in every part of Europe. The values of the German elites were widely shared through society in western Europe; after all, in an age of virtually negligible police power, society could not function without a broad measure of consensus underpinning the values that

27 KIM, Seong-Hak: Michel de L'Hôpital. The Vision of a Reformist Chancellor during the French Religious Wars. Kirksville, Miss. 1997. - CHRISTIN, Olivier: La paix de religion. L'automisation de la raison politique au XVIe siècle. Paris 1997.

28 GARRISSON-ESTÈBE, Janine: Protestants du Midi, 1555-98. Toulouse 1980.

29 SCHILLING: Confessionalization (see note 7) 232-240. - STRAUSS, Gerald: Luther's House of Learning. Baltimore 1978. - SCHMIDT, Georg: Die zweite Reformation in den Reichsgrafschaften. In: Territorialstaat und Calvinismus (see note 8) 97-136.

society felt it necessary to be upheld. But when it came to the more demanding standards of behaviour advocated by the leaders of the churches in the second half of the century, the close co-operation between church and state evident in Germany is almost wholly absent in north western Europe.

The best and most obvious example of this is provided by the Netherlands. When the Calvinist ministers returned from exile in 1572, they could scarcely restrain their optimism at the new turn of events. In the provinces liberated from Spain they expected to be able to build a new Christian society, characterised by the strong social discipline they had enjoyed in their churches abroad. In this endeavour they also expected the support of the lay power, their allies in the struggle to free the Netherlands from Spain. But in a very few years this optimism had turned to depression and despair[30]. True, the Calvinist ministers were granted, as they desired, the best of the city churches, and they enjoyed, officially at least, the status of the only formally permitted churches. But this was the extent of the magistrates' co-operation. In their desire to build a closely controlled Christian community the ministers found themselves obstructed at every turn.

For the Calvinist ministers in the Netherlands, the frustrations of life as a civil state church were manifold. They accepted that all citizens should be permitted to attend their services, even if they were not full confessing members of the church. More grudgingly, they accepted the need to dispense the sacraments of marriage and baptism to all who presented themselves, without further questioning as to their conduct or beliefs. But they could not comprehend why the magistrates would not offer them the co-operation they sought in the disciplining of society. Calls for a more rigorous moral control, that the shops and taverns should be closed during the Sunday service, that dissolute recreations such as dancing and card-playing should be prohibited, were simply ignored. More seriously still, the consistorial discipline, the core of Calvinist control, received no support from the state. The magistrates insisted the discipline should only be applied to those who had voluntarily presented themselves for full membership of the church. Not surprisingly, in the circumstances, only a very small number were inclined to do so[31].

Bewildering though this may have been to the ministers, from the point of view of the magistrate their standpoint was rational enough. Having freed themselves, as they saw it, from the papal tyranny of the Spanish regime, they had no wish to create a new theocracy; not for nothing, they remembered, had Calvin been known to his domestic opponents as „the Pope of Geneva". The city authorities therefore entered the new state absolutely determined not to cede to the ministers any of the instruments by which

30 PETTEGREE, Andrew: Coming to terms with Victory. The Upbuilding of a Calvinist Church in Holland, 1572-1590. In: Calvinism in Europe, 1540-1620. Ed. by Andrew PETTEGREE, Alastair DUKE and Gellian LEWIS, Cambridge 1994, 160-180.

31 Seldom more than ten per cent of the population in the towns where this has been the subject of detailed investigation. SPAANS, Joke: Haarlem na de Reformatie. The Hague 1989. - TEN BOOM, H.: De reformatie in Rotterdam, 1530-1585. The Hague 1987. - DUKE: Reformation (see note 4) 269f. - VAN DEURSEN: Plain Lives (see note 23) 260-279.

the church might have tightened its grip on society: control, for instance over poor relief, or authority over the city schools[32].

To a remarkable extent, therefore, the relationship between church and state in the new Dutch Republic was characterised by mutual suspicion and continuous low-level confrontation. The state refused to be enlisted by the ministers in a co-operative effort to discipline society, and the ministers in turn refused to be their supine instruments. Criticisms from the pulpit of government action (or inaction) were commonplace, for all that the state paid the ministers' salaries. In the long run it is possible that Dutch Calvinism ultimately benefited from this relationship, since by refusing their co-operation the magistrates at least spared the ministers the consequences of the unpopularity that might have followed a frontal assault on popular culture. But this is not how it appeared to them at the time.

The Netherlands provides the clearest example of the decoupling of the process of *reformatio vitae* from the statebuilding process, but echoes are evident elsewhere in northern Europe. In France, confessional fronts remained too fluid for it ever to be practical to move to the next phase of reformation, though in some of the towns of the south where the Huguenots had established an early monopoly the prospect of co-operation between magistrate and church in the reform of society at least existed in principle[33]. The best prospects for reform of morals would surely have existed in an integrated nation state like England, but here too the state power remained curiously deaf to the ministers' entreaties. It was not that the Elizabethan government did not perceive the need for the closer regulation of society. This was an age in which Parliament undertook an unprecedented volume of social and economic legislation, some of it with a distinctly moralistic agenda[34]. It was more that the Queen and her Council seem not to have perceived the ministers of the church as important allies in this process. The Queen's attitude to her church was, for a woman educated in a Protestant tradition, less than satisfactory. Sensitive to her royal perogatives, Elizabeth reacted with real violence to any attempt to pressure her into further reformation[35]. Even attempts to propose a more systematic process for the training and education of the ordained ministry met with indifference.

In England it was the bishops who bore the brunt of Elizabeth's visceral anticlericalism; scolded for their negligence, their domestic arrangements (she disapproved of her bishops marrying), and frequently forced into humiliating and financially disastrous exchanges of property with the crown before they came into possession of their temporalities[36]. If the English church became during Elizabeth's reign a better educated and more professional body, then it did so despite the state, rather than with its encourage-

32 The evidence is summarised in PETTEGREE: Victory (see note 30).

33 Sin and the Calvinists. Morals, Control and Consistory in the Reformed tradition. Ed. by Raymond MENTZER, Kirksville, MO 1994.

34 PALLISER, David M.: The Age of Elizabeth. England under the later Tudors, 1547-1603. London 1983. - SLACK, Paul: Poverty and Policy in Tudor & Stuart England. London 1988.

35 COLLINSON, Patrick: Archbishop Grindal. London 1979.

36 HEAL, Felicity: Of Prelates and Princes. A Study of the Economic and Social Position of the Tudor Episcopate. Cambridge 1980.

ment[37]. Of an alliance in the process of moral reform there is little sign. The visitation in England remained as it had always been, an occasional *ad hoc* survey into standards of clerical competence, initiated and wholly administered by the diocesan bishop. A more ambitious agenda never seems to have been contemplated.

Of the four case studies we have considered, only Scotland comes close to the German model in terms of the *reformatio vitae*. Here the state did provide the church with some encouragement in its call for the renovation of society, through the imposition of a stricter code of morality[38]. This support went beyond the rhetorical in two crucial respects: firstly, the power of the consistorial discipline extended over the whole of society rather than merely, as in the Netherlands, the confessing community[39]. Secondly, the moral offensive was backed by legal, rather than simply ecclesiastical, penalties. This measure of co-operation provided the essential basis for the disciplining of society, and to some extent compensated the Calvinist ministers for the continuance of a stubborn residual Catholicism within their midst.

V. The imposition of reform

The Scottish example apart, the comparative absence of co-operation in the field of morals reform was a considerable frustration to those committed to the building of a new Christian society. Their reaction in all of these countries was to resort to the establishment of voluntary societies in which the Christian life could be pursued with the encouragement and support of similarly minded individuals.

This, again, is a further striking deviation from the confessionalization paradigm. For it is axiomatic in all studies of the process of reform and social disciplining in Central Europe, that it was by and large *imposed* by the leaders of the social hierarchy on unwilling and resentful populations. Thus Heinz Schilling comments with confidence on „the lack of popular involvement in the Second Reformation“, adding, „popular rejection of the Second Reformation was both unanimous and vehement“[40].

---

37 O'DAY, Rosemary: The Anatomy of a Profession: the Clergy of the Church of England. In: The Professions in Early Modern England. Ed. by Wilfrid PREST, London 1987, 25-63. - GREEN, Ian: „Reformed Pastors“ and *Bons Curés*: the Changing Role of the Parish Clergy in Early Modern Europe. In: The Ministry, Clerical and Lay. Ed. by William J. SHIELS and Diana WOOD, Oxford 1989, 249-286.

38 As, for instance, in the notorious adultery statute. GRAHAM, Michael: The Civil Sword and the Scottish Kirk, 1560-1600. In: Later Calvinism. International Perspectives. Ed. by W. Fred GRAHAM, Kirksville, MS 1994, 237-248.

39 GRAHAM, Michael: The Uses of Reform. „Godly Discipline“ and Popular behaviour in Scotland and Beyond, 1560-1610. Leiden 1996.

40 SCHILLING: Confessionalization (see note 7) 287.

In the parts of North Western Europe with which I am concerned, the opposite seems to be the case. To the extent that this aspect of the Second Reformation made progress it seems to have occurred as a result of pressure from *below*.

In England such forces operated almost from the beginning of the reign, in criticism of what they perceived to be the Queen's incomplete Reformation[41]. Criticism first raised in muted and respectful tones in the Parliaments of 1559 and 1563 became more strident as it became clear that the Queen, far from waiting on the advice of her more Protestant subjects, had no intention whatsoever of moving to the more complete Presbyterian church order that they desired[42]. Frustrated at their hopes of success through legislation, forward Protestants found solace instead in voluntary associations of true believers cultivating among themselves the values and exacting standards of social behaviour which they associated with the Reformed fountainhead, Geneva. This was the origin of Puritanism, in effect a grass-roots movement born of the frustration of initial hopes of creating a New Jerusalem in co-operation with the state[43].

Broad echoes of the English situation can be discerned in both France and the Netherlands. In France the Huguenots, assured of the minimum protections of the law by the religious peace of 1563, quickly identified themselves as truculent and difficult neighbours, adopting self-consciously different forms of dress and modes of behaviour which quite deliberately emphasised their separation and alienation from French society[44]. In some parts of southern France where they formed the majority, this may conceivably have functioned as a goad to further action on the part of the magistrate[45]. In the north, it certainly contributed to the loathing and hostility felt by the Catholic majority which found such bloody expression in the events of the St Bartholomew's Day massacre[46].

In the Netherlands, the situation was more complicated, since technically the Calvinist church enjoyed a protected and privileged status in the new state. But faced with the apparent indifference of the town authorities to the ministers' clamour for reform, here too the faithful resorted to the security of discipline exercised in the confessing community. This at least was the tried and tested formula familiar from the years in exile, and it also expressed the Calvinists' theological perception that ultimately at the Day of Judgement only a very small number would be called. In this sense Calvinism was not a very missionary faith, and in places where the magistrates saw no particular

41 The best survey of these events remains COLLINSON, Patrick: The English Puritan Movement. London 1967.

42 JONES, Norman: Faith by Statute. Parliament and the Settlement of Religion, 1559. London 1982. - HAUGAARD, William P.: Elizabeth and the English Reformation. Cambridge 1970.

43 COLLINSON: Movement (see note 41). - DERS.: English Puritanism. London 1983.

44 BENEDICT: Rouen (see note 4) chapter 4: „The most difficult inhabitants of the kingdom".

45 CHAREYRE, Philippe: „The great difficulty one must bear to follow Jesus Christ": Morality at Sixteenth-Century Nîmes. In: Sin and the Calvinists (see note 33) 63-96. - MENTZER, Raymond: *Disciplina nervus ecclesiae*: The Calvinist reform of morals at Nîmes. In: The Sixteenth Century Journal 18 (1987) 89-115.

46 DIEFENDORF, Barbara: Prologue to a Massacre: Popular Unrest in Paris, 1557-1572. In: The American Historical Review 90 (1985) 1067-1091.

advantage in heeding the calls for closer regulation of society, an imperfect instrument of confessionalization: it was in many respects too internal, and too individual a faith. Thus the broad mass of the Dutch population that supported the Calvinist church was commonly divided between the small proportion who submitted themselves to the discipline, the members or *lidmaten*, and the much larger numbers who attended church but did not formally adopt full membership, often known as *liefhebbers*[47]. The governing classes of the new Dutch republic generally adhered to the second category.

VI. Conclusion

Where then does this leave us in terms of our sense of the value of the confessionalization model? It is not necessary to accept every aspect of my analysis to recognise that the historical processes at work in the states I have examined diverged very markedly from the situation of the Empire. The very different circumstances that attended these Reformations – the fact that they were comparatively late flowering, that they were not marked by any profound co-operation between church and state in the process of church-building, and with the most discernible pressure for the reformation of morals coming not from the civil magistrate but rather from small elite groups within the churches – these circumstances leave real reason to doubt whether the conceptual framework of confessionalization has any real validity with respect to these countries.

Nevertheless the confessionalization paradigm is not entirely without value, not least because the desire for the further reformation of society which it identifies was common to all societies in this period. One must also consider the very real possibility that the circumstances I have described represent not the denial of the confessionalization process but its postponement; in other words, that the extreme turbulence of northern Europe in the second half of the sixteenth century, specifically the violence of the Wars of Religion, artificially retarded the forces of social and religious consolidation operative elsewhere in Europe[48].

This is certainly a possibility worthy of consideration, though a cursory investigation suggests that the confessionalization model may be applied no more neatly to seventeenth century circumstances in these countries, than was the case for the sixteenth century. For France and England it is worth recalling that the statebuilding process which lies at the centre of the confessionalization debate effectively pre-dates the Reformation: witness the long-standing historical debate on the nature of French absolutism, or the „Tudor Revolution in Government“[49]. Far from carrying this process forward, it is

47 VAN DEURSEN, Arie Th.: Bavianen en slijkgeuzen. Assen 1974.

48 A possibility raised most interestingly by Wolfgang Reinhard in the discussion which followed the first presentation of this paper.

49 PARKER, David: The Making of French Absolutism. London 1983. - ELTON, Geoffrey: Reform and Reformation. England, 1509-1558. London 1977.

arguable that the English Reformation actually resulted in a long-term reduction of the power of the English crown: first by effecting a huge transfer of resources into the hands of lay property owners, who would subsequently prove extremely reluctant to disgorge this in the form of taxation without regular parliamentary debate. Certainly, it is a striking aspect of the English Reformation that every stage of religious change was brought about by parliamentary statute, a circumstance which effectively solidified the place of the representative institution in the English constitution. In addition, by setting up a strong alternative focus of loyalty in the form of the Protestant settlement, the Reformation gave the English people a sense of allegiance which went beyond their obligation to the monarchy[50]. This became all too evident in the seventeenth century when loyalty to church and to crown came into conflict. Far from enhancing the identification of church and state, it was the Stuart challenge to Anglican orthodoxy that twice brought about the collapse of the Stuart monarchy, and ultimately brought about the substitution of a foreign, but reliably Protestant, monarch in place of the hapless James II[51].

In Scotland, also, attachment to dynasty proved far weaker than attachment to the Protestant settlement; and in any case the statebuilding process in seventeenth century Scotland was seriously retarded by the country's lack of independence and increasingly obvious client status, symbolised by the Act of Union of 1707 which voluntarily wound up the Scottish Parliament[52]. Only in France can one argue seriously for the delayed operation of the confessionalization process, with institutional Catholicism making a marked if belated recovery from the trauma of civil war in the first quarter of the seventeenth century. In this the King, Henry IV, played a notable part, with a determined and apparently sincere effort to bolster Catholic institutions[53]. But even in France, there is a clear sense that the first shoots of the Catholic revival owed more to the actions of the Catholic laity than the Catholic hierarchy. In the dark days of the Huguenot advance, when the catholic bishops appeared paralyzed and inert, French Catholicism was effectively rescued by a lay revolt from below against the crown policy of conciliation[54]. Revivalist lay organizations played an equally important role in the agitation of the Catholic League in the last phase of the religious wars[55].

All in all, it seems that even if the scope of the investigation is extended deep into the seventeenth century, the confessionalization model can scarcely be made appropriate

---

50 CRESSEY, David: Bonfires and Bells. National Memory and the Protestant Calendar in Elizabethan and Stuart England. London 1989.

51 MORRILL, John: The Revolt of the Provinces. Harlow 1976. - JONES, James R.: Country and Court. England, 1658-1714. London 1978.

52 MITCHISON, Rosalind: Lordship to Patronage: Scotland, 1603-1745. London 1983. - LYNCH: Scotland (see note 17).

53 GEENGRASS, Mark: France in the Age of Henri IV. The Struggle for Stability. Harlow 1984. - BERGIN, Joseph: The Making of the French Episcopate, 1589-1661. New Haven 1996.

54 BENEDICT: Rouen (see note 4). - DIEFENDORF: Beneath (see note 4). - BAUMGARTNER, Frederic: Continuity and Change in the French Episcopate. The Bishops and the Wars of Religion. Durham, NC 1986.

55 BAUMGARTNER, Frederic: Radical Reactionaries. The Political Thought of the French Catholic League. Geneva 1975.

for the countries examined in this paper. To this I would, however, make one serious qualification. It must at least be acknowledged that, whatever the structural and political impediments, the *motivation* which underlay the confessionalization process in the Empire was also clearly at work in these lands. It has been commented that, whereas confessionalization made little progress, the process of confessionalism (*Konfessionsbildung)*, the internal consolidation of the different confessions in parallel, competing churches, went forward strongly[56]. I would go further, and argue that the same spirit which underlay confessionalization is evident, but at a different level of society. Thus in the cities strongly committed to reform, such as Ghent during the Calvinist Republic, one catches a strong echo of the confessional regime at work, with attempts to seize a dominant role in both political and religious terms through the imposition of the religious radicalism of the city on the villages of the surrounding countryside[57]. The same phenomenon is partially at work in Holland, where through the instrument of the *classis* the leading Calvinist towns took a strong directing role over the religion of the region roundabout[58]. In this respect the countries of North Western Europe fully shared in one phenomenon which was characteristic of European society generally in this age, an imposition of urban values on the countryside: a process in my view which forms an important, if generally understated, element of the confessionalization process.

The conclusions of this investigation are also not without a certain relevance for Germany itself, particular for the proposition that confessionalization was operative equally within all three major confessions in the Empire[59]. In the light of this investigation, can one truly contend that Calvinism was an entirely appropriate instrument of confessionalization? On reflection many of the doubts and qualifications I have raised for the nation states of the Protestant North West seem equally to be operative within the Empire. Here too, more often than not, the attempt to introduce a Calvinist confession provoked a confrontation between elites and populace that could sometimes only be resolved by permitting Calvinism to be introduced as a creed of the inner Court circle,

56 KAPLAN: Calvinists (see note 4).

57 See the forthcoming study by MARNEF, Guido, prefigured in his article: The dynamics of Calvinist militancy in the Low Countries. In: The Education of a Christian Society. Humanism and Reformation in Britain and the Netherlands. Ed. by Scott AMOS, Andrew PETTEGREE and Henk VAN NIEROP, St Andrews 1998, 193-210. - DERS.: Het Calvinistisch bewind te Mechelen, 1580-1585. Kortrijk 1987.

58 Classica Acta, 1573-1620. Classis Dordrecht, 1573-1600. Ed. by J. P. VAN DOOREN, The Hague 1980. - TUKKER, Cornelis A.: De Classis Dordrecht van 1573 tot 1609. Leiden 1965.

59 Territorialstaat und Calvinismus (see note 59). - For Catholic Confessionalization REINHARD, Wolfgang: Gegenreformation als Modernisierung? Prolegomena zu einer Theorie des konfessionellen Zeitalters. In: Archiv für Reformationsgeschichte 68 (1977) 226-252. - DERS.: Reformation, Counter-Reformation and the Early Modern State: A Re-assessment. In: Catholic Historical Review 75 (1989) 383-404. - Die katholische Konfessionalisierung. Hg. v. Wolfgang REINHARD und Heinz SCHILLING, Münster 1995. - ZIMMERMANN, Wolfgang: Rekatholisierung, Konfessionalisierung und Ratsregiment. Sigmaringen 1994. For a fine monograph which takes a more sceptical approach to the Confessionalization paradigm, FORSTER, Marc: The Counter-Reformation in the Villages: Religion and Reform in the Bishopric of Speyer, 1560-1720. Ithaca, NY 1992.

leaving the Lutheranism of the mass of the population largely intact[60]. In one respect such a solution reflected a characteristic I have highlighted for Calvinism elsewhere, the individualism that was at the heart of a faith that placed a premium on personal salvation and encouraged a certain inward-looking quality. In contrast to this, Calvinism was also deeply touched by a strong element of internationalism, a community of faith that cut across local loyalties and national boundaries[61]. In this respect, too, it was an imperfect vehicle for the confessionalization process, since the solidarity of faith challenged local loyalties which were essential to the fusion of a more compact and integrated state.

---

60 NISCHAN, Bodo: Confessionalism and Absolutism: the case of Brandenburg. In: Calvinism in Europe (see note 30) 181-204. - DERS.: Prince, People and Confession. The Second Reformation in Brandenburg. Philadelphia 1994.

61 GRELL, Ole: Merchants and ministers: the foundations of International Calvinism. In: Calvinism in Europe (see note 30) 254-273.

Frühmoderne Staatsbildung und Bedeutung des Konfessionellen

Unionsstaat und Region in der Konfessionalisierung: Polen-Litauen und die grossen Städte des Königlichen Preussen

Michael G. Müller

Folgt man der Literatur über das polnische 17. Jahrhundert, so wird man annehmen müssen, daß auch in Polen-Litauen die Konfessionalisierung als ein epochenprägender Faktor gewirkt hat. Zwar hatte der Unionsstaat mit dem Toleranzakt der Warschauer Konföderation von 1573 zunächst den Weg einer überkonfessionellen Bewältigung der Glaubensspaltung eingeschlagen. Doch scheint es, als habe die bald einsetzende Rekatholisierung des protestantischen Adels die Toleranzordnung rasch ausgehöhlt und sei spätestens nach der Jahrhundertwende in einen Prozeß katholischer Konfessionalisierung der Ständegesellschaft eingemündet. Für die sarmatische Adelskultur und -ideologie des 17. Jahrhunderts wurde die Bindung an den Katholizismus jedenfalls ein konstitutives Element.

Inwieweit freilich mit der Durchsetzung der polnischen Gegenreformation tatsächlich auch eine Entwicklung in Gang kam, welche nach ähnlichen Parametern verlief wie die katholische Konfessionalisierung im Reich[1], etwa im Sinne einer späten oder „verspäteten" Konfessionalisierung[2], bleibt vorerst eine offene Frage. Die Erforschung der Frömmigkeitskulturen sowie der Beziehungen zwischen den Bekenntnisgemeinschaften im Unionsstaat der nachreformatorischen Zeit hat zwar in jüngeren Jahren wieder starkes Interesse gefunden[3], weist jedoch noch immer große Lücken auf. Für die stände- und verfassungsgeschichtlichen Aspekte aber gilt, daß die bisherige Forschung stärker die Frage nach dem politischen Schicksal der Toleranzordnung und nach den Konflikten zwischen den Bekenntnisgemeinschaften im Adel im Auge hatte als den Formierungsprozeß einer katholischen Ständenation.

Jedenfalls müssen die Fragen, welche Gottfried Schramm in seiner grundlegenden Studie von 1965 über die politische Geschichte der Reformation selbst systematisch erörtert hat[4], für das 17. Jahrhundert noch genauer weiter verfolgt werden. Die folgenden

---

1 Dazu allgemein REINHARD, Wolfgang: Was ist katholische Konfessionalisierung? In: Die katholische Konfessionalisierung. Hg. v. Wolfgang REINHARD und Heinz SCHILLING, Gütersloh 1995, 419-452. - PO-CHIA HSIA, Ronnie: Gegenreformation. Die Welt der katholischen Erneuerung, 1540-1770. Frankfurt a.M. 1998.

2 In diesem Sinne im Blick auf das ausgehende 17. Jahrhundert KRIEGSEISEN, Wojciech: Ewangelicy polscy i litewscy w epoce saskiej. Warszawa 1996.

3 Vgl. den Forschungsüberblick ebd., 7-18. Die profunde Arbeit, die auch den Einstellungswandel der katholischen „Mehrheitsgesellschaft" gegenüber den Protestanten ausführlich behandelt, ist sicher der gewichtigste neuere Forschungsbeitrag auf diesem Gebiet.

4 SCHRAMM, Gottfried: Der polnische Adel und die Reformation 1548-1607. Wiesbaden 1965. - In vergleichender Perspektive zuletzt EBERHARD, Winfried: Reformatorische Gegensätze, reformatorischer Konsens, reformatorische Formierung in Böhmen, Mähren und Polen. In: Ständefreiheit und Staatsgestaltung in Ostmitteleuropa. Übernationale Gemeinsamkeiten in

Überlegungen, die primär an Untersuchungen zu den großen Städten des Königlichen Preußen anknüpfen[5], sollen einige Gesichtspunkte für eine weitere Diskussion benennen. Sie konzentrieren sich im wesentlichen auf drei Hypothesen zu den Hauptlinien der Entwicklung in Polen-Litauen in der langen Epoche der Konfessionalisierung:

1. Wenn die polnisch-litauischen Stände mit dem Toleranzakt von 1573 einen pragmatischen, unkonfessionellen Weg zur Bewältigung der reformatorischen Glaubensspaltung einschlugen, so lag dies vor allem in der Logik der unionsstaatlichen Verfassungstradition. Schon lange vor der Reformation hatte die *Rzeczpospolita* bedeutende nichtkatholische Anteile gehabt, die über die Ständeverfassung integriert waren. Letztere ließ sich also weder vor noch nach 1548 zwanglos mit einem konfessionellen Programm verknüpfen.

2. Auch die weitgehend erfolgreiche Gegenreformation setzte diese Konstellation nicht außer Kraft, da sie die Bekenntnisvielfalt im Unionsstaat an sich nicht beseitigte und die Ständeverfassung ihren nichtkonfessionellen Charakter bewahrte. So mochte die sarmatische Frömmigkeitskultur der katholischen Adelsmehrheit im 17. Jahrhundert zwar die Elitenintegration gefördert haben, vor allem in der Abgrenzung gegen die protestantischen „Reichsfeinde". Doch ist das konfessionelle Zusammenrücken großer Teile der Elite offenbar nicht unmittelbar zum Instrument „unionsstaatlicher Staatsbildung" auf ständischer Grundlage geworden. Es blieb vielmehr an konkrete soziale und politische Konfliktzusammenhänge gebunden.

3. Lediglich auf regionaler Ebene und unter besonderen, für die Rzeczpospolita als ganze eher atypischen politischen Voraussetzungen konnte es zu Konfessionalisierungsprozessen mit Analogien zu den Entwicklungen in den deutschen Reichsterritorien kommen. Ein Beispiel dafür geben die großen Städte des Königlichen Preußen: Gestützt auf protestantische städtische Eigenkirchen, betrieben hier programmatisch handelnde Obrigkeiten eine Art „stadtterritorialer Staatsbildung" unter konfessionellen Vorzeichen, welche aufgrund der relativen Schwäche des Gesamtstaats, aber auch infolge des äußeren Drucks der Gegenreformation dauerhafte Wirkungen zeitigte.

Für das Verständnis der polnischen Gegenreformation und ihres politischen und gesellschaftlichen Kontexts erscheint es zunächst wichtig, die vorgängige Entwicklung seit der Reformation und namentlich den Religionsfrieden von 1573 in den Blick zu nehmen. In der polnischen und überwiegend auch der außerpolnischen Historiographie ist die bekenntnispolitische Weichenstellung durch die Warschauer Konföderation mit Recht als eine epochale Leistung gewertet worden – als Ausdruck einer spezifischen ständischen Konsenskultur, welche in gewisser Weise Grundsätze moderner Gesellschaft-

der politischen Kultur vom 16.-18. Jahrhundert. Hg. v. Joachim BAHLCKE, Hans-Jürgen BÖMELBURG und Norbert KERSKEN, Leipzig 1996, 187-215.

5 MÜLLER, Michael G.: Zweite Reformation und städtische Autonomie im Königlichen Preußen. Danzig, Elbing und Thorn in der Epoche der Konfessionalisierung (1557-1660). Berlin 1997.

lichkeit vorwegnahm. Vor allem die Tatsache, daß die Warschauer Konföderation die individuelle Gewissensfreiheit als staatsbürgerliches Kardinalrecht bestätigte und damit den Konflikt der Glaubensspaltung – anders als der Augsburger Religionsfrieden – durch eine Regelung über das säkulare Verfassungsrecht stillzulegen versuchte, weist in eine solche Richtung[6]. In unserem Fragezusammenhang ist aber vor allem die Feststellung wichtig, daß diese Regelung zugleich wohl die einzig „systemkonforme" Lösung für die polnisch-litauische Ständegesellschaft war. Da die Staatlichkeit der Rzeczpospolita nicht auf hierarchisierten territorialen Gewalten beruhte, sondern auf der kollektiven und formal gleichberechtigten Wahrnehmung der Ständeprivilegien durch den gesamten Adel, hätte sich der Konflikt nicht nach dem Muster des deutschen Religionsfriedens regeln lassen; die Präzisierung der staatsbürgerlichen Kardinalrechte war statt dessen das naheliegende konstitutionelle Verfahren. Außerdem: Ein Staat, der in kultureller wie konfessioneller Hinsicht stets ein „Commonwealth" unterschiedlicher Adelslandschaften gewesen war und nur durch die einheitliche Ständeverfassung integriert wurde, konnte auch jetzt die theologische und kirchenorganisatorische Rationalität der Existenz von Bekenntniskirchen nicht verfassungsrechtlich, d.h. über die Spezifizierung „rezipierter" Konfessionen, zur Kenntnis nehmen. Vielmehr erscheint es konsequent, daß die *pax inter dissidentium in religione* von 1573 sich darauf beschränkte, dem einzelnen die Sicherheit vor Verfolgung oder Benachteiligung aus konfessionellen Gründen zu gewährleisten.

Freilich erwies sich dieses Instrument als wenig tauglich, um die gegenreformatorische Mobilisierung vor allem seit dem Regierungsantritt des Vasa-Königs im Jahre 1587 aufzuhalten und den akatholischen Glaubensgemeinschaften im Unionsstaat eine freie Entwicklung zu sichern. Die Warschauer Konföderation hatte schließlich keinerlei Vorkehrungen für eine Bestandssicherung der dissidentischen Kirchenorganisationen getroffen, und so führten namentlich die individuellen Rekonversionen protestantischer Adeliger dazu, daß die Gemeinden ihren institutionellen Rückhalt verloren und sich der Wirkungshorizont der protestantischen Kirchen rasch verringerte[7]. Gleichzeitig brachte die Brester Kirchenunion, welche die Orthodoxen im Unionsstaat als „unierte" Christen in die katholische Kirchenorganisation einbezog, gravierende Einbrüche in das dissidentische Lager. Bereits die politischen Einigungsversuche der polnischen und litauischen Protestanten auf der Thorner Synode von 1595 sowie ihre gleichzeitigen Bemühungen, die „disunierten" Orthodoxen in eine Liga der dissidentischen Stände einzubeziehen, standen so unter defensiven Vorzeichen.

---

6 Zur Bewertung unter anderem SCHRAMM, Gottfried: Ein Meilenstein der Glaubensfreiheit. Der Stand der Forschung über Ursprung und Schicksal der Warschauer Konföderation von 1573. In: Zeitschrift für Ostforschung 24 (1975) 711-736. - SALMONOWICZ, Stanisław: Konfederacja warszawska 1573 r. Warszawa 1985.

7 In der Krone Polen war dieser Mechanismus stärker wirksam als in Litauen, wo die protestantischen Kirchen Rechtssubjekte waren und in die Betreuung verwaister Gemeinden eintreten konnten, wenn deren adeliger Patron zum alten Glauben zurückgekehrt war. Zur besonderen Situation Litauens TAZBIR, Janusz: Tolerancja religijna na Litwie w XVII wieku. In: DERS.: Reformacja w Polsce. Szkice o ludziach i doktrynie. Warszawa 1993, 106-127. - KRIEGSEISEN: Ewangelicy polscy (wie Anm. 3) 36.

Ebensowenig vermochte die Regelung von 1573 die nachreformatorischen Bekenntniskonflikte in Polen-Litauen dauerhaft zu entpolitisieren. So gilt für die gesamte Periode zwischen 1569 und 1607, daß es immer wieder zu ständepolitischen Spannungen innerhalb der Adelsgesellschaft wie auch zwischen Adel und Krone kam, in denen ein Brückenschlag zwischen politischer und konfessioneller Parteienbildung nach böhmischem Muster grundsätzlich möglich zu sein schien. Vor allem die Regierungszeit Sigismunds III. Vasa (mit ihren Auseinandersetzungen um die königlichen Ämterbesetzungen, die prohabsburgische Linie in der Außenpolitik und die konstitutionelle Rolle der Landtage) war in dieser Hinsicht reich an Konfliktstoff. Der *Rokosz* des Zebrzydowski, in dem sich die Spannungen in Form einer Fronde des Mitteladels gegen König und königstreue Magnaten 1606/07 schließlich entluden, brachte den Unionsstaat zumindest in die Nähe eines Umschlagens des Verfassungskampfes in einen religiös konnotierten Bürgerkrieg der akatholischen Stände.

Charakteristisch ist jedoch, daß die dissidentische Ständebewegung sich hier nicht mit einem konfessionellen Programm verband, das über die Bewahrung und Festigung der Glaubensfreiheit hinausgegangen wäre. Es lag dies in der Natur einer Bewegung, die stets, d.h. auch in der Periode ihrer größten Breitenwirkung, auf interkonfessionelle Bündnisse angewiesen blieb – und zwar nicht nur in bezug auf allgemeine ständische Politikziele, sondern auch im Hinblick auf die Sicherung der je besonderen dissidentischen Bekenntnisse. Dem entsprach die Tendenz zu einer eher „unkonfessionellen" Behandlung auch kirchlicher Fragen, die noch in den Beziehungen innerhalb der Bekenntnisgemeinschaften ihren Niederschlag fand. So machten die Einigungsbestrebungen der polnisch-litauischen Protestanten 1570 bewußt vor der Schwelle einer Kirchenunion halt; ausdrücklich erklärten die Stifter des Consensus Sendomirensis, sich statt dessen mit einer *fraterna coniunctio* der bestehenden Einzelkirchen begnügen und die Überwindung der theologischen Barrieren zwischen diesen hintanstellen zu wollen[8]. Aber auch der rasch wachsende Polarisierungsdruck der Folgezeit, der vor allem von den deutschen protestantischen Kirchen ausging, sollte diese Tendenz zunächst eher bestärken als schwächen. Noch nach 1600 hielten die magnatischen Protektoren der polnisch-litauischen Protestanten beharrlich an ihrer Linie fest, alle Konflikte um ungleiche Lehre und Zeremonien in ihren Kirchen notfalls durch Druck auf Geistliche und Gemeinden stillzustellen, um die Stabilität des dissidentischen Lagers nicht zu gefährden[9]. Als es vor dem Hintergrund eines Danziger Bekenntnisstreits 1605 zur Debatte über den Geltungsumfang der städtischen Privilegien zugunsten der Confessio Augustana kam, erklärten sie gegenüber den katholischen Kontrahenten kurzerhand, daß „iede Religion unter dem

8 Zu diesem Aspekt des Consensus Sendomirensis ausführlich JORGENSEN, Kai E. J.: Ökumenische Bestrebungen unter den polnischen Protestanten bis zum Jahre 1645. Kopenhagen 1942, 260-283.

9 So etwa die ausdrückliche Empfehlung der protestantischen Senatoren an die Räte der preußischen Städte im Hinblick auf die Konflikte zwischen Lutheranern und Reformierten in Marienburg und Danzig seit 1603; dazu ausführlich MÜLLER: Zweite Reformation (wie Anm. 5) 121-137.

Titell der Augsp. Confess. begriffen, so der papistischen zu wieder ist“[10]. Die Abläufe des Rokosz von 1606/07 als einer, wie es scheinen könnte, „verhinderten“ protestantischen Ständebewegung passen in dieses Bild. Zwar war der Anteil des protestantischen Adels daran beträchtlich, und unter den Konfliktanlässen hatten religiöse Gravamina der Protestanten eine wichtige Rolle gespielt. Doch ging auch hier das konfessionelle Programm weitgehend in Forderungen auf, welche nicht nur von den Disunierten, sondern auch von beträchtlichen Teilen des katholischen Adels mitgetragen werden konnten – nämlich vor allem den Einfluß der Jesuiten einzudämmen und die Toleranzordnung von 1573 auf neue, festere Grundlagen zu stellen. Es war denn auch nicht unbedingt ein Paradox, wenn die protestantischen Frondeure sich letztlich der Führung eines Katholiken, des Krakauer Wojewoden Mikołaj Zebrzydowski, anvertrauten. Das damit verbundene Kalkül, den katholischen Adel wirksamer an die Sache der Dissidenten zu binden, ging freilich insofern nicht auf, als Zebrzydowski letztlich doch nicht bereit war, die Toleranzforderung konsequent gegen die eigenen Glaubensverwandten zu verfechten. Schwerer wog aber, daß die ständepolitische Zugkraft des oppositionellen Programms insgesamt nicht ausreichte, um eine antimonarchische und antikirchliche Ständebewegung unter protestantischen Vorzeichen in Gang zu bringen und zu tragen[11].

Aus katholischer Sicht stellte sich die stände- und bekenntnispolitische Lage nach 1573 freilich in verschiedener Hinsicht anders dar. Zwar gab es, wie nicht zuletzt 1606/07 deutlich wurde, breite ständepolitische Brücken zwischen katholischem und dissidentischem Adel, und zwar auch in Gestalt eines grundsätzlichen Konsenses über das Kardinalrecht der Gewissensfreiheit. Doch standen den „politisierenden“ Katholiken von Anfang an auch einflußreiche Kontrahenten im eigenen konfessionellen Lager gegenüber. Schon von dem Warschauer Toleranzakt selbst hatte sich die Mehrheit der geistlichen Senatoren ferngehalten, und in den Jesuiten sowie, seit 1587, im Hof fand der hohe katholische Klerus für seinen Kampf gegen die Toleranzordnung starke Verbündete. So gewann das Lager jener, welche die Rechtmäßigkeit und den Verfassungsrang der Warschauer Konföderation bestritten, in jedem Fall aber ihre rechtliche Präzisierung durch weitere Reichstagskonstitutionen vehement bekämpften, stetig an politischem Einfluß. Auch fand sich hier, was im protestantischen Umkreis schwach entwickelt blieb – nämlich eine spezifisch bekenntnisbezogene politische Programmatik. Die politischen Entwürfe der berühmt gewordenen Reichstagspredigten des Jesuiten Piotr Skarga etwa waren untrennbar mit der Vision einer vollendeten Gegenreformation verknüpft. Eine andere Frage ist, daß die Predigten erst nach Skargas Tod im Jahre 1612 ihre eigentliche politische Breitenwirkung entfalten sollten – und dies zudem in einer durch den Orden zensierten Fassung, in welcher nicht mehr das ursprüngliche Plädoyer für eine Stärkung

---

10 Dazu der Bericht eines Beauftragten der gegen den Danziger Rat klagenden lutherischen Bürgerschaft von den Verhandlungen über die Klagesache am Krakauer Hof, 7.11.1605; Archiwum Państwowe Gdańsk, 300 R/Pp 16, fol. 631-640.

11 SCHRAMM: Der polnische Adel (wie Anm. 4) 293-314.

der Königsmacht, sondern die Apologie der Ständefreiheit im Mittelpunkt stand[12]. Immerhin, es gab eine Tradition gegenreformatorischer Legitimierung der unionsstaatlichen Ordnung, an welche die sarmatische Ideologie in der Zeit nach dem Zerfall des dissidentischen Lagers als ständepolitische Kraft anknüpfen konnte.

Hat indessen der endgültige Umbruch zugunsten der Katholiken im 17. Jahrhundert solcher Programmatik dann auch wirklich zu praktischer Durchsetzung verholfen? Überblickt man die Epoche vom Scheitern des Rokosz bis zum Ausgang des Zweiten Nordischen Kriegs, so gibt es dafür kaum Anhaltspunkte. Der Erfolg der Gegenreformation bestand in der dauerhaften Abdrängung der akatholischen Glaubensgemeinschaften in den Rang von konfessionellen Minderheiten; als Maßstab mag die Zahl der protestantischen Gemeinden gelten, die im Lauf des Jahrhunderts auf rund zehn Prozent des Bestandes im letzten Drittel des 16. Jahrhunderts reduziert wurde[13]. Zudem schlug er in der weitgehenden konfessionellen Integration des Adels und in der Ausprägung einer dominant katholischen Elitenkultur zu Buche. Im Hinblick auf beide Aspekte war der Katholizismus in Polen-Litauen nach der Gegenreformation und der Brester Kirchenunion somit auf eine vollkommenere Weise als vor der Reformation in jenem Status einer „herrschenden Religion“ bestätigt, welchen ihm auch die Mai-Verfassung von 1791 noch zubilligen sollte. Doch ist dem katholischen Bekenntnis darüber hinaus auch jetzt keine politikleitende, Gesellschaft und Staatlichkeit organisierende Funktion für den Unionsstaat als Ganzes zugewachsen. Dies hatte mehrere Gründe, von denen die beiden vermutlich wichtigsten im folgenden kurz skizziert werden sollen.

Zum einen geht es um die banale Tatsache, daß der lateinische Katholizismus eben auch nach der Kirchenunion und den Rekonversionen von Protestanten keineswegs überall ein eindeutiges Übergewicht hatte. Ein sehr beträchtlicher Teil der katholischen Bevölkerung wurde von den unierten Christen gestellt[14], die dem tridentinischen Katholizismus über die Kirchenorganisation hinaus allenfalls lose verbunden waren. Außerdem bildeten die Protestanten und disunierten orthodoxen Christen auch als Minderheiten noch zumindest regional bedeutsame Gruppen; ihr Anteil ist noch für das 18. Jahrhundert auf je rund vier Prozent geschätzt worden[15]. Selbst für den Adel aber, bei dem die Katholisierung bzw. Rekatholisierung wesentlich weiter vorangeschritten war und es keine signifikante Trennung zwischen lateinischer und unierter Observanz gab, konnte im 17. Jahrhundert von konfessioneller Einheit keine Rede sein. Auch bei vorsichtiger Interpretation der lückenhaften und widersprüchlichen Quelleninformationen muß man

---

12 Ausführlich über Entstehungskontext und Wirkungsgeschichte der Reichstagspredigten die instruktive Einleitung von Janusz TAZBIR zur 3. Aufl. der Edition: SKARGA, Piotr: Kazania sejmowe. Wrocław u.a. 1972.

13 Zur schwierigen Frage der zahlenmäßigen Entwicklung der dissidentischen Bekenntnisgemeinschaften im 17. und 18. Jahrhundert KRIEGSEISEN: Ewangelicy polscy (wie Anm. 2) 50-121.

14 Für das 18. Jahrhundert hat Jörg K. Hoensch, in erster Linie auf der Basis der Berechnungen von Tadeusz Korzon, veranschlagt, daß ca. 47,4 Prozent der Landesbevölkerung lateinische Katholiken und 34,7 Prozent Unierte waren. HOENSCH, Jörg K.: Sozialverfassung und politische Reform. Polen im vorrevolutionären Zeitalter. Köln-Wien 1973, 116.

15 Ebd., 186.

davon ausgehen, daß im engeren Kreis der *bene nati et possessionati* noch um 1700 die akatholischen *szlachta*-Familien nach Hunderten, die dissidentischen Adeligen als Einzelpersonen aber nach Tausenden zählten; allein für den protestantischen Adel wird man für das späte 17. Jahrhundert mit 600 Familien bzw. 2 000 bis 3 000 Personen rechnen können[16]. Entsprechend blieben die Dissidenten im ständischen System und dessen Öffentlichkeit auch als Minderheit sehr wohl präsent. Die Verdrängung der akatholischen Standesbürger aus den Reichs- und Landesämtern und der ständischen Repräsentation, die unter dem ersten Wasa-König auf der Ebene der Senatorenschaft begonnen hatte, war auch um 1650 längst nicht abgeschlossen[17]. In der Konkurrenz um regionale Macht- und Einflußpositionen blieben namentlich die protestantischen Adeligen bis ins 18. Jahrhundert für die Katholiken ernstzunehmende Kontrahenten[18]. In jedem Fall: Auch für das 17. Jahrhundert gilt, daß die konfessionelle Vielfalt ein strukturbestimmendes Merkmal der Gesellschaft des Unionsstaats blieb.

Zum andern ist davon auszugehen, daß die konstitutionellen Voraussetzungen, welche dem Ordnungsversuch von 1573 zugrunde gelegen hatten, auch nach der Gegenreformation im Grundsatz ihre Geltung behielten. Auch im Zeichen der Durchsetzung einer katholischen „Mehrheitskultur" im Adel wäre es schwer vorstellbar gewesen, das ständische Verfassungsmodell an ein strikt konfessionelles Programm zu binden. Dies lag nicht allein an dem Mangel an gesamtstaatlichen „Agenturen", welche einen konfessionell konnotierten Integrationsprozeß von Eliten und Untertanengesellschaft hätten betreiben können. Die Beispiele Ungarns und Böhmens ließen sich als Belege für eine zeitweise sehr wirksame konfessionelle Mobilisierung unter der Ägide der Stände anführen[19]. Wichtiger scheint vielmehr, daß im Falle Polen-Litauens die Kohärenz des politischen Gemeinwesens wesentlich über die Gewährleistung regionaler und staatsbürgerlich-individueller Autonomien vermittelt war – d.h., der Unionsstaat verdankte den hohen Grad an politischer Integration, welche seine einheitliche Ständeverfassung stiftete, gerade der Tatsache, daß die einigende politische Ordnung sowohl die je besonderen Landesbräuche als auch vor allem die in den Kardinalrechten definierten Freiheiten des einzelnen Standesbürgers grundsätzlich unangetastet ließ[20]. Unter diesen Umständen hätte die Durchsetzung des katholischen Bekenntnisses für den Gesamtstaat zweifellos an dessen Verfassungsgrundlagen gerüttelt. Mit einer einheitlichen Bekenntnispolitik für alle

16 KRIEGSEISEN: Ewangelicy polscy (wie Anm. 2) 53-56.

17 Allgemein dazu KOSMAN, Marceli: Protestanci i konterreformacja. Z dziejów tolerancji w Rzeczypospolitej XVI-XVIII wieku. Wrocław 1978. - WISNER, Henryk: Rozróżnieni w wierze. Skice z dziejów Rzeczypospolitej schyłku XVI i połowy XVII wieku. Warszawa 1982. - KRIEGSEISEN: Ewangelicy polscy (wie Anm. 2) 46f. - Der Autor weist darauf hin, daß die Forderung, die Dissidenten prinzipiell von landschaftlichen Ämtern auszuschließen, 1668 erstmals formuliert und erst 1717 umgesetzt wurde.

18 Hierzu auch BÖMELBURG, Hans-Jürgen: Zwischen polnischer Ständegesellschaft und preußischem Obrigkeitsstaat. Vom Königlichen Preußen zu Westpreußen 1756-1806. München 1995.

19 Dazu auch EBERHARD: Reformatorische Gegensätze (wie Anm. 4).

20 Dazu jetzt BAHLCKE, Joachim: Unionsstrukturen und Föderationsmodelle im Osten des ständischen Europa. Anmerkungen zu vergleichenden Ansätzen über das frühneuzeitliche Ostmitteleuropa. In: Comparativ 8/5 (1998) 57-73.

Teilländer der Union wäre man in Bereiche vorgestoßen, die bis dahin von gesamtstaatlicher Regulierung stets ausgespart geblieben waren. Das Prinzip der Gewissensfreiheit aus den adeligen Kardinalrechten herauszubrechen hätte bedeutet, die Idee der freien Assoziation autonomer Standesbürger an sich in Frage zu stellen.

So kann es nicht überraschen, daß die gegenreformatorische Entwicklung in Polen-Litauen im 17. Jahrhundert letztlich immer auch durch gegenläufige Tendenzen gebrochen und als konfessionalisierende Kraft in gewissem Umfang neutralisiert wurde. Dabei lassen sich katholischer Konfessionalismus einerseits und „Toleranzbekenntnis" andererseits wahrscheinlich nicht eindeutig bestimmten Gruppen oder Interessenlagen in den Eliten des Unionsstaats im 17. Jahrhundert zuordnen. Eher scheint es, als hätten sich die Bedeutungen des Konfessionellen im politischen und gesellschaftlichen Handeln für je bestimmte Teile der Eliten immer wieder neu hergestellt oder auch problematisiert – in Abhängigkeit von regionalen Zusammenhängen und wechselnden Ereigniskontexten.

Ein Indikator dafür sind die deutlichen Ungleichzeitigkeiten bei der gegenreformatorischen Entwicklung in den einzelnen Ländern des Unionsstaats. Neben der unterschiedlichen zahlenmäßigen Stärke der regionalen dissidentischen Gemeinschaften schlug hier auch die Tatsache zu Buche, daß partikulare rechtliche Landesregelungen auch im 17. Jahrhundert in Geltung blieben. So verfügten nicht nur das Lehnsterritorium Kurland oder Polnisch Livland, sondern etwa auch die großen Städte des 1569 vollständig in den Unionsstaat integrierten Königlichen Preußen über förmliche königliche Religionsprivilegien, welche den freien Gebrauch des Augsburgischen Bekenntnisses garantierten und die katholischen Gegenaktionen de facto erheblich einschränkten, wenn nicht gar weitgehend blockierten; namentlich in Kurland und Livland sollte die Sorge der Katholiken noch in der zweiten Hälfte des 17. Jahrhunderts der Aufgabe gelten, die von den Landesständen versprochene Sicherstellung der katholischen Seelsorge überhaupt durchzusetzen[21].

Das Großfürstentum Litauen dagegen ist ein Beispiel dafür, daß die Umsetzung des konstitutionellen Toleranzgebots in landesrechtliche Praxis die akatholischen Bekenntnisse erheblich stärken konnte: Anders als in der Krone Polen war die Warschauer Konföderation hier im Dritten Litauischen Statut von 1588 als Landesgesetz übernommen und Übergriffe auf christliche Kirchen jeglichen Bekenntnisses strikt unter Strafe gestellt worden. Ferner hatte man den dissidentischen Bekenntnisgemeinschaften den Status von Rechtssubjekten zuerkannt, was dem Kirchenwesen der Litauischen Brüderunität erheblich größere Unabhängigkeit vom adeligen Patronat gab als sie die Schwesterkirche in der Krone genoß[22]. Schließlich ist in Rechnung zu stellen, daß besondere lokale Macht- und Einflußverhältnisse den dissidentischen Gruppen Verhandlungsspielräume eröffneten, um den Druck seitens der Katholischen abzumildern. Selbst in der königlichen Residenz Warschau etwa, wo dieser Druck besonders groß war, erreichten die begüterten Protestanten 1671 durch eine finanzielle Vereinbarung mit dem Posener Bischof, daß der 1574 und 1580 verfügte Ausschluß der Akatholiken vom städtischen Bürgerrecht auf sie keine

21 KRIEGSEISEN: Ewangelicy polscy (wie Anm. 2) 69.

22 KOSMAN, Marceli: Sytuacja prawno-polityczna kalwinizmu litewskiego w drugiej połowie XVII wieku. In: Odrodzenie i Reformacja w Polsce 22 (1975) 81-110.

Anwendung fand; der 1666 seitens des Bischofs unternommene Versuch, dem schwedischen Gesandten stellvertretend für alle protestantischen Vertreter anderer Staaten in Warschau die Abhaltung protestantischer Gottesdienste in seiner Residenz zu untersagen, scheiterte am Einspruch des Königs[23]. In jedem Fall, die im Jahrhundertverlauf stetig fortschreitende Katholisierung hatte regional und lokal sehr unterschiedliche Tiefenwirkung und führte in diesem Sinne zunächst vielleicht sogar eher zu einer weiteren Diversifizierung als zur Vereinheitlichung der konfessionellen Landschaft.

Noch deutlicher läßt sich die Brüchigkeit des gegenreformatorischen konfessionellen Formierungsprozesses aber in den politischen Diskursen der Zeit ausmachen. Zwar hat es im 17. Jahrhundert nicht an Phasen starker Mobilisierung der Adelsnation unter religiösen Vorzeichen gefehlt. Vor allem die Kriege gegen Schweden, das Moskauer Reich und die Osmanen waren Anlässe, die Einheit des katholischen Unionsstaats angesichts der Bedrohung durch glaubensfremde Mächte zu beschwören und das Kriegsgeschehen selbst als ein durch göttliche Vorsehung geleitetes Geschehen zu deuten bzw. zum Gegenstand einer entsprechenden konfessionellen Erinnerungskultur zu machen[24]. Doch konnte der katholische Konfessionalismus im 17. Jahrhundert auch bestimmte Deutungsfunktionen in inneren Konflikten annehmen, wofür die Spannungen um die Haltung der großen preußischen Städte in den Phasen schwedischer Invasion und Okkupation im Königlichen Preußen ein Beispiel bieten: Indem die Loyalität der Städte zum Unionsstaat angesichts der schwedischen Präsenz (ganz unbegründet übrigens) in Zweifel geriet, begann auch ein Prozeß der ideologischen Ausgrenzung der Bürgerstädte, welcher auf der Markierung der sprachlichen, konfessionellen und sozialen „Andersartigkeit" der Stadtgesellschaften als einer bedeutsamen Tatsache beruhte[25]. Charakteristisch für solche Mobilisierungsprozesse war jedoch, daß sie weitgehend an den konkreten Anlaß, d.h. an das Erfordernis, eine bestimmte Konfliktfront zu definieren, gebunden blieben. Die ideologische Marginalisierung der preußischen Bürgerkommunitäten als sozial und konfessionell „Fremde" fand eben kein Pendant in, zum Beispiel, der Ausgrenzung der orthodoxen Bauernbevölkerung des Ostens. Ja selbst die seit dem späten 16. Jahrhundert systematisch betriebenen Bemühungen, das kriegerische Engagement des Unionsstaats in ein dauerhaftes Konzept der sakralen Rechtfertigung im Sinne eines katholischen *Antemurale Christianitatis* einzubinden, erwiesen sich noch in der zweiten Hälfte des 17. Jahrhunderts als durchaus problematisch[26].

Vor allem aber erlangten überkonfessionelle Argumentationen stets in dem Moment die Oberhand, wo es um die Abwägung zwischen Bekenntnisloyalitäten und konstitutionellen Werten ging. So läßt sich für die Verfassungsdebatten des frühen 17. Jahrhunderts beobachten, daß die politischen Schlüsselereignisse der Zeit in einem weitgehend bekennt-

23 KRIEGSEISEN: Ewangelicy polscy (wie Anm. 2) 30f.

24 Dazu der Beitrag von Robert I. Frost in diesem Band.

25 Dazu jetzt MÜLLER, Michael G.: Städtische Gesellschaft und territoriale Identität im Königlichen Preußen um 1600. Zur Frage der Entstehung deutscher Minderheiten in Ostmitteleuropa. In: Nordost-Archiv N. F. 6 (1997) 565-584.

26 Dazu der Beitrag von Robert I. Frost in diesem Band.

nisübergreifenden Konsens kommentiert wurden[27]. In der Parteinahme für den Kampf der Niederlande gegen die habsburgische Macht gab es seitens des katholischen Adels ebensowenig Vorbehalte wie in der Verteidigung der Sache der böhmischen Stände im Konflikt von 1618. Bei der Auseinandersetzung von 1628 um das Krakauer Jesuitenkolleg schienen sich die Fronten sogar zu verkehren, als ein reformierter Landbote die von der katholischen Reichstagsmehrheit wie der Krakauer Universität heftig bekämpfte Kollegsgründung mit dem Hinweis auf republikanische Freiheitsgrundsätze verteidigte[28]. Aber auch die Debatte über die Glaubensfreiheit als eine Verfassungsfrage ist an sich keineswegs verstummt bzw. zu einer bloßen Frage dissidentischer Defensivpropaganda geworden; die argumentative Verknüpfung zwischen gegenreformatorischem Eifer und „Despotismus", welche unter anderem die Propaganda des Zebrzydowski-Rokosz im Blick auf die Politik des Hofes und die Jesuiten hergestellt hatte, behielt sicher weit über den Kreis der Dissidenten hinaus für den gesamten Adel ihre Suggestivkraft. Davon zeugt nicht zuletzt die Tatsache, daß Toleranzforderungen auch auf der Ebene der Land- und Reichstage keineswegs automatisch unterdrückt wurden; noch 1650 sollte es dem erfahrenen protestantischen Reichstagspolitiker Stanisław Chrząstowski gelingen, dem König eine durch Primas und Sejmmarschall bestätigte „Assekuration" abzunötigen, den Nichtkatholiken die freie Religionsausübung nicht einzuschränken[29].

So wird man insgesamt vorsichtiger formulieren müssen, als es bisher die Regel war. Sicher hat der entschieden katholisch konnotierte Sarmatismus die kulturelle Integration der Trägergruppen des ständischen Staatswesens unterstützt, ja wahrscheinlich auch wesentlich zur Grundlegung einer „nationalen" Identität der Adelskommunität beigetragen. Doch erscheint die konfessionelle Identität der gesamtstaatlichen eher angelagert als mit dieser Identität instrumentell verknüpft. Es blieb jedenfalls eine latente Spannung zwischen dem dominierenden Bekenntnis einerseits und dem unkonfessionellen Verfassungsprojekt andererseits.

Die hier umrissene Konstellation sollte sich in der weiteren Entwicklung freilich erheblich verändern. Zweifellos brachte die „Sachsen-Zeit" eine deutliche Verschärfung der Bekenntniskonflikte, und zwar auch vor dem Hintergrund massiv erhöhten Drucks auf die verbliebenen Dissidenten im Unionsstaat. Aber können die Indizien für einen konfessionell engeren Zusammenschluß der katholischen Adelsnation gegen die vermeintlichen inneren und äußeren „Reichsfeinde" im Zeichen der Souveränitätskrise seit der Wende zum 18. Jahrhundert auch als Effekte einer nachgeholten katholischen Konfessionalisierung der Republik gewertet werden? Eine andere Deutung erscheint plausibler: Die neue Politisierung der Bekenntnisfrage in Polen-Litauen seit dem Großen Nordischen Krieg war

---

27 Zum folgenden ausführlich der Beitrag von Karin Friedrich in diesem Band.

28 Ebd.

29 CZAPLIŃSKI, Władysław: Kilka uwag o działalności sejmowej Stanisława z Brzezia Chrząstowskiego. In: Reformacja w Polsce 12 (1953-1955/56) 45-50, 254-260. - Eine andere Frage ist, daß die „Assekuration", obgleich sie in die Reichstagsrezesse von 1654 Eingang fand, de facto nie Gesetzesrang erlangte. Entscheidend ist hier die Tatsache, daß das Projekt 1650 auch bei einem unzweifelhaft katholisch dominierten Sejm die parlamentarische Prozedur durchlaufen konnte.

vor allem ein Resultat gezielter äußerer Einflußpolitik seitens der künftigen Teilungsmächte. Nicht der ständische Unionsstaat an sich hat sich somit um und nach 1700 konfessionalisiert; vielmehr war die systematische Revision der konfessionellen Koexistenzlage seit spätestens 1717 Teil eines Auflösungsprozesses, in dem der ständische Unionsstaat unter äußerem Druck schrittweise seine eigenen konstitutionellen Grundlagen preisgab[30].

Dennoch gab es in Polen-Litauen auf regionaler Ebene durchaus die epochentypischen Prozesse der Konfessionalisierung, wofür die großen Städte des Königlichen Preußen ein Beispiel liefern[31]. Daß die Entwicklung hier anders verlief, hatte nur zum Teil mit der besonderen Privilegienlage in der Provinz zu tun. Denn schon in einer frühen Phase der Gegenreformation mußten die städtischen Protestanten erfahren, daß die seit 1557 erteilten Garantien allein ihren Status nicht sicherzustellen vermochten. Denn die königlichen Religionsprivilegien sahen für die Städte keineswegs einen einheitlichen Bekenntnisstand, geschweige denn ein Eigenkirchenwesen vor[32]. Außerdem sollte sich die Lage durch die Lubliner Union von 1569 insofern verkomplizieren, als nach der vollständigen Inkorporation der preußischen Provinz die Rechtsverbindlichkeit der städtischen Sonderprivilegien zunehmend in Frage gestellt wurde. Auch für die preußischen Protestanten kam es daher vor allem darauf an, den durch die rechtliche und politische Situation im Gesamtstaat gesetzten Rahmen in ihrem Sinne zu nutzen – verfassungsrechtlich durch das Beharren auf der „reichsrechtlichen" Regelung der Warschauer Konföderation, politisch aber vermittels des Anschlusses an die dissidentische Ständepartei und deren Verbündete. Seit den achtziger Jahren des 16. Jahrhunderts handelten die städtischen Räte von Danzig, Elbing und Thorn in diesem Sinne innerhalb desselben bekenntnispolitischen Bezugssystems wie der dissidentische Adel in Polen und Litauen[33].

Was die städtische Politik jedoch von derjenigen der adeligen Dissidenten unterschied, war, daß die patrizischen Räte von diesem gemeinsamen Bezugssystem gewissermaßen einen anderen politischen Gebrauch machten. In der städtischen Perspektive nämlich verband sich der spätreformatorische Übergang zum Protestantismus von An-

---

30 Dazu ausführlicher MÜLLER, Michael G.: Toleration in Eastern Europe: The Dissident Question in 18th Century Poland-Lithuania. In: Religious Toleration in the Enlightenment. Hg. v. Ole Peter GRELL und Roy PORTER, Cambridge 1999 (im Druck).

31 Ob dieses Beispiel singulär für den polnisch-litauischen Unionsstaat war, müßte noch genauer geprüft werden. Es würde sich lohnen, etwa auch Polnisch-Livland oder einzelne Landschaften des Großfürstentums Litauen unter diesem Gesichtspunkt zu untersuchen.

32 Tatsächlich waren die separaten städtischen Religionsprivilegien in gewisser Weise ähnlich konstruiert wie die Toleranzordnung für den Gesamtstaat: Anders als diese bestätigten sie mit der Confessio Augustana zwar explizit ein bestimmtes dissidentisches Bekenntnis. Doch wurde den Protestanten letztlich nicht mehr zugesichert als der unbehelligte Gebrauch der de facto bereits von ihnen genutzten Kirchen und Schulen. Weder die Präsenzrechte der verbliebenen Katholiken noch die Verfügungsansprüche der Bischöfe und des Königs (als Patron der Pfarrkirchen) in bezug auf stadtkirchliche Angelegenheiten erloschen dadurch; die Frage, ob den Städten eine eigene protestantische Kirchenorganisation zustand, blieb ungeregelt. Dazu ausführlich MÜLLER: Zweite Reformation (wie Anm. 5) 49-58.

33 DERS.: Wielkie miasta Prus Królewskich wobec parlamentaryzmu polskiego po Unii lubelskiej. In: Czasopismo Prawno-Historyczne 45 (1993) 257-267.

fang an mit einer programmatischen Vorstellung von „Territorialisierung" – d.h. mit dem zielstrebigen Bemühen, den Einflußverlust, welchen die großen Städte seit 1569 durch die weitgehende Entmachtung der adeligen und städtischen Oberstände in Preußen erfahren hatten[34], auf dem Wege einer Art stadtterritorialer Staatsbildung zu kompensieren.

Das entsprechende Konzept stadtobrigkeitlichen Handelns kristallisierte sich allerdings erst über mehrere Phasen der Erprobung politischer Alternativen heraus. So hatte am Anfang, in den sechziger und siebziger Jahren, noch die Vorstellung im Mittelpunkt gestanden, daß sich das Programm der Reformation in eine über die Städte hinausreichende, landesständische Bewegung für die Bewahrung der preußischen Autonomie, also zur Außerkraftsetzung der 1569 eingeleiteten unionsstaatlichen Integration würde überführen lassen. In dieser Phase schien es noch wahrscheinlich, daß konfessionelle Option und politische Autonomieinteressen die Mehrheit der Landesstände dauerhaft gegenüber den Verfechtern der vollen Integration einigen würden[35]. Dieses Konzept wurde dann aber bald dadurch obsolet, daß die anderen preußischen Stände, vor allem die durch die Union politisch aufgewerteten Adeligen in den Unterständen, aus der landesbezogenen Solidarität der Stände abzudriften begannen. Wie die politische Isolation der Städte im sogenannten Danziger Krieg um die Bedingungen für die Huldigung an König István Báthory deutlich machte, waren die konfessionelle und die landespatriotische Klammer letztlich nicht mehr stark genug, um das Projekt einer Behauptung separater preußischer Territorialität auf gemeinsamer ständischer Basis zu tragen.

Erst jetzt aber, nach 1577, vollzogen die Städte die Wende zu einer eigenständigen Politik territorialer Autonomiesicherung, die sowohl konfessionell als auch ständepolitisch neue Richtungsentscheidungen brachte: Über die bekenntnispolitische Annäherung der Stadtkirchen an den polnisch-litauischen Unionsprotestantismus des *Consensus Sendomirensis* einerseits sowie durch das Einschwenken auf die Idee der konstitutionellen „Reichszugehörigkeit" Preußens (an der Seite der Dissidenten) andererseits[36] versuchten die Städte nun Anschluß zu finden an die dissidentische Parteienpolitik im Unionsstaat, um einen Kurs selbständiger städtischer „Staatsbildung" zu unterstützen[37]. Dies bedeutete freilich, daß die Städte die Vorgaben des unionsstaatlichen Toleranzrechts auf eigenwillige Weise im Sinne eines territorialen *cuius regio*-Verständnisses handhabten, um die konfessionelle Integration ihrer eigenen Untertanengesellschaften ungeachtet der prekä-

---

34 Zum landesgeschichtlichen Kontext: Historia Pomorza. Hg. v. Gerard LABUDA, Bd. 2/1, Poznań [2]1976, 360-368.

35 Dazu auch BODNIAK, Stefan: Prusy Królewskie wobec unii z Koroną. In: Pamiętnik VI powszechnego zjazdu historyków polskich w Wilnie. Bd. 1, Lwów 1935, 52-57.

36 Die Tatsache, daß die Städte sich seit 1595 explizit auf den Sandomirer Konsens und die Warschauer Konföderation beriefen, hat zwar schon Gottfried LENGNICH (Geschichte der Preußischen Lande Königlich Polnischen Anteils. Bd. 4, Danzig 1726, 209 f., sowie Documenten-Anhang) erkannt und belegt, sie ist jedoch in der späteren lutherischen Historiographie beharrlich bestritten worden. Für weitere Belege MÜLLER, Michael G.: „Discursus in der Religions Sache der Preußischen Städte". Ein Dokument zur Geschichte von Konfession und Politik im Königlichen Preußen um 1600. In: Między wielką polityką a szlacheckim partykularizmem. Hg. v. Kazimierz WAJDA u.a., Toruń 1993, 177-187.

37 Hierzu und zum Folgenden MÜLLER.: Zweite Reformation (wie Anm. 5) 179-188.

ren Rechtslage, in die sie sich damit bekenntnis- und verfassungspolitisch begaben, voranzutreiben.

Innerstädtisch äußerte sich dies in der Profilierung eines neuen, von Reformierten im Patriziat und in geistlichen wie weltlichen Ämtern gemeinsam getragenen konfessionellen Stadtregiments. Dieses stand nicht nur für konsequente Anstrengungen, die protestantische städtische Kirchenorganisation und das städtische Schulwesen in einen obrigkeitlich definierten und kontrollierten bekenntniskirchlichen Rahmen einzubinden. Vielmehr verbanden sich damit auch allgemeinere Ziele einer obrigkeitlichen Durchdringung und „Disziplinierung" der Stadtgesellschaft, welche von ihren Verfechtern ausdrücklich mit konfessionellen Argumenten begründet wurden; nicht nur die Bekämpfung von Aberglauben und Zuchtlosigkeit, so machten die Danziger Reformierten 1605 geltend, liege bei ihnen in besseren Händen als bei den Lutheranern, sondern auch die Sorge um „gute policey"[38]. Nicht zuletzt spiegelte sich im konfessionellen Zusammenrücken der Stadteliten ein sozialer Ausgrenzungsprozeß: Reformiertes Bekenntnis und akademische Bildung, die Merkmale der patrizischen und ratsnahen Schichten, galten zunehmend als die entscheidenden Kriterien, welche für Amts- und Herrschaftsfunktionen in den Städten qualifizierten – oder wie es ein lutherischer Kritiker des Danziger Ratsregiments 1605 formulierte: „Wer es mit dem Calvinischen hauffe hielte, müste für gelehret, weise und bescheiden gelten und zu alle nutztragenden ämptern gebrauchet werden."[39] Aber auch für die Außenbeziehungen der drei großen preußischen Städte wurde die reformierte Konfessionalisierung insofern bedeutsam, als auf dieser Grundlage die Brücke zur politischen Kooperation mit den protestantischen Ständen in Polen und Litauen geschlagen werden konnte. Zwar waren letztere selbst weit von konfessioneller Geschlossenheit entfernt. Doch mußten die städtischen Bekenntnispositionen dafür wenigstens mit dem im Consensus Sendomirensis festgehaltenen Bekenntnisausgleich „kompatibel" sein; erst die 1595 von den Städten artikulierte Versicherung, zu „einmüthiger Erhaltung unter den Reformirten Religions verwandten einigkeit"[40] beitragen zu wollen, öffnete hier den Weg, um sich in das ständepolitische Lager der Dissidenten einfügen zu können.

Freilich, diese in den siebziger Jahren begonnene Entwicklung zu einer reformierten Konfessionalisierung war an sich nur kurzlebig. In allen drei Städten nämlich gerieten die Reformierten bald nach 1600 unter den Druck massiver lutherischer Gegenbewegungen, und überall wurde das Reformiertentum als städtischer Bekenntnisstand spätestens in den vierziger Jahren des 17. Jahrhunderts preisgegeben[41]. Das hatte seinen ursprünglichen Grund in der Tatsache, daß die reformierte Ausrichtung von Anfang an auf Widerstände bei Teilen der städtischen Geistlichkeit und bei Gemeinden gestoßen war; die Hoffnung der Räte, ihre Kirchen dem Einfluß des deutschen Konkordien-Luthertums entziehen

38 Bericht des Danziger Bürgerschaftsbeauftragten aus Krakau vom 7.11.1605 im Zusammenhang mit der Verhandlung des Danziger Bekenntnisstreits vor dem König, Archiwum Państwowe Gdańsk, R/Pp 16, fol. 631f.

39 Ebd., 300 R/Pp 19, fol. 146.

40 Discursus Gedanensis 185.

41 Die einzelnen Abläufe bei MÜLLER: Zweite Reformation (wie Anm. 5) passim.

und bekenntnispolitischen Konflikten wie denen im Reich durch einen langsamen und unauffälligen Übergang vom Philippismus zum Reformiertentum bewahren zu können, erfüllten sich nicht. Doch wurden die Widerstände bei einzelnen Gemeinden und Geistlichen erst dadurch zu einer Gefährdung für den Konfessionalisierungskurs der Städte, als sich namentlich in Danzig der Bekenntnisstreit auf zwei Ebenen politisierte. Zum einen nahmen sich politische Kontrahenten der Räte aus der Bürgerschaft der lutherischen Sache an, um über die Bekenntnisfrage in eine Konfrontation mit dem Stadtregiment eintreten zu können. Zum andern aber lieferten die religiös unterlegten „Bürgerkämpfe" um 1600 ihrerseits den Vorwand dafür, daß die Krone in der Religionsfrage in den Städten intervenieren konnte – in der Perspektive, die dissidentische Ständepartei durch eine Isolierung der preußischen Protestanten zu schwächen, zumindest aber alte politische und wirtschaftliche Rechnungen mit den mächtigen Bürgerstädten neu aufzumachen[42].

Letztlich aber führte der auf Danzig zentrierte Konflikt im Hinblick auf die vordergründigen Hauptfragen (die Auslegung der Religionsprivilegien für das Augsburgische Bekenntnis, die Anteile von Räten und Bürgerschaften am städtischen Patronatsrecht, die Zuständigkeit von Sejm oder König in den städtischen Religionssachen) nicht zu neuen Richtungsentscheidungen – außer der, daß die Städte im Sinne der lutherischen Klagen auf die striktere Beachtung ihres Augsburgischen Konfessionsstands verpflichtet wurden. Der Einbruch in das patrizische Machtmonopol an sich sollte der opponierenden Bürgerschaft in Danzig auch über die Religionssache nicht gelingen. Zudem behielten die Räte überall den Handlungsspielraum, um den Bekenntnisstand in ihren Städten neu zu regeln – d.h. die Weichen für einen kontrollierten Übergang in eine lutherische Konfessionalisierung zu stellen. So konnte das Prinzip des konfessionellen Stadtregiments eben auch über den erzwungenen Wechsel der Bekenntnisorientierung hinweg gerettet werden. Jedenfalls blieb es in praktischer Hinsicht bei den Verhältnissen, die sich in der Phase der reformierten Konfessionalisierung herausgebildet hatten, vor allem bei der strikten Subordination des geistlichen Ministeriums und der städtischen Schulen unter das obrigkeitliche Kirchenregiment sowie bei der Praxis einer über das Bekenntnis legitimierten obrigkeitlichen Sozialkontrolle[43]. Außerdem verhalf in Danzig eine vom Rat konsequent betriebene Korrektur des städtischen Geschichtsbildes und der konfessionellen Selbstdarstellung dazu, die äußere Einheit des städtischen Protestantismus weitgehend wiederherzustellen[44]. Obgleich den lutherischen Bürgerschaften weiterhin reformierte und vor allem katholische Minderheitsgemeinden an der Seite standen, war die konfessionelle Identität und Integriertheit der großen preußischen Bürgerkommunitäten am Ende des 17. Jahrhunderts unwiderruflich gefestigt.

---

42 Ebd., 111-138.

43 Für die Thorner Entwicklung liefert jetzt ein genaues Bild: Historia Torunia. Hg. v. Marian BISKUP, Bd. 2/2, Toruń 1994, besonders 169-203, 289-294.

44 Zu den Maßnahmen des Danziger Rats, die von der Zensur städtischer Geschichtsschreibung über den Konfessionsstreit bis zur „Säuberung" der Ratsrezesse von konfessionell kompromittierenden Einträgen reichten: MÜLLER: Zweite Reformation (wie Anm. 5) 136f. - Allgemein verdient der Prozeß der Konstruktion bekenntnisgeschichtlicher Tradition in Preußen im 17. Jahrhundert genauere Untersuchung.

Die „erfolgreiche“ stadtterritoriale Konfessionalisierung sollte längerfristig allerdings auch das Verhältnis zwischen den preußischen Städten und dem Unionsstaat beeinflussen, und zwar im Sinne einer tendenziellen kulturellen Ausgrenzung. Der Übergang der preußischen Städte zum Protestantismus im 16. Jahrhundert hatte an sich noch nicht in dieser Richtung gewirkt. Eher im Gegenteil: Im Zeichen der reformierten Konfessionalisierung waren die Städte am Ende des Jahrhunderts in gewisser Weise sogar enger als je zuvor in das ständische Gefüge des Gesamtstaats einbezogen worden; der Anschluß an die adeligen Konfessionsverwandten in Polen und Litauen hatte für die Preußen neue politische Beziehungssysteme, aber auch Wege der Elitenintegration zwischen Patriziaten und Adel erschlossen. Nach der Jahrhundertwende wurden dann aber schrittweise gegenläufige Tendenzen wirksam. Durch den politischen Zerfall des dissidentischen Lagers unter den Ständen seit 1607 verringerten sich die Einflußmöglichkeiten der protestantischen Städte außerhalb der eigenen Provinz allmählich wieder. Doch erst in der Phase des Übergangs der Städte zum Luthertum wurde deren konfessionelle Orientierung allmählich auch zum signifikanten Merkmal eines „Minderheitsstatus“. Erst jetzt kam es dazu, daß in der Außenwahrnehmung die sprachlichen, konfessionellen und sozialen Kennzeichen der Stadtgesellschaften zu einem einheitlichen Bild von „Fremdheit“ verschmolzen – d.h., daß die deutschsprachig-lutherischen Bürgerstädte als außerhalb nicht nur der katholischen Mehrheitsgesellschaft, sondern auch der unionsstaatlichen Stände- und Elitenkultur stehend gesehen wurden[45].

45 Einige Beobachtungen dazu bei DEMS.: Städtische Gesellschaft (wie Anm. 25) passim.

Confessionalization and the Army in the Polish-Lithuanian Commonwealth 1550-1667

Robert I. Frost

I

On 1 April 1656, in the crowded Catholic cathedral in Lwów, king John Casimir of Poland-Lithuania knelt on the lowest step of the high altar and swore a solemn oath to the Virgin Mary, thanking her for the change in fortune which had brought him back from exile. He had fled the country the previous autumn after the Swedish invasion of July 1655 had provoked a complete military and political collapse, returning after the first signs of resistance to the Swedes in late 1655 and early 1656. In the presence of the papal nuncio, Pietro Vidoni, John Casimir adopted the Virgin as his patron and declared her Queen of Poland-Lithuania, swearing to free the common people from injustice and to lighten the burdens under which they were labouring. Within the week, the influence of the Commonwealth's new patron was apparently demonstrated. On 7 April, Stefan Czarniecki and Jerzy Sebastian Lubomirski destroyed a Swedish force under Friedrich of Baden at Warka. On the feast day of Poland's patron St Wojciech (23 April), shortly after fifty-five leading Swedish prisoners and twenty standards captured at Warka arrived in Lwów, John Casimir swore a second oath, promising in the event of final victory to found a new basilica dedicated to Our Lady, and strengthening his commitment to fund the payment of his army in perpetuity without burdening the exhausted and distressed common people[1].

In placing his country's fate firmly in the hands of the Virgin, John Casimir announced his intention in the most public fashion to launch a religious – if not a holy – war against the Lutheran Swedes[2]. The Lwów oaths were but one of a series of attempts by the royal court to emphasize the confessional nature of the struggle. As early as December 1655, Queen Louise Marie Gonzaga had seen the propaganda potential of the defence of the Pauline monastery of Jasna Góra in Częstochowa against a rather half-hearted Swedish siege (18 November-27 December 1655); it was the Queen who first suggested that the history of the siege should be written, and who, with characteristic energy, encouraged the publication in early 1658 of an account by the monastery's prior, father Augustyn Kordecki, which explicitly credited the Virgin with repulsing the Swedish armies from

1 KUBALA, Ludwik: Wojna szwecka w roku 1655 i 1656. Lwów 1913, 307-309. - WASILEWSKI, Tadeusz: Ostatni Waza na Polskim Tronie. Katowice 1984, 187-191.

2 For the distinction between a religious and a holy war, see BIRELEY, Robert: The Thirty Years War as Germany's Religious War. In: Krieg und Politik 1618-1648. Europäische Probleme und Perspektiven. Hg. v. Konrad REPGEN, München 1988, 85-106.

the shrine[3]. Kordecki's *Nova Gigantomachia* was a runaway success, stimulating a burgeoning cult and providing the basis for most subsequent accounts of the siege[4].

Such actions were clear attempts by the royal court to legitimize a conflict for which John Casimir's subjects had initially shown little enthusiasm. Until July 1655, many had hoped to enlist Sweden in the war against Muscovy which had begun in 1654, and blamed the king for refusing to resign his dynastic claim to the Swedish throne as the necessary price for an alliance. There was little stomach for a fight. In July 1655 the noble levy of Great Poland capitulated at Ujście after offering token resistance; in August the Lithuanian Grand Hetman Janusz Radziwiłł signed a treaty with the Swedes at Kiejdany, and in October, the main Polish army surrendered near Cracow. Nevertheless, the Swedish king, Karl X Gustav, was unable despite strenuous efforts to ensure his forces respected the promises he had made concerning szlachta liberties and respect for Catholicism. Resistance followed as relations rapidly deteriorated; although there were still some Poles in Swedish service at the time of the Lwów oaths, most had abandoned the Swedes after the formation of the Confederation of Tyszowce by the Polish army in December 1655.

The Lwów oaths and *Nova Gigantomachia* were deliberate – and successful – attempts to appeal to confessional loyalties in the army and in szlachta society at large. Historians have recently emphasized the central importance of confessionalization for the emergence of the modern European states system in the seventeenth century[5]. The process of internal confessionalization, along with the development of more permanent military structures and the emergence of new-style state bureaucracies, was intimately linked with the growing assertion of a state monopoly over foreign policy and the legitimate use of force, which was well advanced by 1650, if by no means complete. Nevertheless, the foundations had been laid for the emergence in the second half of the century of a new international system based after the Treaty of Westphalia more on reason of state than confessional divisions.

The most significant loser in this new system was Poland-Lithuania, which, although the dominant power in north-eastern Europe in 1619, had ceased to exist by

---

3 KORDECKI, Augustyn: Nova Gigantomachia contra Sacram Imaginem Dei Paræ Virginis a Sancto Luca depictam et in Monte Claro Częstochoviensi ... per Suecos et alios hereticos excitata ... Kraków 1658. The first edition was deliberately dated 1655. The royal court took a close interest in the preparation of the text for publication, with early versions being read and approved by John Casimir and Vidoni: KERSTEN, Adam: Pierwszy opis obrony Jasnej Góry w 1655 r. Studia nad Nową Gigantomachią Ks. Augustyna Kordeckiego. Warszawa 1959, 35-47.

4 KERSTEN, Adam: Szwedzi pod Jasną Górą 1655. Warszawa 1975.

5 See in particular SCHILLING, Heinz: Konfessionalisierung und Formierung eines internationalen Systems während der frühen Neuzeit. In: Die Reformation in Deutschland und Europa: Interpretationen und Debatten. Hg. v. Hans R. GUGGISBERG und Gottfried G. KRODEL, Gütersloh 1993, 591-613. - DERS.: Formung und Gestalt des internationalen Systems in der werdenden Neuzeit - Phasen und bewegende Kräfte. In: Kontinuität und Wandel in der Staatenordnung der Neuzeit. Beiträge zur Geschichte des internationalen Systems. Hg. v. Peter KRÜGER, Marburg 1991, 19-46.

1795. A central factor in the Commonwealth's failure to sustain its international position was its relative decline as a military power between 1648 and 1721, which has traditionally been explained in terms of its supposed backwardness. Now that historians of east-central Europe are rejecting the application of models of development and modernization based on the paths taken in the absolute monarchies of western Europe, however, and insisting on the need to study the *Ständestaaten* of the region on their own terms, it is important to reexamine the standard interpretations of backwardness and failure applied to these societies by historians for so long[6]. In the course of the Northern Wars (1558-1721), Poland-Lithuania experienced many of the forces of modernization – including confessionalization – which were important for the development of more effective state structures elsewhere in Europe; indeed, there was substantial military change, albeit along lines determined by the nature of the Commonwealth's political and social structures[7].

One of the most intractable problems was religious. Poland-Lithuania straddled the great Greek-Latin cultural and religious divide, and was already religiously diverse before the Reformation complicated matters even further. The creation of a real union between Poland and Lithuania at Lublin in 1569 was followed by the famous assertion of religious toleration in the 1573 Warsaw Confederation, but the continuing strength of Orthodoxy in the truncated Grand Duchy of Lithuania – and especially in the Ukrainian palatinates which were annexed to the Kingdom of Poland in 1569 – the rapid spread of various forms of Protestantism in the second half of the sixteenth century and the powerful revival of Catholicism after the Council of Trent, created a volatile cocktail of forces in an age when legal toleration was based more on political expediency than any belief in its inherent desirability. The Commonwealth may have seen little official persecution of religious dissenters, but it fully experienced the contemporary European sharpening of conflict between Catholic and Protestant from the late sixteenth century, and faced the additional problem of worsening Catholic-Orthodox relations. The notable recovery of Catholicism among the szlachta after 1600 increased the sense of vulnerability among those who remained Calvinist or Arian, while the failed attempt to win broad support in the eastern territories for the creation of the Uniate Church in 1596[8], which left large sectors of the population loyal to the Orthodox hierarchy – banned from 1596 until the 1630s – was to have fateful consequences.

---

6 See Ständefreiheit und Staatsgestaltung in Ostmitteleuropa. Übernationale Gemeinsamkeiten in der politischen Kultur vom 16.-18. Jahrhundert. Hg. v. Joachim BAHLCKE, Hans-Jürgen BÖMELBURG und Norbert KERSKEN, Leipzig 1996, in particular the authors' introduction (7-11), and the concluding essay by Winfried EBERHARD, 311-318.

7 For a full treatment of this problem, see FROST, Robert I.: The Northern Wars: War, State and Society in Northeastern Europe 1558-1721. Longmans 2000 (forthcoming).

8 In return for accepting papal supremacy, the Uniates kept the Orthodox rite and continued to allow the secular clergy to marry. Although much of the Orthodox hierarchy supported the Union, it was less popular among the parish clergy and the laity, and it was only in the late seventeenth century that the Church really became firmly established, by which time the Orthodox hierarchy had been reestablished (from 1632).

After the constitutional transformations of 1569-1573, the political ideals of the Commonwealth won an impressive level of support from its elites, whatever their religion. Yet religious divisions remained important barriers to cultural integration. The success of Catholic confessionalization among the majority of the szlachta after 1600, including those who hailed from Lithuania and the Ukraine, left many who clung to Protestantism or Orthodoxy politically marginalized and threatened with partial or even complete exclusion from the political nation, and therefore the considerable benefits of the Commonwealth's mixed constitution. Protestantism received important protection, however, from the Calvinist branch of the powerful Radziwiłł family in Lithuania, while Orthodoxy continued to thrive in the Ukraine; the tension between the legal toleration which was seen as an inherent component of the liberties of the szlachta and the increasingly intolerant temper of relations between the faiths became ever clearer. This would have been an intractable problem even had the Commonwealth remained at peace; in an age of religious war, it represented a threat to the very viability of the state.

For the Commonwealth was almost permanently at war throughout the age of confessionalization: fighting was all but constant from 1558 until 1667, apart from a brief period between 1635 and 1648. Although these wars were fought for many reasons, including regional hegemony, control of trade and territorial or dynastic rivalry, each had a powerful religious element. The szlachta liked to present the Commonwealth to the rest of Europe as the main bastion against the Islamic world, but although its south-eastern borderlands were frequently ravaged by Tatar raids, there were only two brief wars with the Ottoman Empire in this period, in 1619-1621 and 1634. Far more important were the conflicts with Lutheran Sweden and Orthodox Muscovy. In each case – in direct contrast to its enemies – the Commonwealth was forced to confront the considerable problem of containing substantial religious minorities whose loyalty – often unjustly – came under suspicion. In the fighting in Livonia after 1600, and in Royal Prussia after 1626, there were frequent accusations that the local Lutheran inhabitants were sympathetic to the Swedes, perhaps with more justification in the former than the latter, whose Lutheran citizens identified strongly with the Commonwealth[9]. If it was not until 1654 that the Zaporozhian Cossacks accepted the protection of the Orthodox tsar, sparking off the bitter Thirteen Years' War (1654-1667) for Lithuania and the Ukraine, the reliability of the Orthodox population had long been in doubt. The implications of this state of affairs for the Commonwealth's military institutions were considerable. For religion was of central importance both within the army, and as part of the wider political battle over war, peace and the defence of the Commonwealth.

---

9 See FRIEDRICH, Karin: The Other Prussia: Poland, Prussia and Liberty, 1569-1772. Cambridge 1999 (forthcoming), chapter 6.

II

The problem of armies and confessionalization has come in for remarkably little attention from historians. This is, perhaps, largely due to a perception that the age of confessionalization and religious war also saw the climax of large-scale military contracting and predominantly mercenary forces, in which soldiers regularly fought in armies of a different confessional loyalty to their own. The need to earn a living ensured that soldiers were often unable to be too particular about whom they served, while the high demand for skilled soldiers in the bellicose century between 1550 and 1650 meant that monarchs and generals were forced to place a higher premium on professionalism than confessional loyalty. Profit was a leading consideration for mercenaries such as the Scots Catholic Patrick Gordon, who fought in both the Swedish and the Polish armies between 1655 and 1660, before serving the Orthodox cause in the armies of the tsar for the rest of his career. It was common for soldiers to change sides, often because they were captured, as happened to Gordon on three occasions, or for purely material reasons. It was not uncommon for professional soldiers to seek employment with the best commanders of the day, in order to further their knowledge of their trade, like the Lutheran Swede Gabriel Kurck, who enlisted in the Spanish Army of Flanders in 1653, serving for a year until the siege of Rocroi, in order to observe and learn about the military art[10].

The undoubted realities of life as a career soldier have often blinded historians to the importance of religion to the ordinary soldiers and officers who fought in the armies of this period. For all that the army is usually regarded as a fundamental – if not the central – institution in the process of state formation during the seventeenth century, and although confessionalization is presented as another vital aspect of this process, the religious life of ordinary soldiers and officers has attracted surprisingly little attention. Historians confronting the question of whether or not the wars of this period were religious in nature concentrate overwhelmingly on the actions and motivations of those who directed the armies, not those who fought in them: thus Robert Bireley focuses on Ferdinand II, Maximilian I and their respective confessors, while Konrad Repgen concentrates on demonstrating that the legitimation of war by rulers – if not necessarily its motivation – was religious in nature[11]. Even in the period after 1650, when the interaction of the new standing armies with society has come in for considerable attention,

10 Landshöfdingen Friherre Gabriel Kurcks lefnadsminnen upptecknade af honom själf. Hg. v. Reinhold HAUSEN, Helsingfors 1906, 19f., 33-39.

11 BIRELEY: Thirty Years War (see note 2). - DERS.: Religion and Politics in the age of the Counterreformation. Emperor Ferdinand II, William Lamormaini S.J. and the Formation of Imperial policy. Chapel Hill, N.C. 1981. - DERS.: Maximilian von Bayern, Adam Contzen S.J. und die Gegenreformation in Deutschland 1624-1635. Göttingen 1975. - REPGEN, Konrad: What is a religious war? In: Politics and Society in Reformation Europe. Essays for Sir Geoffrey Elton on his Sixty-Fifth Birthday. Hg. v. Erkki Ilmari KOURI und Tom SCOTT, London 1987, 311-328, German version: Was ist ein Religionskrieg? In: Zeitschrift für Kirchengeschichte 97 (1986) 334-349.

religious aspects of military life have frequently been overlooked, as if, with the process of confessionalization supposedly complete, they can safely be ignored: there is frequently more about prostitutes than padres in the detailed studies now emerging about the army and society in the seventeenth and eighteenth centuries[12]. Yet the army could be both an instrument of confessionalization – as was the case with the forces of Tilly and Wallenstein in the Empire during the 1620s – and a barometer registering its impact. If standing armies emerged in the second half of the seventeenth century as important agents – whether directly or indirectly – of *Sozialdisziplinierung*, the foundations of the new system were laid before 1650. Although the age of religious wars is taken to have ended by that date, religion still provided the moral underpinning of the system: according to Wolfgang Reinhard, confessionalization had brought the „Zusammenwirken der Kirche mit der Staatsgewalt“[13].

It seems important, therefore, to study the development of confessionalization in the army, which was the principal embodiment of *Staatsgewalt.* Although the writing of military history from below is very much in its infancy, and although establishing the ideas and beliefs of ordinary soldiers and officers is difficult[14], there is a wealth of contemporary evidence to suggest that, for all the constraints of military life in the last age before the emergence of modern standing armies in Europe, religion was a matter of fundamental concern to many who fought in the ranks, and the confused confessional situation brought many clashes, like the incident in January 1568 when the Scots mercenary captain John Clarke, in Danish service during the First Northern War, deliberately set alight the Brigittine convent at Vadstena in January 1568 to test the efficacy of holy relics that he found an elderly nun clutching in a cloth as his soldiers burst in, with predictable results: „Das heiligthum vnd die kunst hat dem feuer nicht wehren kunnen, also ist die schöne Kircke, dazu mit ihrer abgotterey vrsach gegeben, gantz vorbrandt. Das Tuchlein aber hat der Capitein zu sich genommen vnd dem Hern Feldtobersten auch

12 See, for example, BURSCHEL, Peter: Söldner im Nordwestdeutschland des 16. und 17. Jahrhunderts. Göttingen 1994 and PRÖVE, Ralf: Stehendes Heer und städtische Gesellschaft im 18. Jahrhundert. Göttingen und seine Militärbevölkerung 1713-1756. München 1995. Despite a wealth of detail on all aspects of military life, neither book pays much attention to the religious life of the soldiery. Redlich's classic study of German officers discusses their motivation entirely in terms of economics and concepts of honour, and of their integration into society, with no attention paid to religion: REDLICH, Fritz: The German military enterpriser and his work force II. Wiesbaden 1965, 142-169.

13 REINHARD, Wolfgang: Was ist katholische Konfessionalisierung? In: Die katholische Konfesssionalisierung. Hg. v. DEMS. und Heinz SCHILLING, Münster 1995, 419-452, here 432.

14 See WETTE, Wolfram: Militärgeschichte von unten. Die Perspektive des „kleinen Mannes“. In: Der Krieg des kleinen Mannes. Eine Militärgeschichte von unten. Hg. v. DEMS., München ^{2}1995 [^{1}1992], 9-47. - Ein Söldnerleben im Dreißigjährigen Krieg. Eine Quelle zur Sozialgeschichte. Hg. v. Jan PETERS, Berlin 1993, 7-29.

vielen andern gezeigt. Es ist aber nicht anders den etliche kleine beine, stein vnd ander narrenwerck darin gewesen"[15].

Clarke clearly possessed a strongly confessionalized identity, but it was not just the divide between Catholic and Protestant which caused trouble. The Calvinist Scots mercenaries who fought in the Swedish armies in the 1560s and 1570s caused serious problems for their Lutheran employer. The Lutheran pastor Balthasar Rüssow greeted the arrival of the Scots in Reval in 1573 with clear disapproval on religious grounds after they took over a house for Calvinist worship, expressing his relief that the Scots did not know German: „sunst hedde se mannigen Minschen mit er schwermerye beschmittet". He recounted with relish how the constant swapping of insults between the Scots and their Lutheran German comrades led to a bloody clash at Wesenberg in March 1574, in which he claimed 1,500 Scots died, watched with astonishment by the town's Muscovite defenders[16].

Although this incident could have been the result as much of national as religious antipathies, it is clear that confessional issues frequently played a role, and there is abundant evidence that despite the mercenary character of armies hired soldiers by no means took their faith lightly. The Scots Calvinist Robert Monro, who served both Christian IV and Gustav Adolf during the Thirty Years' War was in no doubt that he was fighting for „the distressed Queene of *Bohemia* and her Princely Issue", for „the libertie of our distressed brethren in Christ" and for „the libertie and promotion of Christ's Gospell", remarking that: „Nothing earthly is more pleasant to be seene, than to see brethren in Christ conjoyned against God's enemies, for advancing of the glory of God, in promoting of his Gospell, and for setting at libertie those poore soules (our brethren in Christ) that were kept long under the yoke and tyranny of the house of *Austria*, and the Catholique League, their mortall enemies"[17].

Although he was well aware that Gustav Adolf, like other monarchs, made leagues with those of a different religion to pursue their aims, and on occasion broke their word, he argued that „the example of Kings, in this point of their covenants, is not to be imitated by any other inferiours, for in respect of them, though not in respect of God, they are privileged persons; who cannot be punished for their faults but by God alone"[18]. Soldiers often clearly preferred service in armies which reflected their own religious beliefs – as did Monro and the Catholic Gordon, who felt comfortable serving the Poles and left Poland with regret in the early 1660s only because he was unsure about his long-term career prospects. As Gráinne Henry has shown, despite the initial attempt by the English

15 Dagbog over Daniel Rantzovs vinterfelttog i Sverig fra den 20de Oktober 1567 til den 14de Februar 1568. Monumenta Historica Daniæ. Historiske Kildeskrifter. Række II. Bd 1. Ed. by Holger RØRDAM, Copenhagen 1884, 1-128, here 84.

16 RÜSSOW, Balthasar: Chronica der Provintz Lyfflandt, darinne vermeldet werdt. Wo dath sülvige Landt ersten gefunden, unde thom Christendome gebrachtys ..., Tom. II. Riga-Leipzig 1853, 100f.

17 MONRO, Robert: Monro His Expedition with the Worthy Scots Regiment (called Mac-Keyes Regiment) ... London 1637, Part II, 62, 70.

18 Ebd., 105.

government in the 1580s to despatch Irish troops to serve in the rebel Dutch armies against Spain, the vast majority of some 10 000 Irish emigrants to the Low Countries between 1585 and 1622 served in the Spanish Army of Flanders, where they were absorbed into a European counter-reformation world[19].

III

If confessional issues were important even in mercenary forces, they were likely to be even more so in the Commonwealth's armies. Although Poland-Lithuania employed foreign mercenaries throughout this period, the bulk of its armies was formed by native troops, who upheld the ideals of a citizen army propounded by Machiavelli; even in the foreign contingent (*autorament cudzoziemski*), first established in the 1630s, in which substantial numbers of foreigners did serve, the great majority of troops was raised in the Commonwealth. By the mid-sixteenth century, the core of this army was professional – or at least semi-professional. Although there was only a small permanent force of some 4 000 – the so-called quarter army (*wojsko kwarciane*) – there was a wide pool of nobles with military experience, and the quarter army was increased in time of need by units of regular troops, who were supplemented by the Zaporozhian Cossacks and by the noble levy (pospolite ruszenie). In 1659, at the height of the Second Northern War, the Commonwealth was supporting some 54 000 regular troops, the largest number it had ever raised[20].

Within this force the native contingent (*autorament narodowy*) which comprised most of the cavalry and units of Polish- and Hungarian-style infantry eschewed the hierarchical structure that was standard in contemporary European armies in favour of the traditional comrade (*towarzysz*) system, in which the *rotmistrz* (captain) who contracted to raise the unit, would recruit individual *towarzysze*. These in turn would bring a retinue (*poczet*) of 2-6 men, which formed an integral part of the company's fighting strength. This non-hierarchical structure reflected the szlachta's egalitarian ethos: all *towarzysze* were of equal status and had an equal voice in the *koła* (circle) which governed the affairs of the company (*chorągiew*) under the captain. Although members of the retinues were almost invariably of lower social status, many were impoverished nobles themselves, for whom service in the army represented both a justification of their social position and privileges and a possible route to social and economic advancement.

This flexible, cell-like structure was well suited to the mobile, cavalry-based wars of eastern Europe; its democratic and non-hierarchical nature also ensured that there was a far higher proportion of towarzysze in each unit than officers in a more conventional force: since the usual retinue was in fact composed of only two to three men, the *towarzysze* constituted between one quarter and one third of the entire company,

19 HENRY, Gráinne: The Irish military community in Spanish Flanders, 1586-1621. Dublin 1992, 144.

20 WIMMER, Jan: Wojsko polskie w drugiej połowie XVII wieku. Warszawa 1965, 122.

usually 150-200 strong. This meant that their influence in setting the tone of behaviour was even more important, especially since the more enterprising and able members of the retinues sought, and frequently achieved, the status of *towarzysz*. The native contingent thus both reflected and absorbed the political culture of the noble Commonwealth; it was in consequence a political force of great importance throughout this period. Army units were often prepared to form confederations in support of demands for payment of arrears in wages, or – as in the 1660s – for political ends. The army, as John Casimir found out when he tried to enlist its support for his campaign for the election of his successor *vivente rege* despite the condemnation of the plan by the 1662 Sejm, was more the upholder of szlachta liberties than an obedient instrument of *Staatsbildung*.

If, therefore, confessionalization took place in the army, it was as much a reflection of wider processes operating in szlachta society as a process directed from above by the government. It would be foolish, however, to deny the importance of royal influence. Although the monarchy had to tread carefully in what was a religiously diverse state, all kings from Stefan Batory (1576-1586) to John Casimir (1648-1668) – including the relatively tolerant Władysław IV (1632-1648) – emphasized the religious nature of the wars in which they were involved and welcomed opportunities to promote confessional ends; indeed, there were distinct advantages to be derived from depicting the wars fought by the Commonwealth as religious and not merely the result of the monarchy's dynastic or private ambitions. Batory used his great campaigns against Ivan IV between 1579 and 1582 to promote the interests of the Catholic church. As his armies flooded eastwards to recapture Polotsk (1579), take Velikie Luki (1580) and lay long and determined siege to Pskov (1581-1582), they were accompanied not only by numerous Jesuits, but also by the papal nuncio Antonio Possevino, avid for the great prize of reunification with Orthodoxy to balance the losses to Protestantism in the west. Possevino eagerly sought permission to convert Muscovite prisoners, while Jesuits were assigned former Orthodox property to open a college in Polotsk; when the local Orthodox szlachta protested, Batory asked them to produce documentary proof that their ancestors had left property only for the use of the Orthodox church and stressed that, while he did not wish to touch the liberty of religion, his main concern was to assure the spiritual well-being of the local people, who were but poorly educated in Christianity[21].

The efforts of Possevino and the Jesuits were part of a wider campaign carried on throughout this period by the Catholic authorities, aided by Catholic commanders, to confessionalize the army. A large number of priests accompanied the armies as chaplains, and every opportunity was taken to promote the faith[22]. The Lithuanian Grand

---

21 PIOTROWSKI, Jan: Dziennik wyprawy Stefana Batorego pod Psków. Ed. by Aleksander CZUCZYŃSKI, Kraków 1894, 15, 22f.

22 Several wrote accounts of their experiences. Apart from Piotrowski's diary, see DĘBOŁĘCKI, Wojciech: Pamiętniki o Lissowczykach czyli Przewagi Elearów Polskich (r. 1619-1623). Ed. by Kazimierz Józef TUROWSKI, Kraków 1859 [^{1}1623]. - PIKARSKI, Adrian: Diarium bellice progressus cum Georgio Rakocio. Ex castris ad Miedzyboż 23 Julii 1657, pater Adrianus Pikarski Soc. Jesu scripsit. In: Xiądz Adryan Pikarski i Jego Dziennik wyprawy przeciwko Rakocemu r. 1657. Ed. by Bernard KALICKI, Lwów 1869.

Hetman Jan Karol Chodkiewicz interrupted his march on Kircholm in 1605 for forty hours of prayers, spending seven hours before the altar himself; he was rewarded with a crushing victory over Karl IX's much larger Swedish army[23]. Before the equally stunning victory over an enormous Muscovite army, which included large contingents of foreign mercenaries, at Klushino in 1610, chaplains accompanied the army on a perilous march at night through dense forest and were therefore able to give benedictions to all units before the surprise dawn attack[24]. Forty years later, Mikołaj Jemiołowski (c. 1620-c. 1693), a petty noble who served for twenty years as a *towarzysz* in a company of light cavalry, described how, on the morning after the first successful phase of the battle of Beresteczko (28-30 June 1651), which ended in a crushing victory for John Casimir over the Cossacks and their Tatar allies: „in the royal tent, where there was a miraculous portrait of Our Lady of Chełm, Holy Mass was celebrated in great reverence by all who were there; the Lord God having been thanked for yesterday's good beginning to the campaign, the army was led out into the field“[25].

Calls to arms by John Casimir and by church or state officials in 1655-1656 stressed repeatedly the religious nature of the struggle; the Lwów oaths were merely part of a much wider propaganda campaign. Andrzej Trzebicki, bishop of Cracow, urged Poles to take up arms since Karl Gustav had launched an attack on the Catholic religion, which he sought to obliterate, introducing instead „the pernicious Lutheran sect“; he also pointed out – quite justifiably – that the Swedes had been looting Catholic and Orthodox churches[26].

How successful were such efforts? Sources from Batory's Muscovite wars written by Catholics show evidence of a religious consciousness which is generally Christian but only rather loosely Catholic. Piotrowski, though himself a priest, regarded Possevino's attempts to convert the Orthodox with deep scepticism, although he was less averse to his efforts with regard to Lutherans; even so, his diary contains numerous dry asides at the expense of the Jesuits[27]. In any case, the armies that Batory led east were confessionally mixed, and a degree of care had to be taken with religious matters. The account of the Lutheran Jan Zborowski († 1604) reveals that when Batory addressed the troops, as at the siege of Uświat in August 1581, he appealed merely to God the Almighty, with the significant omission of the sort of appeal to the Virgin Mary or other Catholic saints

23 KORZON, Tadeusz: Dzieje wojen i wojskowości w Polsce. II. Lwów-Warszawa [2]1923, 143.

24 MASKIEWICZ, Samuel: Pamiętnik. In: Pamiętniki Samuela i Bogusława Kazimierza Maskiewiczów. Ed. by Alojzy SAJKOWSKI, Wrocław 1961, 91-220, here 128.

25 JEMIOŁOWSKI, Mikołaj: Pamiętnik Mikołaja Jemiołowskiego, Towarzysza Lekkiej Chorągwi Ziemianina Województwa Bełzkiego, obejmujący dzieje Polski od roku 1648 do 1679, porządkiem lat opowiedziane. Ed. by August BIELOWSKI, Lwów 1850, 21.

26 Proclamation of Andrzej Trzebicki, bishop of Cracow (undated, but clearly late 1655 or early 1656). - Biblioteka Muzeum im. ks. Czartoryskich w Krakowie (hereafter Czart.), 2576, 397. Cf. Uniwersał kasztelana Chełmskiego w Chełmie, 14.12.1655, Biblioteka Polskiej Akademii Nauk w Krakowie, Oddział Rękopisów, 367, 79.

27 PIOTROWSKI: Dziennik (see note 21) 15, 133.

made by John Casimir at Lwów eighty-five years later[28]. Although it is difficult to discern from the diaries of Lutherans such as Zborowski, or the Prussian captain Łukasz Działyński (c. 1556-1583)[29], it seems that the religious services held before and after battle, when the *Te Deum Laudamus* was usually sung, were attended by both Lutherans and Catholics, and may have been fairly neutral in religious terms. Certainly the daily passwords which were selected for the troops, although invariably religious, were not confessional in nature, being neutral phrases such as: „Lord God, give us good counsel" or „Lord God, be our leader"[30].

Since both these commanders were Protestants, it is possible that more Catholic slogans were used in other units, as was the case with the passwords used by Grand Hetman Stanisław Koniecpolski in Royal Prussia in 1626-1629, which were clearly and openly Catholic, usually the names of saints[31]. Yet diaries and memoirs written by participants in the Muscovite wars of the early seventeenth century also reveal little in the way of specifically confessional feeling, despite the deliberate targeting of Catholics during the massacres in Moscow following the overthrow of the First False Dmitrii in May 1606. The accounts of Samuel Maskiewicz (c. 1580 - c. 1640), Jan Piotr Sapieha (1569-1611), Mikołaj Ścibor Marchocki (c. 1570 - c. 1636), or Józef Budziło, display the generalized trust in God of the Christian soldier, but otherwise there is little reference to, or interest in, confessional matters[32]. Poles and western Europeans scoffed at what they saw as the crude beliefs of the Muscovite peasantry; after the victory of the first False Dmitrii at Dobrynichi in January 1605, the German mercenary Conrad Bussow recorded how the Muscovites claimed that: „der Teutschen Gott wäre stärcker, denn der Reussen Gott, weilen ihrer nur eine Handvoll und gleichvohl Victoriam zu Wege bracht, da sie, die Reussen, so viel 100 000 von dem Feinde, dargegen sie zu rechnen ein geringes

---

28 ZBOROWSKI, Jan: Dyaryusz zdobycia zamków: Wieliża, Uświaty, Wielkich Łuk, w liście Jana Zborowskiego kasztelana Gnieźnieńskiego do Piotra Zborowskiego Wojewody Krakowskiego. In: Sprawy wojenne króla Stefana Batorego. Ed. by Ignacy POLKOWSKI, Kraków 1887, 189-203, here 193.

29 DZIAŁYŃSKI, Łukasz: Dyaryusza oblężenia i zdobycia Wieliża, Wielkich Łuk i Zawołocia od dnia 1 Sierpnia do 25 Listopada 1580 r. pisany przez Łukasza Działyńskiego starostę Kowalskiego i Brodnickiego. In: Sprawy wojenne (see note 28) 203-273.

30 ZBOROWSKI: Dyaryusz (see note 28) 195. - DZIAŁYŃSKI: Dyaryusza (see note 29) 209, 239 and passim.

31 Kontynuacja djarjusza o dalszych postępkach wojennych z Szwedami a die 1. Julii (1629). In: Przyczynki do działań hetmana polnego koronnego Stanisława Koniecpolskiego w Prusach Wschodnich i na Pomorzu przeciwko Gustawowi Adolfowi. Ed. by Otton LASKOWSKI. In: Przegląd Historyczno-Wojskowy 9 (1937) 431-444, passim.

32 MASKIEWICZ: Pamiętnik (see note 24). - SAPIEHA, Jan Piotr: Dziennik 1608-1611. In: Polska a Moskwa w pierwszej połowie wieku XVII. Ed. by Aleksander HIRSCHBERG, Lwów 1901, 167-332. - MARCHOCKI, Mikołaj Ścibor: Historya wojny moskiewskiej. Ed. by Edward RACZYŃSKI, Poznań 1841. - BUDZIŁO, Józef: Wojna moskiewska wzniecona i prowadzona z okazji fałszywych Dymitrów od 1603 do 1612 r. Ed. by Janusz BYLIŃSKI and Józef DŁUGOSZ, Wrocław 1995.

Häuflein gehabt, gestrachs im ersten Antreffen auf die Flucht gedrungen, ihr gantzes Lager, samt der Artillerie verlaufen und verlagen müssen"[33].

At Smolensk in 1607, Maskiewicz expressed his contempt for what he saw as the coarse ignorance of the Muscovite peasants in matters of faith, describing how they escaped into the forests on the approach of the Poles, taking their cattle and icons with them; when Polish foragers found them and drove off the cattle, they took out their anger on the icons – in which, Maskiewicz smugly observed, they placed too much trust – hanging them upside down from trees and contemptuously attacking them: „we prayed to you, and you did not protect us from the Lithuanians"[34].

There was a powerful anti-clerical streak in Polish political life generally, and this frequently found expression in the army, in particular over the vexed issue of Church property and its potential role in financing the army. Catholic opinion in szlachta society was not always in favour of the pursuit of narrowly confessional ends, or of placing religious above secular considerations. The frequent support among the Catholic hierarchy for the strengthening of royal power was a cause for great suspicion, and the hold exercised by the ideal of the Golden Freedoms of the szlachta – one of which was freedom of conscience – was substantial. In 1619, when Sigismund III sent aid to emperor Ferdinand II during the Bohemian Revolt, there was a great deal of sympathy among Catholics in the Commonwealth for the Bohemian rebels, despite their Protestantism[35]. The instructions to the envoys sent by the Polish army to discuss its surrender to Karl Gustav in early October 1655 demanded – in addition to the maintenance of the position and privileges of the Catholic church – respect for freedom of religion[36], and although there were strong calls during the Second Northern War for the expulsion of the Arians from Poland – duly effected by the Sejm in 1658 – this was frequently linked with calls for the maintenance of religious peace between all sects: Catholic, Dissidents and Ortho-

33 BUSSOW, Conrad: Relatio. Das ist Summarische Erzehlung eigentlichen Ursprung dieses itzigen blutigen Kriegs-Wesens in Moscowiter Land oder Russland. St. Petersburg 1851, 1-136, here 29.

34 Maskiewicz's contempt was not confined to the ordinary people: he juxtaposed this passage with an account of how Ivan IV had stripped the church of St Michael the Archangel in Smolensk of its wealth after his prayers in it for victory against Stefan Batory had not been answered. MASKIEWICZ: Pamiętnik (see note 24) 115f.

35 See the pamphlet by the leading opposition magnate Jerzy ZBARASKI, Septuaginta graves et ardues rationes, ob quas regem Poloniae hæc nos senatores et nobilitatem Regni defensioni in Hungaria, Bohemia et alibi locorum inevitabili necessitate susceptæ non adversari neque committere decet ut negotio implicentur. O.O. 1619. - German version: Siebentzig wichtige Motiven, Warumben die Kön. Mayest. in Polen / Senatores, und der Adel derselben Cron / wider Ungarn / Böhm / und die confoederirte Länder / dieser zeit mit feindlichem Uberzug / oder sonsten in andere weg zu entgegen nichts handeln / noch dem angenommenen Defensionwerck sich widersetzen sollen. O.O. 1620. Zbaraski emphasised the benefits to Polish Catholics of remaining neutral and the dangers to freedom which would follow a Polish intervention.

36 Instructia IchMMPP Posłom od IchMMPP Hetmanów y Stanów Rzeczypospolitej oraz y wszystkich Rycerstwa, w obozie pod Głogowem, 9.10.1655, Czart. (see note 26) 417 165/329. - Another copy Czart. 1656, 180.

dox[37]. Soldiers were often curious about the beliefs of others, even if, as with the Muscovites, they were scornful of them: the irrepressible Jan Chryzostom Pasek described in his memoirs how, when campaigning in Denmark in 1658, he, along with other Catholic soldiers, visited Danish Lutheran church services, observing that they were more beautiful than those of the Polish Calvinists. Although he noted that Czarniecki's personal chaplain, the Jesuit Adrian Pikarski (1615-1679), attacked them for so doing, Pasek was unrepentant, adding that some attended solely for the opportunity of gawping at the local Danish maidens and remarking that the Poles preferred campaigning with the Protestant Brandenburgers rather than the Catholic Austrians[38].

Pasek's remarks are a reminder that confessional loyalties did not necessarily breed confessional murder and mayhem. In armies where men of different religions lived and fought alongside each other, different confessions could as often be the cause of cautious interest and even humour, as was displayed in a conversation with Axel Oxenstierna recorded by Robert Monro: „Being once at dinner with the Rex Chancellor of Sweden, having drunke good Seebester beere, he asked me what I thought of that beere; I answered it pleased my taste well, he replied merrily, no wonder it taste well to your palat, being it is the good beere of your ill religion. I asked his Excellence how the good wine on the Rhine would taste at *Mentz*, being the good wine of a worse religion; he said, to be his Excellence neighbour, neare *Mentz* in the *Paltz*, at *Crewtsenach*, I would be content to keepe mine owne Religion, and to drinke goode Rhinish wine for my life time“[39].

This light-hearted exchange suggests that the mixing of religions in armies did not always lead to conflict and may well have played a part in the slow acceptance of religious divisions in European society. Yet it should not be thought that jocularity indicated any indifference or lack of commitment to their own religion on the part of Pasek or Monro. Pasek may have attended Lutheran services and displayed a great interest in Lutheran culture, but his own Catholicism was sincere enough. He was sent off to the wars with his father's exhortation to: „have recourse to the Divine name“ and a promise that his father would „beseech the Divine Majesty, assuring me that not a single hair will fall from my head unless God wills it“[40]. Although he was quite capable of laughing at the Jesuit chaplain Dąbrowski for being unable to preach without breaking down in tears, many passages in the memoirs indicate the depth and sincerity of Pasek's Catholicism[41]. He included the entire text of one of Pikarski's sermons preached before action in 1658, and remembered well „the blasphemies committed by the apostate Swedes in God's holy places“, including the stabling of horses in Cracow churches and the terrorization of

---

37 Puncta i Postanowienie KJM z PP Radami y Stanem Rycerskim pod czas Incursiey Węgrów y Szwedów A° 1657, Czart. (see note 26) 1656, 544.

38 PASEK, Jan Chryzostom: Memoirs of the Polish Baroque. The writings of Jan Chryzostom Pasek, a squire of the Commonwealth of Poland and Lithuania. Ed. by Catherine B. LEACH, Berkeley 1976, 11-13. Pasek also posed as a Lutheran to visit an Augustinian monastery where Luther had supposedly stayed. Ebd., 48.

39 MONRO: Expedition (see note 17) II, 48.

40 PASEK: Memoirs (see note 38) 8.

41 Ebd., 15.

Jesuits[42]. He carried a picture of the Virgin and the Infant Jesus with him, and in 1662 he undertook a pilgrimage to Częstochowa in fulfilment of a vow to thank God for sparing him in so many battles[43].

Pasek, whose rumbustious memoirs embody the independence of spirit which the szlachta valued so highly, would have been the last person to accept any confessionalization imposed from above. Yet the extent to which a specifically Catholic consciousness informs this most irreverent of accounts is one indication of the progress of confessionalization in the Commonwealth's armies and in szlachta society as a whole by the mid-seventeenth century. It is, of course, impossible to chart such processes with any degree of precision. Any conclusions have to be impressionistic, and take account of the fact that the sources are more abundant for the second half of the period than the first. Nevertheless, the impression that emerges is of a clear move towards a much more sharply-defined, specifically post-Tridentine identity, in which the ever-closer identification of Catholicism with the ideal of the szlachta nation provided the basis for a more strictly confessional view of the Commonwealth's wars.

Pasek's faith in divine protection was altogether typical. Within the army, where exposure to danger in battle, siege or skirmish was an everyday matter, such sentiments were strong. This made the army a peculiarly fertile field for confessionalization. The idea of a beneficent God extending protection over soldiers and armies was powerful. In diaries and memoirs written by soldiers, appeals to God for future protection and the expression of gratitude for preservation of life and limb constantly punctuate the text. After the battle of Basia in 1660, Jan Władysław Poczobut Odłanicki gave thanks for the miraculous way in which God's grace had spared him after his horse was killed underneath him: with his foot caught in his stirrup, he was trampled by onrushing cavalry before his leg popped out of his boot and he was able to make his way back to the Polish lines[44]. Credit for victory was routinely ascribed to God, while reverses were normally regarded as just punishment for past sins. For all his amusement at the antics of the Muscovite peasants, Maskiewicz clearly believed in divine protection for himself and the Polish forces; recounting how he was holed up in the Kremlin as part of the Polish garrison in 1611, he observed: „the Lord God wished to demonstrate that neither victory nor the protection of health and property from the enemy lie within the powers of man“[45]. The career soldier Jakub Łoś (1632-1688), describing Stefan Czarniecki's great victory over the Muscovites at Połonka in 1660, termed it „such a fortunate victory, one – I say boldly – given from Heaven“; shortly afterwards, when a small Polish force defeated a much larger Muscovite army under Dolgorukij at Basia near Mogilev, he commented: „These people observed an extraordinary occurrence, that so small and almost naked army, without artillery, having only a few guns and 2 000 infantry, should defeat such a

---

42 Ebd., 19, 112.

43 Ebd., 44, 157.

44 POCZOBUT ODŁANICKI, Jan Władysław: Pamiętnik (1640-1684). Ed. by Andrzej RACHUBA, Warszawa 1987, 143.

45 MASKIEWICZ: Pamiętnik (see note 24) 169.

large, powerful and well-armed force. But it is all one and the same to the Lord God to grant victory to a small as to a large army; as he ordained on this occasion, out of His grace and compassion"[46]. It was common for the Poles, who regularly triumphed when colossally outnumbered by huge Muscovite forces in the first seven decades of the seventeenth century, to ascribe these apparently miraculous victories to divine intervention, with Pasek typically claiming that „the Muscovites depended on the size of their army, while our men trusted in God and their own mettle"[47].

Yet the fact that God was a very real presence for sixteenth- and seventeenth-century soldiers does not necessarily imply strong confessional feelings or identification with the cause of any one church, be it Catholic, Protestant or Orthodox. Nevertheless, in an age of bitter religious war, it was of course natural to assume that divine protection was itself confessionalized. Łoś recounted an incident he observed at the capture of Łęczyca in October 1656, describing how, despite the best efforts of the attackers to set fire to a convent, it was spared the flames which engulfed the rest of the city. Only two nuns died of fright, and Łoś claimed the convent's salvation was a miracle[48]. Faith remained constant even when churches were consumed by flames, as in the destruction of Sandomierz in April 1656 when the attacking Polish forces, seeking to smoke out the Swedish garrison still lodged in the castle, set fire to stables and other buildings beneath the castle walls and beside the church of Our Lady: „But the Lord God decided matters differently, for in a moment the wind which was driving the flames towards the castle, changed direction towards the church and suddenly blew up so strongly that not only was the church of Our Lady consumed, but the whole town was burned down, with its churches, monasteries, buildings and town hall, so that barely two shacks remained standing"[49].

Active divine involvement was, therefore, not in doubt, even if Jemiołowski offered no explanation for God's decision to burn His own churches, but accepted the judgement in a stoical manner which is altogether typical. Thus Maskiewicz's mockery of the Muscovite peasantry may well have been due less to a feeling that they were indulging in superstitious nonsense than a belief that their prayers were ineffectual because God did not favour their religion.

Whatever the explanation, there is clear evidence that confessionalization really began to take hold in the army after 1600, reflecting the decline of Protestantism among the szlachta generally. There were overtly religious overtones to the war with Sweden for Livonia after Sigismund III's 1599 deposition from the Swedish throne – largely on the grounds of his Catholicism – by his uncle, who crowned himself Karl IX in 1604. Karl's vigorous propaganda depicted the war in stark religious terms: „Es ist jedermann

---

46 ŁOŚ, Jakub: Pamiętniki Łosia towarzysza chorągwi pancernej Władysława margrabi Myszkowskiego wojewody krakowskiego, obejmujące wydarzenia od r. 1646 do 1667, z rękopisu współczesnego, dochowanego w zamku podhoreckim. Ed. by Żegota PAULI, Kraków 1858, 55-57.

47 PASEK: Memoirs (see note 38) 85.

48 ŁOŚ: Pamiętniki (see note 46) 22f.

49 JEMIOŁOWSKI: Pamiętnik (see note 25) 88.

bewust, dass der koning in Pohlen mit [dem] antechrist, dem bapst, der Babilonschen huren, conspiriret Gottes wort zu vortilgen und die gotteslesterich lehre fortzupflantzen, hette auch seinen anfangk schon in Schweden gehabt, da er wider treu und eidt religionem zu reformiren sich unterstanden, welches ihm dan Gott lob, wie menniglichen kundtbahr, gesteuret“[50].

This was directed as much at the Lutheran inhabitants of Livonia as at Swedes: Karl detailed attacks on Lutheran worship by Polish forces, spreading tales of Polish atrocities against Lutherans and any wearing German dress[51]. In the 1620s, the Lutheran troops of the Duke of Holstein who came to the aid of the Poles in 1627 found more in common with their supposed Swedish enemies than their Polish allies[52], while at the battle of Honigfelde in June 1629, after Polish soldiers had killed several of their Imperial allies, finding it hard to distinguish them from the Swedes, it was religion which came to the rescue, with the Imperialists crying out „Jezus Maria Kaizers“ to indicate they were friends[53].

The heightened confessional atmosphere within the army was clear during the campaigns of the Lisowczyk units sent by Sigismund to aid Ferdinand II between 1619 and 1622[54]. The Franciscan Dębołęcki claimed that the Lisowczyks set out to avenge the blasphemous insults suffered by the Catholic church in the Empire, and went on to present an idealized picture of noble Catholic knights upholding the true faith against the evil forces of heresy in a campaign where God Himself acted as their Hetman and commander[55]. It might be objected that Dębołęcki, as a chaplain, was bound to depict the Lisowczyk expedition in confessional terms which would not necessarily have been shared by its non-clerical participants; furthermore, contemporary German sources complain bitterly that the Poles targeted everyone, regardless of confessional background[56]. There is, however, equally rich evidence to suggest that the Lisowczyks specifically targeted Protestants wherever they could. They claimed on numerous occasions that they

---

50 Kurtzer extract des Schreibens, so herzog Karl in Deutsslandt hin und wieder geschicket. In: Eine livländische Relation über die Ereignisse in Livland aus der Zeit von 1599-1602. Hg. v. A. BERGENGRÜN, Riga 1900, 97-164, here 113.

51 Ebd., 113, 152.

52 HOPPE, Israel: Geschichte des ersten Schwedisch-Polnischen Krieges in Preussen. Leipzig 1887, 200f.

53 Kontynuacja djarjusza (see note 31) 432.

54 The Lisowczyks were units of light Cossack-style cavalry (see note 57) which took their name from their original leader Aleksander Lisowski (c. 1575-1616). They had served in the Muscovite wars until the 1619 truce of Deulino.

55 DĘBOŁĘCKI: Pamiętniki (see note 22) 2, 7-10.

56 „Doch haben die Cosaggen es viel ärger gemacht / unnd weder der Evangelischen noch der Catholischen verschonet: wie sie dann zu Anfang de Mäyens den Märcktflecken Stockeraw / an der Thonau gelegen / welches nicht allein ein Keyserlich Cammergut / sondern auch darinnen lauter Catholische Bürger gewohnet / die allezeit ihrem Landsfürsten getrew verblieben / uberfallen / geplündert und in Brand gestecket / und weil niemand lescheit dörffen / hat solche Brand zween Tag und Nacht gewäret.“ Theatrum Europaeum. Bd. I, Frankfurt a.M. [2]1643, 347. There are many examples of such claims.

were fighting to defend the Holy Catholic Faith[57], and sought to spare Catholics: at Holešov in Moravia, when the inhabitants processed out of the town singing Catholic hymns and bearing Catholic banners, the Lisowczyks dismounted crying that they were Catholics too and knelt as the locals sang the hymn „Salvum fac populum tuum, Domine"[58]. Attacks on Catholics may well have resulted from ignorance or confusion; it was not always easy to tell the religion of locals. At first in Silesia and Bohemia the Lisowczyks spared those wearing crosses or other outward signs of Catholicism, but word soon spread, and it was believed by the Poles, rightly or wrongly, that Protestants had taken to wearing Catholic symbols; thereafter, they often tested potential victims for their knowledge of the *Ave Maria* or other Catholic prayers, slaughtering those who did not[59]. The targeting of the local population in Catholic Lorraine was due, according to Dębołęcki, to a misunderstanding: the Lisowczyks believed that the name Lotharingen (or Lautring as Dębołęcki rendered it) was derived from „Luther"; similar confusion over nomenclature was also to prove awkward for the unfortunate inhabitants of „Luterburg, Lauterek, Kaiserzluter, Holmekluter" and many other places lying on the river „Luther" (Lauter), who were mistakenly, but perhaps understandably, assumed to be heretics[60].

It was in the terrible wars of 1648-1667, however, that the extent of confessionalization became most clearly apparent. Diaries and memoirs from the period display a much stronger confessional identity than earlier examples. Where Jan Piotr Sapieha had begun his memoir of the Time of Troubles with a laconic *In nomine Domini amen*[61], Jan Floryan Drobycz Tuszyński, a typical professional soldier of the mid-seventeenth century from the Kiev palatinate, opened his with a statement of belief: „In the Name of God in the one Holy Trinity, which I acknowledge as a true Roman Catholic, as the Universal Church teaches me, Amen"[62], and continued by dedicating his memoir to his children, leaving them: „God's and my paternal blessing, given to me by God, enjoining you [...] to fear God as your Creator, to serve Him day and night, along with the most Holy Mother of Jesus Christ, the Pure Virgin ever Immaculate, and all your patron Saints; to serve the honour of God, and defend the Holy Faith with your lives."

57 See GAJECKY, George/BARAN, Alexander: The Cossacks in the Thirty Years War. I. Rome 1969, 89-91 for sources. The authors, however, perversely and anachronistically try to use this evidence to suggest that the Lisowczyk Cossacks were Orthodox champions of Ukrainian independence. They fail to appreciate that „Cossack" in the first half of the seventeenth century referred to a type of cavalry, and not just to the Zaporozhian Cossacks. Their attempts to argue that the Lisowczyks were really Orthodox despite their frequent claims to be fighting for Roman Catholicism require a suspension of disbelief beyond the capacity of all but the ideologically committed.

58 HRUBÝ, František: Kněz Jan Sarkander, moravsky mučedník doby bělohorské a jeho legenda. In: Český časopis historický 45 (1939) 236-271, here 262f.

59 DZIEDUSZYCKI, Maurycy hr.: Krótki rys dziejów i spraw Lisowczyków. Lwów 1843, I 285f.

60 DĘBOŁĘCKI: Pamiętniki (see note 22) 95f.

61 SAPIEHA: Dziennik (see note 32) 1.

62 DROBYCZ TUSZYŃSKI, Jan Floryan: Pamiętnik. In: Dwa pamiętniki z XVII wieku. Ed. by Adam PRZYBOŚ, Wrocław 1954, 21-108, here 21.

He urged his children to attend mass every day, to avoid heretical and unsuitable books, and warned them not to enter disputes with heretics over the Holy Faith, „since that is a matter for clerics“[63]. Joachim Jerlicz (b. 1598), also from the Kiev palatinate, served in the army from 1617 to the early 1630s, coming out of retirement to fight with Czarniecki in the 1650s and 1660s, and displayed an equal sensitivity to confessional matters, as well he might coming from a Ukraine ravaged from 1648 by violent confessional strife. He, too, began with a religious statement: „I, Joachim Jerlicz, not shirking labour and accepting the help of the Lord God, whom it pleased to keep me on this earth in good health notwithstanding my terrible offences and sins and who reigns in the one Holy Trinity, and through the acts and prayers of the most Holy Virgin Mother of God and all the choirs of angels before His Majesty, thought to write this memoir for all those who wish to know“[64].

It might be objected that such openings are merely conventional and formalized. Yet both authors, like Pasek and other diarists of the period, pay great attention to religious matters, and the texts contain ample evidence of confessionalized piety.

Concern with religion was also a feature of the demands made by the army throughout the wars of the period. The protection of the Catholic faith was the first item, placed ahead of the guarantee of szlachta liberties, in the terms presented in October 1655 by the regular army to Karl Gustav, who was also urged to follow Henry IV of France and become a Catholic[65]. It was the treatment of the Catholic church by the Swedes which was universally cited as one of the principal reasons for the army's withdrawal of support in late 1655 and early 1656[66]. Jemiołowski, after wrongly claiming that Protestants were principally to blame for the surrender to Karl Gustav, was outraged that, according to him, it was Protestant officers in the Polish army who urged Wittenberg, the commandant of Cracow to use silver taken from the Catholic Church to pay the money owed to the Polish army[67]. He later attacked the Swedish field marshal Robert Douglas for establishing his headquarters in a convent in Sandomierz, and for oppressing monks, nuns and priests[68]. Despite the fact that the army was likely to benefit, the sole proposal of a delegation of Sandomierz szlachta to the army to be rejected at Lubowla in October 1655 was the call to confiscate ecclesiastical lands for the support of the army[69].

---

63 Ebd., 21f.

64 JERLICZ, Joachim: Latopisiec albo Kroniczka. I. Ed. by Kazimierz Władysław WÓJCICKI, St. Petersburg 1853, 1.

65 Punkta królowi szwedzkiemu od Woyska kwarcianego Polskiego podane. Czart. (see note 26) 1400, 9. - Instructia IchMMPP Pos om od IchMMPP Hetmanów y Stanów Rzeczypospolitej, 9.10.1655. - Czart. 1656, 179f. (see note 36).

66 See, for example, Literæ ab Exercitu Polono ad Regem Sueciæ, una cum Manifestatione missæ, Biała, 10.2.1656, Czart. (see note 26) 1400, 64. - JERLICZ: Latopisiec (see note 64) 178f.

67 JEMIOŁOWSKI: Pamiętnik (see note 25) 69.

68 Ebd., 70f.

69 Daniel Żytkiewicz to John Casimir, Lubowla 15.10.1655, Czart. (see note 26) 148, 660f. Printed in: Pisma do wieku i spraw Jana Sobieskiego. I/1. Ed. by Franciszek KULCZYCKI, Kraków 1880, 140.

Thus by the 1650s, a strongly confessionalized, specifically post-Tridentine Catholic identity had replaced the rather looser Christian ethos of the armies of Báthory seventy years earlier. The steady growth of the cult of the Virgin is striking: Pasek recalls at one point how, in riding towards battle with vastly superior Muscovite forces in 1660, soldiers performed their devotions each in his own way, singing or chanting the hours to the Virgin Mary[70]. At Lwów in 1656, indeed, John Casimir was as much following a trend as creating anything new: the painting before which he swore his oaths was already the focus of a burgeoning cult. Traditionally regarded as having been painted by a Lwów burgher in the 1590s following the death of his granddaughter, it had long been lodged in a chapel in the cathedral cemetery. In 1648, the painting acquired a new significance, as the Virgin was credited with protecting Lwów during a long siege by the Cossack rebels; after the siege was lifted, a plaque was placed in the chapel with the inscription „Mary is as formidable as hosts of knights" (Maria jest groźna jak zastępy rycerskie). John Casimir was preaching to the converted.

IV

The process of confessionalization in the Polish and Lithuanian armies represents a further challenge to the idea that confessionalization was merely part of a wider project of social disciplining carried out by the developing absolutist state[71]. It may well be the case that elsewhere in Europe the process of confessionalization in the armed forces represented an important part of the growth of state power during the highly belligerent period between 1550 and 1650, in what Johannes Burkhardt has argued were essentially wars of state formation[72]. In the armies of Poland-Lithuania, however, despite the attempts of the monarchy to whip up pro-Catholic sentiment in the 1650s and 1660s, the process of confessionalization had taken place largely from below, and was, indeed, to prove awkward at a number of points for the royal government.

For, despite the pro-Catholic policies of Sigismund III and John Casimir in particular, the reflection in the armed forces of the growing Catholic intolerance of szlachta society as a whole represented a threat to any emergence of the army as a bastion of state power. It is true that growing hostility to non-Catholics in the army was convenient up to a point, since it helped bolster royal attempts to isolate leading non-Catholic political figures, such as the immensely wealthy and powerful Calvinist branch of the Lithuanian Radziwiłł family, from which two successive generations rose to be Grand Hetman of Lithuania, the highest position in the Lithuanian army: Krzysztof Radziwiłł (Field

70 PASEK: Memoirs (see note 38) 67.

71 For a recent attack on étatism and confessionalization see SCHMIDT, Heinrich Richard: Sozialdisziplinierung? Ein Plädoyer für das Ende des Etatismus in der Konfessionalisierungsforschung. In: Historische Zeitschrift 265 (1997) 639-682.

72 BURKHARDT, Johannes: Die Friedlosigkeit der Frühen Neuzeit. Grundlegung einer Theorie der Bellizität Europas. In: Zeitschrift für Historische Forschung 24 (1997) 509-574.

Hetman 1615-1635; Grand Hetman 1635-1640) and his son Janusz Radziwiłł (Field Hetman 1646-1654; Grand Hetman 1654-1655). The latter's treacherous signing of the treaty of Kiejdany with Karl Gustav in the summer of 1655 earned him the soubriquet „Zdradziwiłł" (from the Polish *zdrada*, meaning treason), and widespread obloquy from both the Polish and the Lithuanian armies; displaying more passion than grasp of confessional boundaries, Jerlicz attacked Radziwiłł for going over to the Swede „as one Calvinist to another", adding that „every Lutheran was greatly pleased that the Swede now ruled"[73]. Such remarks merely reflected growing intolerance and suspicion of non-Catholics within the army. Jemiołowski attributed the lack of authority enjoyed by Andrzej Firlej not to his advanced age or lack of military experience – such handicaps were by no means unknown among seventeenth-century Polish commanders[74] – but to his Calvinism, and to an unfortunate incident when his standard was destroyed by lightning, taken to be a clear sign of divine displeasure[75]. Indeed, confessional zeal was occasionally greater among the soldiers than among the chaplains who accompanied them: Pikarski's diary of the 1657 campaign against György II Rákóczi is notably free of confessional rancour, with the Jesuit author writing of his desire to avoid the shedding of Christian blood; it was Stefan Czarniecki, the expedition's commander and a career soldier, who prevented Pikarski visiting the defeated Rákóczi on the grounds that he was a despoiler of churches[76].

By the 1650s, the growing intolerance in the army posed a distinct threat to the state's security. Religious divisions were one of the most important polarising forces between the szlachta and the Orthodox Cossack rebels who had long been a vital component in the Commonwealth's defensive structure: in the first half of the seventeenth century the Zaporozhian Cossacks had provided substantial forces of able and well-trained infantry to back up the peerless cavalry forces raised from among the szlachta. Socially, the Cossack leadership and much of the rank-and-file was virtually indistinguishable from the middling and petty nobility of the rest of the Commonwealth, but in the Ukrainian lands the dividing-line between noble and non-noble ran differently to that in the rest of the Commonwealth[77]. Although religion was by no means the sole criterion for determining membership of the szlachta nation, with many Orthodox nobles remaining loyal to the Commonwealth and its ideals, the equal treatment of the Ortho-

---

73 JERLICZ: Latopisiec (see note 64) 174f.

74 Lew Sapieha had been appointed Grand Hetman of Lithuania in 1625 – largely to prevent the promotion of Krzysztof Radziwiłł – at the age of sixty-eight, despite his complete lack of military experience; he died in office in 1633. Stanisław „Rewera" Potocki was at least a professional soldier – if not a very good one; he was sixty-three when he became Polish Field Hetman in 1652, sixty-five when he became Grand Hetman in 1654, and seventy-eight when he died in office in 1667.

75 JEMIOŁOWSKI: Pamiętnik (see note 25) 14f. Firlej had been appointed one of three temporary commanders of the Polish army in 1648 following the capture of both Hetmans by the Cossack rebels at the battle of Korsun.

76 PIKARSKI: Diarium (see note 22) 278f.

77 The proportion of nobles in the Kiev and Bratislav palatinates was under 1% of the population, compared with 6-8% elsewhere in the Commonwealth.

dox faith and the suppression of the Uniate Church were among the most important demands of the Cossack rebels, who enthusiastically massacred Catholic nobles after 1648. Thus, although the monarchy had long seen the Cossacks as a potential source of political support, and Władysław IV in particular had proved favourable to the Orthodox church, returning legal recognition to the Orthodox hierarchy in 1632, confessionalization from below in the first half of the seventeenth century helped spark the bitter civil war which first detonated the Commonwealth's political crisis and fundamentally helped undermine its military capacity. In 1648, faced by a massive Cossack revolt, the regular army split apart, with many troops going over to the rebels; confessional divisions played a vital part in this process.

Moreover, the nature of the Commonwealth's army as a citizen force dedicated to upholding the principles of the wider noble society which fed its ranks, rather than an obedient tool of government, persuaded the monarchy to rely increasingly on units of the foreign contingent, first established on a formal basis by Władysław IV in the early 1630s. These units, despite their name, were manned largely by Poles and officered by citizens of the Commonwealth, but eschewed the towarzysz system in favour of a more orthodox European structure based on a regular hierarchy of officers, of whom a substantial proportion were drawn from areas of the Commonwealth influenced by German culture, in particular Royal Prussia and Livonia. There was a significant proportion of Protestants among this group; since many of such background traditionally received a large part of their education abroad, and had often served in west European armies, they possessed significant expertise, in particular in artillery and infantry tactics, which was of vital importance for the Commonwealth's wars against its enemies, in particular Sweden and Brandenburg. Yet the confessionalization of the national contingent brought increasing calls for the exclusion of foreign officers, and in particular Protestants, which reached their height in the 1650s[78]. This growing intolerance deprived the Commonwealth of the services of many native military specialists, the most famous of whom was the Arian Krzysztof Arciszewski, whose military expertise saw him rise in Dutch service to the position of General of Artillery and Admiral of the Dutch forces in Brazil. Władysław IV made him three offers of a similar post in the Commonwealth, but Arciszewski cited his fears of religious discrimination as one of the primary factors keeping him away, although he was finally persuaded to accept in 1646.

Confessionalization of the army was thus a mixed blessing indeed for the royal government. For all John Casimir's devout religiosity – he had been a Jesuit and a cardinal before his election in 1648, and was to end his life as an abbot after his 1668 abdication – it was the soldiers of the foreign contingent who remained most loyal to him in the 1660s when he attempted to force through his plans for an election *vivente rege*, rightly

78 See, for example, Speculum Prawdziwe Synom Koronnym in hac pod czas Seymu calamitate wstającym roku 1658, Teki Naruszewicza, Czart. (see note 26) 151, no. 159, 726f., which complained that John Casimir had raised 20 000 infantry without Sejm permission under German, French, Swedish and Lutheran officers, and called for officers to be Poles, demanding that the new commandant of Poznań should not be a Frenchman or a „treacherous Lutheran“.

seen by the majority of the szlachta as an attempt to strengthen royal power and to undermine noble liberties. The rest of the army, among whom John Casimir retained a great deal of respect as a soldier of some talent, nevertheless identified with the ideals of the Commonwealth and not with a strengthened royal government which might have been able to guarantee them the substantial arrears of pay for which they were clamouring. In Poland-Lithuania, confessionalization in the army, far from strengthening government power, represented an important obstacle to the construction of a powerful *Ständestaat*.

Die Aussenpolitik der polnischen Stände während der ersten Interregna (1572-1576)[1]

Antoni Mączak

Als die Jagiellonendynastie 1572 im Mannesstamm ausstarb, war in Polen die Rolle des Sejms noch immer Gegenstand eines politischen Verfassungsstreits[2], der auch tiefe soziale Meinungsunterschiede und soziale Konflikte im Schoße des Adelsstandes widerspiegelte. Es ist bekannt, daß es in Polen keinen formellen und geschlossenen Herrenstand gab. Es gehört deshalb zu den Paradoxa der „Republik" tout court, d.h. des Polnisch-Litauischen Bundesstaates, daß einerseits jeder Adelige dem anderen gleich war, andererseits aber eine komplizierte und mehrstufige Titulatur zu beobachten ist[3]. Jedermann wußte, wer als *Illustrissimus Dominus*, wer als *Generosus* und wer schließlich nur als *Nobilis* zu titulieren war. Seit Anfang des 16. Jahrhunderts fand der interne politisch-soziale Konflikt in zwei Fällen einen Höhepunkt: in den Jahren 1501-1505 und erneut 1562-1565. Das bahnbrechende Gesetz *Nihil Novi* (1505) gab der Abgeordnetenkammer eine entscheidende Stimme bei allen Veränderungen der Verfassung. „Quoniam iura communia et constitutiones publicae non unum, sed communem populum afficiunt [...] aequum et rationabile censuimus ac etiam statuimus, ut deinceps futuris temporibus perpetuis, nihil novi constitui debeat per nos et successores nostros sine communi consiliariorum et nuntiorum terrestrium consensu."[4] Die Gleichheit mit dem Senat nivellierte die Bestimmungen der sogenannten Artikel von Mielnik, die in Wirklichkeit

1 Das erste Interregnum dauerte vom 1.7.1572 bis zum 21.2.1574, also vom Tod König Sigismunds II. August bis zur Krönung von Heinrich von Valois, das zweite von dessen Flucht am 18./19.6.1574 nach Frankreich bis zur Wahl István Báthorys im Dezember 1575 bzw. dessen Krönung am 1.5.1576.

2 Der Begriff „Sejm" umfaßte das Zweikammerparlament mit dem Senat (hier saßen die Erzbischöfe, Bischöfe und die Amtsträger, hier konnte der König persönlich auftreten) und der Abgeordnetenkammer („izba poselska"), deren Mitglieder von den Versammlungen des Adels („sejmiki") gewählt wurden. Die Abgeordneten der beiden Hauptstädte Krakau und Wilna spielten in der Abgeordnetenkammer keine Rolle. In der Verfassung der Polnischen Republik nach 1918 (und erneut seit 1989) wurde die eine Kammer Sejm, die andere Senat genannt.

3 Zusammenfassend bei MĄCZAK, Antoni: Polen-Litauen als Paradoxon. Erwägungen über die Staatlichkeit des frühmodernen Polen. In: Historie und Eigen-Sinn. Festschrift für Jan Peters zum 65. Geburtstag. Hg. v. Axel LUBINSKI, Thomas RUDERT und Martina SCHATTKOVSKY, Weimar 1997, 87-92.

4 „Alexandri Regis decreta in comitiis radomiensibus anno 1505". In: Volumina constitutionum. Bd. 1 (1493-1526). Hg. v. Stanisław GRODZISKI, Irena DWORNICKA und Wacław URUSZCZAK, Warszawa 1996, 138.

nur Vorschläge der Senatoren waren, die nach der Krönung König Alexanders nicht beschworen und damit nicht bestätigt wurden[5].

Um die Mitte des 16. Jahrhunderts setzte der mittlere Adel, von einer aktiven und intelligenten, oft an den italienischen Universitäten erzogenen, meist reformierten politischen Elite geleitet, sein Programm der „executio iurium" durch, das eine Verfassungs- und Finanzreform bedeutete. Der König, neben dem Senat und der Abgeordnetenkammer der dritte Reichsstand, war, obwohl grundsätzlich an der Reform seiner Einkünfte stark interessiert, lange nicht auf einen offenen Konflikt mit den großen Herren vorbereitet. Sigismund II. August brauchte die Magnaten (sowohl die Polen als auch die Litauer) für seinen Lebensplan, d.h. für eine tiefgreifende Union zwischen der *Korona*, dem Königreich Polen, und dem Großfürstentum Litauen, aber auch für die Einverleibung von Livland und vielleicht auch Estland, dem Hauptziel seiner Außenpolitik.

In der letzten Dekade seiner Herrschaftszeit hatte der letzte der Jagiellonenkönige mindestens zwei sich gegenseitig ausschließende Aufgaben zu lösen. Die Stärkung seiner Position auf dem Gebiet des ehemaligen Livländischen Ordensstaates, an dessen Stelle ein politisches Vakuum entstanden war, bedurfte der Mitwirkung oder mindestens der wohlwollenden Neutralität der Hohenzollern. Deswegen konnte der König in Preußen nicht energisch auftreten. Aus diesem Grunde hatte die Tätigkeit der königlichen Kommission aus dem Jahre 1566 keinen unmittelbaren Erfolg, obwohl Albrecht, mit den Worten von Walther Hubatsch, zu „keinem Zeitpunkt seiner fünfundfünfzigjährigen Regierung [...] einen Moment erlebt [hatte], der kritischer war"[6]. Man konnte damals nicht eindeutig sagen (und man kann es auch heute nicht), welche der beiden außenpolitischen Aufgaben in der zweiten Hälfte des 16. Jahrhunderts vom Standpunkt der polnischen Staatsräson wichtiger war: die Übernahme des preußischen Lehnsstaates mittels konsequenter Ausnutzung der politischen und dynastischen Krise des Herzogtums oder die Absicherung des Landes gegen Moskau. Von beiden Seiten sollte Polen-Litauen später gefährdet werden. Dem König und Großherzog stand vor allem die Union nahe, die er mit einer Entschlossenheit in die Tat umsetzte, die bei ihm sonst selten anzutreffen war. Im Jahre 1564 war die „executio iurium" (bzw. „bonorum regalium") jedoch noch immer ein Problem für die Polen, nicht für die Litauer.

Die Exekutionsgesetzgebung aus den Jahren 1562-1565 veränderte das System der politischen Kräfte im Königreich Polen allerdings nicht. Schon die zweite Revision der königlichen Güter 1569/70 ergab ein sehr schlechtes Resultat[7]. Das verhältnismäßig neue

---

5 SOBOLEWSKI, Ludwik/URUSZCZAK, Wacław: Artykuły mielnickie z roku 1501. In: Czasopismo Prawno-historyczne 47 (1990) 51-80. Die Quelle wurde auch gedruckt in: Volumina constitutionum. (wie Anm. 4) Bd. 1, 109-113.

6 HUBATSCH, Walther: Albrecht von Brandenburg-Ansbach. Deutschordens-Hochmeister und Herzog in Preußen. Heidelberg 1960, 211, 213. - Zuletzt KĄKOLEWSKI, Igor: Prusy Książęce podczas komisji królewskich 1566-1568. Zarys modelu państwa nowożytnego. Phil. Diss. Warszawa 1993.

7 Die Einkünfte aus den Krongütern sollten alle fünf Jahre geprüft werden. Die erste Revision war 1564/65 mit dem Ziel durchgeführt worden, die Eigentumsrechte und die Höhe der Einkünfte „für immer" festzustellen.

Prinzip der *incompatibilitas* verschiedener Ämter trat zwar in Kraft, doch führte es zu keiner Schwächung der adeligen Oberschicht. Diese Oberschicht war noch immer mit dem wohlhabenden Landadel verknüpft und in keinem Sinne sozial geschlossen[8].
Als der Gesundheitszustand des kinderlosen Königs bereits keine Zweifel mehr über ein bevorstehendes Interregnum ließ, konnte von einer politischen Stabilität der Republik noch lange keine Rede sein. Sigismund II. August setzte durch, was er für das Wichtigste hielt: die Realunion zwischen Polen und Litauen. Während einige Machtorgane für das Königreich Polen und für das Großfürstentum Litauen getrennt blieben (Heer, Staatsschatz und Währung, aber auch die zentralen Staats- und Hofämter), setzte die Union eine einheitliche Außenpolitik des Bundesstaates voraus. Doch die Kanzlerämter blieben getrennt, und die östlichen Angelegenheiten übernahmen die Litauer. Die neuen Erwerbungen in Livland blieben unter gemeinsamer polnisch-litauischer Verwaltung.

Der Tod des Königs setzte das erst kurz zuvor umgewandelte und neu strukturierte Machtsystem einer schweren Prüfung aus, bevor es sich schließlich im alltäglichen Funktionieren durchsetzen und bewähren konnte. Dies waren die Rahmenbedingungen in einer Phase, in der die Außenpolitik zum grundlegenden Faktor der Innenpolitik würde. Es unterlag zum damaligen Zeitpunkt eigentlich keinem Zweifel, daß der neue Herrscher einer der europäischen Fürsten sein werde: am besten ein naher Verwandter der Jagiellonendynastie oder ein „Piast", also ein Nachkomme der ursprünglichen polnischen Dynastie, die in Polen, nicht aber in Schlesien, schon 1370 ausgestorben war[9].

Das Interregnum als solches war sowohl ein Zeichen der Stärke als auch der Schwäche des politischen Systems und der gesamten Gesellschaftsordnung des Bundesstaates. Die Grundsätze, wie ein solches Interregnum eigentlich zu gestalten sei, waren zuvor nicht festgelegt worden. Die Ausgestaltung eines Interregnums hing im wesentlichen von den im Adelsstand herrschenden realpolitischen Machtverhältnissen ab. Dort aber lassen sich gerade in jener Zeit mehrere Konflikte beobachten, die in ihrer Gesamtheit regionalen Charakter hatten: Auseinandersetzungen zwischen der Krone Polen und Litauen, zwischen Großpolen und Kleinpolen und Spannungen, die sich aus den autonomistischen Tendenzen im Königlichen Preußen (bei den großen Städten und auch unter einem Teil des Adels) ergaben.

Die Krisen beim Thronwechsel des späten 16. Jahrhunderts in Polen zeigten allerdings auch den starken Zusammenhalt aller Teile des Bundesstaates im einzelnen. Die Provinzialversammlungen des Adels beschäftigten sich hauptsächlich mit Fragen der verfassungsrechtlichen Ordnung; selbstverständlich schlug man dort verschiedene Kandidaten für die eigentliche Wahl vor. Die politischen Auseinandersetzungen spiegelten freilich auch die älteren Konflikte zwischen, einerseits, den hohen Amtsträgern, die ihre Macht mittels Patronage über ganze Scharen des Adels ausgedehnt hatten, und, anderer-

---

8 LITWIN, Henryk: The Polish Magnates, 1454-1648: The Shaping of an Elite. In: Acta Poloniae Historica 53 (1986) 63-92.

9 Der Begriff „Piast" wurde zum wichtigsten politischen Mythos des polnischen (wie auch des litauischen) Adels. Er diente später unter anderem als Bezeichnung für jeden einheimischen Kandidaten für den Thron der *Rzeczpospolita*.

seits, dem immer aktiver und selbstbewußter werdenden mittleren Adel einiger Provinzen wider[10]. Das Ausmaß und der Wirkungsbereich des magnatischen Patronats im letzten Viertel des 16. Jahrhunderts sind noch nicht eingehend untersucht, und der Sachverhalt als solcher wird von mehreren polnischen Forschern bezweifelt oder zumindest ignoriert.

Interessant ist jedoch, daß ein anonymer Engländer (oder Schotte), der ausgezeichnete Kenntnisse der polnischen, nicht aber der litauischen Angelegenheiten hatte, ganz anderer Meinung war und dem Patronat „of the greate Lordes", „greate howses", aber auch der „private riche gentlemen" eine maßgebliche, oftmals sogar entscheidende Rolle zubilligte[11]. Es muß noch genauer erforscht werden, in welchem Maße die Partizipation an den öffentlichen Institutionen während des Interregnums das politische Bewußtsein des mittleren und niedrigen Adels beeinflußte[12]. Überall wurden lokale und überlokale Adelsversammlungen einberufen[13], noch bevor es klar wurde, daß der neue Herrscher *viritim*, d.h. auf einer allgemeinen Versammung des ganzen Adels gewählt würde. Das veranlaßte den Adel, auch den gemeinen Adel, zu einer forcierten politischen Schulung, denn es bot sich nun die herausragende Gelegenheit, lokale und regionale Interessen mit fundamentalen Fragen der Staatsräson zu verknüpfen. Ewa Dubas-Urwanowicz bewertet die Ergebnisse der meisten Versammlungen entsprechend hoch. Die beherrschende Frage war, dies überrascht nicht, die Landesdefension.

Die Interregnums-Versammlungen wurden auch zur Bühne des sozialen Streites zwischen zwei Schichten des Adelsstandes: den Senatoren und dem Landadel. Da es keine Präzedenzfälle gab und die Situation verfassungsrechtlich unklar war, bot sich besonders in der frühen Phase des Interregnums Gelegenheit, den Machtstreit auszutragen. Nach Dubas-Urwanowicz sank das Ansehen des Senats, auch wenn es nicht zu

---

10 GRUSZECKI, Stefan: Walka o władzę w Rzeczypospolitej Polskiej po wygaśnięciu dynastii Jagiellonów (1572-1573). Warszawa 1969. - Eindringlicher und besser dokumentiert bei PŁAZA, Stanisław: Próby reform ustrojowych w czasie pierwszego bezkrólewia (1572-1574). Kraków 1969. - MACIUSZKO, Janusz: Konfederacja Warszawska 1573 roku. Geneza, pierwsze lata obowiązywania. Warszawa 1984, bes. 129-131.

11 GEORGE, Carew: A Relation of the State of Polonia and the United Provinces of that Crowne, Anno 1598. Res Polonicae ex Archivio Musei Britannici. Bd. 1. Hg. v. Carolus H. TALBOT, Romae 1965. Teilweise übersetzt in: Ein englischer Gesandschaftsbericht über den polnischen Staat zu Ende des 16. Jahrhunderts. Hg. v. Siegfried MEWS, Leipzig 1936. Die Person des Verfassers ist nicht bekannt – als solcher gilt entweder der Botschafter Sir George Carew oder William Bruce, ein schottischer Gelehrter, der lange Zeit bei Jan Zamoyski lebte. Die Grundlage des Gesandtschaftsberichtes könnte ein von Bruce verfaßtes Memorial sein, da der Diplomat während seines kurzen Aufenthaltes in Polen wohl kaum die Möglichkeit hatte, so viel Material zu sammeln.

12 Dazu die Literatur in Anm. 10 sowie DUBAS-URWANOWICZ, Ewa: Koronne zgromadzenia szlacheckie w dwóch pierwszych bezkrólewiach po śmierci Zygmunta Augusta (1572-1576) (im Druck). Der Verfasserin danke ich für die Möglichkeit, in ihr handschriftliches Manuskript Einblick zu nehmen.

13 Ewa DUBAS-URWANOWICZ (wie Anm. 12) schlägt eine Systematik der Versammlungen nach Territorien und dem jeweiligen Anlaß der Einberufung vor.

einem offenen Kampf gegen „die Lehns- und erblichen Amtsleute"[14] wie in der Hochperiode des Konflikts um die Exekution in den Jahren 1562-1564 kam. Die führenden Persönlichkeiten der Bewegung glaubten vielleicht, den alten Streit ein für allemal gewonnen zu haben. Oder es gab vielleicht keine praktische Möglichkeit, die Machtzügel zu ergreifen. Die Senatoren hatten ohnehin die entscheidende Stimme bei der Festlegung der Verfahrensart erworben.

Was für Leute waren die Senatoren? Den Kern des Senats bildeten Mitglieder der „großen" Häuser"; mehrere Senatoren hatten ihre politische Erfahrung jedoch als königliche Sekretäre erworben. Die neuesten Forschungen über die Kronkanzlei weisen das hohe Niveau der dort tätigen Amtsträger nach. Im damaligen *Seminarium Regni Poloniae* waren zahlreiche Intellektuelle, Weltliche und Geistliche, auch Amtsträger bürgerlicher Abstammung[15]. Normalerweise wurden viele von ihnen, insbesondere aus den Reihen der Geistlichen, binnen kurzem Senatoren.

Der Senat erwarb gesetzlich und im Rahmen seiner Realpolitik großen Einfluß auf die Außenpolitik[16]. Die Beziehungen zu Preußen, Brandenburg und Schweden beaufsichtigte ausschließlich der Senat. Nach dem Tod des Königs endete seine Funktion als Beratungsorgan des Landesfürsten. Charakteristisch für die damalige politische Situation war, daß die Übernahme der Funktion eines Zentralorgans der Außenpolitik keinen lauten und breiten Protest unter dem Adel hervorrief. Lediglich die Verhandlungen mit Abgesandten der einzelnen Kandidaten um die Krone betrafen ein zu wichtiges Feld, als daß man dieses allein den Senatoren überlassen hätte. Es entstand eine paradoxe, dem Wesen des Interregnums nach jedoch verständliche Situation. Es handelte sich hier um ein „ständiges und erfolgreiches Streben des Adels nach der Beschränkung der Befugnisse des Senats [...] bei Anhörung der Gesandschaften der ausländischen Bewerber. Daraus ergab sich auch das Verlangen, daß alle mit der Königswahl verbundenen Verhandlungen öffentlich sein sollten, obwohl gleichzeitig die sensu stricto außenpolitischen Angelegenheiten der Kontrolle des Senats übergeben wurden"[17].

Die Unterlagen zu diesem Bereich wurden im Namen der Kronräte, während der Beratungen des Sejms, im Namen der Stände ausgestellt. Die Verfahrensweise wurde zu

---

14 Źródłopisma do dziejów Unii Korony Polskiej i Wielkiego Księstwa Litewskiego. Bd. 2/1. Hg. v. August T. DZIAŁYŃSKI, Poznań 1861, 86: „starostów lennych a dziedzicznych".

15 WYCZAŃSKI, Andrzej: Między kulturą a polityką: sekretarze królewscy Zygmunta Starego. Warszawa 1990. - Korolko, Mirosław: Seminarium Rzeczypospolitej Królestwa Polskiego: humaniści w kancelarii królewskiej Zygmunta Augusta. Warszawa 1991. - KIENIEWICZ, Leszek: Sekretariat Stefana Batorego. Zbiorowość i kariery sekretarzy królewskich. In: Społeczeństwo staropolskie. Bd. 4. Hg. v. Andrzej WYCZAŃSKI, Warszawa 1986, 33-69.

16 Ich folge hier GRZYBOWSKI, Stanisław: Udział Senatu w kształtowaniu polityki zagranicznej Rzeczypospolitej w drugiej połowie XVI wieku. In: Senat w Polsce. Dzieje i teraźniejszość. Hg. v. Jerzy PIETRZAK und Krystyn MATWIJOWSKI, Warszawa o.J. [um 1996], 60-73. - Was in Polen im späten 16. Jahrhundert unter Außenpolitik verstanden wurde, erklärt AUERBACH, Inge: Außenpolitiker im Ständestaat - das Beispiel Polen. In: Archiv für Diplomatik, Schriftgeschichte, Siegel- und Wappenkunde (im Druck). Ich danke Frau Prof. Dr. Auerbach für die Gewährung der Einsicht in ihr Manuskript.

17 GRZYBOWSKI: Udział Senatu (wie Anm. 16) 65.

einem Musterfall für die nächsten Interregna[18]. Die *Articuli Henriciani* bestätigten das Recht der Senatoren, die Aufsicht über die gesamte Außenpolitik zu führen – freilich unter dem für diese Zeit charakteristischen Vorbehalt der allgemeinen Befugnisse des Sejms als einer Ganzheit (d.h. beider Kammern) sowie der Beschränkung der Prärogativen des Herrschers. Heinrich von Valois sollte sich verpflichten, ohne Genehmigung der Kronräte beider Völker, also der Polen und Litauer, weder die Delegationen zu entsenden noch diese zu empfangen, und die dem Sejm vorbehaltenen Befugnisse nicht zu berühren. Dieser Versuch, den König in die Schranken zu weisen, wurde damals allerdings noch nicht rechtlich festgeschrieben. Dies gelang erst unter István Báthory. Auf diese Art und Weise wurde eine rechtliche, in einer konkreten politischen Situation entstandene Norm zum Musterfall von dauerhafter Bedeutung.

Meiner Auffassung nach war dies die Folge eines gewissen funktionellen Verhältnisses. Zum einen blieben die Senatoren, im Gegensatz zu anderen Adeligen (sozusagen zum gemeinen Adel), im ständigen Austausch untereinander. Der Senator war Amts- und Würdenträger, und dies lebenslänglich. Der Abgeordnete dagegen wurde nur für eine kurze Zeit gewählt, für nicht mehr als die sechs Wochen der Sejm-Sitzung. Seine Amtszeit endete mit der Berichterstattung vor seinen Wählern. Überdies war während des ersten Interregnums noch nicht klar, ob und auf wessen Anordnung die Adelsversammlungen überhaupt zusammenkommen würden. Das alles gab der ständischen Oberschicht eine klare Überlegenheit. Der gemeine Adel beantwortete das mit der Gründung von Konföderationen und mit verstärktem Druck auf die lokalen Amtsträger.

Zum anderen gab es in der kaum zentralisierten Republik die auch von den Nachbarmächten anerkannte traditionelle Praxis, daß sich einzelne Magnaten in außenpolitischen Fragen stark engagierten. Stanisław Grzybowski erwähnt in diesem Zusammenhang, daß z.B. der Botschafter Andrzej Taranowski aus Konstantinopel 1575 seine Berichte direkt an den Krakauer Wojewoden Piotr Zborowski sandte, mit dem auch ein türkischer Sendbote in Berührung kam. Der Wojewode von Moldau unterhielt direkte diplomatische Kontakte mit dem polnischen Wojewoden von Podolien.

Die Zeit der ersten Interregna förderte die Präzedenzfälle, und obwohl es den Senatoren nicht leicht fiel, die Adelsmassen in der Sache der Königswahl zu beeinflussen, wurden sie doch zu einem einzigartigen ständigen zentralen Machtorgan, das in der Lage war, rasch und unkompliziert Entscheidungen zu treffen. Dazu trug vor allem Jan Zamoyski bei, während der Herrschaft Sigismunds II. August einer der prominentesten Kanzleisekretäre und Intellektuellen, später, in der königslosen Zeit, aktiver Politiker, Leiter der Adelsversammlungen und schließlich sogar *kingmaker*. Im Jahre 1576, nach zwei Interregna, wurde ihm von István Báthory die Unterkanzler-Würde verliehen, wenig später das hohe Amt des Krongroßkanzlers[19]. Schlechte Erfahrungen mit Heinrich

---

18 Edward OPALIŃSKI unterstreicht, daß das „interregnum" im polnischen Rechtssystem zu einer besonderen „Rechtsordnung" geworden sei, analog zum „regnum" und (später) zum „rokosz". DERS.: Kultura polityczna szlachty polskiej w latach 1587-1652. Warszawa 1995, 64-68.

19 Zu Jan Zamoyski vgl. TYGIELSKI, Wojciech: Politics of Patronage in Renaissance Poland. Jan Zamoyski, his Supporters and the Political Map of Poland, 1572-1605. Warszawa 1990. -

von Valois, eine innere Krise während des zweiten und dritten Interregnums (umstrittene Ergebnisse der Königswahl) einerseits sowie die enge Zusammenarbeit Báthorys mit dessen Minister andererseits verstärkten diesen Tatbestand.

Dem Senat kam im 16. Jahrhundert eine doppelte Funktion zu: als einer Kammer des Reichstags und als eines Gremiums des Königlichen Rates, in dem nur prominente Senatoren saßen[20]. Die Interregna verstärkten diese zweite, durch den Senat ausgeübte Funktion, und die Einführung der Institution der *Senatoren-Residenten*, die abwechselnd beim König bleiben sollten, schien der gleichen Zielsetzung zu dienen. Das anfängliche Erfahrungsdefizit des jungen Ankömmlings, Sigismunds III. Wasa, verstärkte die Position der ihn umgebenden Senatoren noch weiter. Doch der Konflikt des Königs mit Zamoyski, dem er das Kanzleramt nicht entziehen konnte, sowie die Entstehung der Opposition gegen den König (die Krise 1592 und besonders der bürgerkriegsartige *Rokosz* von 1606-1608) hemmten endgültig die Entwicklung des Geheimen Rates. König Sigismund nominierte die Senatoren-Residenten, aber keiner der Reichsstände zeigte sich interessiert, einen aktiven Geheimen Rat zu schaffen.

Von einem politischen Sieg der Abgeordnetenkammer kann man jedoch nicht sprechen. Das letzte Viertel des 16. Jahrhunderts, das nicht nur zwei dicht verbundene Interregna, sondern auch noch eine königslose Periode nach der umstrittenen Königswahl Báthorys sah, brachte eine langfristige wirtschaftliche Konjunktur für den Großgrundbesitz[21]. Die damit verbundenen sozialen Umwandlungen des Adelsstandes machten einen Rückfall der Exekutionsbewegung unmöglich und beseitigten damit zugleich die Abgeordnetenkammer für knapp zwei Jahrhunderte als eine unabhängige, konstruktive Kraft[22]. Die Magnatenschaft war nicht daran interessiert, im Sinne der Zentralisierung der Regierung eine Oligarchie zu schaffen[23]. Das mußte die Außenpolitik

---

DERS.: The Faction which Could not Lose. In: Klientelsysteme im Europa der Frühen Neuzeit. Hg. v. Antoni MĄCZAK unter Mitarbeit v. Elisabeth MÜLLER-LUCKNER, München 1988, 177-201. - GRZYBOWSKI, Stanisław: Jan Zamoyski. Warszawa 1994.

20 Im Senat gab es keine Abstimmungen; die Senatoren legten der Reihe nach ihr Votum ab. Selbstverständlich spielten die *backbenchers*, die sogenannten Stangen-Kastellane (da ihnen nur unbequeme Sessel zustanden), dabei überhaupt keine Rolle.

21 KULA, Witold: Théorie économique du système féodal. Pour un modèle de l'économie polonaise, 16ᵉ-18ᵉ siècles. Paris-La Haye 1970. - Die Konjunktur war jedoch nur eine relative, im Vergleich zu den kleineren Gütern, die keine oder nur begrenzte Möglichkeiten hatten, das Getreide in Danzig, Königsberg oder Riga zu verkaufen. Nichtdestoweniger spielte dieser Faktor eine große, vielleicht die entscheidende Rolle im Prozeß der Konzentration des Grundbesitzes. Dazu MĄCZAK, Antoni: Zur Grundeigentumsstruktur in Polen im 16. bis 18. Jahrhundert. In: Jahrbuch für Wirtschaftsgeschichte 4 (1967) 111-161.

22 Detaillierter hierzu MĄCZAK, Antoni: The conclusive years: the end of the sixteenth century as the turning-point of Polish history [1987]. Jetzt in DERS.: Money, Prices and Power in Poland, 16th-17th Centuries. A Comparative Approach. Aldershot, Hamps. 1995, Art. XV.

23 DERS.: Stände und Zentralmacht im 16. Jahrhundert. Polen und England im Vergleich. In: Ständefreiheit und Staatsgestaltung im Ostmitteleuropa. Übernationale Gemeinsamkeiten in der politischen Kultur vom 16.-18. Jahrhundert. Hg. v. Joachim BAHLCKE, Hans-Jürgen BÖMELBURG und Norbert KERSKEN, Leipzig 1996, 95-117, hier 109f. - Eine andere Auffassung über die Rolle der „älteren Brüder" vertritt BÖMELBURG, Hans-Jürgen: Die Magnaten: Avantgarde der Ständeverfassung oder oligarchische Clique? Ebd., 119-133, hier 133.

der Rzeczpospolita tief beeinflussen: Einige Jahrzehnte später gab die „Zeit der Wirren“ (Smuta) im Moskauer Staat die größte, aber nicht die einzige Veranlassung zur Willkür in diesem Bereich.

Es bleibt die Frage zu beantworten, warum die konfessionellen Themen während der Interregna eine so untergeordnete Rolle spielten. In der Wahlpropaganda findet man natürlich mehrere heftige Argumente konfessioneller Natur für oder gegen die verschiedenen Kronkandidaten. Doch kein protestantischer Fürst stellte sich zur Wahl (die Kandidatur Herzog Heinrichs XI. von Liegnitz war, obwohl dieser ein echter „Piast“ war, eher anekdotisch). Dazu hat vielleicht auch beigetragen, daß dem Adel in der besonders unsicheren und empfindlichen „Rechtsordnung“, dem Interregnum, die Landesdefension und die Stärkung der ständischen Freiheiten gegenüber dem Wahlkönig ungleich wichtiger waren als die Durchsetzung dieser oder jener konfessionellen Interessen. Der interkonfessionelle Consensus von Sandomir 1573 zwischen Katholiken, Calvinisten und Lutheranern (die radikaleren Arianer wurden nicht zugelassen) ist ein Argument für diese These. Die beiden protestantischen Konfessionen waren seit 1573 der katholischen gleichgestellt. Darum waren die Protestanten, die in Sandomir im Grunde alles, was möglich war, erreicht hatten, in erster Linie an einem religiösen Frieden und der Aufrechterhaltung des Status quo interessiert. Es war jedoch ein Calvinist, der höchste weltliche Senator Piotr Zborowski, der die Botschaft der Stände nach Paris leitete und mit ganz undiplomatischer Klarheit dem schon gewählten Heinrich von Valois die Worte ins Gesicht schleuderte: „Si non jurabis, non regnabis!“ Auch die Bischöfe fühlten sich dem Geist von Trient noch nicht verpflichtet, und sogar der Erzbischof von Gnesen und damalige Interrex, Jakub Uchański, war noch zu Lebzeiten König Sigismunds II. August der Idee einer nationalen Kirchenordnung nicht abgeneigt gewesen. Obwohl die ersten Interregna die Grundlagen des Staatssystems der „Republik zweier Nationen“ schufen, konnte dieses konfessionelle Gleichgewicht nicht stabil sein. Eine zielgerichtete und konsequente Politik König Sigismunds III. Wasa sollte dazu beitragen, daß sich binnen kürzester Zeit die meisten protestantischen Familien, nicht nur die Arrivisten, schon nach zwei oder drei Generationen wieder dem Katholizismus zuwandten.

DIE AUSSENBEZIEHUNGEN DER BÖHMISCHEN STÄNDE UM DIE MITTE DES 16. JAHRHUNDERTS UND DAS PROBLEM DER KONFESSIONALISIERUNG

Petr Vorel

„In unserer christlichen Religion treten verschiedene Unterschiede auf. Deren Ursache sind der Teufel selbst, ein Feind von Jesus Christus, und einige wahnwitzige Lehrer, die einen unterschiedlichen Glauben verbreiten und die eine Spaltung unter uns bringen. Diese Probleme können nur durch freundschaftliche Verhandlungen und durch das Suchen nach einem Kompromiß in religiösen Fragen beseitigt werden, damit die Ständeeinheit nicht durch wahnwitzige und oft verrückte Prediger gestört wird"[1]. In der hier zitierten Eingangspassage der Programmerklärung der böhmischen Stände vom März 1547, die von der regierenden Schicht der damaligen böhmischen Gesellschaft akzeptiert wurde, kommt das Bedürfnis nach einer überkonfessionellen Ständeeinheit zum Ausdruck; die Konsequenzen der Konfessionalisierung[2] dagegen werden als fremdartiges Element angesehen[3]. Im 16. Jahrhundert erwies sich das Königreich Böhmen tatsächlich als eine Insel der Ruhe, des Friedens und der religiösen Toleranz[4]. Dabei handelte es sich keinesfalls nur um ein unbedeutendes Randgebiet, stellte das Königreich doch innerhalb des römisch-deutschen Reiches eines der größten geschlossenen Gebiete unter der Regierung eines einzelnen Herrschers dar[5]. Die reale politische Macht teilten sich freilich in

---

1 TIEFTRUNK, Václav: Odpor stavův českých proti Ferdinandovi I. Praha 1872, 364. - JANÁČEK, Josef: České dějiny. Doba předbělohorská. Bd. I/1-2: 1526-1547. Praha 1971-1984, hier Bd. I/2, 215-333. - VOREL, Petr: „Přátelské snešení stavův českých" z března 1547 a jeho signatáři. In: Stavovský odboj roku 1547. První krize habsburské monarchie. Hg. v. DEMS., Pardubice-Praha 1999, 81-124.

2 SCHMIDT, Heinrich Richard: Konfessionalisierung im 16. Jahrhundert. München 1992, 86-91.

3 HRUBÝ, František: Zápas Čechů s Habsburky o náboženskou toleranci. In: Co daly naše země Evropě a lidstvu. Hg. v. Vilém MATHESIUS, Praha 1939, 156-167. - REJCHRTOVÁ, Noemi: Příspěvek k diskusi o „koexistenci či toleranci" náboženských vyznání v 15.-17. století. In: Folia Historica Bohemica 15 (1991) 443-450. - VÁLKA, Josef: Die „Politiques": Konfessionelle Orientierung und politische Landesinteressen in Böhmen und Mähren (bis 1630). In: Ständefreiheit und Staatsgestaltung in Ostmitteleuropa. Übernationale Gemeinsamkeiten in der politischen Kultur vom 16.-18. Jahrhundert. Hg. v. Joachim BAHLCKE, Hans-Jürgen BÖMELBURG und Norbert KERSKEN, Leipzig 1996, 229-242.

4 PÁNEK, Jaroslav: The question of tolerance in Bohemia and Moravia in the age of the Reformation. In: Tolerance and intolerance in the European Reformation. Hg. v. Ole Peter GRELL und Bob SCRIBNER, Cambridge 1996, 231-248. - SCHULZE, Winfried: Das Problem der Toleranz in Heiligen Römischen Reich nach dem Augsburger Religionsfrieden. In: Studia Germano-Polonica 1 (1992) 167-182. - MEZNÍK, Jaroslav: Tolerance na Moravě v 16. století. In: Problém tolerance v dějinách a perspektivě. Hg. v. Milan MACHOVEC, Praha 1995, 76-85.

5 EVANS, Robert J. W.: Das Werden der Habsburgermonarchie 1550-1700. Gesellschaft, Kultur, Institutionen. Wien-Köln 1986. - PÁNEK, Jaroslav: Der böhmische Staat und das Reich in

den böhmischen Ländern Herrscher und Stände[6]. Formal bezogen sich die Grundsätze des Augsburger Religionsfriedens, der zur Grundlage für die territoriale und organisatorisch-verwaltungstechnische Abgrenzung der Einflußsphären der einzelnen Konfessionen im Rahmen des überaus bunten Gemisches von Fürstentümern und freien Städten im Reich wurde, auch auf Böhmen. Aber waren diese Grundsätze, wie sie für die Reichsterritorien definiert worden waren, für das Böhmen des 16. Jahrhunderts überhaupt annehmbar? Worin unterschied sich das damalige Böhmen von den Nachbarländern[7]?

Eine Antwort auf diese Fragen deuten neueste Untersuchungen an, die das Bild eines „überkonfessionellen Christentums" zeichnen[8], mit dem sich die führende Herrschaftsschicht der böhmischen und mährischen Aristokratie Ende des 15. und Anfang des 16. Jahrhunderts identifizierte. Diese Erkenntnis ist von hoher Wichtigkeit, denn der meinungsbildende Teil der Ständegesellschaft beeinflußte ohne Zweifel das gesamte religiöse Klima des Landes. Seine Zeit der Kriege für den wahren Glauben hatte Böhmen bereits im 15. Jahrhundert erlebt[9]. Der religiöse Frieden des Jahres 1485 beendete dieses blutige Kapitel der böhmischen Geschichte; in die Neuzeit trat die regierende Elite des Landes mit der Erfahrung ein, daß in Glaubensfragen ein Kompromiß allgemein günstiger ist als ein ständiger Kampf[10]. Ins Zentrum des Interesses der einzelnen Machtgruppierungen rückte der Kampf um wirtschaftlichen und politischen Einfluß, während die Religionsfrage zu einer privaten Angelegenheit wurde, die nur die freie Auslegung der Basler Kompaktaten einschränkte[11]. Es ist bezeichnend, daß sich dieser allgemeinen Erkenntnis notwendiger Toleranz auch die Brüdergemeine öffnete, die sich seit ihrer Gründung als eigenständige Kirche abgrenzte hatte und auch organisatorisch unabhängig war. Die Brüdersynoden wichen Ende des 15. Jahrhunderts von ihren

---

der Frühen Neuzeit. In: Alternativen zur Reichsverfassung in der Frühen Neuzeit. Hg. v. Volker PRESS, München-Wien 1995, 169-178.

6 PÁNEK, Jaroslav: Das Ständewesen und die Gesellschaft in den böhmischen Ländern in der Zeit vor der Schlacht auf dem Weissen Berg (1526-1620). In: Historica 25 (1985) 73-120.

7 PRESS, Volker: Vom „Ständestaat" zum Absolutismus. 50 Thesen zur Entwicklung des Ständewesens in Deutschland. In: Ständetum und Staatsbildung in Brandenburg-Preußen. Ergebnisse einer internationalen Fachtagung. Hg. v. Peter BAUMGART, Berlin-New York 1983, 319-326. Ein Vergleich der tschechischen Forschungsergebnisse über das Ständewesen in Böhmen und Mähren mit den Thesen von Press bei PÁNEK, Jaroslav: Stavovství v Čechách a na Moravě na prahu novověku (30 tezí se srovnávacím zřetelem k Říši a k Rakousům). In: Morava na prahu nové doby. Hg. v. František HÝBL, Přerov 1995, 37-54.

8 VÁLKA, Josef: Politika a nadkonfesijní křesťanství Viléma a Jana z Pernštejna. In: Pernštejnové v českých dějinách. Hg. v. Petr VOREL, Pardubice 1995, 173-186. - DERS.: „Politická závěť" Viléma z Pernštejna (1520-1521). Příspěvek k dějinám českého politického myšlení v době jagellonské. In: Časopis Matice moravské 90 (1971) 63-86.

9 KALIVODA, Robert: Husitství a jeho vyústění v době předbělohorské a pobělohorské. In: Studia Comeniana et historica 13/25 (1983) 3-44.

10 EBERHARD, Winfried: Zu den politischen und ideologischen Bedingungen öffentlicher Toleranz: Der Kuttenberger Religionsfrieden 1485. In: Studia Germano-Polonica 1 (1992) 101-118. - VÁLKA, Josef: Komenský a nadkonfesijní křesťanství. In: Studia Comeniana et historica 24/51 (1994) 124-130.

11 EBERHARD, Winfried: Konfessionsbildung und Stände in Böhmen 1478-1530. München 1981, 282-287.

ursprünglichen, strengen Grundsätzen ab und paßten das Leben innerhalb der Kommunität der Realität ihrer Zeit an. Gleichzeitig gewann die Brüdergemeine zunehmend an Einfluß, obwohl das königliche Mandat von 1507 ihre Tätigkeit formal verbot[12].

Der Landesadel war nicht bereit, sich der schwachen Königsmacht zu beugen, und sah Toleranz in der religiösen Frage nicht nur innerhalb der eigenen gesellschaftlichen Schicht, sondern auch in Beziehung zu den eigenen Untertanen als notwendig an. Innerhalb der adeligen Gesellschaft war diese Überzeugung auch dann noch vorherrschend, als sich der böhmische Utraquismus unter dem Einfluß der deutschen Reformation stark zu spalten begann[13]. Anders gelagert ist der Fall bei der zweitwichtigsten Komponente der politischen und wirtschaftlichen Struktur Böhmens, den Städten. Der Städtestand umfaßte in jener Zeit die sogenannten Königsstädte, die rechtlich direkt dem Herrscher unterstanden[14]. Deren außerordentliche Stellung im damaligen Böhmen hatte ihre Wurzeln in der hussitischen Revolution. Die großen Königsstädte verfügten über eigene Armeen, besaßen ausgedehnten Grundbesitz und stellten einen gleichwertigen politischen Partner des Landesadels dar.

In konfessioneller Hinsicht bildeten jedoch der Adels- und der Städtestand zwei unterschiedliche Welten. Unter den Adeligen waren Glaubensfragen eine private Angelegenheit; bei einigen bedeutenden böhmischen Politikern der ersten Hälfte des 16. Jahrhunderts ist es nicht einmal möglich, deren religiöse Überzeugung genau zu bestimmen, da diese für ihr gesellschaftliches Wirken nicht entscheidend war.

Die böhmischen Königsstädte teilten sich dagegen in „katholische" und „utraquistische" Städte[15]. Die konfessionelle Abgrenzung einer Stadt als juristischer Person war natürlich wesentlich schwieriger als die Frage der Glaubenszugehörigkeit eines einzelnen Adeligen. Aus diesem Grunde spielte sich die Mehrheit der religiösen Streitigkeiten, die in Böhmen seit Ende des 15. Jahrhunderts zu beobachten sind, in den Städten ab. In der Regel waren sie Ausdruck des Kampfes einzelner städtischer Interessengruppen, die sich nach konfessionellen Kriterien gebildet hatten. In den Städten stellte die Konfession auch noch nach 1485 ein Politikum dar; besonders ausgeprägt war dies unter dem Einfluß der Reformation[16]. Solange der böhmische Städtestand jedoch seine be-

---

12 MOLNÁR, Amadeo: Pohyb teologického myšlení. Praha 1982, 298f. - MACEK, Josef: Víra a náboženství v jagellonském věku. In: Studia Comeniana et historica 19/39 (1989) 7-13.

13 PÁNEK, Jaroslav: The Religious Questions and the Political System of Bohemia before and after the Battle of the White Mountain. In: Crown, Church and Estates. Central European Politics in the Sixteenth and Seventeenth Centuries. Hg. v. Robert J. W. EVANS und Trevor V. THOMAS, London 1991, 129-148. - DERS.: Ständewesen (wie Anm. 6) 115-118.

14 DERS.: Města v politickém systému předbělohorského českého státu. In: Česká města v 16.-18. století. Hg. v. DEMS., Praha 1991, 15-39.

15 Diese Teilung wurde am deutlichsten von Mikuláš Klaudián auf seiner Karte Böhmens aus dem Jahre 1518 durch die Symbole des Kreuzes und des Kelches dargestellt: PETRÁŇ, Josef: Stavovské království a jeho kultura v Čechách (1471-1526). In: Pozdně gotické umění v Čechách. Praha 1984, 14-72, hier 44f. - BOHATCOVÁ, Mirjam: Höltzels Einblatt mit der Klaudianischen Landkarte Böhmens. In: Gutenberg Jahrbuch (1975) 106-112.

16 REJCHRTOVÁ, Noemi: Města jako středisko náboženského života. In: Česká města (wie Anm. 14) 163-173.

deutende politische Stellung verteidigte, überwog auch hier, ähnlich wie bei den höheren Ständen, das Prinzip der Einheit des Standes gegenüber den Interessen der einzelnen konfessionellen Gruppierungen. Das Bewußtsein der Einheit war in Böhmen in der Mitte des 16. Jahrhunderts noch bestimmend. Zu Beginn des 17. Jahrhunderts wurde die politische Szene jedoch bereits von Machtgruppierungen beherrscht, die sich untereinander aufgrund der konfessionellen Zugehörigkeit abgrenzten. Ihr Aufeinandertreffen war zu Beginn ein Kräftemessen zwischen den einzelnen Lagern im gesamteuropäischen Maßstab[17]. Was geschah in Böhmen in der zweiten Hälfte des 16. Jahrhunderts? Warum wurde die grundlegende, über Generationen bewährte Erkenntnis der Notwendigkeit religiöser Koexistenz über Bord geworfen?

Mitte des 16. Jahrhunderts kam es zu einem grundsätzlichen Bruch in der Entwicklung der böhmischen Gesellschaft. Als Folge der Niederschlagung des Ständeaufstandes von 1547 hatte sich die wirtschaftliche Struktur des Landes völlig verändert. Die Königsstädte verloren ihre bedeutende Stellung und mußten den adeligen Grundherren Platz machen. Zu Veränderungen kam es auch hinsichtlich des Konfessionalisierungsprozesses[18]. Drei Erscheinungen sind in diesem Zusammenhang anzuführen, die die weitere Entwicklung des Landes beeinflußten:

1. Nach 1547 kam es zum erstenmal seit vielen Jahrzehnten zur Anwendung religiös motivierter Repressionen. Die Anhänger der Brüdergemeine wurden gezwungen, entweder zu einer der offiziell zugelassenen Konfessionen zu konvertieren oder das Land zu verlassen. Obwohl in der Praxis die Sanktionen gegen die Brüdergemeine nur vorübergehender Natur waren, hatten sie doch Auswirkungen auf einen Großteil der Bevölkerung[19].

2. Das Königreich Böhmen blieb zwar auch weiterhin Ständemonarchie; der den Ständen zustehende Anteil an der Macht befand sich jedoch allein in den Händen der Adeligen. Der Städtestand verlor seine politische Bedeutung sowie seine reale Machtposition nach außen[20]. Um so mehr entstanden religiöse Konflikte innerhalb der städtischen Kommunen, im Bemühen, das Übergewicht in der städtischen Selbstverwaltung und dadurch auch die Kontrolle über die religiöse Entwicklung der jeweiligen Region zu erlangen. Die Stadtgemeinden begannen, sich als konfessionell geschlossene Gemeinschaften abzugrenzen, die die Aufnahme von Neubürgern oft von der Glaubenszugehörigkeit abhängig machten[21].

---

17 PÁNEK, Jaroslav: Nástup rekatolizace ve střední Evropě. In: Rekatolizace v českých zemích. Hg. v. Jindřich FRANCEK, Pardubice 1995, 3-15.

18 DERS.: Religious Question (wie Anm. 13). - REJCHRTOVÁ, Noemi: Příspěvek k diskusi (wie Anm. 3) 447f.

19 GINDELY, Anton: Geschichte der Böhmischen Brüder. Bd. 1. Prag 1857, 310-312. - ŘÍČAN, Rudolf: Dějiny Jednoty bratrské. Praha 1957, 107.

20 JANÁČEK: České dějiny (wie Anm. 1) Bd. I/2, 315-332. - PÁNEK, Jaroslav: Stavovská opozice a její zápas s Habsburky 1547-1577. Praha 1982, 22.

21 WINTER, Zikmund: Život církevní v Čechách. Kulturně-historický obraz z XV. a XVI. století. Bd. 1, Praha 1895, 219-287.

3. Seit Mitte des 16. Jahrhunderts begann der böhmische Adel, wesentlich stärker als bisher kulturelle, gesellschaftliche und auch religiöse Anregungen aus den umliegenden Ländern aufzunehmen. Für die Generation der führenden böhmischen Adeligen in der zweiten Hälfte des 16. Jahrhunderts bedeutete religiöse Toleranz nicht mehr ein „überkonfessionelles Christentum", sondern die gegenseitige Duldung der einzelnen konfessionellen Richtungen[22]. In dieser Phase hatte die Zersplitterung des böhmischen Utraquismus aufgrund der freien Auslegung der Kompaktaten bereits größere Ausmaße angenommen. Die Bemühungen um eine Neuformulierung der religiösen Grundsätze, durch die sich der reformierte Utraquismus von der alten utraquistischen Kirche unterschied, wurden erheblich verstärkt, ebenso die Bemühungen um eine organisatorische Neuordnung, unabhängig von der alten kirchlichen Hierarchie.

Der erste bedeutende Versuch einer neuen programmatischen Abgrenzung der böhmischen Nichtkatholiken wurde bereits 1543 unternommen, er wurde durch den Herrscher jedoch unter Verweis auf die noch gültigen Kompaktaten abgelehnt[23]. Der Kampf um die Formulierung der nichtkatholischen Glaubensartikel und deren offizielle Anerkennung über den Rahmen der Kompaktaten hinaus gipfelte in der „Confessio Bohemica", die im Jahre 1575 von Kaiser Maximilian II. mündlich bestätigt wurde[24]. An deren Vorbereitung beteiligten sich auch die Theologen der Brüdergemeine, um für ihre bereits existierende Konfession rechtliche Legitimität zu erreichen. Die Erfahrungen von 1547 zeigten, daß die religiöse Toleranz auch in Böhmen an ihre Grenzen stieß, sobald sie mit dem Machtübergewicht des Herrschers konfrontiert war.

Die Confessio Bohemica war beispielhaft für einen religiösen Kompromiß[25]. Die Formulierung der einzelnen Punkte ließ eine relativ freie Auslegung zu, so daß sich zu dieser Konfession alle bedeutenden nichtkatholischen Kirchen in Böhmen bekennen konnten[26]. Doch obwohl sich die einzelnen religiösen Richtungen formal nun unter dem Dach der Confessio Bohemica zusammenfanden, vertieften sich im täglichen Leben die Widersprüche zwischen ihnen. Der Kampf fand nicht auf höchster politischer Ebene statt, sondern vielmehr auf der Ebene der einzelnen Städte, Dominien und Pfarrgemeinden. Zu diesem Zeitpunkt, zu Beginn des letzten Viertels des 16. Jahrhunderts, ist die

22 KALIVODA, Robert: Husitství a jeho vyústění (wie Anm. 9) 18. - PÁNEK, Jaroslav: Vilém z Rožmberka. Politik smíru. Praha 1998, 203f.

23 HREJSA, Ferdinand: Dějiny křesťanství v Československu. Bd. 5: Za Ferdinanda I. 1526-1564 (Počátky protireformace). Praha 1948, 99-116. - KADLEC, Jaroslav: Přehled českých církevních dějin. Bd. 2, Praha 1991, 17-19.

24 HREJSA, Ferdinand: Dějiny křesťanství v Československu. Bd. 6: Za krále Maxmiliána II. 1564-1576 (Česká konfese), Praha 1950, 266-333. - PÁNEK, Jaroslav: Zápas o českou konfesi. Praha 1991, 31-37.

25 HREJSA, Ferdinand: Česká konfese, jeji vznik, podstata a dějiny. Praha 1912, 160-169; als Edition: Vyznání víry svaté křesťanské všech tří stavů království Českého z víry tělo a krev Krista Pána pod obojí přijímajících. In: Čtyři vyznání. Hg. v. Rudolf ŘÍČAN u. a., Praha 1951, 269-306.

26 EBERHARD, Winfried: Reformatorische Gegensätze, reformatorischer Konsens, reformatorische Formierung in Böhmen, Mähren und Polen. In: Ständefreiheit und Staatsgestaltung in Ostmitteleuropa (wie Anm. 3) 187-215, hier 197-201.

Auseinandersetzung eher zwischen den einzelnen nichtkatholischen Konfessionen zu beobachten als zwischen Katholiken und Nichtkatholiken, da der reale Einfluß der katholischen Kirche in Böhmen noch recht unbedeutend war[27].

Eine entscheidende Rolle im Prozeß der Konfessionalisierung spielte zu dieser Zeit der böhmische Adel, der für sich das Recht beanspruchte, über religiöse Angelegenheiten in seinen Herrschaftsgebieten zu entscheiden. Auf diese Art reflektierte die böhmische Ständegemeinschaft das Prinzip des Augsburger Religionsfriedens von 1555 „cuius regio, eius religio“. Vom Willen der einzelnen Adeligen hing es ab, bis zu welchem Ausmaß andere Glaubenszugehörigkeiten bei den Bewohnern der ihnen untergebenen Städte, Orte und Gemeinden toleriert wurden. Der Hochadel und die Grundherren wurden zu bestimmenden Elementen des weiteren Verlaufs der Konfessionalisierung des Landes. Gerade auf diese Schicht richtete sich auch das Interesse der katholischen Kirche, da den Politikern der katholischen Seite die Beeinflussung der herrschenden Schicht als Weg zur Änderung der religiösen Verhältnisse in Böhmen erschien[28].

Der Druck wurde nach der Umsiedlung des kaiserlichen Hofes nach Prag im Jahre 1583 bedeutend verstärkt. Während die böhmische Ständegesellschaft die Glaubenszugehörigkeit früher eher als private Angelegenheit jedes einzelnen Adeligen verstand, erhielt die religiöse Frage im Zentrum des politischen Geschehens – am kaiserlichen Hof – eine neue Dimension: Sie entschied über die Zugehörigkeit zu einem bestimmten politischen Lager[29]. Das Interesse an der Zugehörigkeit zu einer katholischen politischen Gruppierung hatte sich unter den böhmischen Adeligen Ende des 16. Jahrhunderts bedeutend verstärkt. Dies darf jedoch nicht als Rückkehr des böhmischen Adels zum „wahren“ Glauben – bewirkt durch die Kraft theologischer Argumente, die ihn auf den rechten Weg zurückführten – mißverstanden werden. Es ist sehr viel plausibler, gezielten äußeren Druck in Richtung auf eine politische, öffentlich manifestierte Zugehörigkeit zum Katholizismus als Ursache für diese „Umkehr“ anzunehmen. Wie kam es dazu?

---

27 SKÝBOVÁ, Anna: Arcibiskupská kancelář v Praze v letech 1561 až 1580. In: Sborník archívních prací 19 (1969) 457-517. - HRUBÝ, František: Luterství a novoutrakvismus v českých zemích v 16. a 17. století. In: Český časopis historický 45 (1939) 31-44. - RAK, Jiří: Vývoj utrakvistické správní organizace v době předbělohorské. In: Sborník archívních prací 31 (1981) 179-206. - SKÝBOVÁ, Anna: Kardinál Giovanni Morone a české království 16. století. In: Historia docet. Sborník prací k poctě šedesátých narozenin prof. PhDr. Ivana Hlaváčka, CSc. Hg. v. Miloslav POLÍVKA und Michal SVATOŠ, Praha 1992, 445-455. - ČORNEJOVÁ, Ivana: Paradoxy náboženského života v barokních Čechách. Ebd., 47-57.

28 CHUDOBA, Bohdan: Španělé na Bílé hoře. Praha 1945. - STLOUKAL, Karel: Papežská politika a císařský dvůr pražský na předělu XVI. a XVII. věku. Praha 1925, 4-21. - DERS.: Počátky nunciatury v Praze (Bonhomini v Čechách v l. 1581-1584). In: Český časopis historický 34 (1928) 1-24, 237-279. - VOREL, Petr: Die Aristokratie in Böhmen und Mähren in der Mitte des 16. Jahrhunderts. In: DERS.: Česká a moravská aristokracie v polovině 16. století (Edice register listů bratří z Pernštejna z let 1550-1551). Pardubice 1997, 34-47.

29 KROFTA, Karel: Majestát Rudolfa II. Praha 1909, 14. - STLOUKAL: Počátky nunciatury (wie Anm. 28) 240. - PÁNEK: Ständewesen und Gesellschaft (wie Anm. 6) 104-119. - HOJDA, Zdeněk: Prag um 1600 als multikulturelle Stadt: Hof - Adel - Bürgertum - Kirche. In: Metropolen im Wandel. Hg. v. Evamaria ENGEL, Karen LAMBRECHT und Hanna NOGOSSEK, Berlin 1995, 225-232.

Auf die Herausbildung der religiösen und damit auch politischen Überzeugung des gesellschaftlich aktiven böhmischen Adels hatten viele Faktoren Einfluß. Eine bedeutende Rolle spielten die Außenbeziehungen, die Kontakte mit den umliegenden Ländern, in denen das Aufeinandertreffen der Konfessionen wesentlich heftiger erfolgte als im religiös toleranteren Böhmen.

1. Zunächst ist die adelige Familie selbst zu nennen, in der sich die Grundlagen der Überzeugung herausbildeten. In dieser Hinsicht kann das Kräfteverhältnis zwischen den einzelnen Konfessionen als relativ ausgeglichen gelten. Während der zweiten Hälfte des 16. Jahrhunderts nahm im böhmischen Adel die Zahl der Hochzeiten mit Ehepartnern aus anderen Ländern der Habsburgermonarchie oder aus dem Ausland deutlich zu. Die böhmischen Herren wählten jedoch ihre Frauen sowohl im katholischen Spanien als auch im lutherischen Sachsen aus. In einigen Fällen, z.B. bei den Herren von Rosenberg, Pernstein oder Neuhaus, kann von bewußten Familienzusammenschlüssen gesprochen werden, die vom herrschaftlichen Hof initiiert wurden[30]. Wenn es dennoch zum Übertritt eines bedeutenden Adeligen zum Katholizismus kam, hatte dies größtenteils andere Ursachen als den unmittelbaren Einfluß einer eifrigen Ehefrau, wie dies manchmal Vratislav von Pernstein nachgesagt wurde, dem späteren böhmischen Oberstkanzler, der mit der katholischen Spanierin Maria Manrique de Lara verheiratet war[31].

2. Eine weitere Kontaktebene des böhmischen Adels mit dem konfessionell differenzierten Europa waren die Bildungsreisen der jungen Adeligen. Sie besuchten mehrheitlich, gemäß dem Willen der Eltern oder dem des Vormundes, einheimische oder

---

30 KUBÍKOVÁ, Anna: Familienbeziehungen der Rosenberger zu österreichischen Adelsfamilien. In: Kontakte und Konflikte - Böhmen, Mähren und Österreich: Aspekte eines Jahrtausends gemeinsamer Geschichte. Hg. v. Thomas WINKELBAUER, Horn-Waidhofen a. d. Thaya 1993, 121-124. - PÁNEK, Jaroslav: Böhmen, Mähren und Österreich in der frühen Neuzeit: Forschungsprobleme ihres Zusammenlebens. Ebd., 125-136. - DERS.: Česká a rakouská šlechta v počátcích habsburské monarchie. In: Dějiny a současnost 12/3 (1990) 26-33. - DERS.: Der Adel in der böhmisch-mährischen Gesellschaft und Kultur der frühen Neuzeit. In: Opera historica 2 (1992) 5-12. - DERS.: Der böhmische Vizekönig Wilhelm von Rosenberg und seine deutsche Ehen. In: Mentalität und Gesellschaft im Mittelalter. Gedenkschrift für Ernst Werner. Hg. v. Sabine TANZ, Frankfurt a.M. 1994, 271-300. - BOBKOVÁ, Lenka: Cizí šlechta usazená v severních Čechách do poloviny 17. století. In: Život na šlechtickém sídle v XVI.-XVIII. století. Ústí nad Labem 1992, 99-113. - VOREL, Petr: Cimburkové a Pernštejnové (Majetkové a rodinné vztahy na přelomu 15. a 16. století). In: Morava na prahu nové doby (wie Anm. 7) 75-93. - DERS.: Pernštejnská svatba v Prostějově roku 1550. In: Časopis Matice moravské 114 (1995) 139-162. - JANÁČEK, Josef: Ženy české renesance. Praha 1996, 18-25. - BŮŽEK, Václav: Mezi Bečovem, Wildbergem a Norimberkem (Příspěvek ke komunikaci českých stavů se zahraničím ve čtyřicátých letech 16. století). In: Stavovský odboj roku 1547 (wie Anm. 1) 65-80.

31 FRITZOVÁ, Charlotte/RŮŽIČKA, Jindřich: Španělský sňatek Vratislava z Pernštejna. In: Sborník prací východočeských archívů 3 (1975) 63-78. - SKŘIVÁNEK, Milan: K náboženským dějinám východočeského města v 15. až 18. století. In: Česká města (wie Anm. 14) 175-195, hier 182f.

ausländische Schulen, die stark konfessionell geprägt waren[32]. Eine Bildung mittleren Niveaus konnte ein junger Adeliger auf Schulen vom Typ eines Gymnasiums in den Residenzen bedeutender einheimischer Adeliger erhalten. Zur Erlangung höherer Bildung war jedoch eine Reise ins Ausland notwendig[33]. Die Erfahrungen, die sie dort mit der konfessionell differenzierten Welt machten, übten einen starken Einfluß auf die Meinungsbildung der jungen Adeligen in Böhmen aus. In der böhmischen Politik traten Ende des 16. Jahrhunderts Persönlichkeiten auf, die sich der Probleme des konfessionell geteilten Europa klar bewußt waren.

3. Der wichtigste Faktor, der zum Ende der religiösen Toleranz in Böhmen führte, war wohl der Einfluß des kaiserlichen Hofes, der von 1583 bis 1611 in Prag residierte. In der Umgebung des rudolfinischen Hofes war die Zugehörigkeit zu einer katholischen Gruppierung von Nutzen, um einen einträglichen Posten in den höfischen oder Landesämtern zu erhalten. Die nichtkatholischen Adeligen, deren Ambitionen sich auf der heimischen politischen Bühne nicht erfüllten, knüpften engere Kontakte zu ihren ausländischen Glaubensbrüdern[34].

In bezug auf die Frage nach der Glaubenszugehörigkeit fand eine Verschiebung statt: vom Kompromiß, der noch in der Confessio Bohemica von 1575 zu finden war, hin zum Kampf um die politische Macht zwischen der überwiegend nichtkatholischen adeligen Ständegemeinschaft und dem kaiserlichen Hof, dem sich der überwiegend katholische Hofadel anschloß. Durch ein kurzfristiges Machtübergewicht erzwang der nichtkatholische Adel vom Kaiser 1609 die schriftliche Abfassung des bekannten „Majestätsbriefes“[35].

---

32 MOLNÁR, Amadeo: Českobratrská výchova před Komenským. Praha 1956. - KOLDINSKÁ, Marie: Šlechtické školy v předbělohorských Čechách. In: Život na šlechtickém sídle (wie Anm. 30) 217-221. - ČORNEJOVÁ, Ivana: Jezuité v Čechách. In: Pocta Josefu Petráňovi. Hg. v. Zdeněk BENEŠ, Eduard MAUR und Jaroslav PÁNEK, Praha 1991, 343-356. - DIES.: Tovaryšstvo Ježíšovo. Jezuité v Čechách. Praha 1995, 59-73.

33 PEŠEK, Jiří/ŠAMAN, Dušan: Studenti z Čech na zahraničních universitách v předbělohorském čtvrtstoletí. In: Ústecký sborník historický 1983 [1984] 173-218. - PEŠEK, Jiří/SVATOŠ, Michal: Sociální důsledky akademické peregrinace v českých zemích druhé poloviny 16. století. In: Pocta Josefu Petráňovi (wie Anm. 32) 231-243. - SVATOŠ, Michal: Akademická peregrinace a cesty za vzděláním. In: Cesty a cestování v životě společnosti. Hg. v. Lenka BOBKOVÁ und Michaela NEUDERTOVÁ, Ústí nad Labem 1997, 242-248. - HEISS, Gernot: Bildungsreisen österreichischer Adeliger in der frühen Neuzeit. Ebd., 251-267, hier 254-258.

34 STLOUKAL, Karel: Z diplomatických styků Francie s Čechami před Bílou horou. In: Český časopis historický 32 (1926) 471-483. - CHUDOBA, Bohdan: Roudnická politica (Zastoupení renesanční politické vědy v knihovně českého státníka na rozhraní XVI. a XVII. století). In: Sborník Historického kroužku 33 (1932) 49-54, 113-118, 177-184. - POLIŠENSKÝ, Josef: Anglie a Bílá hora. Praha 1948, 48-50. - HULEC, Otakar: Konspirační charakter předbělohorské protestantské opozice. In: Jihočeský sborník historický 30 (1961) 97-102. - DERS.: Politická činnost Petra Voka z Rožmberka. In: Jihočeský sborník historický 37 (1968) 144-159, 209-223. - EBERHARD: Konfessionsbildung (wie Anm. 11) 81. - PÁNEK, Jaroslav: Poslední Rožmberk. Životní příběh Petra Voka. Praha 1996, 156-174.

35 KROFTA: Majestát Rudolfa II. (wie Anm. 29) 15-25 (Edition ebd., 34-39).

Dieser sollte die Religionsfreiheit für alle korporativen Gruppen im damaligen Böhmen garantieren. Das gesellschaftliche Klima innerhalb der entscheidenden Kreise des Landesadels entsprach diesem Verständnis jedoch nicht mehr; beide Seiten bereiteten sich daher auf weitere Konfrontationen vor, die im Jahre 1618 in militärische Auseinandersetzungen mündeten[36]. Es ist bezeichnend, daß es in Böhmen auch in dieser Phase nicht zu einer klaren konfessionellen Aufteilung der nichtkatholischen Religionen, die sich zur Confessio Bohemica bekannten, und zur Bildung eines protestantischen, mit politischen Zentren im Ausland eng verbundenen gemeinsamen Machtblocks kam[37]. Die Einhaltung der alten Ordnung hatte 1547 zu den Hauptforderungen des böhmischen Ständeaufstands gehört[38]. Dieses Verständnis fand selbst in Böhmen zu Beginn des 17. Jahrhunderts keinen eindeutig positiven Widerhall mehr, da das Prinzip der gegenseitigen Toleranz aus dem gesellschaftlichen Bewußtsein der Mehrheit der politisch aktiven Adeligen verschwunden war[39].

Die Ergebnisse des Dreißigjährigen Krieges brachten für das Königreich Böhmen hinsichtlich der Konfessionalisierung eine eindeutige Lösung. Die Ständeopposition, die sich die Macht im Lande mit dem Herrscher geteilt hatte, hörte auf zu existieren. Das Prinzip des Augsburger Religionsfriedens („cuius regio, eius religio“) bezog sich nun direkt auf die Person des Herrschers. Alle nichtkatholischen Konfessionen wurden durch die „Verneuerte Landesordnung“ von 1627 (Böhmen) bzw. 1628 (Mähren) für illegal erklärt. Der katholische König stellte, in Übereinstimmung mit den Grundsätzen von

---

36 JANÁČEK, Josef: České stavovské povstání 1618-1620. Otázky a problémy. In: Folia Historica Bohemica 8 (1985) 7-41.

37 BAHLCKE, Joachim: Konfessionalisierung der Außenpolitik? Die Rolle der Konfession für die Außenbeziehungen der böhmischen Stände im späten 16. und frühen 17. Jahrhundert. In: Dimensionen der europäischen Außenpolitik zur Zeit der Wende vom 16. zum 17. Jahrhundert. Hg. v. Winfried SCHULZE (im Druck).

38 Konfederace nekatolických stavů českých, moravských, hornoslezských, horno- a dolnolužických proti Ferdinandovi II. In: Minulost našeho státu v dokumentech. Hg. v. Josef POLIŠENSKÝ, Praha 1971, 112-132 (bes. VII, X und XII). - Dazu auch JENŠOVSKÝ, Bedřich: O stavovských konfederacích v českém povstání. In: Sborník prací věnovaných J. B. Novákovi k 60. narozeninám. Hg. v. DEMS. und Bedřich MENDL, Praha 1932, 495-505. - ADAMOVÁ, Karolina: K otázce konfederačních snah v českém státě na počátku 17. století. In: Právněhistorické studie 27 (1986) 57-96. - BAHLCKE, Joachim: Konföderation und Widerstand. Die politischen Beziehungen der böhmischen und mährischen Ständegemeinde vom Bruderzwist bis zum Aufstand gegen Habsburg (1608-1619). In: Folia Historica Bohemica 13 (1990) 235-288.

39 SKÝBOVÁ, Anna: Politische Aspekte der Existenz zweier Konfessionen im Königreich Böhmen bis zum Anfang des 17. Jahrhunderts. In: Martin Luther. Leben, Werk, Wirkung. Hg. v. Günter VOGLER, Berlin 1983, 463-480. - FUKALA, Radek: Politický program Karla staršího ze Žerotína v době českého stavovského povstání. Iluze a politická naivita, nebo realita a umění politiky? (Poznámky a úvahy). In: Folia Historica Bohemica 15 (1991) 465-476. - SOUSEDÍK, Stanislav: Jan Jesenský jako ideolog stavovského povstání. In: Filosofický časopis 40 (1992) 69-81. - DERS.: Filosofie v českých zemích mezi středověkem a osvícenectvím. Praha 1997, 89-92. - VÁLKA, Josef: Portrét českého politika. In: PÁNEK: Vilém z Rožmberka (wie Anm. 22) 288-292.

1555, die Bevölkerung des Landes vor die Wahl, entweder zu konvertieren oder zu emigrieren. Das konfessionelle Problem des religiös einst so toleranten Königreichs Böhmen war gelöst[40].

---

40 EVANS: Habsburgermonarchie (wie Anm. 5) 152-154. - PÁNEK: Stavovství (wie Anm. 7) 46f. - EBERHARD, Winfried: Reformation and Counterreformation in East Central Europe. In: Handbook of European History 1400-1600. Late Middle Ages, Renaissance and Reformation. Bd. 2. Hg. v. Thomas A. BRADY, Heiko A. OBERMAN und James D. TRACY, Leiden-New York-Köln 1995, 551-584, hier 553-562. - ČORNEJOVÁ: Paradoxy (wie Anm. 27) 51-56. - POJAR, Miloš: Reformace a protireformace ve střední Evropě (K náboženské toleranci v 16. a 17. století). In: Problém tolerance (wie Anm. 4) 44-75.

„Bündnus – Uniones – Correspondenzen". Die Möglichkeiten ständischer Aussenpolitik in Österreich ob der Enns (Ende 16./Anfang 17. Jahrhundert)

Georg Heilingsetzer

Am 15. Juni des Jahres 1619 kam Freiherr Hans Ludwig von Kuefstein als Gesandter der evangelischen niederösterreichischen Stände nach Linz. Im Sinne seiner Auftraggeber sollte er von den oberösterreichischen Ständen vor allem dringend benötigte Darlehen erhalten, damit die Niederösterreicher Truppen werben konnten. Es sei vorweggenommen, daß die Mission nicht sehr erfolgreich verlief und Kuefstein das tiefe Mißtrauen feststellen konnte, das die Oberösterreicher den Niederösterreichern entgegenbrachten, da deren Stände in verschiedene Richtungen gespalten waren und auch einen starken Anteil an Katholiken aufwiesen.

Hans Ludwig von Kuefstein notierte in seinem Tagebuch unter anderem folgendes: „Den 20. um 8 Uhr hat H. Ungnad den Secretari Genger geschickt und uns ersuchen lassen, wir sollten uns mit der Audienz noch eine Stund gedulden, denn etwas wichtiges fürgefallen wäre; so die gesammten vier Stände berathschlagen müssen, darauf ich geantwortet, daß wir uns gerne gedulden und die fernere Erinnerung erwarten wollen. Um 8 Uhr habe ich meine Gutscherrosse wiederum nach Hause reiten lassen. Vor 10 Uhr hat H. Ungnad den Secretari widerum herausgeschickt und uns sagen lassen, wenn wir hineinkommen wollten, daß die Stände unserer warteten, darauf wir mit ‚Ja' geantwortet und alsobald in das Landhaus gefahren. Der Secretari hat unter dem Thor gewartet und uns gebeten, daß wir in die Ritterstuben gehen und uns ein kleine Weile gedulden sollten, welches wir gethan. Nicht lange nachher sind H. Georg Achaz von Polhaim, H. von Grünthal und einer aus dem vierten Stand dorthin kommen, haben uns im Namen der Stände empfangen und hinüber zu denselben gebeten. Der H. Präsident ist uns bis zur Thür entgegen gegangen, und hat uns zum Tisch, wo wir die Session nehmen sollten, begleitet, wo wir die Stell bei dem Fenster eingenommen, folgends H. Ungnad die seinige und nach H. Rauber, H. Landoberst von Starhemberg und H. Georg Erasmus von Tschernembl sich an selbigen Tisch gesetzet. Darauf ich das Anerbieten gethan und das Credentionalschreiben H. Ungnad überreichete, welcher mit Bedankung des Grußes den unterennsischen Ständen alle ersprießliche Wolfart und beiden Ländern den lieben Frieden gewünschet. Nochmals vermelt er, die anwesenden Stände hätten das, was die wolverordneten Herren Abgesandten fürgebracht, vernommen, aber etliche sehr wichtige Puncte bedürften einer reiferen Berathschlagung. Die löblichen Stände bitten die H. Abgesandten, sich so lang zu gedulden, sie wollten sich unseren Herren Principalen schriftlich erklären, und befehlen sich inzwischen den unterennsischen Ständen zu annehmlichen freundlichen Diensten. Darauf ich aufstehend kurz replicirt, weil dieß Begehren ganz billig, wollen wir gerne nach der löblichen Stände Gelegenheit gedulden, denen wir uns nochmalen dienstlich befehlen. Herr Ungnad, Hans Ortolf Geymann und Ott Hohenfelder haben uns mit höflichen Worten zu der Stiegen begleitet, die drei Herren aber, die uns empfangen gehabt, sein wider unser Bitten hinab unter das Thor und zum Wagen gegangen mit Vermelden, daß sie dessen von den Ständen Befehl hätten. Wir sein wiederum nach Haus gefahren, die Stände sein beisammen verblieben, haben mein Anbringen alsbald in Berathschlagung gezogen und wie ich vernommen, hat Freiherr Gebhardt Jörger das durch uns begehrte Darlehen betreffend gemeldet, wenn sie [die Oberennser] die Oesterreicher nicht a cavallo bringen, werde es noch langsam zugehen. Sonsten habe vernommen, daß die Stände zum Darlehen hart zu bewegen sein werden aus Ursach, daß wir ihnen das alte noch nicht gezahlet."[1]

Diese Schilderung ist – abgesehen von ihrer Lebendigkeit – in manchen Dingen recht aufschlußreich, zeigt sie doch, daß die Stände bei ihren diplomatischen Tätigkeiten genau dieselben Formen pflegten, wie sie bei Gesandtschaften zwischen einzelnen Fürsten üblich waren, man denke etwa an die feierliche Überreichung des Beglaubigungsschreibens[2]. Es zeigt sich aber auch, daß es bei den kollegialen ständischen Organen nicht leicht war, eine klare Antwort zu erhalten. Mehr Erfolg hatte Kuefstein übrigens, wie er dann noch anführt, bei informellen Gesprächen, bei Gastmählern im Hause einzelner Ständemitglieder.

Es stellt sich in diesem Zusammenhang die Frage, inwieweit die Stände eines zusammengesetzten Herrschaftsgebildes wie der Habsburgermonarchie überhaupt selbständig handeln, eine Armee unterhalten und Truppen werben konnten, vor allem aber Verträge mit Auswärtigen, seien es nun ebenfalls Stände oder fremde Fürsten, abzuschließen in der Lage waren. Wenn wir diese Frage theoretisch betrachten, zeigt sich sehr rasch, daß uns die Völkerrechtsliteratur hier ziemlich im Stich läßt[3]. Vor allem die Frage der staatlichen Souveränität erweist sich als hinderlich bei der Betrachtung frühneuzeitlicher Phänomene. Auf der anderen Seite würde es auch nicht zielführend sein, allen Vertragssubjekten gleichzeitig auch Völkerrechtssubjektivität zuzugestehen, etwa in dem Sinn, daß „jede politische Handlungseinheit"[4] in Frage kommt.

---

1 Das Original befindet sich im Haus-, Hof- und Staatsarchiv Wien, Niederösterreich-Akten, Fasz. 10b. Die Wiedergabe des Textes folgt nicht nach dem Original, sondern nach WOLF, Adam: Geschichtliche Bilder aus Österreich 1. Wien 1878, 254f. - Vgl. auch KUEFSTEIN, Karl Graf: Studien zur Familiengeschichte III. Wien-Leipzig 1915, 101f.

2 PICARD, Bertold: Das Gesandtschaftswesen Ostmitteleuropas in der frühen Neuzeit. Beiträge zur Geschichte der Diplomatie in der ersten Hälfte des sechzehnten Jahrhunderts nach den Aufzeichnungen des Freiherrn Sigmund von Herberstein. Graz-Wien-Köln 1967, 68f.

3 PREISER, Wolfgang: Die Völkerrechtsgeschichte. Ihre Aufgaben und ihre Methode. In: Sitzungsberichte der Wissenschaftlichen Gesellschaft der Johann Wolfgang Goethe-Universität Frankfurt a.M. 2 (1964) 29-66. - Vgl. auch QUARITSCH, Helmut: Staat und Souveränität 1: Die Grundlagen. Frankfurt a.M. 1970, 395-424, sowie die Bemerkungen von RILL, Gerhard: Arbitrium - tertia pars. Beobachtungen zur Völkerrechtspraxis der frühen Neuzeit. In: Recht und Reich im Zeitalter der Reformation. Festschrift für Horst Rabe. Hg. v. Christine ROLL, Frankfurt a.M. u.a. 1996, 97.

4 So Jörg FISCH: Krieg und Frieden im Friedensvertrag. Eine universalgeschichtliche Studie über Grundlagen und Formelemente des Friedensschlusses. Stuttgart 1979, 14.

Der Begriff der „Konfessionalisierung" wird in Bezugnahme auf das Reich im allgemeinen mit der Durchsetzung landesfürstlicher Ansprüche in Verbindung gebracht[5]. Die Überbetonung sozialer Fragestellungen in der Geschichtswissenschaft seit den siebziger Jahren, die Ausklammerung religiöser – seien es nun theologische oder praktisch-politische – Befindlichkeiten und die Marginalisierung der Außenpolitik lassen diese Reaktion durchaus verständlich erscheinen. Wenn betont wird, daß es „nur in Ausnahmefällen zu einer Allianz mit republikanisch-ständischen oder konstitutionellen Kräften"[6] gekommen sei, so stellt sich die Frage, ob es in diesem Konzept auch eine Art „ständische Konfessionalisierung" geben kann, die dann aber andere politische Implikationen – eben den Ständestaat – aufweist, in anderen Bereichen, etwa der Sozialpolitik oder in der Kirchenzucht aber zu ähnlichen Ergebnissen kommt wie der landesfürstliche Absolutismus.

Der Augsburger Religionsfriede von 1555 hatte in den habsburgischen Erblanden dazu geführt, daß die mehrheitlich evangelischen Stände trachten mußten, diesen Zustand zunächst einmal zu legalisieren. Das ist dem überall dominierenden Adel durch verschiedene Zugeständnisse gelungen, die der auf ständische Finanzhilfe angewiesene Landesfürst machen mußte. Das betraf zunächst jedoch nicht die Städte, und es galt auch nur für die Angehörigen des Augsburger Bekenntnisses. Die wenigen, politisch aber sehr aktiven Calvinisten fanden sich sozusagen in der Illegalität wieder. Sie trachteten daher, die evangelische Einheit zu beschwören. In Oberösterreich etwa verzichteten die calvinistischen Adeligen darauf, den *Cultus purior* einzuführen, sie konnten ihre religiösen Vorstellungen nur auf privater Basis verwirklichen[7].

Innerhalb der Stände orientierte man sich besonders am lutherischen Württemberg. Die katholischen Landesfürsten wieder konnten zunächst keine effektive Konfessionalisierungspolitik durchführen, dazu waren die Stände zu wachsam. Außerdem standen die Erbländer ja nicht unter einer einheitlichen habsburgischen Leitung, und es kam in den einzelnen Ländern zu unterschiedlichen Entwicklungen. Am deutlichsten im Sinne einer katholischen Konfessionalisierung wirkte noch Erzherzog Karl von Innerösterreich in Graz – aber auch erst, nachdem es 1579/80 zu einem engeren Zusammenwirken mit den bayerischen Wittelsbachern gekommen war, und auch hier zunächst nicht sehr erfolg-

5 Von den zahlreichen Arbeiten Heinz Schillings zu dieser Thematik seien angeführt: SCHILLING, Heinz: Die Konfessionalisierung im Reich. Religiöser und gesellschaftlicher Wandel in Deutschland zwischen 1555 und 1620. In: Historische Zeitschrift 246 (1988) 1-45, hier 14. Zum Thema Außenpolitik: DERS.: Formung und Gestalt des internationalen Systems in der werdenden Neuzeit – Phasen und bewegende Kräfte. In: Kontinuität und Wandel in der Staatenordnung der Neuzeit. Beiträge zur Geschichte des internationalen Systems. Hg. v. Peter KRÜGER, Marburg 1991, 19-46. Zu den böhmischen Ständen BAHLCKE, Joachim: Konfessionalisierung der Außenpolitik? Die Rolle der Konfession für die Außenbeziehungen der böhmischen Stände im späten 16. und frühen 17. Jahrhundert. In: Dimensionen der europäischen Außenpolitik in der Zeit der Wende vom 16. zum 17. Jahrhundert. Hg. v. Winfried SCHULZE, (im Druck). Ich bin dem Autor für die Überlassung des Manuskripts außerordentlich dankbar.

6 SCHILLING: Konfessionalisierung im Reich (wie Anm. 5) 33.

7 STURMBERGER, Hans: Georg Erasmus Tschernembl. Religion, Libertät und Widerstand. Graz-Köln 1953, 244f.

reich. Erst nachdem sein Sohn und Nachfolger, Erzherzog Ferdinand, der spätere Kaiser Ferdinand II., die Regierung übernommen hatte, konnten die landesfürstlichen Ansprüche im Sinne des Augsburger Religionsfriedens durchgesetzt werden. Etwa zwei Jahrzehnte später stand Erzherzog Ferdinand innerhalb des Hauses Habsburg als unumstrittener Chef fest, wogegen sich die protestantischen Stände in Ober- und Niederösterreich im Einvernehmen mit den Böhmen wandten, hatten sie doch das Schicksal ihrer Standesgenossen in der Steiermark, in Kärnten und in Krain vor Augen. In der Umgebung ihres habsburgischen Gegenspielers aber hatte sich die These durchgesetzt, daß der Protestantismus im allgemeinen und der Calvinismus im besonderen eo ipso zur Rebellion und zum Chaos führe, aufs entschiedenste bekämpft werden müsse und daher keine Toleranz geübt werden könne[8].

Ein weiteres Problem, das sich in diesem Zusammenhang eröffnet, lautet, inwieweit man von einer Konfessionalisierung der Außenpolitik sprechen kann und inwieweit sich auch die Stände in Oberösterreich diesem Prinzip verpflichtet zeigten[9]. Wenn die Stände unter dem Einfluß des Freiherrn von Tschernembl eine Internationalisierung ihres Konfliktes mit den Habsburgern anstrebten, so war dies eben das äußerste Mittel, der katholischen Konfessionalisierungspolitik vor allem eines Erzherzog Ferdinand zu begegnen. Wie auch vielfach gesehen wurde, war diese Politik äußerst riskant, man denke etwa an die Einschätzung des Mährers Karl d.Ä. von Žerotín, der die politischen und konfessionellen Partikularismen der Stände – vor allem in Böhmen – vor Augen hatte und es daher nicht für erfolgversprechend hielt, falls die Stände in ihrer Konfrontation bis zum Äußersten gingen[10]. Das Bestreben des Calvinisten Tschernembl ging nun vor allem dahin, alle innerprotestantischen Konflikte zurückzustellen, ja zu harmonisieren, und ebenso auch den Länderpartikularismus zu überwinden und sogar dem „gemeinen Mann" soziale Anreize zu bieten, etwa durch die späte Anregung der Aufhebung der Leibeigenschaft in Böhmen[11]. An erster Stelle stand bei Tschernembl stets die Religion, erst dann kamen die Bestrebungen nach einer Verbesserung der Regierung. So ist es nur konsequent, wenn er im Hinblick auf den Bund mit den Ständen Böhmens die Gründung eines evangelischen Ordens anstrebte[12]. Hier ist nun tatsächlich eine Stufe von konfessionsgeleiteter Außenpolitik erreicht, wie sie zehn Jahre vorher kaum für möglich gehalten wurde. Es bestanden 1618/20 also zwei internationale Systeme nebeneinander: das anti-

8 Dies wird auch deutlich in dem Reformationspatent Kaiser Ferdinands II. vom 4.10.1624 angesprochen. Vgl. STURMBERGER, Hans: Adam Graf Herberstorff. Herrschaft und Freiheit im konfessionellen Zeitalter. Wien 1976, 216-218.

9 Vgl. Dimensionen der europäischen Außenpolitik (wie Anm. 5).

10 BAHLCKE, Joachim: Regionalismus und Staatsintegration im Widerstreit. Die Länder der Böhmischen Krone im ersten Jahrhundert der Habsburgerherrschaft (1526-1619). München 1994, 414f.

11 STURMBERGER: Tschernembl (wie Anm. 7) 354f.

12 Ebd., 301.

habsburgische protestantisch-ständische auf der einen und das katholisch-habsburgische auf der anderen Seite[13].

Oberösterreich, das alte Land ob der Enns, war eines der Erbländer der österreichischen Linie der Habsburger. Es grenzte im Osten an Niederösterreich (Land unter der Enns) und war, ebenso wie die Steiermark im Süden, mit dem gleichen rechtlichen Status versehen. Im Norden war es dem Königreich Böhmen benachbart, das zwar ebenfalls zum habsburgischen Machtbereich zählte, aber kein Erbland war. Im Westen hingegen finden wir nichthabsburgische Territorien: zwei geistliche Fürstentümer, das Erzstift Salzburg und das Hochstift Passau sowie das Herzogtum Bayern[14].

In der Landeshauptstadt Linz befanden sich ein kaiserliches Schloß und das Landhaus, das die oberösterreichischen Stände zur Zeit Kaiser Maximilians II. im Stil der Renaissance prachtvoll ausgestalteten. Da das kaiserliche Schloß nur selten vom Landesfürsten oder von Angehörigen der Dynastie bewohnt wurde, fehlte hier weitgehend ein großer Hof, lediglich der Landeshauptmann als Vertreter des Landesfürsten repräsentierte dessen Macht. Die Stände errangen bis zum Ende des 16. Jahrhunderts eine sehr bedeutende politische Position und ließen sich ihre finanziellen Zugeständnisse durch den Ausbau ihrer verbrieften Freiheiten honorieren. Zwei Faktoren müssen beim Verhältnis Landesfürst – Stände immer sehr stark beachtet werden: Auf der einen Seite die enge Verbindung von religiösen und politischen Forderungen – „Religio und libertas hangen aneinander“, hat es der Freiherr von Tschernembl während der Auseinandersetzung mit den Habsburgern einmal treffend formuliert[15]. Die religiösen Forderungen aber ergaben sich daraus, daß über drei Viertel des Adels und auch ein Großteil der Einwohner in den Städten evangelischen Glaubens waren. Auf der anderen Seite ist die Tatsache zu nennen, daß der Adel, hier gegliedert in Herren- und Ritterstand, der Träger der ständischen Macht und der ständischen Ideen war. Will man noch weitergehen, muß man betonen, daß der Herrenstand das größte Gewicht hatte, denn ihm gehörten die bedeutendsten Geschlechter des Landes an, und seine Mitglieder nannten die Mehrzahl der Güter ihr eigen. Innerhalb des Herrenstandes, zu dem um 1600 etwa 30 Familien zählten, waren es wieder einige wenige Geschlechter, die eng miteinander verwandt waren und denen eine Führungsrolle zukam[16].

---

13 BURCKHARDT, Johannes: Die Friedlosigkeit der Frühen Neuzeit. Grundlegung einer Theorie der Bellizität Europas. In: Zeitschrift für Historische Forschung 24 (1997) 509-574, hier 533f., 552.

14 Über die geopolitische Lage Oberösterreichs in der frühen Neuzeit vgl. HEILINGSETZER, Georg: Grundzüge der politischen und territorialen Entwicklung Oberösterreichs in der frühen Neuzeit (1500-1848). In: Tausend Jahre Oberösterreich. Das Werden eines Landes. Katalog der Ausstellung des Landes Oberösterreich, 1983, in Wels. Linz 1983, 65-88, hier 67.

15 STURMBERGER: Tschernembl (wie Anm. 7) 349.

16 HEILINGSETZER, Georg: Zwischen Bruderzwist und Aufstand in Böhmen. Der protestantische Adel des Landes ob der Enns zu Beginn des 17. Jahrhunderts. In: Schloß Weinberg im Lande ob der Enns. Hg. v. Bernd EULER-ROLLE, Georg HEILINGSETZER und Manfred KOLLER, Linz 1991, 73-119, hier 74f., 82.

Die Prälaten, die ebenso wie die Städte auf den Landtagen vertreten waren, waren durch die schwere Krise der katholischen Kirche im allgemeinen und der Klöster im besonderen nicht in der Lage, hier Widerstand zu leisten oder gar einen verlängerten Arm des Landesfürsten zu bilden. So trugen die Prälaten, so gut es eben ging, die ständischen Beschlüsse mit und haben sich erst dann von den Adeligen separiert, als dies gar nicht mehr anders möglich war. Außerdem wurden die Prälaten von den stolzen Herren als nicht ganz gleichwertig angesehen, da sie ja „geborene Herren" waren, die über ihre Grundherrschaften geboten, die Äbte aber nur durch die Gnade des Landesfürsten erhöht worden waren[17]. Die Städte wieder, die ja in Oberösterreich – sofern sie auf den Landtagen vertreten waren – landesfürstlich waren, standen in religiösen Fragen stärker unter dem Druck der Habsburger und waren so auf die Unterstützung ihrer adeligen Glaubensgenossen angewiesen. Außerdem erreichte keine der Städte – weder die Landeshauptstadt Linz noch das einwohnermäßig größere Steyr, das vom Eisenhandel profitierte, oder Wels, wo es einige bedeutende Handelsherren gab – jene wirtschaftliche und politische Bedeutung, wie sie eine mittlere Reichsstadt hatte, aber auch so manche landesfürstliche Stadt in einzelnen Territorien.

Wurde die Außenpolitik fast überall als besondere Domäne des souveränen Fürsten angesehen, so mußte eine starke Stellung der Stände, die der des Landesfürsten zumindest de facto gleichkam, zu Problemen und Konflikten auch in diesem Bereich führen. So erlaubte Kaiser Matthias den Niederösterreichern im Jahre 1615 ausdrücklich, Gesandte nach Prag zu senden. Während des böhmischen Aufstandes stellte Matthias in einem Schreiben an die niederösterreichischen Stände, welches die oberösterreichischen Stände wieder sehr genau registriert haben, klar, daß er keineswegs eingewilligt habe, daß sie Schreiben nach Prag absenden „vor communication und Ihr. Maj. darüber erfolgter gnädigsten Resolution". Es heißt hier weiter, daß sie ohne Vorwissen und Willen ihres Erbherrn als von Gott vorgesetzter Obrigkeit sich in eine neue Konföderation begeben wollten, sei unerhört, da gehorsame Stände doch bei jeder Gelegenheit Schutz und Zuflucht beim Landesfürsten gesucht und sich dabei wohl befunden hätten. Sie täten besser daran, die Böhmen, die die Grenzen ihres Landes bedrohten, zum Frieden zu mahnen (4. Februar 1619)[18]. Wie weit die Meinungen hier auseinandergingen, sieht man daraus, daß eines der ständischen Häupter in Niederösterreich kurze Zeit später sogar verlangte, daß den Ständen ausdrücklich die „correspondenz" mit der „Union", mit fremden Fürsten und anderen Ländern freigegeben werden sollte[19].

17 Bezeichnend hiefür ist ein Disput, den der Freiherr Sigmund Ludwig von Polheim mit dem Abt des Stiftes Lambach im Jahre 1598 führte. Vgl. HEILINGSETZER, Georg: Zwischen Humanismus und Aufklärung. Das Kloster Lambach vom 16. bis zum 18. Jahrhundert. In: Ausstellungskatalog „900 Jahre Klosterkirche Lambach". Linz 1989, 93-102, hier 96.

18 Oberösterreichisches Landesarchiv Linz, Starhemberg Archiv, Hs. 12, Nr. 26 (Der Kaiser erlaubt den niederösterreichischen Ständen, Gesandte nach Prag zu senden, 1615), und ebd., Hs. 71, fol. 624v-625r.

19 GINDELY, Anton: Geschichte des böhmischen Aufstandes von 1618. Bd. 1-3, Prag 1869-1878, hier Bd. 3, 193f.

Beziehungen der habsburgischen Länder untereinander bestanden schon seit dem Spätmittelalter, auf den Landtagen waren nicht selten Beobachter anderer Länder zu finden. Möglichkeiten zu weitergehenden Kontakten ergaben sich natürlich bei den Generallandtagen oder Ausschußlandtagen des 16. Jahrhunderts, die jedoch von den Habsburgern zunehmend mit Mißtrauen betrachtet und eher vermieden wurden. Dies waren gewissermaßen offizielle Kontakte, daneben bestanden aber auch solche privater Art durch Verwandtschaften und Freundschaften der Adeligen untereinander. Diese wurden vielfach auch durch den im 16. und 17. Jahrhundert bei Adeligen üblich gewordenen Besuch von Schulen, Akademien und Universitäten in Böhmen und Mähren, im Reich und in Italien angeknüpft. Die Sprachbarrieren waren insofern von geringer Bedeutung, da im Zeitalter des Humanismus natürlich die lateinische Sprache von den meisten leidlich beherrscht wurde. Die böhmischen und mährischen Adeligen waren im allgemeinen auch des Deutschen mächtig, ebenso aber verstanden auch viele Oberösterreicher Tschechisch, manche waren sogar in den böhmischen Ländern begütert. Wie weit das gehen konnte, zeigt das Beispiel des Reichard von Starhemberg, der zeitweise mit dem Gedanken spielte, nach Schlesien auszuwandern, da die Stände dort „freier" seien[20].

Besonders genau wurden die Vorgänge im benachbarten Land beobachtet, wenn sich daraus weitergehende Wirkungen erwarten ließen. Das war zum Beispiel während des Schmalkaldischen Krieges (1546/47) der Fall gewesen, als die Oberösterreicher durch ihre Kommunikation mit den Rosenbergern in Böhmen, die übrigens auch im Lande ob der Enns begütert und mit verschiedenen Familien verwandt waren, über die internen Vorgänge im Nachbarland sehr gut Bescheid wußten[21]. Und man könnte sogar noch weiter zurückgehen und auf die Vorgänge aus der Zeit um 1400 verweisen, als die böhmische Adelsfronde ihren König, Wenzel, festsetzte und den Starhembergern und Schaunbergern im Lande ob der Enns zur Bewachung übergab. Ein länderübergreifendes Zusammenwirken des Adels ist dann auch während der Wirren zur Zeit Kaiser Friedrichs III. zu bemerken, vor allem zwischen Ober- und Niederösterreich. Obwohl gerade der Adel Ober- und Niederösterreichs familiär sehr eng verbunden war – für die Steiermark trifft dies nicht in diesem Ausmaß zu –, hatten die Stände des Landes ob der Enns seit dem 15. Jahrhundert ihre Emanzipation vom östlichen Nachbarland weiter vorangetrieben und immer mehr eigene Landtage abgehalten. Dadurch gerieten sie jedoch in einen Konflikt mit allen anderen Ländern, bei dem es um die rangmäßige Stellung des Landes ging, ob das Land ob der Enns ein eigenes Erzherzogtum sei und wo es dann in der Hierarchie der Länder seinen Platz finden sollte. Dieser „Präzedenzstreit", der uns hier nicht weiter berühren soll, dauerte übrigens vom Beginn des 16. Jahrhunderts bis in die Regierungs-

20 HEILINGSETZER, Georg: Ständischer Widerstand und Unterwerfung. Erasmus von Starhemberg und seine Rechtfertigungsschrift (1621). In: Mitteilungen des Oberösterreichischen Landesarchivs 14 (1984) 169-189, hier 175.

21 Zu der abwartenden Rolle der Rosenberger EBERHARD, Winfried: Monarchie und Widerstand. Zur ständischen Oppositionsbildung im Herrschaftssystem Ferdinands I. in Böhmen. München 1985, 410. - Die Korrespondenz mit den Starhembergern in dieser Zeit: Oberösterreichisches Landesarchiv Linz, Starhemberg Archiv, Bestand Riedegg, Sch. 75, Nr. 364.

zeit Kaiser Ferdinands II. an[22]. Auch hier ergab sich natürlich für die Stände immer wieder die Notwendigkeit, Verhandlungen zu führen und Gesandtschaften abzufertigen.

Der wichtigste Faktor im Rahmen der gesamten ständischen Politik war zweifellos das Verhältnis zum Landesfürsten. Daher war es wichtig, daß einzelne Ständemitglieder in der Umgebung des Herrschers im Geheimen Rat und (bzw. oder) am Hof eine wichtige Position einnahmen. Dies fiel um so mehr ins Gewicht, als die Landesfürsten meist nicht im Lande ob der Enns weilten, sondern in Wien oder Prag residierten. Immer wieder wurden natürlich auch ständische Gesandtschaften an den Hof geschickt, wenn dringende Probleme zur Lösung anstanden. Überdies unterhielten die Stände im Rahmen ihres Personalstandes auch ständig einen „Agenten" am Kaiserhof, dessen Aufgabe vor allem darin bestand, anhängige Rechtsfälle durch entsprechendes Urgieren zu beschleunigen oder auch wichtige Nachrichten an seine Auftraggeber zu übermitteln[23].

Da die laufenden Geschäfte der Stände vor allem durch die „Verordneten", von denen jeder Stand zwei stellte, besorgt werden sollten, waren sie es auch, die die ständische Politik wesentlich bestimmten. Selbstverständlich hielten sie Verbindung auch mit anderen Ständemitgliedern, sofern diese in der Landeshauptstadt persönlich anwesend oder leicht erreichbar waren[24]. Ständische Gesandtschaften wurden meist nicht mit den auf einige Jahre gewählten Verordneten besetzt, diese spielten aber eine Rolle bei der Abfassung der Instruktionen und nahmen auch die Berichte nach der Erledigung des Auftrages entgegen.

Im Falle der drohenden Kriegsgefahr für das Land ob der Enns – etwa durch die Türken, die 1594 die wichtige Festung Raab eroberten – wurden Gesandte an benachbarte und befreundete Höfe geschickt. So reiste der Abt von Wilhering im Auftrag der Stände an die Höfe von Passau und Salzburg, das Herrenstandsmitglied Georg Erasmus Tschernembl aber nach Innsbruck zu Erzherzog Ferdinand und nach München zu den bayerischen Herzögen. Eine weitere geplante Mission Tschernembls zu den Reichsstädten Regensburg und Augsburg scheiterte nur daran, daß die Stände nicht bereit waren, weitere Kosten zu tragen[25]. Das Dilemma der Stände aber zeigte sich auch darin, daß z.B. Erzherzog Ferdinand von Tirol deren Abgesandten an den Kaiser nach Prag verwies.

Möglichkeiten zu einer ständischen Außenpolitik, die über einmalige Hilfeersuchen oder die Abstellung von Beschwerden deutlich hinausging, brachten erst die Jahre von 1606 bis 1620, als es zu einer Krise der Dynastie, dem „Bruderzwist", kam und der Abschluß von Ständebündnissen („Konföderationen") der Länder untereinander stattfand, aber auch Beziehungen zu auswärtigen Fürsten und Mächten geknüpft wurden. Den theoretischen Unterbau und die ideologische Grundlage lieferte hier das Wider-

---

22 ZIBERMAYR, Ignaz: Noricum, Baiern und Österreich. Lorch als Hauptstadt und die Einführung des Christentums. Horn ^{2}1956, 492-506.

23 PUTSCHÖGL, Gerhard: Die landständische Behördenorganisation in Österreich ob der Enns vom Anfang des 16. bis zur Mitte des 18. Jahrhunderts. Ein Beitrag zur österreichischen Rechtsgeschichte. Linz 1978, 377-380.

24 Ebd., 217f.

25 STURMBERGER: Tschernembl (wie Anm. 7) 53f.

standsrecht, wie es die französischen Monarchomachen entwickelten und auch von Staatstheoretikern im Reich vertreten wurde. In der wahrscheinlich vom Freiherrn von Tschernembl verfaßten Schrift „De resistentia subditorum adversus principem legitima“ ist auch davon die Rede, daß im Falle eines (gerechten) Widerstandes gegen einen tyrannischen Herrscher die *custodes patriae,* das sind die ständischen Vertreter, im Bündnis mit den Nachbarn Hilfe in ihrem Kampf suchen sollten[26]. Tschernembl und einige andere seiner Verwandten (z.B. Erasmus, Reichard und Gotthard Starhemberg) waren Anhänger Calvins und standen einer adeligen Majorität von Lutheranern gegenüber. Daher betonten sie auch stets die evangelische Einheit besonders stark, und diese Taktik war zunächst erfolgreich, denn es zeigten sich die Brüche erst, als die politische Katastrophe des Protestantismus schon vor der Türe stand. Tschernembl beruft sich in der erwähnten Schrift übrigens auch auf das Beispiel der Niederländer und ihren Aufstand gegen einen mächtigen Fürsten, der zum Erfolg geführt hatte. In den Bibliotheken des Adels sind Schriften nachweisbar, die sich mit den Ereignissen in den Niederlanden, in Polen und dem Bündnis der Hansestädte befassen[27].

Interessanterweise hatten die ungarischen Stände schon 1606 den Wunsch geäußert, daß der Friede, den Erzherzog Matthias mit István Bocskay schloß, von den Ständen der beiden österreichischen Länder, der Steiermark, Böhmens und Mährens garantiert werden sollte[28]. Damit waren die Ständevertreter in das politische Spiel einbezogen, und in den beiden folgenden Jahren kam es zu einer engen Zusammenarbeit vor allem der Nieder- und der Oberösterreicher, und daraus entstand wieder die ständische Union in den habsburgischen Ländern[29]. Am Ende stand eine engere Allianz, die durch die persönliche Bekanntschaft erleichtert wurde, die die mährischen Adeligen Karl d.Ä. von Žerotín und den Böhmen Peter Wok von Rosenberg mit den Oberösterreichern Tschernembl und Reichard Starhemberg verband (Konferenz der ständischen Häupter bei Žerotín in Rossitz im Dezember 1607). Die Oberösterreicher knüpften aber auch zu dem Fürsten Christian von Anhalt und der calvinistischen Partei im Reich Kontakte[30]. In der ersten Phase des Bruderzwistes unterstützten die Stände beider österreichischen Länder, Ungarns und Mährens Erzherzog Matthias gegen den Kaiser, die Böhmen verharrten bei Rudolf. Da die Möglichkeit einer militärischen Auseinandersetzung durchaus gegeben schien, wurden von den Oberösterreichern weitere Partner in Betracht gezogen. Reichard

---

26 Ebd., 105.

27 Vgl. Oberösterreichisches Landesarchiv Linz, Starhemberg Archiv, Bestand Riedegg, Hs. 132-136.

28 STURMBERGER: Tschernembl (wie Anm. 7) 143.

29 Ebd., 147, 151.

30 Die Verbindungen der Starhemberger zu Christian von Anhalt gehen mindestens bis in das Jahr 1591 zurück, was aus dem Briefwechsel Reichards von Starhemberg mit Justus Lipsius hervorgeht. Vgl. MOUT, Nicolette M. E. H.: Die politische Theorie in der Bildung der Eliten: Die Lipsiusrezeption in Böhmen und Ungarn. In: Ständefreiheit und Staatsgestaltung in Ostmitteleuropa. Übernationale Gemeinsamkeiten in der politischen Kultur vom 16. bis 18. Jahrhundert. Hg. v. Joachim BAHLCKE, Hans-Jürgen BÖMELBURG und Norbert KERSKEN, Leipzig 1996, 243-264, hier 257.

Starhemberg wurde ins Reich gesandt, um mit Pfalz, Württemberg und Ansbach zu beraten, wie man Bayern von Westen her beschäftigen könne[31]. Das wirft ein Schlaglicht auf die geopolitische Situation des Landes ob der Enns, das von Bayern stets eine gewisse Gefahr befürchtete und auch das Erzstift Salzburg nicht als Bundesgenossen betrachten konnte.

Im Vertrag von Lieben (25. Juni 1608) trat Kaiser Rudolf II. seinem Bruder die beiden österreichischen Länder und Mähren ab, verzichtete auf Ungarn und sicherte Matthias die Anwartschaft auf die böhmische Krone zu. Dieser Vertrag trägt neben den Unterschriften der habsburgischen Brüder auch die der Vertreter der Stände und dokumentiert so auch rein äußerlich deren gesteigerte Machtstellung. Aber kaum war er abgeschlossen, unterfertigten die ständischen Gesandten untereinander ein Schutzbündnis zur Bewahrung ihrer Freiheiten und konfessionellen Interessen. Dieser Sterboholer Ständebund war ein Konföderationspakt, der Matthias dazu zwingen sollte, vor der feierlichen Erbhuldigung die politischen und religiösen Freiheiten der Stände zu bestätigen. Die Oberösterreicher beschlossen überdies – nachdem Ungarn und Mähren ausgeschieden waren –, weitere Verbündete zu suchen und Kredite im In- und Ausland aufzutreiben, falls es zu ernsthafteren Auseinandersetzungen kommen sollte. Sie brachten ihre Sache auch vor die neugegründete Union, wobei sogar der Plan auftauchte, sie könnten diesem Bündnis ohne weiteres beitreten, wenn schon nicht als Vollmitglieder, so doch als „Korrespondierende"; das wäre nun tatsächlich ein Mittel gewesen, sich außenpolitisch stärker abzusichern – gegenüber Bayern, aber auch den Habsburgern der steirischen Linie. Zusammen mit den im Horner Bund an ihrer Seite befindlichen protestantischen Ständen Niederösterreichs gelang es den Oberösterreichern, fast alle ihre Forderungen bei Matthias durchzusetzen.

Den Kulminationspunkt erreichte die ständische Außenpolitik Oberösterreichs in den Jahren 1618 bis 1620. Schon bald nach Ausbruch des böhmischen Aufstandes hatten sich die Direktoren in Prag um Kontakte nach Linz bemüht. Sie betonten die Nachbarschaft und die historischen Beziehungen, auch die Verwandtschaft vieler unter ihnen mit dem oberösterreichischen Adel[32]. Aber auch Matthias hatte Abgesandte geschickt, und das Bestreben der Stände war es, vorerst Zeit zu gewinnen und – vor allem den Kaiser – zum Frieden zu mahnen. Die Erfahrungen anläßlich des Durchzuges des von Erzherzog Leopold, Bischof von Passau, geworbenen Volkes in den Jahren 1610/11 hatten aber dazu geführt, daß die Stände bald daran gingen, erhebliche militärische Kräfte zu sammeln.

---

31 STURMBERGER: Tschernembl (wie Anm. 7) 160.

32 Vgl. das Schreiben der böhmischen Direktoren an die obderennsischen Stände vom 5.3.1619: Ehrwürdige, Geistliche Herren Praelaten, Wohlgeborene Herren, edle, gestrenge, ehrenfeste, ehrsame und wohlweise, besonders freundliche vielgeliebte Herren oheimb, Schwäger und liebe freund. In: Oberösterreichisches Landesarchiv Linz, Ständisches Archiv, Hs. 71, fol. 530v. In einer Antwort der oberösterreichischen an die böhmischen Stände vom 21.12.1618 heißt es: „Wie nun aber [...] alß daß auch von Uhralten Zeiten hero, viel Geschlechter aus disem landt [...] und Euch mit Vetter, Schwäger und freundtschafft verwandt seindt, unser nachbarlich und wohlmainendt gemüeth umbso mehrers erkennen und verspüren können also hetten wier unsers theils kein so große bedenkhen, unß mit [...] Euch zu confoederiern" (ebd., fol. 206v.).

Sie brachten es schließlich auf etwa 7 000 bis 8 000 Mann unter dem Kommando des Landobristen Gotthard von Starhemberg[33]. Nach dem Tode des Kaisers am 20. März 1619 handelten die Oberösterreicher, die durch ihren Wiener Agenten in kürzester Zeit verständigt worden waren, blitzschnell. Sie erklärten sich als im Interregnum befindlich und übernahmen die ungeteilte Macht im Lande. Sie verhandelten nun lange weiter mit Erzherzog Ferdinand, den sie als Erbherrn nicht anerkannten. Gleichzeitig wurde die Verbindung mit Böhmen immer enger und mündete schließlich im Abschluß einer Konföderation, die dem inneren Bund der Länder der böhmischen Krone einen erweiterten mit den beiden österreichischen an die Seite stellte. Wieder war es Tschernembl, der in Prag das Werk betrieb und nach der Meinung Hans Sturmbergers die Entstehung eines großböhmischen Staates verhinderte. Man wird dies aber relativieren müssen, zeigt sich doch, daß man von seiten der böhmischen Stände keineswegs an eine Aufhebung der vorhandenen Ländergruppen dachte[34]. Wenn bei den oberösterreichischen Ständen derartige Befürchtungen vorhanden gewesen sein mögen – und dafür gibt es einige Anzeichen –, so entsprach dies eben nicht den Intentionen der Gegenseite. Aber mit einer gewissen Vorrangstellung der böhmischen Länder bei einer zukünftigen Gestaltung Mitteleuropas mußte man wohl rechnen, unterschieden diese doch deutlich zwischen den „Incorporierten", das sind die Böhmen, Mähren, Lausitzer und Schlesier, und den „Confoederierten", bei denen Nieder- und Oberösterreich mit eingeschlossen waren. So wurde auf Betreiben Tschernembls aber auch die religiös-ethische Grundlage und die evangelische Solidarität stark in den Vordergrund gestellt.

Aber das Bündnis sollte nicht nur defensiven Charakter haben, sondern es beinhaltete auch Elemente der Rechtsangleichung, die bemerkenswert sind. Wie diese erfolgen sollte, ist der Instruktion zu entnehmen, die den Gesandten nach Prag mitgegeben wurde. Diese Instruktion stammt vom 3. Juni 1619 und legte auch fest, daß sie niemals einzeln verhandeln, sondern immer gemeinsam auftreten sollten, außer es wäre einer durch Krankheit verhindert. Bezüglich der weiteren Entwicklung heißt es dann: „Desgleichen, das auch dise vereinigung desto bestendiger und das guete vertrawen der verbundenen königreich und landt desto mehr bey den stendten und underthanen erhalten werdt und wachse, sollen wolermelte herren Gesandte sich auch dahin bemüehen, das die underschiedt der sonderbahren gewohnheiten im gerichtsproceß, erbschafft und andern dergleichen fällen dahin gericht und gestellt werden, damit ein landt des andern privilegien nach gelegenheit der persohnen und landsgewohnheit sich zu gebrauchen und in einem landt gegen dem andern vertreuliche gleichheit erhalten werde."[35]

---

33 Zu den ständischen Truppen PECHMANN, Johann Dietrich: Im Dienste der Stände des Landes ob der Enns. In: Jahrbuch des Oberösterreichischen Musealvereines 142 (1997) 239-253. - Allein das Ende des Jahres 1618 geworbene Regiment des Obersten von Saldern belief sich auf etwa 4 000 Mann (3 200 Fußsoldaten und 800 Reiter). Dieses Regiment kostete monatlich 30 000 Gulden.

34 STURMBERGER: Tschernembl (wie Anm. 7) 298f. - vgl. hingegen BAHLCKE: Regionalismus und Staatsintegration (wie Anm. 10) 444.

35 Instruktion für die Gesandten in Prag vom 3.5.1619. Oberösterreichisches Landesarchiv Linz, Ständisches Archiv, Hs. 72, fol. 226ff., hier fol. 230.

Etwa zur gleichen Zeit wurden auch Gesandte nach Passau, Salzburg und München, nach Heidelberg, Brüssel und Wien abgefertigt, also eine ziemlich hektische diplomatische Tätigkeit entfaltet, wobei es nicht gelang, an den katholischen Höfen den Argwohn gegen das Land ob der Enns zu zerstreuen. Wenig erfolgreich waren auch die Bemühungen, bei den deutschen Reichsstädten Geld aufzutreiben, das dringend benötigt wurde, da allein die ständischen Truppen recht große Summen verschlangen. Bedeutende Beträge als Anleihen waren – wie schon 1608/09 – auch nach Ausbruch der Unruhen in Böhmen nicht zu erhalten, die in Frage kommenden Reichsstädte waren offenkundig skeptisch über den Ausgang des Unternehmens. Lediglich der gebürtige Augsburger Melchior Hainhofer unterbreitete den Ständen den Plan zur Kapitalbeschaffung, auf die im Land liegenden beträchtlichen Waisengelder zurückzugreifen[36]. Weitere Verbindungen bestanden noch zu den ungarischen Ständen, zum Fürsten Gábor Bethlen von Siebenbürgen und zu den Niederländern, die sogar einen Abgesandten nach Linz abgefertigt hatten, der einiges in Aussicht stellte, was sich allerdings nicht erfüllte. Der „Junker Hermann Fränckh" überreichte als Bevollmächtigter der Generalstaaten den Ständen ein Beglaubigungsschreiben und eine Botschaft, worin die Solidarität betont und Hilfe versprochen wird[37]. Konkrete Zusagen wurden allerdings keine gemacht. Die Holländer wollten lediglich die Werbungen der Oberösterreicher beim König von England und bei den Hansestädten unterstützen. Schließlich wurden – nach anfänglichen Bedenken – sogar Beziehungen zu den Türken aufgenommen. Tschernembl selbst hatte das empfohlen, wobei er den unrealistischen Gedanken äußerte, die Türken könnten durch das Bündnis vielleicht zur Erkenntnis des Christentums gelangen[38].

Das war schon in der Endphase der Auseinandersetzungen geschehen, als sich zeigte, daß die habsburgische Politik in Europa – denn es war eine europäische Auseinandersetzung geworden – derjenigen der protestantischen Fronde überlegen war. Tschernembl

---

36 Vgl. EBERSTALLER, Herta: Zur Finanzpolitik der oberösterreichischen Stände im Jahre 1608. In: Mitteilungen des Oberösterreichischen Landesarchivs 8 (1964) 443-451, hier 451. - STURMBERGER, Hans: Melchior Hainhofers „christliches Werk". Ein Finanzprojekt aus dem Jahr 1620 für die oberösterreichischen Stände. In: Mitteilungen des Oberösterreichischen Landesarchivs 8 (1964) 452-462.

37 Die Generalstaaten der Vereinigten Niederlande an die Stände des Landes ob der Enns, Haag 1619 Januar 18. In: Oberösterreichisches Landesarchiv, Starhemberg Archiv, Hs. 17, fol. 27r-28v. Dieser Hermann Frénckh [Fränckh] ist eine interessante Persönlichkeit. Er trat offensichtlich von holländischen Diensten in jene des Grafen Mansfeld und spielte in den Kämpfen in Böhmen eine Rolle als Oberstleutnant, vor allem bei der Belagerung von Tabor (1621). Vgl. Documenta Bohemica Bellum Tricennale illustrantia. Bd. 2: Der Beginn des Dreißigjährigen Krieges. Der Kampf um Böhmen 1618-1621. Hg. v. Miroslav TOEGEL, Prag 1972, 295, 298f., 304, 306 u.a.. Als dänischer Oberst wurde er nach der Schlacht bei Lutter am Barenberg (26.8.1626) gefangengenommen. Er erlangte jedoch bald wieder die Freiheit und bewarb sich bei Wallenstein um ein kaiserliches Regiment, das er in Folge vom Mai 1627 bis 1629 innehatte. Nachher dürfte er wohl nicht mehr am Leben gewesen sein. Vgl. HALLWICH, Hermann: Fünf Bücher Geschichte Wallensteins. Leipzig 1910, Bd. 1, 93, 545; Bd. 2, 64, 93; Bd. 3, 429.

38 STURMBERGER: Tschernembl (wie Anm. 7) 349, 390. - HEINISCH, Reinhard Rudolf: Habsburg, die Pforte und der böhmische Aufstand (1618-1620). Teil II. In: Südost-Forschungen 34 (1975) 79-124, hier 116-119.

hatte dann noch in seinen „Consultationes" viel weitergehende Gedanken geäußert, die sogar Amerika in die große Auseinandersetzung einbezogen[39]. Aber das führt schon zu weit weg vom Ausgangspunkt: dem Land ob der Enns und seinen Ständen. Diese hatten nach der Schlacht am Weißen Berg, als von Bayern besetztes Land, das seinen Landesfürsten erst versöhnen mußte, ganz andere Probleme. Mit außenpolitischer Aktivität war es nun ein für allemal vorbei. Denn nachdem die Stände, unter Einschluß der Prälaten, ihren Landesfürsten feierlich um Verzeihung gebeten und diese auch erlangt hatten, wurden ihre Privilegien um einige Punkte reduziert: Die Einberufung der Landtage wurde als alleiniges Recht des Landesfürsten festgelegt, und ebenso war es den Ständen in Zukunft untersagt, im Falle eines Interregnums die Regierung im Lande zu übernehmen und, das ist in unserem Zusammenhang besonders wichtig, Gesandte an fremde Fürstenhöfe zu entsenden[40].

39 STURMBERGER: Tschernembl (wie Anm. 7) 354.
40 DERS.: Graf Herberstorff (wie Anm. 8) 193.

AUSSENPOLITIK, KONFESSION UND KOLLEKTIVE IDENTITÄTSBILDUNG: KROATIEN UND INNERÖSTERREICH IM HISTORISCHEN VERGLEICH

Gottfried Schramm zum 70. Geburtstag

Joachim Bahlcke

I

Seit der Eroberung Konstantinopels 1453 war das Osmanische Reich zur größten Gefahr für das europäische Staatensystem geworden. In Slawonien, Kroatien und Innerösterreich löste der Vormarsch der Osmanen auf der Balkanhalbinsel seit dem Ende des 15. Jahrhunderts eine Vielzahl von Verteidigungsanstrengungen aus, die nicht nur in militär-, sondern auch in sozialgeschichtlicher Hinsicht modernisierend wirkten und einen wesentlichen Faktor im Prozeß der Staatsbildung darstellten. Die Notwendigkeit, ständig ein bestimmtes militärisches Machtpotential zur Verfügung zu haben, wirkte stimulierend für die Ausbildung eigener Institutionen und Beamtenkörper, den Ausbau der Infrastruktur und die finanzökonomische Zentrierung der im Lande vorhandenen Geldmittel; sie beeinflußte auch die konfessionelle Entwicklung und das Verhältnis zwischen Ständen und Landesherrschaft. Die zur Verteidigung des Landes ergriffenen Maßnahmen organisatorischer, finanzieller und personeller Art förderten überdies das Entstehen kollektiver Identitäten, die durch die religiösen Wandlungsvorgänge des 16. und 17. Jahrhunderts noch verstärkt wurden. Die Dynamik zwischen Abgrenzung nach außen und Integration im Innern, der funktionale Zusammenhang also zwischen Landesdefension auf der einen und politisch-gesellschaftlicher und konfessioneller Struktur des frühneuzeitlichen Territorialstaates auf der anderen Seite, ist bei jeder historischen Betrachtung Kroatiens und Innerösterreichs von besonderer Relevanz[1].

1 VAUGHAN, Dorothy M.: Europe and the Turk: A Pattern of Alliances 1350-1700. Liverpool ^{2}1974 (ND New York 1976). - MATUZ, Josef: Das Osmanische Reich. Grundlinien seiner Geschichte. Darmstadt ^{2}1990. - Materialreich HAMMER-PURGSTALL, Joseph von: Geschichte des Osmanischen Reiches. Bd. 1-10, Pesth 1827-1835 (ND Graz 1963). - JORGA [Iorga], Nicolae: Geschichte des Osmanischen Reiches. Bd. 1-5, Gotha 1908-1913 (ND Darmstadt 1997). - Den internationalen Forschungsstand dokumentieren das Themenheft „Der Zusammenstoß Mitteleuropas mit der Türkei und die Kämpfe der Balkanvölker gegen die Osmanenherrschaft, 15.-18. Jh." der Mitteilungen des bulgarischen Forschungsinstituts in Österreich 2/1 (1979) sowie: Österreich und die Türken. Internationales Kulturhistorisches Symposion Mogersdorf 1969. Eisenstadt 1972. - Bahnbrechend die Studie von SCHULZE, Winfried: Landesdefension und Staatsbildung. Studien zum Kriegswesen des innerösterreichischen Territorialstaates (1564-1619). Wien-Köln-Graz 1973. - Überdies für Österreich STURMBERGER, Hans: Tür-

In der Frühneuzeit-Forschung werden die Herausbildung des neuzeitlichen Mächteeuropa, der neue Typus zwischenstaatlicher Beziehungen und die Frage nach den stilbildenden Leitkategorien innerhalb dieses Wandlungsprozesses kontrovers beurteilt. Einigkeit besteht im allgemeinen darüber, daß die Entwicklung des sich formierenden internationalen Systems durch ein Zusammenwirken vielfältiger Kräfte bestimmt war. *Dynastie*, *Konfession*, *Staatsinteresse* und *Tradition* gelten als Faktoren, die, in zeitlicher und räumlicher Differenzierung, als maßgebliche Leitkategorien für Aufbau und Dynamik des internationalen Beziehungsgeflechts angesehen werden können. Umstritten ist dagegen die konfessionelle Dimension der Außenpolitik, die vor allem in der Phase zwischen dem Zusammenbruch des habsburgischen Universalismus 1559 und der Westfälischen Friedensordnung 1648 zum Tragen kam. Den markantesten, am stärksten systematisch gefaßten Interpretationsansatz für diesen Bereich lieferte Heinz Schilling, der den Zusammenhang von religiösem und gesellschaftlichem Wandel, von Konfessionalisierung und Staatsbildung[2], auch auf den Bereich der Außenpolitik und neuzeitlichen Staatenordnung übertrug: „Die Funktion der Konfessionalisierung von Außenpolitik bei der Herausbildung des frühmodernen Staatensystems verlief analog zu ihrer Funktion bei der frühmodernen Staatsbildung im Innern: Als Hauptfunktionen gelten dort die Beseitigung konkurrierender Herrschaftsträger zugunsten einer einheitlichen Staatsgewalt, die Integration der Untertanengesellschaft im Innern und die teilweise aggressive Abgrenzung nach außen. Auch auf dem Feld überregionaler und überstaatlicher Politik erscheint mir die Dialektik von Vereinigung und Separation entscheidend, weil sie formierende und modernisierende Kräfte freisetzte."[3]

Bei der Frage nach der Funktion des Konfessionellen, sowohl im Rahmen der frühmodernen Staatsbildung als auch innerhalb des sich formierenden neuzeitlichen Mächteeuropa, wird die Südostperipherie des Reiches bzw. des habsburgischen Machtbereiches, deren politisches und kulturelles Identitätsprofil als *antemurale Christianitas*

kengefahr und österreichische Staatlichkeit [1967]. Jetzt in: DERS.: Land ob der Enns und Österreich. Aufsätze und Vorträge. Linz 1979, 311-328. - Zu den soziokulturellen und mentalitätsmäßigen Folgen der Türkenkriege VOCELKA, Karl: Die inneren Auswirkungen der Auseinandersetzung Österreichs mit den Osmanen. In: Südost-Forschungen 36 (1977) 13-34.

2 SCHILLING, Heinz: Konfessionskonflikt und Staatsbildung. Eine Fallstudie über das Verhältnis von religiösem und sozialem Wandel in der Frühneuzeit am Beispiel der Grafschaft Lippe. Gütersloh 1981. - DERS.: Religion, political culture and the emergence of early modern society. Essays in German and Dutch history. Leiden 1992. - DERS.: Die Konfessionalisierung im Reich. Religiöser und gesellschaftlicher Wandel in Deutschland zwischen 1555 und 1648. In: Historische Zeitschrift 246 (1988) 1-45. - DERS.: Nation und Konfession in der frühneuzeitlichen Geschichte. Zu den konfessionsgeschichtlichen Voraussetzungen der frühmodernen Staatsbildung. In: Nation und Literatur im Europa der Frühen Neuzeit. Hg. v. Klaus GARBER, Tübingen 1989, 87-107.

3 SCHILLING, Heinz: Formung und Gestalt des internationalen Systems in der werdenden Neuzeit - Phasen und bewegende Kräfte. In: Kontinuität und Wandel in der Staatenordnung der Neuzeit. Beiträge zur Geschichte des internationalen Systems. Hg. v. Peter KRÜGER, Marburg 1991, 19-46, hier 36. - DERS.: Konfessionalisierung und Formierung eines internationalen Systems während der frühen Neuzeit. In: Die Reformation in Deutschland und Europa. Interpretationen und Debatten. Hg. v. Hans R. GUGGISBERG und Gottfried G. KRODEL, Gütersloh 1993, 591-613.

durch die spätmittelalterliche Erfahrung der osmanischen Expansion nachhaltig geprägt wurde, in der Regel außer Acht gelassen[4]. Ob und inwieweit hier dem Wechselspiel zwischen religiös-kirchlichen und staatlichen Kräften eine entscheidende Rolle für die Herausbildung des frühmodernen Systems internationaler Beziehungen zukam, wurde bislang ebensowenig befriedigend geklärt wie das Verhältnis säkularer und sakraler Faktoren bei diesem Prozeß. Konnte es im Südosten Europas, angesichts der permanenten Bedrohung von seiten des Osmanischen Reiches, im späten 16. und frühen 17. Jahrhundert überhaupt zu einer Konfessionalisierung der Außenbeziehungen kommen? Wirkte sich Konfessionsidentität hier, analog etwa zur Situation im Reich an der Wende vom 16. zum 17. Jahrhundert, als außenpolitisches Bindeglied aus, oder läßt sich eher von einer Diskrepanz zwischen innerer und äußerer Selbstbehauptung und Interessensicherung mit einer bestimmten Konfessionsidentität sprechen? Deuten die vielfältigen Aufrufe zu gemeinsamem Handeln über die Grenzen der konfessionellen Großlager hinweg auf eine andere Ausgangssituation, oder gehören sie lediglich zur Topik der Türkenpropaganda, wie sie im Reich in jener Zeit generell zu beobachten ist[5]? Wurde unter Umständen eine nüchterne, säkular-interessenorientierte Außenpolitik, wie dies Heike Scherneck überzeugend am Beispiel der Pamphletistik des elisabethanischen England nachgewiesen hat, im öffentlichen Diskurs lediglich „religiös-konfessionalistisch umgedeutet"[6]?

Einige Überlegungen zum Komplex Außenpolitik und Konfession sowie zum Zusammenspiel von religiös-konfessioneller und politisch-nationaler Identitätsbildung sollen im folgenden am Beispiel Kroatiens und Innerösterreichs vorgestellt werden. Beide Staatsgebilde scheinen zwischen Reformation und Dreißigjährigem Krieg auf den ersten Blick mehr Unterschiede als Gemeinsamkeiten aufzuweisen: Hier die seit 1102 mit Ungarn durch Personalunion verbundenen *Dreieinigen Königreiche Dalmatien, Kroatien und Slawonien* (Regna tripartita Dalmatiae, Croatiae et Slavoniae), die seit

4 HOPP, Lajos: Az „antemurale" és „conformitas" humanista eszméje a magyar-lengyel hagyományban. Budapest 1992. - Zum allgemeingeschichtlichen Überblick HÖSCH, Edgar: Geschichte der Balkanländer. Von der Frühzeit bis zur Gegenwart. München 1988.

5 SCHILLING, Heinz: Nationale Identität und Konfession in der europäischen Neuzeit. In: Nationale und kulturelle Identität. Studien zur Entwicklung des kollektiven Bewußtseins in der Neuzeit. Hg. v. Bernhard GIESEN, Frankfurt a.M. [3]1996, 192-252. - STRAUB, Jürgen: Personale und kollektive Identität. Zur Analyse eines theoretischen Begriffs. In: Identitäten. Hg. v. Aleida ASSMANN und Heidrun FRIESE, Frankfurt a.M. 1998, 73-104. - SCHULZE, Winfried: Reich und Türkengefahr im späten 16. Jahrhundert. Studien zu den politischen und gesellschaftlichen Auswirkungen einer äußeren Bedrohung. München 1978, 61-66. - VOGLER, Bernard: La dimension religieuse dans les relations internationales en Europe au XVIIe siècle (1618-1721). In: Histoire, économie et société 10 (1991) 379-398. - BURKHARDT, Johannes: Konfession als Argument in den zwischenstaatlichen Beziehungen. In: Rahmenbedingungen und Handlungsspielräume europäischer Außenpolitik. Hg. v. Heinz DUCHHARDT, Berlin 1991, 135-154.

6 SCHERNECK, Heike: Außenpolitik, Konfession und nationale Identitätsbildung in der Pamphletistik des elisabethanischen England. In: Nationales Bewußtsein und kollektive Identität. Studien zur Entwicklung des kollektiven Bewußtseins in der Neuzeit 2. Hg. v. Helmut BERDING, Frankfurt a.M. [2]1996 [[1]1994], 282-300, hier 298. - Dort auch der anregende Beitrag von ZERNACK, Klaus: Zum Problem der nationalen Identität in Ostmitteleuropa. Ebd., 176-188.

1420, als Venedig Dalmatien besetzte, ständig im Rückzug begriffen waren und deren Territorium infolge der osmanischen Expansion bis Ende des 16. Jahrhunderts erheblich reduziert wurde[7] – dort die Herzogtümer Steiermark, Kärnten und Krain, deren territorialer und politischer Zusammenhalt sich seit 1411 immer mehr verdichtet hatte und in der Zeit der Eigenstaatlichkeit Innerösterreichs nach 1564 seinen Höhepunkt erreichte[8]. Hier zunehmende Aushöhlung der Staatsgewalt – dort Ausbildung einer funktionierenden Zentralregierung und -verwaltung sowie Ausbau der Residenzstadt Graz. Erst auf den zweiten Blick eröffnen sich im politischen Wollen und Handeln der Stände zahlreiche Gemeinsamkeiten, die sich hauptsächlich aus den Erfordernissen der militärischen Kooperation und den Modalitäten des Abwehrkampfes gegen die Osmanen ableiten lassen.

Bereits vor der Katastrophe von Mohács hatten sich die kroatisch-slawonischen Stände außerstande gesehen, die Organisation der Landesverteidigung allein zu bestreiten. 1516 schrieb der kroatische Banus Petar Erdődy nach Rom, in Dalmatien und Kroatien habe man alles Vertrauen zu den mit den Türken sympathisierenden Ungarn verloren und werde, sofern kein Beistand vom Westen Europas komme, dem ungarischen König notgedrungen den Gehorsam kündigen müssen[9]. Nach der Kapitulation Belgrads Ende August 1521 wurde im Frühsommer des folgenden Jahres der innerösterreichische Landesherr, Erzherzog Ferdinand, um Beistand ersucht, der sich daraufhin zur militärischen Intervention in Kroatien entschloß. Während der ungarische und slawonische Adel 1527 den siebenbürgischen Wojewoden János Szápolyai zum König erhob, entschied sich der kroatische Adel konsequent für den habsburgischen Thronkandidaten[10]. Seit dieser Doppelwahl war das Schicksal der *reliquiae reliquiarum regni Croatiae, Slavoniae et Dalmatiae* – des schmalen Gebietsstreifens im Vorfeld der innerösterreichischen Kronländer bis zur Kulpa und Save, der sich aus dem serbischen, bosnischen und

7 Zur frühneuzeitlichen Entwicklung Kroatiens ŠIDAK, Jaroslav: Kroz pet stoljeća hrvatske povijesti. Zagreb 1981, bes. 61-147. - ŠIŠIĆ, Ferdo: Pregled povijest hrvatskoga naroda. Zagreb ³1962. - DERS.: Politika Habsburgovaca spram Hrvata do Leopolda I. In: Rad Jugoslavenske akademije znanosti i umjetnosti 266 (1935) 93-148. - GULDESCU, Stanko: The Croatian-Slavonian Kingdom 1526-1792. The Hague-Paris 1970.

8 Beste Überblickswerke: Innerösterreich 1564-1619. Hg. v. Alexander NOVOTNY und Berthold SUTTER, Graz o.J. [1967]. - 400 Jahre Innerösterreich in Aufgaben und Leistungen. Hg. v. Franz SAUER, Graz 1965. - Katholische Reform und Gegenreformation in Innerösterreich 1564-1628. Hg. v. France M. DOLINAR u.a., Klagenfurt-Ljubljana-Wien 1994 (mit erschöpfendem Quellen- und Literaturverzeichnis, 723-792).

9 BIDERMANN, Herm[ann] Ign[az]: Steiermarks Beziehungen zum kroatisch-slavon. Königreich im XVI. und XVII. Jahrhunderte. In: Mittheilungen des Historischen Vereines für Steiermark 39 (1891) 3-125, hier 5 Anm. 2.

10 KLAIĆ, Nada: Odnos hrvatskog sabora prema Ferdinandu Habsburškom uoči mohačke bitke. In: Radovi Filozofskog fakulteta u Zagrebu. Odsjek za povijest 2 (1959) 87-94. - ŠIŠIĆ, Ferdinand von [Ferdo]: Die Wahl Ferdinands I. von Österreich zum König von Kroatien. Zagreb 1917.

ungarischen Zusammenbruch gerettet hatte – mit dem der Steiermark, Kärntens und Krains auf das engste verbunden[11].

Aus den Erfordernissen der gemeinsamen Grenzsicherung entstand jene eigentümliche Organisationsform der Grenzverteidigung, die sich schrittweise zu einem geschlossenen Siedlungsgebiet mit eigener Verwaltungsstruktur innerhalb des habsburgischen Staatsverbandes entwickelte: die Militärgrenze („Konfin" nach lat. „confinium militare"). Die aus einem anfangs nur notdürftig organisierten System einzelner Befestigungsanlagen und wehrdorfartiger Ansiedlungen entstandene Grenzverteidigung in Nordkroatien, die seit 1553 einem einheitlichen militärischen Kommando unterstand, war für die hier interessierenden Fragen von grundlegender Bedeutung[12].

II

Im Vergleichsfall Kroatien läßt sich der charakteristische Zusammenhang zwischen Konfession, Integration im Innern und Abgrenzung nach außen nicht ohne die Wiedererweckung des kroatischen Staatsgedankens verstehen, der sich 1527 bei der eigenständigen Königswahl manifestiert hatte. Der in jenem Jahr eingeschlagene Kurs, dessen – im Unterschied zum Adel Slawoniens – prohabsburgische Ausrichtung nur die Kehrseite der wachsenden Entfremdung von Ungarn war, bildete fortan eine Konstante ständischer Außenpolitik in Kroatien. Diese fußte auf der praktischen Erfahrung, daß eine wirksame Verteidigung des eigenen Territoriums nur mit den Habsburgern, nicht aber gegen sie zu leisten war. Die Tatsache, daß die Reformation beim kroatischen Adel, anders als beim innerösterreichischen, nur geringen Anklang fand und sich mehrheitlich auf die sogenannte Murinsel (Medjumurje) sowie die dem Banus nicht unterstehenden Militärgarnisonen an der kroatisch-slawonischen Grenze beschränkte, ist denn auch wesentlich auf politische Ursachen zurückzuführen. Maßgeblich waren drei Gründe: die be-

---

11 Monumenta habsburgica regni Croatiae, Dalmatiae, Slavoniae. Vol. 1-3. Hg. v. Emilij LASZOWSKI, Zagreb 1914-1917 (Monumenta spectantia historiam Slavorum Meridionalium 35, 38, 40).

12 Zum Forschungsstand jetzt der wichtige Sammelband: Vojna krajina. Povijesni pregled – historiografija – rasprave. Hg. v. Dragutin PAVLIČEVIĆ, Zagreb 1984, dort auch eine profunde Gesamtwürdigung der umfangreichen deutschsprachigen Literatur (KESSLER, Wolfgang: Njemačka i austrijska historiografija o Vojne krajine, 101-117). - Als Quellengrundlage: Acta historiam confinii militaris croatici illustrantia. Spomenici hrvatske krajine. Bd. 1-3. Hg. v. Radoslav LOPAŠIĆ, Zagreb 1884-1889 (Monumenta spectantia historiam Slavorum Meridionalium 15, 16, 20) sowie ergänzend: Prilozi za poviest Hrvatske XVI. i XVII. vieka iz štajerskoga zemaljskoga arhiva u Gradcu. Hg. v. DEMS. In: Starine Jugoslavenska akademija znanosti i umjetnosti 17 (1885) 151-231, 18 (1887) 1-80. - Beste Gesamtdarstellung ROTHENBERG, Gunther E.: The Austrian Military Border in Croatia 1522-1747. Urbana 1960 (dt. in erweiterter Fassung u.d.T. Die österreichische Militärgrenze in Kroatien 1522-1881. Wien-München 1970).

sonderen Beziehungen zwischen Hoch- und Kleinadel, die früh einsetzende katholische Reform und Gegenreformation sowie das Verhältnis Kroatiens zu Ungarn.

Über die Frage, welche Bedeutung dem Protestantismus in Kroatien-Slawonien beizumessen sei, war um den Ersten Weltkrieg herum eine fachwissenschaftliche Auseinandersetzung zwischen den Frühneuzeithistorikern Franjo Bučar und Franjo Fancev entbrannt. Während Bučar die Erfolge der Reformation insgesamt hoch bewertete, wollte Fancev überhaupt nur mit Vorbehalt von einer solchen Bewegung in Kroatien sprechen; angesichts der Tatsache, daß polemische Literatur gegen die Reformation in diesem Raum kaum zu finden ist, schien ihm eine weitreichende Resonanz der neuen Lehre äußerst unwahrscheinlich. Im Grunde ging es bei dieser Kontroverse, die bis zur Gegenwart noch immer einen anregenden Beitrag zur kroatischen Religions- und Konfessionsgeschichte des 16. und 17. Jahrhunderts darstellt, in erster Linie um die unterschiedliche Einschätzung der kroatischen Reformation als religiös-kirchliche bzw. als politisch-gesellschaftliche Bewegung[13].

Das wichtigste Einfallstor, durch das reformatorisches Gedankengut in das westliche Kroatien gelangt war, war das zu Innerösterreich gehörende slowenische Gebiet mit seinem Kernland, dem Herzogtum Krain, und dessen Zentrum Laibach. Von entscheidender Bedeutung war, daß der slowenische Reformator Primož Trubar die kroatische Sprachgemeinschaft in sein heimisches Publikum einbezog[14]. Trubar, der 1550 mit seinem Katechismus das erste gedruckte slowenische Buch überhaupt veröffentlicht hatte, dachte auch an kroatische Übersetzungen reformatorischer Schriften. Seine ersten Bücher waren sowohl für Slowenen als auch für Kroaten bestimmt, zwischen denen damals ein enges Kommunikationsverhältnis bestand. Mit Hilfe des Herzogs von Württemberg machte Trubar die Uracher Bibelanstalt bei Tübingen, in der nahezu alle

13 BUČAR, Franjo: Širenje reformacije u Hrvatskoj u XVI. stoljeću. In: Vjestnik kr. hrvatsko-slavonsko-dalmatinskog zemaljskog arkiva 2 (1900) 65-77, 201-214. - DERS.: Povijest hrvatske protestantske književnosti za reformacije. Zagreb 1910. - DERS.: Bibliografija hrvatske protestantske književnosti za reformacije. In: Starine Jugoslavenska akademija znanosti i umjetnosti 39 (1938) 49-128. - FANCEV, Franjo: Koliko istine ima u prepričavanjima o „hrvatskom protestantizmu"? In: Savremnik 27 (1938) 493-511.

14 Zu Trubar jetzt der monumentale, 41 Beiträge umfassende Sammelband: Ein Leben zwischen Laibach und Tübingen. Primus Truber und seine Zeit. Intentionen, Verlauf und Folgen der Reformation in Württemberg und Innerösterreich. Hg. v. Rolf-Dieter KLUGE, München 1995. - RUPEL, Mirko: Primus Truber. Leben und Werk des slowenischen Reformators. Bearb. v. Balduin SARIA, München 1965, zum kroatischen Buchdruck bes. 119-136. - VORNDRAN, Rolf: Südslawische Reformationsdrucke in der Universitätsbibliothek Tübingen. Eine Beschreibung der vorhandenen glagolitischen, kyrillischen und anderen Drucke der „Uracher Bibelanstalt". Tübingen 1977. - STÖKL, Günther: Die deutsch-slavische Südostgrenze des Reiches im 16. Jahrhundert. Ein Beitrag zu ihrer Geschichte dargestellt an Hand des südslavischen Reformationsschrifttums. Breslau 1940. - Dazu auch DERS.: Zur Frage der Einigkeit gegen die Türken. In: Primus Truber und seine Zeit (wie oben) 124-132. - KLUGE, Rolf-Dieter: Primus Truber in Tübingen. In: Wort und Text. Slavistische Beiträge zum 65. Geburtstag von Wolfgang Sperber. Hg. v. Ernst EICHLER, Kersten KRÜGER und Astrid THIELE, Frankfurt a.M. u.a. 1994, 99-108. - HAFNER, Stanislaus: Die slowenische Reformation und der Glagolismus. In: Slovo. Časopis Staroslavenskog Instituta u Zagrebu 21 (1971) 365-376.

kroatischen Drucke der Reformationszeit (überwiegend in glagolitischer Schrift und kyrillischer Transkription) erschienen, zu einem Zentrum des südslawischen Buchdrucks. Der glagolitische Bereich, das Küstenland, machte jedoch nur einen kleinen Teil Restkroatiens aus, der überdies stark unter venezianischem Einfluß stand. Die glagolitische Schrift trug daher zwangsläufig dazu bei, daß die neue Lehre trotz der Bemühungen Trubars und seiner slowenischen Freunde nur geringen Widerhall fand[15].

Unter den einflußreicheren Anhängern der Reformation in Kroatien befanden sich, sieht man von Geistlichen insbesondere in Dalmatien einmal ab, vor allem Angehörige des hohen Adels, die auch über Güter auf slowenischem und ungarischem Boden verfügten[16]: die in der Militärgrenze und Komitatsverwaltung tätigen Freiherren Ungnad von Sonneck, deren Name eng mit den Anfängen des südslawischen Buchdrucks in Urach verbunden ist[17], und einzelne Magnatenfamilien wie die Zrinyi, Székely und Erdődy, die mit dem protestantischen Bekenntnis ihre ständische Position und ihre Anlehnung an die ungarische Adelsgesellschaft zu festigen suchten. „Der hr. Peter freyherr von Ebraw und zu Khaisersperg, der wan [Ban]“, heißt es 1562 in einem Schreiben von Primož Trubar an Hans Ungnad über Petar Erdődy, der als Graf von Eberau und Freiherr zu Kaisersperg enge Beziehungen zu Innerösterreich besaß, „ist guet evangelisch, helt sich gantz christlich mit den evangelischen crobatischen briester, hat den hrn. in Crain von ihret wegen gantz christlich geschriben, wil sie versorgen“[18]. In Nedeslišće ließ Juraj Zrinyi nach dem Vorbild Urachs eine evangelische Druckerei einrichten. Es war kein Zufall, daß 1574 gerade hier die von dem Varaždiner Juristen Ivan Pergošić angefertigte kroatische Übersetzung von István Verbőczys „Tripartitum opus

15 SARIA, Balduin: Die Reformation im südslawischen Raum. In: Kirche im Osten. Studien zur osteuropäischen Kirchengeschichte und Kirchenkunde 12 (1969) 58-77. - BROMLEJ, J[ulian] W.: Zur Frage über die Einstellung zur Reformation in den kroatischen Gebieten. In: La renaissance et la réformation en Pologne et en Hongrie (1450-1650). Hg. v. Gy[örgy] SZÉKELY und E[rik] FÜGEDI, Budapest 1963, 253-269. - Urkundliche Beiträge zur Geschichte der protestantischen Literatur der Südslaven in den Jahren 1559-1565. Hg. v. Ivan KOSTRENČIĆ, Wien 1874. - Aus der älteren Literatur PINDOR, Josef: Die Evangelische Kirche Kroatien-Slavoniens in Vergangenheit und Gegenwart. Essek 1902 und MURKO, M[atthias]: Die Bedeutung der Reformation und Gegenreformation für das geistige Leben der Südslaven. Prag-Heidelberg 1927.

16 TARCZAY, Erzsébet: A reformáció Horvát-Szlavonországban. Debrecen 1930, 76-90. - Als Quellengrundlage (für die Jahre 1557-1712) LOPAŠIĆ, Radoslav: Prilozi za poviest protestanata u Hrvatskoj. In: Starine Jugoslavenska akademija znanosti i umjetnosti 26 (1893) 162-194.

17 BENZ, Ernst: Hans von Ungnad und die Reformation unter den Südslawen. (Über die religiösen und sprachtheologischen Motive der südslawischen Übersetzungen und Drucke der Reformationszeit). In: Zeitschrift für Kirchengeschichte 58 (1939) 387-475 (mit Auswahlbibliographie, 473-475).

18 Primus Trubers Briefe mit den dazu gehörigen Schriftstücken. Hg. v. Theodor Elze, Tübingen 1897, 188-195, Nr. 27 (19.7.1562), hier 193.

iuris consuetudinarii", der bedeutendsten Sammlung des ungarischen Gewohnheitsrechts, erschien[19].

Eine nahezu gegensätzliche Position vertrat der kroatische Kleinadel, in dessen politischem Programm seit Mitte des 16. Jahrhunderts drei Bestrebungen in den Vordergrund rückten: Er wollte seine Rechte gegenüber dem heimischen Hochadel ausweiten, kämpfte gegen die innerösterreichische Konkurrenz bei der Vergabe leitender Stellen an der Militärgrenze an und suchte gleichzeitig die Vorherrschaft gegenüber dem slawonischen Adel, der sich 1526 nicht für den kroatischen, sondern für den ungarischen Thronkandidaten entschieden hatte. Zwei wichtige Erfolge im Innern hatte man bereits im Bündnis mit dem König zu erreichen vermocht. Die zerfallene Staatseinheit war zumindest in Form eines gemeinsamen kroatisch-slawonischen Landtags (Sabor) wiederhergestellt worden, und bis Ende des Jahrhunderts hatte man sich auch auf die Wahl eines einzigen Banus für alle Landesteile einigen können[20]. Der soziale Antagonismus zwischen Magnaten und Komitatsadel wirkte sich, bei Lichte besehen, eindeutig zugunsten der alten Kirche aus[21].

Die Gegenreformation setzte in Kroatien früher ein als in Ungarn, den österreichischen und den böhmischen Ländern. In Juraj Drašković besaß sie einen herausragenden, alles andere als konfliktscheuen Organisator. Auf dem Konzil von Trient hatte Drašković mit seiner Äußerung, man dürfe jemanden nicht zum Bischof ernennen, nur weil er ein guter Koch oder Pferdehirt gewesen sei, sogar den Zorn des Papstes erregt („Neque indigni promovendi sunt ad ecclesias, neque quis quia fuerit bonus coquus vel bonus stabularius"[22]). 1563 war der Beichtvater Ferdinands I. zum Bischof von Zagreb ernannt worden; 1567, ein Jahr nach dem Tod Petar Erdődys, wurde ihm auch das Amt des Banus übertragen, das er bis 1578 ausübte. Bereits im ersten Jahr seiner politischen Funktion setzte er im Sabor ein Gesetz durch, nach dem künftig niemand, der die katholische Kirche verließ, im Land Vermögen besitzen oder Würden bekleiden dürfe[23].

---

19 Stefana Verbecija Tripartitum. Slovenski prevod Ivana Pergošića iz godine 1574. Hg. v. Karel KADLEC, Beograd 1909. - Eine präzise Textanalyse lieferte der beste Kenner des Werkes: KADLEC, Karel: Verbőczyovo Tripartitum a soukromé právo uherské a chorvatské šlechty v něm obsažené. Praha 1902, 1-310. - DERS.: Štěpán z Vrbovce a jeho Tripartitum. In: Sborník věd právních a státních 2 (1902) 100-120. - DERS.: Pergošićův překlad Verbőczyova Tripartita. In: Zbornik u slavu Vatroslava Jagića. Berlin 1908, 209-211. - Zur literarischen Bedeutung ŠOJAT, Olga: Ivanus Pergošić (?-1592). In: Hrvatski kajkavski pisci. I: Druga polovina 16. stoljeća. Hg. v. DERS., Zagreb 1977, 71-99. - HAJNAL, Martin: Ivan Pergošić. In: Nastavni Vjesnik 15 (1907) 321-327. - FANCEV, Franjo: Ein Beitrag zur Geschichte des Schrifttums in Kroatien. In: Archiv für slavische Philologie 34 (1913) 464-483.

20 GULDESCU: Croatian-Slavonian Kingdom (wie Anm. 7) 33-39. - ŠIŠIĆ, Ferdinand [Ferdo]: Genesis des historischen Begriffes „Dalmatien". In: Südostdeutsche Forschungen 3 (1938) 667-673, hier 670.

21 KLAIĆ, Nada: O protestantizmu u Hrvatskoj i Slavoniji. In: Historijski pregled 3 (1957) 218-226.

22 Zit. nach KAPETANOVIĆ, Vicko: Biskup Juraj Drašković na Tridentinskom saboru. In: Kačić. Zbornik Franjevačke Provincije Presv. Otkupitelja 6 (1974) 105-121, hier 117 Anm. 78.

23 SOPTA, Jozo: Juraj Drašković 1563-1584. In: Zagrebački biskupi i nadbiskupi. Hg. v. Juraj KOLARIĆ, Zagreb 1995, 254-266.

Mit vergleichbarer Dynamik nahm Drašković auf drei Synoden 1566, 1570 und 1574 auch die intellektuelle Hebung des Klerus in Angriff, gründete Ausbildungsstätten für den Priesternachwuchs, reformierte das Schulwesen und stellte die Weichen für eine vollständige konfessionelle Homogenisierung des Landes[24]. Ein sicheres Rückzugsgebiet für die Protestanten blieb nur die Murinsel. Als der protestantische Theologe und Publizist Mihalj Bučić, der schon Anfang der sechziger Jahre von seiner Pfarre vertrieben worden war, im Jahre 1574 durch die Diözesansynode als Häretiker verurteilt wurde, konnte er sich innerhalb Kroatiens nur noch in dieses Gebiet zurückziehen[25]. Erst die Konversion Juraj Zrinyis zum Katholizismus 1623 führte auch in der Murinsel zu einer konfessionspolitischen Wende[26].

Bei der kroatischen Geistlichkeit und beim Kleinadel läßt sich seit der Mitte des 16. Jahrhunderts die Tendenz beobachten, den Protestantismus mit einer proungarischen Haltung gleichzusetzen. Seit dem Bocskay-Aufstand in Ungarn 1604 wurde die prinzipielle Koppelung von kroatischem Selbständigkeitsstreben und Treue zur römischen Kirche überdeutlich. Dem Landtagsbeschluß der kroatischen Stände vom 5. Juli 1604, der ausschließlich Katholiken ein Existenzrecht in Kroatien zusprach, Protestanten dagegen mit Verbannung und Konfiskation ihrer Güter bedrohte[27], folgten in den kommenden Jahren weitere Verschärfungen. In ihnen wurde auch vereinbart, alle schädlichen Einflüsse aus Innerösterreich, insbesondere aus der Steiermark, zu unterbinden und an den Grenzen schärfere Kontrollen bei der Bucheinfuhr durchzuführen.

Mit dem Wiener Frieden 1606 hatten die ungarischen Protestanten zwar die angestrebte Garantie der Religionsfreiheit erhalten, doch brach schon Ende des Jahres, nach dem Tod Bocskays, der innenpolitische Konflikt neuerlich aus. Von Erzherzog Matthias, der sich unterdessen an die Spitze der Ständeopposition gestellt hatte, verlangte man – und zwar „ante coronationem" – die gesetzliche Verankerung der religiösen Bestimmungen des Wiener Friedens. Der Preßburger Reichstag 1608 brachte die Abgrenzungsbestrebungen Kroatiens gegenüber Ungarn daher auf den Höhepunkt[28].

Die Bedeutung der katholischen Konfession für die ständisch-kollektive Identitätsbildung läßt sich auch an der historischen Publizistik ablesen. Juraj Ratkajs 1652 in Wien publizierte „Memoria regum, et banorum, regnorum Dalmatiae, Croatiae, et Sclavoniae", die erste kroatische Landesgeschichte überhaupt, enthält zahlreiche Beispiele für die

---

24 BARLÈ, Janko: Naše diecezanske sinode. Zagreb 1913, 13-16.

25 TARCZAY: A reformáció Horvát-Szlavonországban (wie Anm. 16) 76f.

26 BUČAR, Franjo: Povijest reformacije i protureformacije u Medjumurju i susjednoj Hrvatskoj. Varaždin 1913.

27 Acta Comitialia Regni Croatiae Dalmatiae Slavoniae. Hrvatski saborski spisi. Vol. 4: Od godine 1578. do godine 1608. Dodatek od 1573-1605. Hg. v. Ferdo ŠIŠIĆ, Zagreb 1917 (Monumenta spectantia historiam Slavorum Meridionalium 41), 449-453.

28 PÉTER, Katalin: Az 1608. évi törvény és a jobbágyok vallásszabadsága [1977]. Jetzt in: DIES.: Papok és nemesek. Magyar művelődéstörténeti tanulmányok a reformációval kezdődő másfél évszázadból. Budapest 1995, 129-151, 246-249. - ZSILINSZKY, Mihály: A magyar országgyűlések vallásügyi tárgyalásai a reformátiótól kezdve. Bd. 1-4, Budapest 1880-1897, hier Bd. 1, 295-360.

antiprotestantische Ständepolitik im späten 16. und frühen 17. Jahrhundert. Hier ist auch die Reaktion von Tomo Erdődy überliefert, der dem calvinistischen Komitatsadel Ungarns mit gezücktem Schwerte erklärte, alle Häretiker, sollten sie anders nicht zu bekämpfen sein, in den Flüssen Kroatiens ertränken zu wollen: „Hoc [...] ferro, si alitèr fieri non poterit, pestem istam [i. e. haeresim – J. B.] à nobis eliminabimus, tresque nobis adsunt fluvij Dravus, Savus et Colapis, è quibus unum novis hospitibus sorbendum dabimus"[29]. Und der frühere Banus Ivan Drašković, ein naher Verwandter des kämpferischen Bischofs von Zagreb, erklärte unmißverständlich, lieber die politische Union mit Ungarn zu lösen und eine von der Kirchenprovinz Kalocsa unabhängige eigene Kirchenorganisation zu errichten als den Einfluß der protestantischen Pest in den Dreieinigen Königreichen fortan zu dulden: „se malle cùm universo Regno ab unione Hungaricae Coronae separari, quam mortiferam illam animarum pestem, ac funestissimam Reipublicae labem sub Banatu suo admissam aut concessam videre"[30]. Angesichts des andauernden Widerstands der kroatischen Stände sah sich Matthias Ende 1608 gezwungen, den älteren Beschluß des Zagreber Sabors vom Januar 1604 zu sanktionieren[31].

Die Konsequenzen der konfessionellen Entwicklung spiegelten sich in der außenpolitischen Orientierung des Landes nach 1600 also deutlich wider. Für den Verzicht auf Teilnahme am ungarischen Bocskay-Aufstand erhob der kroatische Sabor seinerseits die Forderung an den König, daß die Macht des Banus in militärischen und politischen Angelegenheiten wieder von der Drau bis zum Adriatischen Meer reichen müsse[32]. Entsprechende Forderungen, die im April 1609 von kroatischen Delegierten in Gratz vorgetragen worden waren, stießen bei Ferdinand auf Widerstand; zwar gebe es Mißstände in der „kriegsadministration", doch seien „in gegenspil die von der Teutschen nation empfangene treuherzige hülfen und christliche guethalten (ohne deren der noch übrige Crabatische und Windische poden besorglich vor vilen jarn in des erbfeinds gewalt und schwäre dienstbarkeit geraten wäre) nit unbillich auf die wag zu legen und dieselb

29 RATTKAY, Georgius: Memoria regum, et banorum, regnorum Dalmatiae, Croatiae, et Sclavoniae [...] Viennae Austriae 1652, 162. - Zur politisch-kulturgeschichtlichen Einordnung Ratkajs GEORGIJEVIĆ, Krešimir: Hrvatska književnost od XVI do XVIII stoljeća u Sjevernoj Hrvatskoj i Bosni. Zagreb 1969, 115-118. - KUKULJEVIĆ SAKCINSKI, Ivan: Književnici u Hrvatah iz prve polovine XVII. vieka. Zagreb 1869, 176-186. - ŠIŠIĆ, Ferdo: Hrvatska historiografija od XVI do XX stoljeća. In: Jugoslovenski istoriski časopis 1 (1935) 22-51, 2 (1936) 18-48. - DERS.: Priručnik izvora hrvatske historije. Enchiridion fontium historiae croaticae. Bd. I/1 (mehr nicht erschienen), Zagreb 1914, 44-51.

30 RATTKAY: Memoria (wie Anm. 29) 185f.

31 Acta Comitialia Regni Croatiae Dalmatiae Slavoniae. Hrvatski saborski spisi. Vol. 5: Od godine 1609. do 1630. godine. S dodatkom od god. 1570. do god. 1628. Hg. v. Ferdo ŠIŠIĆ, Zagreb 1918 (Monumenta spectantia historiam Slavorum Meridionalium 43), 9f.

32 „Generales capitanei in Hungaria indigenae beneque meriti, banus quoque in Sclavonia cum antiqua et plena authoritate, isque nostras constituatur, cuius authoritas, sicut antiquitus, a Dravo ad mare usque Adriaticum se extendat". Acta Comitialia, Vol. 4 (wie Anm. 27) 522. - ŠIŠIĆ, Ferdo: Hrvatska povijest. Bd. 2, Zagreb 1908, 84.

nicht solicher gestalt in genere zu inculpiern, nach irer nachbarlichen treuwilligkeit, auch leib und guets aufsetzung, so gar zu vergessen“[33].

Der sich namentlich auf Initiative der protestantischen böhmischen Stände hin weiter festigenden Konföderationsbewegung stand man in Kroatien jedoch fremd gegenüber[34]. Einen anderen Landesherrn zu wählen als den, der gleichzeitig in Innerösterreich regierte, schien angesichts der realpolitisch-militärischen Situation ohnehin undenkbar. Der Beschluß vom August 1620, mit Steiermark, Kärnten und Krain eine wechselseitige Union und eine festes Verteidigungsbündnis („mutua unio et certa confederatio“, „coadunatio“) abzuschließen, war gleichsam der Schlußpunkt der außenpolitischen Distanzierung Kroatiens von Ungarn, wo man jede militärische Unterstützung der Kroaten von seiten der innerösterreichischen Nachbarn als eine Verletzung der Integrität der Stephanskrone ansah[35]. Die Erklärung der kroatischen Stände steht in einer Linie von der Königswahl 1527 bis zum eigenständigen Vorpreschen im Zuge der Pragmatischen Sanktion am Anfang des 18. Jahrhunderts[36].

III

Im Gegensatz zu Kroatien, wo angesichts der politisch-territorialen Ausgangslage das konfessionelle Band, die einzige übergreifende Instanz neben der Dynastie, einen überragenden Stellenwert besaß, waren die Verhältnisse in der Steiermark, in Kärnten und Krain stärker durch säkulare Faktoren geprägt. Entscheidende Weichenstellungen hatten sich hier schon lange vor der Glaubensspaltung vollzogen. Die seit 1453 belegten sogenannten Ausschußlandtage der „inneren Lande“ – die Bezeichnung *Innerösterreich* setzte sich erst um die Wende vom 16. zum 17. Jahrhundert, offiziell dann 1619 durch – hatten die Grundlage für eine gemeinsame Außenpolitik gelegt, insbesondere für die Institutionalisierung einer gemeinsamen Verteidigungsordnung[37]. Die Ausprägung dieser aus Eigeninteresse forcierten Landesdefension erfolgte in beachtlichem Umfang auf Initiative der Stände hin, die über die politische Praxis und den regelmäßigen Erfahrungsaustausch schon früh ein Zusammengehörigkeitsbewußtsein entwickelten.

---

33 Acta Comitialia, Vol. 5 (wie Anm. 31) 19-24, hier 23.

34 BAHLCKE, Joachim: Calvinism and estate liberation movements in Bohemia and Hungary (1570-1620). In: The Reformation in Eastern and Central Europe. Hg. v. Karin MAAG, Aldershot 1997, 72-91. - ADAMOVÁ, Karolina: K otázce konfederačních snah v českém státě na počátku 17. století. In: Právněhistorické studie 27 (1986) 57-96.

35 Jura regni Croatiae, Dalmatiae et Slavoniae. Pars II. Hg. v. Joannes KUKULJEVIĆ, Zagrabiae 1862, 75f. - Acta Comitialia, Vol. 5 (wie Anm. 31) 282-284.

36 KLAIĆ, Vjekoslav: Hrvatska pragmatička sankcija. In: Rad Jugoslavenske akademije znanosti i umjetnosti. Razredi historičko-filologički i filozofičko-juridički 206 (1915) 61-135.

37 BIDERMANN, Hermann Ignaz: Die österreichischen Länderkongresse. In: Mitteilungen des Instituts für österreichische Geschichtsforschung 17 (1896) 264-292. - THIEL, Viktor: Zur Geschichte des Begriffes Innerösterreich. In: Carinthia I 103 (1913) 130-137.

Die Landtagstätigkeit, der Aufbau des kroatisch-slawonischen Grenzschutzsystems und das dafür notwendige alljährliche Aufbringen beträchtlicher Geldbeträge für Defensionszwecke besaßen in ihrer Gesamtheit eine beachtliche Integrationswirkung[38]. 1522 organisierten die Stände erstmals eine Gesandtschaft zum Reichstag in Nürnberg, um hier, zusammen mit kroatisch-slawonischen Adeligen, finanzielle Unterstützung des Reiches für die militärische Auseinandersetzung im Osten zu erlangen. Seither waren die innerösterreichischen Länder wiederholt auf Reichstagen präsent[39]. Ihr administrativer Zusammenhalt erhielt vor allem während der territorialstaatlichen Epoche, also von der nach dem Tod Ferdinands I. vorgenommenen Länderteilung 1564 bis zum Jahre 1619, starke Impulse.

Die Einrichtung des Grazer Hofes und eigener Verwaltungsorgane führte zu einer Separierung von den ferdinandeischen Zentralstellen in Wien und schuf innerhalb weniger Jahre neue Kommunikationskanäle und Entscheidungsebenen, die nicht ohne Auswirkungen auf die außenpolitische Orientierung der Ständegemeinden und deren kollektives Bewußtsein blieben[40]. Eines der besten Beispiele für die Dezentralisierungstendenzen innerhalb der österreichischen Erblande stellt gerade die Landesdefension dar, deren Organisation zunächst dem 1556 in Wien errichteten Hofkriegsrat oblag. In den Jahren 1574 und 1575, auf den Ausschußlandtagen in Graz und Bruck an der Mur, kristallisierte sich dann unter den Ständen der Plan heraus, die Kriegsverwaltung der innerösterreichischen Länder in einer eigenen zentralen Kollegialbehörde zusammenzufassen. Nur drei Jahre später wurde der Plan schließlich mit der Errichtung eines eigenen Hofkriegsrates in Graz umgesetzt[41].

Nicht zuletzt die aus der Landesdefension resultierenden Sachzwänge hatten in Innerösterreich, und hier liegt der größte Unterschied zur Entwicklung in Kroatien, die Ausbreitung der Reformation in allen Landesteilen begünstigt[42]. In der zweiten Hälfte des 16. Jahrhunderts bekannten sich alle führenden Adelsgeschlechter zur neuen Lehre.

---

38 SCHULZE: Landesdefension und Staatsbildung (wie Anm. 1) passim.

39 Dazu LOSERTH, Johann: Innerösterreich und die militärischen Maßnahmen gegen die Türken. Studien zur Geschichte der Landesdefension und der Reichshilfe. Graz 1934, der die historischen Belege für Österreich, „im Schutz und Schirm des Reiches" (DERS.: Steiermark und das Reich im letzten Viertel des 16. Jahrhunderts. Zur Geschichte der Reichshilfe gegen die Türken. In: Zeitschrift des Historischen Vereines für Steiermark 23 [1927] 161-170, hier 170) gewesen zu sein, freilich gegenwartspolitisch als Argument für den „Anschluß an das Reich" (ebd., 161) verwendet.

40 THIEL, Viktor: Die innerösterreichische Zentralverwaltung. 1564-1749. Teil 1: Die Hof- und Zentralbehörden Innerösterreichs 1564-1625. In: Archiv für österreichische Geschichte 105 (1916) 1-210. - Materialreich auch die Studie von LIEPOLD, Antonio: Wider den Erbfeind der Christenheit. Die Rolle des niederen Adels in den Türkenkriegen des 16. Jahrhunderts. Frankfurt a.M. u.a. 1998.

41 STEINWENTER, Artur: Die Übernahme der Grenzverteidigung durch den Beherrscher Innerösterreichs 1578. In: Zeitschrift des Historischen Vereines für Steiermark 20 (1924) 43-59. - SCHULZE: Landesdefension und Staatsbildung (wie Anm. 1) 51-55, 73-77.

42 SCHOLZ, Günter: Ständefreiheit und Gotteswort. Studien zum Anteil der Landstände an Glaubensspaltung und Konfessionsbildung in Innerösterreich (1517-1564). Frankfurt a.M. u.a. 1994.

„Der Türk ist der Lutherischen Glück; sonst würde man anderst mit ihnen umbgehen" – diese oft variierte Schlußfolgerung des erzherzoglichen Hofpredigers, die aus landesfürstlich-katholischer Sicht die Wechselbeziehung zwischen Konfessionskonflikt und Kriegswesen zum Ausdruck brachte, blieb über Jahrzehnte hinweg zutreffend[43]. Sie bewahrheitete sich selbst noch nach dem Regierungsantritt Erzherzog Karls 1564, der aufgrund seiner Heirat mit Maria von Wittelsbach enge Verbindungen mit der katholischen Führungsmacht des Reiches unterhielt.

Die religiösen Konzessionen, die Karl den innerösterreichischen Ständen 1572 (Kultusfreiheit für alle Angehörigen der Augsburger Konfession in der „Religionspazifikation") und, darüber noch hinausgehend, 1578 auf dem Brucker Generallandtag (zusammengefaßt im „Brucker Libell") unter dem Druck der Türkengefahr machen mußte, brachten das katholische Lager allerdings in Bewegung[44]. Der Papst traf eilige Vorkehrungen, mit Hilfe des für Süddeutschland bestimmten Nuntius den Erzherzog zum Widerruf der religiösen Konzessionen zu bewegen. Im folgenden Jahr wurden auf der Münchner Konferenz die Weichen für die Wiederherstellung der katholischen Kirche in Innerösterreich gestellt; der hier gefaßte Beschluß, eine Nuntiatur in Graz (sie bestand bis 1622) zu errichten, diente der weiteren Festigung der innerösterreichischen Ländergruppe ebenso wie wenige Jahre später die Begründung der dortigen Jesuitenuniversität[45].

Die Erzbischöfe von Salzburg und die Patriarchen von Aquileja, zu deren Diözesen Innerösterreich größtenteils gehörte, taten sich pastoral kaum hervor; die von ihnen eingesetzten Archidiakone besaßen nur wenig Autorität und Vollmacht. Mit dem Hinweis, daß die Irrlehren sich immer weiter ausbreiteten, wurde in einem etwa auf das Jahr 1579 zu datierenden Diskurs über die kirchlichen Zustände in Innerösterreich daher vorgeschlagen, für jedes der Länder ein eigenes Bistum zu errichten[46]. Anders als in Kroatien waren die wichtigsten der um die Restauration und um die Reform der alten Kirche bemühten Suffraganbischöfe keine Einheimischen, die ihre Sache zu der des Landes

---

43 LOSERTH, Johann: Die Reformation und Gegenreformation in den innerösterreichischen Ländern im XVI. Jahrhundert. Stuttgart 1898 (ND Nieuwkoop 1970), 38f., 247, 263. - WIELAND, Georg: Reformation und Gegenreformation in Innerösterreich. In: Primus Truber und seine Zeit (wie Anm. 14) 70-88. - SCHULZE: Landesdefension und Staatsbildung (wie Anm. 1) 42f., 71.

44 AMON, Karl: Innerösterreich. In: Die Territorien des Reichs im Zeitalter der Reformation und Konfessionalisierung. Land und Konfession 1500-1650. Bd. 1. Hg. v. Anton SCHINDLING und Walter ZIEGLER, Münster ^{2}1992, 102-116. - LOSERTH, Johann: Die steirische Religionspacification 1572-1579. Graz 1896. - Profunde Quellengrundlage: Acten und Correspondenzen zur Geschichte der Gegenreformation in Innerösterreich unter Erzherzog Karl II. (1578-1590). Hg. v. J[ohann] LOSERTH, Wien 1898.

45 RAINER, Johann: Katholische Reform in Innerösterreich. In: Römische Quartalschrift für christliche Altertumskunde und Kirchengeschichte 84 (1989) 258-269. - DERS.: Die Grazer Nuntiatur 1580-1622. Stand und Perspektiven der Nuntiaturberichtsforschung. Hg. v. Alexander KOLLER, Tübingen 1998, 272-284. - LIEBMANN, Maximilian: Die Gründung der Grazer Universität und die Jesuiten. In: Katholische Reform (wie Anm. 8) 77-84. - KOHLER, Alfred: Bayern als Vorbild für die innerösterreichische Gegenreformation. Ebd., 387-403.

46 RAINER, Johann: Die Entwicklung der Diözesaneinteilung in der Steiermark. Mit besonderer Berücksichtigung der Zeit Karls II. und Ferdinands II. In: Innerösterreich 1564-1619 (wie Anm. 8) 233-259, hier 238.

schlechthin hätten machen können; dies gilt besonders für den Schwaben Martin Brenner, Bischof von Seckau, und den Brandenburger Georg Stobäus von Palmburg, Bischof von Lavant, die beide dem Salzburger Domkapitel entstammten[47].

Eine länger anhaltende Obstruktion der Stände erlaubte die prekäre militärische Gesamtlage letztlich aber zu keinem Zeitpunkt, selbst wenn der Landesfürst die Religionsfreiheiten schrittweise zurücknahm. Diese Position teilte auch der Theologe Jakob Andreae, Kanzler der Universität Tübingen, die in der Regel von den innerösterreichischen Protestanten in Glaubensfragen angerufen wurde. In einem Gutachten Anfang der achtziger Jahre forderte Andreae nicht nur aus theologischen Gründen, sondern auch aus politischen Erwägungen nachdrücklich zum Gehorsam gegen die Obrigkeit auf. Denn es müsse alles vermieden werden, was zwangsläufig die Verteidigungskraft gegen den Feind der Christenheit mindere[48]. Durch das Gutachten erhielt die Widerstandskraft der Ständeopposition zweifelsohne einen herben Schlag. Mit welchen Mitteln die Stände in die Defensive gedrängt wurden, sofern sie der *gravamina ecclesiastica* wegen tatsächlich einmal die Grenzbewilligung verweigerten, zeigte der stürmische Frühjahrslandtag der Steiermark 1583. Erzherzog Karl, der sich zu keiner Änderung seiner gegenreformatorischen Politik veranlaßt sah, ging sogar so weit, die Niederlegung der Verwaltung der Militärgrenze anzudrohen. Durch den Kaiser, bei dem die Steirer unterdessen interveniert hatten, wurde er in seiner Religionspolitik nur bestärkt. Die Krise endete damit, daß die Stände schließlich einseitig in der Bewilligungsfrage nachgaben und ihre Forderungen zurücknahmen[49].

Die politische und religiöse Auseinandersetzung zwischen Landesfürst und Ständen, die sich mit Beginn der Regierungszeit Erzherzog Ferdinands 1596 schlagartig zuspitzte, spiegelte in Innerösterreich stets die exponierte Lage an der gefährdeten Grenze im Osten wider. Die von den Ständen geäußerte Befürchtung, daß der *politische status*, der notwendige Konsens zwischen Herrscher und Untertanen, durch den Zwiespalt der Konfessionen zerstört werden könne, ist charakteristisch für die ständische Staatsvorstellung in Innerösterreich. Auch während der schweren Konfessionskonflikte um 1600 war im ständischen politischen Denken die Landesdefension als Hauptaufgabe des Staates der Verpflichtung zur Sicherung der Religion übergeordnet[50]. Jede „zerrüttlichkeit" zwischen Regierung und Landschaft, die die Existenz der Länder massiv zu gefährden drohte, schien bedrohlicher als die Konsequenzen der landesfürstlichen Religionspolitik. Ferdinand seinerseits interpretierte die Religionsbeschwerden als Privatangelegenheit der protestantischen Herren und löste sie damit aus dem Bündel der Ständegravamina heraus, so daß, wie es in den Landtagsverhandlungen des Jahres 1599 heißt, „die confessionisten

---

47 HÖFER, Rudolf K.: Bischof Martin Brenner von Seckau als Gegenreformator und katholischer Reformer. In: Katholische Reform (wie Anm. 8) 21-40.

48 STURMBERGER, Hans: Jakob Andreae und Achaz von Hohenfeld. Eine Diskussion über das Gehorsamsproblem zur Zeit der Rudolfinischen Gegenreformation in Österreich. In: Festschrift Karl Eder zum 70. Geburtstag. Hg. v. Helmut J. MEZLER-ANDELBERG, Innsbruck 1959, 381-394.

49 SCHULZE: Landesdefension und Staatsbildung (wie Anm. 1) 87f.

50 Ebd., 223-225.

wegen ihrer privatsachen das *publicum* und das ganze vaterland antreffende *negotium* aufzuschüeben billich ursach [...] durchaus nit haben"[51]. Zahlreiche Protestanten entschieden sich in dieser Zeit für die Auswanderung. Manche der führenden Adelsfamilien wie die Stubenberg, Eggenberg, Herberstein oder Khevenhüller spalteten sich in einen katholischen und einen protestantischen Zweig. Zumindest äußerlich bot Innerösterreich an der Wende zum 17. Jahrhundert wieder ein katholisches Bild.

Ähnlich wie in Kroatien läßt sich auch in der Realpolitik der innerösterreichischen Länder nach 1600 eine spürbare Distanzierung von der ständischen Konföderationsbewegung beobachten, die, verstärkt durch Impulse vom politischen Calvinismus in Mittel- und Westeuropa, in eine strikt konfessionsgeleitete Außenpolitik überzugehen drohte[52]. Diese Bewegung, die vor allem durch das Engagement der Kurpfalz immer mehr zum Instrument des antihabsburgischen Machtblocks wurde, stieß nur vereinzelt, etwa in Kärnten, auf Sympathien. Die Aufgeschlossenheit, welche die Freiherren Hoffmann von Grünbüchel und Strechau, im 16. Jahrhundert bedeutende Vertreter des Protestantismus in Innerösterreich, der ständischen Formierung entgegenbrachten, erklärt sich in erster Linie aus der Lage ihrer Herrschaft im steirischen Oberland, fern der Militärgrenze, dafür aber näher an den calvinistisch geprägten Widerstandszentren nördlich der Alpen[53]. Der über einen langen Zeitraum gefestigte, stark landschaftsgebundene und im Grunde überkonfessionelle Patriotismus in der Steiermark, in Kärnten und Krain wurde auch durch das konfessionelle Zusammenrücken der Nachbarterritorien nicht wirklich abgelöst.

IV

Eine Gegenüberstellung dieser Einzelbefunde macht deutlich, daß die Konfession im territorial und politisch ausgehöhlten Kroatien wesentlich und ungleich stärker als in Innerösterreich dazu beitrug, die Stände zu gemeinsamer außenpolitischer Aktivität zusammenzuführen. In Kroatien bedeutete die konfessionelle Homogenität ohne Zweifel

---

51 Akten und Korrespondenzen zur Geschichte der Gegenreformation in Innerösterreich unter Ferdinand II. Erster Teil: Die Zeiten der Regentschaft und die Auflösung des protestantischen Schul- und Kirchenministeriums in Innerösterreich 1590-1600. Hg. v. J[ohann] LOSERTH, Wien 1906, 549-552, hier 550.

52 BAHLCKE, Joachim: Konfessionalisierung der Außenpolitik? Die Rolle der Konfession für die Außenbeziehungen der böhmischen Stände im späten 16. und frühen 17. Jahrhundert. In: Dimensionen der europäischen Außenpolitik an der Wende vom 16. zum 17. Jahrhundert. Hg. v. Winfried SCHULZE (im Druck).

53 MEZLER-ANDELBERG, Helmut J.: Erneuerung des Katholizismus und Gegenreformation in Innerösterreich [1970]. Jetzt in: DERS.: Kirche in der Steiermark. Gesammelte Aufsätze. Wien-Köln-Weimar 1994, 175-198, hier 197f. - LOSERTH: Reformation und Gegenreformation (wie Anm. 43) passim. - HUBER, Wilhelm: Hanns Friedrich Hoffmann, Freiherr von Grünbüchel und Strechau, der bedeutendste Vertreter des Protestantismus in Innerösterreich im 16. Jahrhundert. In: Jahrbuch der Gesellschaft für die Geschichte des Protestantismus im ehemaligen und im neuen Österreich 48 (1927) 58-165.

einen Zugewinn an politisch-ständischer Identität. Gleichzeitig förderte sie den Willen zur Selbstbehauptung und zur Abgrenzung nach außen. Das Erstarken einer darauf aufbauenden Kollektividentität erklärt sich zum einen (mit Blick auf Ungarn) aus den Staatsinteressen, zum anderen (mit Blick auf die Militärgrenze) aus der sich verschärfenden Konkurrenzsituation einzelner gesellschaftlicher Gruppen. In Kroatien vollzog sich, so läßt sich resümieren, im späten 16. und frühen 17. Jahrhundert die Verkoppelung innerer und äußerer Interessenabsicherung auf der Grundlage einer katholischen Konfessionsidentität.

Während in Kroatien der Katholizismus als Integrationsfaktor förmlich überbetont wurde, übernahm diese Funktion in Innerösterreich in weiten Teilen die Landesdefension. Auch hier läßt sich nachweisen, daß die Sicherung der Militärgrenze und das Bewußtsein der Defensionsleistungen Ansätze für eine kollektive Identität bereithielten. Die Stände lernten sich hier jedoch weder als schlechthin protestantisch noch als schlechthin katholisch zu betrachten. Förderte im Fall Kroatien die außenpolitische Konstellation die klare Konfessionsentscheidung der Stände, so sollte sie in Innerösterreich den Widerstand gegen die aufgezwungene Konfession brechen. Vorherrschend blieb hier eine übergeordnete Identität im Sinne der Verteidigung der *Societas Christiana*, die sich auch, vor allem in Hinblick auf das Verhältnis zum Reich, in der Entwicklung des Vaterlandsbegriffs nachweisen läßt[54]. Es ist augenfällig, daß eine solche ständische Positionierung andernorts, etwa in Böhmen, nicht möglich war. Auch dort, besonders in dem vom führenden Theoretiker der Brüderunität, Václav Budovetz von Budov, verfaßten „Antialkorán", wurde der Forderung nach einer die Konfessionen überwölbenden christlichen Solidargemeinschaft mit dem Argument der Türkengefahr Nachdruck verliehen. Als das 1593 verfaßte Werk schließlich 1614 in Prag publiziert wurde, wirkte es jedoch angesichts der heraufziehenden politisch-konfessionellen Konfrontation bereits vollständig antiquiert[55].

Während der gesamten „Türkenzeit" war Kroatien auf die militärische und finanzielle Hilfe der Steiermark, Kärntens und Krains angewiesen. Angesichts der lebenswichtigen außenpolitischen Anlehnung an die innerösterreichische Ländergruppe verblaßte die Erinnerung an die mehrhundertjährige ungarisch-kroatische Staatsgemeinschaft immer mehr[56]. Seit der Rekatholisierung Innerösterreichs, dessen Selbständigkeit 1619 ein Ende fand, verdichteten sich die Beziehungen zum kroatischen Raum ins-

---

54 SCHULZE: Landesdefension und Staatsbildung (wie Anm. 1) 215-242.

55 BAHLCKE, Joachim: Regionalismus und Staatsintegration im Widerstreit. Die Länder der Böhmischen Krone im ersten Jahrhundert der Habsburgerherrschaft (1526-1619). München 1994, 274-281. - DERS.: Durch „starke Konföderation wohl stabiliert". Ständische Defension und politisches Denken in der habsburgischen Ländergruppe am Anfang des 17. Jahrhunderts. In: Kontakte und Konflikte. Böhmen, Mähren und Österreich: Aspekte eines Jahrtausends gemeinsamer Geschichte. Hg. v. Thomas WINKELBAUER, Horn-Waidhofen an der Thaya 1993, 173-186. - BUDOVEC Z BUDOVA, Václav: Antialkorán. Hg. v. Noemi REJCHRTOVÁ, Praha 1989.

56 HAUPTMANN, Ferdo: Ungarn, Habsburg und die kroatische Staatsidee im 16. und 17. Jahrhundert. In: Südostdeutsches Archiv 12 (1969) 62-72. - DERS.: Die Stellung der Südslawen in der Habsburgermonarchie. In: Volk, Land und Staat. Landesbewußtsein, Staatsidee und nationale Fragen in der Geschichte Österreichs. Hg. v. Erich ZÖLLNER, Wien 1984, 103-117.

besondere auf kultur- und bildungsgeschichtlichem Feld. Im 16. Jahrhundert waren die Kroaten aus Varaždin noch nach Ungarn auf das Gymnasium gegangen und hatten hier (wie auch Ivan Pergošić, der später das „Tripartitum" ins Kroatische übertrug) neben dem Lateinischen das Magyarische als Kultur- und Gesellschaftssprache gelernt. Nach der Errichtung der Grazer Universität 1586 ist schon bald, parallel zu den sich verdichtenden politischen Beziehungen, eine Hinwendung zum steirisch-deutschen Sprachmilieu zu beobachten[57]. Besonders Graz – das hier von dem Zagreber Domherrn Baltazar Napuli Dvorničić ins Leben gerufene Kroatische Kollegium wurde 1624 mit dem Wiener Kolleg (Collegium Croaticum Viennense) in der österreichischen Hauptstadt vereinigt[58] – wurde für Jahrzehnte zum kulturellen und missionarischen Zentralort für den kroatischen und, im weiteren Sinn, für den gesamten südosteuropäischen Raum[59]. Dies läßt sich an den engen Verbindungen zwischen den Bistümern bzw. Domkapiteln von Zagreb und Laibach und den Grazer und Wiener höheren Ausbildungsstätten und Regierungsstellen ebenso ablesen wie an der Zirkulation der Bildungsträger oder an den regen steirisch-südslawischen Beziehungen im Buch- und Verlagswesen. Die politischen Konsequenzen dieser konfessionell-kulturellen Wechselseitigkeit zeigten sich erneut im Jahre 1712, als die kroatischen Stände mit ihrer Absichtserklärung, nur unter dem Herrscher bleiben zu wollen, der auch in der Steiermark, in Kärnten und Krain regiere, nicht nur in Ungarn, sondern auch am Wiener Hof für Aufregung sorgten.

---

57 MATL, Josef: Die Bedeutung der Universität Graz für die kulturelle Entwicklung des europäischen Südostens. In: Festschrift zur Feier des dreihundertfünfzigjährigen Bestandes der Karl-Franzens-Universität zu Graz. Graz 1936, 187-226, hier 201 mit zahlreichen weiteren Einzelbelegen. - DERS.: Die Universität Graz und der Südosten. In: Ostdeutsche Wissenschaft. Jahrbuch des Deutschen Kulturrates 9 (1962) 256-274. - DERS.: Steirisch-südslawische Beziehungen im frühen steirischen Buchwesen [1940]. Jetzt in: DERS.: Südslawische Studien. München 1965, 411-433. - VALJAVEC, Fritz: Geschichte der deutschen Kulturbeziehungen zu Südosteuropa. Bd. 2: Reformation und Gegenreformation. München ^{2}1955, 55-59, 113-120.

58 NORŠIĆ, Vjekoslav: Hrvatski kolegij u Beču. In: Croatia Sacra. Arkiv za crkvenu povijest Hrvata 1 (1931) 143-157, 255-258.

59 STUMFOHL, Rotraud: Kroatische Jesuiten an der Grazer Universität 1585-1773 (Allgemeine Charakteristik der Lehr- und Publikationstätigkeit). Phil. Diss. Graz 1976. - ANDRITSCH, Johann: Studenten und Lehrer aus Ungarn und Siebenbürgen an der Universität Graz (1586-1782). Ein personengeschichtlicher Beitrag zur Geschichte der Karl-Franzens-Universität in der Jesuitenperiode. Graz 1965.

Die Beziehungen der katholischen Kirche zum Staat in Türkisch-Ungarn im 17. Jahrhundert

István György Tóth

Bei einer Betrachtung der Beziehungen der katholischen Kirche zum Staat und zur Machtelite in Ungarn im 17. Jahrhundert hat man sich stets die Dreiteilung des Landes vor Augen zu halten. Die nördlichen und westlichen Gebiete bildeten einen Teil des Habsburgerreiches – die dortige Bevölkerung, die überwiegend protestantisch war, wurde von einer katholischen Dynastie beherrscht. In der östlichen Hälfte des mittelalterlichen ungarischen Landesgebietes befand sich das selbständige Fürstentum Siebenbürgen, ein Vasallenstaat des türkischen Sultans, der im 17. Jahrhundert von überzeugten Calvinisten regiert wurde. Die Bevölkerung war jedoch multikonfessionell zusammengesetzt, sie bestand aus Katholiken, Calvinisten, Lutheranern, Antitrinitariern und Orthodoxen. Im Gegensatz zu den orthodoxen Rumänen genossen sowohl die Katholiken als auch die drei protestantischen Konfessionen, die „receptae religiones", in Siebenbürgen eine im Vergleich zu anderen europäischen Ländern damals fast unvorstellbare Toleranz. Die Katholiken waren allerdings in einigen Punkten gegenüber den Anhängern des orthodoxen Glaubens benachteiligt. So durfte etwa die orthodoxe Kirche in Siebenbürgen einen Bischof und ein Priesterseminar unterhalten – ein Privileg, das den Katholiken verweigert wurde, obwohl diese im Prinzip die gleichen Rechte besaßen wie die Protestanten. Noch weitaus vielschichtiger gestalteten sich die Beziehungen zwischen Staat und katholischer Kirche in dem Teil Ungarns, der von den Osmanen besetzt war[1].

Im Gegensatz zu den Balkanprovinzen wurden die unter türkische Herrschaft geratenen Komitate Ungarns nur zum Teil in das Osmanische Reich eingegliedert. Da es den Türken nicht gelungen war, das gesamte Territorium des Königreichs zu erobern, lösten sich der Staatsapparat und die ständischen Korporationen nicht auf, sondern wurden ins Exil getrieben (im Gegensatz etwa zu der Entwicklung bei den Serben und Bosniern). Aus diesem Grund besaßen die unter türkischer Herrschaft stehenden Komitate in der Regel in einer Stadt im habsburgischen Teil Ungarns ihren Verwaltungsapparat, der die unter Türkenherrschaft lebende Bevölkerung weiterhin besteuerte und auch Funktionen in der Rechtsprechung innehatte. Die Kontinuität in der Durchsetzung der traditionellen staatlichen Autorität garantierte das ungarische Militär, das häufig im türkischen Eroberungs-

---

1 SZAKÁLY, Ferenc: A hódoltsági katolikus egyháztörténet távlatairól. In: Katolikus egyháztörténeti konferencia. Hg. v. György HÖLVÉNYI, Keszthely 1987, 16-32. - TÓTH, István György: Három ország – egy haza. Budapest 1992, 5-20. - FERMENDZIN, Eusebius: Acta Bosnae potissimum ecclesiastica. Zagrabiae 1892. - HERMANN, Egyed: A katolikus egyház története Magyarországon 1914-ig. München 1973, 228. - KARÁCSONYI, János: Magyarország egyháztörténete. Budapest 1985, 127-130. Zu den Quellen zu diesem Thema: Relationes missionariorum de Hungaria et Transilvania 1627-1707. Hg. v. István György TÓTH, Roma-Budapest 1994 (mit weiterführender Literatur).

gebiet auftauchte, um Steuern von den dort lebenden Bauern einzutreiben[2]. In den Komitaten in Türkisch-Ungarn übten somit zwei Großmächte gleichzeitig staatliche Gewalt aus (selbstverständlich nicht im gleichen Ausmaß). Dies bedeutete, daß sich die katholische Kirche hier den Ansprüchen zweier Staatswesen anpassen mußte.

Grundsätzlich duldeten die Osmanen in den eroberten Gebieten die Ausübung der christlichen Religion, egal ob es sich um den katholischen Glauben oder eine der protestantischen Konfessionen handelte; zumindest gab es keine deutlich erkennbare oder konsequent durchgeführte gegen die christliche Religion gerichtete Politik. Die gleichgültige Einstellung der Türken gegenüber den Auseinandersetzungen zwischen den Konfessionen war in Europa damals einzigartig. In vielen Fällen war es sogar ein Kadi, der bei Konflikten zwischen Katholiken und Protestanten das Richteramt ausübte. Er traf Entscheidungen in Glaubensstreitigkeiten und ließ beispielsweise die Kirche durch eine Mauer in zwei Teile teilen, um den Gebrauch für Katholiken und für Unitarier zu ermöglichen. Es kam auch vor, daß sich Franziskaner und Jesuiten bei Auseinandersetzungen zur Streitbeilegung an ein türkisches Gericht wandten[3].

Das auf einer aggressiven moslemischen Ideologie basierende Osmanische Reich war somit in Hinblick auf die religiöse Toleranz den christlichen Staaten Europas deutlich überlegen. So konnte etwa ein Protestant in einem Wilajet in Türkisch-Ungarn seine Religion viel ungestörter ausüben als in Italien; ebenso war es für einen Katholiken leichter, in Belgrad zur Messe zu gehen als in Amsterdam. Denn die Osmanen hielten den christlichen Glauben für relativ harmlos, ganz im Gegensatz zu den innerhalb des Islam sich entwickelnden häretischen Bewegungen. Die Konversion von Moslems zum katholischen Glauben war allerdings bei Todesstrafe verboten. Verfolgungen von Katholiken durch osmanische Behörden fanden daher nur ausnahmsweise statt, z.B. 1634, als Dschafer, Pascha von Ofen, eine „diokletianische“ Katholikenverfolgung in die Wege leitete[4]; zum Glück für die Katholiken wurde er allerdings bald darauf auf Befehl des Sultans hingerichtet. Die osmanischen Behörden gingen zwar mit der nichtmoslemischen Bevölkerung alles andere als zimperlich um; dabei ging es jedoch weniger um ein Verbot der Religionsausübung als vielmehr um finanzielle Ausbeutung, wie etwa um die Veranlagung von Zusatzsteuern.

Dies läßt sich an einem Beispiel veranschaulichen: Die Beys ließen manchmal visitierende Missionare oder Bischöfe festnehmen und einsperren mit der Behauptung, diese seien Spione und Agenten des Papstes, die Aufstände gegen den Sultan anzettelten. Im Anschluß daran wurde über die Gefangenen die Todesstrafe verhängt und demonstrativ ein „Marterpfahl“ an einer gut sichtbaren Stelle errichtet. Sobald die katholische Bevölkerung davon erfuhr, bezahlte sie das festgelegte, manchmal sehr hohe Lösegeld und bewirkte dadurch die Begnadigung der Verurteilten – eine für die Osmanen sehr

---

2 SZAKÁLY, Ferenc: Magyar adóztatás a török hódoltságban. Budapest 1981, 23-43, 121-129.

3 TÓTH, István György: A mohácsi plébános, a budai pasa és a kálvinista konstantinápolyi patriárka. In: Ráday Évkönyv 8 (1997) 185-252.

4 Archivio Storico della Sacra Congregazione de Propaganda Fide, Roma SOCG, Vol. 152, fol. 366.

lukrative Vorgehensweise. Eine andere Einkommensquelle waren Schutzbriefe, die die türkischen Behörden gegen ein entsprechendes Bestechungsgeld für Katholiken ausstellten. In der Krisenperiode des Osmanischen Reiches, im 17. Jahrhundert, entwickelten die Katholiken außerdem die Gewohnheit, die türkische Verwaltung, vor allem die unteren und mittleren Instanzen, durch Geschenke zu bestechen. So unternahmen etwa Missionare Reisen nach Istanbul, um dort – mit entsprechenden Präsenten „bewaffnet" – die Revision negativer Bescheide, wie z.B. einen Kirchenbau betreffend, zu bewirken[5].

Von den christlichen Konfessionen, die im osmanischen Teil Ungarns existierten, genoß die katholische Religion allerdings das geringste Maß an Sympathie. In einem sehr engen Verhältnis zu den türkischen Behörden stand die orthodoxe Priesterschaft, denn die Kooperation der byzantinisch-orthodoxen Kirche mit der osmanischen Verwaltung konnte auf eine jahrhundertelange Vergangenheit im Balkangebiet zurückblicken[6]. Hinzu kam auch, daß in der osmanischen Machtelite, in der die türkische Ethnie damals schon eine Minderheit bildete, die südslawische Muttersprache überwog, so daß sich also die orthodoxen Priester problemlos mit den Führungsschichten verständigen konnten.

Unter den Konfessionen des westlichen Christentums schenkten die Osmanen den Protestanten mehr Vertrauen als den Katholiken. Die Ursachen dafür sind sowohl religiöser als auch politischer Natur. Es steht zwar fest, daß nach moslemischer Auffassung alle christlichen Religionen einen Irrglauben darstellen; das protestantische Kircheninnere – ohne Altar, Statuen und Heiligenbilder – entsprach jedoch den Vorschriften des Koran mehr als die reichgeschmückten katholischen Kirchen. Der Grund für die Unterstützung der antitrinitarischen Konfession wiederum lag darin, daß die Türken diesen Glauben als eine monotheistische, den katholischen hingegen wegen der Dreifaltigkeit als eine polytheistische Religion betrachteten. Zu dieser Auffassung hatte offensichtlich auch das geschickte Taktieren einiger antitrinitarischer Geistlicher beigetragen. Die für einen türkischen Pascha schwer verständlichen theologischen Argumente zählten allerdings mitunter weniger als konkrete politische Überlegungen, denn der Vatikan stellte eine reale Großmacht dar, die zu den wichtigsten Feinden des Osmanischen Reiches zählte. Außerdem hatten zahlreiche katholische Bischöfe ihren Sitz auf feindlichem Gebiet, nämlich im Habsburgerreich, und standen außerdem in enger Beziehung zu einem der größten Gegner – dem Kaiser. Erschwerend wirkte auch, daß nur katholische Geistliche über einen Sitz im Oberhaus des ungarischen Reichstags verfügten, in dem sie als eine feste Stütze der habsburgischen Macht fungierten. Aus diesem Grund wurden von den Habsburgern auch strategisch wichtige Vertrauensstellen mit katholischen Bischöfen besetzt, beispielsweise das Amt des Statthalters, Großkanzlers, Hofkanzlers oder Vizekanzlers. Die ungarischen Könige machten sich dabei auch Bischöfe zunutze,

---

5 Archivum Romanum Societatis Iesu, Roma, Austria, Vol. 20, fol. 29-36.

6 RUNCIMAN, Steven: The Great Church in captivity. Cambridge 1968, 55-111. - TÜCHLE, Hermann u.a.: Nouvelle histoire de l'Église. Bd. 3, Paris 1968, 448-451. - NEZIĆ, Carolus: De pravoslavis Jugoslavis saeculo XVII ad catholicam fidem reversis necnon de eorum conceptu Romanae Ecclesiae. Roma 1940, 6-10.

deren Sitz und Episkopat sich unter osmanischer Herrschaft befand, denn unter Berufung auf ein altbegründetes, durch den Heiligen Stuhl allerdings bestrittenes Recht, war dies möglich.

Die Frage, ob solche Bischöfe den Titel „in partibus infidelium" trugen oder als effektiv residierende Bischöfe galten, blieb das ganze 17. Jahrhundert hindurch umstritten. Der Heilige Stuhl jedenfalls hatte bereits im 16. und dann auch im 17. Jahrhundert die im Eroberungsgebiet amtierenden Bischöfe aufgefordert, entweder ihren Sitz einzunehmen oder zurückzutreten. Die Bischöfe zeigten sich allerdings nicht bereit zu gehorchen – die Türken hätten ihnen das Betreten des Eroberungsgebiets ohnehin nicht erlaubt.

Von den ungarischen Bischöfen konnten nur die Agramer (Zagreber), Neutraer und – mit einer kurzen Unterbrechung, da die Stadt am Ende des 16. Jahrhunderts für vier Jahre selbst zu einem Wilajetsitz wurde – die Raaber Bischöfe ihren Sitz unbehelligt einnehmen. Der Bischof von Weszprim war gezwungen, von dem nahe der türkischen Grenze gelegenen Bischofssitz in die mehr Sicherheit bietende Stadt Schümeg überzusiedeln. Die Türken benutzten den Bischofspalast in Gran als Festung, weshalb das Oberhaupt (der Primas) der katholischen Kirche in Ungarn, der Erzbischof von Gran, seinen Sitz in die Stadt Tyrnau verlegen mußte. Meist hielt er sich allerdings in Preßburg, der damaligen Hauptstadt Ungarns, auf[7]. Der Erzbischof von Kalocsa und die Bischöfe von Fünfkirchen, Waitzen, Csanad und Erlau lebten ebenfalls im Exil im Königlichen Ungarn. Ein ähnliches Schicksal erfuhren auch die Bischöfe von Siebenbürgen und Großwardein, denen die Landesherren den Aufenthalt im Fürstentum Siebenbürgen verboten[8]. Einige dieser Bischöfe besaßen ein kleineres Benefizium mit sicherem Einkommen (eine Propstei oder eine Abtei) in der Hoffnung, vom König später einmal einen Bischofsstuhl mit dem entsprechenden Einkommen im türkischen Teil des Landes zu erhalten.

Der im 17. Jahrhundert übliche Bischofslauf führte in der Regel von einer Diözese im türkischen Eroberungsgebiet in eine andere Diözese im unbesetzten oder nur teilweise besetzten Gebiet des Landes. Dabei war es durchaus möglich, daß katholische Bischöfe ihre eigentliche Diözese, die für einen Aufenthalt zu unsicher war, samt den Gläubigen nie zu Gesicht bekamen. Mitunter wurde ein Franziskanermönch oder ein Pfarrer zum Vikar ernannt. Aus diesem Grund bezeichneten Zeitgenossen, darunter auch katholische Geistliche, diese Bischöfe oft nicht nach ihrem Titel, sondern nach ihrem tatsächlichem Sitz z.B. als „Bischof von Zips" oder „Bischof von Kaschau".

Aus den Quellen ist außerdem ersichtlich, daß im Bewußtsein der Gläubigen im türkischen Eroberungsgebiet die geographischen Grenzen der katholischen Diözesen allmählich unklar wurden. Seminaristen, die nicht wußten, in welcher Diözese des türkischen

---

7 Archivio generale dei Frati Minori Conventuali, curia generalizia, Roma, XXX, 1. B., fol.3.

8 KOKŠA, Djuro: L'organizzazione periferica delle missioni in Ungheria e in Croazia. In: Sacrae Congregationis de Propaganda Fide Memoria rerum. Hg. v. Joseph METZLER, Rom-Wien-Freiburg 1972, Bd. I/2, 274-285. - TÓTH, István György: The introduction of the Gregorian calendar and the Turks (The investigation of the bishop of Scardona in 1628). In: Festschrift András Kubinyi. Hg. v. József LASZLOVSZKY, Budapest 1999 (im Druck). - DERS.: A spy's report on Turkish occupied Hungary and Bosnia. In: Acta Orientalia Academiae Scientiarum Hungaricae 53 (1998) (im Druck).

Herrschaftsbereiches ihr Geburtsort lag, bereiteten in Rom Kopfzerbrechen, denn davon hing ab, welcher Diözesanbischof diese Priesterkandidaten zu konsekrieren hatte. Die im Eroberungsgebiet tätigen bosnischen Franziskaner wollten – so sagten zumindest ihre Gegner – die Grenzen der katholischen Kirchenadministration auf praktische, aber für Rom unannehmbare Weise den Sandschakgrenzen anpassen; sie meinten, die Gebiete der Diözesen sollten mit den Sandschakgebieten übereinstimmen, der Sandschakbey und der Bischof sollten ihren Sitz in der selben Stadt haben.

Während die habsburgischen Kaiser in ihrer Eigenschaft als Könige von Ungarn auf ihrem Recht, auch im türkischen Eroberungsgebiet Bischöfe zu ernennen, beharrten, hatte der Papst mit Rücksichtnahme auf die realen Machtverhältnisse in das besetzte Gebiet zunächst apostolische Visitatoren gesandt und im Anschluß daran apostolische Administratoren und Missionsbischöfe bestellt. Den vom Kaiser ernannten Bischöfen war es jedoch unmöglich, das von den Türken besetzte Gebiet zu betreten. Um den dort lebenden Gläubigen den fehlenden Oberhirten zu ersetzen, errichtete Rom nach nicht verwirklichten Plänen an der Wende vom 16. zum 17. Jahrhundert ein Missionsepiskopat mit Bischofssitz in Belgrad. Diese Missionsbischöfe hatten bis zum Jahr 1647, in dem der Observant Mario Ibrišimović zum Bischof von Belgrad ernannt wurde, einen anderen Titel getragen, um Zuständigkeitskonflikte mit dem König von Ungarn, dem das Recht der Ernennung der ungarischen Bischöfe eigentlich zustand, zu vermeiden.

Es ist somit sehr schwer, sich in den komplizierten religionspolitischen Verhältnissen von Türkisch-Ungarn zurechtzufinden, vor allem wenn man noch in Betracht zieht, daß außer den in Ungarn tätigen Bischöfen auch der Erzbischof von Bar in Montenegro, der Bischof von Skradin in Dalmatien, der Bischof von Prizren in Süd-Serbien und auch der Bischof von Bosnien in Türkisch-Ungarn die Obergewalt in kirchlichen Dingen ausübten. Bischof Pietro Katić (1618-1622) etwa hatte als apostolischer Administrator seinen Sitz in Belgrad, im Kosovo hingegen trug er den Titel eines Bischofs von Prizren. Sein Nachfolger, ein Franziskaner aus Dubrovnik, residierte ebenfalls in Belgrad. Er trug den Titel eines Bischofs von Smederevo (im Mittelalter gab es in dieser Belgrad benachbarten Stadt ein Bistum). Nach dem Tod Rengjichs folgte ihm der Albaner Pietro Massarecchi, Erzbischof der Kleinstadt Bar in Montenegro, als Administrator des Belgrader Bistums (1631-1634). In der zweiten Hälfte des 17. Jahrhunderts entstand einmal das Problem, daß der Papst den bosnischen Franziskaner Matteo Benlich zum Bischof von Belgrad, der Kaiser ihn jedoch zum Bischof von Bosnien ernannte.

Konflikte zwischen Missionsbischöfen und verbannten ungarischen Bischöfen waren unumgänglich. Die im Herrschaftsgebiet der Habsburger lebenden Bischöfe meinten, Ungarn sei kein Missionsgebiet, denn Rom müsse in ein Land, in dem bereits katholische Bischöfe und Pfarren existierten, keine ausländischen Missionare schicken; Geldspenden an die ortsansässigen ungarischen Geistlichen seien hingegen die angemessenen Beweise für wirkliche Hilfsbereitschaft des Papstes.

Zwei unterschiedliche Hierarchien der katholischen Kirche fühlten sich somit gleichermaßen zuständig, die geistliche Obergewalt im osmanischen Teil Ungarns auszuüben. Der daraus resultierende Konflikt verschärfte sich im Jahr 1679 aufgrund eines

Skandals, der um die Stadt Ofen ausgebrochen war, noch weiter. Die Ursache war die Bestellung je eines Vikars nach Ofen durch den Erzbischof von Gran, György Szelepcsényi, und den Administrator des Belgrader Bistums – bezeichnenderweise waren beide Vikare bosnische Franziskaner. Der designierte Vikar des Erzbischofs von Gran suchte bei den türkischen Behörden Schutz, indem er einen Brief fälschte, in welchem der Papst angeblich den Bischof von Belgrad anwies, sich nicht in kirchliche Angelegenheiten in Ofen einzumischen[9]. Der Papst erteilte dem Wiener Nuntius Francesco Buonvisi die Anweisung, dagegen zu protestieren und entschlossen aufzutreten, woraufhin der Erzbischof von Gran sofort nachgab. Er befahl dem Franziskaner schriftlich, Ofen zu verlassen. Sein Standpunkt blieb jedoch im Grund unverändert: Er forderte die bosnischen Franziskaner auf, zwei geeignete Mönche vorzuschlagen, um einen von ihnen zum Pfarrer nach Ofen bestellen zu können. Die bosnischen Mönche ließen seinen Brief jedoch unbeantwortet, weil sie seine Obergewalt über Ofen, das in ihrem Besitz war, nicht anerkannten.

Daraufhin wies der Papst den Wiener Nuntius an, dem Erzbischof von Gran „sanft" (suaviter) zu erklären, aus welchen Gründen der Heilige Stuhl den Bischof von Belgrad mit der Verwaltung der betreffenden Missionsgebiete betraut habe. Im Anschluß daran teilte der Wiener Nuntius mit, der Primas habe es aufzugeben, diese Pfarre als sein Eigentum anzusehen, weil es sich um ein gewöhnliches Missionsgebiet handle, ähnlich allen anderen, die sich im türkischen Eroberungsgebiet befänden.

Erzbischof Szelepcsényi betrachtete – wie auch alle anderen ungarischen Bischöfe und Stände – das türkische Eroberungsgebiet als einen vorübergehend besetzten Teil des ungarischen Landesgebietes, den man nie aufgeben werde, auch wenn man die gegenwärtige Anwesenheit der Türken und Franziskaner als unveränderbare Realität zur Kenntnis zu nehmen habe. Der Primas war also nicht geneigt, auf sein Recht zu verzichten. Seiner Ansicht nach gehörte Ofen auch Ende des 17. Jahrhunderts noch immer zu seiner Diözese, genauso wie vor der Türkenherrschaft. Die als Untertanen der Osmanen geborenen bosnischen Franziskaner waren jedoch anderer Meinung. Aus ihrer Sicht war Ofen eine türkische Stadt, ebenso wie Belgrad oder Sarajevo, es lag somit im Missionsgebiet und damit im Zuständigkeitsbereich des Belgrader Bischofs.

---

9 Archivio Storico della Sacra Congregazione de Propaganda Fide, Roma SOCG, Vol. 472, fol. 157-161. Für die bosnischen Fraziskaner STRAŽEMANAC, Ivan: Povijest franjevačke provincije Bosne Srebrene. Hg. v. Stjepan SRŠAN, Zagreb 1993, 134-144. - DŽAJA, Srećko M.: Konfessionalität und Nationalität Bosniens und der Herzegowina. Voremanzipatorische Phase 1463-1804. München 1984, 152-163. - BOŽITKOVIĆ, Juraj: Kriticki ispit popisa bosanskih vikara i provincijala (1339-1735). Beograd 1935, 60-71. - MANDIĆ, Dominik: Franjevacka Bosna. Rim 1968, 164f. - HOŠKO, Emanuel F.: Djelovanje franjevaca Bosne Srebrene u Slavoniji, Srijemu, Ugarskoj i Transilvaniji tijekom XVI i XVII stoljeca. In: Povijesno-teoloski simpozij u povodu 500. obljetnice smrti bosanske kraljice Katarine. Sarajevo 1979, 103-115, hier 112-114. - LASTRIC, Filip: Pregled starina bosanske provincije. Sarajevo 1977. - MALCOLM, Noel: Bosnia. A short history. London 1994, 51-69. - DRAGANOVIĆ, Krunoslav: Izvjesce apostolskog vizitatora Petra Masarechija o prilikama katol. naroda u Bugarskoj, Srbij, Srijemu, Slavoniji i Bosni g. 1623 i 1624. Starine Jugoslavenska akademija znanosti i umjetnosti 39 (1938) 1-48.

Vor dem Hintergrund dieser abstrakten kanonischen Erörterungen entwickelte sich die Schicksalsfrage des Landes, nämlich das Problem, welchem Staat der von den Osmanen eroberte Teil Ungarns eigentlich angehöre. Stellten die in das Osmanische Reich integrierten Komitate für den ungarischen Staat und für das Christentum verlorengegangene, in absehbarer Zeit nicht wieder zurückkehrende Provinzen dar, wie die „in Vergessenheit geratenen" christlichen Balkanländer Serbien, Bosnien und Bulgarien? Oder war das Eroberungsgebiet ein nur vorübergehend von den Türken besetztes Gebiet des Habsburgerreiches und Ungarns, dessen baldige Rückkehr in die Familie christlicher Länder zu Recht erhofft werden durfte? Rom vertrat die erstgenannte Ansicht, die ungarischen Stände und Bischöfe hingegen waren gegenteiliger Meinung.

Zwei kirchliche Hierarchien, zwei Machteliten und zwei Staatswesen wirkten auf die katholische Bevölkerung im türkischen Eroberungsgebiet. Diese eigenartige kirchenrechtliche Situation spiegelte sich in der Tatsache wider, daß in den Hauptstädten der beiden Großmächte das türkische Eroberungsgebiet als Eigentum, d.h. als jeweils dem eigenen Machtbereich zugehörig angesehen wurde: Sowohl in Wien als auch in Istanbul betrachtete man Ofen und das umliegende Gebiet als eigene Provinz. Weder das päpstliche Breve noch die Briefe des Erzbischofs von Gran, sondern Politik und Krieg brachten in diesem Streit schließlich die Entscheidung – am Ende des 17. Jahrhunderts wurden die Türken aus dem Land vertrieben. Im Anschluß daran wurden die Titularbistümer in faktische Diözesen umgewandelt, und die verbannten Bischöfe, unter ihnen ehemalige Missionare, konnten in ihre befreite Heimatstadt zurückkehren. Dort lasen sie die heilige Messe in zerstörten Kirchen oder in zu Kirchen umgewandelten Moscheen. Außerdem mußten sie ihre Kirchengemeinden neu organisieren. Das Osmanische Reich und seine Machteliten verschwanden vom ungarischen Gebiet und mit ihnen auch diese einzigartige kirchenrechtliche Situation.

Ständische Kultur und Konfessionalisierung

Konfessionalisierung der Geschichte? Die ständische Historiographie in Innerösterreich an der Wende vom 16. zum 17. Jahrhundert

Arno Strohmeyer

I

Die Ländergruppe Innerösterreich, bestehend aus den Herzogtümern Steiermark, Kärnten und Krain, der Grafschaft Görz und einigen kleineren Territorien[1], entstand 1564 aufgrund einer von Ferdinand I. getroffenen Erbfolgeregelung, derzufolge das Herrschaftsgebiet der österreichischen Habsburger nach seinem Tod unter seinen Söhnen Maximilian, Ferdinand und Karl aufgeteilt werden mußte. Obwohl die Länder bereits zwischen 1379 und 1463 zu einer Verwaltungseinheit zusammengefaßt worden waren und in einigen Bereichen, wie etwa der Landesverteidigung, schon seit längerer Zeit intensiv zusammenarbeiteten, bildeten sie zu diesem Zeitpunkt weder ethnisch noch wirtschaftlich oder im Hinblick auf die ständischen Korporationen eine geschlossene Einheit[2]. Als zusammenfassende Klammern fungierten jedoch stets die permanent vorhandene, mehr oder weniger akute osmanische Bedrohung, die zur Einberufung gemeinsamer Ausschußlandtage führte, und die Dynastie, denn die Länder zählten zum Erbgut des Hauses Habsburg[3]. Auch die Frage der Religionsfreiheit wirkte integrativ. Nach dem Aussterben der kaiserlichen Linie der Habsburger, 1619, residierte der Landesherr zwar wieder in Wien, Innerösterreich als Gebietseinheit blieb jedoch weiterhin bestehen.

---

1 Österreichisch-Friaul, Österreichisch-Istrien, Triest.

2 Zu Innerösterreich an der Wende vom 16. zum 17. Jahrhundert vgl. die Beiträge in dem Sammelband: Katholische Reform und Gegenreformation in Innerösterreich 1564-1628. Hg. v. France M. DOLINAR, Maximilian LIEBMANN, Helmut RUMPLER und Luigi TAVANO, Klagenfurt-Ljubljana-Wien 1994. - SCHULZE, Winfried: Landesdefension und Staatsbildung. Studien zum Kriegswesen des innerösterreichischen Territorialstaates (1564-1619). Wien-Köln-Graz 1973. - PFERSCHY, Gerhard: Gemeinschaftssinn und Landesbewußtsein in der innerösterreichischen Ländergruppe. In: Was heißt Österreich? Inhalt und Umfang des Österreichbegriffs vom 10. Jahrhundert bis heute. Hg. v. Richard G. PLASCHKA, Gerald STOURZH und Jan Paul NIEDERKORN, Wien 1995, 51-64. - AMON, Karl: Innerösterreich. In: Die Territorien des Reichs im Zeitalter der Reformation und Konfessionalisierung. Land und Konfession 1500-1650. Bd. 1: Der Südosten. Hg. v. Anton SCHINDLING und Walter ZIEGLER, Münster 1989, 102-116. - Innerösterreich 1564-1619. Hg. v. Alexander NOVOTNY und Berthold SUTTER, Graz 1967, 73-117. - FRÄSS-EHRENFELD, Claudia: Geschichte Kärntens. Bd. 2: Die Ständische Epoche. Klagenfurt 1994.

3 SCHULZE: Landesdefension (wie Anm. 2). - GROTHAUS, Maximilian: Die osmanische Gefahr und ihr Einfluß auf die Kultur der Gegenreformation in Innerösterreich. In: Katholische Reform (wie Anm. 2) 593-605.

Die Frage, in welchem Ausmaß die regionale Pluralität zwischen 1564 und 1619 überwunden wurde und sich überregionale Strukturen entwickelten, wird in der Forschung nicht ganz einheitlich beantwortet. Einige Vertreter der steirischen Landesgeschichtsschreibung betonen vor allem die Geschlossenheit der Ländergruppe. Sie sprechen von einer ausgeprägten „Eigenstaatlichkeit"[4], die es sogar rechtfertigen würde, Innerösterreich in diesem Zeitraum als „Quasi-Staat"[5] – mit der Steiermark als „Zentralland"[6] – zu bezeichnen. Sie stützen sich dabei unter anderem auf Tendenzen zur Rechtsvereinheitlichung, zur Zentralisierung der Administration sowie auf die starke Integrationskraft der Hauptstadt Graz, die unter Erzherzog Karl II. zu einer prunkvollen Residenz mit einer Universität und einer Nuntiatur ausgebaut wurde[7]. Weitere Bereiche, in denen sich überregionale Strukturen entwickelten, waren die Landesdefension und die Religionspolitik der Stände[8].

Es gibt jedoch auch Stimmen, die der weiterhin bestehenden, relativen Eigenständigkeit der Länder mehr Gewicht beimessen. Zur Untermauerung dieser Ansicht wird beispielsweise angeführt, daß sich nicht nur ein überregionales Gemeinschaftsgefühl entwickelte, sondern auch ein ausgeprägter regionaler Landespatriotismus[9]. Auch im kulturellen Bereich wird die Einheitlichkeit der Länder unterschiedlich beurteilt. Während

---

4 SUTTER, Berthold: Innerösterreichs Eigenstaatlichkeit 1564-1619. In: 400 Jahre Innerösterreich in Aufgaben und Leistungen. Elfte Kärntner Hochschulwoche 1964 der Karl-Franzens-Universität in Graz. Hg. v. Franz SAUER, Graz 1965, 33-48, hier 33.

5 PFERSCHY: Gemeinschaftssinn (wie Anm. 2) 61.

6 MEZLER-ANDELBERG, Helmut J[odok]: Die Steiermark als Zentralland des habsburgischen Teilstaates Innerösterreich 1564 bis 1619. In: 800 Jahre Steiermark und Österreich 1192-1992. Der Beitrag der Steiermark zu Österreichs Größe. Hg. v. Othmar PICKL, Graz 1992, 223-242.

7 PFERSCHY: Gemeinschaftssinn (wie Anm. 2) 58f. - VILFAN, Sergij: Rechtsgeschichte der Slowenen bis zum Jahre 1941, Graz 1968, 138. - MEZLER-ANDELBERG, Helmut J[odok]: Graz als Residenz Innerösterreichs 1564-1619. In: Österreich in Geschichte und Literatur 8 (1964) 258-267. - Gedenkschrift der Universität Graz. Hg. v. Akademischen Senat und über dessen Beschluß redigiert von Paul URBAN und Berthold SUTTER, Graz 1975. - RAINER, Johann: Die Grazer Nuntiatur 1580-1622. In: 100 Jahre Historische Landeskommission für Steiermark 1892-1992. Bausteine zur Historiographie der Steiermark. Hg. v. Othmar PICKL, Graz 1992, 289-300. - WIESFLECKER, Hermann: Innerösterreich und der österreichische Gesamtstaat. In: 400 Jahre Innerösterreich (wie Anm. 4) 19-32, hier 31.

8 SCHULZE: Landesdefension (wie Anm. 2). - POSCH, Fritz: Die innerösterreichische Defensionsordnung von 1575 und der „nachbarliche Sukkurs" der innerösterreichischen Länder Steiermark, Kärnten, Krain und Görz. In: Zeitschrift des Historischen Vereines für Steiermark 81 (1990) 41-59.

9 NEUMANN, Wilhelm: Wirklichkeit und Idee des „windischen" Erzherzogtums Kärnten. Das Kärntner Landesbewußtsein und die österreichischen Freiheitsbriefe (Privilegium maius). In: DERS.: Bausteine zur Geschichte Kärntens. Festgabe für Wilhelm Neumann zum 70. Geburtstag. Klagenfurt [2]1994, 92-112. Bei diesem Band handelt es sich um eine Sammlung zahlreicher Aufsätze des Autors. Auf die Angabe der Erstveröffentlichung wird aus Platzgründen verzichtet. - DERS.: Die kulturelle Entwicklung Kärntens im 16. und 17. Jahrhundert. Ebd., 126-144. - DERS.: Kärnten – Grundlinien der Landesbildung. Ebd., 258-270. - VILFAN: Rechtsgeschichte (wie Anm. 7) 135f. - OGRIS, Alfred: Zur politischen und kulturellen Bedeutung der Kärntner Landstände während der Gegenreformation. In: Katholische Reform und Gegenreformation (wie Anm. 2) 431-439.

etwa Hermann Wiesflecker von einer „ziemlich geschlossenen Kulturlandschaft“ mit „einheitlichem geistigem Gepräge“[10] spricht, betont Wilhelm Neumann die „kulturelle Autonomie“[11] Kärntens.

Die Verbreitung des Protestantismus erfolgte in allen innerösterreichischen Ländern sehr früh – bereits 1523 versuchte Ferdinand I., durch landesherrliche Mandate die Ausbreitung des Luthertums zu verhindern – und erfaßte mit dem niederen Klerus, dem Adel, der Bürgerschaft, den Bergknappen und den landesfürstlichen Beamten rasch weite Teile der Gesellschaft. Zur weithin dominierenden Konfession entwickelte sich dabei das Augsburger Bekenntnis[12].

Die Konfessionalisierung, verstanden als umfassender sozialgeschichtlicher Prozeß, „innerhalb dessen die bekenntnismäßige und organisatorische Verfestigung der Kirche als Leitvorgang für eine weitergehende politische und gesellschaftliche Formierung“[13] im Hinblick auf die Modernisierung des politischen Systems und die frühmoderne Staatsbildung wirkte, verlief in den innerösterreichischen Ländern auf zwei Ebenen: einerseits auf obrigkeitlicher Ebene, initiiert von den katholischen Landesherren, andererseits auf ständischer Ebene, getragen von den mehrheitlich protestantischen Landschaften. Dabei standen die überregionalen und dezentralen Integrationsstrukturen, die im Rahmen der protestantisch-ständischen Konfessionalisierung aufgebaut wurden, der Konfessionalisierung durch die katholische Obrigkeit, die auf frühabsolutistische Machtkonzentration abzielte, diametral gegenüber[14]. Der von den Ständen betriebene Aufbau einer

---

10 WIESFLECKER: Innerösterreich (wie Anm. 7) 29, 31.

11 NEUMANN, Wilhelm: Michael Gothard Christalnick. Kärntens Beitrag zur Geschichtsschreibung des Humanismus. Klagenfurt 1956, 59. Eine überarbeitete Neuauflage dieses Werkes wird 1999 erscheinen.

12 Eine Übersicht über den Verlauf von Reformation und Gegenreformation in Innerösterreich mit der weiterführenden Literatur bringt AMON, Karl: Abwehr der Reformation und Rekatholisierungsversuche in Innerösterreich unter Ferdinand I. und Karl II. In: Katholische Reform und Gegenreformation (wie Anm. 2) 405-418. - DERS.: Katholische Reform und Gegenreformation.. In: Evangelisch in der Steiermark. Glaubenskampf. Toleranz. Brüderlichkeit. Ausstellung vom 21. Mai bis 2. August 1981 im Palais Attems. Hg. v. Gerhard PFERSCHY, Graz 1981, 32-39. - Kirchengeschichte der Steiermark. Hg. v. Karl AMON und Maximilian LIEBMANN, Graz-Wien-Köln 1993. - NEUMANN, Hans Bernhard: The Impact of the Counter-Reformation on the Styrian Estates, 1578-1628. In: Austrian History Yearbook 15/16 (1979/80) 47-59. - SARIA, Balduin: Erzherzog Karl II. und die slowenische Reformation. In: Innerösterreich 1564-1619 (wie Anm. 2) 119-151.

13 SCHILLING, Heinz: Am Anfang waren Luther, Loyola und Calvin – ein religionssoziologisch-entwicklungsgeschichtlicher Vergleich (Antrittsvorlesung 7. Juli 1992). Berlin 1993, 4. - REINHARD, Wolfgang: Was ist katholische Konfessionalisierung? In: Die katholische Konfessionalisierung. Hg. v. Wolfgang REINHARD und Heinz SCHILLING, Gütersloh 1995, 419-451, hier 421. Zum Unterschied zwischen den Konfessionalisierungskonzepten Schillings und Reinhards vgl. SCHILLING, Heinz: Die Konfessionalisierung von Kirche, Staat und Gesellschaft – Profil, Leistung, Defizite und Perspektiven eines geschichtswissenschaftlichen Paradigmas. Ebd., 1-47, hier 3f.

14 LOSERTH, Johann: Steiermark, Kärnten, Krain und ihr Zusammenwirken wider die Gegenreformation. In: Carniola. Zeitschrift für Heimatkunde 1 (1908) 98-111, hier 111. - WIESFLECKER: Innerösterreich (wie Anm. 10) 28. Zum Ständewesen in den Erbländern der öster-

evangelischen Landeskirche – basierend auf einer gemeinsamen Kirchenordnung –, ihre Zusammenarbeit in der Bildungspolitik, beispielsweise im Schulwesen, die Koordination ihrer Politik gegenüber dem Landesherrn sowie Ansätze zu einer gemeinsamen Außenpolitik bildeten somit einen unüberbrückbaren Gegensatz zu der Rekatholisierungspolitik der habsburgischen Landesfürsten, die durch die Einrichtung einer ständigen Nuntiatur in Graz, die Gründung einer Jesuitenuniversität, die Besetzung der Bistümer mit profilierten Vertretern des Trienter Reformkatholizismus sowie die Aufnahme einer von konfessionellen Gesichtspunkten geleiteten Personalpolitik auf die Errichtung eines zentralistischen Staatswesens abzielte[15]. Das daraus resultierende Konkurrenzverhältnis zwischen katholischer und protestantischer Konfessionalisierung zählt zu den Grundmustern des ständestaatlichen Dualismus in den innerösterreichischen Ländern an der Wende vom 16. zum 17. Jahrhundert.

Obwohl die Konfessionalisierungsforschung bei zahlreichen Themen, etwa bei der Nationsbildung, der Frauenforschung oder den internationalen Beziehungen, bereits zu wichtigen Erkenntnisfortschritten geführt hat, ist sie keineswegs unumstritten[16]. Zu den schärfsten Kritikern zählt Heinrich Richard Schmidt, der den Etatismus, die starke Bindung an den Prozeß der frühmodernen Staatsbildung, bemängelt. Winfried Schulze und Michael Stolleis wiederum weisen den von Heinz Schilling an mehreren Stellen deutlich zum Ausdruck gebrachten „Führungsanspruch" gegenüber anderen frühneuzeitlichen Fundamentalprozessen, wie beispielsweise Individualisierung oder Säkularisierung, entschieden zurück[17]. Für eine Weiterentwicklung des Modells plädiert Luise Schorn-

reichischen Habsburger SCHULZE, Winfried: Das Ständewesen in den Erblanden der Habsburger Monarchie bis 1740: Vom dualistischen Ständestaat zum organisch-föderativen Absolutismus. In: Ständetum und Staatsbildung in Brandenburg-Preussen. Ergebnisse einer internationalen Fachtagung. Hg. v. Peter BAUMGART, Berlin-New York 1983, 263-279.

15 HÖFER, Rudolf: Bischof Martin Brenner von Seckau als Gegenreformator und katholischer Reformer. In: Katholische Reform und Gegenreformation (wie Anm. 2) 21-40. - RAINER, Johann: Die Grazer Nuntiatur. Ebd., 289-294. - LIEBMANN, Maximilian: Die Gründung der Grazer Universität und die Jesuiten. Ebd., 77-84. - AMON, Karl: Abwehr der Reformation und Rekatholisierungsversuche in Innerösterreich unter Ferdinand I. und Karl II. Ebd., 405-418.

16 SCHILLING: Konfessionalisierung (wie Anm. 13) 11-15. - DERS.: Konfessionalisierung und Formierung eines internationalen Systems während der frühen Neuzeit. In: Die Reformation in Deutschland und Europa: Interpretationen und Debatten. Hg. v. Hans R. GUGGISBERG und Gottfried G. KRODEL, Gütersloh 1993, 591-613. - SCHILLING, Heinz: Formung und Gestalt des internationalen Systems in der werdenden Neuzeit – Phasen und bewegende Kräfte. In: Kontinuität und Wandel in der Staatenordnung der Neuzeit. Beiträge zur Geschichte des internationalen Systems. Hg. v. Peter KRÜGER, Marburg 1991, 19-46.

17 STOLLEIS, Michael: „Konfessionalisierung" oder „Säkularisierung" bei der Entstehung des frühmodernen Staates. In: Ius Commune. Zeitschrift für Europäische Rechtsgeschichte 20 (1993) 1-23. - SCHULZE, Winfried: Einführung in die Neuere Geschichte, Stuttgart [3]1996, 66. - DERS.: Konfessionalisierung als Paradigma zur Erforschung des konfessionellen Zeitalters. In: Konfessionalisierung im Herzogtum Berg. Hg. v. Burkhard DIETZ und Stefan EHRENPREIS (im Druck). - SCHILLING: Konfessionalisierung und Formierung (wie Anm. 16) 591-613. - DERS.: Formung (wie Anm. 16) 19-46. - SCHMIDT, Heinrich Richard: Sozialdisziplinierung? Ein Plädoyer für das Ende des Etatismus in der Konfessionalisierungsforschung. In: Historische Zeitschrift 265 (1997) 639-682. - DERS.: Gemeinde und Sittenzucht im protestantischen Europa der Frühen Neuzeit. In: Theorien kommunaler Ordnung. Hg. v. Peter BLICKLE, München

Schütte, die das Erkenntnispotential des Konzepts zur Erforschung der Modernisierung nutzen, sich dabei jedoch nicht ausschließlich an der Staatsbildung orientieren will. Diese Kontroversen über Modifikationen, Ergänzungen und Korrekturen zeigen, daß die Entwicklung des Modells ebensowenig wie sein Erkenntnispotential zur Gänze ausgelotet ist. Zahlreiche Fragen sind daher noch offen.

Eine unerläßliche Voraussetzung zu ihrer Beantwortung ist die exakte Vermessung des Prozesses, die Festlegung seiner Reichweite. Welche Sektoren der frühneuzeitlichen Gesellschaft wurden von der Konfessionalisierung in welchem Ausmaß erfaßt? Gab es „resistente" Teilbereiche, in denen sie nur geringe oder gar keine Gestaltungskraft besaß? Heinz Schilling meint deshalb, die Suche nach „nichtkonfessionalisierbaren Strukturen"[18], nach dem „Nichtkonfessionellen im konfessionellen Zeitalter"[19], zähle derzeit zu den vordringlichsten Aufgaben der Konfessionalisierungsforschung[20]. Zu den Phänomenen, denen diesbezüglich besondere Aufmerksamkeit geschenkt werden müsse, rechnet er das Recht – etwa das Römische Recht, das Reichsrecht, das Kanonische Recht und das Völkerrecht –, die Internationalität der europäischen Adelshäuser, den Aufbau der diplomatischen Institutionen, wissenschaftliche Diskurse, und – last, but not least – Teile des politischen Denkens und humanistische Gelehrtenzirkel[21].

Von dieser Seite betrachtet, wäre somit zu vermuten, daß das ständische Geschichtsdenken, welches stark unter humanistischen Einflüssen stand und eine Säule im politischen Denken der Stände bildete, zu denjenigen Bereichen gezählt werden muß, die sich gegenüber der Konfessionalisierung als weitgehend resistent erwiesen[22]. Im Gegensatz dazu besaß das historische Denken der Stände jedoch enorme realpolitische Bedeutung, denn es war in die konfessionellen und politischen Konflikte an der Wende vom 16. zum 17. Jahrhundert und damit in den Prozeß der Konfessionalisierung und in die frühmoderne

---

1997, 181-214; dazu auch der Forschungsbericht von HARRINGTON, Joel F. - SMITH, Helmut Walser: Confessionalization, Community, and State Building in Germany, 1555-1870. In: The Journal of Modern History 69 (1997) 77-101.

18 SCHILLING: Konfessionalisierung (wie Anm. 13) 22. - DERS.: Confessional Europe. In: Handbook of European History 1400-1600: Late Middle Ages, Renaissance, and Reformation. Hg. v. Thomas A. BRADY Jr., Heiko OBERMAN und James D. TRACY. Bd. 2: Visions, Programs and Outcomes. Leiden-New York-Köln 1995, 641-681, hier 667. - Vgl. dazu auch den Beitrag von Heinz Schilling (Kap. V, § 1) in diesem Band.

19 SCHILLING: Konfessionalisierung (wie Anm. 13) 22.

20 Ebd., 22. - DERS.: Confessional Europe (wie Anm. 18) 667f.

21 SCHILLING: Confessional Europe (wie Anm. 18) 668.

22 Zum Geschichtsbild und zur Geschichtsschreibung im Zeitalter des Humanismus MUHLACK, Ulrich: Geschichtswissenschaft im Humanismus und in der Aufklärung. Die Vorgeschichte des Historismus. München 1991. - Humanismus und Historiographie. Rundgespräche und Kolloquien. Hg. v. August BUCK, Weinheim 1991. - DERS.: Studien zu Humanismus und Renaissance. Gesammelte Aufsätze aus den Jahren 1981-1990. Wiesbaden 1991. - KESSLER, Eckhard: Die Ausbildung der Theorie der Geschichtsschreibung im Humanismus und in der Renaissance unter dem Einfluß der wiederentdeckten Antike. In: Die Antike Rezeption in den Wissenschaften während der Renaissance. Hg. v. August BUCK und Klaus HEITMANN, Weinheim 1983, 29-49. - PIRNÁT, Anton: Gattungen der humanistischen Geschichtsschreibung. Historia et Commentarii. In: Geschichtsbewußtsein und Geschichtsschreibung in der Renaissance. Hg. v. August BUCK, Tibor KLANICZAY und Katalin S. NÉMETH, Leiden u.a. 1989, 57-64.

Staatsbildung fest eingebunden. Aus dieser Perspektive drängt sich daher die Vermutung einer starken Beeinflussung des ständischen Geschichtsdenkens durch die Konfessionalisierung auf.

Damit lassen sich auch die forschungsleitenden Interessen festhalten, die in dieser Studie in zwei Richtungen gehen: Zum einen wird der Einfluß der Konfessionalisierung auf das Geschichtsdenken der Stände, vor allem auf ihre Geschichtsschreibung, analysiert, zum anderen sollen jedoch auch die theoretischen Implikationen im Hinblick auf die gegenwärtige Konfessionalisierungsdebatte und die Suche nach „nichtkonfessionalisierbaren Strukturen“ nicht aus den Augen verloren werden.

Es handelt sich dabei um eine Fragestellung, die von der Geschichtswissenschaft bislang nur selten aufgegriffen wurde, denn die Konfessionalisierungsforschung schenkte diesem „Randbereich“ ebensowenig Aufmerksamkeit wie die Historiographiegeschichte, deren Schwerpunkt der Zeitraum nach der Aufklärung bildet[23]. Auch auf Ergebnisse der österreichischen Geschichtsforschung, deren frühneuzeitliche Wurzeln sehr ungenügend erforscht sind, kann nur in geringem Ausmaß zurückgegriffen werden, da für den hier behandelten Zeitraum die verdienten, aber nun doch schon veralteten Werke von Anna Coreth und Alphons Lhotsky noch immer praktisch die einzige Grundlage bilden[24]. Eine größere Hilfe stellen im Gegensatz dazu Studien auf landesgeschichtlicher Ebene dar. Für die Erschließung des besonders gut dokumentierten Geschichtsdenkens der Kärntner Stände bilden etwa die Arbeiten von Wilhelm Neumann einen guten Ausgangspunkt. Die Frage der Konfessionalisierung wird in ihnen freilich nicht angeschnitten[25].

Die methodische Grundlage der Untersuchung bildet die von Jörn Rüsen entwikkelte Geschichtstheorie, derzufolge der Kern des historischen Denkens grundsätzlich von fünf verschiedenen Faktoren gebildet wird. Diese Faktoren, die zugleich die wichtigsten Phasen der Entstehung und Verbreitung historischen Wissens repräsentieren, lauten: 1. Interessen, 2. Ideen (Theorien), 3. Methoden, 4. Darstellungsformen und 5. Funktionen. Diese Systematik wurde zwar ursprünglich als Analysemodell für die aktuelle Theorie-

---

23 Einen guten Überblick über den gegenwärtigen Forschungsstand bieten: MUHLACK, Ulrich: Geschichte und Theorie der Geschichtswissenschaft. In: Geschichte in Wissenschaft und Unterricht 49 (1998) 119-136, 187-199, 246-259, 360-369. - DERS.: Neuere Literatur zur Theorie und Geschichte der Geschichtswissenschaft. In: Zeitschrift für Historische Forschung 20 (1987) 303-316. - ZEDELMAIER, Helmut: „Im Griff der Geschichte“: Zur Historiographiegeschichte der frühen Neuzeit. In: Historisches Jahrbuch 112 (1992) 436-456.

24 CORETH, Anna: Österreichische Geschichtschreibung in der Barockzeit (1620-1740). Wien 1950. - LHOTSKY, Alphons: Österreichische Historiographie. Wien 1962.

25 NEUMANN: Christalnick (wie Anm. 11). - JANDL, Ernst: Kärntens Geschichtsschreibung in der Barockzeit. Phil. Diss., Wien 1964. - DERS.: Die Entwicklung der Kärntner Geschichtsschreibung von ihren Anfängen bis zum Jahre 1612. In: Festschrift zur Eröffnung des neuen Schulgebäudes des Bundesgymnasiums und Bundesrealgymnasiums und wirtschaftskundlichen Realgymnasiums Klagenfurt. Hg. v. Hubert LEUTSCHACHER, Klagenfurt 1967, 29-43. - M[ELL, Anton]: Steiermärkische Geschichtsschreibung vom XVI. bis zum XVIII. Jahrhundert. In: Zeitschrift des Historischen Vereines für Steiermark 1 (1903) 173f. - ILWOF, Franz: Steiermärkische Geschichtschreibung vom XVI. bis XVIII. Jahrhundert. In: Deutsche Geschichtsblätter 4 (1903) 288-298. - DERS.: Steiermärkische Geschichtschreibung im Mittelalter. Ebd., 89-101. - SCHULZE: Landesdefension (wie Anm. 2) 217-222.

diskussion entworfen – und daher für den Zeitraum vor der Aufklärung kaum verwendet[26] –, gleichwohl soll sie hier für das Geschichtsdenken des 16. und 17. Jahrhunderts nutzbar gemacht werden. Rüsen selbst hat die Meinung geäußert, mit Hilfe dieser Faktoren lasse sich auch das historische Denken in der vorwissenschaftlichen Zeit, in der es noch nicht den Charakter einer akademischen Fachdisziplin angenommen hatte, begreifen[27].

Die Vorteile der Verwendung dieses Modells liegen auf der Hand: Zum einen wird das ständische Geschichtsdenken auf der Grundlage einer ausgearbeiteten Systematik analysiert, die alle maßgeblichen Bestandteile berücksichtigt, zum anderen ist die enge Verbindung mit dem politischen und sozialen Umfeld, die das historische Denken im allgemeinen und das der Stände im besonderen auszeichnete, bereits in der theoretischen Konzeption fest integriert. Schließlich bietet es auch noch einen Ansatzpunkt, den Einfluß der Konfessionalisierung auf die Modernisierung des Geschichtsdenkens systematisch zu analysieren[28].

Im folgenden werden zuerst die genannten fünf Faktoren des Geschichtsdenkens der Reihe nach untersucht, im Anschluß daran rücken ihr systemischer Zusammenhang und die Frage, ob die Konfessionalisierung im Geschichtsdenken der Stände einen Modernisierungsschub auslöste, in den Mittelpunkt der Betrachtung.

---

26 Horst Walter Blanke geht in seiner Untersuchung (allerdings nur kurz) auch auf die vorwissenschaftliche Zeit ein: BLANKE, Horst Walter: Historiographiegeschichte als Historik. Stuttgart-Bad Cannstatt 1991. Die Systematik, die Ulrich Muhlack in seiner Studie über Geschichtswissenschaft im Humanismus und in der Aufklärung verwendet, weist etliche Ähnlichkeiten zu den fünf Faktoren auf, die Rüsen unterscheidet. MUHLACK: Geschichtswissenschaft (wie Anm. 22) 13f.

27 RÜSEN, Jörn: Die Entwicklung der disziplinären Matrix und des theoretisch-methodologischen Instrumentariums der Geschichtswissenschaft – ein strukturgenetischer Ansatz. In: Historiographiegeschichte als Methodologiegeschichte. Zum 80. Geburtstag von Ernst Engelberg. Berlin 1991, 53-67, hier 55. In diesem Sinn äußert sich auch BLANKE, Horst Walter: Typen und Funktionen der Historiographiegeschichtsschreibung. In: Geschichtsdiskurs. Bd. 1: Grundlagen und Methoden der Historiographiegeschichte. Hg. v. Wolfgang KÜTTLER, Jörn RÜSEN und Ernst SCHULIN, Frankfurt a.M. 1993, 191-211, hier 202, 210. Er spricht in diesem Zusammenhang von der „humanistisch-rhetorischen Geschichtsschreibung", auf eine systematische Rekonstruktion verzichtet er jedoch. BLANKE: Historiographiegeschichte (wie Anm. 26) 70. Zur Kritik an Rüsen und Blanke IGGERS, Georg G.: Das Programm einer Strukturgeschichte des historischen Denkens. Anmerkungen zu H. W. Blanke. Ebd., 331-335.

28 RÜSEN, Jörn: Historische Vernunft. Grundzüge einer Historik I: Die Grundlagen der Geschichtswissenschaft. Göttingen 1983, 29-31.

II

Die *Interessen* bilden den ersten Faktor des Geschichtsdenkens, der in dieser Studie untersucht wird. Hierunter werden die fundamentalen, das historische Denken hervorrufenden Bedürfnisse der Stände der innerösterreichischen Länder nach der Orientierung ihrer Lebenspraxis in der Zeit verstanden[29]. Diese historisch ausgerichteten Orientierungsbedürfnisse, die stets durch lebensweltliche Impulse ausgelöst wurden, artikulierten sich in Form von spezifischen Interessen an der Erkenntnis der Vergangenheit[30]. Sie dienten beispielsweise der Lösung politischer Probleme oder der Beantwortung aktueller Fragen und waren – was für ständische Gesellschaften generell gilt – in den innerösterreichischen Ländern sehr stark ausgeprägt. Denn die Geschichte war ein genuiner und konstruktiver Bestandteil der Lebenswelt der Landschaften, überlieferte sie doch die Privilegien, Bestätigungen, Verträge und gewohnheitsrechtlichen Normen, die die Partizipationsansprüche der Stände erst legitimierten[31]. Darüber hinaus bildete sie ein Reservoir an Präzedenzfällen, die als Richtlinie für politisches Handeln dienten. Die Stände handelten jedoch nicht nur auf Grundlage der Geschichte, sondern auch für die Geschichte, denn ihrer eigenen Überzeugung zufolge mußten sie ihre aktuelle Politik in die Geschichte einordnen[32]. Ständische Gesellschaften entwickelten jedoch auch deshalb besonderes Interesse an der Vergangenheit, da diese als Zeugin und Bewahrerin ihrer Verdienste in der Landesverteidigung fungierte, damit ihre korporative Identität festigte und die Reputation erhöhte. Aus diesen Gründen stellte das historische Denken eine fundamentale Säule im politischen Denken und Handeln der Stände in Innerösterreich dar[33].

Dieses grundsätzliche Interesse der Stände an der Vergangenheit wurde durch den Gegensatz zwischen katholischer und protestantischer Konfessionalisierung deutlich vergrößert, denn im Zuge der politischen Auseinandersetzungen zwischen den evangelischen Landschaften und dem katholischen Landesherrn mußten die Stände ihre korporativen Rechte und Freiheiten immer öfter legitimieren. Eine Möglichkeit dazu war, sie als das Ergebnis historischer Kontinuität darzustellen. Das Interesse an Geschichte nahm darüber hinaus jedoch auch deshalb zu, weil historisches Wissen in den ständepolitischen Auseinandersetzungen als „Waffenarsenal“[34] diente, auf das zurückgegriffen wurde, wenn es darum ging, Handlungen argumentativ zu begründen oder politischen

---

29 RÜSEN: Vernunft (wie Anm. 27) 25. - In diesem Sinn auch BLANKE: Historiographiegeschichte (wie Anm. 26) 37.

30 RÜSEN: Vernunft (wie Anm. 27) 24.

31 SCHULZE: Landesdefension (wie Anm. 2) 217-222. - DERS.: Zur politischen Theorie des steirischen Ständetums der Gegenreformationszeit. In: Zeitschrift des Historischen Vereines für Steiermark 62 (1971) 33-48.

32 SCHULZE: Landesdefension (wie Anm. 2) 222.

33 STROHMEYER, Arno: Vergleichende Ständegeschichte und „intellectual history“ als Forschungsstrategie in Ostmitteleuropa: Das politische Denken der österreichischen und ungarischen Stände (1550-1650). In: Comparativ 8/5 (Hg. v. Frank HADLER 1998) 74-91.

34 HAMMERSTEIN, Notker: Geschichte als Arsenal. Geschichtsschreibung im Umfeld deutscher Humanisten. In: Geschichtsbewußtsein und Geschichtsschreibung in der Renaissance (wie Anm. 22) 19-32.

Entscheidungen des Landesherrn die Legitimität abzusprechen. Als beispielsweise Ferdinand II. 1609 auf Kontaktaufnahmen zwischen den innerösterreichischen und den ungarischen Ständen negativ reagierte, versuchten die Verordneten, diese zu verharmlosen, indem sie argumentierten, solche Beziehungen habe es schon früher gegeben[35].

Ein weiterer Bereich, in dem die konfessionellen Auseinandersetzungen die historischen Interessen der Stände verstärkten, war die Frage der Loyalität. Vor allem der Adel wollte den religiösen Kontroversen die politische Spitze nehmen, indem er auf seine jahrhundertelangen treuen Dienste für das Herrscherhaus hinwies. Nach der Niederlage der Stände, die sich aufgrund des erfolgreichen Verlaufs gegenreformatorischer Maßnahmen ab 1600 immer deutlicher abzeichnete, diente die Vergangenheit außerdem der Identitätswahrung, die auf der Basis des religiösen Bekenntnisses immer weniger erfolgen konnte. Besonders deutlich trat die zunehmende politische Bedeutung des historischen Wissens bei den Landtags- und Erbhuldigungsverhandlungen zutage, bei denen das „alte Herkommen", die „guten Gewohnheiten" und die „üblichen Bräuche" häufig benützte Argumentationsmuster darstellten[36].

Diese „Politisierung" des Geschichtsdenkens fand im Aufbau historischer Archive und Bibliotheken sowie in der systematischen Aufzeichnung der Landtagsschriften einen deutlich sichtbaren Ausdruck[37]. Am klarsten ist die ausgeprägte Affinität zur Geschichte in der Entwicklung einer eigenen Historiographie, der „ständischen Historiographie", zu erkennen. Darunter sind historische Werke zu verstehen, die entweder im Auftrag der Stände oder von Ständemitgliedern selbst verfaßt wurden, ihnen gewidmet waren oder über sie handelten[38]. Zum weiteren Umkreis zählen außerdem noch einige stark landes-

---

35 Missiv der (drei) Deputierten an Erzherzog Ferdinand über die an ihn gekommene grundlose Verdächtigung ihrer Handlungen, Wien 1610 Januar 15. In: Akten und Korrespondenzen zur Geschichte der Gegenreformation in Innerösterreich unter Ferdinand II. Zweiter Teil: Von der Auflösung des protestantischen Schul- und Kirchenministeriums bis zum Tode Ferdinands II. 1600-1637. Gesammelt und hg. v. J[ohann] LOSERTH, Wien 1907, Nr. 1859. - Kredenzschreiben der Krainer Stände A. C. für Dietrich Freiherrn von Auersperg anläßlich der Konferenz der österreichischen Stände, o.O., o.D. Ebd., Nr. 1862. - LOSERTH: Zusammenwirken (wie Anm. 14) 111. - Dazu auch ANDRITSCH, Johann: Innerösterreich und die Länder der Stephanskrone. In: Zeitschrift des Historischen Vereines für Steiermark 61 (1970) 51-70. - VALENTINITSCH, Helfried: Die Steiermark, Ungarn und die Osmanen 1606-1662. Ebd., 65 (1974) 93-128.

36 SCHULZE: Landesdefension (wie Anm. 2) 271f.

37 DINKLAGE, Karl: Die Anfänge der Kärntner Landesverwaltung. Der Aufbau von Kanzlei, Buchhaltung, Registratur und Archiv der Landstände bis zur Adelsemigration von 1629. In: Carinthia I 173 (1983) 239-287.

38 SCHOLZ, Günter: Ständefreiheit und Gotteswort. Studien zum Anteil der Landstände an Glaubensspaltung und Konfessionsbildung in Innerösterreich (1517-1564), Frankfurt a.M. u.a. 1994, 57. Dies gilt auch für die nieder- und oberösterreichischen Stände, wie die Arbeiten der Ständemitglieder Reichart Strein von Schwarzenau oder Job Hartmann von Enenkel belegen. GROSSMANN, Karl: Reichart Streun von Schwarzenau. Ein österreichischer Staatsmann und Gelehrter aus der Zeit der Renaissance, Reformation und Gegenreformation. In: Jahrbuch für Landeskunde von Niederösterreich NF 20 (1926/27) 1-37. - DERS.: Der Historiker Reichart Streun von Schwarzenau (1538-1600). In: Mitteilungen des Instituts für Österreichische Geschichtsforschung Ergbd. 11 (1929) 555-573. - CORETH, Anna: Job Hartmann von Enenkel.

bezogene Werke und Geschichtslehrbücher, mit denen an den Landschaftsschulen unterrichtet wurde[39]. Typische Werke der ständischen Historiographie waren etwa Landeshauptmannschroniken oder Landesgeschichten[40].

Auf eine lange historiographische Tradition konnten die Kärntner Stände zurückblicken, denn Ende des 15. Jahrhunderts hatte der Pfarrer von St. Martin am Techelsberg bei Pörtschach in Kärnten, Jakob Unrest, eine Geschichte ihres Landes geschrieben[41]. Ein anderes Werk der ständischen Historiographie Kärntens stellt die Chronik des Paracelsus dar, die dieser 1538 ganz nach den Vorstellungen der Stände verfaßt und ihnen gewidmet hatte. Aufgrund ihrer Beliebtheit wurde sie in den sechziger und siebziger Jahren des 16. Jahrhunderts mehrmals neu aufgelegt[42]. Im Anschluß an Paracelsus fertigte Wolfgang Lazius, Hofhistoriograph Ferdinands I. in Wien, für die Landschaften Kärntens und der Steiermark landesgeschichtliche Arbeiten an, die ebenfalls der ständischen Geschichtsschreibung hinzugerechnet werden müssen[43]. Weitere Beispiele stellen

---

Ein Gelehrter der Spätrenaissance in Österreich. In: Mitteilungen des Instituts für Österreichische Geschichtsforschung 55 (1944) 247-302.

39 Ein solches Buch verfaßte beispielweise der evangelische Theologe Jeremias Homberger für die Schule in Graz: HOMBERGER, Jeremias: Commentatio de Chronologia sic instituta, ut adolescentibus ad historias cum fructu perlegendas non contemnendum adiumentum afferre possit, tradita in celebri Stiriae procerum, qui Augustae confessionis sunt, gymnasio apud Graetianos. Graz 1580. - ZIMMERMANN, Harald: Jeremias Homberger als Geschichtslehrer. In: Jahrbuch der Gesellschaft für die Geschichte des Protestantismus in Österreich 75 (1959) 105-124. - MEZLER-ANDELBERG, Helmut J[odok]: „Diß ist der beste weg, den ich auß gottes wort in dieser schweren sachen zeigen khan". Ein Gutachten Dr. Jeremias Hombergers aus dem Jahre 1584. In: Festschrift Hermann Wiesflecker zum sechzigsten Geburtstag. Hg. v. Alexander NOVOTNY und Othmar PICKL, Graz 1973, 167-178.

40 So etwa ein Ende des 16. Jahrhunderts angefertigtes Verzeichnis der steirischen Landeshauptleute, das 1246 beginnt: Verzeichnis der Landeshauptleute des Herzogtums Steiermark, Steiermärkisches Landesarchiv Graz, Handschriften Nr. 97. - ILWOF: Geschichtschreibung (wie Anm. 25) 293f. - KÜMMEL, Emil: Ueber eine Landeshauptmanns-Chronik des 16. Jahrhunderts. In: Beiträge zur Kunde steiermärkischer Geschichtsquellen 15 (1878) 67-73.

41 Unrest hatte eine Österreichische und eine Kärntner Chronik verfaßt. Zur Geschichtsschreibung Kärntens im 16. Jahrhundert NUSSBAUMER, Erich: Geistiges Kärnten. Literatur- und Geistesgeschichte des Landes. Klagenfurt 1956, 127-158. - NEUMANN, Wilhelm: Perspektiven zur Landesgeschichtsschreibung in Kärnten. In: DERS.: Bausteine (wie Anm. 9) 435-442. - DERS.: Entwicklung (wie Anm. 9) 539f. - Zur Österreichischen Chronik des Jakob Unrest (um 1430-1500) DERS.: Bemerkungen zu Jakob Unrest und zur Ausgabe seiner „Österreichischen Chronik". In: Südostdeutsches Archiv 2 (1959) 12-17. - DERS.: Jakob Unrest. Leben, Werk und Wirkung. In: Geschichtsschreibung und Geschichtsbewußtsein im späten Mittelalter. Hg. v. Hans PATZE, Sigmaringen 1987, 681-695. - OBERSTEINER, Jakob: Zur Biographie von Jakob Unrest. In: Carinthia I 143 (1953) 948-951. - UNREST, Jakob: Österreichische Chronik. Hg. v. Karl GROSSMANN, Weimar 1957.

42 1564, 1574 und 1575. MORO, Gotbert: Die Kärntner Chronik des Paracelsus. In: Theophrast von Hohenheim, genannt Paracelsus. Die Kärntner Schriften. Ausgabe des Landes Kärnten, besorgt von Kurt GOLDAMMER, Klagenfurt 1955, 327-347. - NEUMANN, Wilhelm: Historie und Zeitgeschehen im Werk des Paracelsus. In: Paracelsus 1493-1541. „Keines andern Knecht ..." Hg. v. Heinz DOPSCH u.a., Salzburg 1993, 187-194.

43 Eine Kärntner Chronik schrieb Lazius spätestens 1549, für die Steirische Cronik wurde er 1546 bezahlt. SCHOLZ: Ständefreiheit (wie Anm. 38) 57. - Zur Tätigkeit des Lazius als Hofhistoriograph STROHMEYER, Arno: Geschichtsbilder im Kulturtransfer. Die höfische Historio-

ein Verzeichnis der Kärntner Landeshauptleute dar, das der Landschaftssekretär Sebastian Sonntager auf Veranlassung der Stände erstellte[44], die von dem protestantischen Theologen Michael Gothard Christalnick verfaßte Genealogie der Grafen von Ortenburg, einem Adelsgeschlecht, das sich direkt von den Herzögen von Kärnten ableitete[45], die von Georg Strubegger, einem Ökonomen und möglicherweise auch Lehrer der Klagenfurter Landschaftsschule, verfaßten historischen Kollektaneen[46] sowie die aus der ersten Hälfte des 16. Jahrhunderts stammende, von Matthäus Dresser 1602 neu herausgegebene Ungnadsche Chronik[47].

Den Höhepunkt der ständischen Historiographie Innerösterreichs bildet die „Historia Carinthiaca", eine umfangreiche Geschichte des Landes Kärnten, die den Zeitraum zwischen dem vierten vorchristlichen Jahrhundert und dem Jahr 1578 umfaßt[48]. Sie stellt einen der besten Zugänge zum ständischen Geschichtsdenken dar und bildet daher auch eine der Säulen der Argumentation in dieser Studie. Das Werk wurde von Michael Gothard Christalnick zwischen 1583 und 1588 im Auftrag der Kärntner Stände verfaßt, blieb allerdings vorerst unveröffentlicht, da es – angeblich aufgrund seiner Weitschweifigkeit, wohl aber auch wegen einiger adelskritischer Stellen – nicht den Vorstellungen

graphie in Wien im Zeitalter des Humanismus. In: Metropolen im Kulturtransfer. Krakau – Danzig – Prag – Wien. Hg. v. Andrea LANGER und Georg MICHELS, Wiesbaden 2000 (im Druck). - MAYR, Michael: Wolfgang Lazius als Geschichtschreiber Österreichs. Ein Beitrag zur Historiographie des 16. Jahrhunderts. Mit Nachträgen zur Biographie. Innsbruck 1894. Zur Person des Lazius die Kurzbiographie von KRATOCHWILL, Max: Lazius, Wolfgang. In: Neue Deutsche Biographie. Bd. 14, Berlin 1985, 14f.

44 NEUMANN: Entwicklung (wie Anm. 9) 539.

45 HAUSMANN, Friedrich: Michael Gothard Christalnick und sein Briefwechsel mit Graf Joachim zu Ortenburg. In: Carinthia I 165 (1975) 69-82. - DERS.: Ein bisher unbekanntes Werk des Michael Gothard Christalnick zur Geschichte Kärntens und der Grafen von Ortenburg. In: Carinthia I 179 (1989) 187-274.

46 NEUMANN: Entwicklung (wie Anm. 9) 539.

47 DRESSER, Matthäus: Ungnadische Chronika, Darinnen der Herren Ungnaden Ankunfft, Außbreitung, Reisen und Ritterliche Thaten verzeichnet werden, vom Keiser Cunrad dem dritten umbs Jahr Christi 1147 biß auff dieses 1601. Jahr, auß den Historien, Monumenten und Urkundten uber 450. Jahr außgeführte und im Druck verfertiget Von Mattheo Dressero D. Ist sonderlich hierinnen Herren Hans Ungnaden, deß tewren Ritters Trewe, Bestendigkeit, Ernst und Eyffer in Weltlichen und Geistlichen Sachen gedenckwürdig und tröstlich allen, die umb der waren Religion willen Verfolgung leiden. Mit Churf. Sächsischer Freyheit, Leipzig 1602.

48 Der Titel lautet: Historia Carinthiaca. Das ist Weitläufftige und ordentliche Beschreibung der Historien der hochloblichen und Uralten Ertzherzogthumbs Kärndten vor alten Zeiten Noricum Mediterraneum genand ... Durch Michaelem Gothardium Christalniccium Carinthum auf der Herrschafft Sonnegg bestelten Predicanten mit hochstem vleiß in guet verstendlich Teutsch gebracht ..., dem gemainen nuz zum besstem, dem hochlöblichem Hauß von Osssterreich zu Rume, dem Ertzherzogthumb Kärndten zum dankhbarlichen dienste und ainer löblichen Lanndtschafft daselbst zu hochem Preiß und Ehre publiciert und am tag gegeben im 1578. Jar. Das nur zum Teil erhaltene Manuskript (vorhanden sind die Vorrede und die ersten vier Bücher, die bis in die Römerzeit reichen) umfaßt 188 Folien und befindet sich im Augustiner-Chorherrenstift St. Florian, Stiftsbibliothek (im folgenden SB St. Florian), Hs. XI, 523. Außer den bereits genannten Werken von Wilhelm Neumann vgl. noch OGRIS, Alfred: Protestantismus und Geschichtsschreibung. Die „Annales Carinthiae" im Lichte der neueren Forschung. In: Die Brücke. Kärntner Kulturzeitschrift 7/3 (1981) 82-85.

der ständischen Verordneten entsprochen hatte[49]. Auch eine stark gekürzte Version, die Christalnick 1592 nachreichte, um wenigstens seinen versprochenen Lohn zu erhalten, wurde nicht gedruckt[50]. Erst 1612, nachdem der protestantische Humanist Hieronymus Megiser das Werk im Auftrag der Stände überarbeitet hatte, wurde es unter dem Titel „Annales Carinthiae“ bei Abraham Lamberg in Leipzig gedruckt[51]. Die Drucklegung erfolgte also genau in jenem Zeitraum, in dem die Konfessionalisierung ihre stärkste Gestaltungskraft entfaltete.

Megiser, der das volle Vertrauen der Kärntner Stände besaß, da er bis zu seiner Vertreibung aus Klagenfurt im Zuge der Gegenreformation mehrere Funktionen im ständischen Bildungswesen in Innerösterreich ausgeübt hatte, wurde in der Geschichtsforschung lange Zeit für den eigentlichen Autor des Werkes gehalten. Tatsächlich beschränkte er sich vorwiegend auf die redaktionelle Umarbeitung, die ihm jedoch auch noch etliche Möglichkeiten zur Einflußnahme ließ[52]. Er strich „alles unnöttige und überflüßige“[53] weg, machte sprachliche und inhaltliche Korrekturen und setzte das Werk bis in das Jahr 1611 fort. Ebenso stammt eine in dem Werk enthaltene Liste der Adelsgeschlechter, Städte, Märkte und Erblandoffiziere des Landes von seiner Hand[54]. Zu der

49 Michael Gothard Christalnick (1530/40-1595), 1569 an der Universität Tübingen immatrikuliert, war als Prädikant und Theologe sowie als Burgkaplan für die Grafen Khevenhüller auf Hochosterwitz tätig. Zu seiner Biographie NEUMANN: Christalnick (wie Anm. 11). - Zu den Reaktionen der Stände auf das Werk Christalnicks vgl. das Protokoll des verordneten Ausschusses der Kärntner Landstände vom 28. August 1589, Kärntner Landesarchiv Klagenfurt (im folgenden KLA), Ständisches Archiv, Handschriften Nr. 27, fol. 85v-86r.

50 Der Titel dieses „Kompendiums“ lautet: Historiae Carinthiacae Compendium Planum: Das ist Extract und summarischer Bericht der Historien des hochlöblichen und uralten Ertzherzogtumb Kerndten ... Durch Michaelem Gothardum Chrystalniccium beider Herrschaften Osterwitz und Sonnegk bestelltem Diennern, des hl. Evangelions, dem Gemeinem Nuze zum besten, dem löblichen Haus Osterreich zu rhueme, dem Kernten zu dankbarlichen dienste und desselben einer Landschafft zu hoch ...“ Das Manuskript umfaßt 258 Folien und befindet sich in SB St. Florian, Hs. XI, 561.

51 MEGISER, Hieronymus [und CHRISTALNICK, Michael Gothard]: Annales Carinthiae, Das ist Chronica Des Löblichen Ertzhertzogthumbs Khärndten ..., Leipzig 1612. Hieronymus Megiser (1554/55-1619) war zwischen 1593 und 1619 (mit Unterbrechungen) für die Stände Kärntens, Krains, der Steiermark und Österreichs ob der Enns als Lehrer, Rektor der landschaftlichen Schule, Bibliotheksleiter oder Historiograph tätig. - Zu seiner Biographie DOBLINGER, Max: Hieronymus Megisers Leben und Werke. In: Mitteilungen des Instituts für Österreichische Geschichtsforschung 26 (1905) 431-478.

52 Da das ursprüngliche Manuskript nur zu einem Bruchteil erhalten ist, kann die Frage, wie weit Megiser das Werk selbst gestaltete, nicht vollständig beantwortet werden.

53 Megiser an den verordneten Ausschuß der Kärntner Stände. Leipzig 1611 November 18, KLA Klagenfurt, Ständisches Archiv, C Akten, Abteilung I, Schachtel 451, Fasz. 6, fol. 35r-36v.

54 Zur Frage der Autorenschaft vgl. GROSSMANN, Karl: Megiser, Christalnick und die Annales Carinthiae. In: Mitteilungen des Instituts für Österreichische Geschichtsforschung 57 (1949) 359-373. Die Bedeutung seines Anteils ist umstritten und kann auch nicht endgültig geklärt werden, da die älteste Version des Werkes nur unvollständig überliefert ist. Von einer sehr geringen Einflußnahme spricht Wilhelm NEUMANN: Christalnick (wie Anm. 11) 29-44; vgl. dazu jedoch auch die sehr kritischen Rezensionen des Buches von Neumann: BRAUMÜLLER, Hermann: Rezension zu Wilhelm Neumann: Wirklichkeit und Idee des „windischen“ Herzog-

Entscheidung, Megiser mit der Herausgabe des Werkes zu betrauen, dürfte auch der Umstand beigetragen haben, daß er – allerdings ohne dabei durch historische Arbeiten in Erscheinung zu treten – von Erzherzog Karl den Titel „Ordinarius Historiographus" verliehen bekommen hatte, was eine mildere landesfürstliche Zensur erhoffen ließ[55].

Einige Aspekte der ungefähr 30 Jahre umfassenden Entstehungsgeschichte verdeutlichen den nachhaltigen Einfluß der Stände auf das Werk, das trotz Kürzungen in der gedruckten Fassung immer noch rund 1 800 Seiten umfaßt: So fungierten die Stände nicht nur als Auftraggeber, womit die Bezahlung des Autors und später die des Herausgebers verbunden war, sondern sie übernahmen auch die Kosten für Bücherankäufe und Archivreisen. Wichtiges Quellenmaterial wurde von verschiedenen Adelsgeschlechtern zur Verfügung gestellt, auch die Drucklegung selbstverständlich von der Landschaft finanziert. Die Stände wirkten jedoch nicht nur als Initiatoren, Förderer und Geldgeber, sondern sie überwachten auch die formale Darstellung des Werkes. Da etwa die von Megiser vorgeschlagene Schriftgröße nicht den Vorstellungen der Verordneten entsprach, erfolgte die Drucklegung in größeren Lettern[56]. Am entscheidensten ist aber, daß auch der Inhalt kontrolliert wurde. So wurde etwa die erste Version Christalnicks abgelehnt, nachdem die Verordneten das Werk genau durchgesehen hatten, und auch die Arbeit Megisers entsprach nicht auf Anhieb ihren Vorstellungen, denn die in einem Probedruck dargelegte Beschreibung der Erbhuldigung war ihrer Ansicht nach verfassungsrechtlich nicht korrekt; Megiser mußte sie daher umändern[57].

Die direkte Einbindung der „Annales Carinthiae" in die religionspolitischen Auseinandersetzungen läßt sich auch daran erkennen, daß die Stände Megiser nicht nur mit der Fertigstellung der Geschichte ihres Landes, sondern gleichzeitig auch mit der Herausgabe der Landhandfeste beauftragten, in der die ständischen Privilegien und Freiheiten schriftlich festgehalten und veröffentlicht wurden[58]. Beide Werke sind miteinander fest ver-

---

tums Kärnten. In: Carinthia I 154 (1964), 545-547, sowie KÜHNERT, W[ilhelm]: Rezension zu Wilhelm Neumann, Michael Gothard Christalnick: Kärntens Beitrag zur Geschichtsschreibung des Humanismus. In: Jahrbuch der Gesellschaft für die Geschichte des Protestantismus in Österreich 78/79 (1963) 179-181. Zur Autorenfrage äußert sich auch JANDL: Geschichtsschreibung (wie Anm. 25) 38-45.

55 NEUMANN, Christalnick (wie Anm. 11) 30f.

56 Megiser an den verordneten Ausschuß der Kärntner Stände. Leipzig 1611 November 18, KLA Klagenfurt, Ständisches Archiv, C Akten, Abteilung I, Schachtel 451, Fasz. 6, fol. 35r-36v. - NEUMANN: Christalnick (wie Anm. 11) 36-39.

57 Megiser an Christoph Samitz. Leipzig 1611 Januar 10, KLA Klagenfurt, Ständisches Archiv, C Akten, Abteilung I, Schachtel 451, Fasz. 6, fol. 23r-24v. - NEUMANN: Christalnick (wie Anm. 11) 23. Der eigentliche Huldigungsakt wurde von Megiser mit äußerster Genauigkeit beschrieben, außerdem fügte er in den Band Abbildungen des Fürstenstuhls und des Herzogstuhls, die bei der Huldigung eine wichtige Rolle spielen, ein. MEGISER [und CHRISTALNICK]: Annales (wie Anm. 51) 477-484.

58 Lands Handvest Des Löblichen Ertzhertzogthumbs Khärndten, Darinnen Kayserliche, Königliche und Landsfürstliche Freyhaiten, Statuta, Lands-Gebräuch und ander Satz- und Ordnungen nach längs begriffen. Auff sondern Befehl und Verordnung ainer Ersamen Löblichen Landschafft obwolermeldtes Ertzhertzogthumbs Khärndten aus den Alten gefertigten Originaln fleissig abgeschrieben und ordenlich collationirt, Volgends von newem getruckt. [Leipzig] 1610.

knüpft. So befinden sich etwa in den „Annales Carinthiae“ Querverweise auf die Landhandfeste, außerdem wurden sie oftmals zusammengebunden[59].

III

Der zweite Faktor des ständischen Geschichtsdenkens, die *Ideen*, stellt die Frage der Umsetzung der historischen Interessen in den Mittelpunkt der Betrachtung. Konkret werden unter ihnen diejenigen Prinzipien des Geschichtsdenkens verstanden, die festlegen, was zum Erkenntnisbereich „Geschichte“ zählt. Mit anderen Worten: Es handelt sich um die Leitgedanken und theoretischen Deutungsmuster, die den Zugang der Stände zu ihrer Vergangenheit bestimmten[60]. In diesem Zusammenhang kann daher auch von den *Theorien* gesprochen werden[61]. Im Rahmen dieser Analyse sollen sie aus der Perspektive der ständischen Historiographie analysiert werden.

Ein Grundcharakter dieser Ideen bzw. Theorien ist in der Vorrede der bereits erwähnten „Annales Carinthiae“ deutlich zu erkennen, wobei bereits die bloße Existenz dieser Vorrede, die in der längsten Form mehr als 70 Folien umfaßt und ausführliche geschichtstheoretische Reflexionen enthält, einen Hinweis auf den Faktor gibt, dem in diesem Zusammenhang sehr große Gestaltungskraft beizumessen ist: den Humanismus[62]; denn solche Vorreden zählten zu den charakteristischen Bestandteilen humanistischer Geschichtswerke[63]. Stark vom Geschichtsbild des Humanismus beeinflußt ist auch der Inhalt der Vorrede, in der unter Bezugnahme auf Ciceros Werk „De oratore“ die Ansicht vertreten wird, die Geschichte erfülle fünf Funktionen: Sie wirke 1. als Zeugin der Vergangenheit, 2. als Licht der Wahrheit, 3. als lebendes Gedächtnis, 4. als Lehrmeisterin des Lebens und 5. als Verkünderin alter Taten[64]. Die namentliche Nennung Ciceros und die Zuordnung dieser Funktionen zählte im Zeitalter des Humanismus zu den charakteristischen Elementen geschichtstheoretischer Erörterungen, in denen sie stereotyp

---

59 DOBLINGER: Megiser (wie Anm. 51) 459.

60 RÜSEN: Vernunft (wie Anm. 27) 26. - DERS.: Entwicklung (wie Anm. 27) 56.

61 BLANKE: Historiographiegeschichte (wie Anm. 26) 37.

62 Am umfangreichsten ist die Vorrede in der ersten von Christalnick angefertigten Version. Zur eigentlichen Vorrede müssen noch die geschichtstheoretischen Erörterungen am Anfang des 1. Buches hinzugezählt werden, die ebenfalls deutlich den Charakter einer Vorrede besitzen. Vgl. CHRISTALNICK: Historia (wie Anm. 48) fol. 3r-72v. - NEUMANN: Christalnick (wie Anm. 11) 44-59.

63 LANDFESTER, Rüdiger: Historia Magistra Vitae. Untersuchungen zur humanistischen Geschichtstheorie des 14. bis 16. Jahrhunderts. Genf 1972, 7. - GOEZ, Werner: Die Anfänge der historischen Methoden-Reflexion in der italienischen Renaissance und ihre Aufnahme in der Geschichtsschreibung des deutschen Humanismus. In: Archiv für Kulturgeschichte 56 (1974) 25-48, hier 46f. - MUHLACK: Geschichtswissenschaft (wie Anm. 22) 352f.

64 CHRISTALNICK: Historia (wie Anm. 48) fol. 4r-7v, 54v-56v. Das Vorbild war folgender Satz Ciceros: „Historia vero testis temporum, lux veritatis, vita memoriae, magistra vitae, nuntia vetustatis, qua voce alia nisi oratoris immortalitati commendatur?“ CICERO, Marcus Tullius: De oratore. Hg. v. Kazimierz F. KUMANIECKI, Leipzig 1969, 2/9-36.

genannt werden. Sie finden sich sogar in Arbeiten protestantischer Theologen, etwa bei Melanchthon oder Chytraeus[65].

Ein bedeutsamer Vorgang, der im Zuge der Entstehung der „Annales Carinthiae" beobachtet werden kann, ist der zunehmende Ausschluß theologischer Elemente aus den geschichtstheoretischen Überlegungen, die in der Vorrede ausgebreitet werden. Während diese in ihrer ältesten Fassung neben den humanistischen noch zahlreiche christlich-theologische Bilder enthält, steht die gedruckte Version wesentlich stärker im Geist des Humanismus. Denn zahlreiche Stellen, in denen der evangelische Theologe Christalnick eine Beeinflussung durch die reformatorische Historiographie und das mittelalterlich-theologische Geschichtsbild hatte erkennen lassen[66], wurden von Megiser im Zuge der Endredaktion gestrichen. So fehlen etwa in der gedruckten Fassung diejenigen Stellen, in denen Christalnick die Bedeutung der fünf Funktionen unter Bezugnahme auf die Heilsgeschichte beispielhaft erläutert, zur Gänze[67]. Auch der Hinweis, aufgrund der Funktion der Geschichte als Zeugin der Vergangenheit könne die Sündhaftigkeit des Menschen erkannt und überdies gesehen werden, wie Gott den Menschen erschuf, fielen den Streichungen Megisers zum Opfer[68]. Im Gegensatz dazu übernahm er jedoch die Funktionen Ciceros, die er zu drei Punkten zusammenfaßte[69]. Die ständischen Verordneten waren mit diesem Vorgehen einverstanden, denn sie protestierten nicht. Dies erlaubt den Schluß, daß sie auf die theologischen Stellen keinen besonderen Wert legten und ihnen die Ausführungen des Humanisten Megiser mehr entsprachen als die des evangelischen Theologen Christalnick. Dieser Prozeß der Enttheologisierung zeigt, daß die Theologie in der Theorie der ständischen Historiographie einen geringeren Stellenwert besaß als der Humanismus.

Diese Feststellung findet bei einem Blick auf die vierte in den „Annales Carinthiae" genannte Funktion der Geschichte, ihrer Aufgabe als „Lehrmeisterin des Lebens", eine Bestätigung. In dieser Eigenschaft sollte die Geschichte vor allem Beispiele überliefern, die zum einen moralpädagogischen Zwecken dienten, also der Erziehung, und zum anderen eine Entscheidungshilfe in der praktischen Politik darstellten. Nur durch die Geschichte, schrieb Christalnick, würden die Könige und Fürsten klug, denn diese würde ihnen anschaulich zeigen, was sie zu tun oder zu lassen hätten[70]. Dieser auf hellenistische Vorbilder zurückgehende Topos war im 16. Jahrhundert weit verbreitet und findet sich

---

65 David Chytraeus (1531-1600) war Verfasser des ersten Historiktraktats eines deutschen Autors (1563). - BLANKE: Historiographiegeschichte (wie Anm. 26) 87. - BARTON, Peter F.: Chytraeus, David (1531-1600). In: Theologische Realenzyklopädie, Bd. 8, Berlin-New York 1981, 88-90. - BENRATH, Gustav Adolf: Reformations- und Neuzeit. Ebd., Bd. 12, Berlin-New York 1984, 630-643, hier 631.

66 NEUMANN: Christalnick (wie Anm. 11) 47.

67 MEGISER [und CHRISTALNICK]: Annales (wie Anm. 51) fol. IIr-IIIIv.

68 CHRISTALNICK: Historia (wie Anm. 48) fol. 54v-55r.

69 Nach Angabe Megisers erfüllt die Geschichte folgende Funktionen: 1. Lehrmeisterin des Lebens, 2. Zeugin der vergangenen Zeit, 3. Sicherung der Freiheiten und Privilegien. MEGISER [und CHRISTALNICK]: Annales (wie Anm. 51) fol. IIv-IIIr.

70 CHRISTALNICK: Compendium (wie Anm. 50) fol. 2r.

sowohl im humanistischen als auch im reformatorischen Geschichtsdenken[71]. Während ihn jedoch Luther und Melanchthon auf der Basis eines christlich-theologischen Geschichtsverständnisses benutzten und in ihren Werken daher vorwiegend sakrale Beispiele aus der Bibel heranzogen oder Bezüge zur Heilsgeschichte herstellten[72], überwiegen in den „Annales Carinthiae" Beispiele aus der profanen Geschichte – ein deutlicher Hinweis auf die Rezeption eines pragmatischen, auf Lösung von theologischen Einflüssen abzielenden Geschichtsbildes[73].

Diese Enttheologisierung zählt zu den charakteristischen Vorgängen, die sich im 16. Jahrhundert innerhalb des Geschichtsdenkens beobachten lassen. Sie erfolgte vor dem Hintergrund eines bereits länger andauernden und zu diesem Zeitpunkt noch keineswegs abgeschlossenen Prozesses der Säkularisierung, in dessen Verlauf das von christlich-theologischen Vorstellungen beherrschte, transzendente Geschichtsbild des Mittelalters schrittweise durch ein profanes Bild ersetzt wurde, in dem wirklichkeitsnahe Darstellungen und immanente Wirkungsfaktoren zunehmend einen größeren Stellenwert besaßen[74].

Die Säkularisierung spiegelt sich auch in einigen weiteren geschichtstheoretischen Prinzipien wider, die in den „Annales Carinthiae" zu erkennen sind, beispielsweise in der Bevorzugung realistischer Darstellungen und rationaler Deutungsmuster gegenüber theologisch-eschatologischen Begründungen oder Erklärungen. Prozesse werden deshalb in der Regel nicht im Sinn eines biblisch-augustinischen Geschichtsbildes interpretiert, also als Ergebnis des Wirkens Gottes oder des Teufels[75], im Vordergrund steht vielmehr die Suche nach profanen Ursachen. Eine Ausnahme stellen diesbezüglich allerdings die

---

71 KOSELLECK, Reinhart: Historia Magistra Vitae. Über die Auflösung des Topos im Horizont neuzeitlich bewegter Geschichte. In: DERS.: Vergangene Zukunft. Zur Semantik geschichtlicher Zeiten, Frankfurt a.M. 1979, 38-66. - MEUTHEN, Erich: Humanismus und Geschichtsunterricht. In: Humanismus und Historiographie (wie Anm. 22) 5-50.

72 KLEMPT, Adalbert: Die protestantische Universalgeschichtsschreibung vom 16. bis 18. Jahrhundert. In: Mensch und Weltgeschichte. Zur Geschichte der Universalgeschichtsschreibung. Hg. v. Alexander RANDA, Salzburg-München 1969, 205-224, hier 208. - KOSELLECK: Historia (wie Anm. 71) 41. - SCHULIN, Ernst: Luther und die Reformation. Historisierungen und Aktualisierungen im Laufe der Jahrhunderte. In: DERS.: Arbeit an der Geschichte. Etappen der Historisierung auf dem Weg zur Moderne, Frankfurt a.M.-New York 1997, 13-61, 212-220, hier 19. - SCHMIDT, Martin: Luthers Schau der Geschichte. In: Luther-Jahrbuch 30 (1963) 17-69, hier 64. - BENRATH: Reformationszeit (wie Anm. 65) 631.

73 NEUMANN: Entwicklung (wie Anm. 9) 545. - MEUTHEN: Humanismus (wie Anm. 71) 7. - Allgemein dazu KLEMPT, Adalbert: Die Säkularisierung der universalhistorischen Auffassung. Zum Wandel des Geschichtsdenkens im 16. und 17. Jahrhundert. Göttingen-Berlin-Frankfurt a.M. 1960.

74 SCHULZE: Einführung (wie Anm. 17) 67-69. - SEIFERT, Arno: Von der heiligen zur philosophischen Geschichte. Die Rationalisierung der universalhistorischen Erkenntnis im Zeitalter der Aufklärung. In: Archiv für Kulturgeschichte 68 (1986) 80-117. - SCHMALE, Franz-Josef: Funktion und Formen mittelalterlicher Geschichtsschreibung. Eine Einführung. Mit einem Beitrag von Hans-Werner GOETZ, Darmstadt ^{2}1993.

75 Zum biblisch-augustinischen Geschichtsbild ENGELS, Odilo: Von Augustinus bis zum Humanismus. In: Theologische Realenzyklopädie, Bd. 12, Berlin-New York 1984, 608-630.

Rückschläge der Stände in den Türkenkriegen dar, die als Strafe Gottes für sündhaftes Vergehen interpretiert werden[76].

Die abnehmende Bedeutung theologischer Elemente in der historischen Betrachtungsweise bewirkte jedoch nicht einen vollständigen Ausschluß irrationaler Deutungsmuster, wie das Beispiel der Erzherzogtumstheorie veranschaulicht, die in den „Annales Carinthiae" ausführlich dargestellt wird und zu den „Leitgedanken"[77] des Werkes zählt. Dieser Theorie zufolge – es handelte sich dabei um die nach außen vertretene staatsrechtliche Überzeugung der Stände des Landes – bildete Kärnten seit Karl dem Großen ein Erzherzogtum. Dementsprechend wurde behauptet, die Habsburger würden ihren Erzherzogstitel dem Besitz Kärntens verdanken. Diese historisch nicht belegbare Ansicht wurde von Christalnick nicht nur aufgegriffen, sondern auch noch wesentlich vehementer vertreten als von den Historiographen vor ihm. Denn Paracelsus hatte das Land in seiner Chronik nur gelegentlich als Erzherzogtum bezeichnet – etwa in der Widmung –, und Lazius hatte gemeint, der Titel wäre aufgrund eines Aufstandes des Kärntner Herzogs gegen Otto I. vor langer Zeit verlorengegangen[78]. In den „Annales Carinthiae" wird Kärnten jedoch durchgehend als Erzherzogtum bezeichnet, eine Strategie, die darauf abzielte, ihm eine Sonderstellung innerhalb der habsburgischen Erbländer zu verschaffen. Der Sachverhalt ist nicht zu unterschätzen, wenn man bedenkt, daß die Präzedenz im ständischen Denken einen besonders großen Stellenwert besaß und etwa das Problem des Ranges Österreichs ob der Enns erst 1632, nach einem mehr als ein Jahrhundert dauernden Disput zwischen den österreichischen Ländern, gelöst werden konnte[79].

Wesentlich stärker ist der Einfluß des mittelalterlich-theologischen Geschichtsbildes in einem Geschichtslehrbuch zu erkennen, das Jeremias Homberger, Theologe und „Inspector ecclesiasticus" der Stände, für den Unterricht an der Grazer Landschaftsschule 1580 veröffentlichte. Dieses vor allem für Theologiestudenten und nicht für die ständepolitischen Auseinandersetzungen geschriebene Werk ist stark vom reformatorischen Geschichtsverständnis geprägt, von dem der Autor beispielsweise die Chronologie übernahm. Außerdem untermauerte Homberger seine Ausführungen regelmäßig mit ausführlichen Zitaten aus der Bibel und den Schriften der Kirchenväter. Das Interesse der Stände an diesem Werk war jedoch wesentlich geringer als das an den „Annales Carinthiae". Dementsprechend nahmen die Verordneten auf seine Gestaltung wesentlich weniger Einfluß[80].

76 NEUMANN: Christalnick (wie Anm. 11) 79.

77 Ebd., 73.

78 PARACELSUS: Schriften (wie Anm. 42) 15. - NEUMANN: Christalnick (wie Anm. 11) 70-75, 82, 96.

79 WUTTE, Martin: Ein Rangstreit zwischen Ober- und Innerösterreich. In: Zeitschrift des Historischen Vereines für Steiermark 15 (1917) 102-113.

80 ZIMMERMANN: Homberger (wie Anm. 39) 116.

IV

Der dritte Faktor des Geschichtsdenkens wird von den *Methoden* gebildet. Unter ihnen werden diejenigen Erkenntnisoperationen und Regeln verstanden, die festlegen, wie historisches Wissen gewonnen wird. Sie umreißen somit die Art und Weise, wie sich die Stände der innerösterreichischen Länder historische Kenntnisse aneigneten[81]. Da die Methoden in der vorwissenschaftlichen Zeit aufgrund des hohen Stellenwerts der Rhetorik mit der Verarbeitung und der Verbreitung historischen Wissens noch fest verbunden waren, wird dieser Faktor gemeinsam mit dem vierten, den *Darstellungsformen*, analysiert[82]. Eine deutlichere Ausdifferenzierung von Methoden und Darstellungsformen erfolgte erst im Zuge der umfassenden Verwissenschaftlichung des Geschichtsdenkens im Zeitalter der Aufklärung und des Historismus[83].

Zu den auffälligsten Kennzeichen der Geschichtsschreibung in Innerösterreich zählte ein ausgeprägtes Methodenbewußtsein, das bei der Entstehung der „Annales Carinthiae" klar erkennbar ist. Als wichtigste Leitbilder Christalnicks und Megisers fungierten dabei jedoch nicht Werke der reformatorischen Geschichtsschreibung, etwa die Magdeburger Zenturien oder Autoren wie Luther und Melanchthon. So wurde etwa das charakteristische Periodisierungsschema der Magdeburger Zenturien nicht berücksichtigt, und auch der Einfluß von Chytraeus, der die Kirchenordnung Innerösterreichs verfaßt hatte und folglich mit den Ständen der Länder in enger Verbindung stand, hielt sich in Grenzen[84]. Die maßgeblichen Vorbilder, an denen sich beide orientierten, waren vielmehr der bayerische Hofhistoriograph Johannes Aventin und der bereits erwähnte Wolfgang Lazius. Dieser stellte auch für die Ungnadsche Chronik des Matthäus Dresser eine wichtige Bezugs-

---

81 RÜSEN, Jörn: Rekonstruktion der Vergangenheit. Grundzüge einer Historik II: Die Prinzipien der historischen Forschung, Göttingen 1986, 87f. - DERS.: Vernunft (wie Anm. 27) 27. - DERS.: Entwicklung (wie Anm. 27) 56. - BLANKE: Historiographiegeschichte (wie Anm. 26) 38.

82 RÜSEN: Vernunft (wie Anm. 27) 28. - DERS.: Lebendige Geschichte. Grundzüge einer Historik III: Formen und Funktionen des historischen Wissens. Göttingen 1989, 15-75. - BLANKE: Historiographiegeschichte (wie Anm. 26) 38.

83 Die Ausdifferenzierung der Faktoren ist ein Kennzeichen der Verwissenschaftlichung des Geschichtsdenkens. RÜSEN, Jörn: „Moderne" und „Postmoderne" als Gesichtspunkte einer Geschichte der modernen Geschichtswissenschaft. In: Geschichtsdiskurs (wie Anm. 27) 17-30, hier 17-21. - DERS.: RÜSEN, Jörn: Konfigurationen des Historismus. Studien zur deutschen Wissenschaftskultur, Frankfurt a.M. 1991, 35f. - Zur Verwissenchaftlichung auch: DREITZEL, Horst: Die Entwicklung der Historie zur Wissenschaft. In: Zeitschrift für Historische Forschung 8 (1981) 257-284.

84 Die Kirchenordnung wurde 1574 eingeführt und 1578 von den Ständen der Länder angenommen. AMON: Innerösterreich (wie Anm. 2) 111. - BARTON: Chytraeus (wie Anm. 65) 88f. - BLANKE, Horst Walter: Von Chytraeus zu Gatterer. Eine Skizze der Historik in Deutschland vom Humanismus bis zur Spätaufklärung. In: DERS./FLEISCHER, Dirk: Aufklärung und Historik. Aufsätze zur Entwicklung der Geschichtswissenschaft, Kirchengeschichte und Geschichtstheorie in der deutschen Aufklärung. Mit Beilagen. Waltrop 1991, 113-140. - David und Nathan Chytraeus. Humanismus im konfessionellen Zeitalter. Hg. v. Karl-Heinz GLASER u.a., Ubstadt 1993. - REINGRABNER, Gustav: Die Festrede des Professors Chytraeus zur Eröffnung der Landschaftsschule in Graz. In: Blätter für Heimatkunde 66 (1992) 57-65. - SCHULIN: Luther (wie Anm. 72) 31.

person dar[85]. Methodische Anhaltspunkte boten außerdem die bereits vorhandenen Werke der Landesgeschichtsschreibung und der ständischen Historiographie, in Kärnten zumindest sieben Arbeiten[86].

Die im Vergleich mit dem Humanismus geringere Rezeption der reformatorischen Historiographie bzw. der in ihr reflektierten Methode zeigt sich auch darin, daß die Problematik des hermeneutischen Zirkels bei Textinterpretationen, deren sich Luther aufgrund seiner Bibelexegese bereits vollkommen bewußt gewesen war, nicht erkannt wurde[87]. Ebensowenig finden sich in den „Annales Carinthiae" deutlichere Hinweise auf eine stärkere Personifizierung der profanen Geschichte, wie sie etwa bei Melanchthon beobachtet werden können, der meinte, die Geschichte der Weltmonarchien sei immer nur eine Geschichte der den Staat leitenden Persönlichkeiten[88]. Ähnlich wie bei den Ideen setzte somit auch bei den Methoden der Humanismus in der ständischen Geschichtsschreibung die stärksten Akzente.

Dies spiegelt sich besonders deutlich im Zugang zu den Quellen wider, der in mancher Hinsicht bereits kritisch erfolgte[89]. Der Wert antiker Autoren etwa wird ausführlich diskutiert, sie werden miteinander verglichen und aufgrund einiger Widersprüche scharf kritisiert[90]. Die Geschichtsschreibung der Renaissance, namentlich Guiccardini, so ist zu lesen, wäre ihnen allen überlegen[91]. Die Bibel besitze zwar große Bedeutung für die Rekonstruktion der Ursprünge der Völker, dort, wo sie sich nicht genau äußere, könnten jedoch auch andere – heidnische – Quellen herangezogen werden[92]. Um eine möglichst umfassende Quellenbasis zu erlangen, unternahm Christalnick, ähnlich wie sein „Vorbild" Lazius, Forschungsreisen in die Bibliotheken und Archive verschiedener Schlösser und Klöster. Fehlende Literatur wurde auf Kosten der Stände gekauft[93]. Vor allem bei den Adelsgenealogien kam es sogar vor, daß Primärquellen vorhandener

---

85 DRESSER: Ungnadsche Chronik (wie Anm. 47).

86 Die Kärntner Chronik des Jakob Unrest (die Österreichische Chronik stand Christalnick nicht zur Verfügung), die Chroniken von Paracelsus und Lazius, das Verzeichnis der Kärntner Landeshauptleute des Sebastian Sonntager, die von Christalnick verfaßte Genealogie der Grafen von Ortenburg, die von Georg Strubegger geschriebenen historischen Kollektaneen sowie die aus der ersten Hälfte des 16. Jahrhunderts stammende, von Matthäus Dresser 1602 neu herausgegebene Ungnadsche Chronik.

87 REINHARD, Wolfgang: Martin Luther und der Ursprung der historischen Geschichtswissenschaft in Deutschland. In: Die Reformation in Deutschland und Europa (wie Anm. 16) 371-409.

88 MUHLACK: Geschichtswissenschaft (wie Anm. 22) 286.

89 Zur Quellenkritik im Humanismus MUHLACK: Geschichtswissenschaft (wie Anm. 22) 347-411.

90 CHRISTALNICK: Historia (wie Anm. 48) fol. 35v-37v, fol. 48v-54r.

91 Ebd., fol. 48v-54r.

92 Ebd., fol. 67v. Diese Argumentation wird von Muhlack als charakteristisch für den Einfluß der Philologie auf das Geschichtsbild des Humanismus bezeichnet. MUHLACK: Geschichtswissenschaft (wie Anm. 22) 379.

93 Protokoll des verordneten Ausschusses der Kärntner Stände vom 26. September 1580. KLA Klagenfurt, Ständisches Archiv, Handschriften Nr. 17, fol. 114r. - MENHARDT, Hermann: Die Kärntner Bibliotheksreise des Wolfgang Lazius 1549. In: Beiträge zur Geschichte und Kulturgeschichte Kärntens. Festgabe für Dr. Martin Wutte zum 60. Geburtstag, Klagenfurt 1936, 100-112. - NEUMANN: Christalnick (wie Anm. 11) 88f.

Literatur vorgezogen wurden, und selbstverständlich sind in allen Varianten des Werkes am Ende jedes Abschnitts bzw. am Seitenrand Angaben über die benützte Literatur vorhanden, oftmals unter Verweis auf die zitierte Seite oder das entsprechende Kapitel[94].

Die humanistische Geschichtsschreibung war zwar sowohl in der Theorie als auch in der Praxis von der historisch-kritischen Methode noch weit entfernt, und auch systematische Archivstudien, wie sie Christalnick betrieb, stellten eher die Ausnahme als die Regel dar, doch gab es immer wieder Ansätze zu kritischer und rationaler Auswertung der Quellen[95]. Die „Annales Carinthiae" lassen sich daher im Hinblick auf die verwendete Methode ohne weiteres in eine humanistische Tradition einordnen[96]. Die in dem Werk erkennbare Quellenkritik kann darüber hinaus als Ausdruck eines durch den Humanismus veränderten Zeitbewußtseins verstanden werden, in dem die Distanz zu Antike und Mittelalter besonders intensiv reflektiert wird[97].

Einen weiteren Hinweis auf den herausragenden Einfluß des Humanismus stellt der große Stellenwert der Rhetorik dar, die an zahlreichen Stellen eine realistische Darstellung der Geschichte Kärntens verhinderte. So führte etwa das ästhetische Ideal einer ununterbrochenen Kontinuität der Geschichte zur Verwendung fiktiver Quellen. Mit ihrer Hilfe sollten Lücken in der Darstellung geschlossen werden[98]. Manchmal wurde auch die Verwendung einschlägiger Werke nur vorgetäuscht[99]. Die Rhetorik findet außerdem in den zahlreichen erfundenen Reden – meist handelt es sich um Dialoge – einen deutlich sichtbaren Ausdruck. Trotz der Verwendung dieser fiktiven Darstellungsmittel stellen die „Annales Carinthiae" kein Werk dar, in dem die literarischen oder künstlerischen Aspekte bei den Methoden dominierten.

Der Einfluß der Rhetorik läßt sich auch noch in anderen Werken der ständischen Historiographie beobachten. Gespräche zwischen Lehrer und Schüler bilden z.B. in dem bereits erwähnten, von Jeremias Homberger veröffentlichten und für den Unterricht an der Grazer Landschaftsschule verfaßten Geschichtslehrbuch eines der wichtigsten Darstellungsmittel[100].

---

94 NEUMANN: Christalnick (wie Anm. 11) 85f., 88f.

95 LANDFESTER: Historia (wie Anm. 63) 8. - BUCK: Einleitung. In: Humanismus und Historiographie (wie Anm. 22) 1-4. - DERS.: Das gelehrte Buch im Humanismus. In: Studien zu Humanismus und Renaissance. Gesammelte Aufsätze aus den Jahren 1981-1990. Hg. v. Ulrich BUCK, Wiesbaden 1991, 120-140, hier 135.

96 Zu diesem Schluß gelangen auch NEUMANN: Christalnick (wie Anm. 11). - OGRIS: Protestantismus (wie Anm. 49).

97 LANDFESTER: Historia (wie Anm. 63) 10.

98 NEUMANN: Christalnick (wie Anm. 11) 116.

99 Ebd., 86.

100 ZIMMERMANN: Homberger (wie Anm. 39) 110f.

V

Den fünften und letzten Punkt der Systematik Rüsens bilden die *Funktionen*. Sie umschreiben die sozialen Funktionszusammenhänge des historischen Denkens, also seine Rolle bei der Konstruktion von Wirklichkeit, seine Bedeutung in der öffentlichen Sphäre oder bei der Daseinsorientierung, etwa der Identitätsbildung. Dieser soll hier besondere Aufmerksamkeit geschenkt werden[101]. Als primärer Bezugspunkt dienen dabei wiederum die „Annales Carinthiae".

Daß diese weniger der moralischen Erbauung als vielmehr konkreten politischen Zwecken dienten, dürfte aus den bisherigen Ausführungen bereits hervorgegangen sein. Noch klarer erkennbar wird dieser Sachverhalt bei Vergegenwärtigung der religiösen und politischen Auseinandersetzungen, die zwischen den Ständen und dem Landesfürsten im Zeitraum zwischen der „Grazer Pazifikation" 1572 und der Emigration des protestantischen Adels 1628/29 stattfanden. 1578, im Zuge des Brucker Generallandtags, an dem Erzherzog Karl weitreichende Zugeständnisse in der Religionsfrage machte, stand die Macht der Stände auf ihrem Höhepunkt. Nach der Huldigung Ferdinands 1596/97 und der wenig später stattfindenden Ausweisung der protestantischen Prädikanten und Lehrer – derentwegen mußte auch Megiser Klagenfurt verlassen – erfolgte ihr Niedergang[102]. 1612, als die „Annales Carinthiae" publiziert wurden, hatte sich das Blatt somit schon deutlich zugunsten des landesfürstlichen Absolutismus geneigt.

Vermutlich trug dieser Umstand entscheidend dazu bei, daß die ständischen Verordneten auf die rasche Fertigstellung des Werkes drängten. Als religionspolitisch einsetzbare „Kampfschrift" war es dabei jedoch nicht mehr gedacht – konnte es gar nicht mehr gedacht sein –, denn es mußte damit gerechnet werden, daß das Werk vor der Veröffentlichung zensiert würde. Ein warnendes Beispiel stellte diesbezüglich die 1602 erschienene Ungnadsche Chronik dar, deren Verbreitung durch ein Mandat Erzherzog Ferdinands bereits verboten worden war, da sie seiner Ansicht nach in mehreren Punkten gegen die katholische Religion verstieß[103]. Megiser strich daher in einer Art „vorauseilendem Gehorsam" problematische Textstellen, etwa die Abschnitte, in denen Christalnick die Einführung und Verbreitung der Augsburgischen Konfession beschrieben hatte[104]. Auf die heiklen Ereignisse nach 1600 – und damit auf die kompromißlose Rekatholisierungs-

---

101 RÜSEN: Vernunft (wie Anm. 27) 28. - DERS.: Konfigurationen (wie Anm. 84) 70. - BLANKE: Historiographiegeschichte (wie Anm. 26) 38.

102 LOSERTH, Johann: Zur Geschichte des Brucker Libells. In: Jahrbuch der Gesellschaft für die Geschichte des Protestantismus in Österreich 53 (1932) 7-23. - DOBLINGER: Megiser (wie Anm. 51) 439f. - MEZLER-ANDELBERG, H[elmut] J[odok]: Reformation, Gegenreformation und fürstlicher Absolutismus. In: Evangelisch in der Steiermark. Glaubenskampf – Toleranz – Brüderlichkeit. Ausstellungsführer, 21. Mai bis 2. August 1981, Graz 1981, 57-62. - DERS.: Erneuerung des Katholizismus und Gegenreformation in Innerösterreich. In: Südostdeutsches Archiv 13 (1970) 97-118; jetzt in: DERS.: Kirche in der Steiermark. Gesammelte Aufsätze. Wien-Köln-Weimar 1994, 175-198.

103 Mandat Erzherzog Ferdinands, o. O. [Anfang 17. Jahrhundert] März 28. KLA Klagenfurt, Bamberg, Schachtel 98, Fasz. 345, fol. 32rv. - NEUMANN: Christalnick (wie Anm. 11) 108.

104 GROSSMANN: Megiser (wie Anm. 54) 398.

politik Ferdinands – ging er ebenfalls nicht ein, da es ihm, so schrieb er, an Informationen darüber fehle[105]. Und er hatte damit recht getan, denn knapp vor Abschluß der Drucklegung sprach Ferdinand ein Publikations- und Weitergabeverbot aus, das erst aufgehoben wurde, nachdem je ein Ansichtsexemplar der „Annales Carinthiae" und der Landhandfeste von landesfürstlicher Seite begutachtet worden war[106].

Zu den wichtigsten Funktionen der „Annales Carinthiae" zählte die Stärkung der Identität des Kärntner Adels und die Festigung seiner Position gegenüber dem Landesherrn – eine Funktion, die mit den Intentionen der Initiatoren des Werkes übereinstimmte. Dies läßt sich zum einen an der künstlichen Erhöhung der sozialen und politischen Verdienste des Adels erkennen, zu deren Zweck beispielsweise 1492 ein Türkeneinfall erfunden wurde, der unter adeliger Führung heldenhaft abgewehrt worden sei, zum anderen aber auch daran, daß angebliche Ungehorsamkeiten der Städte und des Bürgertums, die nie stattgefunden hatten, den Gegenstand ausführlicher Beschreibungen bildeten. Auf diese Weise sollte wohl die Loyalität des – in der Religionsfrage illoyalen – Adels besonders betont werden[107].

Trotz dieser Manipulationen wurde jedoch dem Geltungsbedürfnis des Adels nicht hinlänglich entsprochen, denn in der – Mitte des 17. Jahrhunderts publizierten – „Topographia Provinciarum Austriacarum" des Matthäus Merian ist zu lesen, die Kärntner seien mit dem Werk nicht zufrieden gewesen, da es wichtige Geschlechter und Ereignisse unberücksichtigt lasse. Außerdem habe man bei Landtagsverhandlungen wiederholt gegen etliche Punkte protestiert[108].

Ein Kernelement der „Annales Carinthiae", auf das noch nicht näher eingegangen wurde, das jedoch mit seinen Funktionen in engem Zusammenhang steht, ist das ausgeprägte Landesbewußtsein, das an zahlreichen Stellen des Werkes zu erkennen ist. Ein stark entwickelter Patriotismus läßt sich zwar auch in anderen Werken der Historiographie Kärntens beobachten, etwa bei Unrest oder Paracelsus, allerdings nicht in dieser Intensität. Er war das Ergebnis einer sehr spezifisch verlaufenen Kärntner Landesbildung, deren Anfänge bis in das Hochmittelalter zurückreichen[109]. So werden etwa die Naturschätze Kärntens, seine Seen, Gebirge und Täler verherrlicht, das Land selbst wird mit Königreichen gleichgesetzt und zu einer Art „Großkärnten" erhoben, zu dessen

---

105 MEGISER [und CHRISTALNICK]: Annales (wie Anm. 51) 1697.

106 Vgl. dazu den Briefwechsel Erzherzog Ferdinands mit dem verordneten Ausschuß und des verordneten Ausschusses mit Megiser in KLA Klagenfurt, Ständisches Archiv, C Akten, Abteilung I, Schachtel 451, Fasz. 6. - NEUMANN: Christalnick (wie Anm. 11) 39f.

107 NEUMANN, Wilhelm: Die Türkeneinfälle nach Kärnten (Wahrheit und Dichtung in der Kärntner Geschichtsschreibung von Jakob Unrest bis zur Gegenwart). In: DERS.: Bausteine (wie Anm. 9) 170-190, hier 173f., 189.

108 MERIAN, Matthäus: Topographia Provinciarum Austriacarum Austriae, Styriae, Carinthiae, Carniolae, Tyrolis etc. Das ist Beschreibung und Abbildung der fürnembsten Stätt und Plätz in den Osterreichischen Landen Under und Ober Osterreich, Steyer, Kärndten, Crain und Tyrol. Frankfurt a.M. 1649, 92.

109 NEUMANN: Grundlinien (wie Anm. 9). - BRUCKMÜLLER, Ernst: Nation Österreich. Sozialhistorische Aspekte ihrer Entwicklung. Wien-Köln-Graz 1984, 175.

Teilen Krain und die Steiermark zählen[110]. Kärnten solle schöner sein als Bologna, Prag, Siena, Mantua, Nürnberg oder Basel[111]. Der Patriotismus war so ausgeprägt, daß sogar ethnische Barrieren überwunden wurden, denn Kärnten, so ist zu lesen, werde von der deutschstämmigen und der windischen Bevölkerungsgruppe gemeinsam gebildet[112].

Das Werk wirkte somit in erster Linie auf Landesebene integrativ, nicht jedoch überregional, denn es festigte die Identität Kärntens und seines Adels, nicht jedoch die Innerösterreichs. Die Geschichte Krains und der Steiermark wurde zwar in die Darstellung mehr oder weniger ausführlich miteinbezogen, aber stets nur als Teil Großkärntens"[113]. Christalnick schrieb sogar, das Herzogtum bzw. Erzherzogtum sei Teil der „niederösterreichischen Länder", womit jene von Maximilian I. eingeführte und bis 1564 bestehende Verwaltungseinheit gemeint war, in der Österreich unter und ob der Enns, Steiermark, Kärnten und Krain zusammengeschlossen worden waren[114].

VI

Zu den Kernpunkten des Analysemodells Rüsens zählt die Annahme, daß die fünf Faktoren des Geschichtsdenkens zueinander in einem interdependenten Verhältnis stehen, sie bilden ein System, in dem die gravierende Änderung eines Faktors nachhaltige Konsequenzen für die anderen Faktoren nach sich zieht. Demzufolge beeinflußt eine Veränderung der Interessen – durch neue lebensweltliche Herausforderungen initiiert – somit auch die Ideen (Theorien), Methoden, Darstellungsformen und Funktionen des historischen Denkens[115]. Dieses System bezeichnet Rüsen in Anlehnung an Thomas S. Kuhn als *disziplinäre Matrix*[116] der Geschichte, worunter er „die für die Geschichte als Fachdisziplin maßgeblichen Faktoren oder Prinzipien in ihrem systematischen Zusammenhang"[117] versteht.

Das wesentlichste Merkmal der Modernisierung des Geschichtsdenkens stellt Rüsen zufolge die „Verwissenschaftlichung" der disziplinären Matrix dar, die bewirke, daß die fünf Faktoren zunehmend auseinandertreten und sich in ihrem systemischen Zusammenhang formieren. Modernisierung bzw. Verwissenschaftlichung bedeutet im Bereich des historischen Denkens also Ausdifferenzierung der disziplinären Matrix und Reflexion

---

110 CHRISTALNICK: Compendium (wie Anm. 50) fol. 119r. - MEGISER [und CHRISTALNICK]: Annales (wie Anm. 51) 813f. - NEUMANN: Christalnick (wie Anm. 11) 60, 69.

111 CHRISTALNICK: Historia (wie Anm. 48) fol. 21r-22r.

112 MEGISER [und CHRISTALNICK]: Annales (wie Anm. 51) 2. - NEUMANN: Christalnick (wie Anm. 11) 78.

113 NEUMANN: Christalnick (wie Anm. 11) 32.

114 CHRISTALNICK: Historia (wie Anm. 48) fol. 24r.

115 RÜSEN: Vernunft (wie Anm. 27) 29. - BLANKE: Typen und Funktionen (wie Anm. 27) 203. - DERS.: Historiographiegeschichte (wie Anm. 26) 38.

116 RÜSEN: Konfigurationen (wie Anm. 84) 32f. - DERS.: Vernunft (wie Anm. 27) 24.

117 DERS.: Vernunft (wie Anm. 27) 24.

dieser Ausdifferenzierung[118]. Sie stellt unter dieser Perspektive keine zeitlich begrenzte Übergangsperiode zwischen den Epochen einer „vorwissenschaftlichen“ und einer „wissenschaftlichen“ Denkweise dar, sondern einen dynamischen Prozeß, eine umgreifende Tendenz, die das historische Denken grundsätzlich auszeichnet[119]. Die wesentlichsten Schübe dieser Modernisierung ereigneten sich zwar während der Aufklärung und des Historismus sowie im Zuge der Ausbildung verschiedener historischer Fachrichtungen im 20. Jahrhundert[120], gleichwohl reichen einige ihrer Wurzeln auch in den Zeitraum vor der Aufklärung zurück. Denn obwohl das Geschichtsdenken damals noch keine wissenschaftsspezifische Form angenommen hatte, setzte seine Verwissenschaftlichung bereits im Humanismus, möglicherweise auch schon im Spätmittelalter, ein[121]. Zu den grundlegenden Voraussetzungen der Verwissenschaftlichung der disziplinären Matrix, die sich schon in dieser Frühzeit beobachten lassen, zählt die Zunahme rationaler Elemente im historischen Denken und dessen Säkularisierung, also die aufkommende Skepsis gegenüber allen Formen des Transzendenten[122]. Darauf basierend kann auf die Frage, ob sich in der Geschichtsschreibung der Kärntner Stände an der Wende vom 16. zum 17. Jahrhundert frühe Tendenzen einer Verwissenschaftlichung beobachten lassen und ob hier Zusammenhänge zur Konfessionalisierung bestehen, eingegangen werden.

Ein Blick auf den ersten Faktor des Geschichtsdenkens zeigt, daß die Konfessionalisierung stark dynamisierend wirkte, denn die historischen Interessen der Stände wurden durch die konfessionspolitischen Auseinandersetzungen und die Rivalität zwischen protestantisch-ständischer und katholisch-obrigkeitlicher Konfessionalisierung nachhaltig verstärkt. Die realpolitische Bedeutung der Geschichte nahm ebenso rasch zu wie das Bedürfnis zur Aneignung und Verbreitung historischen Wissens. Die Geschichtsschreibung diente dabei primär nicht der moralischen Erbauung, sondern klaren machtpolitischen Zwecken, sie wurde also politisiert.

Die Ideen bzw. Theorien, auf deren Grundlage das durch die Konfessionalisierung gestiegene historische Interesse gestillt wurde, waren jedoch weniger von christlich-theologischen Leitbildern geprägt, als von profan-humanistischen Vorstellungen. Dies zeigt sich beispielsweise an der ausdrücklichen Rezeption Ciceros und der Annahme, die Geschichte sei eine Lehrmeisterin des Lebens, es zeigt sich darüber hinaus aber auch an einem Prozeß der Enttheologisierung, der die Entstehung der „Annales Carinthiae“ begleitete. Die Konfessionalisierung förderte somit eine Geschichtsschreibung, deren

118 RÜSEN: Moderne, 17-21. - DERS.: Konfigurationen (wie Anm. 84) 35f. - Blanke verwendet unter Bezugnahme auf die Historiographiegeschichte die Begriffe „vormodern“ und „vorwissenschaftlich“ synonym.

119 RÜSEN: Konfigurationen (wie Anm. 84) 36.

120 DERS.: Entwicklung (wie Anm. 27) 20f.

121 BLANKE: Historiographiegeschichte (wie Anm. 26) 70.

122 Hartmut Lehmann bezeichnet diesen Vorgang als Säkularisierung. LEHMANN, Hartmut: Säkularisierung, Dechristianisierung, Rechristianisierung im neuzeitlichen Europa. Forschungsperspektiven und Forschungsaufgaben. In: Säkularisierung, Dechristianisierung, Rechristianisierung im neuzeitlichen Europa. Bilanz und Perspektiven der Forschung. Hg. v. DEMS., Göttingen 1997, 315-325, hier 317.

theoretische Fundamente in erster Linie humanistische Traditionen bildeten. Diese wiederum spiegeln einen bereits länger andauernden Prozeß der Säkularisierung wider. Parallel dazu nahmen jedoch auch irrationale Deutungsmuster zu, wie die Rezeption der Erzherzogtumstheorie, die eine Säule des Werkes bildet, verdeutlicht.

Auch bei den Methoden und Darstellungsformen, mit denen diese Ideen bzw. Theorien in der Geschichtsschreibung umgesetzt wurden, entwickelte der Humanismus die stärkste Gestaltungskraft, wie sich an der in einigen Beziehungen kritischen Bearbeitung der Quellen, in systematischen Forschungsreisen und in der Relativierung der Bedeutung der Bibel als primären Bezugspunkt zur Aneignung historischen Wissens erkennen läßt. Diese beiden Faktoren weisen jedoch auch unter anderen Gesichtspunkten Ähnlichkeiten zu den Ideen auf: So vollzog sich bei ihnen im Zug der Drucklegung der „Annales Carinthiae" ein Prozeß der Enttheologisierung, und die klar erkennbaren säkularen Tendenzen stellen ebenfalls die Fortsetzung von Entwicklungen dar, die bereits vor der Konfessionalisierung einsetzten.

Die Rhetorik, die zu den wichtigsten Gestaltungsprinzipien des Werkes zählt, und die mit ihr verbundene Rezeption fiktiver Quellen sowie die Erfindung historischer Ereignisse zeigen zugleich deutlich, daß irrationale Tendenzen im Geschichtsbild weiterhin fest verankert waren. Von einer „Entrhetorisierung" der Darstellungsweise – einem zentralen Schritt der Verwissenschaftlichung der Geschichte – kann somit noch nicht gesprochen werden[123].

Bei den Funktionen fällt auf, daß die Identitätsbildung unter starker Bezugnahme auf die Geschichte des Landes erfolgte, d.h. die durch die Konfessionalisierung geweckten historischen Interessen förderten mit den „Annales Carinthiae" die Entstehung eines Geschichtswerkes, das weniger eine überregionale, innerösterreichische, als vielmehr eine Kärntner Landesidentität widerspiegelt. Somit war es weder der protestantisch-ständischen noch der katholisch-obrigkeitlichen Konfessionalisierung gelungen, im historischen Denken den Kärntner Patriotismus durch überregionale Integrationsmuster zu verdrängen. Ganz im Gegenteil, das Landesbewußtsein erlebte eine Sternstunde.

VII

Es kann somit festgehalten werden, daß die Konfessionalisierung in Innerösterreich durch die Förderung der ständischen Historiographie zur Entstehung und Verbreitung eines Geschichtsbildes beitrug, das stärker von humanistischen als von theologischen Gesichtspunkten geprägt war. Eine Überlagerung des Humanismus durch das reformatorische Geschichtsverständnis fand hier nicht statt. Zu den charakteristischen Merkmalen

---

123 RÜSEN: Entwicklung (wie Anm. 27) 56f. - DERS.: Konfigurationen (wie Anm. 84) 65. - BLANKE/FLEISCHER: Aufklärung (wie Anm. 84) 91f. - MUHLACK, Ulrich: Von der philologischen zur historischen Methode. In: Historische Methode. Hg. v. Christian MEIER und Jörn RÜSEN, München 1988, 154-180.

dieses Geschichtsbildes zählen auf der einen Seite rationale und profane Elemente, die zeigen, daß sich das historische Denken der Stände bereits vom christlich-transzendenten Geschichtsbild des Mittelalters entfernt hatte. Diese „Entkräftung der Sakralhistorie" muß als Ausdruck eines umfassenden Prozesses der Rationalisierung und der Säkularisierung verstanden werden, der bereits im Mitteltalter begonnen hatte und in der Frühen Neuzeit fortgesetzt wurde. Die Konfessionalisierung wirkte hier verstärkend.

Auf der anderen Seite wurden jedoch auch irrationale, unwissenschaftliche Tendenzen verstärkt: Hier ist etwa an die Erzherzogtumstheorie zu erinnern, die in den „Annales Carinthiae" einen Höhepunkt erreichte, oder an die Rhetorik, die auf die Gestaltung des Werkes großen Einfluß ausübte. Ein überregional und integrativ wirkendes Geschichtsbild wurde durch die Konfessionalisierung ebenfalls nicht gefördert. Was sie ans Tageslicht brachte, war ein stark humanistisch gefärbtes Geschichtsverständnis, mit allen rationalen und irrationalen, wissenschaftlichen und unwissenschaftlichen, modernen und vormodernen Elementen, die das historische Denken im Humanismus auszeichneten.

Handelte es sich bei der ständischen Historiographie somit um eine „nichtkonfessionalisierbare Struktur"[124] im konfessionellen Zeitalter? Diese anfangs aufgeworfene Frage muß verneint werden, denn von einer vollständigen Resistenz gegenüber den politischen und sozialen Veränderungen, die durch den religiösen Wandel initiiert wurden, kann nicht gesprochen werden. Schließlich bewirkte die Konfessionalisierung einen Anstieg der historischen Orientierungsbedürfnisse und des politischen Interesses an Geschichte mit allen daraus resultierenden Folgen für die restlichen Faktoren. Aus dieser Perspektive erwies sich das Geschichtsdenken der Stände gegenüber der Konfessionalisierung also durchaus als offen. Kann daher von einer „Leitkategorie"[125] gesprochen werden, wie es Heinz Schilling in anderen Zusammenhängen, etwa im Hinblick auf die Formierung eines internationalen Systems, unternimmt? Wohl auch nicht, denn ein einseitiger Modernisierungsschub fand nicht statt, da ja auch irrationale und vormoderne Entwicklungen forciert wurden. Die Konfessionalisierung übernahm vielmehr eine Art „Transportfunktion", genauer gesagt, sie erhöhte die „Lautstärke" der Modernisierung der Geschichtsschreibung – mit allen darin enthaltenen „Mißtönen"; Melodie, Takt und Rhythmus schrieben jedoch andere Prozesse.

Die Funktion der Konfessionalisierung in solchen „Kompositionen" wurde von der Forschung bislang nur unzulänglich untersucht, was sich bereits am Fehlen einer adäquaten Terminologie erkennen läßt. Passend wäre es, in einer Weiterentwicklung des von Schilling benützten Begriffs „nichtkonfessionalisierbar", in diesem Zusammenhang von *partiell konfessionalisierbar* zu sprechen und damit ein funktionales Zusammenspiel

124 SCHILLING: Konfessionalisierung (wie Anm. 13) 22. - DERS.: Confessional Europe (wie Anm. 18) 667.

125 SCHILLING, Heinz: Konfessionskonflikt und Staatsbildung. Eine Fallstudie über das Verhältnis von religiösem und sozialem Wandel in der Frühneuzeit am Beispiel der Grafschaft Lippe. Gütersloh 1991, 22. - DERS.: Formung (wie Anm. 16) 22, 29. - DERS.: Konfessionalisierung und Formierung (wie Anm. 16) 611-613. - DERS.: Luther (wie Anm. 13) 22.

der Konfessionalisierung mit anderen Prozessen zu umschreiben, bei dem diese zwar mitgestaltend, etwa verstärkend, nicht jedoch dominierend wirkte.

Gesamtgesellschaftlich betrachtet, erweist sich die Konfessionalisierung somit als ein Fundamentalprozeß von variierender Gestaltungskraft, dessen modernisierendes Potential nicht auf allen Ebenen gleichermaßen zum Tragen kam. Das Erkenntnispotential dieses Modells kann somit nur dann voll ausgeschöpft werden, wenn auch diejenigen Phänomene untersucht werden, bei denen die Konfessionalisierung keine führende Rolle in der Modernisierung spielte. Die partiell konfessionalisierbaren Bereiche eröffnen der Konfessionalisierungsforschung deshalb neue Räume, die nun gesucht und erschlossen werden müssen. Dieser Sachverhalt wiederum verweist auf die Notwendigkeit, das Verhältnis des religiösen Wandels zu anderen Fundamentalprozessen, die ebenfalls modernisierend wirkten, genau zu erforschen, vor allem aber, diese nicht aus den Augen zu verlieren.

KONFESSIONALISIERUNG UND POLITISCHE IDEEN IN POLEN-LITAUEN (1570-1650)

Karin Friedrich

Fast in allen Wojewodschaften Polens und Litauens zu Ende des 16. Jahrhunderts proklamierten die Landtage die Notwendigkeit, „die alten Rechte der freien Religionsausübung für die religiösen Dissidenten zu erhalten, damit jeder nach seinem Gewissen Gott loben möge“. Dieses Toleranzprinzip war schon nach dem Tod des letzten Jagiellonenkönigs Sigismund II. August, während des Interregnums 1573, von den in Warschau konföderierten Vertretern des Adels Polen-Litauens formuliert und nach der Ratifikation im Parlament (Sejm) in die Gesetzessammlung („Volumina Legum“) aufgenommen worden. Die Kurzlebigkeit und Schwäche dieser rechtlichen Absicherung der Reformation in Polen-Litauen wurde jedoch bald offenbar: Nach dem gegen den König gerichteten und von vielen Protestanten unterstützten *Rokosz* von Sandomir (1606-1609) verschwanden Hinweise auf die Warschauer Konföderation aus den Parlamentsdebatten fast völlig. In der politischen Rhetorik wurden Schlagworte wie „Freiheit des Adels“, im korporativen und individuellen Sinn, sowie „innerer Friede und Sicherheit“ als pragmatische Argumente für die Toleranz klar bevorzugt[1]. Auf dem Warschauer Reichstag von 1648 stellte der Starost von Grabowiec fest, daß für die „conservatio vitae Reipublicae“ nur zwei Dinge nötig seien: „mutua fides civium“ und ein Vertrauen in „gute consilia“[2]. In den Sejm-Tagebüchern ist von der Religion als *vinculum societatis* keine Rede. Diese Politisierung der Toleranzdebatte in Polen-Litauen durch den Adel selbst, die den religiösen Diskurs um des inneren Friedens willen und aus Respekt für den adeligen Konsens zu vermeiden oder zu umgehen suchte, scheint die in der Historiographie dominierende Meinung zu bestätigen, daß die Konfessionalisierung im Ständestaat Polen-Litauen nicht staatlich gelenkt war und deshalb nicht dem in anderen Teilen Europas allgemein akzeptierten Schema eines Dualismus zwischen einem staatsbildendem Fürsten und seinen oppositionellen Ständen folgte[3].

---

1 OPALIŃSKI, Edward: Sejmiki szlacheckie wobec kwestii tolerancji religijnej w latach 1587-1648. In: Odrodzenie i Reformacja w Polsce 34 (1989), hier 22-24.

2 Dyaryusz konwokacyi Warszawskiey, 16.7.-1.8.1648. In: Jakuba Michałowskiego wojskiego lubelskiego. Księga Pamiętnicza z dawnych rękopisów. Hg. v. Ludwik MORSZTYN, Kraków 1864, 103.

3 JOBERT, Ambroise: De Luther à Mohila. Paris 1974, 155-159. - Zuletzt GMITEREK, Henryk: Die Rezeption reformatorischer Ideen und religiöser Widerstandstheorien innerhalb der polnischen Eliten. In: Ständefreiheit und Staatsgestaltung in Ostmitteleuropa. Übernationale Gemeinsamkeiten in der politischen Kultur vom 16.-18. Jahrhundert. Hg. v. Joachim BAHLCKE, Hans-Jürgen BÖMELBURG und Norbert KERSKEN, Leipzig 1996, 217-228, hier 222f. - The Reformation in Eastern and Central Europe. Hg. v. Karin MAAG und Andrew PETTIGREE, Alderhurst 1997, 15. Einige Interpretationen gehen noch weiter. Die Duldung und Offenheit gegenüber anderen Religionen wird dabei als Mangel an tiefer Religiosität ausgelegt. Kritisch

Es spricht für die Anpassungsfähigkeit des Konzepts der Konfessionalisierung, daß Historiker in den letzten Jahren die mechanische Übertragung westeuropäischer Modernisierungs- und Staatsbildungsthesen nach dem absolutistischen Modell auf die Ständesysteme Ostmitteleuropas hinterfragt und zurückgewiesen haben[4]. Gerhard Oestreichs Thesen zur Entwicklung des neuzeitlichen Machtstaates, die das Modell der Konfessionalisierung „von oben" ausschlaggebend geprägt haben, wurden vor kurzem Ziel der Kritik Martin van Gelderens: „Die traditionelle Konzeption der Modernität, die den absolutistischen Machtstaat als Musterknaben der Moderne bezeichnet, bedarf dringend einer historischen und ideologiekritischen Überprüfung"[5]. Da nirgends nur die staatliche Autorität konfessionalisierend und disziplinierend wirkte, sondern auch wechselnde Bündnisse innerhalb der Gesellschaft und mit der Obrigkeit stattfanden, die die Konfessionalisierung in einen „kommunalen Vorgang"[6] verwandelten, sind lokale und regionale Aspekte von nicht zu unterschätzender Bedeutung. Dies trifft in besonderem Maße für Polen-Litauen zu. Die Größe und die religiöse und nationale Vielfalt des polnisch-litauischen Staates stellten grundsätzlich die Wirksamkeit eines zentralisierten Versuchs der Disziplinierung und Vereinheitlichung in Frage. Mit dem Anwachsen des politischen Einflusses der regionalen Landtage (Sejmiki) nach der Union der Parlamente Litauens und Polens während des Reichstags von 1569 in Lublin und einer engeren Bindung der Reichstagsdeputierten an regionale politische Programme erhielt die Regierung des Landes zunehmend einen dezentralisierten Charakter[7]. Den Argumenten eines teleologischen Modernisierungskonzeptes folgend, tendierte daher die Mehrzahl der Historiker Polens dazu, die politische Geschichte des Landes allein vom Ergebnis her zu beurteilen: Polen-Litauen habe den Anschluß an die erfolgreiche Entwicklung des Modells der rationalisierten und militarisierten Zentralbürokratie verpaßt und sei, unter einer von ganz Europa verspotteten Krone, den chaotischen Machtkämpfen einflußreicher Magnatenfraktionen zum Opfer gefallen.

Korrekturen gab es an dieser Interpretation wenige: Andrzej Walicki betonte im Gegenzug die Modernität der polnisch-litauischen Rzeczpospolita. Hätte man die militärische

---

dazu KOSMAN, Marceli: Protestanci i Kontrreformacja. Z dziejów tolerancji w Rzeczypospolitej XVI-XVIII wieku. Wrocław 1978, 43f.

4 EBERHARD, Winfried: Reformatorische Gegensätze, reformatorischer Konsens, reformatorische Formierung in Böhmen, Mähren und Polen. In: Ständefreiheit und Staatsgestaltung (wie Anm. 3) 187-216, hier 212-214. - MÜLLER, Michael G.: Zweite Reformation und städtische Autonomie im Königlichen Preußen. Danzig, Elbing und Thorn in der Epoche der Konfessionalisierung (1557-1660). Berlin 1997, 9-24.

5 GELDEREN, Martin van: Holland und das Preußentum: Justus Lipsius zwischen Niederländischem Aufstand und Brandenburg-Preußischem Absolutismus. In: Zeitschrift für Historische Forschung 23 (1996) 29-56, hier 45.

6 SCHMIDT, Heinrich Richard: Sozialdisziplinierung? Ein Plädoyer für das Ende des Etatismus in der Konfessionalisierungsforschung. In: Historische Zeitschrift 265 (1997) 642-682, hier 648.

7 MACISZEWSKI, Jarema: Wojna domowa w Polsce 1606-1609. T. I: Od Stęczycy do Janowca. Wrocław 1960, 63-71. - KAMIŃSKI, Andrzej Sulima: Republic versus Autocracy. Poland-Lithuania and Russia, 1686-1697. Harvard 1993, 4. - GIEROWSKI, Józef A.: Szlachecki Samorząd Wojewódzł i Ziem w XVI-XVIII w. In: Acta Universitatis Wratislaviensis No. 945, Historia LXVI (1988) 151-159.

Invasion und Teilung des Landes verhindern können, wäre das politische Ideal des polnischen Konstitutionalismus, die gemischten Verfassung *(forma mixta)*, zusammengesetzt aus König (Monarchie), Senat (Aristokratie) und Abgeordnetenkammer (Adelsdemokratie), prinzipiell geeignet gewesen, direkt vom frühneuzeitlichen Ständestaat in eine moderne konstitutionelle Monarchie oder Republik überzuleiten[8]. Nicht eine Institution, das Parlament, sondern die staatsbürgerlichen Werte des Adels und die Verfassung, die als Garant der „goldenen Freiheit" betrachtet wurde, banden die verschiedenen Provinzen zusammen[9]. Die politische Stabilität, die im multinationalen und multireligiösen Staat durch eine Identifizierung mit der Verfassung gewonnen werden konnte, wurde Glaubensdingen vorangestellt.

Wenn aber seit 1573 die Gewissensfreiheit, wenigstens unter dem Adel, als persönliches Recht anerkannt wurde und zur politischen Kultur gehörte, und der Adel freie Hand hatte, seine Untertanen nach Gefallen zu konfessionalisieren, warum war die Reformation langfristig nicht erfolgreich? Warum häuften sich zu Beginn des 17. Jahrhunderts Angriffe auf reformierte und lutherische Kirchen in Krakau, Posen, Wilna und in anderen Städten? Warum wurden die Antitrinitarier 1658 endgültig per Parlamentsbeschluß aus dem Land vertrieben? Warum waren 1718 die Proteste gegen den Ausschluß des letzten Calvinisten von der Mitgliedschaft in der Abgeordnetenkammer schwach und wirkungslos, obwohl das Gesetz theoretisch solche Aktionen als Verstoß gegen die Adelsfreiheit verurteilte?

Schon 1965 hatte Gottfried Schramm das Scheitern des polnischen Protestantismus und die Erfolge der Rekatholisierung damit zu erklären versucht, daß einerseits die konsequente Zusammenarbeit zwischen der hohen Geistlichkeit und der Monarchie, andererseits aber die Ständeverfassung Polen-Litauens eine tragfähige ideologische Koalition zwischen protestantischem Adel und antiabsolutistischer Widerstandsbewegung nach dem Muster der habsburgischen Länder verhinderte. Dieser Ansatz wurde kürzlich von Winfried Eberhard im Kontext der Konfessionalisierung weiterentwickelt und von polnischen Reformationshistorikern bestätigt. Im Gegensatz zur Confessio Bohemica von 1575, die 1609 von Rudolf II. im Majestätsbrief garantiert wurde, blieb in Polen-Litauen, mit Ausnahme der Religionsprivilegien für die königlich-preußischen Städte, die rechtliche Absicherung der Toleranz durch den Monarchen aus. Zudem schloß sich in Polen nicht der gesamte katholische Adel der Warschauer Konföderation an: Die polnischen Bischöfe verweigerten ihre Zustimmung. Auch ein bedeutender Teil des katholischen Adels distanzierte sich davon und bildete zusammen mit den päpstlichen Nuntien und dem katholischen Monarchen eine starke katholische Fraktion. Eberhard führt den reformatorischen Mißerfolg daher auf den Mangel an politischer Durchsetzungskraft der Konföderation von 1573 zurück, die weniger ein korporatives Machtinstrument als vielmehr einen Adelspakt darstellte, der auf individueller Freiheit –

8 WALICKI, Andrzej: The Enlightenment and the Birth of Modern Nationhood. Polish Political Thought from Noble Republicanism to Tadeusz Kościuszko. Notre Dame 1989, 9.

9 KAMIŃSKI: Republic vs. Autocracy (wie Anm. 7) 7.

nach dem Motto „leben und leben lassen" – gegründet war[10]. Während der konfessionelle Kampf der Protestanten in den habsburgischen Ländern eng mit dem politischen Überlebenskampf des Ständestaates verknüpft war, mußten sich die Protestanten in Polen-Litauen auf die Toleranzbereitschaft der katholischen Mitstände verlassen. Im 17. und 18. Jahrhundert, als die politische und militärische Bedeutung Polen-Litauens sank und die integrative Funktion der Verfassung durch Mißbrauch, nicht zuletzt durch die Könige selbst, nachließ, zerbrach der politische Konsens; religiöse nationale Konflikte gewannen an Schärfe, vor allem unter den orthodoxen Ruthenen und Kosaken sowie den Bürgern im Königlichen Preußen.

Die Niederlage der Protestanten wurde auch seit dem 18. Jahrhundert ganz bewußt von der Historiographie der feindlichen Mächte, vor allem Preußens, als Beweis für die mit dem polnischen Katholizismus assoziierte angebliche Rückständigkeit der polnisch-litauischen Verfassung, Gesellschaft und Kultur propagiert[11]. Oft wurde in dieser Debatte die Stellung der Monarchie in der politischen Ideenwelt der Adelsnation sowie ihre Rolle für die konfessionelle Entwicklung der polnisch-litauischen Ständegesellschaft selbst übersehen oder bewußt heruntergespielt. Wer trieb jedoch in Polen-Litauen die Rekatholisierung der Adelsmassen voran, wenn dort die Monarchie im Gegensatz zu den habsburgischen Ländern tatsächlich so machtlos war? Und in welchem Maße trifft auch für die Rzeczpospolita die Analyse Wolfgang Reinhards zu, der der katholischen Konfessionalisierung, besonders unter Führung der Jesuiten, durchaus moderne Methoden und Maßnahmen zuschrieb und die Gleichsetzung von Modernität und Säkularisierung in Frage stellte[12]?

Die im frühneuzeitlichen Polen-Litauen dominierende politische Diskussion drehte sich vor allem um die Machtverteilung zwischen *majestas* und *libertas*. Die politische Literatur, die zu Krisenzeiten polemische Züge annahm, widerspiegelt diesen Dialog zwischen dem republikanischen Lager, das die Rolle der Abgeordnetenkammmer im Sejm, die Abhängigkeit der Besteuerung, der Rechtsprechung, des Militärs und der Gesetzgebung vom Willen des Adels sowie die freie Königswahl betonte, und einer monarchistischen Partei, die für eine Erweiterung der königlichen Rechte, und in einigen Fällen sogar für die Einführung einer Erbmonarchie, plädierte. Da die Monarchisten in diesem Kräftemessen unterlagen, werden die Ernsthaftigkeit des Dialogs zwischen den

---

10 EBERHARD: Reformatorische Gegensätze (wie Anm. 4) 211-213. - OGONOWSKI, Zbigniew: Z dziejów sporów o wolność sumienia: Szymona Starowolskiego polemika z Samuelem Przypkowskim 1644-1646. In: Historia i Wyobraźnia. Studia ofiarowane Bronisławowi Baczce. Warszawa 1992, 55-69, hier 68. - Vgl. den älteren Ansatz von SCHRAMM, Gottfried: Der polnische Adel und die Reformation 1548-1607. Wiesbaden 1965, 188.

11 Ein notorischer Polenhasser war Friedrich II. Dazu BÖMELBURG, Hans-Jürgen: Zwischen polnischer Ständegesellschaft und preußischem Obrigkeitsstaat. Vom königlichen Preußen zu Westpreußen 1756-1806. München 1995, 205-209. - Zur preußischen und deutschen Geschichtsschreibung vor kurzem auch HACKMANN, Jörg: Ostpreußen und Westpreußen in deutscher und polnischer Sicht. Landeshistorie als beziehungsgeschichtliches Problem. Wiesbaden 1996.

12 REINHARD, Wolfgang: Was ist katholische Konfessionalisierung? In: Die katholische Konfessionalisierung. Hg. v. Wolfgang REINHARD und Heinz SCHILLING, Gütersloh 1995, 419-452, hier 423.

beiden Lagern oft unterschätzt und die Stimmen des Kompromisses leicht übersehen. Konstitutionalisten wie der Wojewode von Podolien, Andrzej Maximilian Fredro, hoben die Rolle des Senats als mäßigendes, vermittelndes Element der gemischten Verfassung hervor. Fredro schrieb in diesem Sinn in seinen „Scriptorum seu Togae et Belli Notationum Fragmenta“ von 1660: „Damit zwischen der absoluten Freiheit, die von der Ritterschaft verteidigt wird, und der absoluten Herrschaft, die der König darstellt, wie zwischen zwei Extremen ein Gleichgewicht hergestellt wird; damit der König die Republik nicht unterdrückt, und damit die Freiheit nicht in Anarchie ausartet, gibt es den Senat, damit nicht eine der beiden Kräfte überwiegt, sondern daß dem Monarchen gegeben wird, was ihm zusteht, aber die Freiheit nicht leidet“[13].

Fredros Theorie des Kräftegleichgewichts fand auch in den Provinzen außerhalb Kronpolens und bei nichtadeligen Gruppen, vor allem im Bürgertum, ein Echo: Johann Sartorius, Professor am Gymnasium von Thorn im Königlichen Preußen, sprach stellvertretend für das preußische Patriziat, als er sich 1686 auf Fredro berief: „Ein Fürst ist nicht nur an die göttlichen und natürlichen Gesetze gebunden, sondern auch an die Grundgesetze seines Reichs [...], höchste und absolute Macht sind nicht dasselbe. Und deshalb forderte der Erzbischof von Posen einst Heinrich von Valois nach dessen Wahl zum polnischen König auf: [...] freue Dich, daß Du so glücklich bist, denn Deine Macht ist Dir von der Republik gegeben, so daß Du nicht selbst die Gesetze machst, mit denen Du den Staatsbürgern schaden könntest; [...] so aber wirst Du niemandem zum Schaden gereichen, und deshalb von allen geliebt werden.“[14]

Die Dreieinigkeit der Stände, zu denen auch der König selbst zählte, bildete aus der Sicht der Konstitutionalisten die ideale Verfassung, die sich seit der Einführung des Bikameralismus in Polen und den Adelsprivilegien des 15. und 16. Jahrhunderts entwickelt hatte. Daß solch einer politischen Kultur, die ihre Werte aus einer Synthese zwischen parlamentarischer Ideenwelt, Staatsbürgertum und Humanismus schöpfte, die Lehre des Konziliarismus, deren Hochburgen die Sorbonne in Paris und die Universität von Krakau waren, besonders entgegenkam, ist nicht verwunderlich. Schon Mitte des 16. Jahrhunderts hatte ein politischer Schriftsteller der Verbindung des Konziliarismus und der gemischten Verfassung Polens einen hohen Stellenwert eingeräumt: Andrzej Frycz Modrzewski, der während seines Studiums in Wittenberg Melanchthon nahestand. Er drückte die Hoffnung aus, daß ein starkes Königtum, gestützt und kontrolliert vom Parlament, nicht nur soziale Reformen einführen möge, sondern auch die Religionen durch eine Kirchenunion vor der „päpstlichen Tyrannei“ schützen könne. Ein von Rom unabhängiger Herrscher in Polen-Litauen war die Grundvoraussetzung für die Reformen, die Frycz Modrzewski seinem Land empfahl, und die die gerechte Verteilung von Lasten

13 FREDRO, Andrzej M.: Andreae Maximiliani Fredro Castellani Leopoliensis Scriptorum seu Togae et Belli Notationum Fragmenta Accesserunt. Dantisci 1660, 248f.

14 SARTORIUS, Johann: Theses Politicas De Majestate Principis Limitata, praeside M.J. Sartorio Gym[nasii] Thor[uniensi] P.P. ad ventilandum proponit Antonius Baumgarten, Thoruniensis. Thorunii 1686, § VI, VII, IX. Sartorius zitiert aus Fredros Schrift, Gestorum populi Poloni sub Henrico Valesio. Dantisici 1660.

und staatsbürgerlichen Aufgaben unter allen gesellschaftlichen und politischen Gruppen der Republik sowie die Besteuerung des Klerus vorsahen[15]. Für die Gewissensfreiheit galt, daß man „nur den Körper mit Gewalt, Gefängnis und Feuer bestrafen kann, doch die Seele nur mit dem Wort Gottes zu retten ist“[16]. Obwohl er dem Calvinismus und gegen Ende seines Lebens dem Zentrum der Polnischen Brüder in Raków nahestand, fanden Frycz Modrzewskis Anschauungen keineswegs nur in evangelischen Kreisen Anhänger. Die Forderung der Konziliaristen, vor allem William von Ockhams, Gersons und John Mairs, daß kirchliche Jurisdiktion und staatliche Gewalt strikte Trennung erfahren müssen[17], waren in Polen seit der Zeit der Kriege gegen die vom Papst unterstützten Deutschordensritter populär. Neben der Abschaffung des Peterspfennig und Tendenzen im polnischen Episkopat des 16. Jahrhunderts, das gallikanische Staatskirchentum Frankreichs zu imitieren, öffneten vor allem Proteste gegen die bischöflichen Gerichte und ein wachsender Antiklerikalismus im polnischen Adel der Reformation die Tür.

Heinz Schilling, Wolfgang Reinhard und andere Historiker der Konfessionalisierung haben gezeigt, daß keine feste Formel Konfessionen mit bestimmten Verfassungsformen oder Staatslehren verbindet. Edward Gibbons Verdikt von der „irregular tendency of the popish towards liberty, and the unnatural inclination of the protestant towards slavery“ kann nicht auf Polen-Litauen gemünzt werden. Wie die Arbeit Michael G. Müllers über das Königliche Preußen bewies, ist es auch in Polen-Litauen nicht möglich, den schematischen Gegensatz zwischen einem vermeintlich demokratischen Calvinismus und einem obrigkeitsorientierten Luthertum oder die Verbindung von Konfession und Nationalität zu verabsolutieren[18]. Römische Rechtstraditionen konnten ebensogut mit der Rechtfertigung des Absolutismus in Einklang gebracht werden wie mit dem Konstitutionalismus und der Verteidigung des Widerstandsrechts gegen Tyrannenherrschaft, das vor allem von italienischen und spanischen Jesuiten, wie Robert Bellarmin, Francisco Suárez und Juan Mariana in Polen popularisiert und mit der nachtridentinischen Lehre verschmolzen wurde. Grundlage dieses Konstitutionalismus war das Vertragsprinzip, das auch seit dem 15. Jahrhundert die Einschränkung der kaiserlichen Gewalt im Heiligen Römischen Reich durch das *ius gladii* der niedrigeren Amtsträger, der Stände und territorialen Fürsten gerechtfertigt hatte[19]. Obwohl das Recht auf Widerstand im Falle eines Vertragsbruches durch den Herrscher allgemein anerkannt war, suchten in Polen-Litauen wenige Calvinisten oder Arianer Inspiration im Monarchomachentum. Im Gegenteil, die Abscheu gegen den Königsmord Heinrichs IV. in Frankreich und Karls I. in England fand häufig in der Literatur neben der Beteuerung Ausdruck, daß Polen-Litauen seine Könige zu sehr schätze und durch die Herrschaft des Rechts Tyrannen keine Chance gäbe.

---

15 FRYCZ MODRZEWSKI, Andrzej: Dzieła Wszystkie. Tom I: O Poprawie Rzeczypospolitej. Hg. v. Stefan ŻÓŁKIEWSKI, Łukasz KURDYBACHA und Stanisław BODNIAK, Warszawa 1953, 47f.

16 VOISÉ, Waldemar: Andrzej Frycz Modrzewski, 1503-1572. Wrocław u.a. 1975, 105.

17 SKINNER, Quentin: The Foundations of Modern Political Thought. Bd. 2: The Age of Reformation. Cambridge 1978, 114-123.

18 Siehe dazu den Beitrag von Michael G. Müller in diesem Band. - DERS.: Zweite Reformation (wie Anm. 4).

19 SKINNER: Political Thought (wie Anm. 17) 124-128.

Eine typische Verteidigung der konstitutionellen Monarchie lieferte Łukasz Opaliński, Marschall der Krone und politischer Reformer, als er John Barclays Anschuldigung, die Polen würden durch die Mißachtung der königlichen Macht eine unkontrollierte Gewaltherrschaft bewaffneter Adelssippen schaffen, indigniert zurückwies: „Ich beglückwünsche unser Vaterland, in dem die Könige nicht über dem Recht, sondern unter der Herrschaft der Gesetze stehen, wozu sie nicht durch Waffengewalt, sondern durch ihren eigenen Verdienst gehalten werden [...]. Wir sind keine Monarchomachen, wie Barclay vermutet, [...] weil wir unsere Könige wählen können, galt unsere Verehrung und Liebe immer unserem Königsstamm.“[20] Obwohl Opaliński hier natürlich einem ausländischen Publikum gegenüber die konstitutionellen Vorzüge der Rzeczpospolita einseitig idealisierte, ist es doch wahr, daß weder das Werk „Vindiciae contra Tyrannos“ noch die Souveränitätslehre des Althusius in Polen ein Echo gefunden haben[21]. Unter den katholischen Monarchomachen gab es keine Polen, sondern Schotten, Franzosen und Spanier. Das Widerstandsrecht wurde von Autoren verschiedener Konfessionen und politischer Parteiungen in Polen fast einstimmig von mittelalterlichen Traditionen abgeleitet und im 17. Jahrhundert immer öfter auf die Naturrechtslehre zurückgeführt[22].

Daher hatten der Neostoizismus, das Werk Justus Lipsius', sowie die auf der gesellschaftlichen Vertragstheorie beruhenden politischen Ideale des Hugo Grotius besonders großen Einfluß auf die Konstitutionalisten Polen-Litauens. Grotius, der zur Familie Zamoyski und anderen Senatoren persönliche und briefliche Kontakte unterhielt, befürwortete in seinem Buch über das Altertum der batavischen Republik einen von der Aristokratie regierten Rechtsstaat oder eine gemäßigte Monarchie, deren Modell von vielen politischen Schriftstellern auf Polen-Litauen übertragen wurde[23]. Unter den zahlreichen

---

20 OPALIŃSKI, Łukasz: Polonia Defensa contra Joannem Barclaium. Danzig 1648, 101.

21 CHOWANIEC, Czesław: Poglądy polityczne rokoszań 1606-1607 wobec doktryn Monarchomachów Francuskich. In: Reformacja w Polsce 11 (1924) 256-266, hier 264.

22 Besonders einflußreich erwiesen sich die naturrechtlichen Werke des Danziger Philosophieprofessors Barthel Keckermann, der im Rahmen der staatsbürgerlichen Verantwortung forderte, das gemeinsame Vaterland wirtschaftlich und politisch durch effektive Verteidigung und Steuern zu stärken. Diese Pflichten beruhten auf dem Naturrecht, worauf keine menschliche Gemeinschaft verzichten könne. Ähnliche Lehren formulierte 70 Jahre später Samuel Pufendorf für das Polen benachbarte Brandenburg-Preußen, allerdings mit einem anderen Ziel. Während Keckermann vor der natürlichen Tendenz des Herrschers zur Despotie warnte und zur besseren Kontrolle jeglicher staatlichen Macht die gemischte Verfassung empfahl, folgte Pufendorf Bodin und ermutigte seinen Dienstherren, den Kurfürsten von Brandenburg, die Monarchie vor dem Einfluß der Stände abzuschirmen. - KECKERMANN, Barthel: Disputationes Practicae nempe Ethicae, Oeconomicae, Politicae in Gymnasio Dantiscano intra biennium ad Lectionum Philosophicarum cursum habitae. Hanoviae 1612, 328f., 332-336. Es ist bezeichnend, daß polnische und königlich-preußische Bewunderer der Naturrechtslehre Pufendorf im Sinn Keckermanns adaptierten und die große Bedeutung des natürlichen und positiven Rechts als Limitierung von Herrschaft herausstellten. Vgl. KÖNIG, Ernst: Introductio ad Libros Duos Samuelis Pufendorfii, De Officio Hominis & Civis, in Usum Gymnasii Elbingensis exhibita. Thorunii o.J. [1673], A4.

23 KOT, Stanisław: Hugo Grotius a Polska w 300-lecie dzieła o prawie wojny i pokoju. In: Reformacja w Polsce (1926) 3-41, hier 3f. - MOUT, Nicolette: Ideales Muster oder erfundene Eigenart? Republikanische Theorien während des niederländischen Aufstands. In: Republiken

politischen Traktaten des frühen 17. Jahrhunderts – von republikanischer, konstitutionalistischer oder monarchistischer Seite – gibt es kaum einen, der nicht den heroischen Widerstand der niederländischen Stände gegen die spanisch-habsburgische Tyrannei erwähnt. Dabei kam es nicht darauf an, ob der Autor ein Lutheraner, Calvinist oder Katholik war, obwohl Protestanten häufig auf den verderblichen Einfluß der spanischen Jesuiten hinwiesen[24]. Grotius' Irenismus und sein Rat, in politischen Konflikten zwischen Adel und Monarchie den Kompromiß zu suchen, sicherte ihm vor allem Popularität bei den Konstitutionalisten und den Befürwortern der religiösen Toleranz in Polen-Litauen.

Typisch für diese Gruppe war der Lutheraner Jan Sachs aus Fraustadt in Großpolen, der unter dem Pseudonym Franciscus Marinus Polonus 1665 eine Verteidigung der Rzeczpospolita gegen den Helmstedter Professor des Naturrechts Hermann Conring veröffentlichte, der in einer Polemik gegen die polnisch-litauische Mischverfassung die absolute Monarchie befürwortet hatte[25]. Mit Thesen, die an Frycz Modrzewski erinnern und die im späteren 18. Jahrhundert zu Standardargumenten der Aufklärung wurden, befürwortete Sachs die strikte Trennung von Staat und Kirche: „Der Glaube ist nicht für das weltliche Leben sondern für das persönliche Seelenheil nötig." Häresie könne deshalb nicht ein Staatsverbrechen, sondern nur ein intellektueller, kein moralischer Irrtum sein. Das Beispiel Frankreichs und die antispanische Rebellion der Niederlande zeigten, daß die Vermischung von Staatsgewalt und Kirche immer zu Bürgerkrieg und Unterdrückung führe. Dem polnischen König solle der Aufstand der Kosaken, die durch die Künste der Jesuiten dem Staat entfremdet wurden, als Warnung gelten. In Nachahmung Opalińskis wehrt sich Sachs gleichzeitig gegen Conrings Irrtum, daß der polnische König machtlos sei und die Geringschätzung der Monarchen Europas verdiene, während im Adel die Anarchie herrsche. Der polnische König, so Sachs, habe durch die Ämterberufung und die Ernennung von Bischöfen viel mehr Macht als selbst der deutsche Kaiser. Als Anhänger der *forma mixta* und der gemäßigten Monarchie befürwortete Sachs grundsätzlich diese Macht, solange sie vom Einfluß der Kirche getrennt regiere: „Den Kaisern ist zu geben was den Kaisern zusteht"[26].

Der Stoizismus Lipsius', der die von Gesetzen limitierte Monarchie zur besten Regierungsform erklärte und die Harmonie der Gesellschaft sowie die Rechtsbindung der Regierung betonte, kam den Vertretern der Religionsfreiheit insofern entgegen, als sie den Monarchen als Quelle der Adelsprivilegien und den Garanten des religiösen und politischen Friedens in der Republik betrachteten. Vor allem protestantische Konstitutionalisten wurden nie müde, den König vor jeglichem Machtmißbrauch zu warnen. Sie taten dies oft mit einem Hinweis auf Lipsius. Ein Danziger Autor beschwört Władysław IV., er

---

und Republikanismus im Europa der Frühen Neuzeit. Hg. v. Helmut G. KOENIGSBERGER, München 1988, 169-194, hier 191f.

24 Zum Beispiel: Klage des Betrübten Pohlen-Landes gegen die Verhyspanisierten Pohlen, darinnen es ihre gefährliche Rathschlege den rechten Patrioten der Crohne offenbahret, und sich derer trewen Schutz ergiebt, Archiwum Państwowe w Gdańsku, 300. R/Gg 45.

25 POLONUS, Marinius Franciscus: De scopo Reipublicae Poloniae contra Conringium. Vratislaviae 1665.

26 Ebd., 55.

solle „den Lipsius hören, welcher im anderen Buch seiner Politicke die Könige und Fürsten vom Meyneydte abmahnet [...], der Lipsius befiehlet daß man sich vor dem Machiavelli hütten solle [...] und wegen des geschworenen Eydes die Seckten abzuschaffen sich nicht gebühren will"[27]. Solche Stimmen folgten vielfach erprobten Mustern der Diskussion um die negativen politischen Konsequenzen der Abschaffung der Gewissensfreiheit. Die katholische Reform und die Erfolge der Jesuiten in ganz Europa wurden von den polnisch-litauischen Protestanten immer wieder mit der Gefahr absoluter monarchischer Herrschaft assoziiert. „Die Spanier erreichten unter dem Vorwand der religiösen Propaganda die Erweiterung ihrer Monarchie", klagte schon 1607 ein anonymer antijesuitischer Pamphletschreiber während des Rokosz von Sandomir. Die Tridentinischen Reformen hätten nicht nur die Vielfalt der Konfessionen eingeschränkt, sondern griffen auch die Privilegien, Freiheiten, Gesetze und Traditionen der europäischen Nationen an. Die Verbindung des eigenen Königs, Sigismunds III. Wasa, mit der Habsburgerin Konstanze, der Schwester Ferdinands II., gab dem Gefühl der Bedrohung durch die „spanische Jesuiterei" und einer katholischen Universalmonarchie eine besondere Spitze[28]. Die Feindseligkeit, mit der 1618 der Adel aller Konfessionen die Unterdrückung der böhmischen Stände und 1620 die Schlacht auf dem Weißen Berg kommentierte, schlug sich in zahlreichen politischen Kampfschriften nieder, die sich auch deutlich gegen die eigenmächtig und ohne die Unterstützung des Sejm erfolgte militärische Hilfe wandten, die Sigismund seinem habsburgischen Schwager gegen die Böhmen geschickt hatte. Die Furcht des polnischen Adels, Sigismund werde, dem Beispiel Ferdinands folgend, dem rechtsstaatlichen Vertrag zwischen Staatsbürgern und Monarchie zuwiderhandeln, drückte sich in diesem Pamphlet in einer deutlichen Warnung aus. Die Sicherheit und Prosperität eines Landes hingen jedoch von der Beachtung der Grundgesetze, zu denen in Polen wie in Böhmen die Königswahl gehöre, ebenso ab wie von der Religionsfreiheit[29].

---

27 Klage des Betrübten Pohlen-Landes (wie Anm. 24) 21.

28 Consilium datum amico de recuperanda et in posterum stabilienda pace regni Poloniae. In quo demonstratur pacem nec constitui, nec stabiliri posse, quandiu Jesuitae in Polonia maneant. Conversum ex Polonico in Latinum; o.O. 1607, 4f. Der Autor macht aus seinem Katholizismus keinen Hehl, traut jedoch den Jesuiten vor allem aus politischen Gründen nicht über den Weg: „Andere Orden wollen die Frömmigkeit des Volkes vertiefen [...]. Die Jesuiten dagegen waren der Grund für die Minderung der Freiheiten der Republik Venedig" (ebd., 12-14). Es ist auffällig, daß in solchen Streitschriften nie auf die wirtschaftliche Expansion des Klerus und der Orden hingewiesen wird, die besonders von polnischen Historikern als Hauptgrund für den wachsenden Antiklerikalismus und eines der Motive für den Rokosz von 1606-1609 betrachtet wird. Vgl. MACISZEWSKI: Wojna domowa (wie Anm. 7) 63.

29 A Cleare Demonstration that Ferdinand is by his own demerits fallen from the kingdome of Bohemia, and the incorporated provinces. Written by a Noble-man of Polonia and translated by Georg Waters; o.O. 1619, 1f. - [ZBARASKI, Jerzy]: Siebentzig wichtige Motiven, Warumb die Kön[igliche] Mayest[ät] in Polen, Senatores, und der Adel derselben Cron, wider Ungarn, Böhm, und die confederirte Länder dieser zeit mit feindlichem Überzug, oder sonsten in andere weg zu entgegen nicht handeln, noch dem ausgenommenen Defensionsmarsch sich widersetzen sollen; o.O. 1620. Auch Zbaraski betont, daß das Haus Österreich unter jesuitischem Einfluß „alle Freyheiten und leges fundamentales verdrucken, und aus einem freyen Wahl Königreich ein Erbland machen wollen" (ebd., Aiv).

Der anonyme Autor sah allerdings nicht im polnischen Katholizismus schlechthin den Feind. Seine Empörung richtete sich vor allem gegen die „Jesuitenkünste", die er der Verschwörung gegen die Adelsfreiheiten in beiden Ländern und, ähnlich der Hexerei, der Heimlichkeit und Falschheit bezichtigte. Wie Krieg und Pest habe das „Gift" der Gesellschaft Jesu den Körper der Rzeczpospolita durchdrungen. Besonders zu fürchten sei der von Rom gesteuerte monarchische Zentralismus des tridentinischen Katholizismus, und dessen Pomp und Theatralik, die eine erhöhte Anziehungskraft für das einfache Volk besäßen. Der Jesuitenorden strebe nach Macht, indem er durch gezielte Aussendung von Hofpredigern und Beichtvätern die katholischen Monarchen Europas für sich einnehme und sich hohe Stellungen an europäischen Höfen erschleiche[30]. Als typischer „Jesuitenteufel" wurde in Polen vor allem der durch seine legendäre Redegewalt und schriftstellerische Tätigkeit berühmte königliche Beichtvater Piotr Skarga betrachtet, der den Protestanten maßgeblich den Stempel von „Ketzern und Heiden" aufsetzte. Seine Visionen einer polnischen Theokratie und Erbmonarchie lösten selbst unter königstreuen Katholiken Befürchtungen aus, die Jesuiten planten einen Coup gegen die Republik[31]. Für die Vertreter der Religionstoleranz zählten die Jesuiten somit zu den inneren Feinden des Vaterlandes, gegen die sich 1606 aufständische Adelige in Sandomir gegen Sigismund III. konföderierten, um ihn von seinen Bestrebungen, eine absolute Monarchie zu errichten, abzubringen. Obwohl sich unter der Führung Janusz Radziwiłłs viele Protestanten anschlossen und der Streit um die Bestätigung und Ausdehnung der Konföderation von 1573 auf Nichtadelige einer der direkten Anlässe der Rebellion war, wurde der Rokosz von Teilnehmern aller Konfessionen getragen. Einer der Hauptorganisatoren war schließlich der Krakauer Wojewode und Katholik Mikołaj Zebrzydowski, der wie viele seiner Glaubensbrüder den Jesuiten keineswegs hold war.

Wie die Protestanten, so war zu Beginn des 17. Jahrhunderts auch der katholische Adel den neustoischen Lehren gegenüber sehr aufgeschlossen – allerdings mit gewissen Akzentverschiebungen. Mit großem Eifer griffen katholische Monarchisten und Konstitutionalisten Lipsius' Empfehlung auf, daß die Einheit der Religion der Geschlossenheit und Macht eines Staates nur zugute komme: Jedes Schiff brauche nur einen Steuermann. Im letzten Jahr des Polnisch-Schwedischen Krieges, 1659, veröffentlichte Łukasz Opaliński in Nachahmung Ciceros ein Werk unter dem Titel „De Officiis". Während er die konstitutionelle Monarchie als beste Regierungsform pries und die aktive Teilnahme an Regierungsgeschäften im Sinne Ciceros als Hauptmerkmal staatsbürgerlicher Tugend definierte, kopierte er wörtlich ganze Passagen aus Lipsius' Werken[32]. In Anbetracht

30 Consilium datum amico (wie Anm. 28) 2, 11-14.

31 OBIREK, Stanisław: Wizija kościoła i państwa w kazaniach ks. Piotra Skargi S.J. Kraków 1994, 166f. - TAZBIR, Janusz: Szlachta i Teologowie. Warszawa 1978, 224-226.

32 PRYSHLAK, Maria O.: Forma Mixta as a Political Ideal of a Polish Magnate: Łukasz Opaliński's „Rozmowa Plebana z Ziemianinem". In: Polish Review 26 (1981) 26-42. In einem Kapitel über die Religion folgt Opaliński dem französischen Jesuiten und Kardinal Robert Bellarmine, der maßgeblich an der Wiederbelebung des Thomismus Anteil nahm und 1619 „De officio principis Christiani" veröffentlichte, das er Sigmunds Sohn, dem Kronprinzen Władysław, widmete.

sinkender Teilnehmerzahlen von Senatoren in den Reichstagen[33] rief Opaliński dazu auf, die gemischte Verfassung zu verteidigen. Vor Machtmißbrauch und Tyrannei warnend, erblickte er im Senat das ideale Instrument zum Schutz vor Demokratie und absoluter Herrschaft, verstand aber gleichzeitig die Stärkung des polnischen Königs, die Einheit der katholischen Kirche und die Eliminierung aller „Sekten" in Polen-Litauen als eine politische und moralische Pflicht.

Der politische Konsensus überbrückte also manche konfessionellen Unterschiede. Obwohl die Zahl der protestantischen Mitglieder im 73köpfigen Senat zwischen 1569 und 1610 von 38 auf 8 gesunken war, und, nach kurzzeitigem Anwachsen auf 11 (1648), sich 1654 schließlich auf vier Protestanten reduzierte[34], zeigen neuerlich die Forschungen Wojciech Kriegseisens, daß entgegen traditionellen Behauptungen die katholische Konfessionalisierung des Landes keineswegs schnell voranschritt, sondern die Gleichheitsideologie des Adels das Überleben von örtlichen Gemeinden und „Dissidenten"-Zentren auch noch bis in das spätere 17. Jahrhundert – durch mehrere den Protestanten vorteilhafte Urteile der Adelsgerichte – ermöglichte[35].

Religionsfreiheit wurde jedoch in den seltensten Fällen den Bürgern und Bauern der privaten Adelsstädte und -dörfer gewährt. Als 1592 die Ländereien des verstorbenen litauischen Arianers Jan Kiszka in Nowogródek an die reformierten Radziwiłłs übergingen, wurde durch strenge Disziplinierungs- und Konfessionalisierungsmaßnahmen das Arianertum dort 1618 fast vollständig eliminiert. Die Verweigerung des wöchentlichen Kirchgangs, der Beerdigung, Heirat und Kindstaufe in der reformierten Kirche zog eine finanzielle Bestrafung der Untertanen nach sich. Dies hinderte die Familie der Radziwiłł jedoch nicht daran, in ihr politisches und wirtschaftliches Klientelsystem auch adelige Arianer und Antitrinitarier aufzunehmen sowie engen Kontakt mit Jesuiten zu pflegen, die Krzysztof Radziwiłł in Livland sogar vor den Schweden schützte. Schließlich sei, so argumentierte Radziwiłł, die Religion eine Sache der privaten Überzeugung und des persönlichen Gewissens – eine Freiheit, die er seinen als unmündig betrachteten nichtadeligen Untertanen aus Verantwortung für ihr Seelenheil verwehrte[36].

Weniger konfessionelle Skrupel bewiesen dagegen die zahlreichen protestantischen Adelsfamilien, die ihre Söhne auf Jesuitenschulen schickten, obwohl die protestantischen Konsistorien und Synoden dies zu verbieten suchten. Solche Versuche konfessioneller Disziplinierung waren in einer Ständegesellschaft, die an Religionstoleranz gewohnt war,

33 URWANOWICZ, Jerzy: Ideologia a działalność polityczna szlachty w czasach Zygmunta III wokół wartości ustrojowych. In: Między Monarchiją a Demokracją. Studia z dziejów Polski. Hg. v. Anna SUCHENI-GRABOWSKA und Małgorzata ŻARYN, Warszawa 1994, hier 179.

34 Historia Kościoła w Polsce. Bd. I (bis 1764), T. 2 (ab 1506). Hg. v. Ks. Bolesław KUMOR und Ks. Zdzisław OBERTYŃSKI, Poznań-Warszawa 1974, 345. Die Zahlen berücksichtigen nur die wichtigsten senatorischen Amtsinhaber und schließen die niedrigeren Kastellane aus.

35 KRIEGSEISEN, Wojciech: Ewangelicy Polscy i Litewscy w epoce Saskiej, 1696-1763. Sytuacja prawna, organizacja i stosunki międzywyznaniowe. Warszawa 1996, 19.

36 KOSMAN: Protestanci (wie Anm. 3) 25f. - WISNER, Henryk: Religijność i tolerancja Krzysztofa Radziwiłła hetmana Wielkiego Litewskiego wojewody Wileńskiego, 1585-1640. In: Zapiski Historyczne 60/1 (1995) 25-38, hier 34-36.

vergebliche Mühe[37]. Aus ähnlichen Motiven unterstützte der reformierte Abgeordnete Jasiński aus Großpolen im Warschauer Reichstag von 1626 die Verteidigung der Jesuiten durch König Sigismund III. gegen die Ansprüche der Krakauer Universität, die alleinige Bildungsstätte in der alten Hauptstadt zu bleiben: „In einer freien Republik kann jedermann Schulen eröffnen und frei unterrichten [...]. Władysław Jagiełło hatte das Recht, eine Universität zu gründen, ebenso steht es Sigismund frei, Jesuitenkollegien mit Privilegien ausstatten."[38] Trotz einer eindeutigen Adelsmehrheit im Reichstag gegen die Gründung eines Jesuitenkollegs in Krakau setzte sich Sigismund III. mit Hilfe des päpstlichen Nuntius und des polnischen Episkopats im Senat über alle Proteste hinweg, erklärte die Krakauer Universität für alle Tumulte und Unruhen in der Stadt verantwortlich und bestätigte die Privilegien der Jesuitenschule. Was der päpstliche Nuntius Ruggieri schon 1568 an den Vatikan geschrieben hatte, galt auch noch zu Beginn des 17. Jahrhunderts: „Die politische Macht der polnischen Könige ist eigentlich größer als sie sich den Anschein gibt, weil der König alle Ämter im Senat verteilt; damit verpflichtet er sich mit der Zeit alle Senatoren, die bald seinen Plänen folgen."[39] – Es wird dadurch deutlich, daß Konfessionalisierung in Polen-Litauen von komplexen Prozessen begleitet wurde, und auch gegen die sprichwörtliche Adelsmacht „von oben", vom Monarchen, erfolgreich vorangetrieben wurde.

Selbst so radikale Republikaner wie Stanisław Orzechowski, der behauptete, der polnische Adel schulde seinem Wahlkönig nicht mehr als das königliche Recht auf gerichtliche Klage, zwei Groschen pro Hube Land und das militärische Aufgebot[40], beklagte, daß „wir uneinige Leute sind; am Ende haben wir nicht einmal denselben Gott in Polen, und wir verstehen Verschiedenes darunter, und jeder glaubt, woran er will; und wo es Unterschiede im Glauben gibt, dort gibt es zwischen den Leuten weder Liebe noch Einigkeit"[41]. Orzechowski stimmte darin mit seinem ideologischen Widersacher Skarga überein, der ebenfalls betonte, daß gerade für einen parlamentarisch regierten Vielvölkerstaat wie die Rzeczpospolita die Religionseinheit lebenswichtig sei, um sich vor Anarchie und Desintegration zu schützen. Dieses Argument vertrat im 18. Jahrhundert auch noch der Bischof von Kiew, Józef Andrzej Załuski, als er meinte, daß es absoluten Monarchien viel leichter falle, mehrere Religionen im Staat zu tolerieren, weil solche Königreiche, um effektiv zu funktionieren, nicht so sehr auf die Einstimmigkeit ihrer Bürger angewiesen seien, wie dies in Polen-Litauen und dem *liberum veto* der Fall sei[42]. Mit seinem Appell an den polnischen Patriotismus übte Skarga einen großen Einfluß auf die Formulierung des Autostereotyps des katholischen Polen und einer spezifisch katholischen *Antemurale* aus. Der Notwendigkeit einer effektiveren Konsensfindung geopfert, mußte deshalb der

37 KOSMAN: Protestanci (wie Anm. 3) 31.
38 KWAK, Jan: Sejm warszawski 1626 roku. Opole 1985, 105.
39 OBIREK: Wizija kościoła (wie Anm. 31) 160.
40 ORZECHOWSKI, Stanislaw: Quincunx. In: Wybór Pism. Hg. v. Jerzy STARNIAWSKI, Wrocław-Warszawa 1972, 553-557, 573.
41 DERS.: Dyjalogi okolo egzekucyjej (1562). In: Wybór Pism (wie Anm. 40) 465.
42 KONOPCZYŃSKI, Władysław: Polscy pisarze polityczni XVIII wieku. Warszawa 1966, 263.

Nichtkatholik und „Häretiker" in Zukunft damit rechnen, als Feind und Verräter vom politischen Forum der Rzeczpospolita ausgeschlossen zu werden[43].

Obwohl keine Konfession ein eindeutiges Heim mit einer klar abgegrenzten gesellschaftlichen oder politischen Gruppe fand, war es nach der Niederlage des Rokosz von Sandomir nicht nur deutlich geworden, daß die Gleichberechtigung der Religionen in Polen-Litauen keine Zukunft hatte, sondern daß es gerade der Druck der katholischen Konfessionalisierung war, der die Rzeczpospolita weiter destabilisierte. Vor allem die Tridentinische Lehre, daß Ketzern gegenüber ein geschworener Eid nicht verpflichtend sei, öffnete eine Büchse der Pandora nicht nur für die konfessionellen Beziehungen in der Adelsrepublik, sondern hatte auch schwerwiegende politische Folgen. Falls der König von den Theologen und Bischöfen dem protestantischen Adel gegenüber vom Schwur auf die *pacta conventa* befreit werden könne, erschüttere dies die Rechtsgleichheit der Adelsnation und das gesamte konstitutionelle Fundament der Rzeczpospolita. Selbst Katholiken äußerten sich besorgt über diese Entwicklung. Skargas Gegner wurden nicht müde, darauf hinzudeuten, daß die Infragestellung der vom Reichstag im Interregnum beschlossenen Warschauer Konföderation das Fundament des Wahlkönigtums ins Wanken bringen könnte. Świętosław Orzelski betonte 1592, daß größer als die freie Wahl des weltlichen Herrschers durch den Adel die Freiheit des Gewissens sei, seinen himmlischen König und die Religion frei zu wählen[44]. Das Interregnum habe der Religionsfreiheit sogar eine stärkere Garantie verliehen, als je ein Schwur des Königs allein es vermocht hätte. Selbst für den Katholiken Aaron Alexander Olizarovius waren nicht die „Häretiker" die größten Sünder, sondern jene „Pseudopolitiker, die [...] das Nützliche der Wahrheit vorziehen, und die [...] die weltliche Macht der Religion voranstellen"[45].

Der Antitrinitarier Samuel Przypkowski verwies ebenso auf die schweren Konsequenzen der katholischen Konfessionalisierung, als er nach der Zerstörung des arianischen Zentrums in Raków 1638 schrieb: „Wenn dem Adel die Religionsfreiheit genommen wird, dann muß jeder *szlachcic* als nächstes um seinen freien Besitz bangen; denn was bringt dem Adeligen die Freiheit, wenn er nicht die Wahl der eigenen Religion und Art der Seelenrettung hat, sondern zwischen der Beleidigung seines Gottes und der Bestrafung durch seinen weltlichen König wählen muß?"[46]

Andererseits stellte sich unter den Protestanten der ersten Hälfte des 17. Jahrhunderts vielerorts eine Nostalgie für die Herrschaft der Jagiellonen ein, die vor der Einführung der *pacta conventa* und des Wahlkönigreiches regiert hatten: „Am Hof Sigismund Augusts fragte man nicht nach der Religion, und fast alle Bischöfe waren gemäßigten Geistes [...], überall war Freiheit für das Wort Gottes, wer sich daran erinnert [...], wird erkennen, von

---

43 MALISZEWSKI, Kazimierz: Uwagi o wyznaniowych aspektach zbiorowego wizerunku Niemców w Polsce XVI-XVII wieku. In: Acta Universitatis Wratislaviensis 1554, Historia CXIV (1993) 73-81.

44 KOROŁKO, Mirosław: Klejnot swobodnego sumienia. Polemika wokół konfederacji warszawskiej w latach 1573-1658. Warszawa 1974, 136.

45 De Politica Hominum Societate libri tres. Danzig 1651, Fii.

46 KOROŁKO: Klejnot (wie Anm. 44) 119.

welcher Majestät seine Herrschaft war [...]. All dies ist mit ihm untergegangen."[47] Als 1648, im Jahr des Westfälischen Friedens, in der Ukraine der Kosakenaufstand ausbrach, wurde er von vielen Befürwortern der religiösen Vielfalt als Strafe Gottes für die Unterdrückung der Dissidenten interpretiert, während mancher Katholik darin die Strafe Gottes für die Duldung Andersgläubiger erblickte. Der religiöse Hintergrund wurde in modernen ukrainischen Untersuchungen dieses Themas, in Verbindung mit dem Konzept eines angeblich nationalen Freiheitskampfes der Kosaken als Vorfahren der ukrainischen Nation oft übertrieben und verzerrt dargestellt[48]. Was aber auch von polnischer Seite selten zur Sprache kam, ist die Möglichkeit, daß die orthodoxen Kosaken nicht so selbstverständlich die Werte der *forma mixta* und der Rzeczpospolita teilten, wie dies der polnische Adel gern gesehen hätte. Wie sehr mit der für manche Kosakenführer attraktiveren politischen Kultur Moskaus der religiöse Inhalt des orthodoxen Christentums verflochten war, spiegelt sich in dem Vergleich der politischen Verfassungen und Religionen durch den Moskauer Botschafter in Polen, Vasilij Tjapkin, wider: Der Zar sei wie die Sonne, um die sich alles drehe, wie um Gott als Zentrum des Universums. Die Polen dagegen beschuldigte er der Blasphemie, da sie ihren König wählten und ihm infolgedessen die göttliche Macht absprachen. Wer keinen gottgegebenen Herrscher habe, könne auch nicht an Gott selbst glauben[49]. Daß die Kosaken solche Rufe nach einem starken Monarchen übernahmen, womit sie besonders die katholischen Republikaner im polnischen Sejm verschreckten, zeigt der Appell des Kosakenführers Bogdan Chmel'nickij an Władysław IV., absolute Macht zu übernehmen, um für seine ruthenischen Untertanen endlich Gerechtigkeit zu schaffen[50]. Den Führern des ruthenisch-orthodoxen Adels war bewußt, daß ihre religiöse und politische Kultur, ihre Geschichte und Sprache in der Rzeczpospolita einen gesonderten Platz einnahmen, der aber, Seite an Seite mit dem der Protestanten, in der Warschauer Konföderation anerkannt worden war. Daß jedoch auch von polnischer Seite religiöse Auseinandersetzungen als der Hauptgrund für die Entfremdung der Kosaken von der Rzeczpospolita vermutet wurde, findet sich bei Andrzej Maximilian Fredro, der Lipsius' Argument der Religionseinheit aufgriff, aber das Problem einseitig von der römisch-katholischen Perspektive anging: „Eine Vielfalt der Religionen in einem Königreich ist nicht nützlich [...]. Die wichtigste Ursache des Krieges zwischen uns und den Kosaken entsprang der Verschiedenheit der Ruthenischen Religion".[51] Die Union von Brest (1595) entsprang jedoch ursprünglich weder einer Initiative

47 Zitat einer Schrift aus dem Jahr 1606, JOBERT: De Luther (wie Anm. 3) 188.

48 Zur Kritik der nationalistischen ukrainischen Historiographie SYSYN, Frank: Between Poland and the Ukraine. The Dilemma of Adam Kysil, 1600-1653. Harvard 1985, 213. - Vgl. auch KAMIŃSKI, Andrzej Sulima: The Cossack Experiment in Szlachta Democracy in the Polish-Lithuanian Commonwealth: The Hadziach (Hadziacz) Union. In: Harvard Ukrainian Studies 1/2 (1977) 178-197, hier 195.

49 JOBERT: De Luther (wie Anm. 3) 172f.

50 KAMIŃSKI, Andrzej Sulima: The Polish-Lithuanian Commonwealth and Its Citizens (Was the Commonwealth a Stepmother for Cossacks and Ruthenians?). In: Poland and Ukraine. Past and Present. Hg. v. Peter POTICHNYI, Edmonton 1980, 32-57, hier 44.

51 FREDRO: Scriptorum seu Togae [...] Fragmenta (wie Anm. 13) 298.

der polnischen Krone noch des Vatikans, sondern wurde – in Zusammenarbeit mit polnischen Bischöfen – von einigen ruthenischen Bischöfen selbst betrieben. Die unierte Kirche war aber ein Mißerfolg und wurde keineswegs als Ausdruck einer engeren politischen Verbindung Litauens mit Polen begriffen. Lew Sapieha schrieb 1622, daß die Union „nur Bitterkeit brachte, und wir wünschen, wir hätten nie davon gehört; was für eine Union, die ständig Uneinigkeit und Streit in dieser Republik hervorruft!“[52] Unierte Bischöfe wurden nicht in den Kronsenat aufgenommen, und viele Ruthenen zogen die Konversion zum römischen Katholizismus der unierten Kirche vor. Die unter dem Einfluß polnischer Jesuiten und der Attraktivität der polnischen politischen Kultur sich verbreitende Katholisierung war zum Teil auch Ursache eines Generationskonfliktes. Sogar der Sohn des einflußreichsten orthodoxen Senators, Konstantin Ostrogski, Wojewode von Kiew (†1608), der die orthodoxe Akademie von Ostróg errichtet hatte, konvertierte zum römischen Katholizismus.

Die Hauptursache des Kosakenaufstandes lag aber nicht allein in der Religion, sondern auch in der politischen Geringschätzung der Zaporoger Kosaken, die vom polnischen Adel und Sejm nicht als gleichberechtigte adelige Brüder anerkannt wurden. Vor allem nichtregistrierte Kosaken fühlten sich für ihren militärischen Dienst an der Rzeczpospolita undankbar behandelt. Andererseits hielten einige einflußreiche Kosakenführer trotz ihres orthodoxen Glaubens der Republik politisch die Treue. Als Vertreter des orthodoxen Adels begründete Georgius (Jurij) Niemierycz während der Sejm-Sitzung im April 1659 die Entscheidung eines Teils der kosakischen Dissidenten, von der Moskauer Tyrannei Abstand zu nehmen: „Diß einzige Special hat E[hr]w[ürdige] Königl[iche] May[es]t[ä]t Herrschafft, daß selbige der Freyheit halben vor anderen in der gantzen Welt berühmet ist, und hierzu dem Göttlichen Regiment gleich [...]. Wir sind in der Freyheit geboren und auffgezogen, seynd wir auch bereit unser Leben auffzusetzen [...], wann nemlich bey der Freyheit auch die Gleichheit als unter Brüdern wird in Acht genommen werden, [...] daß auch andere Nationen nach unserem Exempel herzu treten und sich vor Euer Königl[ichen] May[es]t[ä]t Thron bücken und um dieses unschätzbaren talents und kleinots wegen der löblichen Krohn Polen umbhalsen und küssen möchten. Es kehret itzt der verlohrne Sohn wieder zu seinem Vater, es kehret das verirrete Schäflein wieder zu seinem wachsamen Hirten.“[53]

Diese Loyalitätserklärung bewirkte wenig. Die Union von Hadziacz, die 1658 als eine politische Aussöhnung mit den Kosaken intendiert war, war vor allem am Desinteresse des polnischen Adels im Sejm gescheitert, der nun eindeutig von katholischer Seite

52 JOBERT: De Luther (wie Anm. 3) 351.

53 Reden des Georgius Niemierycz, Abgesandter der Zaporovvischen Kozaken vom Großfürstenthumb Reußlandt (13. April 1659) und Stefan Niemieryczen Obr[isten] über der Reuterey, Comm[andant] des Schlosses Krakau und Abgesandter, nach Außländischer Art dienenendem Polnischen Kriegs-Heer; o.O. 1659, adl. 3. - Eine umfangreiche Behandlung der Kosakenfrage bei KUMKE, Carsten: Führer und Geführte bei den Zaporoger Kosaken. Berlin 1993. - Zum Vergleich mit den politischen Ideen und der Loyalität zur Rzeczpospolita im Königlichen Preußen FRIEDRICH, Karin: The Other Prussia. Poland, Prussia and Liberty, 1569-1772. Kapitel VI (Loyalties in Times of War) (im Druck).

dominiert wurde. Das ursprünglich theologische und politische Interesse der protestantischen Dissidenten, mit den Orthodoxen ein informelles Handlungsbündnis zu schließen, hatte sich auf kleine Kreise, vor allem auf die königlich preußischen Städte, die litauischen Calvinisten und einige Adelige aus Großpolen beschränkt. Es wurde als ein schlechtes Omen gedeutet, daß der Friedensstifter unter den Religionen, Hugo Grotius, am Eröffnungstag des Religionskolloquiums von Thorn 1645 verstarb. Piotr Mohyła, Metropolit von Kiew seit 1633, brachte das Problem, das die religiös, national und politisch gespaltene Rzeczpospolita plagte, auf den folgenden Nenner: „Union und Einigkeit sind zwei verschiedene Dinge. Einigkeit schließt Vielfalt aus, während eine Union den unterschiedlichen Charakter verschiedener Mitglieder respektiert. Die Union zwischen den Ruthenen und der lateinischen Kirche in Polen scheiterte, weil sie den Charakter einer Union verletzte, da sie nicht an der Bewahrung der orthodoxen Religion, sondern an ihrer erzwungenen Veränderung interessiert war."[54]

Einen Erfolg für die religiöse Toleranz versprach sich Mohyła nur von einer politischen Union des multikonfessionellen Adels, nicht von den Bischöfen und den Synoden oder gar vom König. In der Tat war trotz ihres nicht zu unterschätzenden Einflusses für die polnisch-litauischen Dissidenten nicht die Konfessionalisierung des Landes durch die katholischen Könige, Hofprediger und Bischöfe am gefährlichsten. Obwohl die Rekatholisierung des Adels in allen Provinzen der Republik am Ende des 16. und zu Beginn des 17. Jahrhunderts große und andauernde Erfolge erzielte, war die Konfessionalisierung der Verfassungs- und Staatslehre und der politischen Kultur selbst das wirksamste Instrument gegen die Fortdauer der religiösen Toleranz. Die Assoziierung der katholischen Lehre vom freien Willen mit dem *liberum veto*, das Fredro so glänzend verteidigte, sowie die Identifizierung mit feindlichen Mächten und ihren freiheitswidrigen Verfassungen und nichtkatholischen Religionen – den lutherischen Schweden, dem calvinistischen Kurfürsten von Brandenburg, den orthodoxen Moskowitern und den „heidnischen" Osmanen mit ihren absoluten Herrschaftssystemen – all das brachte die Nichtkatholiken als Verräter der adeligen Freiheit und des Vaterlands in Verruf. Skargas sakralisierte Auffassung vom polnischen Vaterland wurde der Szlachta vor allem dann verständlicher, als sie sich zu Beginn des 17. Jahrhunderts immer stärker von den benachbarten nichtkatholischen Mächten bedroht fühlte. Im späten 17. und im 18. Jahrhundert hatte diese religiös-patriotische Identifizierung schließlich zur Folge, daß sich der politische Zusammenhalt auch entlang nationaler Linien zu lockern begann.

Trotz allem möchte ich davor warnen, das im 19. Jahrhundert entworfene nationalistische Bild des katholischen Polen undifferenziert auf frühere Jahrhunderte rückzuprojizieren. Die Kurzlebigkeit der evangelischen Konfessionalisierung im Polen-Litauen des 16. und 17. Jahrhunderts wurde bisher auf die Uneinigkeit der Protestanten und ihren Mangel an rechtlicher und organisatorischer Kohärenz zurückgeführt. Es gab jedoch keine eindeutigen und raschen Siege. Nicht nur der ambivalente Ausgang des Rokosz von Sandomir, sondern auch noch der Tumult in Thorn über ein Jahrhundert

54 JOBERT: De Luther (wie Anm. 3) 396.

später, im Jahr 1724, legen davon Zeugnis ab. Die Niederlage der Thorner Lutheraner war keineswegs permanent. Nach mehreren Jahren der Verzögerungstaktik hatten die Evangelischen immer noch die deutliche Übermacht im Stadtrat, und Katholiken wurden weiterhin politisch und sozial benachteiligt –, was immer die preußisch-protestantische Propaganda verbreitet haben mag. Der Konfessionalisierungsprozeß in Polen-Litauen zog sich, gerade durch den Mangel an zentraler Steuerung und stringenter Organisation, in die Länge. Selbst im 18. Jahrhundert war die Rzeczpospolita, der allzu leicht sarmatische Fremdenfeindlichkeit und ein Mangel an westlicher Aufklärungskultur nachgesagt wird, für die Angehörigen nichtkatholischer Konfessionen im europäischen Vergleich das geringere Übel. Nicht der Mangel an Modernisierungsprojekten, sondern gerade der Versuch einiger einflußreicher Gruppen, die Reform der polnisch-litauischen Adelsnation durch größere religiöse und nationale Homogenität zu erzwingen, einem westeuropäischen Verfassungsmuster anzugleichen und sich über die traditionelle religiöse und politische Vielfalt hinwegzusetzen, unterhöhlte die Stärke der ständischen Mischverfassung.

Die lutherisch-katholisch-reformierte Rivalität im Bereich der bildenden Kunst im Gebiet von Danzig um 1600

Katarzyna Cieślak zum Gedenken

Sergiusz Michalski

In der Zeit um 1600 bildete sich in Danzig und der umliegenden Region, zu der die nähere Umgebung der Stadt, aber auch Bereiche des Königlichen und des Herzoglichen Preußen zählten, eine im damaligen Europa einmalige Konstellation heraus: Die drei wichtigsten christlichen Konfessionen waren auf diesem kleinen Territorium, das im Mittelalter noch eine relativ einheitliche Kunstlandschaft gebildet hatte, vertreten und verwendeten in den religiösen und politischen Auseinandersetzungen die besonderen Ausdrucksmöglichkeiten der Kunst.

Seit den dreißiger Jahren des 16. Jahrhunderts dominierten in Danzig die Lutheraner. Im Gegensatz zu ihnen bildeten die Altgläubigen eine im öffentlichen Leben wenig präsente, aber immerhin geduldete Minderheit. Je weiter von der Stadt entfernt, desto stärker war die Position des Katholizismus, der nach 1600 Zulauf von verschiedenen karrierebewußten Adelsfamilien erhielt. In Danzig selbst besetzte seit 1580 eine immer aktivere calvinistische Minderheit allmählich die wichtigsten Schaltstellen der Macht. Dieser schleichende Prozeß – jüngst in hervorragender Weise von Michael G. Müller untersucht[1] – wurde 1612 durch eine von den Lutheranern herbeigeführte Intervention der polnischen Krone gestoppt und rückgängig gemacht. Im selben Jahr verwies der Stadtrat die Jesuiten aus der Stadt. Unter bestimmten Perspektiven kann man diesen Vorgang als frühes Beispiel eines zentristischen Befreiungsschlages gegen politische und konfessionelle Extreme auffassen. Doch auch auf dem Höhepunkt der reformierten Machtausübung, in den Jahren um 1605/10, blieb Danzig eine überwiegend lutherische Stadt. Alle drei Konfessionen führten komplizierte und facettenreiche kulturpolitische Auseinandersetzungen, zu denen sowohl die Frage nach der Rechtmäßigkeit der religiösen Kunst (Bilderfrage) als auch das Problem des Kunstmäzenatentums gehörten.

In Danzig waren es vor allem die Lutheraner, die die calvinistische Bilderfeindlichkeit fürchteten[2], denn in den neunziger Jahren des 16. Jahrhunderts kam es zu mehreren reformierten Versuchen, religiös motivierte Bildentfernungen aus bisher lutherischen – oder zwischen beiden Konfessionen umstrittenen – Kirchen durchzusetzen. So wurde

---

1 MÜLLER, Michael G.: Zweite Reformation und städtische Autonomie im Königlichen Preußen. Danzig, Elbing und Thorn in der Epoche der Konfessionalisierung (1557-1660). Berlin 1997.

2 CIEŚLAK, Katarzyna: Wittenberga czy Genewa? Sztuka jako argument w sporach gdańskich luteran z kalwinami na przełomie XVI i XVII wieku. In: Sztuka miast i mieszczaństwa XV-XVIII wieku w Europie Środkowowschodniej. Hg. v. Jan HARASIMOWICZ, Warszawa 1990, 283-302, bes. 285-287.

etwa von den Reformierten der Hauptaltar der Trinitatiskirche geschlossen. Dies stellte die typische Vorstufe einer späteren Bildentfernung oder sogar Bildvernichtung dar, dasselbe wurde – allerdings vergeblich – mit dem Hauptaltar der Marienkirche versucht. In der Peter-und-Paulskirche wiederum wurde der Hauptaltar – unter dem Vorwand, daß er beschädigt sei – durch eine für reformierte Kirchen typische Inschriftentafel mit dem Dekalog ersetzt. Die durch diese Maßnahme herausgeforderten lutherischen Handwerker rebellierten und erzwangen schließlich die Restitution des alten Altars, nur die früher angebrachte Marienfigur blieb disloziert. Bilderfeindliche Predigten reformierter Geistlicher führten außerdem zu mehreren Tumulten, beispielsweise in der Bartholomäuskirche. In diesem Zusammenhang können ferner die öffentlich ausgetragenen Polemiken zwischen den reformierten Predigern Michael Coletus und Jakob Adam sowie dem Lutheraner Johannes Walther, die ihren Niederschlag in einer polemischen Broschüre Walthers fanden, erwähnt werden.

Die Bedeutung der Bilderfrage wurde auch durch die Ereignisse in unmittelbar benachbarten Gebieten und im restlichen Europa unterstrichen. Im Herzogtum Preußen ließ um 1610 Burggraf Fabian von Dohna in Deutschendorf Bilder aus der Kirche entfernen, ein weiteres Mitglied dieser Familie (Abraham von Dohna) gehörte 1613 zu den entschiedenen Befürwortern des Konfessionswechsels von Johann Sigismund von Brandenburg – damit schienen im ganzen Herzogtum Preußen reformierte Bildentfernungen bevorzustehen, denn die Nachricht von den Bilderstürmen in den verschiedenen Territorien Mitteleuropas in den Jahren um 1600 (unter anderem Oberpfalz, Hessen-Kassel, Lippe) war zweifellos auch nach Danzig gedrungen[3]. Dies waren die Rahmenbedingungen, in denen sich die Konfrontationen der drei Konfessionen im Bereich der Kunst abspielten.

Die Ausstattung des Rechtstädtischen Rathauses in Danzig ist seit den sechziger Jahren dieses Jahrhunderts Gegenstand einer intensiven Forschungsdebatte[4]; eine kritische Bestandsaufnahme dieser Diskussion mit weiterführenden Analysen wurde 1996 von

---

3 MICHALSKI, Sergiusz: Der protestantische Bildersturm. Versuch einer Übersicht. In: Bilder und Bildersturm im Spätmittelalter und in der frühen Neuzeit. Hg. v. Bob SCRIBNER und Martin WARNKE, Wiesbaden 1990, 69-125, hier 111-114. - HARASIMOWICZ, Jan: Contra calvinianorum idolomachiam. Die Bilderstürme der zweiten Reformation und die lutherische Kunst um 1600. In: Les iconoclasmes. Hg. v. Sergiusz MICHALSKI, Strasbourg 1992 [[1]1989], 151-170.

4 TOMKIEWICZ, Władysław: Alegoria Handlu Gdańskiego Isaaka van den Blocke. In: Biuletyn Historii Sztuki 16 (1954) 404-419. - DERS.: Realizm w malarstwie gdańskim przełomu XVI i XVII wieku. In: Studia Pomorskie. Bd. 2. Hg. v. Michał WALICKI, Wrocław 1957, 113-220. - IWANOYKO, Eugeniusz: Gdański Okres Hansa Vredemana de Vries. Poznań 1963. - SIKORSKA, Helena: Apoteoza Łączności Gdańska z Polską. In: Biuletyn Historii Sztuki 30 (1968) 228-230. - IWANOYKO, Eugeniusz: Apoteoza Gdańska. Gdańsk 1976. - DERS.: Sala Czerwona Ratusza Gdańskiego. Wrocław 1986. - GRZYBKOWSKA, Teresa: Złoty wiek malarstwa gdańskiego na tle kultury artystycznej miasta 1520-1620. Warszawa 1990, 108-137.

Susan Tipton unternommen[5]. Dabei ist unbestritten, daß der 1594/95 geschaffene Bilderzyklus des Hans Vredeman de Vries einen deutlich reformierten Einschlag aufweist. Es sei in diesem Zusammenhang nur darauf verwiesen, daß in zwei Bildern des insgesamt siebenteiligen Zyklus auf die Bilderfrage im reformierten Sinne eingegangen wird: In der Darstellung der „Justitia" – der ersten Darstellung, die zugleich als Leitbild fungiert – weist die Inschrift (Lev. 26.1, 2.14) auf das alttestamentarische Bilderverbot hin und suggeriert somit dessen andauernde Verbindlichkeit für das Danziger Stadtregiment. In der darauffolgenden Darstellung der „Pietas" (Abb. 1) wird die zentrale Bedeutung der Bilderfrage für die zu treffende Unterscheidung zwischen der „vera" und der „ficta religio" zum zentralen Motiv des Bildes. Man sieht dort König Josias, der – nachdem ihm die wiederentdeckten Bücher Mose vorgelegt worden sind – gerade die Entscheidung trifft, die bilderfreundlichen und heidnischen Kulte mit Stumpf und Stiel auszurotten. Auf das Wirken dieses Königs und auf seine „Götzensäuberungen" beriefen sich im 16. Jahrhundert die reformierten Herrscher und die Stadtobrigkeiten bei bilderstürmerischen Vorgängen.

Im Gegensatz zu den von Susan Tipton geäußerten Argumenten sprechen jedoch einige Gründe dafür, weiterhin die These zu vertreten, daß das zentrale Deckenbild der 1608 von Isaac van den Blocke geschaffenen Dekoration des Ratssaales reformiertes Gedankengut zeigt (Abb. 2)[6]. Die Position der Stadt auf dem Bogen und der ihr gewährte himmlische Schutz transponierten das Idealbild einer „jerusalemähnlich" hervorgehobenen Stadtgemeinde, die in ihrer faktischen Isolation einen Ausweis der ihr von Gott zugestandenen Vorbildlichkeit sieht. Ähnliche, wenn auch vielleicht nicht so triumphierende Töne, wurden in den Ansichten der zweiten, diesmal realiter reformierten Stadtgemeinde, nämlich von Genf, vor allem nach der „Escalade" von 1602 angeschlagen[7]. Der Regenbogen, der die Stadt mit dem Himmel verbindet („Coelesti iungimur arcu"), ist ein Symbol des Noahbundes. Doch wie dies der Theologe Gerhard von Rad formulierte, „unterscheidet sich [dieser Noahbund] aber vom Abrahambund oder Sinaibund und allen anderen Bünden. Waren dort einzelne oder das Volk ganz persönlich in ein Gemeinschaftsverhältnis mit Gott berufen und somit vor die Frage der Bejahung dieser Ordnung gestellt, so steht das Zeichen des Noahbundes durchaus ohne eine bekennende Aneignung seitens der irdischen Partner hoch über dem Menschen zwischen dem Himmel und der Erde als Unterpfand einer rechten gratia praeveniens (dem Willen zuvorkommender Gnade)"[8].

5 TIPTON, Susan: Res publica bene ordinata. Regentenspiegel und Bilder vom Guten Regiment. Rathausdekorationen in der Frühen Neuzeit. Hildesheim-Zürich-New York 1996, 151-157, 239-292.

6 MICHALSKI, Sergiusz: Gdańsk als auserwählte Christengemeinschaft. In: Ars Auro Prior. Studia Ioanni Białostocki Sexagenario Dicata. Hg. v. Juliusz A. CHROŚCICKI u.a., Warszawa 1981, 509-516.

7 GENEGUAUD, Jean-Etienne: Visages de Saint-Pierre. Genève 1980, 13-27.

8 RAD, Gerhard von: Das Erste Buch Mose – Genesis. In: Das Alte Testament Deutsch. Neues Göttinger Bibelwerk, Göttingen 1976, 101.

Mit diesem biblischen Symbolbezug wird der Regenbogen[9] – dies wurde von Tipton übersehen – im Rahmen der reformierten sogenannten Bundestheologie zum Inbegriff der im Vergleich zu den Lutheranern besonders rigorosen calvinistischen Verwerfung der Werkgerechtigkeit. Es erscheint nur folgerichtig, daß Luther einen solchen Symbolbezug des Regenbogens nicht kannte und daß dieser dagegen bei Calvin eben im Sinne der „gratia praeveniens" auftritt, als „Zeichen seiner Gnade, das Er nach seinem alleinigen Willen und Wahl allen Kreaturen gegeben"[10] habe.

Das zentrale Deckenbild Isaac van den Blockes entstand zwar 1608, das ikonographische Konzept muß jedoch einige Jahre früher, noch während der Blütezeit des Danziger Calvinismus, formuliert worden sein. 1612 folgte die Niederlage des Calvinismus. Es ist sehr wahrscheinlich, daß eine weitere, sich jetzt im Germanischen Nationalmuseum in Nürnberg befindliche Deckendekoration[11] des van den Blocke diese besondere Übergangssituation der Jahre um 1612 widerspiegelt. Sie war für ein städtisches Haus oder eine städtische Einrichtung bestimmt und zeigt ikonographische Themen und Formeln, die einen unterschiedlichen konfessionellen Hintergrund besitzen könnten. So ist die Darstellung Salomos im Tempel eher reformierten Vorstellungen verpflichtet, diejenige der zu Christus gebrachten Kindlein zeigt dagegen ein traditionell lutherisches Motiv.

Zu den weitverbreiteten Gewißheiten im Bereich der Typenforschung gehört die Überzeugung, daß die bilderlosen Schriftepitaphien dieser Zeit in der Regel calvinistische Auftraggeber besaßen[12]. Doch diesbezüglich gestaltete sich die Lage in Danzig in recht unterschiedlicher Weise. Vor 1612 gab es eine ganze Reihe calvinistischer Schriftepitaphien, doch in der dritten Dekade des Jahrhunderts kam der Typ des barocken, dekorativen Inschriftenepitaphs auf, das keine konfessionellen Grenzen mehr kannte.

In den ihnen verbliebenen Kirchen (in der Marienkirche herrschte um 1600 ein merkwürdig unbestimmter lutherisch-reformierter Simultanzustand) befleißigten sich die Lutheraner einer deutlich anticalvinistischen Sprache, antikatholische Akzente findet man dagegen sehr selten. So betonte die Inschrift auf dem Hauptaltar der Johanniskirche die Bedeutung der religiösen Kunst für die Propagierung des Glaubens – diese diene dem „Gedächtnis und der Erinnerung". Es war dies eine klassische lutherische Formulierung mit deutlich antibilderstürmerischer Spitze.

Auch die Hervorhebung des Abendmahls als des zentralen Hauptaltarbildes (im typisch lutherischen Altarschema trat das „Abendmahl" in der Predella auf) geht zweifellos auf die Erfordernisse der anticalvinistischen Polemik in der beide Konfessionen trennenden Abendmahlsfrage zurück (Hauptaltar in St. Barbara, 1613). Wichtiger jedoch scheint der Umstand, daß sowohl in ausdrücklich so bezeichneten Bildern („Allegorie des Guten

---

9 Dazu auch MICHALSKI, Sergiusz: Protestancka symbolika tęczy. In: Rocznik Historii Sztuki 15 (1986) 287-293. - STREHLE, Stephan: Calvinism, Federalism and Scholasticism. A Study of the Reformed Doctrine of the Covenant. Bern 1988.

10 CALVINIS Ioannis Opera quae Supersunt omnia. Bd. 40, Brunsvigae 1889, 58f.

11 GRZYBKOWSKA: Złoty wiek malarstwa (wie Anm. 4) 132f., Abb. 71-79, bes. Abb. 78 (ohne ikonographische Analyse).

12 CIEŚLAK, Katarzyna: Kościół - cmentarzem. Sztuka nagrobna w Gdańsku (XV-XVIII w.). „Długie trwanie" epitafium. Gdańsk 1992, 32, 59-69.

und des Schlechten Weges", 1610, ehemals St. Katharinen) als auch in Form ikonographischer Bestandteile anderer Themen wie z.B. des grandiosen „Jüngsten Gerichtes" von Anton Möller[13] (1602/03, ehemals Gerichtslaube des Artushofes) das besondere Motiv der Wahl des rechten Weges plötzlich zum Vorschein kommt und an Wichtigkeit gewinnt. In Möllers „Jüngstem Gericht"[14] erhielt dieses an sich konventionelle Thema eine prononciert lutherisch-moralisierende Wendung. Anstatt der althergebrachten Szene einer Teilung in Gerechte und Verdammte und des Urteilsvollzuges über die letzteren zeigt Möller hier – um die Gestalt der „Frau Welt" herum – eine Ansammlung von Personifikationen der Laster und Tugenden, von denen die ersteren die „via mortis" und die letzteren die „via vitae" wählten. Auf der Seite der Tugenden exponierte Möller vor allem den Glauben und die Liebe, während die Hoffnung in die hinteren Reihen zurückgesetzt wurde – eine Konstellation, die auch auf Möllers späterer „Almosentafel" zum Tragen kommen wird. Auf der Seite der Gerechten fällt im Hintergrund die Darstellung Christi als des Guten Hirten auf. Dieses um 1600 eher seltene Thema muß für die Danziger Lutheraner eine besondere symbolische Aussagekraft besessen haben, denn es trat bald darauf (1617), um die Darstellung des bedrohten Schafstalles erweitert, auf der Kanzel von St. Johannis[15] auf. Vielleicht spiegelte es die lutherischen Ängste angesichts der politischen Offensive des Calvinismus wider.

Die Laster gruppieren sich auf der rechten, visuell dominanten Seite des Bildes; sie werden von der Superbia angeführt, was im Danziger Kontext einen deutlichen antipatrizischen Zug darstellt. Unter ihnen erscheint die „Incredulitas" (Unglauben): Ein Mann durchbohrt blindwütig mit einem Dolch ein Kruzifix. Deutlicher hätte die Kampfansage an den bilderfeindlichen Calvinismus nicht ausfallen können!

Im Bestreben, die Frage nach der Wahl des rechten Weges gegen die reformierte Prädestinationslehre in Stellung zu bringen, gingen die Danziger Lutheraner mitunter sehr weit, bis zu Positionen, die der katholischen Werkgerechtigkeitslehre nahekamen. In dem hier erwähnten Bild aus der Katharinenkirche wird allerdings die generelle Aussage noch durch kleinere, satirisch antikatholische Elemente ausbalanciert; so sieht man etwa unter den Figuren, die den falschen Weg gewählt haben, auch den Papst.

---

13 Zu Möller vgl. GYSSLING, Walter: Anton Möller und seine Schule. Ein Beitrag zur Geschichte der niederdeutschen Renaissance-Malerei. Straßburg 1917. - LABUDA, Teresa: Antoni Möller, malarz gdański przełomu XVI i XVII wieku. Phil. Diss., Poznań 1991. - HARASIMOWICZ, Jan: Der Danziger Maler Anton Möller als Bürger seiner Stadt und eifriger Moralist im Geiste der lutherischen Reformorthodoxie. In: Art, Religion, Société dans l'espace germanique au XVIe siècle. Hg. v. Frank MULLER, Strasbourg 1997, 77-105.

14 GYSSLING: Anton Möller (wie Anm. 13) 51-54, und LABUDA, Teresa: Sąd Ostateczny Antoniego Möllera z Dworu Artusa w Gdańsku. Problemy ikonografii. In: Gdańskie Studia Muzealne 4 (1985) 69-78.

15 DROST, Willi: Kunstdenkmäler der Stadt Danzig. Bd. 1, Sankt Johann in Danzig. Stuttgart 1957, 43-46. - CIEŚLAK, Katarzyna: Die Kanzel in der St. Johanniskirche in Danzig (um 1616) – ihre Ikonographie und ihre Beziehungen zum religiösen Leben der Stadt. In: Geschichte des protestantischen Kirchenbaues. Festschrift für Peter Poscharsky zum 60. Geburtstag. Hg. v. Klaus RASCHZOK und Reiner SÖRRIES, Erlangen 1994, 243-250.

In Anton Möllers großer „Almosentafel“ (Marienkirche, 1607, Abb. 3)[16] wird dagegen unverhohlen die Bedeutung der Werke der Barmherzigkeit für das Gnadenheil gezeigt. Mehr noch als der katholische Inhalt ist es die Form mit ihrer Angleichung an die Formen der katholischen Visualität, die Erstaunen erregt. Die zentrale Figur der „Caritas“ offenbart eine geradezu demonstrative Anlehnung an das Schema der stehenden Marienfiguren. In den Anfangsstadien der protestantischen Kunst, bis in die sechziger Jahre des 16. Jahrhunderts, ist der analoge Vorgang – die Wahl des Marienschemas für die „Caritas“ – sozusagen in unreflektierter Weise, durch einfache Formgravitation, zustande gekommen. Im Jahre 1607, auf dem Höhepunkt der reformierten Machtausbreitung in Danzig, muß er jedoch als bewußter Bestandteil einer demonstrativen lutherischen Gegenstrategie gesehen werden. Auch die Anspielung der „Almosentafel“ an das Motiv der Jesse-Wurzel enthält altgläubige Elemente. Die in dieser Pose dargestellte „Fides“ hält in demonstrativer Weise ein kleines Kruzifix, das im „Jüngsten Gericht“ dem Wüten des „Unglaubens“ zum Opfer gefallen war.

Im aufgeklappten Buch erscheint am rechten unteren Bildrand ein Bildnis des Heiligen Paulus nebst einer Stelle aus dem Neuen Testament (Gal. 6,6), die ausdrücklich auf den „Glauben, der durch die Liebe tätig ist“, verweist. Durch die Berufung auf diese für das lutherische Selbstverständnis zentrale Schriftstelle und auf den Heiligen Paulus wird das – in visueller Hinsicht altgläubig anmutende Bild – im protestantischen Sinn theologisch abgesichert.

Der schon erwähnten Kanzel in der Johanniskirche (1617, Isaac van den Blocke) kam im Rahmen der Gegenoffensive des Danziger Luthertums eine besondere Bedeutung zu. Die Kanzel hatte ein umfangreiches Bildprogramm mit insgesamt zwölf Darstellungen, von denen zwei sich mehr oder weniger direkt auf die Auseinandersetzungen mit den Calvinisten bezogen („Schafstall Christi“, „Predigt Pauli in Athen“). Vor allem die letztere biblische Szene spiegelte leitmotivisch den Konflikt zwischen den beiden Konfessionen und seine Auswirkungen auf die Bilderfrage wider. In seiner Predigt hatte der Heilige Paulus den Götter- und Götzenkult verdammt, doch von einem Aufruf, die heidnischen Statuen sofort zu beseitigen, wohlweislich Abstand genommen. Luther hatte die Relevanz dieser Bibelstelle für die Kontroversen um die Modi der Bildbeseitigung entdeckt und in seinen Polemiken gegen die Bilderstürmer benutzt; einige seiner Anhänger hielten dieses – eher verfahrenstaktische Beispiel – jedoch für ein sehr starkes skripturales Argument. Ihnen folgte der Autor des Bildprogramms der Kanzel, der kämpferische Pfarrer von Sankt Johannis, Johannes Walther. Seine 1613 verfaßte anticalvinistische Kampfschrift „Rettung der rechten, wahren, Göttlichen Lehre Jesu Christi und alten Christlichen in der Evangelischen Kirchen gebreuchlichen Ceremonien“[17] widmete der Bilderfrage zwei

16 LABUDA, Teresa: „Tablica Jalmużnicza“ Antoniego Möllera z kościoła Mariackiego w Gdańsku. Problemy ikonografii. In: Gdańskie Studia Muzealne 3 (1981) 141-156.

17 WALTHER, Johannes: Rettung der rechten, wahren, Göttlichen Lehre Jesu Christi und alten Christlichen in der Evangelischen Kirchen gebreuchlichen Ceremonien [...]. Rostock 1613. Die beiden Kapitel zur Verteidigung der Kirchenkunst tragen die Überschrift: „Von den Altarn“ bzw. „Von Bildern und Gemählden in den Kirchen“. Über die Predigt des Paulus in Athen

komplette Abschnitte, in denen auch an prominenter Stelle das paulinische Argument hervortrat.

Seit den siebziger Jahren des 20. Jahrhunderts ist viel über eine Gruppe von Danziger Allegorien geschrieben worden. Die vier in der Regel zu ihr gezählten Bilder („Allegorie der Hoffart", Nationalmuseum Danzig; „Allegorie der Hoffart", „Allegorie des Reichtums", „Modell der Welt", alle Nationalmuseum Posen) präsentieren eine mit vanitativen Motiven unterlegte Kritik des Reichtums, des Luxus und der Mode[18]. In beiden Darstellungen der „Hoffart", die sich vor dem Hintergrund des Danziger Stadtpanoramas abspielen, kommt es auch zu direkten satirischen Angriffen auf das Papsttum und die römische Kirche. Trotz gewisser stilistischer Unterschiede – auch was die Ausführung der Gemälde der ganzen Reihe betrifft – haben einige Forscher diese Gemälde Anton Möller zugeschrieben. In der Tat bestehen prima facie zwischen Möller und dem durch einen bürgerlichen Biedersinn geprägten Motivrepertoire dieser Reihe enge Verbindungen. Andererseits jedoch konzentrierte sich Möller eher auf anticalvinistische Polemik. Vor kurzem ist jedoch im deutschen Kunsthandel (Düsseldorf, Galerie Lingenauber) eine in ikonographischer und teilweise stilistischer Art verwandte „Allegorie der ehelichen Tugend" aufgetaucht. Überraschenderweise ist das Bild mit einer Signatur des Danziger Malers Hermann Han (1574-1627) versehen, was ein völlig neues Licht auf das bis dahin unbekannte Frühwerk dieses Malers wirft[19]. Damit rückt die Zuschreibung der erwähnten Gruppe an Han in den Bereich des Möglichen, obwohl sich auch hier beträchtliche Unterschiede in Komposition und Ausführung feststellen lassen. Mit seiner parodistischen Gestaltung des prononciert rudolfinischen Themas „Sine Baccho et Cerere friget Venus" (Ohne Bacchus und Ceres friert Venus)[20] spiegelt das Werk eine deutliche Distanz zur elitären Prager Hofkultur wider, die übrigens auch Anton Möller als fremd empfand.

Die Ablehnung wichtiger Elemente der patrizischen Repräsentationskultur implizierte in der besonderen Situation Danzigs um 1600 eher die Zugehörigkeit zu den mittleren, lutherischen Schichten, auch wenn die Abgrenzungen und mäzenatischen Haltungen hier keineswegs eindeutig verliefen. Bezeichnend ist jedenfalls in diesem Zusammenhang die Tatsache, daß der Elbinger Maler und Zeichner Adam Wolski (Volscius), dessen Zeichnungen in ähnlicher Weise wie bei Möller und dessen Kreis die Torheiten der Mode und des Luxus anprangerten, um 1620 eine – jetzt leider verschollene – anticalvinistische

ebd. - Zur Bedeutung dieser Bibelstelle in der Bilderfrage des 16. Jahrhunderts MICHALSKI, Sergiusz: The Reformation and the Visual Arts. The Protestant Image Question in Western and Eastern Europe. London 1993, 19f.

18 IWANOYKO, Eugeniusz: Model świata i społeczeństwa gdańskiego w trzech obrazach z początku XVII wieku w Muzeum Narodowym w Poznaniu. In: Studia Muzealne 11 (1975) 44-55. - GRZYBKOWSKA: Złoty wiek malarstwa (wie Anm. 4) 143-151. - HARASIMOWICZ: Anton Möller (wie Anm. 13).

19 TYLICKI, Jacek: Obraz „Alegoria cnoty małżeńskiej". Klucz do drugiego oblicza sztuki Hermana Hana. In: Biuletyn Historii Sztuki 49 (1997) 38-59.

20 RENGER, Konrad: Sine Baccho et Cerere friget Venus. In: Gentse Bijdragen tot Kunstgeschiedenis 24 (1976-1978) 190-203.

Satire geschaffen haben soll[21]. Vielleicht verlief in diesem Bereich eine veritable Bruchlinie zwischen den mittleren Schichten und dem – jedoch nicht ausschließlich – calvinistischen Patriziat.

In sehr deutlicher Form trat die didaktisch-pareneutische Orientierung des Danziger Luthertums in dem Prauster „Zehn Gebote“-Zyklus zutage. Im zweiten Jahrzehnt des 17. Jahrhunderts von der Werkstatt Möllers ausgeführt, war er zweifellos für eine Danziger Kirche bestimmt[22]; erst 1681 wurde er in die Prauster Pfarrkirche übergeführt. In ihm wird der charakteristische moralisierende Ton des Danziger Luthertums besonders deutlich spürbar. Er gipfelte in der Darstellung des zehnten Gebots (1945 verschollen), in der eine satirische Darstellung der „Wollust“ ins Auge fiel. In der Auslegung des ersten Gebotes wird die anticalvinistische Frontstellung spürbar – einen Topos aus der Bilderfrage des 16. Jahrhunderts aufgreifend, wird dort mittels verschiedener Szenen gezeigt, daß der Christ vor allem die „inneren Götzen aus dem Herzen reißen müsse“, ehe er sich überhaupt Fragen des „äußeren Kultes“ zuwenden könne. Die im dritten Gebot gezeigte Darstellung des predigenden Luther (Abb. 4) – nach 1600 eher selten anzutreffen – sollte man vielleicht im Kontext der historistischen Atmosphäre des Reformationsjubiläums von 1617 sehen, andererseits bedeutete der demonstrative Rekurs auf die damals schon mythische Person Luthers auch eine Rückversicherung der eigenen Rechtgläubigkeit.

In den Jahren nach 1600 lockerte sich allmählich die Erstarrung des alten Glaubens. Die Zisterzienserabteien in Oliva und Pelplin wurden zu Zentren einer kulturpolitischen Offensive mit einem bald erkennbaren gegenreformatorischen Zuschnitt. Ihren sichtbarsten Ausdruck fand diese religiöse und künstlerische Bewegung in den Werken des bereits erwähnten schlesischen Malers Hermann Han[23], der 1599 das Danziger Bürgerrecht erwarb, doch vornehmlich im Danziger Umland arbeitete. Die Entdeckung des Düsseldorfer Bildes hat Jacek Tylicki zu der Vermutung veranlaßt, daß Han als Lutheraner begann und dann – vielleicht nach 1610 – zum Katholizismus konvertierte[24]. Eine Art dramatisches Konversionserlebnis mit darauffolgendem neophyten Zelotentum könnte in der Tat den erstaunlichen gegenreformatorischen Charakter und Eifer seiner Bilder erklären – diese These sollte man jedoch noch durch weitere Forschungsergebnisse überpüfen.

Zu den bekanntesten Werken aus der späteren Periode Hans gehören die großen Marienkrönungen aus Pelplin (1624, Abb. 5) und Oliva (um 1625)[25], die in mitunter

---

21 HAGEN, A.: Zur Geschichte der Kunst in Preußen. Die Zeichnungen Adam Volscius mit den Versen Friedrich Zamehls. In: Neue Preussische Provinzblätter 11 (1851), hier 403f.

22 HARASIMOWICZ, Jan: Doctrina doctrinarum. Katechetyczne i społeczno-obyczajowe treści „Dziesięciu Przykazań“ z Pruszcza Gdańskiego. In: Porta Aurea. Rocznik Zakładu Historii Sztuki Uniwersytetu Gdańskiego 2 (1993) 55-99.

23 Zu Han vgl. BASNER, Hildegard: Der Danziger Maler Hermann Han. Ein Beitrag zur Geschichte der Danziger Malerei im 17. Jahrhundert. Danzig 1935. - DROST, Willi: Danziger Malerei vom Mittelalter bis zum Ende des Barocks. Berlin-Leipzig 1938, 127f. - PASIERB, Janusz Stanisław: Malarz gdański Herman Han. Warszawa 1974.

24 TYLICKI: Obraz (wie Anm. 19) 51.

25 PASIERB: Malarz gdański (wie Anm. 23) 116-170.

demonstrativer Form auf spätgotische Typen – so bei der Kelchform der Pelpliner Krönungsgruppe – zurückgreifen. Auch das Schema der Marienkrönung erweist sich bei näherer Betrachtung als Relikt mittelalterlicher Auffassungen; denn die gegenreformatorische Kunst hat um 1600 die Darstellung von Mariä Himmelfahrt bevorzugt.

Eine besondere Rolle spielte bei Han der Luminismus. Gewiß konstituierte dieser – auf der einen Seite angeregt unter anderem durch Elsheimer und die rudolfinischen Meister – ein zentrales Element der Bildstruktur. Auf der anderen Seite ist das Übersinnlich-Demonstrative der luministischen Effekte, die in den Hauptaltarbildern in ungemein plastischer Weise die Gestalt der Maria hervorheben, auch als Reaktion auf eine lutherische Kultform zu sehen. Als sich nämlich nach 1590 die Offensive des Calvinismus gegen das Luthertum verstärkte, griffen die Danziger Lutheraner zu einer besonderen Maßnahme: In der Marienkirche wurde der alte Hauptaltar, der auch eine Marienkrönung zeigte, durch feierlich beigestellte Kerzen beleuchtet[26]. In der Form selbst mußte dieser Rückfall in altgläubige Devotionsformen selbst bilderfreundlichen Lutheranern zu weit gehen; daß er trotzdem konzipiert und dann lange aufrechterhalten wurde, läßt sich nur durch die wachsende Verbitterung der Lutheraner erklären, die sich um jeden Preis den reformierten Übernahmeversuchen der Marienkirche widersetzen wollten. Han griff diese erstaunliche Bildkultform auf und drückte sie durch einen durchdachten luministischen Bildaufbau aus. Seine Marienkrönungen scheinen von strahlendem, himmlischem Licht umflossen zu sein und besitzen dadurch eine plastische, bisweilen sogar etwas unheimlich wirkende visuelle Präsenz der dargestellten Figuren. Seinem Konzept liegt somit die an sich richtige Überzeugung zugrunde, daß die angesprochenen Gläubigen sich in einer Wettbewerbssituation für das katholische Original und nicht für die lutherische Imitation aussprechen würden.

Nach 1620 nahm der künstlerische Wettstreit der drei Konfessionen einen neuen Verlauf. Die Calvinisten schieden aus, der politische, kulturelle und – last but not least – zahlenmäßige Niedergang dieser Konfession beschleunigte sich in den Jahren um 1650. Bei den Lutheranern wiederum verliefen unterschiedlich motivierte ideologische und ikonographische Prozesse, die aber alle im Effekt eine Angleichung an konfessionsneutrale oder katholisierende Formen beinhalteten. So zeigt eine im weiten Umkreis des Hermann Han um 1630 entstandene neuntafelige Deckendekoration (seit 1910 im Altstädtischen Rathaus in Danzig) zwar eine lutherische Grundhaltung, doch gleichzeitig auch starke Prägungen der Darstellungen der Tugenden und der Wissenschaften durch altgläubige Symbole[27]. So ist unter den Figuren, die des von einem Engel ausgeteilten Segen Gottes teilhaft werden, an prominenter Stelle der polnische König Sigismund III. zu sehen – dies muß jedoch nicht direkt im altgläubigen Sinne gedeutet werden. Ob das Haus an der Langen Gasse, von dem sie im 20. Jahrhundert ins Altstädtische Rathaus überführt wurde, ihr ursprünglicher Bestimmungsort war, läßt sich nicht belegen.

---

26 CIEŚLAK: Wittenberga czy Genewa (wie Anm. 2) 286.

27 PASIERB: Malarz gdański (wie Anm. 23) 220-227, Abb. 81-89. - HABELA, Jadwiga: Ratusz Staromiejski w Gdańsku. Wrocław 1975, 110f.

Dagegen ist der Sibyllenzyklus des Danziger Malers Adolf Boy – er entstand um die Mitte des Jahrhunderts – von Anfang an für das Altstädtische Rathaus bestimmt gewesen[28]. Obwohl die Auftraggeber hier Lutheraner waren, sind ähnliche Bilderzyklen eher in katholischen Gebieten anzutreffen. So hat beispielsweise 1619 der Jesuitenpater Matthäus Rader dem Augsburger Stadtrat einen Sibyllenzyklus für das neu errichtete Augsburger Rathaus vorgeschlagen[29], da das Sibyllenmotiv besser mit der altgläubigen Theologie harmonierte. Bezeichnenderweise wählte Boy als graphische Vorlage einen französischen Sibyllenzyklus des 16. Jahrhunderts. Die dritte Deckendekoration, die sich jetzt im Altstädtischen Rathaus befindet, zeigt neun medioker gemalte Darstellungen der Passion Christi, die vornehmlich graphischen Vorlagen der Rubens-Werkstatt verpflichtet sind. Auch diese Decke ist wohl für ein Danziger Bürgerhaus konzipiert worden und fand erst viel später ihren Platz im Altstädtischen Rathaus[30]. Jedenfalls ist der Rückgriff auf Rubens und dadurch auf die katholische Formenwelt im Kontext der Danziger Situation um 1650 sehr bezeichnend.

Die Forschungen von Katarzyna Cieślak heben einen weiteren Aspekt der Kultur des Danziger Luthertums nach 1620 hervor, nämlich die Hinwendung zur vorreformatorischen Mystik à la Johannes Tauler und die Popularität einer die konfessionellen Grenzen verwischenden Erbauungsliteratur. Es war dies ein Ableger eines breiteren lutherischen Mutationsprozesses, der in seinen Auswirkungen auf die populäre Graphik von Bangerter-Schmid vorzüglich geschildert worden ist[31]. Der Einfluß von Johannes Arndts Schriften führte zu einer breiten Erbauungsbewegung und im weiteren Verlauf zu einer – von Arndt so nicht beabsichtigten – Annäherung an den alten Glauben. Diese Annäherung und ihre künstlerischen Hervorbringungen sollte man jedoch von der halbopportunistischen stadtoffiziösen Annäherungsstrategie – wie im Fall des Boyschen Sibyllenzyklus – unterscheiden.

Zu katholisch-lutherischen Überlagerungen kam es vor allem im Bereich der Emblematik. So entstanden etwa zwischen 1634 und 1694 in Danzig und im näheren Umland mehrere Emblemdekorationen (Danzig: Marienkirche, Trinitatiskirche, Johanniskirche, Katharinenkirche; Praust: Pfarrkirche)[32]. Dabei stößt man auf zahlreiche Übernahmen aus Emblembüchern (unter anderen aus Daniel Cramer, Johann Michael Dilherr, Johann Saubert d.Ä., Georgette de Montenay, Etienne Luzvic, Jeremias Drexel). Schon diese erste, unvollständige Zusammenstellung verdeutlicht anschaulich, daß man auch

28 WALICKI, Michał/TOMKIEWICZ, Władysław/RYSZKIEWICZ, Andrzej: Malarstwo Polskie. Manieryzm, Barok. Warszawa 1971, Kat. Nr. 116, 358.

29 Elias Holl und das Augsburger Rathaus. Ausstellungskatalog. Hg. v. Wolfram BAER, Walter KRUFT und Bernd ROECK, Regensburg 1985, 378.

30 HABELA: Ratusz Staromiejski (wie Anm. 27) 110f.

31 BANGERTER-SCHMID, Eva Maria: Erbauliche illustrierte Flugblätter aus den Jahren 1570-1670. Frankfurt a. M. 1986.

32 CIEŚLAK, Katarzyna: Emblematyka w XVII-wiecznych wnętrzach kościelnych Gdańska. In: Sztuka XVII wieku w Polsce. Hg. v. Tadeusz CHRZANOWSKI, Warszawa 1994, 205-220.

auf katholische Emblemrepertorien oder Vorbilder (Luzvic, Drexel) zurückgriff[33]. Die große Mehrheit solcher Übernahmen oder Anleihen bezog sich auf Embleme, die mehr oder weniger in den Bereich der erbaulichen, einen christlichen Lebenswandel ohne deutliche konfessionelle Konturen propagierenden populären Schrifttum oder Buchillustration gehörten.

Diese Adaptationsprozesse verliefen nicht ohne Widersprüche. In der Mehrzahl wurden solche Embleme übernommen, die sich mit den erbaulichen Vorgaben von Johannes Arndts „Bücher vom wahren Christentum" vereinbaren ließen oder ihnen sogar direkt folgten. Die Dekoration der Pfeiler der Marienkirche in Danzig (1639), die vom dortigen Pfarrer Daniel Dilger konzipiert wurde, zeigte auf der Basis ausgewählter emblematischer Exempla vornehmlich aus den „Emblemata Sacra" des lutherischen Theologen Daniel Cramer ein besonderes theologisches Schema (via purgativa, via illuminativa, via unitiva), das in letzter Konsequenz auf eine katholisierende Interpretation der Gedankengänge Arndts hinauslief. Mit großer Geschicklichkeit übernahm Dilger in die Dekoration der Marienkirche vier Embleme aus dem „Heliotropium" (1627)[34] des Münchner Jesuiten Drexel, die, näher betrachtet, eine von Luther nicht weit entfernte Konzeption der Verwerfung der Werkgerechtigkeit vertraten. Es war dies ein subtiles, ausbalancierendes Spiel, mit dem ein kenntnisreicher Theologe ein katholisierendes Luthertum und einen lutherisch anmutenden Katholizismus in einer durch das erbauliche Mitempfinden geprägten Dekoration zusammenstellte.

Obwohl Daniel Cramer, Verfasser der bedeutenden „Emblemata Sacra", sensu stricto kein Arndtianer war, ließen sich seine Embleme auch im altgläubigen Sinne interpretieren und vereinnahmen[35]. So wurde die Kanzel in der schon erwähnten Kirche in Praust 1661 mit Cramers Emblem „Mellifico" (Abb. 6) ausgeschmückt[36]; durch den prominenten Ort der Anbringung gewann das Emblem somit den Charakter eines inhaltlichen Leitbildes für die ganze Dekoration. Ein Kreuz, an dessen Balken sich ein Spinnennetz erstreckt, bietet den ihm zuströmenden Bienen Zuflucht, mehr noch, es fungiert als eine Art Bienenwabe. In Cramers Lemma prangt der Bibelvers 2. Kor. 2,16: „Diesen ein Geruch des Todes zum Tod, jenen ein Geruch des Lebens zum Leben." Hier wird die alte antonyme Gegenüberstellung der verschiedenen Modi und Resultate der Biene und der Spinne bei der Saftentnahme aus derselben Blume (bewahren – zerstören, Honig –

33 PEIL, Dietmar: Zur angewandten Emblematik in protestantischen Erbauungsbüchern: Dilherr – Arndt – Francisci – Scriver. Heidelberg 1976.

34 BREUER, Dieter: Oberdeutsche Literatur 1565-1650. Deutsche Literaturgeschichte und Territorialgeschichte in frühabsolutistischer Zeit. In: Zeitschrift für Bayerische Landesgeschichte, Beiheft 11 (1979) 122-144. - BREIDENBACH, Heribert: Der Emblematiker Jeremias Drexel S.J. 1581-1638, mit einer Einführung in die Jesuitenemblematik und einer Bibliographie der Jesuitenemblembücher. Diss. Univ. of Michigan, Urbana 1970 (Microfiche, Ann Arbor 1985).

35 CRAMER, Daniel: Emblemata Sacra. das ist 50 Geistliche, in Kupfer gestochene Emblemata oder Deutungsbilder aus der Heiligen Schrift. Frankfurt 1622 (erste Ausgabe 1617). - Zu den Emblemen Cramers vgl. MÖDERSHEIM, Sabine: „Domini Doctrina Coronat". Die geistliche Emblematik Daniel Cramers (1568-1637). Frankfurt a.M. 1994.

36 CRAMER: Emblemata Sacra (wie Anm. 35) Nr. 17.

Gift) zu einer modifizierten theologischen Aussage benutzt[37]. Auch das Kreuz Christi birgt für diejenigen einen „bitteren Geruch", wenn nicht den Tod selbst, für die anderen, die Gerechten, ist es ein süßer Duft, der Geruch des Lebens. In Ansätzen wird hier eine von Cramer erstrebte – und in seiner theologischen Abhandlung „De praevidatione" auch ausführlich begründete – Differenzierung der rigorosen, calvinistischen Prädestinationslehre sichtbar: Das Kreuz Christi ist für alle da, doch nicht alle wollen kommen. Mehr noch: Indem das Emblem zentral an der Kanzel angebracht ist, werden die unterschiedlichen Resultate der Saftentnahme auf die durch die Predigt übermittelte Botschaft der Heiligen Schrift bezogen. In einer sich an den alten Glauben anschließenden Auslegung – diese führten die Katholiken im 16. Jahrhundert gegen das Schriftprinzip der Protestanten ins Feld – können die Unwürdigen aus der Heiligen Schrift somit nur Gift beziehen.

Nur drei Jahre nach der Ausführung des Prauster Emblems wurde in der Johanniskirche in Danzig das Epitaph der zehnjährig gestorbenen Adelgunde Zappio angebracht (Abb. 7)[38]. Man kann hier getrost von einem symbolischen Höhepunkt des lutherischen Angleichungsprozesses an katholische Formen und ikonographische Typen sprechen. Das Epitaphbild des jungen Mädchens verbindet nämlich in einer gelungenen ikonographischen Synthese zwei traditionelle Typen der spätmittelalterlichen Kunst: das sogenannte „Herrgottsruhebild" mit der sogenannten „Engelspietà". Noch erstaunlicher mutet ein weiterer Bezug auf die Welt der altgläubigen Devotion an: Die Engel hinter dem sitzenden Christus halten das Velum in einer Weise, die in visueller Hinsicht – ohne aber eine direkte inhaltliche Gleichsetzung zu beanspruchen – an ein „Veraikon"-Motiv anspielt. Die Inschrift auf dem Epitaph „Jesu, Deine Wunden, Striemen, Eiter, Beulen / Die sind meines Glaubens Seulen" verkörpert die besondere Art der erbaulichen lutherischen Passionsfrömmigkeit des 17. Jahrhunderts, die auch grosso modo von den Anhängern des alten Glaubens akzeptiert werden konnte. Bezeichnenderweise hat dieser Typus eines besonderen „Herrgottsruhebildes" zwei weitere katholische Bilder in Danzig und Oliva inspiriert.

Auch in diesem Fall bleiben zwar bei einer vertieften Analyse die fundamentaltheologischen Differenzen zwischen den Konfessionen bestehen. Blut und Wunden Christi, solchermaßen bildlich akzentuiert, dürfen nicht von der Botschaft Christi gesondert betrachtet werden – ihre Sühnekraft kann nur in Verbindung mit dem Glauben und dem Willen zu einer neuen Lebenshaltung wirksam werden. Doch vermag diese unterschiedliche theologische Sicht nichts gegen die Katholiken und Lutheraner gemeinsam in ihren Bann schlagende Suggestivität der vom Vater des unglücklichen Mädchens gewählten Bildformel auszurichten.

---

37 MICHALSKI, Sergiusz: Der Biene-Spinne Vergleich in der theologischen Polemik des konfessionellen Zeitalters. In: Art, Religion, Société (wie Anm. 13) 117-132, hier 122f.

38 CIEŚLAK, Katarzyna: Epitafium Adelgundy Zappio w Gdańsku – przykład zbliżenia siedemnastowiecznego ikonografii luterańskiej i katolików. In: Między Padwą i Zamościem. Studia z historii sztuki i kultury ofiarowane Profesorowi Jerzemu Kowalczykowi. Hg. v. Marta BOBERSKA u.a., Warszawa 1993, 179-190.

Im letzten Drittel des 17. Jahrhunderts ist der hier beschriebene lutherisch-katholische Konvergenzprozeß insofern zu einem Ende gekommen, als die katholischen Schichten auf eine breitere Selbstdarstellung in Danzig verzichteten (mit Ausnahme der aus politischen Gründen zwischen 1678 und 1683 erbauten sogenannten „Königlichen Kapelle")[39]. Der Schwerpunkt verlagerte sich in die schon erwähnten Kultstätten der Umgebung, wobei vor allem Oliva eine prunkvolle Ausstattung erhielt[40].

Die Situation um 1600 in Danzig besaß auf europäischer Ebene kein entsprechendes Gegenstück. Natürlich entwickelten alle drei Konfessionen auch Modelle oder Verhaltensmodi, die bei ihren mitteleuropäischen Glaubensbrüdern verbreitet waren. Eine abschliessende Generalisierung versuchend, kann man jedoch festhalten, daß die Lutheraner stärker als ihre Glaubensbrüder altgläubige Symbole und Riten akzeptierten, die Calvinisten sich in Danzig noch elitärer als anderswo verhielten und die Bilder Hermann Hans einen stärker archaisierenden Einschlag offenbarten, als dies bei der Malerei der Gegenreformation der Fall war[41].

---

39 KONDZIELA, Henryk: Kaplica Królewska w Gdańsku. In: Studia Pomorskie (wie Anm. 4) 280-343.

40 Vgl. IWICKI, Zygmunt: Der Hochaltar der Kathedrale in Oliva. Ein Werk Andreas Schlüters. Freiburg im Brsg. 1980.

41 Ich bin Herrn Professor Dr. Jan Harasimowicz für die Überlassung von Photographien zu Dank verpflichtet.

Abb. 1: Hans Vredeman de Vries. Pietas (Gottesfurcht und Götzenkult). 1594/95. Rechtstädtisches Rathaus, Gdánsk.

Abb. 2: Isaak van der Blocke. Die Apotheose Danzigs. 1606-1608.
Rechtstädtisches Rathaus, Gdánsk.

Abb. 3: Anton Möller. Sieben Werke der Barmherzigkeit. 1607. Mittleres Bild der Almosentafel in der Marienkirche Gdánsk.

Abb. 4: Anton Möller. Drittes Gebot. Um 1610. Ehemalige evangelische Pfarrkirche in Pruscz Gdánski (Praust).

Abb. 5: Herman Han. Marienkrönung. Um 1624. Pelplin, Kathedrale.

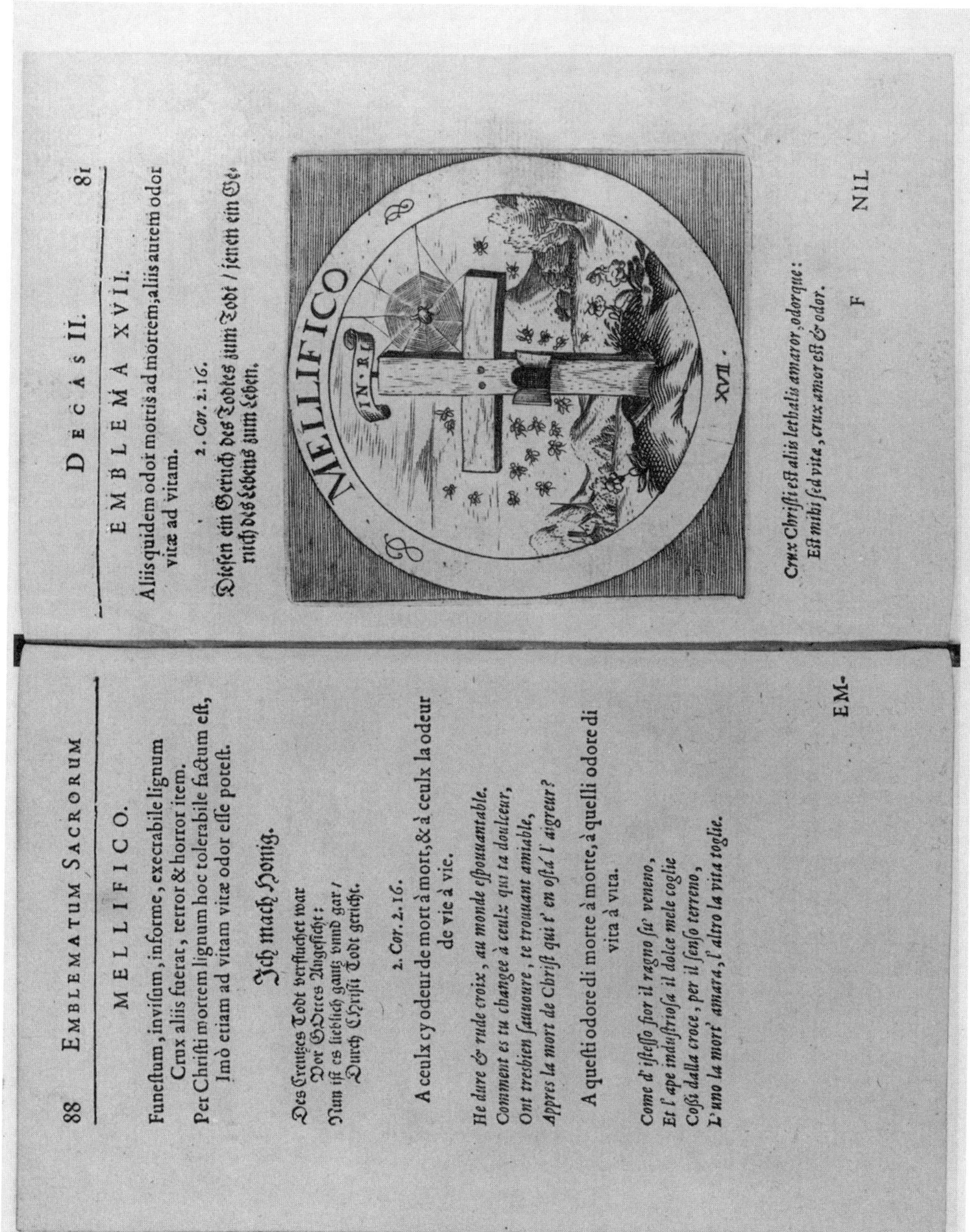

88 EMBLEMATUM SACRORUM

MELLIFICO.

Funestum, invisum, informe, execrabile lignum
Crux aliis fuerat, terror & horror item.
Per Christi mortem lignum hoc tolerabile factum est,
Imò etiam ad vitam vitæ odor esse potest.

Ich mach Honig.

Des Creutzes Todt verfluchet war
Vor GOttes Angesicht:
Nun ist es lieblich gantz vnnd gar /
Durch Christi Todt gericht.

2. Cor. 2. 16.

A ceulx cy odeur de mort à mort, & à ceulx la odeur de vie à vie.

He dure & rude croix, au monde espouuantable.
Comment es tu changee à ceulx qui ta douleur,
Ont tresbien sauuoure, te trouuant amiable,
Apres la mort de Christ qui t'en osta l'aigreur?

A questi odore di morte à morte, à quelli odore di vita à vita.

Come d'istesso fior il ragno sù veneno,
Et l'ape industriosa il dolce mele coglie
Cosi dalla croce, per il senso terreno,
L'uno la mort' amara, l'altro la vita toglie.

EM-

DECAS II. 81

EMBLEMA XVII.

Aliis quidem odor mortis ad mortem; aliis autem odor vitæ ad vitam.

2. Cor. 2. 16.

Diesen ein Geruch des Todtes zum Todt / jenen ein Geruch des Lebens zum Leben.

Crux Christi est aliis lethalis amaror, odorque:
Est mihi sed vita, crux amor est & odor.

F NIL

Abb. 6: Emblem „Mellifico" aus Daniel Cramers „Emblemata Sacra". Frankfurt a.M. 1622.

Abb. 7: Unbekannter Maler. Epitaph der Adelgunde Zappio. 1664. Vor 1945 St. Johannis, jetzt in der Marienkirche, Gdánsk.

Konfessionalisierung und Klosterreform. Das Beispiel der Zisterzienser in den böhmischen Ländern in der ersten Hälfte des 17. Jahrhunderts

Franz Machilek

Die Zisterzienser, die mit 13 Männer- und fünf Frauenklöstern vor der hussitischen Revolution zu den blühendsten Ordensgemeinschaften in Böhmen und Mähren gezählt hatten, nahmen nach den schwerwiegenden Schäden in nahezu allen Ordenshäusern, dem Verlust von vier Klöstern im Zuge der Revolution sowie der Aufgabe weiterer Klöster bis über die Mitte des 16. Jahrhunderts hinaus im Lauf des letzten Drittels dieses Jahrhunderts durch eigene Anstrengungen, durch die Tätigkeit der seit 1584 vom Generalabt von Cîteaux mit Visitations- und Reformauftrag eingesetzten ordentlichen Generalvikare für Böhmen, Mähren, Schlesien und die Lausitzen sowie die Hilfe von seiten der Zisterzienser in den Nachbarländern im Lande einen neuen Aufstieg[1]. Der 1590 durch Abt Edmund de la Croix von Cîteaux (1584-1604) zum Generalvikar in Böhmen, Mähren, Schlesien und den Lausitzen berufene Anton Flamingk (†1609),

---

1 Zu den Zisterziensern in den böhmischen Ländern allgemein MACHILEK, Franz: Die Zisterzienser in Böhmen und Mähren. In: Archiv für Kirchengeschichte von Böhmen-Mähren-Schlesien 3 (1973) 185-220. - Für die Anfänge auch DERS.: Klöster und Stifte in Böhmen und Mähren von den Anfängen bis in den Beginn des 14. Jahrhunderts. In: Deutsche in den böhmischen Ländern. Hg. v. Hans ROTHE, Weimar/Wien 1992, 1-27, hier 11-16. - KUTHAN, Jiří: Die mittelalterliche Baukunst der Zisterzienser in Böhmen und Mähren. München/Berlin 1982. - Cisterciáci ve středověkém českém státě. Hg. v. Kateřina CHARVÁTOVÁ. In: Cîteaux. Commentarii Cistercienses 47 (1996) 9-351. - Knappe Hinweise auf die Geschichte der einzelnen Klöster: Handbuch der historischen Stätten Böhmen und Mähren. Hg. v. Joachim BAHLCKE, Winfried EBERHARD und Miloslav POLÍVKA, Stuttgart 1998. - Ein knapper Überblick über die böhmischen Klöster aus kunsthistorischer Sicht: Encyklopedie českých klášterů. Hg. v. Pavel VLČEK, Petr SOMMER und Dušan FOLTÝN, Praha 1997. - Zur Einführung der regulären Generalvikare und Visitatoren in Böhmen und den Nebenländern: Sbírka pramenů církevních dějin českých stol. XVI.-XVIII. Bd. IV. [Darin:] I. Chronici Plassensis privati „Tilia Plassensis“ inscripti a F. Mauritio Vogt, S.O.Cist. Plassii professo, exarati pars tertia, II. Benedicti Scheppl (cum continuatione aliorum) De abbatibus monasterii Plassensis et De monasterio Plassensi professis. Hg. v. Antonín PODLAHA, Praha 1909, hier 128. - FRUYTIER, A[mandus]: Antonius Flamingk, der flämische Abt des Klosters Königsaal in Böhmen, Mönch des Duinenklosters. In: Cistercienser-Chronik 42 (1930) 161-173, hier 164f. - MACHILEK, Franz: Die Zisterzienser in Böhmen und Mähren in den konfessionellen Auseinandersetzungen des 15. bis 17. Jahrhunderts, mit besonderer Berücksichtigung der Zeit des Umbruchs um 1600. In: Zisterzienser zwischen Zentralisierung und Regionalisierung. 400 Jahre Fürstenfelder Äbtetreffen. Fürstenfelder Reformstatuten 1595-1995. Hg. v. Hermann NEHLSEN und Klaus WOLLENBERG, 2 Teile [durchgezählt]. Frankfurt a.M. u.a. 1998, 113-138, hier 127-134. - Eine Liste der Generalvikare und Visitatoren der Ordensprovinz Böhmen-Mähren-Schlesien-Lausitzen bei GRÜGER, Heinrich: Heinrichau. Geschichte eines schlesischen Zisterzienserklosters 1227-1977. Köln/Wien 1977, 189f.

Profeß des flämischen Zisterzienserklosters Ter Duinen bei Calais, wurde zum unermüdlichen Koordinator der Reformmaßnahmen, die zumeist durch Transferierungen bewährter Äbte, Postulationen geeigneter Professen oder die befristete Aussendung einzelner Konventualen oder eines gesamten Konvents in reformbedürftige Klöster (*dispersio* oder *dimissio*) eingeleitet wurden[2]. Zentren der Reformbemühungen in Böhmen um 1600 waren die Zisterzen Plaß, Königsaal und Hohenfurt[3]. Entscheidende Impulse zur Reform gingen von dem 1595 in dem bayerischen Kloster Fürstenfeld tagenden regionalen Äbtetreffen aus, das vornehmlich aus Klöstern in Oberdeutschland, in Österreich, in der Schweiz, im Elsaß sowie aus Böhmen beschickt war[4]. Die Teilnehmer aus Böhmen waren Anton Flamingk, damals Abt von Königsaal (1586-1609), und Abt Adam II. Wild von Plaß (1593-1608)[5].

Die im folgenden kurz vorgestellte Entwicklung des Zisterzienserordens in Böhmen und Mähren in der ersten Hälfte des 17. Jahrhunderts gehört ordensgeschichtlich in den Zusammenhang der sich seit Ausgang des 16. Jahrhunderts innerhalb des Ordens allgemein verstärkenden Tendenz zur Regionalisierung bzw. Territorialisierung[6]. Sie fiel mit der Endphase der mit der hussitischen Reformbewegung und hussitischen Revolution einsetzenden und durch die Niederlage der Stände am Weißen Berg abgeschlossenen Epoche der böhmischen Reformation zwischen 1400 und 1620 zusammen[7] und er-

---

2 Zu Generalabt Edmund de la Croix ZAKAR, Polykarp: Generaläbte der Zisterzienser auf dem Konzil von Trient. Zur Vorgeschichte der Fürstenfelder Äbteversammlung von 1595. In: Zisterzienser zwischen Zentralisierung und Regionalisierung (wie Anm. 1) 89-112, hier 107-109. - Zu Flamingk FRUYTIER: Flamingk (wie Anm. 1). - SCHNEIDER, Bruno: Die Fürstenfelder Reformstatuten 1595. In: Analecta Cisterciensia 39 (1983) 63-180, hier 76-78. - Zu *dispersio* und *dimissio* MÜLLER, Gregor: Verteilung eines Konvents in andere Klöster. In: Cistercienser-Chronik 20 (1908) 264-271. - SCHERG, Leonhard: Gangolf Scheidinger. Zisterziensermönch in Bronnbach und Hohenfurt. In: Wertheimer Jahrbuch (1995) 31-46, hier 33.

3 Zu den Reformbemühungen in Plaß: Sbírka IV (wie Anm. 1); - zu Königsaal TADRA, Ferdinand: Listy kláštera Zbraslavského. Praha 1904; - FRUYTIER: Flamingk (wie Anm. 1). - Zu Hohenfurt: SCHERG: Scheidinger (wie Anm. 2). - Zu den Klöstern Plaß und Hohenfurt allgemein: 850 let plaského kláštera (1145-1995). Hg. v. Jiří FÁK, Mariánské Tynice 1995. - DIPPOLD, Günter: Plaß und Nepomuk. Die böhmischen Tochterklöster von Langheim und Ebrach. In: Frankenland 49 (1997) 20-31.

4 SCHNEIDER: Reformstatuten (wie Anm. 2). - Zisterzienser zwischen Zentralisierung und Regionalisierung (wie Anm. 1) passim.

5 SCHNEIDER: Reformstatuten (wie Anm. 2) 76. - PFISTER, Peter: Zwischen Generalabt und Geistlichem Rat. Das Kloster Fürstenfeld in der zweiten Hälfte des 16. Jahrhunderts. In: Zisterzienser zwischen Zentralisierung und Regionalisierung (wie Anm. 1) 229-468, hier 462f.

6 LOBENDANZ, Gabriel: Die Entstehung der oberdeutschen Zisterzienserkongregation (1593-1625). In: Analecta Cisterciensia 37 (1981) 66-342. - Zisterzienser zwischen Zentralisierung und Regionalisierung (wie Anm. 1).

7 EBERHARD, Winfried: Konfessionsbildung und Stände in Böhmen 1478-1530. München/Wien 1981. - DERS.: Monarchie und Widerstand. Zur ständischen Oppositionsbildung im Herrschaftssystem Ferdinands I. in Böhmen. München 1985. - DERS.: Entwicklungsphasen und Probleme der Gegenreformation und katholischen Erneuerung in Böhmen. In: Römische Quartalschrift 84 (1989) 235-237. - DERS.: Reformation and Counterreformation in East Central Europe. In: Handbook of European History 1400-1600. Late Middle Ages, Renaissance and Reformation. Hg. v. Thomas A. BRADY Jr., Heiko A. OBERMAN und James D. TRACY. Bd. 2.

scheint in ihrer spezifischen Ausprägung als eigenständige Reaktion auf die Herausforderungen durch die böhmische Reformation und die politischen Verhältnisse. Den Reformbestrebungen der Zisterzienser in den böhmischen Ländern um und nach 1600 wurde bisher noch nicht die gebührende Aufmerksamkeit geschenkt.

Gegenüber den unmittelbar auf die Rekatholisierung des Landes gerichteten Anstrengungen der Jesuiten, Kapuziner und Piaristen setzten die älteren Orden der Prämonstratenser, Benediktiner und Zisterzienser bei ihren gegenreformatorischen Bemühungen naturgemäß zunächst auf die Wiederherstellung ihrer Klöster und die Durchsetzung der Reform innerhalb der regionalen Ordenszweige[8]. Sowohl von königlicher als auch von ständischer Seite wurde der Güterbesitz der Abteien in den konfessionellen Auseinandersetzungen in wachsendem Umfang in Frage gestellt: Kaiser Rudolf II. hatte als König von Böhmen während des langen Türkenkrieges 1599 Besitzungen der Zisterzienserinnenabtei Maria Saal zu Altbrünn und der Zisterzienserabtei Welehrad als Teil des königlichen Kammerguts aus Finanznot an Karl von Liechtenstein und dessen Brüder Maximilian und Gundakar verkauft; die Stände waren der Auffassung, aus ihrer Verpflichtung für das Wohl des Landes gleichfalls auf den geistlichen Besitz zurückgreifen zu dürfen. Der von seiten des Zisterzienserordens erhobene Protest wurde von der Kurie, den Nuntien und dem Olmützer Bischof unter-

Leiden/New York/Köln 1995, 551-580. - DERS.: Reformatorische Gegensätze, reformatorischer Konsens, reformatorische Formierung in Böhmen, Mähren und Polen. In: Ständefreiheit und Staatsgestaltung in Ostmitteleuropa. Übernationale Gemeinsamkeiten in der politischen Kultur vom 16.-18. Jahrhundert. Hg. v. Joachim BAHLCKE, Hans-Jürgen BÖMELBURG und Norbert KERSKEN, Leipzig 1996, 187-215. - MACHILEK, Franz: Böhmen. In: Die Territorien des Reichs im Zeitalter der Reformation und Konfessionalisierung. Land und Konfession 1500-1650. Bd. 1: Der Südosten. Hg. v. Anton SCHINDLING und Walter ZIEGLER, Münster ^{2}1989, 134-152. - BAHLCKE, Joachim: Regionalismus und Staatsintegration im Widerstreit. Die Länder der Böhmischen Krone im ersten Jahrhundert der Habsburgerherrschaft (1526-1619). München 1994, bes. 127-148. - DERS.: Kontinuität und Wandel im politischen Selbstverständnis der katholischen Geistlichkeit Mährens (1580-1640). In: Morava a Brno na sklonku třicileté války. Hg. v. Jan SKUTIL, Praha/Brno 1995, 84-98. - Allgemein zum Konfessionalisierungsprozeß: Die katholische Konfessionalisierung. Hg. v. Wolfgang REINHARD und Heinz SCHILLING, Münster 1995. - SCHINDLING, Anton: Konfessionalisierung und Grenzen von Konfessionalisierbarkeit. In: Die Territorien des Reichs im Zeitalter der Reformation und Konfessionalisierung. Land und Konfession 1500-1650. Bd. 7. Hg. v. Anton SCHINDLING und Walter ZIEGLER, Münster 1997, 9-44.

8 Zusammenfassend MACHILEK, Franz: Reformorden und Ordensreformen in den böhmischen Ländern vom 10. bis 18. Jahrhundert. In: Bohemia sacra. Das Christentum in Böhmen 973-1973. Hg. v. Ferdinand SEIBT, Düsseldorf 1974, 63-80, 561-564. - Zur Rekatholisierung in den böhmischen Ländern allgemein ČÁŇOVÁ, Eliška: Vývoj správy pražské archidiecéze v době násilné rekatolisace Čech. In: Sborník archivních prací 35 (1985) 486-560. - HANZAL, Josef: Rekatolisace v Čechách - její historický smysl a význam. In: Sborník historický 37 (1990) 37-91. - KADLEC, Jaroslav: Rekatolisace v Čechách. In: Pražské arcibiskupství 1344-1994. Sborník statí o jeho působení a významu v české zemi. Praha 1994, 129-149. - Rekatolisace v českých zemích. Hg. v. Jindřich FRANCEK, Pardubice 1995. - MIKULEC, Jiří: Pobělohorská rekatolizace a katolická zbožnost. In: Dialog Evropa 21/2 (1996) 1-5. - Speziell zu Mähren ZLÁMAL, Bohumil: Blahoslavený Jan Sarkander, moravský mučedník. Roma 1969. - HOŠKOVÁ, Miloslava: Jan Sarkander a jeho doba. Katalog k výstavě pořádané při příležitosti svatořečení sv. Jana Sarkandra. Olomouc 1995.

stützt; besonders nachdrücklich setzte sich die Äbtissin des Klosters Maria Saal, Anna Tasovická von Tasov (1598-1613), für die Rechte der Zisterzienserklöster ein[9].

Das Territorialprinzip hatte, wie Jaroslav Čechura in einer Untersuchung der vor allem die Visitationspflicht betreffenden Einträge über die Zisterzienserklöster in den böhmischen Ländern in den Akten der Generalkapitel des Ordens aus vorhussitischer Zeit gezeigt hat, hier bereits damals „Vorrang vor den Filiationsbindungen, mit der klaren Intention, mit der Visitation jeweils das nächstgelegene Kloster zu betrauen"[10]. Als es bei der Neubesetzung der Abtei Hohenfurt mit dem Vaterabt von Wilhering zu Auseinandersetzungen kam, wandte sich Abt Anton Flamingk von Königsaal in seiner Eigenschaft als Generalvikar gegen die Forderung des Wilheringer Abtes und traf damit im konkreten Fall eine Entscheidung im Sinn des Territorialprinzips und gegen das Filiationsprinzip[11]. Auf dem Kapitel zu Wongrowitz nordwestlich Gnesen in Großpolen wurde 1580 eine selbständige polnische Ordensprovinz begründet[12]. In jüngster Zeit hat Kaspar Elm mehrfach allgemein auf die Bedeutung von Kongregationen und vergleichbaren Zusammenschlüssen für die Erneuerung im Ordenswesen im konfessionellen Zeitalter hingewiesen[13]; der vorliegende Beitrag über die Zusammenhänge zwischen Konfessionalisierung und Klosterreform am Beispiel der Zisterzienser in Böhmen und Mähren ist Elms Ausführungen in besonderer Weise verpflichtet.

Der durch Flamingk und dessen Reformergruppe in einer Reihe von Klöstern in Böhmen und den Nebenländern erreichte Stand und Gleichklang der monastischen Disziplin bildete die Voraussetzungen für die durch den Generalabt von Cîteaux wohl erst 1615 konkret ins Auge gefaßte und dann auf dem Ordenskapitel im Königsaaler Hof

---

9 BAHLCKE: Kontinuität und Wandel (wie Anm. 7) 88f. - Zu Welehrad: HURT, Rudolf: Dějiny cisterciáckého kláštera na Velehradě. Bd. 1: 1205-1650. Bd. 2: 1650-1784. Olomouc 1934-1938.

10 ČECHURA, Jaroslav: Cisterciácké kláštery v českých zemích v době předhusitské ve světle Řádových akt. In: Právněhistorické studie 26 (1984) 3-71, hier 67, 71.

11 FRUYTIER: Flamingk (wie Anm. 1) 167f.

12 KACZMAREK, Krzysztof: Die Entstehung und Organisation der polnischen Zisterzienserprovinz im Lichte der „Statuten" aus dem Jahr 1580. In: Zisterzienser zwischen Zentralisierung und Regionalisierung (wie Anm. 1) 139-154, hier bes. 147, 151f. - Drei Jahre zuvor hatte der nach Heinrichau exilierte deutsche Konvent von Wongrowitz nach über zwanzigjährigem Rechtsstreit auf das Rückkehrrecht nach Wongrowitz verzichtet: GRAJKOWSKA, Leokadia: Polonizacja klasztoru cystersów w Wągrowcu. In: Cystersi w kulturze średniowiecznej Europy. Hg. v. Jerzy STRZELCZYK, Poznań 1992, 111-125. - Zu Wongrowitz im 16. Jahrhundert auch WYRWA, Andrzej Marek: Procesy fundacyjne wielkopolskich klasztorów cysterskich linii altenberskiej Łekno, Ląd, Obra. Poznań 1995, 95-97. - Zu den Kongregations- und Provinzbildungen allgemein: LEKAI, Ludwig J./SCHNEIDER, Ambrosius: Geschichte und Wirken der weißen Mönche. Der Orden der Zisterzienser. Köln 1958, 107-111.

13 ELM, Kaspar/FEIGE, Peter: Reformen und Kongregationsbildungen in Spätmittelalter und früher Neuzeit. In: Die Zisterzienser. Ordensleben zwischen Ideal und Wirklichkeit. Hg. v. Kaspar ELM, Peter JOERISSEN und Hermann Joseph ROTH, Köln/Bonn 1981, 243-254. - ELM, Kaspar: Reformbemühungen und Reformen im Zisterzienserorden. In: Zisterzienser zwischen Zentralisierung und Regionalisierung (wie Anm. 1) 71-87. - DERS.: 900 Jahre Zisterzienserorden 1098-1998. Die Einschätzung der historischen Bedeutung des Ordens der Weißen Mönche in der neueren Forschung. Fürstenfeldbruck 1998.

zu Prag zu Beginn des Jahres 1616 von den dort anwesenden Äbten beschlossene Errichtung einer böhmisch-mährisch-schlesischen-lausitzischen Provinz[14]. Dem Prager Kapitel scheinen in den Jahren 1613/15 ordensinterne Auseinandersetzungen über die Person des Generalvikars vorausgegangen zu sein[15]. Mit der Festlegung auf das Territorialprinzip entschieden sich die Zisterzienserabteien für die Konformität der Ordensprovinz mit dem politisch-ständegenossenschaftlichen Bezugsrahmen und verstärkten dadurch ihre Aktionsfähigkeit.

Die Eingliederung der Zisterzienserklöster der Diözese Breslau in die 1616 neu geschaffene Provinz und die Unterstellung dieser Klöster unter die Visitation des Abtes von Königsaal war für den Fortgang des Reformvorhabens von großer Bedeutung. Gegen dieses hatte es in Schlesien seit langem Widerstände verschiedener Art gegeben: Der Wiener Hof und die Breslauer Bischöfe hatten keine Einmischung auswärtiger Ordensoberer gewünscht und sich 1579/80 der geplanten Visitation von seiten des Generalabts widersetzt[16]; die Bischöfe hatten darüber hinaus die Teilnahme der Äbte an den Diözesansynoden und damit den Verzicht auf die Exemtion des Ordens gefordert[17]. Die Äbte der Klöster in Schlesien hatten ihrerseits die ihnen 1603/04 von seiten des Generalabts gebotene Möglichkeit zur Durchführung von Reformen durch eine Gruppe von mährischen und schlesischen Germanikern abgelehnt[18]. Erst im Januar 1616 hatte Generalabt Nicolas Boucherat die niederschlesischen Zisterzen, sein Begleiter Abt Jean Foucart,

---

14 PANHÖLZL, Philibert: Statuta Capitulorum Provincialium Ord. Cist. Vicariatus Bohemiae–Moraviae–Lusatiae. In: Cistercienser-Chronik 22 (1910) 97-108, 131-133, 165-168, 201-206, 232-235, 279-284, 310-313, 329-335, 359-364; Fortsetzung in den Jgg. 23 (1911) - 26 (1914); die Statuten von 1616: 22 (1910) 98-108. - Dazu PANHÖLZL, Viktorin: Einiges über das Ordensleben im Vikariate Böhmen im 17. Jahrhundert. In: Cistercienser-Chronik 52 (1940) 65-72, 85-89. - KNAUER, Paul: Klosterleben und Klosterreform der schlesischen Zisterzienser in der Zeit der Reformation und Gegenreformation. In: Archiv für schlesische Kirchengeschichte 4 (1939) 239-252. - SCHNEIDER: Reformstatuten (wie Anm. 2) 66. - LOBENDANZ: Entstehung (wie Anm. 6) 100 Anm. 41, 102f. - GRÜGER, Heinrich: Die schlesischen Zisterzienser im Zeitalter der Reformation bis zum Provinzialkapitel von Prag 1616. In: Zisterzienser zwischen Zentralisierung und Regionalisierung (wie Anm. 1) 155-173, hier 168f. - MACHILEK: Zisterzienser in den konfessionellen Auseinandersetzungen (wie Anm. 1) 135f. - Zur Situation in Schlesien GRÜGER, Heinrich: Der Orden der Zisterzienser in Schlesien (1175-1810). Ein Überblick. In: Jahrbuch der Schlesischen Friedrich-Wilhelms-Universität zu Breslau 23 (1982) 84-145, hier 127-130.

15 MACHILEK: Zisterzienser in den konfessionellen Auseinandersetzungen (wie Anm. 1) 134f.

16 GRÜGER: Orden der Zisterzienser (wie Anm. 14) 127f. - DERS.: Die Beziehungen der schlesischen Zisterzienser zu den Klöstern ihres Ordens im süddeutschen und donauländischen Raum. In: In Tal und Einsamkeit. 725 Jahre Kloster Fürstenfeld. Die Zisterzienser im alten Bayern. Bd. 3. Hg. v. Klaus WOLLENBERG, Fürstenfeldbruck 1990, 153-166, hier 158.

17 KÖHLER, Joachim: Das Ringen um die tridentinische Erneuerung im Bistum Breslau. Vom Abschluß des Konzils bis zur Schlacht am Weißen Berg 1564-1620. Köln/Wien 1973, 226-228. - GRÜGER: Schlesische Zisterzienser (wie Anm. 14) 157.

18 STEINHUBER, Andreas: Geschichte des Collegium Germanicum - Hungaricum in Rom. Bd. 2. Freiburg [2]1906, 361-367. - GRÜGER: Orden der Zisterzienser (wie Anm. 14) 128. - Ders.: Schlesische Zisterzienser (wie Anm. 14) 157. - KÖHLER: Ringen (wie Anm. 17) 229. - SCHNEIDER, Bruno: Zehn Schlesier und Mährer als Mitträger der Gegenreformation im Zisterzienserorden. In: Zisterzienser zwischen Zentralisierung und Regionalisierung (wie Anm. 1) 175-184.

Mönch von Loos und Abt von Nizelle in Brabant (1607-1619), die oberschlesischen Abteien Rauden und Himmelwitz visitieren können[19]. Durch die Neuorganisation wurde den schlesischen Zisterziensern die Zugehörigkeit zum Gesamtorden neu ins Bewußtsein gerufen[20].

An dem durch den Generalabt von Cîteaux einberufenen und von ihm geleiteten ersten Provinzialkapitel in Prag nahmen aus Böhmen und Mähren die Äbte von Königsaal, Hohenfurt, Sedletz und Welehrad sowie der Prior von Plaß, aus Schlesien die Äbte von Leubus, Heinrichau, Kamenz und Grüssau, für das Kloster Neuzelle in der Niederlausitz der damalige Administrator sowie für die Frauenklöster in Böhmen-Mähren-Schlesien und der Lausitz die Confessionarii von Frauenthal, Maria Saal, Porta Coeli, Trebnitz, Marienstern und Marienthal teil. Die durch das Kapitel beschlossenen Statuten über das Ordensleben und die künftige Provinzialverfassung wurden vom Generalabt von Cîteaux, Nicolas II. Boucherat (1604-1625), Abt Jean Foucart von Nizelle, den Äbten von Königsaal, Leubus, Heinrichau, Kamenz, Grüssau und Welehrad, dem Confessarius von Marienstern sowie den Sekretären des Generalabts und des Provinzialkapitels unterschrieben. Die Statuten basierten – wie Hans Bruno Schneider gezeigt hat – vor allem auf den Fürstenfelder Reformstatuten bzw. auf deren weiterentwickelten Varianten in den Statuten der Generalkapitel von 1601 und 1604[21]. Die Prager Statuten wurden in wichtigen Einzelbestimmungen gezielt auf die regionalen Verhältnisse zugeschnitten. Allgemein verpflichteten sie die Ordensmitglieder zur Rückkehr zum monastischen Leben in Armut und strenger Abgeschiedenheit. Gegen den unerlaubten Zutritt von Frauen in das Kloster und über den Umgang von Religiosen mit Frauen wurden strenge Bestimmungen getroffen bzw. Strafen bis hin zur Exkommunikation angedroht. Gefordert wurden unter anderem die strikte Einhaltung der *vita communis* und des *silentium* sowie die jährliche Generalbeichte der Mönche. Die Appellation an auswärtige Vorgesetzte wurde ausgeschlossen. Für die Klöster in Böhmen, Mähren und der Lausitz wurde die Einrichtung eines Zentralnoviziats in Hohenfurt, für die Klöster in Schlesien die Einrichtung eines solchen in Heinrichau vorgesehen. Auf Kosten aller Klöster der Provinz soll in Prag ein Ordensseminar errichtet werden, in dem die Äbte und Äbtissinnen jeweils eine bestimmte Anzahl junger Brüder auf ihre Kosten unterhalten sollen: Leubus und Heinrichau je vier, Welehrad drei, Hohenfurt, Königsaal, Kamenz, Grüssau, Neuzelle, Porta Coeli, Aula Sanctae Mariae, Trebnitz, Marienstern und Marienthal je zwei, Sedletz, Plaß, Goldenkron und Frauenthal je einen. Die

---

19 GRÜGER, Heinrich: Die Visitation des Generalabtes Nicolas Boucherat in Schlesien. In: Mélanges à la mémoire du Père Anselme Dimier. Hg. v. Benoît CHAUVIN. Bd. 2. Arbois 1984, 92-114. - DERS.: Heinrichau (wie Anm. 1) 182f. - DERS.: Beziehungen schlesischer Mönchsklöster zum Donauraum. In: Jahrbuch der Schlesischen Friedrich-Wilhelms-Universität zu Breslau 31 (1990) 15-33, hier 24. - WALTER, Ewald: Zur Visitation der Klöster Leubus, Heinrichau, Grüssau und Kamenz im Jahre 1616 durch den Generalabt von Cîteaux und zur Weihe des Grüssauer Abtes Adam Wolffgang im Jahre 1623 in der St. Dorotheenkirche zu Breslau. Ebd. 35 (1994) 223-229.

20 GRÜGER: Beziehungen schlesischer Mönchsklöster (wie Anm. 19) 24.

21 SCHNEIDER: Reformstatuten (wie Anm. 2) 82f.

Provinzialkapitel sollen künftig alle vier Jahre zusammentreten[22]. Zur Schlichtung von Streitigkeiten zwischen den Provinzialkapiteln wurde ein Schiedsgericht vorgesehen. Als Mitglieder wurden die Äbte von Heinrichau, Welehrad und Hohenfurt bestimmt; Entscheidungen sollten in Übereinstimmung mit dem Generalvikar getroffen werden[23]. Die nächsten ordentlichen Provinzialkapitel fanden wegen der Ereignisse der Jahre 1618/21 und der folgenden Kriegswirren jeweils erst nach größerer zeitlicher Unterbrechung in den Jahren 1630 bzw. 1648 in Prag statt[24].

Eine Reihe von Abteien aus Böhmen und Schlesien waren auf dem Prager Kapitel 1616 nicht vertreten; so die Abtei Goldenkron in Südböhmen und die Abteien Rauden und Himmelwitz in Oberschlesien. Die beiden letzteren wurden mit Zustimmung der niederschlesischen Äbte von der polnischen Provinz abgetrennt und der Filiation von Leubus eingegliedert[25]. Abt Tobias Haller von Grüssau (1611-1616), der das Kloster in Schulden gestürzt hatte, wurde bereits auf dem Prager Kapitel 1616 durch den Generalabt abgesetzt[26]. Den 1614 erwählten, von den Mönchen aber nicht anerkannten Administrator von Neuzelle, Adam Schwab, ließ Nicolas Boucherat verhaften, um eine Neuwahl einzuleiten[27].

Bereits unmittelbar nach dem ersten Prager Provinzialkapitel 1616 wurden die Maßnahmen zur Verbesserung der Rahmenbedingungen in den Abteien fortgesetzt; zugleich wurde mit der Durchsetzung der in Prag gefaßten Reformbeschlüsse begonnen. Auf lange Sicht zählte die verstärkte Sorge um die Durchführung der Visitationen und um die Frauenklöster sowie die Bemühungen um Wiederherstellung des Ordensstudiums in Prag zu den besonders wichtigen Ergebnissen der Neuorganisation.

Für Plaß wurde bereits Anfang März des Jahres 1616 unter dem Präsidium des Nicolas Boucherat der Königsaaler Prior Georg Waßmuth (†1639) zum Abt ernannt[28]. Zum damaligen Zeitpunkt gehörte dem Plasser Konvent kein einziger Profeß des Klosters selbst an. Von den insgesamt acht aufgezählten Mönchen war Marcus Verinus, der damalige Prior, ein Pole und Profeß des Klosters Wongrowitz; Andreas Pandelius, der Subprior, war Profeß von Himmelwitz in Schlesien; zwei Mönche, von denen einer als Ungar und einer als Kroate bezeichnet wird, waren Professen des Klosters Saar; drei weitere Mönche waren Professen von Welehrad, von ihnen wird einer als Mährer, der zweite als Ungar, der dritte als früherer Abt von Welehrad bezeichnet; der an letzter

---

22 PANHÖLZL: Statuta (wie Anm. 14) 97-108. - Zur Klausur in den Frauenklöstern in älterer Zeit: PETITOVA-BÉNOLIEL, Anna: La pratique de la clôture chez les religieuses cisterciennes en Bohême et en Moravie au Moyen Âge. In: La vie quotidienne des moines et chanoines réguliers au Moyen Âge et Temps modernes. Hg. v. Marek DERWICH, Bd. 1. Wrocław 1995, 263-273.

23 PANHÖLZL: Statuta (wie Anm. 14) 107. - GRÜGER: Heinrichau (wie Anm. 1) 183.

24 PANHÖLZL: Statuta (wie Anm. 14) 131-133, 166.

25 GRÜGER: Schlesische Zisterzienser (wie Anm. 14) 168. - Zu Leubus DERS.: Schlesisches Klosterbuch: Leubus. Zisterzienserabtei. In: Jahrbuch der Schlesischen Friedrich-Wilhelms-Universität zu Breslau 22 (1981) 1-32.

26 ROSE, Ambrosius: Kloster Grüssau. Stuttgart/Aalen 1974, 64. - GRÜGER: Schlesische Zisterzienser (wie Anm. 14) 170.

27 GRÜGER: Schlesische Zisterzienser (wie Anm. 14) 168.

28 TADRA: Listy (wie Anm. 3) Nr. 458, 342. - Zu ihm: Sbírka IV (wie Anm. 1) 4-35, 130-132.

Stelle genannte Casparus Philippus war Profeß des Klosters Bronnbach[29]. Waßmuth, der in der Überlieferung des Klosters als „vir Deo amabilis" bezeichnet wird, wurde zum Erneuerer der Plasser Kommunität und zu einem der Hauptträger der Erneuerung des Prager Bernhardskollegs[30].

Im personellen Bereich ergaben sich besondere Schwierigkeiten in Goldenkron. Hier war es nach verheißungsvollen Ansätzen zur Reform in den Jahren vor 1616 um die Person des Abtes Valentin August Schönbeck zu erheblichen Differenzen mit dem böhmischen Generalvikar des Ordens gekommen. Schönbeck, gebürtiger Danziger und Profeß von Hohenfurt, zeitweilig Beichtvater der Zisterzienserinnen zu Porta Coeli in Mähren sowie Prior zu Oliva und Pelplin, war 1598 auf Vorschlag des Generalvikars und Visitators von Kaiser Rudolf II. als Abt von Sedletz bestätigt worden. 1608 war er der von Anton Flamingk für die Nachfolge des Goldenkroner Abtes Melchior Hölderle (1593-1608) bevorzugte Kandidat. Als Abt von Goldenkron (1609-1616) bemühte sich Schönbeck vor allem um den personellen Wiederaufbau des Konvents; unter den aus Klöstern in Bayern nach Goldenkron gerufenen Mönchen ragte Georg Huber aus Aldersbach hervor, der das Amt des Priors übernahm. An der Klosterkirche, der Schutzengelkapelle und den Klostergebäuden ließ Schönbeck umfangreiche Restaurierungsarbeiten vornehmen; einige Jahre lang bestand im Kloster eine eigene Druckerei, in der vor allem ein Directorium des Ordens gedruckt wurde ([1]1613, [2]1615). Nach dem Tod Flamingks übertrug Kaiser Rudolf II. Schönbeck gegen den Willen des Königsaaler Konvents und des von diesem bereits zum Abt gewählten Georg Vrat die Abtei Königsaal (1609-1611), was Vrat, der diese nach Schönbecks Rückkehr nach Goldenkron (1611) antrat und der nun auch als Generalvikar und Visitator fungierte, in den folgenden Jahren zu massivem Vorgehen gegen Schönbeck veranlaßt hat.

1614 suchte Abt Georg Vrat die Absetzung Schönbecks auf dem Weg über eine Visitation zu erreichen. Trotz der Einschaltung des Oberstkanzlers Zdeněk Vojtěch Popel von Lobkowitz durch Schönbeck und Schönbecks Bereitschaft, in Anwesenheit des Kanzlers dem Generalvikar gegenüber persönliche Fehler einzuräumen, hielt Vrat an der Visitation fest, die er am 19. Juli 1614 zusammen mit den Äbten von Welehrad und Hohenfurt durchführte. Unter anderem ordnete Vrat dabei in kaiserlichem Auftrag die Entlassung des Klosterverwalters und dessen Familie binnen Monatsfrist an. Schönbeck ließ gegen den vom Visitator und seiner Begleitung entfalteten Pomp und vor allem gegen das beleidigende und der Form widersprechende Vorgehen des Visitators durch seinen Prior Jakob Allgeier beim Generalabt Nicolas Boucherat in Cîteaux schriftlich Beschwerde einlegen. Obgleich bei der Visitation im Kloster keine Mängel festgestellt worden waren, bestand der Visitator auf der Entfernung des Klosterverwalters. Während Vrat für einen Prozeß gegen Schönbeck eintrat, schlug Abt Johann Seyfried von Zwettl (1612-1625) als damaliger Generalvikar der Ordensprovinz Böhmen-Mähren-Schlesien-Lausitz (1614-1616) einen friedlichen Ausgleich vor. Auch Nicolas Boucherat nahm diesen

29 Sbírka IV (wie Anm. 1) 123, 130-132. - MACHILEK: Zisterzienser (wie Anm. 1) 136.
30 Sbírka IV (wie Anm. 1) 32-35 (Zitat 35). - Der Aufschwung der Abtei fand seinen Ausdruck in dem 1628 abgeschlossenen Neubau des Klostergevierts. KUTHAN: Baukunst (wie Anm. 1) 127.

Vorschlag an; er stellte in Aussicht, die aufgetretenen Schwierigkeiten bei der von ihm vorgesehenen Generalvisitation in Böhmen zu ordnen[31].

Im Zusammenhang mit dem Prager Provinzialkapitel von 1616 drängte Abt Georg Vrat von Königsaal in seiner Funktion als Generalvikar der Provinz auf eine Lösung der dort entstandenen Probleme in seinem Sinn. Zusammen mit dem Generalabt Nicolas Boucherat suchten der Generalvikar und die Äbte von Hohenfurt und Welehrad in Goldenkron persönlich ein Bild vom Stand des Klosters zu gewinnen. Schönbeck wurde am 13. März 1616 gegen seinen Willen zur Resignation bewogen; er erhielt eine Abfindung, begab sich nach Mähren und soll 1648 in Rom gestorben sein[32].

Die von Vrat und den ihm nahestehenden Personen im Lauf der Auseinandersetzungen gegen Schönbeck vorgebrachten Anschuldigungen sind schwer durchschaubar; er wurde unter anderem reformatorischer Neigungen bezichtigt. Andere Quellen heben Schönbecks Anstrengungen für die ihm anvertrauten Klöster und seine Frömmigkeit hervor[33]. Die Vorgänge in Goldenkron machen deutlich, daß trotz der bis dahin bereits erreichten Fortschritte zur Wiedergewinnung der Disziplin in den Zisterzen noch weitere Reformanstrengungen von seiten der Ordensleitung und der einzelnen Zisterzienserklöster erforderlich waren.

Als Nachfolger Schönbecks setzte der Generalabt den bis dahin als Prior in Goldenkron amtierenden Georg Huber ein. Im Spätherbst 1616 forderte Abt Vrat den Goldenkroner Abt auf, Brüder zum Studium nach Prag zu entsenden. Zugleich forderte er Huber auf, sich vor allem vor den von ihm bis nach Königsaal bekanntgewordenen zwei Fehlern – Trinkgelagen „usque ad ebrietatem" und allzuviel Konversation mit Personen beiderlei Geschlechts – zu hüten[34]. Huber leitete das Kloster bis 1623; er ist 1624 gestorben[35].

Sein Nachfolger wurde der später als „vir religiosissimus" gerühmte bisherige Hohenfurter Prior Andreas Pachmann[36]. Die Charta der im Februar 1629 in seiner Regierungszeit durch Georg Vrat unter Assistenz der Äbte Johannes von Welehrad und Hugo Stimmer von Neuzelle in Goldenkron durchgeführten Visitation stellte mit hohem Lob die klösterliche Disziplin und die Einhaltung der klösterlichen Gebräuche in dem damals aus dem Abt, fünf Mönchen, alle Professen von Goldenkron, zwei Gästen und einem Konversen bestehenden Konvent fest. Dabei wurde das Vorbild des Abtes besonders

31 Beziehungen des Zisterzienserklosters Aldersbach (Vils) zu Goldenkron am Anfang des Dreißigjährigen Krieges. Abt Georgius Huber O. Cist. In: Glaube und Heimat 5 (1953) 211f., 247-249, 343f., 403-406. - MACHILEK: Zisterzienser in den konfessionellen Auseinandersetzungen (wie Anm. 1) 131f. - Allgemein zur Geschichte von Goldenkron: KADLEC, Jaroslav: Dějiny kláštera Svaté Koruny (Zlaté Koruny) (1263-1785). České Budějovice 1949.

32 Sbírka IV (wie Anm. 1) 4. - Beziehungen (wie Anm. 31) 343f.

33 Beziehungen (wie Anm. 31) 248f.

34 TADRA: Listy (wie Anm. 3) Nr. 459, 343.

35 Beziehungen (wie Anm. 31) 403. - TADRA: Listy (wie Anm. 3) Nr. 459, 343.

36 Sbírka IV (wie Anm. 1) 13f. (Zitat). - Beziehungen (wie Anm. 31) 403. - PILS, Dionys: Zahl, Herkunft und äußeres Wirken der Hohenfurter Mönche von der Gründung (1259) bis zur Aufhebung des Stiftes (1941/50). In: Deutsche Kulturlandschaft an Moldau und Maltsch. Hg. v. Alois HARASKO u.a., München 1986, 37-44, hier 42.

hervorgehoben[37]. Schon 1623 hatte Georg Vrat den aus Bayern stammenden Goldenkroner Mönch Johannes Scherdinger zum Beichtvater des Klosters Frauenthal bestimmt[38].

In Hohenfurt wirkte der zuvor über ein Vierteljahrhundert in Bronnbach als Prior und Bursar bewährte Gangolf Scheidinger in den Jahren 1620-1631 als Abt. Der Visitator hob 1622 seinen wissenschaftlichen Eifer hervor, ein Lob, das auch im Hohenfurter Totenbuch wiederkehrt[39]. Unter seinen Nachfolgern war der in der Lausitz geborene Georg Wendschuh (1641-1668) „eine der markantesten Abtsgestalten von Hohenfurt"[40]; er ragte unter anderem auch als Verfasser der „Acta Altovadensia" hervor[41].

Trotz der Kriegsnöte hielt der Aufschwung der Klöster in Böhmen und Mähren vor allem dank des Einsatzes von Abt Georg II. Vrat von Königsaal (1612-1633) und des von diesem geförderten Johann Greifenfels von Greifenfels und Pilsenburg aus Pilsen (1596-1650) an. Vrats Einsatz als Generalvikar und Visitator wird in der Plasser Überlieferung rühmend hervorgehoben[42]. Greifenfels hatte das Noviziat in Königsaal abgeleistet und war 1619 nach Welehrad entsandt worden. 1626 übernahm er nach der Resignation des bisherigen Abtes Bartholomäus Pica (†1648) die Leitung des Klosters Sedletz, 1628 die von Welehrad, das sich damals in halbverwüstetem Zustand befand, und wurde im gleichen Jahr zusammen mit den Äbten Georg II. Vrat von Königsaal und Hugo Stimmer von Neuzelle (1626-1632) durch Generalabt Peter III. Nivelle (1625-1635) zum außerordentlichen Visitator der Klöster in Mähren, Schlesien und der Lausitz bestellt; 1634 wurde er Abt von Königsaal und Ossegg sowie Generalvikar der böhmisch-mährisch-schlesischen Provinz des Ordens[43]. In Welehrad ließ Greifenfels bereits kurz nach seinem Amtsantritt mit den dringend erforderlichen Umbauarbeiten am Konventsbau beginnen. In diesem Zusammenhang wurde allerdings auch der stark beschädigte ursprüngliche

---

37 Beziehungen (wie Anm. 31) 403-406.

38 TADRA: Listy (wie Anm. 3) Nr. 467, 345.

39 GOTTSMICH, Severin: Hohenfurt. Zur Geschichte seines Stiftes und seiner Pfarreien. In: Cistercienser-Chronik 76 (1969) 27-139, hier 64f.

40 Ebd., 67. - Vgl. auch NOSCHITZKA, Canisius Leopold: Das Zisterzienserstift Hohenfurt. Ein geschichtlicher Überblick. In: Deutsche Kulturlandschaft (wie Anm. 36) 11-36, hier 18. - BOHÁČ, Zdeněk: České země a Lužice. Böhmen und die Lausitz. Česka a Lužica. Tišnov/Budyšín 1993, 57-59.

41 HLINOMAZ, Milan: Das Zisterzienserstift in Hohenfurth (Vyšší Brod). O.O. o.J. [Vyšší Brod um 1996], 9.

42 „[...] munus visitatoris et vicarii generalis solertissime obiens magnum sibi nomen comparavit". Sbírka IV (wie Anm. 1) 33.

43 Das Vorausgehende nach ZEMEK, Metoděj/BARTUŠEK, Antonín: Dějiny Žďáru nad Sázavou. Bd. 1-2/2. Havlíčkův Brod 1956-1970, hier Bd. 2/1, 15-21. - Zum Zustand von Welehrad: „[...] inveni semidesertum monasterium et omnes fundos destructos, predia omnia et edificia ante portam exusta". Ebd., Bd. 2/1, 336 Anm. 33. - GRÜGER: Heinrichau (wie Anm. 1) 184-186. - Auch der Zustand von Sedletz war völlig ruinös: JÖCHLINGER, Wolfgang: Andreas Weissenstein, erwählter Propst von Klosterneuburg, und sein Kampf gegen das Staatskirchentum. In: Jahrbuch des Stiftes Klosterneuburg N.F. 6 (1966) 7-135, hier 91. - Zur Bedeutung der Visitation von 1628 GRÜGER: Beziehungen schlesischer Mönchsklöster (wie Anm. 19) 24 Anm. 40.

Kreuzgang niedergerissen; die Bruchstücke wurden zur Fundamentierung der neuen barocken Bauteile benutzt[44].

Die Konsolidierung von Ossegg wirkte als wichtiges Zeichen der katholischen Erneuerung im Lande: Das Kloster war dem Orden 1580 verlorengegangen[45]. Vergeblich bemühte sich Erzbischof Johannes Lohelius von Prag (1612-1622) als Inhaber der Klosterherrschaft um die Rückgabe des Klosters[46]. Als sich die dazugehörige Bergstadt Klostergrab dem evangelischen Bekenntnis zuwandte und die Gemeinde unter Berufung auf den böhmischen Majestätsbrief Rudolfs II. von 1609 in den Jahren 1611-1614 eine evangelische Kirche erbaute, ließ Lohelius diese 1614 sperren und – nach den daraufhin erfolgten Interventionen der evangelischen Stände, die die geistlichen Güter als Teil des königlichen Kammerguts erklärten und den Bau daher als legitim ansahen – schließlich im Dezember 1617 im Einvernehmen mit einer kaiserlichen Kommission demonstrativ abreißen[47]. Zusammen mit den Maßnahmen des Břevnover Benediktinerabtes Wolfgang Selender von Prossowitz (1602-1619) wegen der seit 1611 von evangelischer Seite in Braunau errichteten Kirche trug das Vorgehen in dem zur ehemaligen Ossegger Herrschaft gehörigen Klostergrab wesentlich zur konfessionellen Polarisierung in Böhmen bei und bildete einen der Impulse für den Ständeaufstand von 1618[48]. Der Restitution von Ossegg kam nicht zuletzt wegen der Vorgänge um Klostergrab geradezu symbolische Bedeutung zu; sie erfolgte 1626 auf Drängen des Königsaaler Abtes und Provinzvikars Georg Vrat unter Lohelius' Nachfolger Erzbischof Ernst II. Graf Harrach (1623-1667) gegen Leistung einer hohen Abfindungssumme[49]. Die während des Dreißigjährigen Krieges eingetretenen Zerstörungen in Ossegg bewogen den Visitator 1642 zu einer zutiefst niedergeschlagenen Äußerung über den damaligen Zustand der Abtei: Vor Ängsten lebe er kaum, nachdem Ossegg zerstört sei[50]. Nach längerer Administrationsperiode

---

44 POJSL, Miloslav: Velehrad. Stavební památky bývalého cisterciáckého kláštera Velehrad. Brno 1990, 81.

45 SCHEINPFLUG, Bernard: Studien zur Geschichte von Ossegg. In: Mitteilungen des Vereins für Geschichte der Deutschen in Böhmen 18 (1880) 241-252, 19 (1881) 56-68, 148-160, hier 66.

46 PICHERT, Konstantinus: Johannes Lohelius. Sein Leben und seine Tätigkeit im Prämonstratenserorden und als Erzbischof von Prag. In: Analecta Praemonstratensia 3 (1927) 124-140, 264-283, 404-422, hier 404f. - EBERHARD, Winfried: Lohel[ius], Johannes (1549-1622). In: Die Bischöfe des Heiligen Römischen Reiches 1448 bis 1648. Ein biographisches Lexikon. Hg. v. Erwin GATZ, Berlin 1996, 433-436.

47 PICHERT: Lohelius (wie Anm. 46) 409-416. - MÜLLER, August: Der Fall Klostergrab. In. Archiv für schlesische Kirchengeschichte 9 (1951) 59-73.

48 ZESCHICK, Johannes: Abt Wolfgang Selender von Prossowitz OSB. Ein Leben für die katholische Erneuerung in Bayern und Böhmen. In: Regensburg und Böhmen. Festschrift zur Tausendjahrfeier des Regierungsantrittes Bischof Wolfgangs von Regensburg und der Errichtung des Bistums Prag. Hg. v. Georg SCHWAIGER und Josef STABER, Regensburg 1972, 267-307, hier 302-306; der Autor betont, daß es in Braunau nicht zur Schließung der Kirche gekommen sei.

49 Acta SC de Propaganda fide Germaniam spectantia. Die Protokolle der Propagandakongregation zu deutschen Angelegenheiten 1622-1649. Hg. v. Hermann TÜCHLE, Paderborn 1962, 121, 129, 131.

50 LEKAI/SCHNEIDER: Geschichte und Wirken (wie Anm. 12) 102.

sorgte in Ossegg Abt Laurentius Scipio (1650-1691) für die Stabilisierung der Verhältnisse; er trat auch als Sozialpolitiker hervor[51].

1638/39 konnte Greifenfels das Kloster Saar, das 1588 aus dem Besitz Herzog Karls II. von Münsterberg in die Hand des Olmützer Bischofs Stanislav Pavlovský (1579-1598) gelangt, von diesem dem Hochstift Olmütz einverleibt und 1613 von Pavlovskýs Nachfolger Kardinal Franz Fürst von Dietrichstein (1599-1636) aufgehoben worden war[52], von Maximilian Dietrichstein, dem Neffen und Erben des Kardinals, für den Orden zurückgewinnen. Die hohe Kaufsumme von 144 000 fl. brachte Greifenfels durch Anleihen unter anderem bei österreichischen und böhmisch-mährischen Zisterzienserabteien, Verschreibungen und Verkäufe auf [53]. Die Wiederbesiedlung von Saar scheint vor allem durch Mönche aus Hohenfurt getragen worden zu sein[54], jedoch waren offenbar auch Welehrad, Königsaal und Ossegg daran beteiligt[55]. Greifenfels bemühte sich nicht nur um die wirtschaftliche Gesundung des Klosters, sondern auch um die Wiederherstellung der Bibliothek[56]. Wegen der Kriegsereignisse stieg die hohe Verschuldung des Klosters Saar in der Folgezeit noch weiter an; die Schulden beliefen sich 1648 auf 200 000 fl. Wegen der hohen Überschuldung schlug Greifenfels dem Generalkapitel 1648 vor, auf eine Abtswahl in Saar vorerst zu verzichten und das Kloster bis zur Bezahlung der Schulden dem Provinzvisitator zu unterstellen. Vor seinem Tod ernannte er den Hohenfurter Abt Georg Wendschuh (1641-1668) zum Koadjutor für Königsaal, Ossegg und Saar sowie den Sedletzer Abt Jakob Martini zum Koadjutor für Welehrad und suchte so die Weichen für einen reibungslosen Übergang der böhmisch-mährischen Klöster in die zweite Jahrhunderthälfte zu sichern. Mit Hilfe der böhmisch-mährischen Klöster konnte der Schuldenberg in Saar bis 1676 bis auf 58 900 fl. abgetragen werden. Saar erlangte das Recht der Abtswahl zurück; die Leitung übernahm der aus dem Kloster Hohenfurt geholte Benedikt Zaunmüller (1676-1691), der zuvor bereits einige Zeit als Prior regens in Saar tätig gewesen war[57]. Umgekehrt erscheint 1650 Heinrich Janus aus

---

51 SCHIEL, V. D.: Ein Zisterzienserabt als Sozialpolitiker. In: Mitteilungen des Vereins für Geschichte der Deutschen in Böhmen 58 (1920) 15-38. - GOTTSMICH: Hohenfurt (wie Anm. 39) 70.

52 ZEMEK/BARTUŠEK: Dějiny (wie Anm. 43) Bd. 1, 214-228, 232-242. - BAHLCKE: Regionalismus und Staatsintegration (wie Anm. 7) 219f., 250, 258f., 318-341 u.ö. - MACHILEK: Zisterzienser (wie Anm. 1) 132f. - Zur gegenreformatorischen Aktivität Dietrichsteins KÖHLER, Joachim: Franz Kardinal von Dietrichstein, Bischof von Olmütz (1599-1636) und die Prämonstratenser in Mähren. In: Archiv für Kirchengeschichte von Böhmen-Mähren-Schlesien 5 (1978) 256-270. - BALCÁREK, Pavel: Kardinál František z Ditrichštejna (1570-1636). Kroměříž 1990. - EBERHARD, Winfried: Dietrichstein, Franz Seraph (seit 1623) Fürst von (1570-1636). In: Bischöfe (wie Anm. 46) 129-133.

53 HURT, Rudolf: Obnovení cisterciackého kláštera ve Žďáře. In: Od Horácka k Podyjí 9 (1931/32) 98-104. - ZEMEK/BARTUŠEK: Dějiny (wie Anm. 43) Bd. 2/1, 22-24. - MACHILEK: Zisterzienser in den konfessionellen Auseinandersetzungen (wie Anm. 1) 137.

54 PILS: Zahl (wie Anm. 36) 42.

55 LIFKA, Bohumír: Minulost a přítomnost knižní kultury ve Žďáře nad Sázavou. Brno 1964, 51.

56 Ebd., 51-58.

57 Zum Vorausgehenden ZEMEK/BARTUŠEK: Dějiny (wie Anm. 43) Bd. 2/1, 25f., Bd. 2/2, 123f.

Hohenfurt in Saar als Prior; er kehrte später nach Hohenfurt zurück, wirkte hier zunächst als Prior und erlangte dann für kurze Zeit die Abtswürde (1668/69)[58].

Die Stabilisierung und nicht zuletzt die gemeinsamen finanziellen Anstrengungen trugen zum engeren Zusammenrücken der Klöster in Böhmen und Mähren bei. Demgegenüber hatte mit der Stabilisierung der Verhältnisse aber auch der Widerstand der schlesischen Klöster gegen die Unterstellung unter den in Böhmen sitzenden Generalvikar ständig zugenommen. Eine wichtige Rolle spielte dabei auch die schon 1607 getroffene Entscheidung der Äbte der Klöster in der Diözese Breslau, ihre zahlreichen Patronatspfarreien durch Mönche versehen zu lassen[59]. 1649 löste Generalabt Claude Vaussin (1643-1670) die Zisterzen in der Diözese Breslau aus der 1616 geschaffenen böhmisch-mährisch-schlesisch-lausitzischen Provinz und errichtete eine selbständige Ordensprovinz unter der Leitung des Abtes von Leubus. Der vom Abt von Königsaal 1651 auf dem Generalkapitel des Ordens erhobene Protest und spätere Beschwerden der böhmischen Provinzialkapitel gegen die Abtrennung der schlesischen Abteien blieben erfolglos[60].

Die Stabilisierung der Klöster in Böhmen und Mähren in der zweiten Hälfte des 17. Jahrhunderts läßt sich im Anstieg der Zahl der Mönche ablesen; Ende der sechziger Jahre des 17. Jahrhunderts gehörten den einzelnen Konventen durchschnittlich je 30 Mönche an; gegenüber den Mönchen blieben die Zahlen der Konversen auf relativ niedrigem Stand. Für 1667 sind folgende Zahlen bekannt[61]:

	Mönche	Konversen
Sedletz	9	—
Plaß	32	3
Ossegg	38	1
Hohenfurt	30	2
Goldenkron	30	2
Welehrad	31	4

Im Rahmen der Reformbemühungen hatte die seit 1616 angestrebte Neuerrichtung eines Studienhauses der Zisterzienser in Prag einen besonderen Stellenwert. Das noch zur Zeit der Luxemburger errichtete ältere St. Bernhardskolleg war kurz nach der Gründung

58 GOTTSMICH: Hohenfurt (wie Anm. 39) 71. - PILS: Zahl (wie Anm. 36) 42.

59 GRÜGER, Heinrich: Ursachen und Folgen der Trennung Schlesiens von der Ordensprovinz Böhmen. In: Cîteaux. Commentarii Cistercienses 27 (1976) 29-55. - DERS.: Heinrichau (wie Anm. 1) 174. - DERS.: Die schlesischen Zisterzienser und die Pfarrseelsorge. In: Cîteaux. Commentarii Cistercienses 32 (1981) 253-288.

60 GRÜGER: Orden der Zisterzienser (wie Anm. 14) 129f. - DERS.: Visitation (wie Anm. 19) 24f. - DERS.: Schlesische Zisterzienser (wie Anm. 14) 170.

61 ZEMEK/BARTUŠEK: Dějiny (wie Anm. 43) Bd. 2/1, 343 Anm. 19.

der Leipziger Universität und des dortigen Studienhauses aufgegeben worden[62]. Die Neugründungspläne sind unter dem Blickwinkel gleichzeitiger Bildungsbemühungen unter den Jesuiten, Prämonstratensern und Benediktinern zu bewerten. Während Kaiser Ferdinand II. die Jesuiten besonders förderte, stärkte die römische Kurie den Prager Erzbischof Ernst Albrecht Kardinal Graf Harrach (1622/24-1667), der sich entschieden gegen das Bildungsmonopol der Jesuiten wandte und dabei wachsende Unterstützung bei anderen Ordensgemeinschaften fand[63]. 1635 gründete der als Ratgeber des Kardinals wirkende Strahover Abt Kaspar von Questenberg (1612-1640) das Collegium Norbertinum[64]; im gleichen Jahr entstand neben dem jesuitischen Clementinum das von Kardinal Harrach für die Ausbildung des Diözesanklerus begründete Ernestinum, in dem Hiberner – vertriebene irische Franziskaner – im Geist des aufkommenden Jansenismus zu lehren begannen[65]. Durch Zuschüsse aus der Salzkasse ermöglichte Kardinal Harrach 1636/37 die Errichtung des neuen St. Bernhardskollegs im ehemaligen Cölestinerkloster in der Zeltnergasse[66]. 1651 bestätigte das Generalkapitel diese Neugründung und trug dem damaligen Abt Jakob Martini von Königsaal (1650-1654) als Generalvikar des Ordens in Böhmen, Mähren und der Lausitz auf, für die Durchführung der Beschlüsse zur Führung des Kollegs zu sorgen. Eine 1654 zwischen Kardinal Harrach und der Provinzleitung geschlossene Übereinkunft bestimmte, daß die Ordenskleriker und Konviktoren des Bernhardskollegs auch die Vorlesungen im erzbischöflichen Seminar zu besuchen hatten, wogegen der Orden die Berechtigung erhielt, mindestens einen Lehrer auf eigene Kosten in das Professorenkollegium des Seminars zu entsenden[67]. Die Bedeutung des Kollegs für die Ausbildung von ordenseigenen Seelsorgern für die Klosterpfarreien kann nicht hoch genug eingeschätzt werden. Der Anteil von Seminaristen aus der Lausitz, speziell aus den Klostergütern von Marienstern, war überdurchschnittlich hoch.

Die Pfarrseelsorge durch Ordensgeistliche zählte zu den zentralen Beratungspunkten und Beschlüssen der Provinzialkapitel der Jahre 1630 und 1648[68]. Nach einem älteren

62 LAUTERER, Kassian: Konrad von Ebrach S.O.Cist. (†1399). Lebenslauf und Schrifttum. In: Analecta Sacri Ordinis Cisterciensis 17 (1961) 151-214, 18 (1962) 60-120, 19 (1963) 3-45, hier 17 (1961) 191-193. - KADLEC, Jaroslav: Řeholní generální studia při Karlově universitě v době předhusitské. In: Acta Universitatis Carolinae. Historia Universitatis Carolinae Pragensis 7/2 (1966) 63-108, hier 95-107.

63 EBERHARD: Entwicklungsphasen (wie Anm. 7) 245.

64 Ebd., 245.

65 Ebd., 245. - DOLEZEL, Stephan: Frühe Einflüsse des Jansenismus in Böhmen. In: Bohemia Sacra (wie Anm. 8) 145-153, hier 146.

66 Sbírka IV (wie Anm. 1) 33. - Acta SC de Propaganda fide (wie Anm. 49) 448. - BREDL, Sigismund: Das Collegium S. Bernardi in Prag. In: Studien und Mitteilungen aus dem Benediktinerorden 13 (1892) 492-503, 14 (1893) 53-60, 212-221. - GOTTSMICH: Hohenfurt (wie Anm. 39) 67.

67 SCHUBERT, Anton: Urkunden-Regesten aus den ehemaligen Archiven der von Kaiser Joseph II. aufgehobenen Klöster Böhmens. Innsbruck 1901, 136f. - MACHILEK: Zisterzienser (wie Anm. 1) 195. - Zu Jakob Martini, der zuvor auch Abt von Saar und Sedletz gewesen war: ZEMEK/BARTUŠEK: Dějiny (wie Anm. 43) Bd. 2/1, 26-31, 51f., 80f., 332.

68 Zur Frage der Pfarrseelsorge NOSCHITZKA, Canisius (Leopold): Die Zisterzienserklöster von Böhmen-Mähren und die Pfarrseelsorge. In: Analecta Cisterciensia 34 (1978) 313-329.

Generalkapitelsbeschluß von 1489 galten in Pfarrhäusern lebende Religiosen als „vagabundi“; eine Ausnahme sah das Statut nur bei inkorporierten Pfarreien vor, für die einzelne Konventualen mit Genehmigung der Visitatoren mit Seelsorgsaufgaben betraut werden durften[69]. Mönche, die wegen des – durch den päpstlichen Nuntius um die Wende vom 16. zum 17. Jahrhundert durchaus erkannten[70] – extremen Mangels an Weltgeistlichen mit Billigung des Generalkapitels Pfarreien übernommen hatten, sollten nach einem Beschluß des Provinzialkapitels von 1630 überall das Ordensgewand und die Tonsur tragen, nach Möglichkeit in ihren eigenen Klöstern beichten, überzählige Einnahmen in die Konventskassen abführen und sich von Besuchen von Hochzeiten, Gastwirtschaften, Städten und Dörfern zurückhalten[71]. 1648 wurden die Äbte nachdrücklich dazu aufgefordert, auswärts eingesetzte Brüder sobald als möglich in die Konvente zurückzurufen[72]. Die unnachgiebige, auf die frühere Einstellung des Ordens zur Pfarrseelsorge rekurrierende Haltung der böhmischen Provinzvikare trug ihrerseits wesentlich zur Ablösung der schlesischen Klöster von der Provinz bei. In Hohenfurt bemühte sich Abt Johann IV. Clavey aus Belfort, zuvor Superior des Bernhardinums in Prag, gerade im Hinblick auf die Patronatspfarreien um die Vergrößerung seines Konvents. Er konnte während seiner Regierungszeit 30 Mitglieder, davon 27 Priester, in das Kloster aufnehmen. 1687 zählte der Konvent 58 Mönche[73].

Die Zahl der Patronatspfarreien der Zisterzienser in Böhmen war – auf das einzelne Kloster umgerechnet – im Vergleich zu Schlesien etwa gleich hoch[74]; in der Erzdiözese Prag führten sie mit drei großen Abteien (Hohenfurt, Goldenkron und Plaß) nach Ausweis der Relationen über die Pfarreien aus dem Jahr 1700 die Reihe der Patronate in Klosterbesitz an:

- GOTTMICH: Hohenfurt (wie Anm. 39). - Die Bedeutung des Niederkirchenbesitzes der Zisterzienser in den böhmischen Ländern ist bisher noch nicht ausreichend untersucht. Auf die Bedeutung der Patronatsrechte für die Orden und Klöster in der Zeit der Konfessionalisierung ist in einem einschlägigen Beitrag soeben wenigstens am Rande hingewiesen worden: HENZE, Barbara: Orden und ihre Klöster in der Umbruchszeit der Konfessionalisierung. In: Die Territorien des Reichs, Bd. 7 (wie Anm. 7) 91-105, hier 104. - Zur Pfarrseelsorge bei den Prämonstratensern in Böhmen SCHMIDT, Georg: Die Patronatspfarren und die Pröpste des ehemaligen Klosters Chotieschau Ord. Praem. im Mittelalter. In: Analecta Praemonstratensia 12 (1936) 46-66, 131-142.

69 GRÜGER: Heinrichau (wie Anm. 1) 244. - MACHILEK: Zisterzienser (wie Anm. 1) 125f.

70 STLOUKAL, Karel: Papežská politika a císařský dvůr pražský na předělu XVI. a XVII. věku. Praha 1925, 199. - EBERHARD: Entwicklungsphasen (wie Anm. 7) 255 Anm. 58.

71 PANHÖLZL: Statuta (wie Anm. 14) 131f.

72 Ebd., 166. - GRÜGER: Heinrichau (wie Anm. 1) 242.

73 GOTTSMICH: Hohenfurt (wie Anm. 39) 71.

74 In der Diözese Breslau besaßen die sieben schlesischen Zisterzen und die großpolnische Abtei Paradies zusammen über 100 Patronatspfarreien, dazu GRÜGER: Heinrichau (wie Anm. 1) 173 Anm. 84.

Orden	Patronatspfarreien
Zisterzienser	35
Jesuiten	31
Prämonstratenser	25
Benediktiner	14
Kreuzherren mit dem roten Stern	10
andere Orden (insgesamt)	22[75]

Die Lausitzer Frauenklöster Marienstern und Marienthal, deren Erneuerung auf das engste mit der Visitationstätigkeit Flamingks verbunden war[76], gewannen in der Folgezeit für die Erhaltung des katholischen Glaubens in der Lausitz besondere Bedeutung[77].

Für das Schicksal der beiden Frauenklöster des Zisterzienserordens in der Lausitz wurde der 1635 zwischen Sachsen und Kaiser Ferdinand II. zu Prag geschlossene Sonderfrieden bestimmend[78]. Böhmen mußte die beiden Lausitzen an Sachsen abtreten, der Katholizismus blieb auf Grund der Vereinbarungen auf den Klostergütern jedoch weitgehend erhalten, ausgenommen lediglich die exterritorialen Teile der Klosterbesitzungen, wie z.B. das Marienthaler Gut bei Reichenbach; hier zog zwar die Reformation ein, die Äbtissinnen behielten aber auch weiterhin ihre obrigkeitlichen Rechte, z.B. das der Einwilligung bei der Bestellung evangelischer Geistlicher[79].

Während die zu Ende des 16. Jahrhunderts vom Fürstenfelder Äbtetreffen ausgehenden Reformimpulse in Süddeutschland bis 1625 im Sinne des auf dem Konzil von Trient erlassenen Dekrets „De regularibus et monialibus" zur Ausbildung der oberdeutschen

75 MAUR, Eduard: Problémy farní organisace pobělohorských Čech. In: Traditio Cultus. Miscellanea Historica Bohemica Miloslao Vlk archiepiscopo Pragensi ab eius collegis amicisque ad annum sexagesimum dedicata. Hg. v. Zdeňka HLEDÍKOVÁ, Praha 1993, 163-176, hier 172.

76 FRUYTIER: Flamingk (wie Anm. 1) 169f. - TADRA: Listy (wie Anm. 3) Nr. 445, 324.

77 KAPRAS, Jan: Lužice a český stát. K třístému výročí Pražského míru. Praha 1935, 32-42. - PFEIFFER, Wilhelm: Kirchliche Beziehungen zwischen Böhmen und der Lausitz. In: Kirche, Recht und Land. Festschrift Weihbischof Prof. Dr. Adolf Kindermann dargeboten zum 70. Lebensjahre. Hg. v. Karl REISS und Hans SCHÜTZ, Königstein/München 1969, 211-220, hier 215f. - BOHÁČ: České země (wie Anm. 40) 27-39. - DERS.: Die Zisterzienserklöster in der Lausitz und ihre Beziehungen zu den böhmischen Ländern. In: Cîteaux. Commentarii Cistercienses 47 (1996) 105-114. - BLASCHKE, Karlheinz: Lausitzen. In: Die Territorien des Reichs im Zeitalter der Reformation und Konfessionalisierung. Land und Konfession 1500-1650. Bd. 6: Nachträge. Hg. v. Anton SCHINDLING und Walter ZIEGLER, Münster 1996, 92-113. - Zeit und Ewigkeit. Erste Sächsische Landesausstellung im Kloster St. Marienstern in Panschwitz-Kuckau. Marienstern/Leipzig 1998.

78 MACHILEK, Franz: Prager Frieden. In: Lexikon für Theologie und Kirche 8 (1999) (im Druck).

79 BOHÁČ: České země (wie Anm. 40) passim.

Zisterzienserkongregation geführt haben[80], mündeten sie in Böhmen-Mähren-Schlesien in der beschriebenen Provinzorganisation ein, aus der die schlesischen Klöster dann allerdings ein halbes Jahrhundert später ausschieden. Diese Organisation erwies sich in der Zeit der Gegenreformation offensichtlich als ein durchaus elastischer Verfassungsrahmen, welcher den einzelnen Konventen wie der gesamten Provinz trotz aller politisch und konfessionell bedingten Einschränkungen den erforderlichen Spielraum zur Durchführung von Reformen und zur Entfaltung ließ. Anders als in Schlesien wurde die seelsorgliche Tätigkeit der Mönche in der böhmischen Provinz von Anfang an nur als Notstandsmaßnahme angesehen, der durch das Provinzialkapitel stets enge Grenzen gezogen wurden[81].

80 LOBENDANZ: Entstehung (wie Anm. 6). - RÖSENER, Werner: Die Rolle der Abtei Salem bei der Bildung der Oberdeutschen Kongregation des Zisterzienserordens. In: Zisterzienser zwischen Zentralisierung und Regionalisierung (wie Anm. 1) 689-711.

81 GRÜGER, Heinrich: Die schlesischen Zisterzienser und die Pfarrseelsorge. In: Cîteaux. Commentarii Cistercienses 32 (1981) 253-288. - DERS.: Der Konvent von Heinrichau von der Reformation bis zur Säkularisation (1810). Teil 4: Die Geschichte des Konvents. In: Archiv für schlesische Kirchengeschichte 39 (1981) 189-218, hier 209. - Zur außerklösterlichen Tätigkeit im Zisterzienserorden grundsätzlich Schneider, Bruno: Österreichs Zisterzienserpfarren – Erbe des Josephinismus? Eine statistische Untersuchung über die Pfarrseelsorge in Österreich. In: Studien und Mitteilungen zur Geschichte des Benediktinerordens 78 (1967) 275-302. - Zum wirtschaftlichen Aspekt des Kirchenbesitzes (am Beispiel eines altbaierischen Zisterzienserklosters) MACHILEK, Franz: Der Niederkirchenbesitz des Zisterzienserklosters Fürstenfeld. In: In Tal und Einsamkeit. 725 Jahre Kloster Fürstenfeld. Die Zisterzienser im alten Bayern. Bd. 2. Hg. v. Angelika EHRMANN, Peter PFISTER und Klaus WOLLENBERG, Fürstenfeldbruck 1988, 363-434.

Sozialverfassung und Konfessionalisierung

Grundherrschaft, Sozialdisziplinierung und Konfessionalisierung in Böhmen, Mähren und Österreich unter der Enns im 16. und 17. Jahrhundert

Thomas Winkelbauer

Mit diesem Beitrag soll, in Anknüpfung an einen vor sechs Jahren erschienenen Aufsatz[1], neuerlich auf die bisher zu wenig beachtete zentrale Rolle der Grundherren, also vor allem des Adels und der Prälaten, in den etwa gleichzeitigen und wohl auch funktional miteinander verbundenen Prozessen der „Konfessionalisierung" und der „Sozialdisziplinierung" in den böhmischen und österreichischen Ländern aufmerksam gemacht werden. Zwar hat z.B. Gerhard Oestreich, der Vater des forschungsleitenden Konzepts der Sozialdisziplinierung[2], bereits vor Jahrzehnten auf „die unbestrittene politische, jurisdiktionelle, policeyliche und ökonomische Lokalherrschaft der drei oder vier Herrschaftsstände (Geistlichkeit, hoher und niederer Adel, Städte und in manchen Ländern auch Bauern)" im spätmittelalterlichen und frühneuzeitlichen „Ständestaat" hingewiesen und betont, daß die ständische Verfassung vom absolutistischen Staat nicht prinzipiell abgebaut, sondern nur ausgehöhlt wurde. „Die ländliche Aristokratie und das städtische Patriziat wandelten sich gegenüber der Zentralregierung zu Gesellschaftsständen. Ihnen blieb noch eine feste Grundlage politischer und sozialer Macht in ihrer nur wenig eingeschränkten Lokalverwaltung erhalten."[3] Dennoch ist festzuhalten, daß in den derzeit fast allgemein als hilfreich und erklärungsfähig akzeptierten historiographischen Paradigmen der Sozialdisziplinierung und der Konfessionalisierung bisher die Grundherren als aktive Betreiber dieser fundamentalen gesellschaftlichen Prozesse fast unbeachtet geblieben sind und daß in der reichhaltigen Literatur zum Thema Polizeiordnungen bisher meist nur städtische, Landes- und Reichspolizeiordnungen Berücksichtigung gefunden haben[4]. Unabhängig von den Konzepten der Konfessionalisierung und

---

1 WINKELBAUER, Thomas: Sozialdisziplinierung und Konfessionalisierung durch Grundherren in den österreichischen und böhmischen Ländern im 16. und 17. Jahrhundert. In: Zeitschrift für Historische Forschung 19 (1992) 317-339.

2 OESTREICH, Gerhard: Strukturprobleme des europäischen Absolutismus [1968]. Wiederabdruck in: DERS.: Geist und Gestalt des frühmodernen Staates. Ausgewählte Aufsätze. Berlin 1969, 179-197. - SCHULZE, Winfried: Gerhard Oestreichs Begriff „Sozialdisziplinierung in der frühen Neuzeit". In: Zeitschrift für Historische Forschung 14 (1987) 265-302.

3 OESTREICH, Gerhard: Policey und Prudentia civilis in der barocken Gesellschaft von Stadt und Staat [1976]. Jetzt in: DERS.: Strukturprobleme der frühen Neuzeit. Ausgewählte Aufsätze. Berlin 1980, 367-379, hier 373.

4 In den letzten Jahren wurden vor allem zwei Vorwürfe gegen die Konfessionalisierungs- und Sozialdisziplinierungsforschung im allgemeinen und deren Verknüpfung im besonderen laut, die m.E. meinen eigenen Ansatz und die Verhältnisse in den österreichischen und böhmischen Ländern nur am Rande berühren. Der eine Vorwurf bezieht sich auf den (in der bisherigen Forschung) stark ausgeprägten „Etatismus" sowohl des Konfessionalisierungs- als auch des

der Sozialdisziplinierung publizierte Ausnahmen wie die Forschungen von Kurt Piringer über die Gegenreformation in Niederösterreich im 17. Jahrhundert und von Helmuth Feigl zu grundherrlichen Polizeiordnungen in Oberösterreich bestätigen gewissermaßen die Regel[5]. Immerhin ist aber allgemein bekannt, daß Ausarbeitung und Promulgierung der Polizeiordnungen Ferdinands I. für die fünf niederösterreichischen Länder (Österreich ob und unter der Enns, Steiermark, Kärnten und Krain) von 1527, 1542 und 1552 nicht auf landesfürstliche Initiative zurückgingen, sondern auf ständig wiederholte Forderungen und Beschwerden („Gravamina") der Landstände – vor allem des Adels – hin erfolgten und daß diese Polizeiordnungen die lokalen Obrigkeiten ausdrücklich dazu verpflichteten, ihren Untertanen das gewünschte Verhalten durch periodische öffentliche Verlesung vorzuschreiben, die Einhaltung zu überwachen und Übertreter zu bestrafen[6].

Sozialdisziplinierungsansatzes. Es gelte, nicht nur die Prozesse der „vertikalen Disziplinierung" zu erforschen, sondern ebenso die „horizontale Disziplinierung" (insbesondere auf Gemeinde-, Stadt- und Dorfebene) und die „Selbstdisziplinierung" (der adeligen und sonstigen Eliten und der Untertanen). Vgl. z.B. JÜTTE, Robert: „Disziplin zu predigen ist eine Sache, sich ihr zu unterwerfen eine andere" (Cervantes). Prolegomena zu einer Sozialgeschichte der Armenfürsorge diesseits und jenseits des Fortschritts. In: Geschichte und Gesellschaft 17 (1991) 92-101. - PRINZ, Michael: Sozialdisziplinierung und Konfessionalisierung. Neuere Fragestellungen in der Sozialgeschichte der frühen Neuzeit. In: Westfälische Forschungen 42 (1992) 1-25, hier 14f. - SCHMIDT, Heinrich Richard: Sozialdisziplinierung? Ein Plädoyer für das Ende des Etatismus in der Konfessionalisierungsforschung. In: Historische Zeitschrift 265 (1997) 639-682. - SCHNABEL-SCHÜLE, Helga: Überwachen und Strafen im Territorialstaat. Bedingungen und Auswirkungen des Systems strafrechtlicher Sanktionen im frühneuzeitlichen Württemberg. Köln-Weimar-Wien 1997. - Der zweite Vorwurf läßt sich in aller Kürze ungefähr so formulieren: Die Konfessionalisierungsforschung betone einerseits zu stark die (funktionalen) Ähnlichkeiten zwischen den Konfessionskirchen des 16. und 17. Jahrhunderts und berücksichtige andererseits zu wenig die subjektiven Motive der Agenten der Disziplinierung, insbesondere deren Überzeugung von den kausalen Zusammenhängen zwischen Menschenwelt und Gotteszorn als der verborgenen Ursache der Disziplinierungsbemühungen. WILLOWEIT, Dietmar: Katholische Reform und Disziplinierung als Element der Staats- und Gesellschaftsorganisation. In: Glaube und Eid. Treueformeln, Glaubensbekenntnisse und Sozialdisziplinierung zwischen Mittelalter und Neuzeit. Hg. v. Paolo PRODI, München 1993, 113-132, hier 128-132. - LOTTES, Günther: Disziplin und Emanzipation. Das Sozialdisziplinierungskonzept und die Interpretation der frühneuzeitlichen Geschichte. In: Westfälische Forschungen 42 (1992) 63-74. - MAIER, Hans: Sozialdisziplinierung - ein Begriff und seine Grenzen (Kommentar). Ebd., 237-240. - SCHINDLING, Anton: Konfessionalisierung und Grenzen von Konfessionalisierbarkeit. In: Die Territorien des Reichs im Zeitalter der Reformation und Konfessionalisierung. Land und Konfessionen 1500-1650. Hg. v. Anton SCHINDLING und Walter ZIEGLER, Bd. 7: Bilanz – Forschungsperspektiven – Register, Münster 1997, 9-44, hier 40-44.

5 PIRINGER, Kurt: Ferdinands III. katholische Restauration. Phil. Diss. Wien 1950. - FEIGL, Helmuth: Rechtsentwicklung und Gerichtswesen Oberösterreichs im Spiegel der Weistümer. Erläuterungen zur Edition der oberösterreichischen Weistümer. Wien 1974, bes. 121-131. - DERS.: Die oberösterreichischen Taidinge als Quellen zur Geschichte der Reformation und Gegenreformation. In: Mitteilungen des Oberösterreichischen Landesarchivs 14 (1984) 149-175, hier 150.

6 WINKELBAUER: Sozialdisziplinierung (wie Anm. 1) 325f., 330. - BRAUNEDER, Wilhelm: Die Policeygesetzgebung in den österreichischen Ländern des 16. Jahrhunderts: Derzeitiger Forschungsstand und Perspektiven. In: Policey im Europa der Frühen Neuzeit. Hg. v. Michael STOLLEIS, Frankfurt a.M. 1996, 299-316, bes. 303, 306f., 310f. - Jetzt vor allem und bis auf

Josef Pauser, der beste Kenner der Entstehungsgeschichte der österreichischen Polizeiordnungen des 16. Jahrhunderts, betont ausdrücklich, die Feststellung Peter Blickles, Polizeiordnungen seien häufig nichts anderes als „redaktionell überarbeitete Gravamina der Stände“ [7], treffe auch auf die Polizeiordnung Ferdinands I. für die fünf niederösterreichischen Länder aus dem Jahre 1527 zu, und die Polizeiordnungen von 1542 und 1552 seien erst nach erfolgter Begutachtung der landesfürstlichen Entwürfe durch die Landstände publiziert worden.

Sowohl die protestantischen als auch die katholischen Ständemitglieder und der Landesfürst sahen in der Türkengefahr, in der Pest, in Mißernten und Hungersnöten Strafen Gottes für den religiösen und sittlichen Verfall und in der Abstellung der Mißstände die primäre Abwehrmaßnahme[8]. Es waren daher in erster Linie explizit religiöse Begründungen, mit denen zahlreiche ober- und niederösterreichische Grundherren etwa seit der Mitte des 16. Jahrhunderts dazu übergingen, die alten Aufzeichnungen des Gewohnheitsrechts („Weistümer“, „Taidinge“) durch umfassende herrschaftliche Untertanen-, Gemeinde-, Markt-, Stadt- und Polizeiordnungen zu ersetzen. Die herrschaftlichen Ordnungen wurden künftig anstelle der Taidingbücher bei den Gemeindeversammlungen verlesen[9]. Es ist bemerkenswert, daß Ordnungen evangelischer Adeliger, die unter anderem Bestimmungen über den Kirchenbesuch der Untertanen, das Verhalten in der Kirche, die Sperre der Wirtshäuser bzw. das Verbot des Alkoholausschanks zur Gottes-

---

weiteres die von tiefdringender Quellenkenntnis zeugende Studie: PAUSER, Josef: Gravamina und Policey: Zum Einfluß ständischer Beschwerden auf die landesfürstliche Gesetzgebungspraxis in den niederösterreichischen Ländern vornehmlich unter Ferdinand I (1521-64). In: Parliaments, Estates & Representation 17 (1997) 13-38. - Matthias Weber hat in einer gründlichen Untersuchung der Polizeiordnungen für Gesamtschlesien und für einzelne schlesische Territorien darauf hingewiesen, daß „die Durchsetzung der Normen im einzelnen [...] an die den Untertanen jeweils direkt vorgesetzten adeligen Grundherren delegiert“ wurde. WEBER, Matthias: Ständische Disziplinierungsbestrebungen durch Polizeiordnungen und Mechanismen ihrer Durchsetzung - Regionalstudie Schlesien. In: Policey im Europa der Frühen Neuzeit, 333-375, hier 341. - DERS.: Die schlesischen Polizei- und Landesordnungen der frühen Neuzeit. Köln-Weimar-Wien 1996, 193-197.

7 PAUSER: Gravamina (wie Anm. 6) 33f.

8 HEISS, Gernot: Konfession, Politik und Erziehung. Die Landschaftsschulen in den nieder- und innerösterreichischen Ländern vor dem Dreißigjährigen Krieg. In: Bildung, Politik und Gesellschaft. Studien zur Geschichte des europäischen Bildungswesens vom 16. bis zum 20. Jahrhundert. Hg. v. Grete KLINGENSTEIN, Heinrich LUTZ und Gerald STOURZH, Wien 1978, 13-63, hier 21f. - GROTHAUS, Maximilian: Studien zum Türken-Feindbild in der Kultur der Habsburgermonarchie zwischen 16. und 18. Jahrhundert. Phil. Diss. Graz 1986, bes. Kap. V. - KOCADORU, Yüksel: Die Türken. Studien zu ihrem Bild und zu seiner Geschichte in Österreich, o.O. o.J. (Vorwort: Klagenfurt 1990). - WILLOWEIT: Katholische Reform (wie Anm. 4) 128-131. - SCHNABEL-SCHÜLE: Überwachen und Strafen (wie Anm. 4) 8f., 166f., 173, 175, 179f., 329-334.

9 FEIGL: Taidinge als Quellen (wie Anm. 5) 150. - DERS.: Rechtsentwicklung (wie Anm. 5) 121-131. - HOFFMANN, Alfred: Die oberösterreichischen Städte und Märkte. Eine Übersicht ihrer Entwicklungs- und Rechtsgrundlagen. In: Jahrbuch des Oberösterreichischen Musealvereines 84 (1932) 63-213, hier 106-111. - LEITICH, Kristl: Obrigkeitliche Maßnahmen zur Hebung der Sitten in den Ländern Unter und Ob der Enns während der frühen Neuzeit. Landesfürstliche und herrschaftliche Ordnungen von 1520 bis 1780. Phil. Diss. Wien 1968.

dienstzeit und den Lebenswandel der Pastoren sowie Verbote von Gotteslästerung und Fluchen, Zauberei und Wahrsagen, Trunksucht, Spielen[10], unzüchtigen Tänzen und vor- und außerehelichen sexuellen Kontakten enthielten, ohne inhaltliche Änderungen von katholischen Nachfolgern übernommen werden konnten. Vielfach wurden sie aber um spezifisch gegenreformatorische bzw. römisch-katholische Bestimmungen ergänzt (obligatorische Osterbeichte und -kommunion, Vorlage von Beichtzetteln, Verbot lutherischer Bücher und des „Auslaufens" zu evangelischen Gottesdiensten, katholische Fastengebote etc.)[11]. Darüber hinaus regelten die herrschaftlichen Ordnungen auch das Verhältnis der Herrschaft zu ihren Untertanen im Sinne völliger Unterwerfung der letzteren. Die Untertanen wurden unter anderem aufgefordert, die Abgaben an die Herrschaft pünktlich und ohne Widerwillen zu reichen und die Robotdienste gemäß den Befehlen der Herrschaftsbeamten zu leisten. Sowohl in Österreich, wo es allerdings bisher keine einschlägigen Editionen gibt[12], als auch in Böhmen und Mähren wurden die den grundherrlichen Polizeiordnungen entsprechenden Bestimmungen auch in die obrigkeitlichen Instruktionen für die Herrschaftsbeamten (vor allem die Oberhauptmanns- und Hauptmannsinstruktionen) und für die Untertanen („selské řády", d.h. „Bauernordnungen" bzw. „Untertanenordnungen") aufgenommen[13]. Daneben erließen spätestens seit dem zweiten Jahrzehnt des 16. Jahrhunderts auch böhmische und mährische Grundherren Stadt-, Markt- und Polizeiordnungen für den Bereich ihrer Städte bzw. Dominien, wobei die Stadtordnungen nicht selten auf die Initiative der Bürger zurückgegangen sein dürften[14]. Im 16. Jahrhundert und in den ersten Jahrzehnten des 17. Jahrhunderts erreichten

10 MÜLLEDER, Gerald: Spielkarte und Würfel in den „Österreichischen Weistümern". In: Unsere Heimat 62 (1991) 3-16. - Zur Geschichte des Glücksspiels im allgemeinen zuletzt ZOLLINGER, Manfred: Geschichte des Glücksspiels. Vom 17. Jahrhundert bis zum Zweiten Weltkrieg. Wien-Köln-Weimar 1997.

11 Auch in Schlesien gab es nur geringfügige Unterschiede zwischen den Dreidingsordnungen katholischer und evangelischer Grundherren. WEBER: Disziplinierungsbestrebungen (wie Anm. 6) 112, 122. - WILLOWEIT: Katholische Reform (wie Anm. 4) 129-132.

12 Künftig exemplarisch: Gundaker von Liechtenstein (1580-1658) als Grundherr in Niederösterreich und Mähren. Quellen zur Verwaltung eines adeligen Herrschaftskomplexes und zur Normierung des Lebens von untertänigen Menschen durch einen Grundherrn sowie zur Organisation der Kanzlei und des Hofstaats eines „Neufürsten" in der ersten Hälfte des 17. Jahrhunderts. Hg. und bearb. v. Thomas WINKELBAUER (in Vorbereitung als Band in den Fontes rerum Austriacarum, 3. Reihe: Fontes iuris).

13 WINKELBAUER: Sozialdisziplinierung (wie Anm. 1) 327-329. - FEIGL: Taidinge als Quellen (wie Anm. 5) 166-169.

14 PÁNEK, Jaroslav: Policey und Sozialdisziplinierung im frühneuzeitlichen Böhmen und Mähren. In: Policey im Europa der Frühen Neuzeit (wie Anm. 6) 317-331, hier 321-325. - ČERNÝ, Václav: Hospodářské instrukce. Přehled zemědělských dějin v době patrimonijního velkostatku v XV.-XIX. století. Praha 1930, 83-100. - KNOZ, Tomáš: Poddaný v právních normativních pramenech předbělohorské Moravy. In: Časopis Matice moravské 111 (1992) 31-52, bes. 39-46. - MIKULEC, Jiří: Poddanská otázka v barokních Čechách. Praha 1993, bes. 59-89. - Wichtigste Edition (besorgt von Josef KALOUSEK): Archiv český 22 (1905), 23 (1906), 24 (1908), 25(1910) und 29 (1913) passim (Sachregister, s. instrukce und řád, insbesondere řád dědický, řád městský, řád[y] obecní, řád poddanský und řád samodílný). - Zu den rund 100 nachgewiesenen „Dreydings-Ordnungen", „Dreydings-Artickeln" oder „Dreydings-

in den böhmischen Ländern die Grundherren mit Hilfe ihres Beamtenapparats eine schrittweise Beschränkung der dörflichen Selbstverwaltung, eine zielbewußte Liquidierung der Freisassenenklaven innerhalb der Dominien und eine größtmögliche Abschließung der Grundherrschaften gegenüber Eingriffen des Landesfürsten[15].

Vor 1620 versuchten in den böhmischen und österreichischen Ländern viele weltliche Grundherren, aus ihren Gütern und Herrschaften in Opposition zur Krone so etwas ähnliches wie semisouveräne Miniaturterritorien zu machen. Nach der Schlacht auf dem Weißen Berg wurde den kaisertreuen Katholiken unter ihnen bewußt, daß sie dieses Ziel ebensogut mit der Hilfe des Kaisers und Landesfürsten erreichen konnten. Ferdinand II. und Ferdinand III. erlaubten der neuen, ihnen gegenüber loyalen Aristokratie, fast unbeschränkte Macht über die Landbevölkerung zu erlangen. Sie bestanden „nur" darauf, daß die Adeligen das Ihre dazu beitrugen, die Untertanen in ihren Dörfern, Streusiedlungen, Märkten und Städten katholisch zu machen und die alljährlich ausgeschriebenen, tendenziell steigenden Steuern von ihnen einzutreiben, nachdem sie durch die vom hohen Adel dominierten Landtage bewilligt worden waren. Im übrigen vermieden die Landesfürsten aber Einmischungen der Zentralgewalt in die adeligen Herrschaftskomplexe[16].

Gerade während einer Periode jahrzehntelanger Kriege, Inflation, ökonomischer Erschütterungen, sozialer Unruhen und des Bevölkerungsrückganges wuchs die Bedeutung der Privilegien, die die Krone loyalen Adeligen erteilen konnte. In der zweiten Hälfte des 17. Jahrhunderts waren die österreichischen, böhmischen und mährischen Adeligen im Besitz der unangefochtenen Herrschaft über die Landbevölkerung und die ländliche Ökonomie. Diese Herrschaft hatten sie nur mit Hilfe des Kaisers erlangen bzw. bewahren können, und dieser hatte die Zusammensetzung der neuen Elite durch gezielten Einsatz von Privilegienerteilungen, Standeserhöhungen und Schenkungen einerseits, Bestrafung von „Rebellen" andererseits entscheidend mitbestimmt. Ihr Prestige und ihre Macht verdankten die Aristokraten daher nicht mehr so sehr ihrer Herrschaft über das Land und die Landbevölkerung als ihrer Nähe zum Thron[17].

Die politisch oppositionellen Adeligen der böhmischen und österreichischen Länder hatten vor 1620 – mit der vielleicht einzigen Ausnahme des oberösterreichischen Calvi-

Statuten" (in der Sekundärliteratur auch als Dorfgerichtsordnungen, Dorf- oder Bauernordnungen bezeichnet) schlesischer Grundherren vgl. WEBER: Disziplinierungsbestrebungen (wie Anm. 6). - DERS.: Polizei- und Landesordnungen (wie Anm. 6) 104-125, 148f., 176-214, 286-289, 443-459, 673-684.

15 PETRÁŇ, Josef: Poddaný lid v Čechách na prahu třicetileté války. Praha 1964. - VÁLKA, Josef: Hospodářská politika feudálního velkostatku na předbělohorské Moravě. Praha 1962. - MATĚJEK, František: Postavení poddaných na Moravě v druhé polovině 16. století. In: Moravský historický sborník 1 (1986) 125-143.

16 CHESLER, Robert Douglas: Crown, Lords, and God: The Establishment of Secular Authority and the Pacification of Lower Austria, 1618-1648. Phil. Diss. Princeton 1979, 273-275.

17 Ebd., 278f. - WINKELBAUER, Thomas: Krise der Aristokratie? Zum Strukturwandel des Adels in den böhmischen und niederösterreichischen Ländern im 16. und 17. Jahrhundert. In: Mitteilungen des Instituts für Österreichische Geschichtsforschung 100 (1992) 328-353. - DERS.: Der Adel in Ober- und Niederösterreich in der frühen Neuzeit. Versuch eines Literaturüberblicks (seit etwa 1950). In: Opera historica 2 (1992) 13-33.

nisten Georg Erasmus Tschernembl[18] – nicht daran gedacht, das Bündnis mit den nichtkatholischen untertänigen Bauern und Bürgern zu suchen. Sie betrieben im Gegenteil in Verfolgung ihrer egoistischen sozio-ökonomischen Interessen eine Politik verstärkter (Re-)Feudalisierung von Wirtschaft und Gesellschaft. Die Entwicklung ging tendenziell vom adeligen Dominium zum feudalen Großgrundbesitz mit hochentwickelter Patrimonialverwaltung, die nicht zuletzt dazu diente, die mit außerökonomischen Mitteln erzwungenen herrschaftlichen Produktions- und Absatzmonopole sowie die Rentabilität der herrschaftlichen Eigenbetriebe (Brauerei, Fischzucht, Müllerei, Schafzucht, mit Hilfe von Robot und Lohnarbeit bewirtschaftete Meierhöfe etc.) zu überwachen[19]. Die Expansion der grundherrlichen Regieproduktion basierte auf der Unterdrückung der

18 STURMBERGER, Hans: Georg Erasmus Tschernembl. Religion, Libertät und Widerstand. Ein Beitrag zur Geschichte der Gegenreformation und des Landes ob der Enns. Linz-Graz-Köln 1953, 298-315, 334-362. - DERS.: Aufstand in Böhmen. Der Beginn des Dreißigjährigen Krieges. München-Wien 1959, 61. - Im Gegensatz zum frondierenden Adel spielten die Untertanen in den politischen Überlegungen des Fürsten Karl von Liechtenstein eine bemerkenswerte Rolle. Er machte im Jahr 1611 (ebenso ohne Erfolg wie unter umgekehrten Vorzeichen einige Jahre später Tschernembl auf der Gegenseite) den Vorschlag, den Adel vom Volk zu trennen und zu versuchen, letzteres für die Sache der Regierung zu gewinnen, ja geradezu sozialrevolutionäre Strömungen für die Sache des Absolutismus zu instrumentalisieren. CHLUMECKY, Peter Ritter von: Carl von Zierotin und seine Zeit. 1564-1615. Brünn 1862, 792f. Tatsächlich erhoben sich im Mai 1620 im Gebiet von Tabor in Südböhmen einige Tausend Bauern gegen die Soldaten Mansfelds und die Kommissare der böhmischen Stände. Die zur Beruhigung der Bauern Ausgesandten stellten fest, daß die Aufrührer vom Kaiser ein Schreiben erhalten hatten, in dem er ihnen unter anderem versprach, daß er sie, wenn sie zu ihm hielten, aus der Untertänigkeit ihrer Erbherren entlassen und zu freien Leuten erklären werde. VÁLKA, Josef: Česká společnost v 15.-18. století. Bd. 1-2, Praha 1983, hier Bd. 2, 45.

19 VÁLKA, Josef: Přehled dějin Moravy. Bd. 2: Stavovská Morava (1440-1620). Brno-Praha 1987, 130-139. - DERS.: Hospodářská politika (wie Anm. 15). - DERS.: Le grand domaine féodal en Bohème et en Moravie du 16e au 18e siècle. Un type d'économie parasitaire. In: Hospodářské dějiny - Economic History 10 (1982) 141-179. - DERS.: Dějiny Moravy. Bd. 2, Brno 1996, 35-45, 126-133. - MAUR, Eduard: Vývojové etapy českého feudálního velkostatku v období přechodu od feudalismu ke kapitalismu. In: Hospodářské dějiny - Economic history 10 (1982) 203-226. - LEDVINKA, Václav: Rozmach feudálního velkostatku, jeho strukturálního proměny a role v ekonomice českých zemí v předbělohorském období. In: Folia Historica Bohemica 11 (1987) 103-126. - KNITTLER, Herbert: Adelige Grundherrschaft im Übergang. Überlegungen zum Verhältnis von Adel und Wirtschaft in Niederösterreich um 1600. In: Spezialforschung und „Gesamtgeschichte". Beispiele und Methodenfragen zur Geschichte der frühen Neuzeit. Hg. v. Grete KLINGENSTEIN und Heinrich LUTZ, Wien 1981, 84-111. - DERS.: Nutzen, Renten, Erträge. Struktur und Entwicklung frühneuzeitlicher Feudaleinkommen in Niederösterreich. Wien-München 1989. - DERS.: Zwischen Ost und West. Niederösterreichs adelige Grundherrschaft 1550-1750. In: Österreichische Zeitschrift für Geschichtswissenschaften 4 (1993) 191-217. - WINKELBAUER, Thomas: Herren und Holden. Die niederösterreichischen Adeligen und ihre Untertanen im 16. und 17. Jahrhundert. In: Adel im Wandel. Politik – Kultur – Konfession 1500-1700. Katalog der Niederösterreichischen Landesausstellung auf der Rosenburg 1990. Wien 1990, 72-87. - DERS.: Sozialdisziplinierung (wie Anm. 1). - GRÜLL, Georg: Weinberg. Die Entstehungsgeschichte einer Mühlviertler Wirtschaftsherrschaft. In: Mitteilungen des Oberösterreichischen Landesarchivs 4 (1955) 5-203. - HOFFMANN, Alfred: Die Grundherrschaft als Unternehmen [1958]. Jetzt in: DERS.: Studien und Essays. Bd. 1, Wien 1979, 294-306.

patrimonialen Städte und Märkte, auf billigen Lieferungen und Transporten von Rohstoffen durch die Untertanen, auf der Rajonisierung und der erzwungenen Abnahme der obrigkeitlichen Produkte durch die Untertanen[20]. Die teilweise Ersetzung der Lohnarbeit und der entlohnten Zwangsarbeit durch unbezahlte Roboten bereits vor 1620 weist schon auf die in der zweiten Hälfte des 17. Jahrhunderts auf breiter Front realisierte Möglichkeit des Übergangs zu dem auf der Zwangsarbeit von Leibeigenen beruhenden Großgrundbesitz in den böhmischen Ländern voraus[21].

Der Sieg der Habsburger und der Katholiken in der Schlacht am Weißen Berg hat den Prozeß der neuerlichen Festigung der Feudalbande keineswegs umgekehrt, sondern im Gegenteil eher „den Weg für die Anwendung seiner brutaleren Formen geebnet“[22]. Der blutige Triumph der Habsburger über die Ständeopposition in den böhmischen und österreichischen Ländern war zugleich ein Sieg des katholischen Adels, der bereit war, Absolutismus und Gegenreformation (hier und in der Folge verstanden als obrigkeitlich-administrativer Zwang zur „Rückkehr“ zum katholischen Glauben bzw. zur römisch-katholischen Kirche) zu unterstützen und aktiv mitzutragen – soweit sie nicht seinen finanziellen, wirtschaftlichen und gesellschaftlichen Interessen widersprachen. Da bekanntlich in Österreich ob und unter der Enns nach 1620 keine landesfürstliche Lokalverwaltung geschaffen wurde, „schoben sich die Landstände weiterhin zwischen Fürst und Untertan, der vom Arm des Staates nicht unmittelbar erreicht wurde“[23]. Die Habsburger benötigten noch rund ein weiteres Jahrhundert, um die finanzielle (Steuerbewilligungsrecht!) und politische Macht der Stände endgültig zu zerschlagen. Eine Art vorläufiger Schlußpunkt der Entwicklung war dann die Staatsreform von 1749[24]. In Böhmen und Mähren konnten die landesfürstlichen Regierungen – anders als in den österreichischen Ländern – allerdings schon davor auf die ursprünglich rein ständischen Institute der Kreishauptmänner zurückgreifen, die in den Jahrzehnten nach 1620 zunehmend

---

20 Vgl. LEDVINKA: Rozmach (wie Anm. 19) 108.

21 Ebd., 109. - Jetzt vor allem ČECHURA, Jaroslav: Dominium Smiřických - protokapitalistický podnikatelský velkostatek předbělohorských Čech. In: Český časopis historický 90 (1992) 507-536. - DERS.: Hospodaření posledních Smiřických. In: Časopis Národního muzea, řada historická 162 (1993) 74-85. - Nach Abschluß des Manuskripts erschienen: Gutsherrschaftsgesellschaften im europäischen Vergleich. Hg. v. Jan PETERS, Berlin 1997 (bes. die Beiträge von Markus CERMAN, Antonín KOSTLÁN, Jaroslav PÁNEK, Dana ŠTEFANOVÁ, Aleš STEJSKAL und Jaroslav ČECHURA).

22 PÁNEK, Jaroslav: Das Ständewesen und die Gesellschaft in den böhmischen Ländern in der Zeit vor der Schlacht auf dem Weißen Berg (1526-1620). In: Historica 25 (1985) 73-120, hier 120.

23 STURMBERGER, Hans: Der absolutistische Staat und die Länder in Österreich [1969]. Jetzt in: DERS.: Land ob der Enns und Österreich. Aufsätze und Vorträge. Linz 1979, 273-310, hier 283.

24 Vgl. WALTER, Friedrich: Die Theresianische Staatsreform von 1749. Wien 1958. - Besonders auf dem Gebiet der Soldatenrekrutierung hatten die Grundherrschaften noch einmal rund ein Jahrhundert (bis 1848) ein Disziplinierungsmittel in der Hand, das man versucht sein könnte, eher beim Landesfürsten zu vermuten. Vgl. WINKELBAUER, Thomas: Robot und Steuer. Die Untertanen der Waldviertler Grundherrschaften Gföhl und Altpölla zwischen feudaler Herrschaft und absolutistischem Staat (vom 16. Jahrhundert bis zum Vormärz). Wien 1986, 211-219.

den Landesregierungen (in Böhmen der königlichen Statthalterei, in Mähren dem Ende 1636 geschaffenen königlichen Tribunal) untergeordnet worden waren[25].

Zunächst aber etablierten die Habsburger nach 1620 eine Form des Absolutismus, die durchaus auch im Interesse des kooperationswilligen Adels lag. Der Adel beteiligte sich an der Ausbildung des „modernen", d.h. unter anderem mehr und mehr bürokratischen Staates in der Habsburgermonarchie unter größtmöglicher Wahrung der Sonderrechte der einzelnen Länder und Landtage. Nach der „Lösung" der „Krise des Adels" im katholischen und habsburgischen Sinn besetzte der – durch die Erwerbung der Landstandschaft in mehreren Ländern, die gemeinsame Präsenz am Kaiserhof und Heiratsverbindungen – entstehende „österreichische" Adel alle wichtigen geistlichen und weltlichen Stellen. Die Aristokraten sonnten sich im Glanz des Kaiserhofes, dessen Spielregeln sie sich unterwarfen, ohne ihre höchst solide finanzielle Basis und Unabhängigkeit aufzugeben, die ihnen der Besitz prosperierender Herrschaftskomplexe sicherte[26]. Robert J. W. Evans hat mit griffigen Formulierungen die weitgehende Interessenkongruenz des Kaiserhauses und des katholischen Hochadels im Jahrhundert nach der Schlacht auf dem Weißen Berg und den damit einhergehenden Herrschaftskompromiß betont: „Hinter der konstitutionellen Fassade [sc. der Landtage] wurden die dynastischen und die adeligen Interessen in einer Reihe von ausgeklügelten Kompromissen zusammengeschweißt und mit dem Stempel der Gegenreformation besiegelt. [...] Die Magnaten standen [...] mit einem Fuß in den Ländern, mit dem anderen im Hofdienst. [...] Die Habsburger schlossen mit einer Aristokratie, die bei Hof das Land und im Land den Hof repräsentierte und die darüber hinaus ein nahezu vollständiges Monopol auf die höchsten Staatswürden besaß, einen Kompromiß."[27] Innerhalb von etwa zwei Generationen verwandelte sich der national bunt gemischte „neue" Adel der habsburgischen Länder in eine übernationale, dynastisch orientierte Aristokratie[28].

---

25 RIEGER, B[ohuslav]: Kreisverfassung in Böhmen. In: Österreichisches Staatswörterbuch. Handbuch des gesamten österreichischen öffentlichen Rechtes. Hg. v. Ernst MISCHLER und Josef ULBRICH, Bd. 1-4, Wien ²1905-1909, Bd. 3, 250-271, hier 256-259. - VÁLKA: Dějiny Moravy (wie Anm. 19) 108, 144. - BŮŽEK, Václav: Regionale Ämter zwischen Staatsfunktion und Klientel in Böhmen (1526-1620). In: Ständefreiheit und Staatsgestaltung in Ostmitteleuropa. Übernationale Gemeinsamkeiten in der politischen Kultur vom 16.-18. Jahrhundert. Hg. v. Joachim BAHLCKE, Hans-Jürgen BÖMELBURG und Norbert KERSKEN, Leipzig 1996, 51-63.

26 Dazu jetzt: HENGERER, Mark Sven: Der Hof Kaiser Ferdinands III. im Spiegel der zeitgenössischen Gesandtenberichte. MA-Arbeit, Münster 1996. - MAŤA, Petr: Aristokratická prestiž a aristokratická společnost. Česká šlechta 1500-1700. MA-Arbeit, Praha 1997.

27 EVANS, R[obert] J. W.: The Making of the Habsburg Monarchy, 1550-1700. An Interpretation. Oxford 1979, 169, 177, 211 (eigene Übersetzung; vgl. die unter dem Titel Das Werden der Habsburgermonarchie 1550-1700. Gesellschaft, Kultur, Institutionen. Wien-Köln-Graz 1986, erschienene deutsche Fassung, 132f., 138, 161).

28 BARKER, Thomas M.: Army, Aristocracy, Monarchy: Essays on War, Society, and Government in Austria, 1618-1780. New York 1982, 122. - WINKELBAUER, Thomas: Fürst und Fürstendiener. Gundaker von Liechtenstein, ein österreichischer Aristokrat des konfessionellen Zeitalters. Wien-München 1999, 39-46.

I. Grundherrschaft und Gegenreformation

Die zentrale These dieses Beitrags, der sich exemplarisch mit einigen Aspekten der sozialen, wirtschaftlichen und religiösen Entwicklung in Böhmen, Mähren und Österreich unter der Enns vom letzten Viertel des 16. bis zur Mitte des 17. Jahrhunderts befaßt, lautet: „Konfessionalisierung" (vor allem in der katholischen Ausprägung als „Gegenreformation"), „Sozialdisziplinierung" und Ausbildung der auf den Robotdiensten der Untertanen beruhenden „Gutsherrschaft" in den böhmischen bzw. der auf verschiedenen Monopolrechten und außerökonomischen Zwängen basierenden „Wirtschaftsherrschaft" in den österreichischen Ländern waren nicht unabhängig voneinander verlaufende historische Prozesse, sondern „Symptome" eines einheitlichen historischen Syndroms". Zwischen den drei Phänomenen bestand, wenn ich nicht irre, eine systematische Beziehung, ein funktionaler Zusammenhang.

Die erste Konfessionalisierung in den österreichischen und böhmischen Ländern der österreichischen Linie des Hauses Habsburg in der zweiten Hälfte des 16. Jahrhunderts war das Werk des größtenteils evangelischen Adels, der sich für die „Protestantisierung" seiner Untertanen nicht zuletzt der Instrumente des Pfarr- und Schulpatronats und der Kirchenvogtei bediente. Der österreichische, böhmische und mährische Adel setzte in der zweiten Hälfte des 16. Jahrhunderts de facto auf seinen Herrschaften ein *ius reformandi* der Grundherren durch[29]. In Ermangelung evangelischer Oberkirchenbehörden, Bischöfe und Konsistorien erließen in Niederösterreich manche adelige Grundherren für ihren Herrschaftsbereich eigene Schul- und Kirchenordnungen[30]. Aus der Stadt Horn beispielsweise scheint der Katholizismus unter dem Einfluß der puchheimischen Stadt-

29 FEIGL, Helmuth: Die niederösterreichische Grundherrschaft vom ausgehenden Mittelalter bis zu den theresianisch-josephinischen Reformen. Wien 1964, 108-121. - DERS.: Entwicklung und Auswirkungen des Patronatsrechtes in Niederösterreich. In: Jahrbuch für Landeskunde von Niederösterreich N.F. 43 (1977) 81-114. - SCHLENZ, Joh[ann]: Das Kirchenpatronat in Böhmen. Beiträge zu seiner Geschichte und Rechtsentwicklung. Prag 1928. - PÁNEK, Jaroslav: The Religious Question and the Political System of Bohemia before and after the Battle of the White Mountain. In: Crown, Church and Estates. Central European Politics in the Sixteenth and Seventeenth Centuries. Hg. v. R[obert] J. W. EVANS und T[revor] V. THOMAS, London 1991, 129-148, hier 136. - EBERHARD, Winfried: Stände, Herrscher und Religion in den böhmischen Ländern in der frühen Neuzeit. In: Stände und Landesherrschaft in Ostmitteleuropa in der frühen Neuzeit. Hg. v. Hugo WECZERKA, Marburg 1995, 121-136, hier 127f., 132f.

30 Vgl. REINGRABNER, Gustav: Die Reformation in Horn. In: Jahrbuch der Gesellschaft für die Geschichte des Protestantismus in Österreich 85 (1969) 20-95. - DERS.: Ständische Libertät und kirchliche Ordnung. Die niederösterreichischen Stände als Träger des evangelischen Kirchenwesens. In: Österreich in Geschichte und Literatur 14 (1970) 342-353, 457-468. - DERS.: Über den lutherischen Gottesdienst und die evangelischen Kirchenordnungen des 16. Jahrhunderts in Niederösterreich. In: Jahrbuch für Liturgik und Hymnologie 17 (1972) 135-173. - DERS.: Parochie zwischen Patronat und Gemeinde. Anmerkung zur Geschichte der evangelischen Pfarren in Niederösterreich während des Reformationszeitalters. In: Jahrbuch für Landeskunde von Niederösterreich N.F. 40 (1974) 108-138. - DERS.: Adelige Grundherrschaft und Reformation. In: Heimatkundliches Jahrbuch des Waldviertler Heimatbundes 2 (1978/79) 43-64. - Zum evangelischen Schulwesen u.a. HEISS: Konfession (wie Anm. 8).

und Patronatsherren sowie der von ihnen angestellten evangelischen Prediger in den sechziger Jahren des 16. Jahrhunderts verschwunden zu sein. Den Forschungen Gustav Reingrabners zufolge legte der von 1576 bis 1584 in Horn tätige Prädikant Laurenz Becher, zusammen mit dem Stadtherrn Veit Albrecht von Puchheim (†1584) sowie im Einvernehmen mit dem Bürgermeister und den Lehrern, durch die Erstellung dreier schriftlicher „Ordnungen" – einer Kirchen-, einer Schul- und einer Spitalsordnung – „den Grund für eine einwandfreie lutherische Gemeindeverfassung". Veit Albrecht von Puchheim kümmerte sich in patriarchalischer Weise um seine Stadt. Als Bürgermeister, Richter und Rat Einwendungen gegen einen vom Stadtherrn als neuen Stadtschreiber vorgeschlagenen Mann erhoben, antwortete Veit Albrecht am 13. Dezember 1583 programmatisch, er wolle ihnen seinen Kandidaten keineswegs aufdrängen, wie er ihnen im Laufe seiner „Regierungszeit" überhaupt noch nie jemanden zum Stadtschreiber oder für ein anderes Amt gegen ihren Willen aufgezwungen habe. „Dann so offt mir jemandes von dergleichen personnen durch einen erbahren raht furgestellet worden und ich befunden, das der raht unnd [die] gemeine dawieder nicht billiche bedencken furgebrachtt, so ist alsdan darauff allererst auch mein verwilligung alsbalt ervolget."[31] Reingrabner zeigte, daß wichtige Impulse für den Übergang Horns zur Reformation von der Herrschaft ausgingen. Er zog aber aus seinen Forschungen den Schluß, „daß nicht eine obrigkeitliche Reformation, sondern eine – nach gewissen von der Herrschaft herkommenden Anstößen – lebendige Bewegung in der Bürgerschaft die Protestantisierung der Stadt herbeiführte"[32]. Die von Peter Blickle in den Mittelpunkt des Forschungsinteresses gestellte „Gemeindereformation"[33] spielte also auch in den österreichischen und böhmischen Ländern eine gewisse, im einzelnen noch kaum erforschte Rolle[34].

Die katholische Konfessionalisierung hingegen wurde wohl ausschließlich durch Überredung und Zwangsmaßnahmen „von oben" auf den Weg gebracht und schließlich durchgesetzt, also durch das mehr oder minder koordinierte Zusammenwirken des Landesfürsten und seiner Behörden, der Bischöfe und ihrer Generalvikare und Offiziale, der adeligen und geistlichen Grundherren und ihres bürokratischen Apparats sowie des Pfarr- und Ordensklerus. Typisch für die Rolle des Adels bei der Bekehrung der Untertanen zur „alleinseligmachenden" katholischen Religion ist der folgende Passus in einem Zusatz zum Banntaiding des freiherrlich Wurmbrand'schen Dorfes Hochwolkersdorf im Viertel unter dem Wienerwald aus dem Jahr 1665: „Item, daß sie [die Hochwolkersdorfer Bauern] hinfuro zu österlicher zeit als 14 tag vor und 14 tag nach Ostern gewiß jeder hauswürth mit seinen leiten die beicht und heilige communion verrichten, widerigen

---

31 Zit. nach WINKELBAUER, Thomas: „Wir, die armen Untertanen Euer Gnaden". Stadt und Herrschaft Horn im 16. und 17. Jahrhundert. In: Zwischen Herren und Ackersleuten. Bürgerliches Leben im Waldviertel 1500-1700. Katalog der Ausstellung im Höbarthmuseum der Stadt Horn, Horn 1990, 37-66, hier 41.

32 REINGRABNER: Reformation (wie Anm. 30) 42.

33 BLICKLE, Peter: Gemeindereformation. Die Menschen des 16. Jahrhunderts auf dem Weg zum Heil. München 1987.

34 Hinweise auf Beispiele „spontanen" Anschlusses niederösterreichischer Bauern und Bürger an die Reformation bei WINKELBAUER: Herren und Holden (wie Anm. 19) 73, 79.

fahls nach verflossener zeit sodann die verzaichnus der ungehorsamben den herrn pfarrer abgefordert werden würdet und sodann der würth und würthin [Bauer und Bäuerin], welche sich hirinen ungehorsamb erzeugten, unabläßlich mit 6 reichsthaller, wegen der dienstboten aber, daß sie selbe nicht darzu verhalten thuen, umb 4 reichsthaller auch unabläßlich von jeder persohn eingefordert werden würdet, die straff aber nur zur kirchen gehörig sein solte."[35]

Auf die zentrale Rolle, die die adeligen Grundherren bei der Durchsetzung zunächst der Reformation und dann der Gegenreformation sowie beim Widerstand gegen diese in Niederösterreich gespielt haben, hat in der älteren österreichischen Literatur am nachdrücklichsten Kurt Piringer in seiner 1950 approbierten, leider ungedruckten Wiener Dissertation über „Ferdinands III. katholische Restauration" aufmerksam gemacht[36]. Von den im Jahr 1654 gezählten 22 000 Lutheranern des Viertels ober dem Manhartsberg gehörten rund 80 Prozent zu jenen 63 Pfarren, „in denen noch immer lutherische Adelige herrschaftliche Rechte über die Mehrzahl der Untertanen ausübten"[37]. Völlig zu Recht betonte Piringer, „dass die Rekatholisierung auf der protestantischen Grundherrschaft trotz des geänderten Machtverhältnisses zwischen Krone und Ständen immer wieder am Widerstand der Grundherrn scheiterte. Der Einfluß der protestantischen Adeligen gründete sich auf ihre verfassungsrechtlich garantierte Stellung als Grundherrn, also auf ihre autonomen Gerichts- und Verwaltungsrechte gegenüber den Untertanen"[38]. Das Kerngebiet des Protestantismus im Waldviertel lag entlang der Grenze zu Oberösterreich im Raum um Großgerungs, Rappottenstein und Pöggstall mit den Herrschaften der lutherischen Herren von Landau, Polheim und Häckelberg sowie der Grafen von Sinzendorf[39]. In den 15 Pfarren dieses Gebietes standen im Jahr 1654 rund 1 900 (Alt-)Katholiken ungefähr 7 500 „Neubekehrte" gegenüber. Im benachbarten Einflußgebiet der katholischen Grafen von Hoyos (Herrschaft Persenbeug) hingegen gab es neben etwa 4 000 (Alt-)Katholiken nur zwei Neubekehrte[40]. Auch nach der Ausweisung der evangelischen Prediger im Jahr 1627 befanden sich „die katholischen Seelsorger unter lutherischen Patronatsherrn und Vögten auf einem aussichtslosen Posten". Die Untertanen „erhielten [...] allein aus dem Umstand, dass die Herrschaft lutherisch blieb, stets neue Festigung in ihrer Bekenntnistreue oder sie wagten es auch nicht, gegen den Willen ihrer Herrschaft zu konvertieren"[41]. Wenn die vom Kaiser eingesetzten Reformationskommissionen „die kaiserliche Autorität

---

35 Niederösterreichische Weist(h)ümer. Hg. v. Gustav WINTER, Teil 1-4, Wien-Leipzig 1886-1913, hier Teil 1, 72f.

36 PIRINGER: Restauration (wie Anm. 5). - Vgl. auch PATROUCH, Joseph F.: Methods of Cultural Manipulation: The Counter-Reformation in the Habsburg Province of Upper Austria, 1570-1650. Phil. Diss., University of California, Berkeley 1991 (ein wichtiger mikrohistorischer Beitrag zu einer Sozialgeschichte der Gegenreformation in Österreich am Beispiel des Traunviertels im Land ob der Enns).

37 PIRINGER: Restauration (wie Anm. 5) 9f., 176.

38 Ebd., 10.

39 Ebd., 147, 166, 255-261.

40 Ebd., 177, 334f.

41 Ebd., 11.

nur gegenüber den Untertanen unmittelbar geltend machten, blieben sie in ihrer Zielsetzung vor allem deshalb erfolglos, weil sie als Aktion zeitlicher Beschränkung unterlagen, während die Autorität der Grundherrn die Untertanen in ihrem Alltagsleben beständig bestimmte"[42].

Besonders langlebig war der Protestantismus in räumlich geschlossenen Herrschaftsgebieten protestantischer Grundherren, die dort auch im Besitz des Pfarrpatronats waren[43]. Noch 1658 beklagte sich ein im Viertel ober dem Wienerwald tätiger Kapuziner-Missionar über Behinderungen seiner Tätigkeit auf dem Gebiet lutherischer Herrschaften und betonte, an der „billichen assistenz der obrigkeiten" sei „das ganze reformationswerk ainig und allein gelegen" [44], denn gegenüber (Dorf-)Richtern und Pflegern zeigten die Untertanen keinen Gehorsam.

Die niederösterreichische Regierung ergriff erst spät ernsthafte Maßnahmen gegen jene Grundherren, von denen die Durchführung der Gegenreformation auf ihren Herrschaften bzw. in ihren Patronatspfarren boykottiert und sabotiert wurde. Erst nach 1650 wurde die Gegenreformation in allen böhmischen und österreichischen Ländern wieder mit Nachdruck aufgenommen[45]. In der Instruktion für die Reformationskommissäre vom Beginn des Jahres 1652 wurde diesen befohlen, ganz speziell auf jene unkatholischen Personen zu achten, die über eine besondere Autorität bei den anderen verfügten, „es sein pfleger, richter, geschworene oder mitnachtbarn". Diese sollten mit „gueter, zimlichster manier" gewonnen werden, damit sich die einfachen Leute, dem Beispiel ihrer Vorgesetzten folgend, um so leichter bekehrten. Sollten sich die Honoratioren und Amtsträger aber weigern, die katholischen Glaubensinformationen anzuhören, so sollten sie vor den anderen und noch strenger als diese mit Geld- und mehrwöchigen Arreststrafen belegt werden. Nur auf diese Weise könne man sie daran hindern, ihren verderblichen Einfluß geltend zu machen und kraft ihrer Autorität die anderen vom Übertritt abzuhalten. Sollten sie sich aber als erste bekehren, so mögen sie sofort die Sakramente empfangen, um den anderen damit ein Beispiel zu geben[46]. Am 27. März 1652 berichteten die ins Waldviertel entsandten Reformationskommissäre, es sei von größter Bedeutung, daß sich Dorfrichter oder andere Vorgesetzte (z.B. Herrschaftsbeamte) freiwillig zur Ablegung des katholischen Glaubensbekenntnisses einstellen, „weillen dennenselben der meiste teil ohne sonderliche muehe nachfolgt"[47]. 1630 hatte die Pfarrgemeinde von Niedersulz im Viertel unter dem Manhartsberg erklärt, falls Richter und Geschworene übertreten, so wollten sie sich auch zur Konversion bequemen[48].

Selbst die Generalreformation der Jahre 1652 bis 1659 brachte nur einen *vorläufigen* Abschluß der Gegenreformation in Österreich unter der Enns. Die letzte Phase der

---

42 Ebd., 12.
43 Ebd., 175-190.
44 Ebd., 195.
45 Ebd., 109-210.
46 Ebd., 121f.
47 Ebd., 146.
48 Ebd., 21.

Gegenreformation setzte im Herzland des Habsburgerreiches in der Regierungszeit Leopolds I. um 1665 ein und war insbesondere durch ein stärkeres Engagement des Bischofs von Passau bzw. des Passauer Offizials in Wien gekennzeichnet, während unter Ferdinand III. bei der Rekatholisierung die niederösterreichische Regierung immer stärker als treibende Kraft in den Vordergrund getreten war. 1675 soll es im ganzen Land (also in allen vier Landesvierteln) noch 354 Lutheraner gegeben haben, 1692 nur mehr 35. Die letzten Protestanten wurden angeblich im Jahr 1697 ausgewiesen[49].

Das Programm der Rekatholisierung Böhmens, Mährens und Österreichs und seine Durchführung stand und fiel in den Jahren um 1600 mit dem Einfluß und Schicksal einiger weniger großer Magnaten in den Ländern und am Hof [50]. Die entscheidende Rolle des katholischen Adels und somit auch der seit den letzten Jahren des 16. Jahrhunderts allmählich an Zahl zunehmenden adeligen Konvertiten[51] für Erfolg oder Mißerfolg der Gegenreformation in den böhmischen und österreichischen Ländern war der Kurie und den Apostolischen Nuntien vollkommen bewußt. So heißt es etwa in der am 20. Januar 1604 ausgefertigten Instruktion für den neuen Prager Nuntius Giovanni Stefano Ferreri in dem die religiösen Verhältnisse in Böhmen betreffenden Punkt, im Adel hätten einige Konversionen stattgefunden. Dadurch werde es zu einem Aufschwung der katholischen Religion im Land kommen, da das Wohl und Wehe der Untertanen großteils von ihrem (Grund-)Herrn abhänge und da jene unglücklichen Leute willig seien, *den* Glauben und *die* Religion anzunehmen, die dieser ihnen vorschreibe[52].

Die Schlüsselrolle der Grundherren in dem langen, von Phasen der Passivität seitens der landesfürstlichen und kirchlichen Behörden unterbrochenen Prozeß der Gegenreformation in den Dörfern, Märkten und grundherrlichen Städten der böhmischen und österreichischen Länder seit dem späten 16. Jahrhundert erhellt besonders aus den Folgen der Übernahme von Grundherrschaften durch katholische Adelige sowie des Übertritts von adeligen Grundherren zur katholischen Kirche. Beide Ereignisse hatten häufig unmittelbar von der Obrigkeit initiierte gegenreformatorische Maßnahmen zur Folge.

---

49 Ebd., 210.

50 EVANS, R[obert] J. W.: Rudolf II and his World. A Study in Intellectual History 1576-1612. Oxford 1973, 35f. - Vgl. die Instruktion vom 5. Mai 1592 für den apostolischen Nuntius Cesare Speciano, wo der Papst sogar der Hoffnung Ausdruck gibt, die Jesuiten könnten in Böhmen die Hussiten geschlossen zur Union mit Rom bewegen: Die Hauptinstruktionen Clemens' VIII. für die Nuntien und Legaten an den europäischen Fürstenhöfen 1592-1605. Bearb. v. Klaus JAITNER, Bd. 1-2, Tübingen 1984, hier Bd. 1, 59.

51 WINKELBAUER: Fürst und Fürstendiener (wie Anm. 28), 66-158.

52 Hauptinstruktionen (wie Anm. 50) 710, II.1 - Ferreri selbst berichtete nach Ablauf seines ersten Jahrs in Prag am 25. April 1605 an den Papst (im Zusammenhang mit dem großen Priestermangel in Böhmen): „spesso è avenuto che si sono convertite baronie intiere per volontà de' padroni convertiti, e in termine di tre o quattro anni ritornati heretici per non haver preti sicuri." Die Prager Nuntiatur des Giovanni Stefano Ferreri und die Wiener Nuntiatur des Giacomo Serra (1603-1606). Bearb. v. Arnold Oskar MEYER, Berlin 1913, 353 [24].

I.1. Gegenreformatorische Maßnahmen nach der Übernahme der Herrschaft durch einen katholischen Adeligen

Um 1600 wich auch in Mähren der hier im 16. Jahrhundert besonders weitgehende konfessionelle Pluralismus einer Polarisierung von Katholiken und Evangelischen[53]. Der zielbewußt agierenden katholischen Partei (bestehend aus dem katholischen Adel mit den katholischen Landesbeamten an der Spitze, dem Bischof von Olmütz, dem Olmützer Kapitel, den Olmützer und Brünner Jesuiten sowie Vertretern anderer Orden) stand in den zwei Jahrzehnten vor 1619 eine viel weniger streng geschlossene nichtkatholische Partei gegenüber, die im wesentlichen aus Angehörigen des nichtkatholischen Adels sowie den intellektuellen Führern der evangelischen Geistlichkeit, vor allem den Senioren der Brüderunität, bestand. Der mährische Adel verließ seit der Mitte des 16. Jahrhunderts „schrittweise seinen traditionellen christlichen Glauben ohne Konfessionen und Kirchenzugehörigkeit" und gliederte sich in die entstehenden Konfessionskirchen ein, die er dann, wenngleich nicht lückenlos, auf seinen Herrschaften durchsetzte. Nach einer Formulierung von Josef Válka wurde die Religion auch in Mähren „zu einer Ideologie der politischen Konflikte, vor allem des Kampfes zwischen dem habsburgischen Absolutismus und dem Ständetum"[54]. Die unter Stanislav Pavlovský (1579 bis 1598), dem Vorgänger Kardinal Dietrichsteins im Olmützer Bischofsamt, einsetzende systematische (Re-)Katholisierung blieb, ähnlich wie in Böhmen und Österreich, bis 1620 auf Kirchengut, die königlichen Städte und die Herrschaftsgebiete katholischer Adeliger beschränkt. So wurde – und damit bin ich bei einem sehr frühen Beispiel für die Durchführung der Gegenreformation nach der Übernahme durch einen katholischen Grundherrn – auf der Herrschaft Nikolsburg, die der innerösterreichische Katholik Adam Freiherr von Dietrichstein (1527-1590)[55], der Obersthofmeister Rudolfs II. und Vater des Kardinals, durch günstigen Kauf 1575 vom Kaiser erworben hatte[56], die Gegenreformation unter Leitung des neuen Pfarrers Christoph Erhard(t) und mit Hilfe von Wiener Jesuiten innerhalb

---

53 VÁLKA: Dějiny Moravy (wie Anm. 19) 48-60.

54 DERS.: Hospodářská politika (wie Anm. 15) 154. - Zum undogmatischen, nicht-konfessionellen Christentum in aristokratischen Kreisen der böhmischen und mährischen Gesellschaft in der zweiten Hälfte des 15. und im 16. Jahrhundert siehe unter anderem DERS.: Tolerance či koexistence? (K povaze soužití různých náboženských vyznání v českých zemích v 15. až 17. století). In: Studia Comeniana et historica 35 (1988) 63-75, bes. 69f. - DERS.: Die „Politiques": Konfessionelle Orientierung und politische Landesinteressen in Böhmen und Mähren (bis 1630). In: Ständefreiheit und Staatsgestaltung (wie Anm. 25) 229-241, bes. 234f.

55 Adam von Dietrichstein dürfte um 1550 zum Katholizismus konvertiert sein. EDELMAYER, Friedrich: Ehre, Geld, Karriere. Adam von Dietrichstein im Dienst Kaiser Maximilians II. In: Kaiser Maximilian II. Kultur und Politik im 16. Jahrhundert. Hg. v. DEMS. und Alfred KOHLER, Wien-München 1992, 109-142, hier 116f.

56 Ebd., 130-135. - Vgl. auch PETRIN, Silvia: Der Verkauf der Herrschaft Nikolsburg im Jahre 1560 und die Stände von Niederösterreich. In: Unsere Heimat 44 (1973) 129-137.

weniger Jahre durchgeführt[57]. Am 3. Oktober 1579 befahl Dietrichstein seinen Untertanen, sich bis Allerheiligen (1. November) zur Beichte einzustellen und anschließend nach römisch-katholischem Ritus zu kommunizieren; wer sich weigere, drohte er, der werde von seinem Grund und Boden abgestiftet werden. 1583 führte der Freiherr in Nikolsburg die Fronleichnamsprozession (wieder) ein, und im nächsten Jahr veranlaßte er zur Unterstützung der Gegenreformation die Gründung der Nikolsburger Fronleichnamsbruderschaft[58]. Am 18. August 1583 unterschrieben und siegelten Bürgermeister, Richter und Rat der Stadt Nikolsburg sowie die Repräsentanten der Märkte und Dörfer der Herrschaft Nikolsburg eine Erklärung, in der sie sich gegenüber Adam von Dietrichstein verpflichteten und ihm gelobten, „allzeit beständig" beim römisch-katholischen Glauben zu bleiben, ihre Kinder in diesem Glauben zu unterweisen und zu erziehen, regelmäßig zur Messe zu gehen, die katholischen Feiertage zu heiligen, das Sakrament des Altars „jederzeit nur allein in einer Gestalt" zu empfangen, keinen Nichtkatholiken als Bürger oder Bauern aufzunehmen, alle Nichtkatholiken aus den Gemeinden zu verbannen sowie die Fasttage und überhaupt alles zu halten, „was Catholisch heist vnd ist"[59].

Nachdem 1625/26 der von den Kardinälen Dietrichstein und Khlesl unterstützte Plan der Gründung eines Piaristenkollegs in Wien – sei es am Widerstand der Jesuiten oder an der Ablehnung der in Wien bereits ansässigen Bettelorden – gescheitert war[60], führte Kardinal Dietrichstein 1631 die Piaristen in Mähren ein und gründete in seiner Funktion als Stadtherr in Nikolsburg die erste Schule und das erste Kolleg dieses Ordens außerhalb Italiens[61]. 1633 hatte die aus einer (dreiklassigen) deutschen Knabenschule und einer Lateinschule (seit 1638 vier bzw. fünf Gymnasialklassen plus Klasse der Arithmetistae) bestehende Nikolsburger Schule angeblich bereits 400 Schüler[62]. Sie war damit

---

57 [ERHARD, Christophorus]: Catholische Brieff / Vnd Sendtschreiben / darinnen vermeldet / wie es ein Beschaffenheit vmb das Religionwesen in der Herrschafft Nicolspurg in Märhern [...]. Ingolstadt 1586. - VÁLKA: Hospodářská politika (wie Anm. 15) 170.

58 LEMKER, Henrich Christian: Historische Nachricht Von Unterdrukkung Der Evangelisch-Lutherischen Religion In der Herrschaft Nikolsburg in Mähren [...]. Lemgo 1748, bes. 5f., 24-28, 81-85. - ERHARD: Catholische Brieff (wie Anm. 57) bes. 15-21. - Vgl. auch SCHRAM, W[ilhelm]: Das Frohnleichnamsfest in Nikolsburg zu Ende des 16. und zu Anfang des 17. Jahrhunderts. In: Notizen-Blatt der Historisch-statistischen Section der k. k. mährisch-schlesischen Gesellschaft zur Beförderung des Ackerbaues, der Natur- und Landeskunde (1888) 43f.

59 ERHARD: Catholische Brieff (wie Anm. 57) 7-10.

60 WINNER, Gerhard: Studien zur Geschichte der Piaristen in Oesterreich von den Anfängen bis an den Beginn des 19. Jahrhunderts. Phil. Diss. Wien 1952, 89-91.

61 Zur Geschichte der Niederlassungen des Piaristenordens in Mähren und Böhmen vor allem: NEUMANN, Augustin Alois: Piaristé a český barok. Přerov 1933. - ZEMEK, Metoděj/BOMBERA, Jan/FILIP, Aleš: Piaristé v Čechách, na Moravě a ve Slezsku 1631-1950. Prievidza 1992.

62 NEUMANN: Piaristé (wie Anm. 61) 79. - BALCÁREK, Pavel: Italové – první piaristé v Kroměříži. In: Studie Muzea Kroměřížska (1989) 29-36, hier 30, spricht von 400 Schülern des „Nikolsburger Gymnasiums". Die Zahl bezieht sich aber auf die gesamte Schule. - 1655 bis 1658, als die Blütezeit des Kollegiums unter Kardinal Dietrichstein allerdings bereits vorüber war, zählte man in allen Gymnasialklassen zusammen im Schnitt bloß 80 Schüler. VYSLOUŽIL, Wilhelm: Beitrag zur Geschichte des Nikolsburger Gymnasiums im 17. Jahrhundert. In: Vierter Jahres-Bericht des Staats-Real- und Ober-Gymnasiums für das Schuljahr 1877. Nikolsburg 1877, 20-26, hier 26. - Vgl. auch ZEMEK u.a.: Piaristé v Čechách (wie Anm.

eines der wichtigsten Instrumente der Gegenreformation in Südmähren. In den fünfziger Jahren schwankte die Zahl der Nikolsburger Piaristenschüler in allen acht bzw. neun Klassen zwischen 200 und 300. In den siebziger Jahren stieg die Zahl wieder auf mehr als 400[63].

Nur wenige Jahre nachdem Adam von Dietrichstein die Herrschaft Nikolsburg in den Schoß der katholischen Kirche (zurück)geführt hatte, rief der katholische Freiherr und Oberstkämmerer Kaiser Rudolfs II. Wolf Rumpf zum Wielroß (ca. 1536-1605)[64] in seiner Funktion als Stadt-, Grund-, Patronats-, Vogt- und Landgerichtsherr[65] im Frühjahr 1587 eine landesfürstliche „Religionsreformationskommission" in die landesfürstliche Pfandherrschaft Weitra, die er 1581 als Nachfolger des protestantischen Pfandinhabers Hans Jakob von Greiß zu Wald erworben hatte[66]. An der Spitze der Kommission stand der erfahrene und kompromißlose Gegenreformator Melchior Khlesl, der seit 1579 bzw. 1580 die Ämter eines Dompropsts von St. Stephan und Kanzlers der Universität Wien sowie eines Offizials und Generalvikars des Bischofs von Passau für Österreich unter der Enns innehatte[67]. Khlesl hatte bereits im Juli 1583 gemeinsam mit dem Herrschaftsinhaber und Patronatsherrn Wolf Rumpf in Weitra wieder einen katholischen Pfarrer installiert[68]. Neben Khlesl gehörten der Kommission der Zwettler Propst und Dechant Georg Ursylvanus und ein landesfürstlicher Beamter, der Steiner Wassermautner Maximus Saurer von Sauerburg, an. Eher zum Mißfallen Khlesls schloß sich den dreien überdies Ulrich Hackl, der Abt des Stiftes Zwettl, an[69].

Ende November/Anfang Dezember 1587 wurde mit der „Religionsreformation" in der Herrschaft Weitra ein Anfang gemacht. Alle Weitraer Bürger und die Untertanen der

61) bes. 7-13, 31f. - WOTKE, Karl: Die ältesten Piaristenschulen Mährens. Ein Beitrag zur österreichischen Schulgeschichte. Wien 1900, bes. XIII.

63 NEUMANN: Piaristé (wie Anm. 61) 79.

64 EDELMAYER, Friedrich: „Manus manum lavat". Freiherr Wolf Rumpf zum Wielroß und Spanien. In: Die Fürstenberger. 800 Jahre Herrschaft und Kultur in Mitteleuropa. Katalog der Niederösterreichischen Landesausstellung 1994 in Schloß Weitra. Hg. v. Erwein H. ELTZ und Arno STROHMEYER, Korneuburg 1994, 235-252.

65 FEIGL: Grundherrschaft (wie Anm. 29) 59-154, 174-228.

66 KNITTLER, Herbert: Beiträge zur Geschichte der Herrschaft Weitra von 1581 bis 1755. Phil. Diss. Wien 1966, 17-36.

67 Eine moderne Biographie Khlesls fehlt nach wie vor. Vorläufig (mit Hinweisen auf die ältere Literatur): RAINER, Johann: Kardinal Melchior Khlesl (1552-1630). Vom „Generalreformator" zum „Ausgleichspolitiker". In: Römische Quartalschrift für christliche Altertumskunde und Kirchengeschichte 59 (1964) 14-35. - Die Bischöfe des Heiligen Römischen Reiches 1448 bis 1648. Ein biographisches Lexikon. Hg. v. Erwin GATZ, Berlin 1996, 367-370. - Zur gegenreformatorischen Tätigkeit Khlesls in den landesfürstlichen Städten und Märkten Niederösterreichs in den achtziger Jahren des 16. Jahrhunderts z.B. SCHÖNFELLNER, Franz: Krems zwischen Reformation und Gegenreformation. Wien 1985, bes. 141-170. - ERDMANN, Hans-Günther: Melchior Khlesl und die niederösterreichischen Stände. Phil. Diss. Wien 1949. - LOHN, Magdalena: Melchior Khlesl und die Gegenreformation in Niederösterreich. Phil. Diss. Wien 1949.

68 KATZENSCHLAGER, Wolfgang: Die Pfarre Weitra von ihren Anfängen bis zu den josefinischen Reformen. Phil. Diss. Wien 1966, 64.

69 LERNET, Brigitte: Die Gegenreformation in der Herrschaft Weitra (1581-1600). Dipl.-Arbeit Wien 1998, 57-60, 64.

Herrschaft Weitra mußten sich vor der Kommission einfinden. Khlesl erklärte ihnen die katholischen Glaubensartikel und hielt eine Predigt. Danach mußten die Bekehrten beichten[70] und kommunizieren sowie anschließend einen Eid ablegen und einen Revers unterschreiben, mit dem sie sich ausdrücklich und namentlich verpflichteten, von nun an katholisch zu leben und zu sterben. Insbesondere den untertänigen Bauern hatte der Verwalter der Herrschaft Weitra Leibes- und Geldstrafen angedroht, falls sie nicht zum angegebenen Zeitpunkt vor der Kommission erscheinen würden. Mit Hilfe von Namenslisten aller Bürger und Untertanen, die von der Herrschaftskanzlei beigestellt wurden, konnten die Kommissäre und der Verwalter feststellen, wer sich dem Befehl widersetzte. Am 2. Dezember 1587 verpflichteten sich fast alle Bürger und Inleute der Stadt Weitra (nur Männer, also nur die „Familienoberhäupter") auf die vorbereitete Erklärung, in der sie sich auf Befehl des Kaisers und seines Statthalters, des Erzherzogs Ernst, und im Namen ihres Herrn Wolf Rumpf gegenüber den Herren der Kommission zur römisch-katholischen Kirche als der einzig rechten und wahren Kirche, die allein seligmachen könne, bekannten. Gleichzeitig verpflichtete sich die Stadt, niemanden als Bürger oder Inwohner aufzunehmen, der nicht mit dem Bürgereid das katholische Bekenntnis ablegte[71].

Auf größere Widerstände als in der Stadt, wo sich insbesondere einige Frauen (darunter Ehefrauen von Ratsbürgern und zwei Hebammen) „widerspenstig" zeigten[72], stieß die Kommission bei den grund- und vogteiuntertänigen Bauern der Herrschaft Weitra, worauf hier nicht näher eingegangen werden kann. Eine wichtige Rolle spielte jedenfalls der Verwalter der Herrschaft Weitra, Georg Schwarzmann[73], der bzw. dessen Kanzlei nicht nur Listen aller zu Bekehrenden zusammenstellte, sondern auch Verzeichnisse der „sectischen Predicanten", zu denen Weitraer Grund- und Vogtuntertanen „ausliefen" bzw. zu deren Pfarren sie eingepfarrt waren, und der die Ungehorsamen im Einvernehmen mit der Kommission (bzw. deren Leiter Khlesl) bestrafte. Zusätzlich zu den Beichtzetteln, die von den Pfarrern ausgestellt und den Beichtigern als Beichtbescheinigung ausgehändigt wurden, legte man in der Herrschaftskanzlei zur genauen Kontrolle der Beicht- und Kommunionsdisziplin der Bürger, Inleute und Untertanen

---

70 Zur Organisation der massenhaften Beichte hatte Verwalter Schwarzmann im Einvernehmen mit Khlesl katholische Pfarrer aus der Nachbarschaft als zusätzliche Beichtväter gewonnen. Ebd., 69-71.

71 Ebd., 61-66. - KATZENSCHLAGER: Pfarre Weitra (wie Anm. 68) 65f.

72 LERNET: Gegenreformation (wie Anm. 69) 99f. - Zu der bekannten Tatsache, daß sowohl im Adel als auch im Bürger- und im Bauerntum die Frauen dem Ansturm der Gegenreformation im allgemeinen länger und hartnäckiger Widerstand leisteten als die Männer, z.B. PATROUCH: Manipulation (wie Anm. 36) Kap. IV. - MAROLI, Gerd: Das Reformationszeitalter in der Pfarre Hollenburg und ihrer Umgebung (1525-1652). Phil. Diss. Wien 1976, Bd. 1-2, hier Bd. 2, 202f., 233-244. - GINDELY, Anton: Geschichte der Gegenreformation in Böhmen. Hg. v. Theodor TUPETZ. Leipzig 1894, 239 (über die hartnäckige Weigerung der Frauen von Jung-Bunzlau, eines ehemaligen Zentrums der Brüderunität, 1626/27 dem Beispiel ihrer – unter Druck – zumindest äußerlich zur katholischen Kirche übergetretenen Männer zu folgen und ebenfalls zu konvertieren).

73 LERNET: Gegenreformation (wie Anm. 69) 55-57.

Register der Gehorsamen und der Widerspenstigen an[74]. „Hier im Kleinbereich einer Herrschaft kann eine strenge Disziplinierung durch Zwang zum Sakramentenempfang beobachtet werden, wobei dies gleichzeitig auch die Rückkehr in den Schoß der alten Kirche besiegelte."[75]

Im Juli 1589 gab der Herrschaftsverwalter dem Passauer Offizial und Leiter der Reformationskommission eine Art Zwischenbericht über den Stand der gegenreformatorischen Maßnahmen in Weitra. Der größte Teil der Untertanen des Freiherrn Wolf Rumpf, sowohl in der Stadt als auch in den Dörfern, hatte sich zu Ostern und Pfingsten dieses Jahres zur Beichte und zur Kommunion eingefunden. Für den weitgehenden (zumindest äußerlichen) Erfolg der Gegenreformation machte Schwarzmann nicht nur die zweimalige Tätigkeit der von Khlesl geleiteten Reformationskommission in den Jahren 1587 und 1588 verantwortlich, sondern nicht zuletzt die Bemühungen des Weitraer Pfarrers, der die Bürger und Inleute nicht nur durch seine Kanzelreden, sondern auch durch Einzelgespräche überzeugt hatte[76]. Die Zahl der (Oster-)Kommunikanten in Weitra stieg von Jahr zu Jahr. 1589 waren es 543 Personen, 1590 schon 652 und 1591 bereits 717. Aus der Stadt weigerten sich 1590 27 Bürger und aus den eingepfarrten Dörfern einige wenige Personen, zur Beichte zu kommen[77]. Nach Rückschlägen infolge des 1599/1600 ausgesprochenen Verbots des den Weitraern bisher noch zugestandenen Laienkelchs stellte die (1592 Wolf Rumpf zusammen mit der Herrschaft als freies Eigen überlassene) Stadt Weitra 1602 gemeinsam mit den landesfürstlichen Städten Niederösterreichs abermals einen Revers über die Rückkehr zur katholischen Kirche aus. Allmählich wurden Prozessionen und andere Spezifika der katholischen Frömmigkeit wieder gebräuchlich. Die Marienbruderschaft wurde reformiert und erwachte zu neuem Leben. Spätestens seit 1607 wurde nicht nur am Fronleichnamsfest eine Prozession veranstaltet, sondern auch an dessen Oktav[78].

Nachdem Stadt und Herrschaft Weitra nach Wolf Rumpfs Tod 1606/07 durch die Wiederverheiratung der Witwe an den (katholischen) Grafen Friedrich von Fürstenberg gefallen waren, kam es zu heftigen Auseinandersetzungen zwischen den Bürgern und dem Stadtherrn, bei denen allerdings die Frage der Konfession keine Rolle (mehr) gespielt zu haben scheint. Die Weitraer führten einen erbitterten Kampf um die Aufrechterhaltung ihrer landesfürstlichen Privilegien, die seit dem Verkauf der landesfürstlichen Herrschaft als freies Eigen (1592) sehr prekär geworden waren. 1606 und 1607 klagten die Bürger, der herrschaftliche Verwalter setze die städtischen Amtsträger willkürlich ein und ab und gestehe der Stadt nicht die geringste Gerichtskompetenz zu, er befehle den Bürgern, für die Herrschaft zu roboten, strafe sie nach Belieben und verlange von ihnen Gehorsam wie von Bauern; der Landgerichtsdiener dringe in die Bürgerhäuser ein, um willkürlich Inleute (als Taglöhner) aufzunehmen. Die bäuerlichen Untertanen der

74 Ebd., 66-72, 95-97.

75 Ebd., 91.

76 Ebd., 99-104.

77 KATZENSCHLAGER: Pfarre Weitra (wie Anm. 68) 68.

78 Ebd., 69-78. - LERNET: Gegenreformation (wie Anm. 69) 108-112.

Herrschaft Weitra hätten die Erlaubnis erhalten, auf den Dörfern böhmisches Bier sowie Wein auszuschenken, Salz und andere Waren feilzuhalten und bürgerliche Gewerbe zu treiben. Die Bauern brächten Vieh, Wein, Getreide etc. nicht mehr auf den Wochenmarkt in die Stadt und weigerten sich, ihre Waren in der Stadt (angeblich auch bei der Herrschaft) „anzufeilen". Der Herrschaftsbesitzer wolle ein eigenes Schankhaus errichten und den Bürgern das Bierbrauen verbieten. Der herrschaftliche Jägermeister untersage ihnen das Tragen von Büchsen. Das Spital, das zur Stadt gehöre, werde von den Vertretern der Herrschaft „Hofspital" genannt. Der Verwalter – und darin kommt der sich über alle Privilegien (also Sonderrechte) hinwegsetzende herrschaftliche Absolutismus zusammenfassend sehr gut zum Ausdruck – beschimpfe die Bürger als „eingemauerte Bauern"[79]. 1644 und 1656 faßten die Weitraer ihre Klagen neuerlich in Beschwerdeschriften zusammen[80]. Der Herrschaftsbesitzer Ferdinand Friedrich Graf zu Fürstenberg meinte gegenüber der niederösterreichischen Regierung in diesem Zusammenhang spöttisch, er habe zuerst geglaubt, eine freie kaiserliche Reichsstadt verklage ihn, es sei aber nur „sein städtl Weitra"[81].

In Horn im Waldviertel war unter den lutherischen Puchheimern das Verhältnis zwischen der Bürgerschaft und dem Stadtherrn weitgehend harmonisch[82]. Unter den katholischen Stadtherren seit 1620 war das Einvernehmen zwischen Herrschaft und Stadt am ehesten unter Ferdinand Siegmund Graf Kurz (von 1628 bis 1659), der viel für den wirtschaftlichen Aufschwung der Stadt nach den Verheerungen des Dreißigjährigen Krieges getan hat[83], ähnlich konfliktarm wie zur Zeit der Puchheimer – von dem lange fortdauernden Widerstand gegen die Gegenreformation einmal abgesehen. Symptomatisch für die neue, weniger selbständige Stellung der Stadt im Verhältnis zur Herrschaft ist etwa der Umstand, daß nach 1620 (ebenso wie in Weitra bereits einige Jahrzehnte früher) statt „Bürgerspital" meist der Ausdruck „Hofspital" gebraucht wurde[84]. Graf Kurz ernannte im November 1642 einen hervorragenden Kenner der Interna der Stadt Horn zum neuen Pfleger der Herrschaft Horn, den Horner Bürger, Ratsverwandten und ehemaligen Bürgermeister Kaspar Walthumb[85]. Dieser war in den kommenden Jahr-

79 BIRKLBAUER, Herwig: Die Stadt Weitra von ihrer Gründung bis zu den theresianisch-josephinischen Reformen (mit besonderer Rücksicht auf die Verfassungs-, Verwaltungs- und Wirtschaftsgeschichte). Phil. Diss. Wien 1966, 73-77. - Die Rechtsquellen der Stadt Weitra. Hg. v. Herbert KNITTLER, Wien-Köln-Graz 1975, 201f.

80 BIRKLBAUER: Stadt Weitra (wie Anm. 79) 78-82. - Rechtsquellen der Stadt Weitra (wie Anm. 79) 210-212, 219-221.

81 BIRKLBAUER: Stadt Weitra (wie Anm. 79) 82.

82 Vgl. oben.

83 REINGRABNER, Gustav: Die Stadt Horn und ihre Herren. In: Eine Stadt und ihre Herren. Puchheim, Kurz, Hoyos. Katalog der Ausstellung der Stadt Horn im Höbarthmuseum. Horn 1991, 13-48, hier 32-36. - WINKELBAUER, Thomas: Manufaktur und Gewerbe: Die Horner Tucherzeugung im 17. Jahrhundert und die Tuchmachersiedlung in der „Öttinger Vorstadt". Ebd., 55-67. - DERS.: Untertanen (wie Anm. 31) 52-55.

84 REINGRABNER: Reformation (wie Anm. 30) 79.

85 WINKELBAUER: Untertanen (wie Anm. 31) 42.

zehnten der „starke Mann“ in den Beziehungen der Herrschaft zur Stadt. Die Herrschaft nahm die Bürger immer stärker „an die Kandare“[86].

I.2. Gegenreformatorische Maßnahmen durch adelige Konvertiten nach ihrer Konversion

Es scheint so gut wie festzustehen, daß die Konversion Karls von Liechtenstein im Jahr 1599 nicht die Folge einer inneren Umkehr war[87]. Karel Stloukal hat sogar gemeint, sie sei „eine rein äußerliche Angelegenheit“ und „nur eine opportunistische Spekulation“ gewesen; nicht einmal seine neuen katholischen Freunde hätten an ihre Aufrichtigkeit geglaubt[88]. Nach dem Tod des damaligen kaiserlichen Statthalters im Königreich Böhmen am 12. Februar 1627 weinte ihm Nuntius Carlo Carafa keine Träne nach. Er schrieb vielmehr am 17. Februar an Kardinal Francesco Barberini, der Tod des Fürsten Liechtenstein sei weder für die katholische Religion noch für den Kaiser ein Verlust, da er ein äußerst kalter, um nicht zu sagen ein schlechter Katholik gewesen sei[89].

Das bedeutet aber nicht, daß Karl von Liechtenstein nach seiner Konversion nicht seinen neuen Glauben offen und demonstrativ bekannt oder daß er sich nicht um die Durchführung der Gegenreformation auf seinen Gütern bemüht hätte. Am 14. Februar 1616 lobte Kardinal Dietrichstein die Ordnung, die Fürst Liechtenstein auf seinen mährischen Herrschaften eingerichtet hatte, damit die Frömmigkeit und die Gottesfurcht zunehmen mögen und insbesondere die Jugend im Katechismus und in der katholischen Religion sowie in den guten Sitten unterrichtet werde, und er teilte mit, daß er auf die Bitte des Fürsten hin den Pfarrern auf seinen Herrschaften sowie auf denen seines Bruders (Maximilian) auftragen werde, sich danach zu richten[90].

Bereits wenige Monate nach seiner Konversion[91], im Januar 1603, erschien Karls jüngster Bruder Gundaker (1580-1658) in Begleitung mehrerer geistlicher Herren in seinem Schloß Wilfersdorf im Viertel unter dem Manhartsberg, um auf der Herrschaft die „Religionsreformation“ durchzuführen. Der größte Teil der ins Schloß bestellten Bauern und Marktbürger beugte sich – zum Teil nach theologischen Disputen – den scharfen Ermahnungen des Grundherrn und der Priester und gelobte Gehorsam. Daraufhin erhielten sie den katholischen Segen, und ihr Grundherr versprach ihnen „gratia et

86 Ebd., passim.
87 WINKELBAUER: Fürst und Fürstendiener (wie Anm. 28) 89-93.
88 STLOUKAL-ZLINSKÝ, Karel: Karel z Lichtenštejna a jeho účast na vládě Rudolfa II. (1569-1607). Praha 1912, 33.
89 Acta Sacrae Congregationis de Propaganda Fide res gestas Bohemicas illustrantia. Bearb. v. Ignatius KOLLMANN, Bd. 1-2, Pragae 1954-1955, hier Bd. 1/1, 41.
90 TENORA, Jan/FOLTYNOVSKÝ, Josef: Bl[ahý] Jan Sarkander. Jeho doba, život a blahoslavení. Olomouc 1920, 348.
91 WINKELBAUER: Fürst und Fürstendiener (wie Anm. 28) 119-125.

protectio". Den Widerspenstigen („Ungehorsamen", „Rebellen") wurde befohlen, nicht über religiöse Dinge zu disputieren, die katholischen Predigten zu besuchen und abzuwarten, bis sie nach Wien zitiert würden[92]. In seinem Herrschaftsbereich war es Gundaker von Liechtenstein – genauso wie viele andere adelige Grundherren – in erster Linie selbst, der für die (Re-)Katholisierung sorgte. Mit Hilfe eines gut organisierten, streng hierarchischen Überwachungsapparats (vom Oberhauptmann über die Verwalter und Beamten der einzelnen Herrschaften bis zu den Stadt-, Markt- und Dorfrichtern) setzte er in seinem Herrschaftsbereich gegen den vergeblichen Widerstand eines Teils seiner Untertanen (besonders jener in den gebirgigen Regionen Ostmährens)[93] die Gegenreformation durch[94].

Der aus einem alten böhmischen Herrengeschlecht stammende Jan Kavka von Říčan (ca. 1570-1645) übersiedelte 1598 nach Mähren, wo er im Hradischer Kreis die große, an der Grenze zu Oberungarn gelegene Herrschaft Brumov erwarb. Im selben Jahr vermählte er sich mit Benigna von Lobkowitz, der jungen Witwe nach Seyfried von Promnitz[95]. Sehr wahrscheinlich unter dem Einfluß seiner Gemahlin und deren katholischer Verwandtschaft konvertierte er als einer der ersten evangelischen Adeligen Mährens 1601 zum Katholizismus. Im selben Jahr unternahm er gemeinsam mit seiner Frau eine Wallfahrt nach (Maria) Loreto, wo er, wie es scheint, das Gelübde ablegte, die Verehrung der Gottesmutter mit allen Kräften zu fördern und in seiner Heimat bzw. auf seinen Gütern für deren Verbreitung zu sorgen. Bereits in den Jahren 1602 und 1603 führte er in den zwei Märkten und 30 Dörfern der Herrschaft Brumov die Gegenreformation durch und vertrieb alle nichtkatholischen Geistlichen. Zur Verbreitung des katholischen Glaubensbekenntnisses bediente er sich nicht zuletzt der Unterstützung der Olmützer Jesuiten, die Missionare entsandten[96]. Im Jahr 1611 wurden auf der Herrschaft Brumov

---

92 WINKELBAUER: Sozialdisziplinierung (wie Anm. 1) 331. - WIEDEMANN, Theodor: Geschichte der Reformation und Gegenreformation im Lande unter der Enns. Bd. 1-5, Prag 1879-1886, hier Bd. 3, 314-317.

93 Noch 1641 entschuldigte der Pfleger der Herrschaft Ungarisch Ostra die Tatsache, daß die Untertanen in den Dörfern „gegen unnd umb das gebürg" noch großteils unkatholisch waren, damit, daß sie erst seit zwei Jahren einen eigenen Pfarrer hätten. Gundaker von Liechtenstein antwortete ihm zornig, auch ein halbes Jahr sei genug, „die leut zu convertiren unnd zum catholischen glauben zu bringen". Sollten die Untertanen in ihrem Ungehorsam und ihrer Halsstarrigkeit verharren, so solle der Pfleger den Pfarrern „mit andern zwangsmitteln beystehen". Hausarchiv der Regierenden Fürsten von Liechtenstein Wien, Karton H 1178, Konzept eines Schreibens Gundakers an den Pfleger der Herrschaft Ungarisch Ostra, 27. August 1641.

94 WINKELBAUER: Sozialdisziplinierung (wie Anm. 1). - Moravské korespondence a akta z let 1620-1636. Hg. v. František HRUBÝ, Bd. 1-2, Brno 1934-1937, hier Bd. 1, 299-303, 320f., 428f.; Bd. 2, 27 Anm. 1. - KROESS, Alois: Geschichte der böhmischen Provinz der Gesellschaft Jesu. Bd. 1-2, Wien 1910-1938, hier Bd. 2/1, 279f. - Zum Widerstand der Bauern und Hirten - insbesondere der ostmährischen Walachen - gegenüber der Gegenreformation z.B. VÁLKA: Česká společnost (wie Anm. 18) 86-88, 119-121.

95 VÁVRA, Josef: Jan Kavka z Říčan. In: Sborník Historického kroužku 5 (1904) 79-82, hier 79.

96 TENORA, Jan: Jesuitské missie na Moravě v letech 1558-1653. In: Hlídka 22 (1905) 638-643, 697-704, 772-780, 851-861, 938-944, hier 700. - CHODNÍČEK, Julius/KOVÁŘ, M[atěj]: Z

bereits fünf katholische Pfarrer gezählt[97]. Spätestens 1628 gab es in den Märkten und Dörfern der Herrschaft keine Nichtkatholiken mehr[98].

I.3. Gegenreformatorische Maßnahmen von Grundherren auf Befehl und Initiative des Landesfürsten

Selbstverständlich soll mit den bisherigen Ausführungen die zentrale Bedeutung der Grundsatzentscheidung der Habsburger, in den böhmischen und österreichischen Ländern (mit Ausnahme loyaler evangelischer Adeliger in Österreich unter der Enns und einigen schlesischen Fürstentümern) nur Katholiken zu dulden, für den langfristigen Erfolg der Gegenreformation nicht bestritten werden[99]. So ergingen beispielsweise am 15. Januar und am 20. Februar 1652 an die lokalen Obrigkeiten in Städten und Märkten und auf dem flachen Land in Österreich unter der Enns landesfürstliche Befehle, den Mitgliedern der Ende des Vorjahres für die einzelnen Landesviertel einberufenen Reformationskommissionen Verzeichnisse sämtlicher Untertanen zu übergeben[100]. Das Gelingen der Religionsreformation der Jahre nach 1650 hing wie gesagt weitgehend von der Kooperationsbereitschaft der lokalen Obrigkeiten ab[101]. Die niederösterreichische Regierung unterstellte damals auch die Grundherren ihrer Befehlsgewalt „und machte sie für ihre Hilfsdienste bei der Kommission unmittelbar verantwortlich"[102]. Ganz ähnliche

---

katolických missií na Moravě a ve Slezsku v době reformace katolické. In: Sborník Historického kroužku 6 (1897) 19-62, hier 53.

97 VÁVRA: Kavka (wie Anm. 95) 80f. - TENORA/FOLTYNOVSKÝ: Sarkander (wie Anm. 90) 116, 278f.

98 TENORA: Jesuitské missie (wie Anm. 96) 853 und passim. - KROESS: Geschichte der böhmischen Provinz (wie Anm. 94), Bd. 2/1, 276f.

99 Vgl. ZIMMERMANN, Harald: Der Protestantismus in Österreich ob und unter der Enns im Spiegel landesherrlicher Erlässe (1520-1610). In: Jahrbuch der Gesellschaft für die Geschichte des Protestantismus in Österreich 98 (1982) 98-210. - KOVÁCS, Elisabeth: Einflüsse geistlicher Ratgeber und höfischer Beichtväter auf das fürstliche Selbstverständnis, auf Machtbegriffe und politische Entscheidungen österreichischer Habsburger während des 17. und 18. Jahrhunderts. In: Cristianesimo nella storia 4 (1983) 79-102. - ZIEGLER, Walter: Der Kampf mit der Reformation im Land des Kaisers. Die katholische Reform im Erzherzogtum unter und ob der Enns bis zum Beginn des Dreißigjährigen Krieges. In: Römische Quartalschrift für christliche Altertumskunde und Kirchengeschichte 84 (1989) 210-233. - EBERHARD, Winfried: Entwicklungsphasen und Probleme der Gegenreformation und katholischen Erneuerung in Böhmen. Ebd. 235-257. - BIRELEY, Robert: Ferdinand II: Founder of the Habsburg Monarchy. In: Crown, Church and Estates (wie Anm. 29) 226-244. - DERS.: Confessional Absolutism in the Habsburg Lands in the Seventeenth Century. In: State and Society in Early Modern Austria. Hg. v. Charles W. INGRAO, West Lafayette/Indiana 1994, 36-53.

100 PIRINGER: Restauration (wie Anm. 5) 126.

101 Ebd., 128.

102 Ebd., 138. - Vgl. auch REINGRABNER, Gustav: Die Gegenreformation im Waldviertel. In: Verzeichnis der Neubekehrten im Waldviertel 1652-1654. Codex Vindobonensis 7757 der Nationalbibliothek Wien. Bearb. v. Georg KUHR und Gerhard BAUER, Nürnberg 1992, 1-63, hier 22-26, 31-44. - DERS.: Beobachtungen zur Gegenreformation im Viertel ober dem Wienerwald. In: Hippolytus N.F. 22 (1997) 4-20. - DERS.: Gegenreformation in Niederöster-

landesfürstliche Befehle ergingen damals für Böhmen und Mähren. Die Obrigkeiten wurden seit Februar 1650, als der neue Generalvikar der Erzdiözese Prag, Juan Caramuel y Lobkowicz, einen schärferen Kurs gegenüber den Nichtkatholiken zu steuern begann, verpflichtet, die Untertanen mit allen Mitteln zum Katholizismus zu bekehren, sei es durch Zureden, Gefängnisstrafen, Militäreinquartierungen oder sonstwie. 1651 schritten in Böhmen die kirchliche und die weltliche Macht zu einer „konzertierten Aktion" gegen die Reste des Protestantismus. In diesem „Feldzug" spielten die Kreishauptleute eine wichtige Rolle, aber auch die einzelnen Grundherren waren angehalten, mit den Missionaren, die vorzugsweise Mitglieder des Jesuitenordens waren, zu kooperieren[103].

In Befolgung der kaiserlichen Befehle, aber auch im Zusammenhang mit der Verlegung seiner Residenz nach Ostra, erneuerte beispielsweise Fürst Gundaker von Liechtenstein um die Jahreswende 1652/53 seine Bemühungen, die begonnene[104], aber unvollendet gebliebene Gegenreformation der Stadt und der Herrschaft Ungarisch Ostra erfolgreich abzuschließen. Am 8. Januar 1653 erließ er wieder einmal ein umfangreiches gegenreformatorisches Dekret an den Hauptmann der Herrschaft Ungarisch Ostra, das er ausdrücklich damit begründete, daß der Kaiser im abgelaufenen Jahr „gantz ernstlich und allergenedigst ahnbefohlen" habe, „daß alle und jede in dero erblendern befündliche uncatholische zu dem allgemeinen, einig und allein seligmachenden urallten cahtolischen glauben sich gemösthalten und also ein jeglicher auf damahligem heyl. Osterfest (wie sonsten alle jahr) zu beichten undt vor seinem ordinario oder pfahrherrn die hochheyl. communion zu empfangen schuldig sein oder, da solches nicht beschehe, des christlichen nahmens gantz und gar unwürdig, nach seinem absterben des geweichten erdtreichs in

reich - das Protokoll der Reformationskommission für das Viertel ober dem Wienerwald von 1657 bis 1660. In: Jahrbuch der Gesellschaft für die Geschichte des Protestantismus in Österreich 113 (1997) 9-115.

103 Hanzal, Josef: Rekatolizace v Čechách – její historický smysl a význam. In: Sborník historický 37 (1990) 37-91, hier 71-74.

104 So hatte Gundaker von Liechtenstein z.B. am 24. November 1627 dem Hauptmann und dem Pfarrer zu Ungarisch Ostra befohlen: „Nachdem uns gewissenshalber obligt, unserer officir und unterthanen seelen wolfahrt zu der ehr Gottes zu befürdern und wir genzlich entschlossen und wollen, daß sowol alle und jede officir alls unterthanen hieiger ganzen herrschafft Ostra zur catholischen religion informiert und alspald ein anfang gemacht werden soll, als haben wir euch beede hierzue anstatt unserer, weil wir selbsten nit zur stell sein und brachium saeculare gebrauchen mügen, zu commissarien verordnet, allso und dergestallt, daß ihr alsbald und sonderlich bey den vornembsten officirn und unterthanen einen anfang machet, und wo sich jemand, kheinen ausgenomben, nach empfangner information den catholischen glauben anzunehmen stetig und ungehorsamb erzeigen wüerde, daß ihr in krafft dis allen vollkhombenen gewallt und macht haben sollet, alles zu befürderung und vollziehung solcher reformationscommission anzuordnen und vorzunemben, auch mit linden oder scharfen mittlen, mit gefenknus oder andern straffen, nach gestallt ihres erzeigens gegen ihnen zu procediern, alls wir dessen selbst befuegt sein und macht haben." Hausarchiv der Regierenden Fürsten von Liechtenstein Wien, Karton H 1178, Konzept des Befehls an Hauptmann und Pfarrer zu Ungarisch Ostra, 24. November 1627.

geringstem nicht zu genießen haben, auch überdas als von Gott undt der cahtholischen khirchen verworffen und in die ewige verderbnus gestürzt werden" sollen[105].
Gundaker von Liechtenstein wurde aber, und das gilt zweifellos für viele katholische Grundherren des 17. Jahrhunderts, seit seiner Konversion im Jahr 1602 keineswegs nur im Gefolge landesfürstlicher gegenreformatorischer Initiativen aktiv, sondern er bemühte sich jahrzehntelang mit schwankender Intensität darum, seine Herrschaften und Güter in Niederösterreich und Mähren mit Hilfe der Herrschaftsbeamten, Pfarrer, Bürgermeister, Richter, Räte und Geschworenen sowie von Missionaren aus dem Jesuiten- und dem Kapuzinerorden möglichst „protestantenrein" zu machen[106].

In den Jahren 1653 bis 1655 erließ Fürst Gundaker noch eine Reihe weiterer Befehle und Dekrete, in denen er dem Hauptmann bzw. dem Pflegamtsverwalter der Herrschaft Ungarisch Ostra neben anderem auftrug, die Herrschaftsbeamten und die Untertanen an den Sonn- und Feiertagen zum Besuch der Messe und des Katechismusunterrichts anzuhalten sowie dazu, mindestens viermal jährlich (zu Weihnachten, Pfingsten, Ostern und Allerheiligen) zur Beichte und zur Kommunion zu gehen. Die Übertreter waren mit Geldstrafen zu belegen. Außerdem mußte der Pfleger die Abhaltung des Katechismusunterrichts an den Sonn- und Feiertagen durch die Pfarrer überwachen, den Bücherbesitz der Untertanen in allen Dörfern der Herrschaft Ungarisch Ostra kontrollieren und gegebenenfalls die „ketzerischen" oder „unkatholischen" Bücher aussondern und Fürst Gundaker zustellen[107].

II. Grundherrlicher Absolutismus

Gleichzeitig mit der Ausbildung des landesfürstlichen Absolutismus, durch den die „Freiheiten" der Landstände eingeschränkt wurden, engten die Herrschaften der böhmischen und österreichischen Länder im 16. und 17. Jahrhundert die Autonomie der Dorfgemeinden zunehmend ein – allerdings ohne daß man in diesem Zusammenhang ebenfalls von einem „Herrschaftskompromiß" sprechen könnte[108]. So beseitigten die

---

105 Hausarchiv der Regierenden Fürsten von Liechtenstein Vaduz, Handschrift 279, 13f. (Abschrift des zitierten Dekrets im Hofkanzleiprotokoll).

106 Dazu künftig: Gundaker von Liechtenstein als Grundherr (wie Anm. 12).

107 Ebd. - Vorläufig WINKELBAUER: Sozialdisziplinierung (wie Anm. 1) 329-335. - DERS.: Wandlungen des mährischen Adels um 1600. Comenius' gesellschaftliches und wirtschaftliches Umfeld. In: Jan Amos Comenius und die Politik seiner Zeit. Hg. v. Karlheinz MACK, Wien-München 1992, 16-36, hier 34f.

108 WINKELBAUER, Thomas: „Und sollen sich die Parteien gütlich miteinander vertragen". Zur Behandlung von Streitigkeiten und von „Injurien" vor den Patrimonialgerichten in Ober- und Niederösterreich in der frühen Neuzeit. In: Zeitschrift der Savigny-Stiftung für Rechtsgeschichte. Germanistische Abteilung 109 (1992) 129-158. - HANZAL, Josef: Vesnická obec a samospráva v 16. a na počátku 17. století. In: Právněhistorické studie 10 (1964) 135-147. - Allgemein WILLOWEIT, Dietmar: Struktur und Funktion intermediärer Gewalten im Ancien Régime. In: Gesellschaftliche Strukturen als Verfassungsproblem. Intermediäre Gewalten,

Grundherren in Österreich ob und unter der Enns im Laufe des 17. Jahrhunderts jede aktive Beteiligung der Untertanen an der Rechtsprechung. Die Taidinge – zumeist alljährliche Versammlungen aller Gemeindegenossen, insbesondere einer Dorfgemeinde, unter dem Vorsitz des Dorfgerichtsherrn oder seines Vertreters – waren ursprünglich ein Forum, das sowohl für die Rechtsprechung des Dorfgerichts als auch für die Regelung der dörflichen Wirtschaft und des Zusammenlebens im Dorf zuständig war. Etwa seit dem zweiten Drittel des 17. Jahrhunderts verloren die Taidinge, sofern sie überhaupt noch regelmäßig abgehalten wurden, den Charakter von Gerichtsversammlungen und wurden auf die Regelung der Dorf und Flur betreffenden (Wirtschafts-)Angelegenheiten, die Wahl der Dorfrichter und Geschworenen sowie die Anhörung von Beschwerden beschränkt. Die Pflege der niederen und der hohen Strafgerichtsbarkeit wurde in die Herrschaftskanzlei verlegt und von herrschaftlichen Beamten ausgeübt. Bereits in der Beschwerdeschrift der Waldviertler Bauern von 1596 findet sich die Klage, daß straffällige Personen nicht mehr von „Richter und Rat“ (der nächsten Stadt) nach Anhörung von Anklage und Rechtfertigung abgeurteilt würden, sondern daß „etliche Obrigkeiten“ willkürliche und viel zu hohe Geldstrafen verhängten, ohne die Beklagten auch nur zur Verantwortung kommen zu lassen[109]. Etwa seit der Mitte des 16. Jahrhunderts wurde in Österreich ob und unter der Enns auch die außergerichtliche Streitbeilegung durch unparteiische Schiedsleute verboten, und die Wiederherstellung der verletzten Ehre von Untertanen nach Injurien und Raufhändeln erfolgte ungefähr seit dem zweiten Viertel des 17. Jahrhundert nicht mehr durch die Abbitteleistung, sondern die Ehre wurde nun durch die Obrigkeit *ex officio* wiederhergestellt[110].

Die das lokale Gewohnheitsrecht enthaltenden „Weistümer“ oder „Banntaidinge“ wurden ursprünglich von rechtskundigen Männern (Gemeindemitgliedern, also Untertanen) „gewiesen“ und beschworen[111]. Unter dem Einfluß des römischen Rechts, des fürstlichen Absolutismus sowie von Reformation und Gegenreformation mit ihren auf obrigkeitliche Reglementierung der „Sitten“ und der religiösen Praktiken der Untertanen abzielenden Bemühungen gingen seit der Mitte des 16. Jahrhunderts viele österreichische Grundherren daran, das für die Untertanen geltende Recht zu vereinheitlichen und vor allem die Pflichten der Untertanen – gegenüber Gott und der Herrschaft – in den Weistümern zu betonen. Die Weistümer wandelten sich tendenziell von in Zusammenwirken von Herrschaft und Gemeinde erstellten Aufzeichnungen der Rechte und Pflichten der Bauern und der Strafbestimmungen für verschiedene Delikte zu von den Dorfherren einseitig erlassenen Dorfordnungen, die meist an zentraler Stelle auf Sozialdisziplinierung

---

Assoziationen, Öffentliche Körperschaften im 18. und 19. Jahrhundert, Berlin 1978, 9-27, hier 12-17.

109 FRIESS, G[ottfried] E[dmund]: Der Aufstand der Bauern in Niederösterreich am Schlusse des XVI. Jahrhunderts. Wien 1897, 245f.

110 WINKELBAUER: Parteien (wie Anm. 108).

111 Vgl. die Literaturzusammenstellung bei DEMS.: Grundherrschaft und bäuerliche Gemeinde im Waldviertel. In: Heimatforschung heute. Hg. v. Ulrike KERSCHBAUM und Erich RABL, Krems a.d. Donau-Horn 1988, 59-85, hier 80, 83f.; (Nr. 75, 134-141, 145-147).

(„Verbesserung der Sitten") der Landbevölkerung abzielende Vorschriften und Verbote enthalten[112].

Die Verdrängung der Ratsbürger der Städte und Märkte aus den „Gedingen" der Landgerichte durch Herrschaftsbeamte aus der Umgebung ist ein ungefähr seit der Mitte des 17. Jahrhunderts in Niederösterreich allgemein beobachtbarer Vorgang. Die völlige Ausschaltung der „Untertanen" aus der hohen Gerichtsbarkeit war eine Folge des herrschaftlichen Absolutismus ebenso wie der wachsenden Bedeutung und Kompliziertheit des geschriebenen Rechts. Die Ratsbürger der Stadt Horn beispielsweise protestierten 1678 – vergeblich – gegen diese auch sie, ihr Ansehen und Selbstbewußtsein betreffende Entwicklung[113].

Eine Schlüsselrolle bei der Umsetzung herrschaftlicher Gebote in die Praxis kam den Bürgermeistern, den Stadt-, Markt- und Dorfrichtern, den Geschworenen und anderen ländlichen Honoratioren zu. Die Gemeindefunktionäre, die bäuerlichen und bürgerlichen Richter und Geschworenen, waren durch eine ausgeprägte Janusköpfigkeit gekennzeichnet: Sie waren einerseits Organe der genossenschaftlichen Selbstverwaltung der Gemeinden und eine Art Patriziat, andererseits aber Vertrauensleute, Stellvertreter, ja Ausführungsorgane des Stadt-, Markt-, Vogt-, Dorf- und/oder Grundherrn. Dieser sah in ihnen in erster Linie die unterste Instanz des streng hierarchisch aufgebauten bürokratischen Apparats seiner Herrschaften[114]. Ihre Wahl durch die Gemeinde war abhängig von der Zustimmung des Dorfherrn (bei Bestellung des Dorfrichters) bzw. des Grundherrn (bei Bestellung des für die Untertanen eines anderen Herrn zuständigen Grundholdenrichters). Im Lauf des 16. und 17. Jahrhunderts nahm der Einfluß der Herrschaft auf die Bestellung der Richter und Geschworenen zu; der fürstliche Absolutismus wurde gewissermaßen für das Verhältnis zwischen Grundherren und Untertanen adaptiert. Mißliebige Kandidaten für Gemeindeämter wurden häufiger abgelehnt, die Gewählten genauer überwacht. Im Banntaiding von Hochwolkersdorf aus dem 17. Jahrhundert beispielsweise heißt es, der Richter werde „durch die obrigkeit auf- und abgeseczt, auch mit

112 Ein frühes Beispiel sind etwa die 1533 von Polixena von Puchheim erlassenen bzw. bestätigten Freiheiten und Rechte des Marktes Raabs an der Thaya, bes. Punkt 20-22 (Trinken, Spielen, Gotteslästern, Fluchen, Schwören). Niederösterreichische Weistümer (wie Anm. 35) Teil 2, 230-232.

113 WINKELBAUER: Untertanen (wie Anm. 31) 45-49.

114 „Das letzte Glied der Verwaltung waren die Dorfrichter und Geschworenen, die der Herrschaft und in deren Vertretung dem Herrschaftsbeamten für den Zustand der Dörfer verantwortlich waren." CIRONISOVÁ, Eva: Vývoj správy rožmberských panství ve 13.-17. století. In: Sborník archivních prací 31 (1981) 105-178, hier 129. - FEIGL: Grundherrschaft (wie Anm. 29) 291-319. - JANÁK, Jan/HLEDIKOVÁ, Zdeňka: Dějiny správy v českých zemích do roku 1945. Praha 1989, 265-276. - ČERNÝ: Instrukce (wie Anm. 14) 40-100. - WINKELBAUER: Robot (wie Anm. 24) 81-83. - DERS.: „Haklich und der Korruption unterworfen". Die Verwaltung der liechtensteinischen Herrschaften und Güter im 17. und 18. Jahrhundert. In: „Der ganzen Welt ein Lob und Spiegel". Das Fürstenhaus Liechtenstein in der frühen Neuzeit. Hg. v. Evelin OBERHAMMER, Wien-München 1990, 86-114. - BLODGETT, Linda Longfellow: The „Second Serfdom" in Eastern Europe: A Case Study of Seigneurial Administration on the Rožmberk Estates in Southern Bohemia. Phil. Diss., Indiana University, Indianapolis 1978.

ratification derselben erwöhlet"[115]. Der Dorfrichter übte in Vertretung des Dorfherrn die Polizeigewalt im Dorf aus, in seinem Haus stand für gewöhnlich der „Block" oder „Stock", in den Delinquenten strafweise „gesperrt" werden konnten[116]. Nicht zuletzt waren die Richter aber für die Eintreibung der Forderungen des Grundherrn und der landesfürstlichen Steuern sowie für das „Ansagen" der Robot und für die Übermittlung herrschaftlicher Befehle an die Untertanen zuständig.

Nach der Überwindung des spätmittelalterlichen Bevölkerungsrückgangs stiegen im 16. Jahrhundert die Preise für Agrarprodukte stark an[117]. Infolgedessen erhöhten sich zunächst die Einkünfte der Bauern, jene der Herren, die ihre wirtschaftlichen Eigenbetriebe wegen Unrentabilität großteils aufgegeben hatten, stagnierten oder sanken. Die Intensivierung der Abhängigkeit der Bauern diente den Grundherren der österreichischen und böhmischen Länder nicht zuletzt dazu, die Ertragslage ihrer Herrschaften zu verbessern. Sie gründeten Meier- und Schafhöfe, legten Teiche an, errichteten Getreide-, Papier- und Sägemühlen, Glashütten, Kalk- und Ziegelöfen, Bierbrauereien, Schmieden und Tavernen oder übernahmen bereits bestehende Betriebe in Eigenregie. Als Folge davon weiteten die Herrschaften gegen den Widerstand der Bauern die Robotpflicht aus (in Niederösterreich von durchschnittlich 12 Tagen im Jahr auf etwa ein bis zwei Tage pro Woche) und führten den Waisendienst (Zwangsarbeit der Waisenkinder für die als Obervormund fungierende Grundherrschaft), den Zwangsgesindedienst der Untertanenkinder, ein Vormietrecht für Arbeitskräfte (Dienstboten und Taglöhner) sowie verschiedene herrschaftliche Produktions-, An- und Verkaufsmonopole ein (Anfeilzwang, Mühlenbann, Tavernenbann, Bannschankrecht), durch die die Grundherren unter Ausschaltung des Marktes auf Kosten ihrer Untertanen Monopolgewinne realisieren konnten.[118] Eine weitere bedeutende neue Einnahmequelle der Grundherren war das Frei- oder Pfundgeld (die Abgabe von zehn oder mehr Prozent des Schätzwertes bei jedem Besitzwechsel eines untertänigen Anwesens an die Herrschaft), das in Oberösterreich nach Auskunft der bäuerlichen Beschwerdeschriften des Jahres 1597 bei den meisten Herrschaften zwischen 1550 und 1590 eingeführt wurde[119]. Zu den wachsenden Anforderungen der Grundherren an die Untertanen kamen die Belastungen durch die Türkenkriege (Steuern, Proviantlieferungen, Aushebungen für das Landesaufgebot), die Mitte der neunziger

---

115 Niederösterreichische Weistümer (wie Anm. 35) Teil 1, 69, Zeile 28f.

116 Vgl. ebd., 73, Punkt 8 (Zusatz zum Banntaiding von Hochwolkersdorf aus dem Jahr 1665). - WINKELBAUER: Robot (wie Anm. 24), 75-84, bes. 78.

117 SANDGRUBER, Roman: Zur Wirtschaftsentwicklung Niederösterreichs im 16. und 17. Jahrhundert. In: Unsere Heimat 45 (1974) 210-221.

118 Dazu KNITTLER, Herbert: Adelige Grundherrschaft (wie Anm. 19). - DERS.: Nutzen, Renten, Erträge (wie Anm. 19) 117-145. - DERS.: Dominium und Brauhaus - herrschaftliche Bierbrauerei als vorindustrielles Gewerbe. In: Versuche und Ansätze zur Industrialisierung des Waldviertels. Hg. v. Helmuth FEIGL und Willibald ROSNER, Wien 1990, 331-353. - DERS.: Zwischen Ost und West (wie Anm. 19).

119 GRÜLL, Georg: Der Bauer im Lande ob der Enns am Ausgang des 16. Jahrhunderts. Abgaben und Leistungen im Lichte der Beschwerden und Verträge von 1597-1598. Linz 1969, 131-168.

Jahre des 16. Jahrhunderts unerträglich und zu einem wichtigen auslösenden Faktor des Bauernkriegs wurden[120].

Die Anfänge der Kommerzialisierung der Grundherrschaften des Adels der böhmischen und österreichischen Länder und der Sozialdisziplinierung seiner Untertanen datieren in die zweite Hälfte des 16. Jahrhunderts. Soweit ich sehe, gibt es in diesen Bereichen keinerlei Unterschiede zwischen katholischen und evangelischen Grundherren, jedenfalls keine, die mit deren Konfession in einem kausalen Zusammenhang standen. Die *zwangsweise* Konfessionalisierung der Untertanen hingegen ist ein Phänomen, das auf die Herrschaften und Güter katholischer Adeliger und geistlicher Grundherren beschränkt war. Die Gegenreformation war freilich mit der Tatsache konfrontiert, daß sich die Untertanen protestantischer Grundherren etwa seit der Mitte des 16. Jahrhunderts mehr oder minder geschlossen zu der Konfession ihres Herrn bekannten.

III. Zur Frage der Effektivität der „Sozialdisziplinierung"

Die Frage nach der Effektivität der „sozialdisziplinierenden" Maßnahmen auf dem Lande im 16. und 17. Jahrhundert und nach dem Grad der Internalisierung der geistigen Grundlagen dieser Maßnahmen bei deren Adressaten wird derzeit kontrovers diskutiert. Eine Untersuchung auf der Basis von niederbayerischen Archivalien des 16. bis 18. Jahrhunderts hat ergeben, daß die „Disziplinierungsinitiativen" (Einführung von Kontroll- und Sanktionsmaßnahmen zur Verhinderung bzw. Bestrafung von Gotteslästerungen, Verstößen gegen die Fastengebote und die Sonn- und Feiertagsruhe sowie zur Ahndung von „Leichtfertigkeiten", d.h. Verstößen gegen die herrschende bzw. von den Herrschenden geforderte Sexualmoral) häufig nur temporär durchgeführt wurden und dann wieder abgeklungen sind. „Das eigentliche Ziel der polizeilichen Maßnahmen, die nachhaltige Verhaltensänderung der Untertanen in Richtung des gewünschten Idealgebildes, hatte unter den gegebenen Umständen wohl überhaupt keine Chance auf Verwirklichung. [...] Die repressiven Maßnahmen führten keineswegs zur Internalisierung von neuen Normen, sondern eher zur Entwicklung von Abwehrstrategien."[121] Winfried Helm, der sich eingehend mit der schwierigen Frage nach der Rezeption und der geglückten bzw. verweigerten Internalisierung der Normen der weltlichen und geistlichen Obrigkeiten befaßt hat[122], äußerte sich sehr skeptisch über das Konzept der „Sozialdisziplinierung" und

---

120 FEIGL, Helmuth: Die Ursachen der niederösterreichischen Bauernkriege des 16. Jahrhunderts und die Ziele der Aufständischen. In: Die Bauernkriege und Michael Gaismair. Hg. v. Fridolin DÖRRER, Innsbruck 1982, 197-209. - DERS.: Der niederösterreichische Bauernaufstand 1596/97. Wien 1972. - REINGRABNER, Gustav: Religiöse Aspekte des niederösterreichischen Bauernaufstandes 1596/97. In: Sozialrevolution und Reformation. Hg. v. Peter F. BARTON, Wien-Köln-Graz 1975, 73-84.

121 HELM, Winfried: Obrigkeit und Volk. Herrschaft im frühneuzeitlichen Alltag Niederbayerns, untersucht anhand archivalischer Quellen. Passau 1993, 277.

122 Ebd., bes. 194-230, 276-287.

seine Anwendbarkeit auf die frühneuzeitlichen Sozial- und Herrschaftsverhältnisse auf dem flachen Land: „Der größte Widerstand [...] sitzt im Kopf des einzelnen Untertanen, eine effektivere Modellierung seiner Mentalität gehört einer späteren Zeit mit anderen Rahmenbedingungen und Methoden des Zugriffs auf sein Denken an. „Sozialdisziplinierung" beschreibt die beobachteten allgemeinen Verhältnisse in der alten Gesellschaft unzutreffend. Die Situation in Zuchthäusern, in Manufakturen, beim Militär oder in anderen Institutionen mit massiven und kontinuierlichen Zugriffsmöglichkeiten auf den einzelnen ließe den Begriff dagegen bereits für die frühe Neuzeit durchaus sinnvoll anwendbar machen."[123]

Die städtischen und zünftischen Obrigkeiten konnten ihre Forderungen mit Hilfe rigider Überwachung der Zunft- und Trinkstuben, der Wirtshäuser und der öffentlichen Plätze eher durchsetzen als die Landesfürsten oder gar das Reich, denen dafür gar kein administrativer und gerichtlicher Apparat zur Verfügung gestanden hätte. Bessere Möglichkeiten als die Landesfürsten hatten die Grundherren, die allerdings auf die Kooperation der städtischen Bürgermeister, Richter und Räte, der Organe der Zünfte sowie der Dorfrichter und Geschworenen – kurz: der lokalen Notabeln, der lokalen Eliten – angewiesen blieben.

Der „Pessimismus" Winfried Helms, was nachhaltige Verhaltensänderungen und die Internalisierung der (nur zum Teil) neuen Normen durch die Untertanen betrifft, unterschätzt wohl die Wirksamkeit der Strafandrohungen und der neu installierten, mit Belohnungsversprechen verbundenen Überwachungs- und Denunziationssysteme[124]. Matthias Weber relativierte mit Blick auf die schlesischen Polizeiordnungen die Frage nach der Wirkung und Durchsetzung von Polizeiordnungen als solchen und betonte: „Gerade die offenkundig von vornherein kaum kontrollierbaren Bestimmungen, etwa im Bereich der Verhaltensdisziplinierung, lassen auf die allgemeine Akzeptanz des Systems und Programms der Polizeiordnungen schließen."[125] Auf der anderen Seite ist aber auch Weber bewußt, daß es den Grundherren und ihren Beamten kaum möglich war, eventuell vorhandenen Widerstand der Untertanen, der sich im Ignorieren und Nichtbefolgen ein-

---

123 Ebd., 279f. - DERS.: Konflikt in der ländlichen Gesellschaft. Eine Auswertung frühneuzeitlicher Gerichtsprotokolle. Passau 1993.

124 Vgl. WEBER: Disziplinierungsbestrebungen (wie Anm. 6) 356f., 361, 370-375.

125 Ebd., 371. - Zumindest aus einigen der von schlesischen Grundherren erlassenen Dreidingsordnungen geht hervor, „daß der Wille zur Normensetzung, die Tendenz der Schaffung von Rechtssicherheit durch Kodifikation nicht allein von der Obrigkeit ausging, sondern im Prinzip von den Untertanen [bzw. von den Sprechern der Dorfgemeinden; Th. W.] mitgetragen wurde. Entscheidend war aber, daß die Grundherren die Inhalte der Ordnungen gezielt zu ihrem Vorteil bestimmten, daß es ihnen gelang, die Tendenz des Zeitalters zugunsten ihrer Interessen zu instrumentalisieren." DERS.: Polizei- und Landesordnungen (wie Anm. 6) 125. - DERS.: Bereitwillig gelebte Sozialdisziplinierung? Das funktionale System der Polizeiordnungen im 16. und 17. Jahrhundert. In: Zeitschrift der Savigny-Stiftung für Rechtsgeschichte. Germanistische Abteilung 115 (1998) 420-440.

zelner Bestimmungen der Polizei- und der Dreidingsordnungen äußerte, nachhaltig zu überwinden[126].

IV. Resümee

Weber hat am Beispiel der von ihm bearbeiteten rund 100 Dreidingsordnungen schlesischer Grundherren demonstriert, welche Interessen hinter den obrigkeitlichen Disziplinierungsbestrebungen standen. Ein Schwerpunkt der von den Grund- und Erbherren für die Gemeinden erlassenen Ordnungen war die „Gewinnung der Kontrolle über die Arbeitskraft der Bauern und deren unmündige Kinder durch Beschränkung der Freizügigkeit und Ökonomisierung der grundherrschaftlichen Verwaltung". Weber konstatierte „das durchgehende adelige Bemühen um Durchsetzung ökonomischer Interessen". Die Erfüllung der von den Grundherren geforderten Robot- und Abgabepflichten sei nur dann zu erreichen gewesen, „wenn sich die Untertanen auch bei ihrer sonstigen Lebensgestaltung an Regeln hielten. Deshalb bilden Verbote jeder Art von Ausschweifungen, Sittlichkeitsgebote und Kleiderbestimmungen weitere Konstanten". Voraussetzungen für die Akzeptanz der obrigkeitlichen Ordnungen bildeten nach Webers Ansicht „die Gottesfurcht und im Zusammenhang damit der Kirchengehorsam der Untertanen, der in Dreidingsordnungen katholischer wie evangelischer Grundherren eine Hauptrolle spielte: Die religiöse Disziplinierung drückte sich in den Sonn- und Feiertagsgeboten, im Gebot des Sakramentenempfangs, in den Verboten des Fluchens und Schwörens aus."[127]

Zu ähnlichen Schlüssen bin ich selbst in meinem eingangs erwähnten Aufsatz bezüglich der Entwicklung in Böhmen, Mähren, Ober- und Niederösterreich gekommen: „Die Bemühungen der Grundherren um Sozialdisziplinierung und Konfessionalisierung ihrer Untertanen in den Jahrzehnten um 1600 waren eng verflochten mit Bestrebungen nach Kommerzialisierung der Herrschaften. Die damit etwa gleichzeitigen und wohl auch kausal verbundenen Veränderungen im Gerichtswesen [...] und die Einengung der Autonomiebereiche der genossenschaftlichen Organe der Bauern und Bürger (Gemeinden, Zünfte) verschafften den Grundherren eine geradezu absolutistische Machtfülle gegenüber ihren Untertanen, die es ihnen ermöglichte, Rechtsgebote (z.B. Polizeiordnungen!) ohne Zustimmung der Betroffenen zu erlassen und neue Quellen zur Erhöhung ihrer Einkünfte zu erschließen. Angesichts der günstigen Agrarkonjunktur in der zweiten

---

126 DERS.: Disziplinierung und Widerstand. Obrigkeit und Bauern in Schlesien 1500-1700. In: Gutsherrschaft als soziales Modell. Vergleichende Betrachtungen zur Funktionsweise frühneuzeitlicher Agrargesellschaften. Hg. v. Jan PETERS, München 1995, 419-438, hier 429-438. - An anderer Stelle äußerte sich Weber deutlich optimistischer, was die Durchsetzungsmöglichkeiten und die Wirksamkeit grundherrlicher Strafsanktionen betrifft: DERS.: Polizei- und Landesordnungen (wie Anm. 6) 197-214.

127 DERS.: Disziplinierungsbestrebungen (wie Anm. 6) 348f. - DERS.: Polizei- und Landesordnungen (wie Anm. 6) 116-119, 122-125.

Hälfte des 16. Jahrhunderts entbrannte zwischen Untertanen und Grundherren ein Kampf um die Vermarktung der agrarischen Produkte, den letztere unter Einsatz außerökonomischer Gewalt im wesentlichen für sich entschieden."[128]

Die Folge war, kurz und ohne die nötigen Differenzierungen gesagt, die Entstehung der „Gutsherrschaft" in Böhmen und Mähren und der „Wirtschaftsherrschaft" in Teilen von Ober- und Niederösterreich. Die Herausbildung eines „grundherrlichen Absolutismus" war eng mit der Kommerzialisierung der Dominien verbunden. „Dieser Grundzug in der Entwicklung des grundherrlich-untertänigen Verhältnisses in der Habsburgermonarchie im 16. und 17. Jahrhundert äußerte sich jedoch nicht nur in einem Konzentrationsprozeß des herrschaftlichen, insbesondere adeligen Grundbesitzes und der herrschaftlichen Rechte sowie einer Verschärfung des feudalen Drucks, sondern auch in den nicht zuletzt von Grundherren betriebenen Bemühungen um Sozialdisziplinierung (‚Verbesserung der Sitten') und Konfessionalisierung der Untertanen."[129]

Um Mißverständnissen vorzubeugen, sei abschließend betont, daß ich keineswegs der Ansicht bin, Kaiser, Hof und Grundherren hätten die Gegenreformation und Versuche der Sozialdisziplinierung aus bloßer Staatsräson bzw. aus ökonomischem Eigeninteresse inszeniert und instrumentalisiert. Zumindest ein bedeutender Teil der dafür Verantwortlichen war tatsächlich davon überzeugt, es gehöre zu den Pflichten eines Landesfürsten bzw. eines Grundherrn, seinen Untertanen die Möglichkeit, das ewige Heil zu erlangen, dadurch zu verschaffen, daß man sie in den Schoß der alleinseligmachenden Kirche führte. Viele Adelige, Bürger und Bauern konvertierten vor und nach 1620 aus Opportunismus oder Gleichgültigkeit, andere beugten sich dem gegenreformatorischen Druck nicht, sondern emigrierten[130], wieder andere traten nach mehr oder weniger langen Gewissenskämpfen aus subjektiv empfundener innerer Überzeugung zur katholischen Kirche über. Daß es zu den Pflichten der Obrigkeiten gehöre, durch die Verhinderung und Bestrafung öffentlicher Sünden die gottgewollte Ordnung unter den Menschen (wieder)herzustellen und den Zorn Gottes zu besänftigen, gehörte ohnehin zu den festen Überzeugungen *jeder* christlichen Obrigkeit im „konfessionellen Zeitalter".

Angesichts der insbesondere für das 17. Jahrhundert typischen gewaltsamen Religionsreformationen kann nicht nur der gläubige Christ, sondern auch der Atheist oder Agnostiker kaum umhin, in den Zweifel einzustimmen, den der schlesische Epigrammatiker Friedrich von Logau (1605-1655), ein Lutheraner, so formuliert hat: „Luthrisch, Päbstisch und Calvinisch, diese Glauben alle drey / Sind vorhanden; doch ist Zweiffel, wo

---

128 WINKELBAUER: Sozialdisziplinierung (wie Anm. 1), bes. 335-339 (Zitat 335f.).

129 Ebd., 338f.

130 SCHNABEL, Werner Wilhelm: Österreichische Exulanten in oberdeutschen Reichsstädten. Zur Emigration von Führungsschichten im 17. Jahrhundert. München 1992. - KRAUSS, Eberhard: Exulanten aus dem westlichen Waldviertel in Franken (ca. 1627-1670). Eine familien- und kirchengeschichtliche Untersuchung. Nürnberg 1997. - REINGRABNER, Gustav: Was haben die Reformation und die katholische Konfessionalisierung im Waldviertel bewirkt? In: Das Waldviertel 47 (1998) 241-249.

das Christenthum dann sey."[131] Man begreift, daß die vielberufene „Krise des 17. Jahrhunderts", eines Jahrhunderts der Kriege und der Ängste (vor Kometen, Mond- und Sonnenfinsternissen, dem Teufel, Hexen und Zauberern, der ewigen Verdammnis usw.), des Wunderglaubens, des eschatologischen Denkens und chiliastischer Erwartungen, nicht zuletzt auch eine geistige und religiöse Krise war, die Dogmatismus und Fundamentalismus nur scheinbar zu lösen vermochten, bevor seit etwa 1700 – nicht zuletzt unter dem Einfluß des Merkantilismus – allmählich Aufklärung und religiöse Toleranz immer weitere Kreise der herrschenden Schichten des Adels, des Wirtschaftsbürgertums und der Bürokratie, ja sogar das habsburgische Kaiserhaus erfaßten. Bis ins 18. Jahrhundert hinein dominierte im Heiligen Römischen Reich ein auf den Prinzipien der konfessionellen Uniformität und der Staatsräson beruhender „integraler Konfessionalismus"[132]. Das bekannteste Beispiel bietet der Salzburger Erzbischof Leopold Anton von Firmian, der noch 1732 etwa 20 000 Lutheraner des Landes verwies[133]. Dieser integrale Konfessionalismus wäre – jedenfalls in den böhmischen und österreichischen Ländern – ohne die aktive Mitwirkung der drei „politischen Stände", vor allem der katholischen Herren, aber auch der katholischen Ritter und der Prälaten, von vornherein zum Scheitern verurteilt gewesen.

---

131 LOGAU, Friedrich von: Sämmtliche Gedichte. Hg. v. Gustav EITNER, Tübingen 1872, 246, Nr. 100.

132 LEHMANN, Hartmut: Das Zeitalter des Absolutismus. Gottesgnadentum und Kriegsnot. Stuttgart-Berlin-Köln-Mainz 1980. - DERS.: Zur Bedeutung von Religion und Religiosität im Barockzeitalter. In: Religion und Religiosität im Zeitalter des Barock. Bd. 1-2. Hg. v. Dieter BREUER, Wiesbaden 1995, hier Bd. 1, 3-22.

133 WALKER, Mack: Der Salzburger Handel. Vertreibung und Errettung der Salzburger Protestanten im 18. Jahrhundert. Göttingen 1997.

Dorfgemeinde und Glaubenswechsel in Ungarn im späten 16. und 17. Jahrhundert

István Fazekas

Aufgrund der schlechten Quellenlage – die Schriftlichkeit war in Ungarn noch nicht so weit entwickelt wie beispielsweise im Reich – erweist sich der Konfessionswechsel in den ungarischen Dorfgemeinden im späten 16. und 17. Jahrhundert als schwer faßbares Thema. Einige Informationen kann man jedoch den Visitationen, Vernehmungsprotokollen, Briefen und Litterae annuae der Jesuiten sowie den Gravamina der Landtage entnehmen. Da diese Quellen zum überwiegenden Teil sehr subjektiv gefärbt sind, müssen sie allerdings besonders kritisch analysiert werden. Erst ab Mitte des 17. Jahrhunderts bessert sich die Quellenlage; aus diesem Grund liegt der Schwerpunkt dieser Untersuchung auch auf der Zeit nach 1650.

Luthers Ansichten waren in Ungarn – hauptsächlich in den deutschsprachigen Städten – zwar bereits um 1520 bekannt, eine größere Bedeutung erlangte seine Lehre jedoch erst in den vierziger Jahren des 16. Jahrhunderts[1]; denn nach der Schlacht bei Mohács 1526 waren die beiden gegeneinander kämpfenden Parteien, auf der einen Seite die Gefolgsleute János Szápolyais, auf der anderen Seite die Gruppe um Ferdinand I., nicht in der Lage gewesen, die Ausbreitung der Reformation zu verhindern. Zum Teil hatten sie es auch gar nicht gewollt, denn der Zerfall des mittelalterlichen ungarischen Königreichs hatte eine tiefe mentale Krise ausgelöst, die in den Augen eines großen Teils der Bevölkerung mit dem alten Glauben nicht mehr überwunden werden konnte. Für die Ausbreitung der Reformation waren somit sowohl innen- als auch außenpolitische Umstände verantwortlich. Besonders erfolgreich verlief die Reformation einerseits in den großen Gutsherrschaften der Magnaten, andererseits vor allem in den von den Türken eroberten Gebieten und in den Marktflecken, wo sich die Bevölkerung, die oftmals von der Viehzucht lebte, meist entweder für das Luthertum oder für den Calvinismus entschied. Anzutreffen sind außerdem Antitrinitarier und Sozinianer – der Antitrinitarismus trat 1560 in Siebenbürgen ausgeprochen radikal in Erscheinung. Er verbreitete sich nicht nur hier, sondern auch in einigen Gemeinden der Ungarischen Tiefebene sowie in der Umgebung von Fünfkirchen. Die Reformation war in Ungarn vor allem auch deswegen so erfolgreich, weil sie von den Grundherren forciert wurde[2].

Die Ausbildung der Konfessionskirchen und damit der Beginn der Konfessionalisierung erfolgte in Ungarn im Vergleich zum Reich erst relativ spät, nämlich um 1560, und erst 1600 wurden von den Lutheranern und Calvinisten in Westungarn selbständige Kirchenkreise eingerichtet. In Oberungarn entstand erst nach dem Wiener Frieden (1606)

1 Zur Geschichte des ungarischen Protestantismus, bes. zum Calvinismus BUCSAY, Mihály: Der Protestantismus in Ungarn 1521-1978. Bd. 1-2, Wien-Köln 1977.

2 SZAKÁLY, Ferenc: Mezővάros és reformáció. Budapest 1995, 29-32.

ein selbständiger lutherischer Kirchenkreis (1614). Ein wichtiger Bezugspunkt war in Ungarn stets das Konkordienbuch. Als sehr problematisch erwies sich bald die Lage der katholischen Kirche, die ohne Führung blieb und deren Besitz zum Teil säkularisiert wurde. Nachteilig wirkte sich außerdem das Scheitern eines von Miklós Oláh (1558-1564) eingeleiteten Reformversuchs aus, obwohl in dessen Rahmen bereits alle Mittel der Rekatholisierung – Diözesankonzil, Visitation, Seminare für die Priesterausbildung – angewendet worden waren. Trotzdem blieben einige katholische Gemeinden erhalten. Diese waren zwar isoliert, dürfen aber in ihrer Bedeutung nicht unterschätzt werden[3], wie die teilweise sehr kritischen Berichte der Missionare veranschaulichen[4]. Fallweise blieben auch Adelsfamilien beim alten Glauben, manchmal sogar in Hochburgen des Calvinismus, wie etwa in der Gegend jenseits der Theiß (die Familien Melith, Szokoly, Telegdy)[5].

Zusammenfassend kann festgehalten werden, daß Ende des 16. Jahrhunderts ein Großteil des Landes protestantisch war. Vor allem die deutsche Bevölkerung in den Städten und viele Slowaken in Oberungarn waren überzeugte Anhänger Luthers, die Ungarn wiederum bekannten sich häufig zum Calvinismus. Für eine weitere Komplikation der Situation sorgte die Dreiteilung des Landes, die nicht nur in politischer, sondern auch in konfessioneller Hinsicht Folgen nach sich zog. Diese können hier allerdings nur erwähnt werden; es ist in diesem Zusammenhang vor allem zu betonen, daß sich die Osmanen – im Gegensatz zu Darstellungen in der älteren Fachliteratur – in der Religionsfrage weitgehend neutral verhielten.

In der ungarischen Gesetzgebung des 16. Jahrhunderts befinden sich, das Verbot von Religionen betreffend, nur einige für den Protestantismus gültige Artikel. Diese waren zum Teil noch vor der Schlacht bei Mohács zustande gekommen (Art. 54 aus dem Jahr 1523 und Art. 4 aus dem Jahr 1525). Diese Situation änderte sich erst an der Wende vom 16. zum 17. Jahrhundert als Folge der ersten großen Auseinandersetzungen zwischen den ungarischen Ständen und der habsburgischen Zentralmacht in Wien, denn der Wiener Frieden von 1606 und die Religionsgesetze von 1608 ermöglichten den Lutheranern und Calvinisten die freie Religionsausübung: der Wiener Friede vorerst nur für den Adel, die königlichen Städte, die privilegierten Marktflecken und die Soldaten in den Grenzfestungen; der sogenannte Art. 1 von 1608 – „ante coronationem" – aufgrund des Patronatsrechtes, das in Ungarn grundlegend und maßgebend war, mit Einsetzung des Wortes „villis" auch für die Bauern[6]. Basierend auf der Interpretation von Katalin Péter

3 BUCKO, Vojtech: Reformné hnutie v arcibiskupstve ostrihomskom do r. 1564. Bratislava 1939, 123-284.

4 Relationes missionariorum de Hungaria et Transylvania (1627-1707). Hg. v. István György TÓTH, Budapest-Rom 1994, 118.

5 Wichtige Korrespondenzen der Familienmitglieder befinden sich im Ungarischen Staatsarchiv (im folgenden MOL) Budapest, Familienarchiv Zichy, P 707, Fasc. 281 B.

6 „Quantum itaque ad primum constitutionis Viennensis articulum attinet, deliberatum est per SS et OO incliti regni Hungariae ut religionis exercitium tam baronibus, magnatibus, et nobilibus, quam et iam liberis civitatibus et orndinibus regni in suis av fisci bonis, item in confiniis quoque regni Hungariae militibus Hungaris, sua cuiusque religio et confessio, necnon oppidis

bedeutete das nichts anderes, als daß auch die Untertanen eines protestantischen Herrn das Recht besaßen, sich zum Protestantismus zu bekennen[7]. Die Formulierung war bewußt so gehalten worden, daß die Zentralgewalt – die katholischen habsburgischen Könige – ausgeschlossen blieben. Zehn Jahre später, im Jahre 1618, als der Katholizismus seinen Erfolgszug begann, erlangte dieser Punkt große Bedeutung, denn auf ihn stützten sich die protestantischen Stände, um die Rechte der rekatholisierten Grundherren – bezüglich der Dorfkirche und der Einsetzung der Pfarrer – zu schmälern. Sie versuchten durchzusetzen, daß die protestantischen Gemeinden weiterhin ihre Religion ausüben durften und im Besitz der Kirchen blieben.

Dieses Problem, ergänzt durch die gesetzlich nicht geregelte Benutzung der Kirchen, Glocken und Friedhöfe, war der Hauptgegenstand der Landtage der folgenden Jahrzehnte (1618-1646/47)[8]. Die katholische Partei nahm aufgrund des Patronatsrechts die Pfarrkirchen der Bauern in Besitz und setzte katholische Geistliche ein[9]. Ihre Repräsentanten beriefen sich dabei auf den Grundsatz: „Wer das Grundstück besitzt, der besitzt die Kirche" [Akié a Fundus, azé a Capella], was allerdings vom kanonischen Recht her nicht vollkommen korrekt war. Im Gegensatz dazu baten die Protestanten, indem sie auf den Artikel 1 von 1608 – „ante coronationem" – hinwiesen, um die freie Religionsausübung für die Gemeinden. Im Prinzip bemühten sich beide Seiten um das Patronatsrecht, ohne jedoch Toleranz gegenüber Minderheiten anderer Konfessionen erkennen zu lassen.

Dies kann beispielhaft am Fall von Szuha aufgezeigt werden, der in der „Ungarischen Geschichte" von Hóman-Szekfű angeführt wird[10]. Die Bewohner Szuhas, eines protestantischen Dorfes im Komitat Kis-Hont, entschlossen sich nämlich in den Jahren um 1620 nach ausgiebigen Beratungen, katholisch zu werden, da sie keinen Pfarrer hatten. Nachdem sie aber an einer katholischen Messe teilgenommen hatten, zeigte ein Teil der Bevölkerung keine Lust zum Konvertieren, während die Mehrheit an ihrem Entschluß festhielt. Sie riefen daher einen Franziskaner aus dem Kloster Fülek, damit er an Sonn- und Feiertagen den Bauern die Messe lese. Als dieser kam, betrat jedoch Ferenc Jákóffy, ein evangelischer Kleinadeliger, die Bühne und vertrieb den Mönch unter Berufung auf das Patronatsrecht. Jákóffy fand Unterstützung bei György Rákóczy, der ebenfalls in den Dörfern Liegenschaften besaß. Die Pfarrgemeinde pilgerte zwar zu

---

et villis, eam sponte ac libere acceptare volentibus, ubique liberum relinquatur, nec quisquam omnium in libero eiusdem usu ac exercitio a quodam impediatur" (KATONA, Stephanus: Historia critica regum Hungariae stirpis Austriacae. Bd. 1-42. Pestini-Vacii 1779-1817, hier Bd. 29, 74f.).

7 PÉTER, Katalin: Az 1608.évi vallásügyi törvény és a jobbágyok vallásszabadsága. In: DIES.: Papok és nemesek. Magyar művelődéstörténeti tanulmányok a reformációval kezdődő másfél évszázadból. Budapest 1995, 146-151.

8 SZABÓ, István: A jobbágy vallásügye. In: Tanulmányok a magyar parasztság történetéből. Hg. v. István SZABÓ, Budapest 1948, 203-264, hier 231-256.

9 Die Beschwerdeschriften beider Parteien werden kurz geschildert von ZSILINSZKY, Mihály: A magyar országgyűlések vallásügyi tárgyalásai a reformációtól kezdve. Bd. 1-4, Budapest 1880-1897, hier Bd. 3, 32-35, 146-157.

10 SZEKFŰ, Gyula/HÓMAN, Bálint: Magyar történet. Bd. 1-5, Budapest ^{2}1932-1933, hier Bd. 4, 107f.

ihm, um eine Erlaubnis für den Glaubenswechsel zu erhalten, blieb aber erfolglos. Ohne Erfolg blieben auch die Intervention des Palatins, Miklós Esterházy, und die sich anschließende Untersuchung. Das Patronatsrecht wirkte somit stärker als der Entschluß der Bauern, obwohl seine Anwendung problematisch war[11]. Die Streitfrage wurde anscheinend erst mit dem Linzer Frieden von 1645 endgültig beigelegt, denn seine Artikel beendeten die Priorität des Patronatsrechts und legten die freie Religionsausübung der Dörfer mit Benützung der Kirchen, Glocken und Friedhöfe fest[12]. Von allgemeiner Religionsfreiheit kann in diesem Zusammenhang allerdings noch nicht gesprochen werden, denn selbstverständlich galten die Bestimmungen nur für die katholische, evangelische und die calvinistische Konfession.

Der den Frieden inartikulierende Landtag von 1646/47 schrieb zwar die Sicherung von Grundstücken für religiöse Minderheiten vor, um ihnen den Bau von Kirchen zu ermöglichen (Art. 10 aus dem Jahr 1646/47); in der Realität versuchten jedoch alle Parteien, die Gesetzesartikel ausschließlich zum eigenen Vorteil auszulegen. Die Katholiken beispielsweise waren weiterhin bestrebt, mittels des Patronatsrechts ihre Dörfer zu bekehren. Falls es irgendeine Möglichkeit gab, verhinderten sie den Bau protestantischer Kirchen. Die Protestanten wiederum, die auf der einen Seite die Religionsfreiheit für ihre Glaubensgenossen forderten, unterdrückten auf der anderen Seite selbst gnadenlos die Minderheiten in den eigenen Einflußzonen – ein Sachverhalt, der übrigens auch bei den Katholiken beobachtet werden kann. In der Summe bewirkten die nicht konsequent angewendeten Gesetze somit eine Verschärfung der konfessionellen Gegensätze.

Die Expansion des Katholizismus begann in Ungarn ungefähr um 1630 und dauerte in einer ersten Phase bis 1670. Die Voraussetzungen dafür schufen zum einen die interne Erneuerung der Kirche, die beispielsweise in der Stärkung des Jesuiten- und Franziskanerordens oder in der intensivierten Ausbildung der Priester Ausdruck fand, zum anderen die Bekehrung eines Großteils des Hochadels im Zeitraum zwischen 1609/10 und 1660. Der Zeitraum zwischen 1630 und 1670 kann von diesem Gesichtspunkt aus daher auch

---

11 SZILÁGYI, Sándor: A Rákócziak levéltárából. In: Történelmi Tár (1895) 104-144, 307-328, hier 130f., 325f. Ein ausführliches Vernehmungsprotokoll in dieser Sache befindet sich im MOL Budapest, P 108, Familienarchiv Esterházy, Rep. 81, Fasc. A, Nr. 4 et NB, fol. 29-67. – Das Dorf bat nach 20 Jahren wieder um einen katholischen Priester; vgl. dazu: Ádám Wesselényi, Kapitän von Fülek, an György Lippay, Erzbischof von Esztergom. Fülek 1655 März 2. Esztergomi Prímási levéltár, Archivum saeculare X, Nr. 196, Missiles.

12 „Primo [...] omnes Status et Ordines regni, ipsaeque liberae civitates, nec non oppida privilegiata, et milites Hungarici in confiniis regni, liberum habeant ubique suae religionis exercitium, cum libero templorum campanarum et sepulturae usu, nec quisquam in libero suae religionis exercitio, a quoquam, quovis modo, auot quoquis sub praetextu turbetur et impediatur. Secundo, de non impediendis seu turbandis rusticis, in sua confessionis, declaratum et conclusum est, ut illi quoque propter bonum pacis et tranquillitatem regni, sive sint confiniarii, sive oppidiniani, sive villani, in quorumcunque dominorum terrestrium et fisci bonis juxta vigorem praescripti articuli et conditionis, in libero suae religionis exercitio, ac usu, modoque, ut supra simili a Sua Majestate Regia, vel ejusdem ministris, aut dominis suis terrestribus, quovis modo, aut quovis sub praetextu non turbentur aut impediantur." (KATONA: Historia critica [wie Anm. 6] Bd. 32, 457f.).

als „Rekatholisierung der Grundherren" bezeichnet werden, denn die königliche Macht mischte sich in diesen Bereich erst nach dem Jahr 1670 ein.

Durch die sogenannte Magnatenverschwörung (1670/71) zerfiel jedoch das labile Gleichgewicht zwischen der habsburgischen Zentralgewalt und den Ständen. In den folgenden Jahren versuchten die Habsburger, ihren Einfluß zu erweitern, die ständische Verfassung aufzulösen und ein konfessionell einheitliches, katholisches Land zu schaffen. Die Grundherren wiederum trachteten in jener Zeit ebenfalls auf mehreren Gebieten danach, ihren Einfluß auf die Untertanen zu verstärken. Bestimmungen im Bereich der Religion zählten dabei zu den Schritten, die die Herrschaft stabilisieren und das Land vereinheitlichen sollten. Eine andere Möglichkeit war die Einverleibung kleinerer adeliger Güter. Als bestes Mittel zur Bekehrung der Bauern erwies sich – wie bereits oben angedeutet – das Patronatsrecht. Der adelige bzw. grundherrliche Anspruch auf die Ausübung dieses Rechtes konnte jedoch zu Konflikten mit den Dorfbewohnern führen, weil ein Teil der Dörfer im Spätmittelalter das Recht auf die freie Priesterwahl erkämpft hatte[13]. Diese Selbständigkeit der Dörfer zeigt sich in dem bereits erwähnten Fall von Szuha, wo die Bauern nach dem Sonntagsgebet über Möglichkeiten zur Behebung des Priestermangels und einen Wechsel der Konfession beratschlagten.

Die Grundherren gebrauchten jedoch nicht immer Gewalt, um ihre Pläne zu verwirklichen. Gräfin Katalin Pálffy etwa, Witwe des Palatins Zsigmond Forgách, bat die Bewohner von Szentpèter, dem katholischen Priester dreimal zuzuhören und sich danach zu entscheiden – so ihre Strategie[14]. Diese „friedlich bekehrende Gegenreformation"[15] entwickelte in zunehmendem Maße Wirksamkeit. Trotz aller Schwierigkeiten konnte dabei ein geschickter Pfarrer sehr erfolgreich agieren. Mihály Ujváry etwa, Pfarrer von Kiliti (Erzbistum Gran), gelang es, in sechs Jahren 160 Protestanten zum Katholizismus zu bekehren, obwohl seine Pfarre anfänglich nicht auf seiner Seite stand[16].

Den Pfarrern waren oftmals die Mitglieder verschiedener Orden behilflich, die aus ihren in den Städten gelegenen Klöstern zu Missionsreisen aufgebrochen waren. Sie besaßen meist eine bessere Ausbildung als ihre weltlichen Kollegen und konnten daher in verbalen Auseinandersetzungen erfolgreicher agieren. In Ungarn waren drei Orden besonders wichtig: die Franziskaner, die Jesuiten und die Pauliner (Ordo Sancti Pauli primi Eremitae). Außerhalb der Städte leistete der Franziskanerorden, von dem in Ungarn zwei Zweige – die Minoriten und die Observanten – anzutreffen sind, die größte Arbeit. Die Franziskaner hatten allein schon aufgrund ihrer Lebenshaltung sehr engen Kontakt zur Bevölkerung. Allerdings lebten sie primär nicht von den erbettelten Almosen, sondern von der Unterstützung durch die Magnaten – ein Umstand, der ihre Popularität jedoch nicht schmälerte. Die Mönche missionierten in der Regel die Gegend rund um ihr

---

13 KUBINYI, András: Plébánosválasztások és egyházközségi kormányzat. In: Aetas 7 (1991) 26-46.

14 MOL Budapest, P 1343, Familienarchiv Forgách, Fasc. E 2, Nr. 3.

15 PÉTER, Katalin: A jezsuiták működésének első szakasza Sárospatakon. In: Az értelmiség Magyarországon a 16-17. században. Hg. v. István ZOMBORI, Szeged 1988, 110-112.

16 Supplikation von Mihály Ujváry an Erzbischof György Lippay, o. D. (ca. 1650-55). Esztergomi Prímási levéltár, Archivum saeculare X, Nr. 196, Missiles.

Kloster, ein Raum, der einen Radius von ungefähr 100 bis 120 Kilometer aufwies. 1637 etwa konnten die Franziskaner von Pruszka 18 Personen aus elf Dörfern zum Katholizismus bekehren. Adolf Schleger wiederum, Mitglied der Marianischen Provinz aus dem Konvent Steinamanger, bekehrte 69 Personen aus neun Ortschaften[17].

Die Jesuiten konzentrierten sich zwar auf die Städte und deren Umgebung, aufgrund ihrer Schulen konnten sie aber auch im ländlichen Bereich erfolgreich für die Gegenreformation arbeiten. Einige von ihnen wurden als Hofprediger zu den neu bekehrten Aristokraten geschickt, um deren Hofstaat zu bekehren und die Rekatholisierung der Herrschaften in die Wege zu leiten. Als Beispiele können in diesem Zusammenhang die Familien Esterházy, Nádasdy und Homonnay genannt werden.

Der Paulinerorden, der besonders unter den Adeligen zahlreiche Anhänger besaß, agierte nicht so aktiv und unterhielt in Nordungarn nur eine einzige Mission. Seine Aktivität wurde erst nach 1670 umfangreicher.

Wenn es notwendig war, wendeten die Grundherren im Zuge der Rekatholisierung auch Gewalt an. Der niederösterreichische Klosterrat etwa versuchte zwischen 1580 und 1600, die verpfändeten westungarischen Herrschaften gewaltsam zu bekehren und vertrieb zu diesem Zweck die protestantischen Prediger. Graf Péter Erdődy wiederum wies 1614 die Prädikanten aus seinen Herrschaften Vép und Eberau aus und verbot den Untertanen den Besuch auswärtiger Gotteshäuser[18], eine Strategie, die auch Ádám Batthyány verfolgte, der den protestantischen Geistlichen 1634 mit einem Dekret den weiteren Aufenthalt auf seinen Gütern untersagte[19]. Die Durchführung eines solchen Mandats war allerdings nicht immer einfach, und oftmals lagen Theorie und Praxis weit auseinander – noch 40 Jahre später rügte Leopold I. den Enkel Ádáms, Kristóf Batthyány, dafür, daß auf dessen Besitztümern die katholische Religion unterdrückt würde[20].

Die bei den Bekehrungen verwendeten Methoden waren sehr unterschiedlich und von vielen verschiedenen Faktoren abhängig, auf der einen Seite etwa von den äußeren politischen Umständen, auf der anderen Seite aber auch von der Persönlichkeit und den Charakterzügen des Grundherren. So läßt sich beispielsweise in Protokollen, die die Befragungen von Bauern festhielten, erkennen, daß Palatin Miklós Esterházy, nachdem er einige Dörfer der Herrschaften Forchtenstein und Eisenstadt in Besitz genommen hatte, nicht um jeden Preis die Bekehrung der Bauern veranlaßte[21]. Von der Mitte des 17. Jahrhunderts an kann jedoch immer häufiger die Anwendung von Gewalt beobachtet werden. Möglicherweise sind dafür die abnehmende politische Bedeutung des Fürstentums Siebenbürgen (1657-1661) und die wachsende Zahl an Katholiken verantwortlich zu machen.

---

17 Štátný oblastný archív Bratislava, Lad. 48, Fasc. 2, Nr. 37.

18 A körmendi Batthyány-levéltár reformációra vonatozó oklevelei. Gesammelt v. Béla IVÁNYI. Hg. v. László SZILASI, Bd. 1: 1527-1605, Szeged 1990, 178.

19 THURY, Etele: A dunántúli református egyházkerület története. Bd. 1, Pápa 1908, 300.

20 IVÁNYI, Béla: A körmendi levéltár Memorabiliái. Acta Memorabilia in tabulario gentis principum de Batthyány reperibilia. Körmend 1942, 153.

21 PÉTER, Katalin/MONOK, István: Felmérés a hithűségről 1638-ban. In: Lymbus. Művelődéstörténeti Tár 2 (1990) 111-142.

Die Bekehrung eines Dorfes erfolgte in der Regel in folgenden Schritten[22]:

1. Der Grundherr verordnete, unter Berufung auf das Patronatsrecht, die Entfernung protestantischer Prädikanten und Schulmeister. In der Regel war für die Umsetzung dieser Anordnung Gewalt notwendig.

2. In das ohne religiöse Führung gebliebene Dorf kamen katholische Geistliche, meistens Jesuiten, manchmal auch Franziskaner oder – etwas seltener – weltliche Priester. Um ihren Handlungen mehr Nachdruck zu verleihen, begleiteten sie oft der Hofrichter und die Soldaten des Grundherrn. Dann wurde versucht, die Dorfbewohner zum Übertritt zu bewegen. Das besondere Interesse galt dabei den vornehmsten Bürgern, von deren Konversion man sich einen positiven Effekt auf die restliche Bevölkerung erhoffte.

3. Diejenigen Dorfbewohner, die Widerstand leisteten, wurden festgenommen und eingesperrt.

4. Oftmals wurden auch Fristen für die Bekehrung festgelegt und eine offizielle Erklärung verlangt, sich zum Katholizismus zu bekehren.

5. Abschließend wurde ein katholischer Pfarrer eingesetzt, womit das Dorf, zumindest formell, seinen Glauben gewechselt hatte.

War das Patronatsrecht jedoch nicht eindeutig festgelegt, so konnte eine unübersichtliche Situation entstehen, die der Dorfgemeinde einen größeren Handlungsspielraum eröffnete. Es kam auch vor, daß sich Dorfbewohner gegen den aufgedrängten Konfessionswechsel zur Wehr setzten, etwa indem sie die Dienste der neuen Kirche nicht in Anspruch nahmen und ihre Kinder von dem katholischen Priester nicht taufen ließen. In diesem Fall stellten sie Kontakte zu einem Prädikanten in der unmittelbaren Umgebung her und bestraften diejenigen, die den Glauben wechseln wollten. Dabei wurde auch in Kauf genommen, daß Kinder ungetauft starben[23]. Eine andere Möglichkeit, sich der Zwangsrekatholisierung zu widersetzen, war, die katholische Schule zu ignorieren[24].

Die wirksamste Form des Widerstands aber war der Ausschluß des Pfarrers aus dem Gemeindeleben, denn die Verweigerung der einfachsten Dienstleistungen konnte diesen

---

22 Diese Zusammenstellung basiert auf Forschungen über die Rekatholisierung der Grafschaft Forchtenstein und der Herrschaft Eisenstadt. Vgl. dazu FAZEKAS, István: Adalékok a fraknói grófság és a kismartoni uradalom rekatolizációjához. In: A Ráday Gyűjtemény Évkönyve 7 (1994) 126-145, sowie DERS.: Források a fraknói grófság és a kismartoni uradalom rekatolizációjához. Ebd. 182-190. Eine (gekürzte) deutsche Version in: Burgenländische Heimatblätter 55 (1993) 49-60.

23 MOL Budapest, E 150, Acta ecclesiastica, Irregestrata, Kt. 27, fol. 219-220. - A körmendi Batthyány-levéltár (wie Anm. 18) 208.

24 Der Klosterrat an Erzherzog Ernst, 1589 Februar 10. In: Die Klosterratsakten über das Burgenland. Hg. v. Josef RITTSTEUER, Eisenstadt 1955, Nr. 101.

in eine unangenehme Situation bringen. Diese Methode des „Aushungerns“ wurde von allen Parteien eingesetzt, von lutherischen Bauern gegenüber calvinistischen Geistlichen, von Calvinisten gegenüber katholischen Geistlichen und von katholischen Bauern gegenüber protestantischen Geistlichen[25]. In Extremfällen kam es sogar zur Anwendung von Gewalt, der hin und wieder auch Menschen zum Opfer fielen.

Besonders aufschlußreich sind diesbezüglich die Briefe von János Kapossy, Propst von Eisenburg, welche die Erlebnisse und Erfahrungen wiedergeben, die dieser während seiner ersten Visitationsreise zu den soeben rekatholisierten Besitzungen der Batthyány im Jahre 1635 gesammelt hatte. So berichtet er etwa von Angriffen der Bauern von Hannersdorf gegen den katholischen Pfarrer von Deutsch-Kaltenbrunn, da dieser ihnen in seiner Predigt das Lesen lutherischer Texte verboten hatte. Dabei wurde der katholische Schmied, der den Pfarrer verteidigen wollte, von einem anderen Dorfbewohner getötet. Ein anderes Beispiel stellt der Pfarrer von Heiligenkreuz im Lafnitztal dar, der von der dortigen Pfarre gleich drei- oder viermal verprügelt wurde. Einmal, nachdem er die Messe gelesen hatte und bei dem Dorfrichter zu Mittag aß, wurde ihm dabei so heftig auf den Kopf geschlagen, daß er eine blutende Wunde erlitt[26]. Offensichtlich waren die Zustände in den Batthyány-Herrschaften, deren Bewohner bereits mit ähnlichen Methoden gegen die reformierten Prädikanten gekämpft hatten, so schlecht, daß die katholischen Geistlichen schließlich keinen anderen Weg sahen, als das Verlassen ihrer Pfarren anzudrohen[27].

Im folgenden wird nun näher dargelegt, wie die Umwandlung eines protestantischen Dorfes in ein katholisches konkret verlief. Dieser Prozeß nahm stets eine lange Zeit in Anspruch und führte im Alltagsleben zu zahlreichen Konflikten. Die problematischsten Punkte, die zahlreiche Zusammenstöße auslösten, waren: 1. die Teilnahme an der Sonntagsmesse sowie die Einhaltung der Sonn- und Feiertage, 2. das Fasten, 3. die Beichte, 4. das Abendmahl unter Brot und Wein, 5. Prozessionen und 6. der Heiligenkult.

Die Teilnahme an der Messe stellte noch das geringste Problem dar, besonders wenn der Pfarrer ein guter Prediger war[28]. In diesem Fall wurde er durchaus auch von Angehörigen der anderen Konfessionen gehört. Schwieriger war schon die Beachtung der Sonn- und Feiertage, ein Gebot, gegen das öfters verstoßen wurde, wie Beispiele in mehreren Dörfern im Erzdekanat Bars (Erzbistum Gran) im Jahre 1647 belegen[29]. Problematisch

---

25 Die lutherischen Bauern der Herrschaften der Batthyány verteidigten sich um 1600 auf diese Weise gegen die reformierten Prediger, die von dem Patronatsherrn eingesetzt worden waren: A körmendi Batthyány-levéltár (wie Anm. 18) 235-238.

26 János Kapossy an Ádám Batthyány, Szentgotthárd 1636 April 1. MOL Budapest, P 1314, Familienarchiv Batthyány, Missiles, Nr. 23969.

27 Brief der katholischen Priester in den Herrschaften der Batthány an Ádám Batthyány, o. D. [ca. 1635-40], MOL Budapest, P 1314, Familienarchiv Batthyány, Missiles, Nr. 37582.

28 „Frequentant quandoque lutherani ecclesiam catholicam, maxime dum adest concionator bonus“. Visitation der Pfarre Neusiedl am See 1659. Kanonische Visitationen der Diözese Raab aus dem 17. Jahrhundert. Hg. v. Josef BUZÁS, Bd. 1-4, Eisenstadt 1966-1969, hier Bd. 2, 83.

29 Visitatio canonica. Az esztergomi főegyházmegye barsi főesperességének egyházlátogatási jegyzőkönyvei 1647-1674. Hg. v. Ilona TOMISA, Budapest 1992, 68, 78, 94.

erwies sich auch das Fasten, denn die Bekehrten verzehrten gerne auch an Fastentagen die verbotenen Fleischspeisen[30].

Sehr viele Zusammenstöße resultierten aus der Beichtpflicht, denn auf der einen Seite war es seit dem Laterankonzil von 1215 für alle Katholiken verbindlich, einmal im Jahr – zu Ostern – zu beichten, auf der anderen Seite war dies in Ungarn keineswegs selbstverständlich. Es gab beispielsweise Gegenden, in denen Mädchen vor der Heirat überhaupt nicht beichteten. Obwohl sich bei den Lutheranern durchaus Spuren der Umsetzung dieses Gebotes finden – in Kaschau etwa war es üblich, vor dem Abendmahl zur Beichte zu gehen[31] –, war seine Beachtung besonders schwierig. Bei der bereits erwähnten Rekatholisierung der Esterházy-Herrschaften 1662 etwa konnten die Bewohner von Marz nur durch die Anwesenheit von Soldaten zur Einhaltung der Beichtpflicht gebracht werden[32]. Trotzdem wurde 1665 die Beichte noch immer von 27 Personen verweigert, und auch 1674 bereitete die Osterbeichte in den Herrschaften Probleme, wie die Visitationsprotokolle erkennen lassen, denn diesmal versuchten die Kleinfrauenhaider zu widerstehen[33].

Ein weiterer heikler Punkt war das Abendmahl unter beiderlei Gestalt. Bereits Mitte des 16. Jahrhunderts hatte sich bei Visitationen, die vom Erzbischof von Gran angeordnet worden waren, herauskristallisiert, daß Dorfbewohner oftmals zwei Wünsche äußerten: zum einen das Verlangen nach einem verheirateten Pfarrer, zum anderen nach dem Abendmahl unter beiderlei Gestalt. Dies bestätigt die Vorstellungen, die Ferdinand I. und Maximilian II. in Hinblick auf einen Kompromißkatholizismus entwickelt hatten. Der Wunsch nach dem Laienkelch war in Ungarn stets präsent, der Heilige Stuhl bestand aber stets streng auf der Kommunion unter *einer* Gestalt. Papst Clemens VIII. etwa kritisierte deshalb auf der einen Seite den Bischof von Raab, weil dieser den Gläubigen in Mannersdorf den Gebrauch des Kelches erlaubt hatte, und lobte auf der anderen Seite den Erzbischof von Kalocsa für dessen Abschaffung des Laienkelchs[34]. Das Abendmahl war mitunter sogar ein Grund, die Konversion zu verweigern. Ein gutes Beispiel stellen in diesem Zusammenhang die Protestanten in Forchtenstein und Eisenstadt dar, die sich unter anderem deshalb weigerten, den Glauben zu wechseln, weil sie das Abendmahl unter beiderlei Gestalt empfangen wollten[35].

---

30 Ebd., 63.

31 ZOVÁNYI, Jenő: A magyarországi protestantizmus története a XVI. században. Bd. 1-2, Budapest 1922-1976, hier Bd. 2, 223.

32 MOL Budapest, Familienarchiv Esterházy, P 125, Pál Esterházy, Nr. 2112, Nr. 11627.

33 BUZÁS: Kanonische Visitationen der Diözese Raab (wie Anm. 28) Bd. 3, 89.

34 GALLA, Ferenc: Magyar tárgyú pápai felhatalmazások, felmentések és kiváltságok a katolikus megújhodás korából. Budapest 1947, 18.

35 „Mathaeus Gieffing: Si dabuntur 2 species tunc fiet Chatholicus" (PÉTER/MONOK: Felmérés a hithűségről [wie Anm. 21] 123. - „Bartholomaeus Stramer Catholicorum more baptizatus et multisque annis in Catholica fide mansit, sed ob binas species ad haereticos transivit et posquam a nostra fide deficit, suos filios jam uxoratos una cum uxoribus antea Catholicis ad haeresim traxit" (MOL Budapest, Familienarchiv Esterházy, P 125, Pál Esterházy, Nr. 11617).

Die starke Abneigung dagegen, das Abendmahl nur unter einer Gestalt zu empfangen, zeigt sich am deutlichsten am Beispiel eines evangelischen Bauern aus Breitenbrunn, der am Ostertag zwar unter einer Gestalt kommunizierte, dann aber sofort hinter den Altar ging und die Hostie aus dem Mund nahm. Warum, wußte er nicht zu sagen[36]. Der italienische Missionar Giuseppe de Capua wiederum diskutierte 1636 mit einem katholischen Geistlichen, der unter beiderlei Gestalt kommunizieren ließ und dafür auch andere Priester gewonnen hatte. Eigens dafür, dies abzustellen, verfaßte de Capua eine Schrift[37]. Das starke Verlangen nach der Kommunion unter beiderlei Gestalt zeigte sich auch darin, daß es in Ungarn üblich war, den Kommunikanten nach der Kommunion einen Schluck Wein, den sogenannten Absolutionswein, zu reichen. Dadurch entstand der Glaube, daß das Abendmahl unter beiderlei Gestalt empfangen worden sei, was zwar nicht den Tatsachen entsprach, aber immerhin genügte dieser Glaube, den Brauch bis in die Mitte des 18. Jahrhunderts weiterleben zu lassen[38].

Massiv war auch die Abneigung gegenüber Prozessionen, die vor allem in den gemischt konfessionellen Gemeinden öfters zu gewaltsamen Zusammenstößen führten. 1613 beispielsweise wurde in Mohács der Jesuit Gergely Vásárhelyi von einem Mitglied der orthodoxen Kirche attackiert. 1659 wiederum griffen in Pápa die aufgrund der Beschlagnahme ihrer Kirche provozierten protestantischen Soldaten der Grenzfestigung die Teilnehmer einer Prozession an[39]. Die frisch Bekehrten betrachteten die Prozessionen oftmals als Auswüchse des Katholizismus, weshalb die Teilnahme oft nur widerwillig erfolgte[40].

Ein weiterer ständiger Streitpunkt zwischen Katholiken und Protestanten war der Heiligenkult. Aus diesem Grund fehlen etwa die Namen der gerade erst bekehrten Dörfer in den Herrschaften Eisenstadt und Forchtenstein in der Matrikel des nahegelegenen Gnadenortes Frauenkirchen[41]. Wie groß das Ausmaß der Abneigung tatsächlich war, zeigt das Beispiel Illmitz, wo am Tor der Pfarre die vom Priester angebrachten Heiligenbilder, die die Jungfrau Maria, die Heiligen Sebastian und Rochus sowie die Heilige Rosalie darstellen, vom Richter mit Schweinemist beschmutzt wurden[42].

---

36 Niederösterreichischer Klosterrat an Erzherzog Ernst, 1593 Juli 1. RITTSTEUER: Klosterratsakten (wie Anm. 24) Nr. 66.

37 Giuseppe da Capua an die Kongregation Propaganda, Nagyszombat 1637 Februar 12. Documenta missionaria Hungariam et regionem sub ditione Turcica existentem spectantia I. Collegit Joannes Sávai cum auxilio Gabrielis Pintér. Szegedini 1993, 434-444.

38 In den Visitationsprotokollen sind noch Erwähnungen über die „vinum pro communicantibus" zu finden, z.B. Veperd 1754, Lajtaszentmiklós 1753, Sérc 1757. CSÓKA, Lajos: Sopron vármegye katholikus egyházi és tanügyi viszonyai III. Károly és Mária Terézia korában. Pannonhalma 1929, 64.

39 Prozeßschrift gegen die reformierten Soldaten der Grenzfestung Pápa 1660. MOL Budapest, Familienarchiv Esterházy, P 125, Pál Esterházy, Nr. 9489.

40 MOL Budapest, Familienarchiv Esterházy, P 125, Pál Esterházy, Nr. 2112.

41 FRANK, Norbert: Die Verbreitung der Wallfahrt nach Frauenkirchen an der Wende vom 17. zum 18. Jahrhundert. In: Burgenland in seiner pannonischen Umwelt. Festgabe für Ernst August. Hg. v. Harald PÜCKLER, Eisenstadt 1984, 71-83.

42 MOL Budapest, Familienarchiv Esterházy, P 125, Pál Esterházy, Nr. 5794.

Die Dörfer wurden in ihrem Widerstand gegen die Rekatholisierung auch von außen unterstützt. Dies konnte z.B. durch den Besuch einer in der näheren Umgebung erhalten gebliebenen protestantischen Pfarre geschehen. Solche Pfarren hatten sich meist an Orten gehalten, die unter Aufsicht des niedrigen Adels standen und in größere Herrschaften eingebettet lagen. Da der niedere und mittlere Adel in Ungarn eine relativ mächtige Position innehatte, zeigten Strafandrohungen, die der Grundherr aussprach, hier oftmals keine Wirkung. Eine weitere mögliche Stütze im Widerstand war der Hofrichter, der nicht selten dem niedrigen Adel entstammte und deshalb oft protestantisch war, denn die Rekatholisierung des Adels schritt nur sehr langsam voran. Ebenso befanden sich im persönlichen Umfeld der katholischen Grundherren des öfteren Lutheraner oder Calvinisten, was ebenfalls zu Spannungen und Zwischenfällen führen konnte. Am Hofe des bereits erwähnten Ádám Batthyány etwa hielten die protestantischen Diener und Soldaten die katholischen Feiertage nicht ein, an den Fastentagen aßen sie Fleisch und provozierten Katholiken, indem sie Fleischstücke in ihren Wein warfen[43].

In diesem Zusammenhang stellt sich die Frage, warum die protestantischen Dorfbewohner so lange an ihrem Glauben festhielten. Dabei ist außerdem zu beachten, daß die Bevölkerung des 16. und 17. Jahrhunderts in Hinblick auf die theologischen und liturgischen Unterschiede der Konfessionen oftmals mehr Wissen besaß als die des 20. Jahrhunderts[44]. In mehreren Vernehmungsprotokollen ist zu erkennen, daß im Denken und Handeln der Menschen die Tradition eine große Rolle spielte. Die Menschen waren von ihren Eltern in einem bestimmten Glauben erzogen worden und zeigten keine Ambitionen, diesen Zustand zu ändern. Dieses Argument wurde oftmals vorgebracht, etwa 1614 von den Katholiken von Sándorfa, genauso aber auch 1638 von den Lutheranern aus Forchtenau[45].

Ein anderer Grund war vermutlich die Abkapselung des Dorfes gegenüber Einflüssen von außen, denn die Dorfgemeinschaften waren in der Regel sehr konservativ, bauten ihr Leben auf jahrhundertealten Traditionen auf und waren bestrebt, jede Einmischung von außen zu verhindern[46]. In Ungarn war die Notwendigkeit der Zusammenarbeit aufgrund der ständigen Bedrohung durch die Türken noch zusätzlich verstärkt worden. Ein weiterer Faktor waren die konfessionellen Auseinandersetzungen, die von den Dorfbewohnern direkt erlebt wurden und in deren Verlauf die Verfehlungen der jeweils anderen Konfession offen zu Tage traten.

Das äußerste Mittel zur Erzwingung des Glaubenswechsels wurde von den ungarischen Grundherren jedoch nicht angewendet: Ausweisungen, wie sie beispielsweise in

---

43 János Kaposi an Ádám Batthyány, Németújvár 1636 März 28. MOL Budapest, P 1314, Familienarchiv Batthyány, Missiles, Nr. 23968.

44 VETŐ, Lajos: A hit által való megigazulás elve egyszerű evangélikus hívek lelki világában. Budapest 1935. - Egyháztörténelmi emlékek a magyarországi hitújítás korából. Monumenta ecclesiastica tempora innovatae in Hungaria religionis illustrantia. Hg. v. Vince BUNYITAY u.a., Bd. 1-5, Budapest 1902-1912, hier Bd. 1, 161.

45 PÉTER/MONOK: Felmérés a hithűségről (wie Anm. 21) 114. - A körmendi Batthyány-levéltár (wie Anm. 18) 188.

46 NAGY, Olga: A törvény szorításában. Budapest 1989, 262-274.

den österreichischen Erbländern vorgenommen wurden, fanden nicht statt. Das wäre allein schon aufgrund des Bevölkerungsmangels, der damals in Ungarn herrschte, und der damit verbundenen ökonomischen Verluste sehr unklug gewesen.

Deutlich beeinträchtigt war die Effektivität der katholischen Restauration durch den Mangel an ausgebildeten Priestern. So kam es etwa noch Mitte des 17. Jahrhunderts vor, daß ein katholisches Dorf einen protestantischen Geistlichen verpflichtete, weil es seit Jahren keinen katholischen Pfarrer hatte bekommen können. Als deutlicher Hinweis auf den Priestermangel gilt die Tatsache, daß die Einrichtung zur Behebung des Mangels, der Laiendienst, bis zum ersten Drittel des 18. Jahrhunderts bestehen blieb[47]. Obwohl das moralische Niveau wie auch das Wissen der in den Seminaren ausgebildeten Pfarrer zwar bis Ende des 17. Jahrhunderts merklich anstiegen, waren viele Pfarrer für die Seelsorge nur mit den notwendigsten Kenntnissen ausgerüstet[48]. Die Volksmissionen der Jesuiten und der Franziskaner hatten daher auch im 18. Jahrhundert noch reichlich zu tun[49].

Abschließend soll noch kurz die Frage behandelt werden, wie lange es für eine Gemeinde möglich war, an ihrem Glauben festzuhalten. In der Mehrheit der westungarischen Dörfer, deren Rekatholisierung um 1580 vom niederösterreichischen Klosterrat begonnen worden war, gab es nach 1781 kaum noch lebensfähige evangelische Gemeinden. Ein Teil der 1634 in Westungarn ohne Prediger gebliebenen Dörfer war jedoch noch 1781 in der Lage, zu neuem Leben zu erwachen. Protestantische Traditionen lebten vor allem in der Folklore, beispielsweise in der Gesangskultur oder in den handgeschriebenen Gebetsbüchern, fort[50]. Dieses Thema zählt jedoch noch zu den Desiderata der ungarischen Historiographie.

Die Epoche der Gegenreformation der Grundherren ging um 1670 zu Ende, als aufgrund einer veränderten habsburgischen Politik die Zeit der eingeschränkten protestantischen Religionsausübung begann. Diese sollte erst 1781 mit dem Toleranzpatent Josephs II. ihr Ende finden.

---

47 JUHÁSZ, Koloman: Laien im Dienst der Seelsorge während der Türkenherrschaft in Ungarn. Münster 1960.

48 FAZEKAS, István: A győri egyházmegye katolikus alsópapsága 1641-1714 között. In: Történelmi Szemle 35 (1993) 101-131.

49 JÁNOSI, Gyula: Barokk hitélet Magyarországon a XVIII. század közepén a jezsuiták működése nyomán. Pannonhalma 1935, 25-58.

50 KÖGL, János Szeverin: Moson megyei német kéziratos énekeskönyvek. Budapest 1941, 20, 43f., 73. - BOROSS, Marietta: Die Illustrationen der handschriftlichen Liederbücher der Deutschen auf dem Heidenboden. In: Beiträge zur Volkskunde der Ungarndeutschen 2 (1979) 74-99.

Die ungarischen Städte und das Problem der Konfessionalisierung aus kulturpolitischer Sicht

Eva Kowalská

Als am 30. August 1638 der katholische Stadtmagistrat in Ödenburg „unanimiter" den Domherrn in der nahen Bischofsstadt Raab, Stephan Cehovius, zum künftigen Stadtpfarrer wählte, ahnte er wahrscheinlich noch nicht, daß er mit diesem Schritt in einen ernsten Streit mit dem dortigen Bischof Juraj Drašković geraten würde. Der Bischof fühlte sich beleidigt, weil die Stadt seiner Meinung nach die gültigen Kirchengesetze über die Ordinierung umgangen habe. Denn sie hatte ihm weder den nominierten Adepten vorgestellt noch um seine vorläufige Zustimmung ersucht. Schon zwei Wochen später diktierte Drašković in Prag eine empörte Antwort und verlangte, die Wahl zu wiederholen; gleichzeitig drohte er der verwegenen Stadt mit der Suspension des gewählten Pfarrers. Er traf jedoch auf einen wachen und selbstbewußten Gegenspieler. Der Magistrat zögerte nicht, sein Erstaunen über den Stil des bischöflichen Briefes zu äußern, und berief sich auf das Gewohnheitsrecht der „exempla praedecessorum a nobilis", wonach der gewählte Pfarrer schon vor der vom Bischof durchgeführten Konfirmation installiert worden sei. Der Magistrat forderte also den Bischof auf, so vorzugehen, „ut decenter poterit conservari honor et observantia debita".

Diese Episode aus der Geschichte der Stadt Ödenburg – hier wurden 50 Jahre später die für die ungarische Verfassung wichtigen Gesetzesartikel über Freiheiten und Rechte der Protestanten angenommen, die einer massiven Rekatholisierung de facto die Tür öffneten – deutet klar an, daß sich der Prozeß der Konfessionalisierung, in dem es zu einer effektiven Verbindung der Strukturen von Staatsmacht und (im Falle Ungarns: katholischer) Kirche kam, im vollen Umfang erst in der ersten Hälfte des 17. Jahrhunderts vollzog[1]. Am Anfang dieses Prozesses stand jedoch die Herausgabe des gegen die Sektierer (Zwinglianer, Sakramentierer und Anabaptisten) gerichteten Gesetzes von 1548. Hier wurde allen „Erneuerern" in Fragen der Konfession mit Ausweisung und Verlust der bürgerlichen Rechte gedroht. Um den Folgen des Gesetzes auszuweichen, präzisierten die Städte, die Hauptzentren des Protestantismus in Oberungarn, ihre konfessionellen Positionen nach dem Vorbild der Confessio Augustana.

Das genannte Gesetz traf nämlich die Städte an ihrer empfindlichsten Stelle: Es war der Bereich der gewohnheitsrechtlichen und vor allem bestätigten Privilegien, zu denen auch das Recht der Wahl des Stadtpfarrers gehörte. Der Komplex der mittelalterlichen Privilegien, den die Landesherren den freien königlichen Städten und Bergstädten erteilt

1 Daniel, David P.: The Fifteen Years War and the Protestant Response to Habsburg Absolutism in Hungary. In: East Central Europe/L'Europe du Centre-Est 8 (1981) 35-51.

hatten, wurde dabei zum Vorbild bei der Konzipierung der Statuten kleinerer Städte, die in die Kategorie der Marktflecken (oppida) gehörten[2]. Die Verwandtschaft der Privilegien ermöglichte es einigen Städten, eine Substruktur der kirchlichen Verwaltung auszubilden[3]. Dabei konnte es passieren, daß die Geltung des Gesetzes auf kirchlichem Gebiet sich nicht allein auf den einmaligen Akt der Pfarrerwahl beschränkte, sondern es auch zu einer selbstbewußten oder eigenwilligen Ausdehnung auf solche Bereiche kam, die eigentlich in der Kompetenz des Pfarrers oder in der der höheren kirchlichen Obrigkeit lagen. Solche Tendenzen wurden jedoch nur in der Anfangsphase der Reformation geduldet[4], in der Zeit der Gegenreformation wurde eine solche Politik für die Städte gefährlich. Denn eine solche Bewilligung, das völlige Patronatsrecht auszuüben, und die Beschränkung auf die Wahl des katholischen Pfarrers mit Zustimmung der kirchlichen Obrigkeit wurden in den Händen der Landesherren zu einem wirksamen Mittel für die Durchsetzung der Rekatholisierung. Das trug in bedeutendem Maße zu Änderungen in der konfessionellen Zusammensetzung der städtischen Bevölkerung bei[5]. Im Prozeß der Konfessionalisierung kam es daher in Ungarn zu einer Verknüpfung der Verteidigung bestehender Vorrechte im Bereich der kirchlichen Selbstverwaltung mit der Verteidigung des Selbstverwaltungsprinzips an sich.

Im Leben Ungarns spielten die Städte, auch wenn sie keine Zentren von erstrangiger wirtschaftlicher Bedeutung waren, eine wichtige Rolle[6]. Die günstige ökonomische Entwicklung während des 15. und am Anfang des 16. Jahrhunderts, der erst der Zusammenbruch des ungarischen Staates nach der Katastrophe bei Mohács im Jahre 1526 ein Ende

---

2 LEHOTSKÁ, Darina: Vývoj mestského práva na Slovensku. In: História. Sborník Filozofickej fakulty Univerzity Komenského 10 (1959) 65-114.

3 Als Beispiel kann die Bruderschaft von 24 königlichen Priestern in der Zips angeführt werden. VARSIK, Branislav: Husiti a reformácia na Slovensku do Žilinskej synody. Bratislava 1932, 178f. - BRUCKNER, Győző: A reformáció és ellenreformáció története a Szepességen. Budapest 1922. Die rechtliche Grundlage bildeten die Städtegemeinschaften, dazu HALAGA, Ondrej R.: Spoločenstvá miest na Slovensku. In: Vývoj správy miest na Slovensku. Hg. v. Richard MARSINA, Martin 1984, 51-67.

4 In Preschau griffen die Bürger 1521 auf Initiative des Stadtrichters und Stadtpfarrers gegen den Verkauf von Ablässen ein. Der Fall wurde nur vor dem König erörtet, obwohl die kirchliche Obrigkeit die Sache vor den Papst bringen wollte. VESELÝ, Daniel: Die lutherische Reformation in der Slowakei bis 1548. In: Europa in der Frühen Neuzeit. Festschrift für Günther Mühlpfordt zum 75. Geburtstag. Bd. 3. Hg. v. Erich DONNERT, Weimar-Köln-Wien 1997, 579-596, hier 587. In ähnlicher Weise wollte der Stadtrat in Neusohl 1521 einen neuen Hilfsprediger ohne die Zustimmung des Stadtpfarrers berufen. GÖLLNEROVÁ, Alžbeta: Počátky reformace v Banské Bystrici. In: Bratislava. Časopis Učené společnosti Šafaříkovy 4 (1930) 580-612, hier 588-590.

5 So lehnten es z.B. Rudolf II. 1598 und Matthias 1615 ab, der Stadt Bösing das Patronatsrecht zusammen mit anderen Privilegien der königlichen Stadt zu erteilen, und übten es selbst zum Nachteil der Protestanten aus: Dejiny Pezinka. Bratislava 1982, 74f. Ähnlich auch im Fall von Modern 1635 und St. Georgen 1628.

6 HALAGA, Ondrej R.: Košice – Balt. Výroba a obchod v styku východoslovenských miest s Pruskom. Bd. 1, Košice 1975.

setzte, machte auch aus kleineren Städten Träger von Innovationen[7]. Vor allem auf städtischem Boden fanden Ereignisse statt, die den erfolgreichen Fortgang der Reformation widerspiegeln. Das Bürgertum wurde zum wichtigen Multiplikator des reformatorischen Ideengutes. Es ist bezeichnend, daß sich 1613 ein bedeutender Teil der ländlichen Bevölkerung der oberungarischen Komitate Neutra und Turoc zum Katholizismus bekannte[8], die Städte dagegen fast ausschließlich protestantisch orientiert waren. Der Katholizismus behielt seine Anhängerschaft hauptsächlich im Bereich der Sitze höherer kirchlicher Würdenträger (z.B. in Tyrnau); deren Dezimierung in der Schlacht bei Mohács, wo zwei Erzbischöfe und fünf ungarische Bischöfe ums Leben gekommen waren, hatte die Geschlossenheit der katholischen Kirchenstruktur in Ungarn jedoch nachhaltig geschwächt. Überdies hatten noch zu Beginn der Reformation einige Repräsentanten der katholischen Kirche den Anhängern der neuen Ideen gestattet, im Rahmen der alten Kirchenorganisation weiterzuwirken. Bruderschaften, Seniorate und Kontubernien evangelischer Priester wurden noch eine bestimmte Zeit als Bestandteile der Diözesanstruktur akzeptiert. Die Bildung einer eigenen, von der alten Kirche unabhängigen evangelischen Kirchenordnung wurde erst am Anfang des 17. Jahrhunderts realisiert[9].

Die Existenz entsprechender Privilegien war jedoch nicht die einzige Voraussetzung dafür, daß sich die in den Magistraten sitzenden Laien zu den maßgeblichen Autoritäten entwickelten. Vor der Annahme einer allgemein akzeptierten Kirchendoktrin in Gestalt von Konkordienformel und Konkordienbuch, zu der es erst auf den Synoden von Sillein (1610) und Kirchdrauf (1614) kam, war es nicht leicht, sich angesichts der Meinungsvielfalt unter den Theologen zu orientieren. Die Stadtmagistrate standen allerdings in engem Kontakt mit den kirchlichen Autoritäten in Deutschland, die sie bei theologischen Fragen und kirchenrechtlichen Problemen wie der Wahl der Geistlichkeit konsultierten[10]. Dabei bevorzugte man die Pfarrer, die in Wittenberg, dem Zentrum der Reformation, ordiniert worden waren. Diese Geistlichen bestimmten dann die Auswahl der gottes-

---

7 KUBÍNYI, András: Burghers and the Reformation. In: Budapest Review of Books 7/2 (1997) 50-56. Eine zusammenfassende Darstellung der Geschichte Ungarns bietet: A History of Hungary. Hg. v. Peter F. SUGAR, Péter HANÁK und Tibor FRANK, Indiana 1990.

8 VARSIK, Branislav: K počiatkom reformácie na Slovensku. In: Historica slovaca. Acta eruditae societatis slovacae 1-2 (1940/41) 304-335, hier 326f. Der Zustand der Pfarrbezirke und das Religionsleben der Gläubigen waren jedoch trotz häufiger Visitationen und des Eingreifens der kirchlichen Obrigkeit noch im 17. Jahrhundert auf sehr niedrigem Niveau, dazu KOHÚTOVÁ, Mária: Religious Situation in 17th-Century Slovakia: A Case of Southwestern Slovakia. In: Human Affairs 5/5 (1995) 66-75.

9 KVAČALA, Ján: Dejiny reformácie na Slovensku 1517-1711. Lipt. Mikuláš 1935, 62-66. - VARSIK: Husiti (wie Anm. 3) 170-188. - Über die Bruderschaft der Pfarrer in der Zips SCHWARZ, Karl: Die Reformation in der Zips. In: Spiš v kontinuite času – Zips in der Kontinuität der Zeit. Hg. v. Peter ŠVORC, Prešov-Bratislava-Wien 1995, 48-67, mit weiteren Literaturhinweisen.

10 1538 wandte sich der Stadtrat von Bartfeld an Luther mit der Frage, ob er berechtigt sei, den Stadtpfarrer zu zwingen, das Abendmahl unter beiderlei Gestalt zu reichen. DANIEL, David P.: Bartfeld/Bardejov zur Zeit der Reformation. In: Die Reformation und ihre Wirkungsgeschichte in der Slowakei. Hg. v. Karl SCHWARZ und Peter ŠVORC, Wien 1996, 37-49, hier 43.

dienstlichen Ordnungen und waren für die Reinheit der Lehre verantwortlich[11]. Die Magistratsmitglieder engagierten sich nicht nur bei der Auswahl von Geistlichen. Als z.B. der Schemnitzer Ratsherr Timotheus Schönfelder die Ausarbeitung der Agende des Stadtpfarrers Gregor Meltzer (1570) unterstützte, war er sich gewiß der Notwendigkeit bewußt, den evangelischen vom katholischen Gottesdienst abzugrenzen und gleichzeitig dafür Sorge zu tragen, daß die benutzte wittenbergische (sächsische) Agende den heimischen Verhältnissen angepaßt wurde[12]. Darüber hinaus bemühten sich die Stadtmagistrate darum, die bis dahin gültigen Regelungen für Fragen des Gottesdienstes und der Agende (sie wurden z.B. auf der Synode in Preschau 1546 und im Kontubernium von Turoc 1550 angenommen) um einige Verordnungen zu erweitern, so z.B. bezüglich des öffentlichen Auftretens der Gläubigen. Außerdem kontrollierten sie die Einhaltung dieser Anordnungen in den Städten und in einzelnen Regionen[13]. Auch die Staatsmacht zwang die Stadtmagistrate, einen entschiedenen Standpunkt in der Konfessionsfrage einzunehmen. Dies war auch der Fall, als die Städte genötigt wurden, in ihrer Gesamtheit Rechenschaft über die Durchsetzung und Einhaltung des Gesetzes gegen die Sektierer abzulegen[14].

Eine erste Äußerung der Bemühungen um eine klare Definition bestimmter doktrinärer Normen, die zur Repräsentation gegenüber der weltlichen (Herrscher und Landtag) und der geistlichen Obrigkeit (Primas und andere ungarische Bischöfe) bestimmt war, war die Akzeptanz der Konfessionen der in größeren Einheiten versammelten Städte (Confessio Pentapolitana 1549, Heptapolitana/Montana 1559 und Scepusiana 1568)[15].

Obwohl die Bekenntnisschriften von den Theologen (Leonard Stöckel, Ulrich Cubicularus, Valentin Megander und Cyriak Koch) vorbereitet worden waren, war ihre Annahme und Applikation doch in erster Linie Sache der versammelten Delegierten aus den betroffenen Städten bzw. die der einzelnen Magistrate. Ausgesprochen aktiv präsentierte sich vor allem der Magistrat der Stadt Bartfeld, dem Wirkungsort des berühmten Leonard Stöckel. Die Mitglieder dieses Magistrats nahmen an der Tagung der Preschauer Synode 1546 vollständig teil.

Trotz der Tätigkeit der Magistrate im Prozeß der Konfessionsbildung ist es hier nicht zur Entstehung eines Presbyteriums gekommen. Das bedeutet, daß die Beurteilung religiöser Disziplin, Fragen materieller Natur und andere Überlegungen der kirchlichen

---

11 Bis 1560 wurden in Wittenberg 311 Pfarrer ordiniert: Wittenberger Ordinierbuch 1537-1560. Hg. v. Georg BUCHWALD, Leipzig 1894. Bei einigen Städten spielten jedoch die traditionellen wirtschaftlichen und kulturellen Kontakte mit Schlesien eine wichtige Rolle. GÖLLNEROVÁ: Počátky (wie Anm. 4) 604-606.

12 PETRÍK, Ján: Chrámové agendy slovenskej evanjelickej a. v. cirkvi. Tranoscius [Lipt. Mikuláš] 1948, 38f.

13 ĎUROVIČ, Ján P.: Prehľad literárnych dejín slovenských evanjelikov. Tranoscius [Lipt. Mikuláš] 1948, 19.

14 DANIEL: Bartfeld/Bardejov (wie Anm. 10) 45.

15 Ein Vergleich der Confessio Pentapolitana mit der Confessio Augustana bei SUDA, Max Josef: Der Melanchthon-Schüler Leonhard Stöckel und die Reformation in der Slowakei. In: Die Reformation und ihre Wirkungsgeschichte (wie Anm. 10) 50-66.

Gemeinschaft in der Kompetenz des Pfarrers lagen. Diese Entwicklung beeinflußte wahrscheinlich die vergleichsweise starke Position der Geistlichen, die auf Grundlage der Bruderschaften der Pfarrer entstanden war. Diese Gemeinschaften waren schon vor der Entstehung der kirchlichen Organisationsordnung in größere Einheiten eingebunden (Kontubernien, Seniorate) gewesen. Auch die nach den Synoden 1610 und 1614 angenommene Ordnung erklärte die Synode der Geistlichen innerhalb der jeweiligen Distrikte zum ranghöchsten Glied in der kirchlichen Struktur[16]. Solange die Mitglieder der Magistrate Protestanten waren, bereitete die Sicherung der kirchlichen Bedürfnisse keine größeren Probleme. Als jedoch die Staatsmacht in den Städten zum Vorteil der Katholiken einzugreifen begann, obwohl diese zahlenmäßig nur eine Minderheit darstellten, wurden die Entscheidungen der Magistrate mehr und mehr angezweifelt, wovon nicht zuletzt auch die nichtkatholischen Konfessionen betroffen waren[17].

Nach dem deutschen Beispiel wehrten sich die protestantischen Städte Oberungarns gegen die Bedrohung, die nach der Annahme des genannten Gesetzes auf dem ungarischen Landtag 1548 spürbar wurde. Da die territoriale Kirchenstruktur und die Organisation der Kirchengemeinden in Oberungarn, das zu dieser Zeit zusammen mit Westungarn den Kern des ungarischen Staates bildete, bis zur Einberufung der obengenannten Synoden am Anfang des 17. Jahrhunderts nicht definiert worden waren, richteten sich die Magistrate in der Frage des Patronatsrechts nach den einzelnen Konfessionen. Der Preschauer Stadtrat z.B. stützte sich bei der Entlassung Matthias Lauterwalds 1551 auf die Confessio Pentapolitana, als dieser eine reformierte Abendmahlstheorie lehrte, obwohl er als ein lutherischer Pfarrer angenommen worden war[18]. Die Notwendigkeit, mit diesen „verdächtigen" Theologen abzurechnen, war um so dringender, als gerade die Confessio Pentapolitana von König Ferdinand I. sowie von verschiedenen ungarischen Bischöfen ohne Einwendungen akzeptiert wurde[19]. Mittels klarer, auf der Grundlage der Konfessionen formulierter Standpunkte mischten sich die Magistrate der königlichen Städte im Osten Oberungarns auch in eine scharf geführte Debatte über die Bedeutung von Bildern im Kirchenleben ein und äußerten sich hier im Sinne der gemäßigten Reformation. Auf diese Weise vermochten sie z.B. ihre wertvollen, nur wenige Jahrzehnte zuvor gestifteten Altäre zu retten[20].

---

16 BUCSAY, Mihály: Der Protestantismus in Ungarn 1521-1978. Ungarns Reformkirchen in Geschichte und Gegenwart. Bd. 1, Wien-Köln-Graz 1977, 150-154.

17 In Preßburg gelang es z.B., den Bau einer evangelischen Kirche auf einem Grundstück anzufechten, das die Stadt den Evangelischen gewährt hatte. Als Grund wurde die angeblich unberechtigte Besetzung einer königlichen Parzelle angeführt. Der Magistrat hatte nicht genug Kraft, den erzwungenen Rückzug der Kirche zu verhindern. SCHRÖDL, Josef: Geschichte der evangelischen Kirchengemeinde A. B. Pozsony-Preßburg. Bd. 1, Pozsony 1906, 167f.

18 Der folgende Schritt war eine Konsultation mit Melanchthon und der Autorität der Wittenberger Universität, dazu KVAČALA: Dejiny reformácie (wie Anm. 9) 121.

19 SCHWARZ: Reformation in der Zips (wie Anm. 9) 63f.

20 Dejiny Bardejova (wie Anm. 10) 136f. - DANIEL, David P.: Ikonoklazmus v 16. storočí na Slovensku. In: Náboženské a sociálne hnutie v Uhorsku a v Čechách. Hg. v. Květa KUČEROVÁ und Eva TKÁČIKOVÁ, Bratislava 1995, 120-127.

Die Diskussion über die Benutzung der Bilder war ein Symptom für den tiefen theologischen Streit um die Auslegung der Lehre über das Beisein Christi im Abendmahl. Dieser Konflikt wurde von den Anhängern der sich bildenden lutherischen Orthodoxie und den sogenannten Kryptocalvinisten geführt. Zwar waren die Hauptakteure dieses Streites Theologen, doch konnten deren von der akzeptierten Konfession abweichende Standpunkte die gesamten Kirchengemeinden und Städte abermals in Gefahr bringen. Um den Laien, vor allem denjenigen, die über die Einladung und Annahme der Pfarrer abzustimmen hatten, die Orientierung in der verwirrenden Vielfalt der theologischen Ansichten zu erleichtern, publizierte Georg Creutzer sogar für sie ein „Handbuch" zur Identifikation „irriger Lehren"[21]. Zum Ausgangspunkt wurde jedoch die Annahme einer präziser definierten theologischen Konfessionsgrundlage in der Form der Konkordienformel und des Konkordienbuches, die im Reich bereits anerkannt waren. Hier wurden zwar die Standpunkte der lutherischen Lehre klar deklariert, de facto ging es aber um eine Erweiterung jener Konfessionstexte, die von den ungarischen Königen schon akzeptiert worden waren. Was die Annahme der Konkordie betrifft, so hielten sich mehrere Pfarrer mit Rücksicht auf die Städte, die Hauptsignatare der Konfessionen, reserviert[22]. Erst nach der unter dem Schutz des Palatins György Thurzó einberufenen Silleiner Synode wurden die Konkordienformel und das Konkordienbuch zu verbindlichen Normen, mit deren Hilfe die Reinheit des lutherischen Glaubens verkündet und bewahrt werden sollte[23].

Die Annahme der im Konkordienbuch verkündeten Bekenntnisse war jedoch nur eine Voraussetzung für einen erfolgreichen Einsatz der Laien in der Reformationsbewegung, die auch ihr Alltagsleben formte. Eine andere, nicht minder bedeutende Voraussetzung für ihr Engagement bei der Verwaltung der Kirchengemeinde war die passende Ausbildung, die dem jungen Menschen und künftigen vollberechtigten Mitglied des städtischen Organismus eine Orientierung in Fragen der Glaubenslehre anbot. Diese Aufgabe erfüllten die städtischen Lateinschulen sehr gut, die sich an Studienordnungen hielten, die sowohl Verhaltensnormen der Schüler und Lehrer als auch die Unterrichtsordnung definierten. Die Magistrate ließen ihren Pädagogen bei der Verfassung der Unterrichtsordnungen gewöhnlich freie Hand und forderten von ihnen lediglich die Verfassung der „ordo studiorum et leges disciplinae"[24]. Als Muster diente die durch Melanchthon begründete, in den ungarischen Städten allgemein als Vorbild dienende Schulordnung für Braunschweig-Wolfenbüttel, nach der die Erziehung der Jugend all-

---

21 DANIEL, David P.: The Reformation and Eastern Slovakia. In: Human Affairs 1/2 (1991) 172-186, hier 180f.

22 KVAČALA: Dejiny reformácie (wie Anm. 9) 124-130.

23 DANIEL, David P.: The Acceptance of the Formula of Concord in Slovakia. In: Archiv für Reformationsgeschichte 70 (1979) 260-277.

24 Die Initiative bei der Zusammenstellung mußte nicht unbedingt vom Magistrat, sondern konnte auch vom Pfarrer ausgehen. So war es im Fall von Neusohl, wo Matthias Freundt 1566 seine Schulordnung auf das Ansuchen der Stadtpfarrer zusammenstellte: „Auf E.N.W. Begehren und Erforderung durch den Herrn Pfarrherrn Geschehen". RUŽIČKA, Vladislav: Školstvo na Slovensku v období neskorého feudalizmu. Bratislava 1974, 281.

gemein „zum Wohle der ganzen Stadt“[25] erfolgen solle. Die Initiative für die Annahme solcher Ordnungen ging eher von seiten der Geistlichen aus, so daß die Magistrate die vorgelegten Ordnungen nur noch zu genehmigen hatten. Nur schrittweise setzte sich eine umgekehrte Vorgehensweise durch, bei der der Stadtmagistrat selbst eine Erstellung bzw. Ergänzung der Schulgesetze anregte[26].

Die Schulordnungen befaßten sich vor allem mit der Formulierung von Zweck und Organisation des Unterrichts. Während in den ältesten Ordnungen die von Melanchthon getroffene Teilung des Lehrstoffes in drei Klassen beibehalten wurde, wuchs deren Zahl bis zum Ende des 16. Jahrhunderts im allgemeinen auf fünf bis zehn an. Die Schulen, die ihren Schülern überdies auch Unterricht in Griechisch, Theologie und Philosophie anboten, überschritten bereits die Bildungs- und Erziehungsbedürfnisse der städtischen Jugend, so daß ihre Absolventen berechtigt waren, sich direkt um die Stelle eines Lehrers oder Pfarrers zu bewerben. In der Regel wurde ein dem reformatorischen Humanismus entsprechender Unterrichtsinhalt, so wie ihn Leonard Stöckel unter dem Einfluß Melanchthons und Johann Sturms formuliert hatte, akzeptiert[27]. Mit dem Kampf um die Reinheit des Glaubens und die Verträglichkeit einzelner Konfessionen kam im letzten Drittel des 16. Jahrhunderts jedoch gleichzeitig eine Diskussion über die Ausrichtung des Unterrichts und die Stichhaltigkeit der weltlichen Bildung auf. Diese Auseinandersetzung war in Ungarn von Anhängern des Anabaptismus angeregt worden[28]. Mehrere nun im Druck erscheinende Publikationen beinhalteten zum einen die Verteidigung der Schulen als städtische Institutionen und zum anderen die Befürwortung eines humanistisch bestimmten Bildungskonzepts, nach dem man Studenten auch Kenntnisse aus dem Bereich der weltlichen – allerdings von unerwünschten (z.B. epikureischen) Tendenzen gereinigten – Wissenschaften und Künste beibringen wollte[29]. Die Autoren dieser zur

---

25 Ebd., 98f.

26 So 1580 im Fall von Paulus Halvepapius aus Neusohl: „Ich M. Paulus Halvepapius, itziger Zeit ludirector, [...] aus Befehl und Forderung eines E.N.W. Rathes dieser Stadt diese Ordnung [...] überantworte.“ Ebd., 282.

27 RUŽIČKA: Školstvo (wie Anm. 24) 74-94. - Eine Edition der Schulordnungen aus der heutigen Slowakei bei VAJCIK, Peter: Školstvo, študijné a školské poriadky na Slovensku v 16. storočí. Bratislava 1967. - Für die ungarische Historiographie MÉSZÁROS, István: XVI. századi városi iskoláink és a „studia humanitatis“. Budapest 1981.

28 „Eine solche Einstellung vertreten jetzt Anabaptisten und andere Ungebildete, die sich eine schreckliche und barbarische Theologie ausgedacht haben, und man kann sie nicht belehren oder verbessern, weil sie folgendes Grundprinzip verkündigen: Den Gelehrten und wirklich gebildeten Leuten [...] darf man nicht vertrauen [...], für die Frömmigkeit brauchen wir nichts anderes als das, was in den Büchern Mose, bei den Propheten und in den Berichten der Apostel geschrieben steht“. Stöckels Vorwort zu den „Annotationes in Locos communes“ (Basel 1561), publiziert in slowakischer Übersetzung in: Od kráľovstva ducha ku kráľovstvu človeka. Hg. v. Mária NOVACKÁ, Bratislava 1986, 112-118, hier 114.

29 Den Standpunkt Stöckels vertraten auch Lucas Fabinus aus Poprad, der in Preschau wirkte (1571-1584), und Johannes Duchoň, der Rektor in Neusohl (1636-1637). - ŠKOVIERA, Daniel: Lukáš Fabinus Popradský a jeho apológia vzdelania a kultúry. In: Od kráľovstva ducha (wie Anm. 28) 157f. - MIKLEŠ, Ján: Reformačný humanizmus a vecný encyklopedizmus v diele Jána Duchoňa. Ebd., 177-194.

Verteidigung der Bildung verfaßten Schriften waren sich darin einig, daß die weltliche Obrigkeit, also die Stadt, die Hauptverantwortung für den Zustand der Schulen tragen müsse; sie appellierten daher an deren Repräsentanten, indem sie herausstellten, welche Bedeutung der Bildung und der Institution des Lehrers zukomme[30]. Sie bemühten sich freilich auch, die Ergebnisse der pädagogischen Arbeit zu demonstrieren, etwa mittels öffentlicher Prüfungen oder durch Aufführungen von Dramen an den Schulen, um auf diese Weise das Vertrauen der Magistrate und der Öffentlichkeit zu gewinnen.

Aus den erhaltenen Schulordnungen verschiedener Städte läßt sich erkennen, daß die Pflichten der Magistrate gegenüber den Schulen eigentlich bis zur Synode von Sillein und zur Einführung eines geregelten Schulverwaltungssystems nicht klar und eindeutig definiert worden waren (obwohl einzelne Schulordnungen, wie die von Modern 1594, diese Probleme schon behandelten) oder diese sich bloß auf ein Gewohnheitsrecht beriefen (so in Kremnitz für 1590 belegt)[31]. Die während der Preschauer Synode 1546 allgemein erklärte Pflicht der weltlichen Obrigkeit (in diesem Fall also der Magistrate), Schulen zu gründen und auch zu unterhalten, wurde in der Praxis vor allem in den Verträgen, die zwischen dem Magistrat und dem jeweiligen Lehrer abgeschlossen wurden, konkretisiert. Mit der Institution der Schulaufseher (sogenannte Scholarchen), deren Wahl dem Magistrat oblag, erhielt dieser jedoch die Möglichkeit, in die pädagogische oder didaktische Tätigkeit des Lehrers einzugreifen. Gerade in diesem Bereich setzte sich der Einfluß von Geistlichen immer stärker durch. Dies geschah trotz der Tatsache, daß der Magistrat weiter das Recht hatte, den Lehrer in seiner Funktion zu bestätigen bzw. aus der Schule zu entlassen. Ein Merkmal der Konsolidierung der kirchlichen Struktur und Organisation am Ende des 16. Jahrhunderts war auch die Verankerung der „söhnlichen" Unterordnung" der Lehrer unter die Pfarrer bzw. die kirchliche Obrigkeit in Gesetzesform. Zuerst ging es um die Statuten einzelner territorialer Organisationseinheiten der evangelischen Kirche (Seniorate), später, Anfang des 17. Jahrhunderts, auch um synodale Verordnungen. Die Disziplinierung der Lehrer erstreckte sich auch auf den Bereich der Ethik und der Glaubenslehre, denn sie waren verpflichtet, die synodalen Gesetze zu unterschreiben und deren Übereinstimmung mit dem Konkordienbuch zu erklären[32]. In diesem Zusammenhang kam es zu einer bedeutenden Verschiebung in der Ausübung der Kompetenzen der Magistrate als Schulgründer. Die Aufnahme des Lehrers war seither primär an die Zustimmung des Pfarrers gebunden, und die Kompetenzen für die Beaufsichtigung des Lehrers gingen auf die Organe der kirchlichen Verwaltung über[33].

---

30 So Fabinus in seinem „Exempla declinationum et coniugationum" (1573); slowakische Übersetzung ebd., 158-172. Duchoň betonte jedoch die Pflichten der Magistrate den Schulen gegenüber in „Cursus philosophici encyklopaedia" (1620); slowakische Übersetzung ebd., 338.

31 KRIŽKO, Pavel: Kremnické školstvo v rokoch 1527-1674. Bratislava 1975, 80-83. - RUŽIČKA: Školstvo (wie Anm. 24) 184.

32 KVAČALA: Dejiny reformácie (wie Anm. 9) 156.

33 RUŽIČKA: Školstvo (wie Anm. 25) 100f. Zum Charakter der Beziehungen zwischen den Pfarrern und Lehrern KVAČALA: Dejiny reformácie (wie Anm. 9) 100.

Es ist jedoch wahrscheinlich, daß die Magistrate die Schulen und deren renommierte Pädagogen vor allem in der Anfangsphase der Reformation als eine Art „Visitenkarte" der Stadt betrachteten. Wenn es auch nicht immer gelang, für die eigene Schule einen bekannten, möglichst in Wittenberg geschulten Pädagogen zu erhalten (dies versuchte man auch bei Priestern), so konnte man bei einem solchen doch zumindest um die Ausarbeitung einer Schulordnung anfragen[34]. Die Magistrate erwarteten von den ausgewählten Theologiestudenten, die sie vielfach bereits im Studium finanziell unterstützt hatten, daß sie zumindest eine bestimmte Zeit die Funktion des Lehrers ausübten[35]. Einzelnen „Prestigelehrern" gegenüber zeigten sie sich manchmal sogar nachgiebig: Leonard Stöckel z.B. wirkte 15 Jahre in Bartfeld, ohne daß er sich auch nur einer einzigen Kontrolle seiner Arbeit durch den Magistrat hätte unterziehen müssen[36].

Der Sozialstatus des Lehrers machte eine interessante Entwicklung durch. Aufgrund der häufigen Konflikte mit den Stadträten kann man annehmen, daß dieser Status im allgemeinen niedrig gewesen sein dürfte. Die Auseinandersetzungen entstanden vor allem in Verbindung mit der Auszahlung des festgelegten Lohnes[37]. Die Probleme hingen allerdings vorrangig mit der Verschuldung der Städte zusammen, die, bedingt durch die starke Steuerbelastung und die Finanzierung des gegen die Türken kämpfenden Heeres, außerordentlich hoch war[38]. Diese Umstände waren nicht gerade geeignet, die Erhebung und Einziehung verschiedener Abgaben sicherer zu machen. Die Lehrer befanden sich dennoch, besonders in der Phase zwischen der Konsolidierung der Reformation und dem Beginn der Rekatholisierung, innerhalb des städtischen Organismus auf einer ziemlich hohen Stufe der gesellschaftlichen Hierarchie, und ihr weiterer sozialer Aufstieg führte nicht immer zum Erwerb der Pfarrerstelle. Verdienstvolle Lehrer, die das Vertrauen einer

34 So im Fall von Käsmark, Preschau und des Bartfelder Lehrers Stöckel. RUŽIČKA: Školstvo (wie Anm. 24) 109, 120.

35 Bartfeld unterstützte auf diese Weise mehrere aus der Stadt stammende Studenten in Wittenberg, unter ihnen auch Stöckel und später dessen Sohn, ebenso Michael Radasins Sohn bzw. Martin Weigmann 1601-1603: Dejiny Bardejova. Košice 1975, 129f.- REZIK, Ján/MATTHAEIDES, Samuel: Gymnaziológia. Dejiny gymnázií na Slovensku. Bratislava 1971, 239. Ähnlich unterstützte auch Kremnitz 1562-1579 vier heimische Studenten und sogar lediglich durchreisende Scholaren. KRIŽKO: Kremnické školstvo (wie Anm. 31) 57. Die vom Stadtmagistrat unterstützte *peregrinatio academica* ist am besten in Leutschau dokumentiert, dazu die Briefedition: Löcsei stipendiánsok és literátusok. Bd. 1: Külföldi tanulmányutak dokumentumai 1550-1699. Hg. v. Tünde KATONA und Miklós LATZKOVITS, Szeged 1990. Leutschau unterstützte 1550-1650 rund 50 Studenten, davon je sieben in den Jahren 1550-1560, 1611-1620 und 1621-1630 und acht in den Jahren 1591-1600. In den übrigen Jahrzehnten sank ihre Zahl auf 3-5, in den stürmischen Jahren 1601-1610 sogar auf nur einen.

36 Stöckel klagte wörtlich über diese Tatsache in seinem Brief an den Bartfelder Magistrat (etwa 1554): Od kráľovstva ducha (wie Anm. 28) 99f.

37 Dazu die Klage des Fabinus von 1571: „Obwohl die Gehälter so genügsam sind, daß die Schulrektoren sich nur schwerlich des Hungers erwehren können, hören wir doch nicht auf, in der Seele zu jubeln, und Verluste vermindern wir durch unsere Hoffnung [...], daß der Gottessohn [...] alle Schwierigkeiten und die Quälerei, die die Lehrer in diesem Jammertal erdulden müssen, ersetze". Ebd., 165.

38 ŠPIESZ, Anton: Slobodné kráľovské mestá na Slovensku v rokoch 1680-1780. Košice 1983, 17-28.

Stadt genossen, wurden oft zu Mitgliedern der Magistrate königlicher Städte[39]. Da sich in der protestantischen Umgebung keine einheitliche Regelung der Funktionen eines Lehrers durchgesetzt hatte, bemühten sich die Städte gewöhnlich, die Qualität eigener Pädagogen durch Verleihung verschiedener Titel zu unterstreichen. Diese Titel standen also für pädagogische Tätigkeit. Manchen Lehrern wurde sogar erlaubt, ihre Kollegen bzw. Hilfslehrer selbst auszuwählen[40]. Auch die Gehaltshöhe war nicht immer die hauptsächliche Ursache der Unzufriedenheit der Lehrer mit der städtischen Obrigkeit; in den Bergstädten und in anderen bedeutenden Städten waren die Löhne z.B. verhältnismäßig hoch[41]. Die Lehrer wurden nicht selten als akzeptable Partner für eine Eheschließung mit Töchtern aus den bedeutendsten Bürgerfamilien angesehen. Sozial geschätzt waren vor allem ihre Bildung und die festdotierte Stelle[42]. Besonders in kleineren Städten oder Dörfern diente eine Lehrerstelle oft nur als Übergangsstation, von der aus man eine Position an einem bedeutenderen Ort oder eine Pfarrerstelle anstrebte. Durch die großzügige Unterstützung von Mäzenen oder dank der Initiative eines Lehrers konnten manche Schulen jedoch geradezu eine Vorbildfunktion einnehmen, was den städtischen Charakter eines ansonsten eher unbedeutenden Ortes beträchtlich zu erweitern vermochte[43].

Das Ausbildungsspektrum spiegelte sich in einer Buchkultur der Stadtbewohner von überraschender Qualität wider. Auf den ersten Blick scheint dieser Befund in Widerspruch zu der Tatsache zu stehen, daß auf dem Gebiet Oberungarns und Transdanubiens in der Zeit der Reformation zwar zehn Druckereien tätig waren, diese aber nur von

---

39 Das war der Fall bei Johann Bocatius in Kaschau, Johann Stöckel, dem Sohn von Leonard in Cibin, Johann Seredi in Preschau, Anton Platner und Caspar Kramer in Käsmark. Lehrer Johann Haunold aus Schemnitz wurde zum Stadtkapitän. REZIK/MATTHAEIDES: Gymnaziológia (wie Anm. 35) 263, 272, 283, 317f. In Bartfeld stiegen in die Posten der Senatoren Christoph Drescher (ab 1625), Daniel Matthaei (ab 1641) und Thomas Stauff (ab 1623) auf. Zu der Situation in Bartfeld MAREČKOVÁ, Marie: Skladba bardějovské městské rady v prvé polovině 17. století. In: Vývoj správy miest (wie Anm. 3) 141-147.

40 Die Auswahl der Kollegen durch die Rektoren der Schulen funktionierte z.B. in Deutsch Liptsche und Kremnitz. REZIK/MATTHAEIDES: Gymnaziológia (wie Anm. 35) 498. - KRIŽKO: Kremnické školstvo (wie Anm. 31) 36. - Ein Überblick über verliehene Titel bei RUŽIČKA: Školstvo (wie Anm. 24) 181f.

41 RUŽIČKA: Školstvo (wie Anm. 24) 183-185.

42 So heiratete der Rektor Martin Weigmann, selbst Sproß einer Patrizierfamilie in Bartfeld, die Tochter des Stadtrichters Leonard Glatz; der dortige *collega* Daniel Matthaei heiratete 1627 die Witwe des Patriziers Caspar Scherer. In die Familie Scherer heiratete 1639 auch ein anderer *collega* ein, Richard Günther, Sohn des Bartfelder Senators. MAREČKOVÁ: Skladba (wie Anm. 39) 137f.

43 Als typische Beispiele können die Fälle von Baan, Nehren, Bitsa und zahlreichen anderen Orten dienen, dazu REZIK/MATTHAEIDES: Gymnaziológia (wie Anm. 35) Kap. 1, 3. Demgegenüber hob der Rektor Johannes Duchoň aus Neusohl in seinem „Philosophischen Kurs" 1620 die Einrichtung der Schulen „in sehr ausgedehnten Städten" hervor; über Ungarn konstatierte er dabei allgemein, es brauche „hier nur ein Städtchen, einen Maierhof, eine Reihe von kleinen Häuschen" zu geben, „sofort findest du hier eine Schule": Od kráľovstva ducha (wie Anm. 28) 316, 326.

kurzer Lebensdauer waren und überdies eine niedrige Produktion aufwiesen[44]. Infolgedessen läßt sich in den nachweisbaren Buchsammlungen eine recht kleine Präsenz einheimischer Produktionen feststellen. Vor allem die Bergstädte waren Ziel von Kontaktaufnahmen und Geschäftsreisen ausländischer Buchhändler. Es war durchaus keine Seltenheit, aktuelle Ausgaben ausländischer Bücher zu besitzen[45]. Die Magistrate regulierten freilich schon Ende des 16. Jahrhunderts den öffentlichen Buchverkauf durch entsprechende Genehmigungsschreiben und schränkten darüber hinaus den Kreis der Personen, die Bücher verkaufen durften, ein[46]. Aus dem Buchhandel sollten besonders die Studenten ausgeschlossen werden; doch obwohl sämtliche Schulgesetze eine solche Klausel enthielten[47], blühte die Aktivität der Studenten in diesem Bereich. Als die Magistrate, wie z.B. im Fall der Stadt Kremnitz 1604, vor einer Verletzung dieses Verbotes warnten, verfolgten sie zwei Ziele: Einerseits waren sie bestrebt, die verlangte Reinheit der Lehre (im theologischen Sinn) zu wahren, andererseits die Interessen der Personen, die Stiftungen für den Einkauf der Lehrbücher gründeten, zu schützen. Gleichzeitig waren nämlich einige Mitglieder des Magistrats mit dem Einkauf der Bücher für die örtlichen Schulen und für den Bedarf der Pfarrer beauftragt worden[48].

Die Tätigkeit der Magistrate ging nicht selten noch weiter, sie waren sogar aktiv an der einheimischen Buchproduktion beteiligt. Vor allem dank der durch sie unterstützten Produktion von Katechismen und Grundlehrbüchern konnten noch vor Ende des 16. Jahrhunderts mehrere Druckereien ihre Arbeit aufnehmen. Diese Unternehmen profitierten gleichzeitig auch von der Produktion zahlreicher polemischer Schriften protestantischer Autoren. Besonders interessiert an der Tätigkeit einer Druckerei war der Magistrat in Bartfeld; er unterstützte offiziell das Unternehmen von David Guttgesell und half ihm 1584, das entsprechende Privileg, ohne das kein Drucker sein Handwerk ausüben durfte, von Erzherzog Ernst zu bekommen. Später half der Magistrat dem Betrieb auch, diese Vorrechte zu bewahren[49]. Der Erfolg dieser Druckerei wirkte inspirierend auf ähnliche

---

44 Es waren die Druckereien in Kaschau, Bartfeld, Preßburg, Plotzenstein, Freystadl, Rarbach, Sintau, Tyrnau, Komjathy und Neusohl. Weitere zehn Druckereien befanden sich in Siebenbürgen. DANIEL, David P.: Publishing the Reformation in Habsburg Hungary. In: Habent sua fata libelli, or, Books have their own destiny: Essays in honor of Robert V. Schnucker. Hg. v. Robin B. Barnes, Robert A. Kolb, Paula L. Presley (16th century essays and studies, 50). Kirksville 1998, 47-60.

45 1576 starb in Kremnitz der Buchhändler Dionysus Kramer aus Breslau. Als seine Auflage wurden 211 Bücher verschiedener Größen ermittelt. Kontakte mit Schemnitz pflegte der Buchdrucker Georg Stuffebach aus Tübingen. ČIČAJ, Viliam: Knižná kultúra na strednom Slovensku v 16.-18. storočí. Bratislava 1985, 65f. Die merkwürdige Qualität der Privatsammlungen beweist die Edition der Buchsammlungen der Institutionen und Privatsammlungen in Ungarn 1551-1750, veröffentlicht (noch nicht vollständig) in: Könyvtártörténeti füzetek 1-8 (1981-1997).

46 So Karpfen 1582, Kremnitz 1621.

47 KVAČALA: Dejiny reformácie (wie Anm. 9) 107.

48 KRIŽKO: Kremnické školstvo (wie Anm. 31) 255f. - ČIČAJ: Knižná kultúra (wie Anm.45) 66.

49 KUZMÍK, Jozef: Rozširovanie kníh a kníhkupectvo na Slovensku do polovice 17. storočia. In: Knižná kultúra na Slovensku v stredoveku a renesancii. Hg. v. Jozef KUZMÍK, Martin 1987, 61-72.

Unternehmen, z.B. in Kaschau und Leutschau, wo sich die städtische Obrigkeit, wenn auch nur kurzfristig, an der Leitung der dortigen Druckereien beteiligte. Die Magistrate traten auch als Verleger größerer Werke auf, wogegen kleinere Arbeiten von einzelnen Stadtbürgern verlegt wurden[50]. Mit der Verlagstätigkeit war gleichzeitig die Pflicht bzw. das Bestreben verbunden, die Werke zu zensieren. Die Magistrate achteten vor allem darauf, daß auf ihrem Gebiet keine Bücher publiziert wurden, die im Geiste des Antitrinitarismus und Anabaptismus geschrieben waren. So wollten sie verhindern, daß die sich zum Protestantismus bekennenden Städte kompromittiert wurden. Einen ähnlichen Standpunkt nahmen die evangelischen Magistrate gegenüber dem Verbreiten des Calvinismus ein, als sie dessen Predigern verboten, Bücher entsprechenden Inhalts zu publizieren[51].

Trotz der Beschränkungen beim Buchhandel und der Gründung einheimischer Druckereien, die gleichzeitig die Funktion von Buchhandlungen innehatten, blieben die Studenten bedeutende Vermittler der neuesten Buchproduktion – und zwar jene, die von Studien im Ausland zurückkehrten und nicht nur die wichtigsten Kompendien, sondern auch aktuelle Bucherzeugnisse mitbrachten[52]. Bis heute ist es aber nur in Einzelfällen gelungen, den Bibliotheksbestand der Absolventen deutscher Universitäten zu identifizieren oder zu beschreiben. Deren Zahl war ausgesprochen hoch, allein in Wittenberg studierten bis Ende des 16. Jahrhunderts rund 1 000 Personen aus dem ungarischen Raum, 360 davon stammten aus Oberungarn, dem Gebiet der heutigen Slowakei[53]. Die bisherige Erforschung von Testamenten und Nachlaßverzeichnissen, die für den angegebenen Zeitraum die einzigen Zeugnisse für die Existenz der einzelnen Bibliotheken darstellen, konzentrierte sich auf die Situation in den Bergstädten, die neben der Hauptstadt Preßburg die wichtigsten wirtschaftlichen und kulturellen Zentren waren. Ihre Lehrer und Prediger gehörten zu den Besitzern umfangreicherer Bibliotheken (über 50 Buchtitel). Die größten Sammlungen mit über 300 Buchtiteln sind zwischen 1550 und 1650 gerade bei den Lehrern in Schemnitz belegt, während Prediger, die gut bestückte Bibliotheken besaßen, vor allem in Neusohl bekannt sind[54].

---

50 Der Kaschauer Magistrat ermöglichte 1613 durch eine Gabe von 12 Gulden die Ausgabe der dreisprachigen „Confessio“ in 200 Exemplaren, Kremnitz 1645 die Ausgabe des Lehrbuches „Donatus“ in 500 Exemplaren zugunsten der armen Studenten. KUZMÍK, Jozef: Stredovekí a renesanční vydavatelia a cenzúra kníh na Slovensku. In: Knižná kultúra (wie Anm. 49) 45-60, hier 49. Beispiele der Unterstützung verschiedener Druckwerke von seiten des Magistrats von Kremnitz bei KRIŽKO: Kremnické školstvo (wie Anm. 31) 305-310. Diese Tätigkeit war jedoch an die Aktivität hervorragender Lehrer gekoppelt.

51 Der Fall des Preschauer, dem Calvinismus zuneigenden Predigers Sebastian Ambrosius-Lam, der seine Schriften in den Jahren 1591-1600 außerhalb Ungarns herausgeben mußte, sowie derjenige von András. Károli in Kaschau 1581 bei KUZMÍK: Vydavatelia (wie Anm. 50) 56f.

52 Einige Studenten verschuldeten sich wegen zu hoher Ausgaben für Bücher und mußten die Magistrate um finanzielle Hilfe bitten, oder sie kamen sogar ins Gefängnis, wie 1583 Konrad Henckel aus Leutschau: Löcsei stipendiánsok (wie Anm. 35) 81 (Brief 53) und 104 (Brief 68).

53 BARTHOLOMAEIDES, Johann Ladislaus: Memoriae Ungarorum, qui in alma condam universitate Vittebergensi [...] studia [...] confirmarunt. Pesthini 1817.

54 So 1595 Johann Haunold mit 334 Titeln und 1650 Peter Leonhardi mit 364 Büchern bzw. 1602 Johann Bitsacius mit 106 Titeln und 1610 Johann Halvepapius mit 268 Titeln. ČIČAJ: Knižná kultúra (wie Anm. 45) 31-49 (Tabellen).

Dieses Interesse an Büchern war auch der Grund für die steigende Zahl an Buchsammlungen, deren Inhaber neben Geistlichen hauptsächlich Mitglieder der Magistrate, Unternehmer, Händler und Beamte der Zentralbehörden waren. Eine Fallstudie über die Situation in den slowakischen Bergstädten zeigt, daß bis Mitte des 17. Jahrhunderts die Mehrzahl der Eigentümer aus diesen sozialen Schichten stammte. Danach ist eine größere Frequenz der Buchbesitzer aus dem bürgerlichen Mittelstand festzustellen[55]. Unter den Büchern dominierten Werke mit religiöser Thematik (gewöhnlich Kombinationen von Gebet- und Gesangbüchern, in seltenen Fällen auch polemische Werke). In den größeren Bibliotheken, die Angehörigen höherer bürgerlicher Schichten (Beamte, Bergbauunternehmer, Ärzte) gehörten, war der Anteil weltlicher Literatur überraschend hoch. Im Gegensatz dazu enthielten die kleineren Sammlungen überwiegend religiöses Schrifttum[56]. Die Bibel als das Hauptsymbol des evangelischen Glaubens nahm unter den Büchern eine Sonderposition ein; oft wurde sie in den Verzeichnissen größerer Bibliotheken mit umfangreichen Beständen an religiöser Literatur nicht vermerkt. Denn die Bibel symbolisierte zugleich die familiäre Tradition, und oft blieb ihr in den Haushalten eine Sonderstellung vorbehalten. In Nachlaßverzeichnissen erscheinen deshalb meistens nur Ausgaben größeren Formats, in repräsentativen Einbänden, oder Exemplare von höherem Wert[57].

Daß der Anteil deutscher Titel unter den Büchern recht hoch war, bedeutet nicht, daß die nicht-deutschsprachige Bevölkerung ihren Bedarf an Büchern nicht befriedigen konnte. Die Produktion der Druckwerke in den Sprachen Ungarns war allerdings ziemlich ungleichmäßig. Die heimischen Drucker orientierten sich an dem finanzkräftigen deutschsprachigen Bürgertum, das seinerseits dank ausgedehnter geschäftlicher Kontakte mit den deutschen Städten die Möglichkeit besaß, in direkte Beziehungen zu den dortigen Druckereien zu treten. Die ungarischen Protestanten, insbesondere die in Oberungarn, waren innerhalb kürzester Zeit vor die Aufgabe gestellt, die Hauptwerke der protestantischen Glaubenslehre in Sprachen zugänglich zu machen, die in der massenweisen Buchproduktion zuvor nicht benutzt worden waren. Mit Hilfe der protestantischen Druckwerke wurden gerade im Fall der Ungarn Grundsteine für die Entwicklung ihrer Schriftsprache gelegt[58].

Im Fall der Slowaken erlebte die Sprachenfrage eine interessante Entwicklung. Während der Reformation hatten sie die tschechische Agende und Bibelübersetzungen,

---

55 Ebd., 31-49.

56 Ebd., 70f. und Tabellen. Es ist jedoch schwierig, das Verhältnis einzelner Gattungen zueinander anzugeben, weil die üblicherweise benutzten Kanzionale, Katechismen oder Gebetbücher ohne Bestandwert überhaupt nicht in die Verzeichnisse eingeschrieben werden mußten.

57 ČIČAJ, Viliam: Biblie v meštianskom prostredí stredného Slovenska v období novoveku. In: Slovenská kresťanská a svetská kultúra. Hg. v. Jana SKLADANÁ, Bratislava 1996, 9-29.

58 KOVÁCS, Endre: Die Wirkung der deutschen Reformation auf die Entwicklung der ungarischen Sprache und Literatur. In: Reformation und Nationalsprachen. Hg. v. Burchard BRENTJES und Burchard THALER, Halle-Wittenberg 1983, 128-155. - Allgemein PÉTER, Katalin: Hungary. In: The Reformation in National Context. Hg. v. Bob SCRIBNER, Roy POTTER und Mikuláš TEICH, Cambridge 1994, 155-167.

die in einem verständlichen, sprachlich rezipierbaren Tschechisch hergestellt worden waren, akzeptieren können. Die durch die Liturgie und die Heilige Schrift „sakralisierte" Sprachform (Sprache der Kralitzer Bibel) wurde auch für die Druckerzeugnisse der slowakischen Protestanten zur verbindlichen Norm und erwarb den Status einer Muttersprache. Die Beherrschung der Bibelsprache wurde zum Indikator der Bildung, obwohl in der alltäglichen Kommunikation die lokalen Dialekte weiter gebräuchlich waren. Der der alten Kirche anhängende Teil der Bevölkerung, dessen Zahl und Bedeutung mit der fortschreitenden Rekatholisierung zunahm, benutzte auch weiterhin in gedruckten Texten kultivierte Dialektformen. Unter diesen Mundarten wurde der westslowakische Dialekt vorherrschend, der während des 17. Jahrhunderts dank einer umfangreichen Produktion der Tyrnauer Universitätsdruckerei zum erstenmal die Form einer Schriftsprache annahm. Die Gründung von Seminaren für den katholischen Klerus gerade in westslowakischen Städten war dabei möglicherweise auch von Bedeutung. Diese Einrichtungen konzentrierten sich nämlich gerade auf das westliche Oberungarn um Skalitz, Trentschin und Tyrnau. In der katholischen Umgebung kam es schrittweise dazu, daß die lebendige, gesprochene Sprache des genannten Gebietes eine normierte und anerkannte Form gewann. Bei den Protestanten dagegen wurde bis zur Mitte des 19. Jahrhunderts das Tschechische in der Form gepflegt, wie es die Heilige Schrift und die religiöse Literatur aus dem 16. und 17. Jahrhundert vorgaben. Die Konfession identifizierte sich also im Fall der Slowaken mit der Form der Sprache, und damit auch mit der Heterogenität historischer Traditionen und kultureller Beziehungen. Für die konfessionell gespaltene Ethnie brachte das schwerwiegende Folgen in der späteren Entwicklung der Nationalbewegung im 18. und 19. Jahrhundert mit sich.

Die Möglichkeit, eigene Kirchengemeinden zu gründen, regte zugleich die Entwicklung einzelner Ethnien an, obwohl mehrere Städte schon vor der Reformation, bedingt durch den Zustrom nichtdeutscher Bevölkerung seit dem 15. Jahrhundert, slowakische und ungarische Prediger engagiert hatten[59]. Dieser Zustrom stand einerseits mit der Entwicklung der ungarischen Städte in Zusammenhang, andererseits mit den Migrationsbewegungen nach der Schlacht bei Mohács 1526. Infolge der Verbreitung der neuen Lehre und für die praktische theologische Arbeit war es notwendig, den Gläubigen zumindest Übersetzungen der lateinisch verfaßten Bekenntnisschriften zu bieten; die Geistlichen benötigten überdies die Agenden in der jeweiligen Sprache, die Schüler den Katechismus, das Grundhandbuch der Glaubenslehre[60]. Die Magistrate stimmten ohne Einwände der Berufung von Priestern für bestimmte Ethnien und deren Bezahlung zu.

---

59 Slowakische Prediger sind in Schemnitz seit 1475 nachgewiesen, in Bartfeld vor 1519, in Kaschau lange vor 1531, in Cibin vor 1481, in anderen freien königlichen Städten (Neusohl, Tyrnau, Kremnitz, Leutschau, Preschau u.a.) ist ihre Existenz nach späteren Dokumenten zu vermuten. Das gilt auch für die ungarischen (magyarischen) Prediger in Preßburg, Kaschau und Preschau. ULIČNÝ, Ferdinand: K výskumu národnostnej štruktúry stredovekých miest na Slovensku. In: Národnostný vývoj miest na Slovensku do roku 1918. Hg. v. Richard MARSINA, Martin 1984, 153-162.

60 KVAČALA: Dejiny reformácie (wie Anm. 9) 114 Anm. 2. - PETRÍK: Chrámové agendy (wie Anm. 12) 35-45. Das erste in slowakischer (bzw. tschechischer) Sprache erschienene Buch in

Eine regelmäßige Teilnahme am Leben der Kirchengemeinden war nicht ohne Bedeutung für die Entfaltung des ethnischen Bewußtseins ihrer Mitglieder, zumindest bei jenen, die z.B. in Konventen saßen. Das gestärkte Selbstbewußtsein spiegelte sich in den Forderungen der „slowakischen" oder „magyarischen" Partei nach einer stärkeren Vertretung in den Organen der Stadtverwaltung wider. In mehreren Städten Oberungarns kam es wegen städtischer Vorrechte zu ethnisch gefärbten Konflikten[61]. Die Situation sollte die Annahme des Gesetzesartikels 13 aus dem Jahre 1608 beruhigen. Es verankerte das schon früher bekannte, jedoch nur selten applizierte Prinzip einer wechselnden Wahl der Magistratsfunktionäre aufgrund der jeweiligen ethnischen Zugehörigkeit[62]. Die abwechselnde Wahl nach dem Kriterium der Ethnie setzte sich z.B. in Karpfen 1611 durch, in Neusohl nach scharfen Auseinandersetzungen 1651 (in beiden Fällen zwischen Deutschen und Slowaken), in Rosenau vor 1670 (zwischen Deutschen und Magyaren)[63]. In den anderen Städten verlief dieser Prozeß der Änderungen in der ethnischen Zusammensetzung jedoch kontinuierlich und ohne nennenswerte Konflikte, so daß man das Gesetz nicht als Norm annehmen mußte[64].

Die Änderungen in der ethnischen Zusammensetzung der Bevölkerung der oberungarischen Städte waren nicht die einzigen, die man im Rahmen des Bürgertums beobachten kann. Zu einem wichtigen Prozeß mit Folgen für die politische Identität der städtischen Gemeinschaft wie der Einzelpersonen wurde der Rekatholisierungsdruck, den der Staat und seine Organe wie z.B. die Ungarische Hofkammer oder die der Dynastie ergebenen Grundherren in ihren Städten entfalteten[65]. Die Städte mit überwiegend nichtkatholischer Bevölkerung lehnten es ab, sich dem Diktat der Staatsmacht zu unterziehen und die Stadttore für die Ansiedlung katholischer Institutionen (Orden, Schulen, Bruderschaften) und Würdenträger zu öffnen; und sie wehrten sich gegen den Einzug

---

der Slowakei war die Übersetzung von Luthers Katechismus, die 1581 in Bartfeld herausgegeben wurde.

61 MARKOV, Jozef: Odraz politických zápasov v obecnej správe Banskej Bystrice v 16.-19. storočí. Bratislava 1973. Die Stadt führte sogar bei der Buchhaltung zwei Bücher – in deutscher und in slowakischer Sprache: Štátny okresný archív Banská Bystrica, sign. Rechnungsbücher No. 248 und 249.

62 Der erste bekannte Beleg ist das „Privilegium pro Slavis" (für Slowaken) aus Sillein vom Jahre 1381. Die abwechselnde Wahl wurde aufgrund einer Entscheidung Ferdinands I. von 1551 auch in Tyrnau praktiziert (bis 1690); dazu MARSINA, Richard: Výsady pre žilinských Slovákov z roku 1381. In: Národnostný vývoj (wie Anm. 59) 13-39. - Dejiny Trnavy. Trnava 1988, 100-103.

63 LUKÁČ, Andrej: K dejinám mestskej správy v Rožňave koncom 14. a v prvej polovici 18. storočia. In: Vývoj správy miest (wie Anm. 3) 279-286, hier 279f.

64 Diese Feststellung gilt auch für die Bergstädte, wo es trotz des größeren Anteils deutscher Bevölkerung allmählich zu einer stärkeren Vertretung von Slowaken in den Stadträten kam. VOZÁR, Jozef: Národnostné pomery v stredoslovenských banských mestách v období neskorého feudalizmu. In: Národnostný vývoj (wie Anm. 59) 188-206. - DERS.: Národnostné zápasy v stredoslovenských mestách a slovenské národné povedomie od 16. do polovice 18. storočia. In: Historický časopis 28 (1980) 554-577.

65 Über die Rolle des hohen Adels im Entstehungsprozeß der Habsburgermonarchie EVANS, Robert J. W.: The Making of the Habsburg Monarchy, 1550-1700. Oxford 1979, 235-273 (für die Situation in Ungarn).

katholischer Mitbürger in die Stadträte[66]. Der Hof griff nicht nur mittels strikter Durchsetzung seines Patronatsrechts ein[67], sondern verstärkte notfalls auch den wirtschaftlichen Druck, zumal dieses Vorgehen sehr viel wirksamer war als die Delegierung königlicher Kommissare zur Wahl der Magistratsmitglieder[68]. Der wirtschaftliche Druck reichte von der Erneuerung der Klostergebäude und Schulen auf Kosten des Erars bis zum direkten Ankauf von Grundstücken und Häusern. Man stützte sich auf das Recht der ungarischen Könige, die die von ihnen begnadeten Städte für „peculium sacrae coronae" hielten[69]. Bis zur Mitte des 17. Jahrhunderts gelang es, das Netz der katholischen Orden in den freien königlichen Städten zu erneuern; danach wurde auch ein umfassendes katholisches Schulwesen etabliert, das im Unterschied zum evangelischen Schulwesen auch die Universitätsstufe einschloß (seit 1635 in Tyrnau, 1665 in Kaschau).

Allgemein läßt sich jedoch konstatieren, daß die Mitte des 17. Jahrhunderts noch keinen grundsätzlichen Wendepunkt für die konfessionelle Zusammensetzung der Städte bedeutete; noch nutzte die Staatsmacht nicht alle Mittel, die sie später gegen alle nichtkatholischen Konfessionen anwandte. Solche Maßnahmen bestanden z.B. darin, den Erwerb und die Ausübung der Bürgerrechte zu beschränken oder diese an bestimmte Bedingungen zu knüpfen, eine unterschiedliche Jurisdiktion einzuführen oder bei Verletzung religiöser Pflichten wirtschaftliche Sanktionen zu erlassen[70]. Die politische Situation des schon seit Jahrzehnten in die Türkenkriege verwickelten Ungarn ermöglichte es, daß die nichtkatholische Bevölkerung mindestens teilweise ihre Religionsfreiheit verteidigen konnte; die Masse der gegen sie gerichteten Maßnahmen wurde daher erst nach der Zurückdrängung der Osmanen, um die Wende vom 17. zum 18. Jahrhundert, wirksam. Die Erfahrung, daß Gesetze und vom Landtag wie vom Landesherrn sanktionierte Normen verletzt werden konnten, prägten in hohem Maße die Mentalität und das Zusammengehörigkeitsbewußtsein der Protestanten, für die die Integrität und Reinheit der Lehre zum bedeutendsten Wert und Wehrmittel gegen den äußeren Druck wurden. Im multiethnischen Milieu der ungarischen Städte wurde die Konfessionszugehörigkeit zu einem der wichtigsten Wesens- und Identitätsmerkmale.

---

66 Konkrete Beispiele aus Kaschau, Kremnitz, Komorn oder Preßburg bei ŠPIESZ: Slobodné kráľovské mestá (wie Anm. 38) 14f.

67 Dazu Anm. 6. - Die andere Form könnte die Verletzung gültiger Gewohnheiten und Vorrechte zugunsten der katholischen Wähler bei der Wahl der Magistratsmitglieder gewesen sein.

68 Die ersten Versuche in diese Richtung sind in Preßburg 1631 nachweisbar. Zur Gewohnheit wurde diese Funktion seit den siebziger Jahren des 17. Jahrhunderts; die Kommissäre hatten jedoch nicht so große Befugnisse und Erfolge wie in Böhmen, dazu ŠPIESZ, Anton: Panovnícka moc a mestská samospráva vo východne časti strednej Európy za feudalizmu. In: Historický časopis 24 (1976) 497-515.

69 Diese Entwicklung war jedoch an die Ausgabe der Gesetze gebunden, die den Anschein des rechtlichen Fortgangs erwecken sollten; dies war der Fall in Kaschau und Kremnitz. Dazu ŠPIESZ: Slobodné kraľovské mestá (wie Anm. 38) 14.

70 Einen Überblick über die gegen die ungarischen Nichtkatholiken gerichteten Maßnahmen vermittelt die Verteidigungsschrift von MOLNÁR, Johann: Intoleranz des katholischen Klerus gegenüber den ungarischen Protestanten. Gedruckt im protestantischen Deutschlandt [Preßburg] 1792.

367 – 391

STÄNDE, GRUNDHERRSCHAFT UND KONFESSIONALISIERUNG IN SIEBENBÜRGEN. ÜBERLEGUNGEN ZUR SOZIALDISZIPLINIERUNG (1550-1650)

Krista Zach

Einführung

Ferdinand I. hatte nach der Schlacht bei Mohács aus der ihm zustehenden Erbmasse – im Sinne der 1491 zu Preßburg und 1515 auf dem Wiener Fürstentag geschlossenen Verträge – neben Böhmen, Mähren und Schlesien auch die beiden Lausitzen erhalten. Vom ererbten Ungarn hat er als dessen König[1] nur das bald als Königliches Ungarn[2] bezeichnete Gebiet erringen können, Ostungarn dagegen – Siebenbürgen, das Banat und die Partes-Komitate – niemals dauerhaft zu halten vermocht. Die Macht der vor Mohács starken, selbstbewußten ungarischen Stände wurde im Westen nach 1556 durch die Wiener Zentralmacht allmählich wieder zurückgedrängt. Im Unterschied zu Ferdinand, der 1526 den Wahlkapitulationen der ungarischen und der böhmischen Stände hatte nachgeben müssen[3], betrachtete etwa Rudolf II. das Königliche Ungarn 1604 als „seinen eigenen Besitz"[4] und setzte sich besonders in der Religionsfrage[5] über den Ständewillen des Reichstags hinweg. Während die alte Kirche seit der Jahrhundertwende, zunächst beim fast durchweg zum Luthertum stehenden magyarischen Hochadel, Erfolge erzielte[6],

---

1 1526-1564, neben dem ebenfalls gewählten König Johann I. Zápolyai (1525-1540); seit 1556 auch römischer Kaiser.

2 Auch Habsburgisches Ungarn, ein Gebietsstreifen entlang der ungarischen Westgrenze und im Nordosten bis Kaschau verlaufend.

3 BENDA, Kálmán: Absolutismus und ständischer Widerstand in Ungarn am Anfang des 17. Jahrhunderts. In: Südost-Forschungen 33 (1974) 85-124, hier 89-96.

4 Ebd., 87: Äußerung des kaiserlichen Gesandten Giaccomo Barbiano Graf von Belgioioso, Kapitän von Kaschau, an die Stände von Oberungarn am 8.9.1604 (Reichstag zu Gálszécs). Sich selbst bezeichnete er dort als „Diener", die Ständeherren als „Leibeigene" Rudolfs II.

5 Ebd., 85f., 103-106, 113. Ebenfalls 1604 hatte Rudolf II. auf dem vorangegangenen ungarischen Reichstag zu Preßburg Art. 22 (betreffend ein Verbot, sich auf Reichstagen mit Religionsanliegen zu befassen) durchgesetzt, den die Stände unter Berufung auf ältere Rechtsnormen ablehnten.

6 Ebd., 103: Um 1600 waren etwa 90 Prozent des gesamten ungarischen Adels protestantisch; dazu KUBINYI, András: Landesherr, Reichstag bzw. Landtag und Komitatsversammlungen in Ungarn und Siebenbürgen 1542-1681. In: Ständefreiheit und Staatsgestaltung in Ostmitteleuropa. Übernationale Gemeinsamkeiten in der politischen Kultur des 16.-18. Jahrhunderts. Hg. v. Joachim BAHLCKE, Hans-Jürgen BÖMELBURG und Norbert KERSKEN, Leipzig 1996, 81-94. - BAHLCKE, Joachim: Geistlichkeit und Politik. Der ständisch organisierte Klerus in Böhmen und Ungarn in der frühen Neuzeit. Ebd., 162-185, hier 170f., 174f.

festigte sich im Osten des ehemaligen Reiches der Stephanskrone, in einem neuen Staat – dem autonomen Fürstentum Siebenbürgen unter osmanischer Oberhoheit – der ständische Dualismus. Politisch und sozial blieb dieser Staat im 16. und 17. Jahrhundert weitgehend traditionell ständisch, aber auch dominant protestantisch. Der breite zentralungarische Mittelkeil war 1541 von Süleyman dem Prächtigen erobert und dem Osmanischen Reich einverleibt worden. Das hatte weitreichende Folgen für Grundbesitz, Bevölkerungsmigration, Verwaltung und Konfessionslage[7]. Hier zeigt sich nach 1541 bzw. 1552 vielfach ein unüberschaubares, unstabiles Gemenge alter und neuer Strukturen.

Was im Vergleich zum Habsburgischen Ungarn, zuletzt mit dem Bocskay-Aufstand (1604), am königlichen Einspruch aus Wien, Preßburg oder Prag scheiterte, wurde in Siebenbürgen zum festgeschriebenen Grundgesetz. Es bedurfte nur etwa dreier Jahrzehnte, von 1538 bis 1572, zur Klärung neuer Gruppenbildungen im Sinne einer mehrkonfessionellen Differenzierung, die sich über eine seit dem Mittelalter ausgeformte ständestaatliche Struktur legte und weiter ausformte. Fortan galt neben korporativen ständischen Rechten und Prärogativen des Herrschers eine konsensbedingte „Religionsfreiheit"[8], die Fürst wie Landstände gleicherweise verpflichtete. Von Fürst István Báthory[9], der einer katholischen Rekonvertitenfamilie aus dem Partium entstammte, ist der Ausspruch „Rex sum populorum, non conscientiarum"[10] überliefert. Aus dem Mund des Herrschers über zwei überwiegend protestantische Ständestaaten in Ostmitteleuropa ist dies eine wahrhaft prägnante Formulierung; sie trifft den gegen Ende des 16. Jahrhunderts bestimmenden Zeitgeist in der Region. In Siebenbürgen gab es im 16. und 17. Jahrhundert zwar Bürger-, aber keine Glaubenskriege.

Der südöstlichste Teil Ungarns war im Mittelalter die Wojewodschaft Siebenbürgen. Etwa zwischen 1538 und 1556 entstand – mit Siebenbürgen als Kerngebiet – ein neuer, territorial ausgedehnterer Staat gleichen Namens. Sein Autonomiestatus (dar ul-'ahd) bemaß sich nicht nach abendländischen Vasallitätsnormen, sondern nach

---

7 Einige Missionsberichte an die Propaganda-Kongregation in Rom enthalten dazu mosaiksteinartige Informationen, die zu Fragen der Konfessionalisierung noch nicht systematisch ausgewertet wurden: Relationes missionariorum de Hungaria et Transilvania (1627-1707). Hg. v. István TÓTH, Roma-Budapest 1994. - ZACH, Krista: Die bosnische Franziskanermission im südöstlichen Niederungarn. München 1979. - Eine Forschergruppe an der Universität Szeged gibt seit den achtziger Jahren in rascher Folge „Materialien zur Geschichte der Geistesströmungen des 16. bis 18. Jahrhunderts in Ungarn, Nachdrucke und neue Quellen" heraus. Darunter sind die Jesuiten-Berichte über Siebenbürgen: Bd. 7 (Giovanni Argenti), Bd. 27 (Arator/Szántó István) und Bd. 34 (Documenti gesuiti), die ältere Editionen vorteilhaft ersetzen.

8 Näheres vgl. in diesem Kapitel S. 374-378. Besonders für das Fürstentum Siebenbürgen, aber auch für Polen, wird hierfür häufig der Begriff „religiöse Toleranz" verwendet (vgl. Anm. 34). Das ist insofern unrichtig, als diese Formulierung und der Begriffsinhalt ins 18. Jahrhundert gehören.

9 Er war Fürst Siebenbürgens (1571-1586) und seit 1575 auch König von Polen.

10 Zit. nach JEKELI, Hermann/BINDER, Ludwig: Die Bischöfe der Evangelischen Kirche A. B. in Siebenbürgen. Bd. 1-2, Hermannstadt 1933 (ND Köln-Wien 1978-1980), hier Bd. 1, 71.

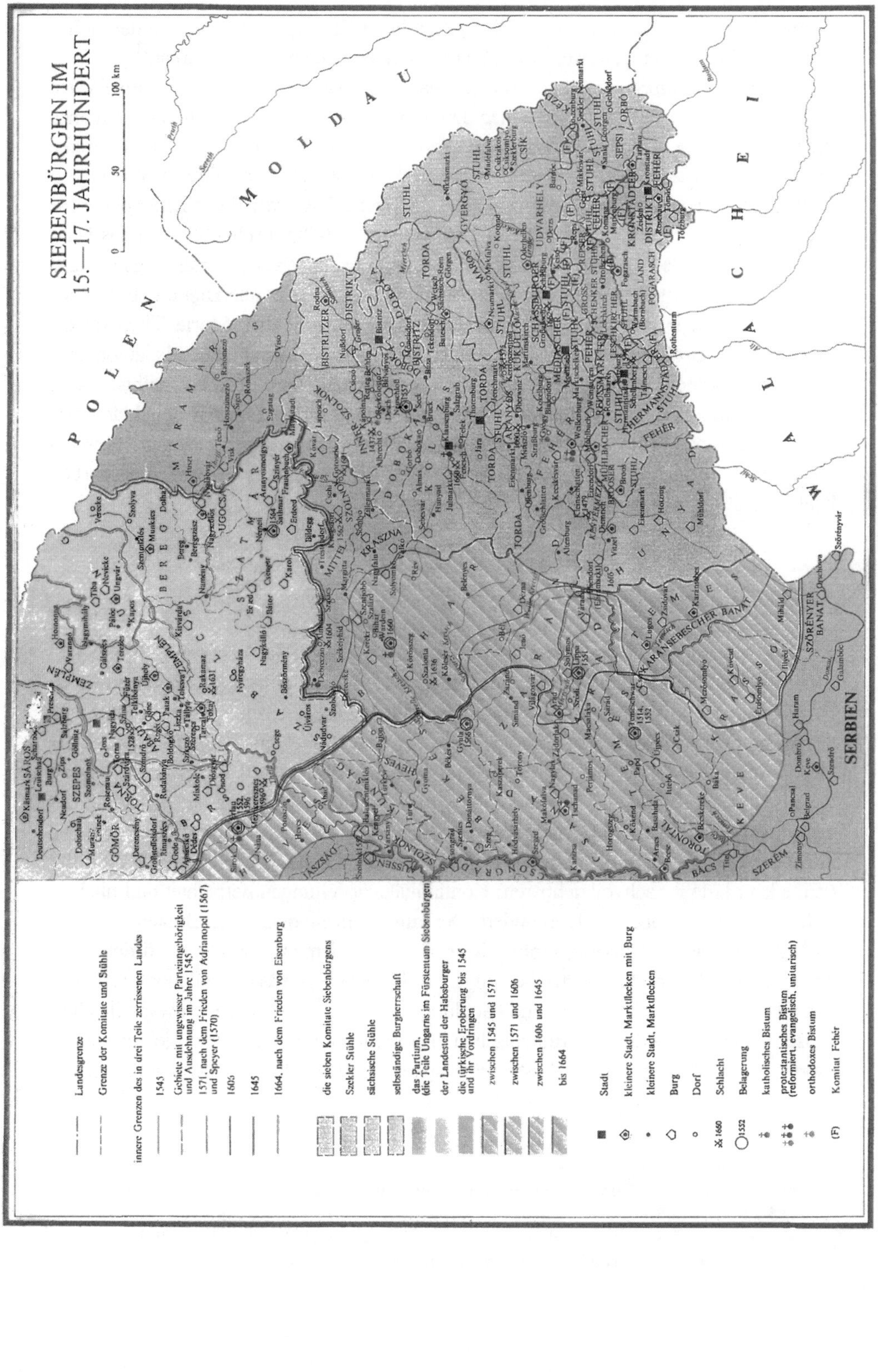
SIEBENBÜRGEN IM 15.—17. JAHRHUNDERT
0 50 100 km
POLEN
MOLDAU
WALACHEI
SERBIEN
Landesgrenze
Grenze der Komitate und Stühle
innere Grenzen des in drei Teile zerrissenen Landes
1545
Gebiete mit ungewisser Parteiangehörigkeit und Ausdehnung im Jahre 1545
1571, nach dem Frieden von Adrianopel (1567) und Speyer (1570)
1605
1645
1664, nach dem Frieden von Eisenburg
die sieben Komitate Siebenbürgens
Szekler Stühle
sächsische Stühle
selbständige Burgherrschaft
das Partium, (die Teile Ungarns im Fürstentum Siebenbürgen)
der Landesteil der Habsburger
die türkische Eroberung bis 1545 und ihr Vordringen
zwischen 1545 und 1571
zwischen 1571 und 1606
zwischen 1606 und 1645
bis 1664
Stadt
kleinere Stadt, Marktflecken mit Burg
kleinere Stadt, Marktflecken
Burg
Dorf
1660 Schlacht
1552 Belagerung
katholisches Bistum
protestantisches Bistum (reformiert, evangelisch, unitarisch)
orthodoxes Bistum
(F) Komitat Fehér

islamischem Recht und wurde von Zeit zu Zeit durch Vertragserneuerung mit der Hohen Pforte ('ahdname) geregelt, was kleine Statusveränderungen bewirken konnte[11].

Das Fürstentum Siebenbürgen war ein Staat mit „wandernden Grenzen" im Westen und im Norden, der als Puffer zwischen den Imperien der Habsburger und der Osmanen die Region vorübergehend zu stabilisieren vermochte. Wie es nur eine Karte illustrieren kann[12], verlor das Fürstentum immer wieder Komitate und Distrikte an die beiden Großmächte. Siebenbürgen war kurzfristig in Personalunion sowie durch Kriegsbündnisse auch mit Polen liiert und kam mit den Türkenkriegen 1688/90 schließlich an das Haus Habsburg. Damals wurden regionale Landesgesetze in einem verfassungsmäßigen Grundvertrag, dem Diploma Leopoldinum (1691), vom Kaiser anerkannt, und in Wien wurde eine eigene aulische Kanzlei eingerichtet; 1765 ernannte Maria Theresia die Provinz zum Großfürstentum. Siebenbürgens 160jährige Geschichte als autonomes Fürstentum ordnet sich in einen breiter zu fassenden Kontext ein. Nationalhistorische Vereinnahmung von ungarischer und rumänischer Seite kann sie ebensowenig klären wie eine rein regionale, auf ethnische oder konfessionelle Einzelgruppen bezogene Betrachtungsweise, die auch in der älteren Historiographie der Siebenbürger Sachsen nach 1867 häufig anzutreffen ist.

Rechtsstatus, Außenpolitik

Die ungarischen Stände waren weder 1491 noch 1515 vom Haus Habsburg in die Verhandlung der Heirats- und Erbverträge bezüglich Ungarns einbezogen noch an ihnen beteiligt worden. Sie weigerten sich fortan beharrlich, diese „Familien"-Verträge bzw. die Gültigkeit der habsburgischen Erbfolge anzuerkennen. Als ehemaligem Territorium der Heiligen Stephanskrone, die nach 1526 und nach 1541 für viele Ungarn und *Hungari,* damals und später, als Emblem und symbolhafte Leitvorstellung an den Platz der verlorenen Staatlichkeit trat, wurde diesem Gebiet eine besondere Rolle zugewiesen. Die kurze Geschichte des innenpolitisch autonomen Fürstentums Siebenbürgen wurde mit (heute kaum mehr nachvollziehbaren) Kontinuitätsvorstellungen befrachtet und blieb es selbst noch im 19. und 20. Jahrhundert. Derartige Vorstellungen beeinflußten zum Teil auch die ungarische Historiographie. Man dachte und man wünschte sich den unter ungarischen Fürsten stehenden ehemaligen südöstlichen Staatsteil außenpolitisch von den Großmächten unabhängiger und handlungsfreier, als er es tatsächlich war. Gleicherweise wurde und wird in der rumänischen Historiographie die „Autonomie" dieses der Pforte gegenüber souveränen Fürstentums als ein staatsrechtlicher Akt der Lossagung

---

11 FENEŞAN, Cristina: Constituirea Principatului autonom al Transilvaniei. Bucureşti 1997, 185-224, 234-245.

12 Vgl. Karte S. 369, entnommen aus: Kurze Geschichte Siebenbürgens. Hg. v. Béla KÖPECZI, Budapest 1990, 288f., sowie Korrekturen zur Karte, ebd. 745, Nr. 14.

vom Königreich der Stephanskrone interpretiert, um es zum sogenannten „dritten rumänischen Land“ werden zu lassen[13].

Das Fürstentum Siebenbürgen ging, historiographischer Konstrukte ungeachtet, einige regionale Sonderwege und machte Entwicklungen durch, die hier Langzeitwirkung erlangten[14]. Siebenbürgen und eine sich bald wieder verringernde Zahl von ostungarischen Komitaten[15] konstituierten sich im Karpatenbecken zwischen 1538 bzw. 1541 und 1556 in langwierigen, zähen Verhandlungen mit der Hohen Pforte staatsrechtlich neu zu einem Ständestaat mit Autonomie im Innern unter osmanischer Schutzherrschaft (Oberhoheit)[16]. Diese außenpolitische Weichenstellung hatte der Wojewode Siebenbürgens und seit 1526 einer der beiden gekrönten Könige Ungarns, János Szápolyai, eingeleitet. Sie lief nicht zuletzt auf ein Abstandhalten von den Habsburgern hinaus und wurde schon deswegen von manchen ungarischen Magnaten wie István Maylád, Péter Petrovics oder Mihály Csáki vertreten.

Es erstaunt nicht, daß sich das Fürstentum Siebenbürgen außenpolitisch immer wieder neutral zeigte. Gelegentlich griff man politisch auf die erbvertragsmäßig gegebene Bindung an Habsburg zurück und hielt damit gewisse Optionen im Sinne der abendländischen Zugehörigkeit dieser Region offen. Dazu gehörte 1556 die Rückgabe der Stephanskrone an König Ferdinand durch Szápolyais Witwe Isabella. Man schloß mit Wien Gefolgschaftsverträge, die Erbfolge bestätigend[17], es finden sich aber auch gegenteilige Verhaltensmuster – des Locumtenens Martinuzzis Geheimverhandlungen mit der Pforte und die Regelungen zur Gefolgschaft Siebenbürgens nach islamischem Recht (1541, 1556) – kurzum: Man versuchte beständig, sich mittels diplomatischer Pendel-

---

13 Maßvoll, aber auch widersprüchlich ebd., 261f., 267f.: „Die Herrscher Siebenbürgens und die Stände, in deren Namen sie die Macht ausübten, bestanden hartnäckig auf der Idee der Zugehörigkeit ihres Staates zu Ungarn. Ihre Politik [...] diente daher ganz allgemein ungarischen und nicht spezifisch siebenbürgischen Interessen.“ Etwa gegenteilig lauten Zuordnungen rumänischerseits: das Fürstentum Siebenbürgen habe einen ähnlichen, nur etwas privilegierteren, Status wie die Walachei und Moldau gehabt: Istoria României. Bd. 2. Hg. v. Andrei OȚETEA u.a., Bucureşti 1961, 800f. - GEMIL, Tahsin: Românii şi otomanii în secolele XIV-XVI. Bucureşti 1991, 44. - Zum Rechtsstatus ausführlich, auch unter Berücksichtigung osmanischer Quellen FENEŞAN: Constituirea (wie Anm. 11) 39-118.

14 Eine Langzeitperspektive dazu bei Robert J. W. Evans (in diesem Bd.).

15 Vgl. Karte (wie Anm. 12) 5. - Das waren die *Partes applicatae Regni Transylvaniae* im Norden und Osten sowie das Banat: FENEŞAN: Constituirea (wie Anm. 11). - KUTSCHERA, Rolf: Landtag und Gubernium in Siebenbürgen 1688-1869. Köln-Wien 1985, 28f., allerdings mit einigen Ungenauigkeiten bei der Zuordnung. Zu den *Partes applicatae* gehörten außersiebenbürgische Komitate, Teile von Komitaten und Distrikte: Kraszna, Mittelszolnok, Kővár, Marmarosch (dauerhaft); im Norden (kurzfristig) weitere oberungarische Komitate: Sathmar/Szatmár, Szabolcs, Bereg, Zemplén, Borsód, Abaúj und im Westen das Banat bzw. die Komitate Temes, Arad, Krassó, Keve, Torontál, Csanád (bis 1541 bzw. 1551/52); schließlich das Karansebescher Banat, Zaránd und Bihar (bis 1664).

16 FENEŞAN: Constituirea (wie Anm. 11) bes. 79-117.

17 Vgl. die Verträge von Wardein (1538) und von Speyer (1570) – letzterer brachte János II. Szápolyai von seiten Habsburgs die Anerkennung des Fürstentitels als Herrscher in Siebenbürgen, rekurrierte aber auch wieder auf den Habsburger Erbvertrag bei Aussterben der Fürstendynastie der Szápolyai.

bewegungen zwischen den beiden Großmächten zu behaupten. Die außenpolitische Anbindung an das Osmanische Reich trug den um die Mitte des 16. Jahrhunderts in Südosteuropa bestehenden Machtverhältnissen Rechnung und brachte dem Fürstentum in den nachfolgenden Jahrzehnten auch Vorteile. Siebenbürgen nutzte beispielsweise alle Möglichkeiten, die ihm der Status eines „freiwillig unterworfenen Landes" (des dar al-'ahd) nach islamischer Rechtsauffassung[18] bot. Der Entrichtung einer eher geringen Steuer[19], neben der Wahrung außenpolitischer Loyalität und, im Bedarfsfall, der Leistung von Heeresfolge standen manche Aktivposten gegenüber. So konnten die in Siebenbürgen teils gewachsenen, teils von Martinuzzi in den vierziger Jahren geschaffenen Rechts-, Verwaltungs- und Sozialstrukturen beibehalten und mancherorts weiter ausgebaut werden, und die Furcht vor türkischer Eroberung blieb gewisserweise kalkulierbar. Dieses war es, was mit „Autonomie" und „Nichteinmischung" des osmanischen Souveräns in die Innenpolitik umschrieben werden kann, nicht aber eine unbestimmte, von vielen Autoren in Anspruch genommene „Sonderstellung", sei es in politischer oder in konfessioneller Hinsicht[20].

Herrschaftsträger

Die Innenpolitik Siebenbürgens blieb Sache der autonomen Gebietskörperschaften, also der drei Landstände *(nationes)* und des von den Ständen (seit 1571) gewählten Landesfürsten[21]. In den vierziger Jahren (1542, endgültig 1545) wurden das Banat und die ostungarischen Partes (als weiteres Adelsland) in den Stand des „ungarischen Adels" einbezogen. Die Stände hatten vor allem bei Rechts-, Religions- und Steuerangelegenheiten das Wort. Dagegen blieben die Außenpolitik im Rahmen der Verträge mit der Hohen Pforte, das Heeres- und teilweise auch das Finanzwesen die Domäne des Fürsten.

---

18 FENEŞAN: Constituirea (wie Anm. 11) 185-187, 194-208.

19 Der Tribut (harağ) wurde gelegentlich von 10 000 auf 15 000 Gulden angehoben, dann wieder auf die ursprüngliche Summe verringert. FENEŞAN, Cristiana: Der harağ Siebenbürgens in der ersten Hälfte des 17. Jahrhunderts. In: Révue des études sud-est européennes 34 (1996) 97-106, hier 98. Zum Tribut kamen in etwa gleicher Höhe die bei der Hohen Pforte in Stambul üblichen „Geschenke" (peşgeşler) hinzu (ebd.).

20 Zu den politischen Belangen vgl. Anm. 13. - Eine „Sonderentwicklung" nehmen auch die protestantischen Kirchen Siebenbürgens – meist unter Hinweis auf „nationale" wie auch die ständische Zurordnung der entsprechenden Gruppe – für sich in Anspruch: BINDER, Ludwig: Grundlagen und Formen der Toleranz in Siebenbürgen bis zur Mitte des 17. Jahrhunderts. Köln-Wien 1976, 9-14. - FERENCZ, Árpád: Kirche zwischen Ost und West. Kurze Darstellung der Geschichte der reformierten Kirche H. B. in Siebenbürgen. In: Siebenbürgische Semesterblätter 11 (1997) 71-79. Dafür wird der relativ neue Begriff der „Volkskirche" häufig (und oft mißverständlich) gebraucht. ZACH, Krista: Religiöse Toleranz und Stereotypenbildung in einer multikulturellen Region. Volkskirchen in Siebenbürgen. In: Das Bild des Andern in Siebenbürgen. Stereotype in einer multiethnischen Region. Hg. v. Konrad GÜNDISCH, Wolfgang HÖPKEN und Michael MARKEL, Köln-Weimar-Wien 1997, 109-154, hier 110-114.

21 Das entsprechende Landtagsgesetz zur Wahl des Fürsten durch die drei Stände wurde 1568 verabschiedet. Der erste gewählte Fürst war 1571 István Báthory.

Er ernannte die Festungskapitäne, die obersten Verwaltungsbeamten der Komitate (Obergespane), den Szeklergrafen und die Regierung (den von Martinuzzi geschaffenen Fürstlichen Rat). Seit 1556 berief er und nicht mehr wie ehemals die Stände den Landtag ein. Das geschah oft mehrmals im Jahr. Zwischen 1542 und 1688 traten die Landstände nicht weniger als 299 Mal zusammen[22].

Diese Herrschaftsstrukturen festigten sich in Siebenbürgen dauerhaft nach der Mitte des 16. Jahrhunderts. Das Fürstentum im Karpatenbecken war weitgehend das Werk von zwei tatkräftigen Persönlichkeiten aus der Übergangszeit nach Mohács: des Wojewoden von Siebenbürgen (1511-1526) und Königs von Ungarn (1526-1540) János Szápolyai sowie des Bischofs von Großwardein (1542-1551) und Statthalters (ab 1541) von Siebenbürgen, Georg Utiešenović, genannt Martinuzzi, der János nach der Besetzung Budas (Ofen) durch die Osmanen als Vormund von János II. Zsigmond praktisch im Herrscheramt gefolgt war. Sie legten die Grundlagen – die Nachfolger konnten manches noch ergänzen, darauf gestützt aber bis 1688/90, als Siebenbürgen an Habsburg kam, immer wieder auch eigenständige Politik betreiben. Es mag vorteilhaft für den Verlauf der in Siebenbürgen erkennbaren Stände- und Religionspolitik gewesen sein, daß sich Ferdinand I. oder Rudolf II. in den Ostgebieten nicht dauerhaft durchsetzen konnten. Zweimal waren Versuche der Inbesitznahme bereits im 16. Jahrhundert gescheitert – 1527/30 und 1551/56, dann wieder um 1600. Jedenfalls führte diese Politik nach Jahren der unüberschaubaren und noch zu wenig erforschten Wirren zu neuen Ordnungsmustern, die nicht zuletzt die Erfolge der Mehrfachkonfessionalisierung in ihrer Vielfalt erst ermöglichten, sie aber auch absicherten.

Wie in ganz Ungarn, machte die protestantische Konfessionalisierung auch in Siebenbürgen auf breiter Fläche zunächst in der Wittenberger Form rasche Fortschritte. In den vierziger und fünfziger Jahren wurden allerorts Bischöfe bestellt, oft über nur sehr kleine Gebiete. Viele von ihnen waren geschulte Männer, Theologen und, vor allem bei den Ungarn, ehemalige Franziskanermönche[23]. Über Laienpredigt ist in den Quellen wenig zu finden, etwa 1552 eine Klage siebenbürgisch-deutscher Geistlicher über nichtordinierte Prediger. Sie baten den Magistrat von Hermannstadt, er möge ihren Stand, „der bisher fast begraben war, wieder aufrichten oder instand setzen", indem er nur jene „zum Amt zulasse", die konfirmiert seien, weil ansonsten „der ganze geistliche Dienst zerstört wird". Diese Pfarrer drohen damit, sich andernfalls „anderen Kirchen

22 Kurze Geschichte Siebenbürgens (wie Anm. 12) 263f.

23 Ebd., 287-289. - PÉTER, Katalin: Über die Geschichte der ungarischen Reformation. In: Colloquia. Journal of Central European History 1 (1994) 51-60, hier 52. - Kurze Geschichte Siebenbürgens (wie Anm. 12) 388 nennt einige ehemalige Franziskaner: Bischof Támas in der Marmarosch und Szatmár oder Mátyás Dévai Biró, ehemals Stadtpfarrer von Kaschau, seit 1534 Wanderprediger, auch in der Marmarosch. - Aus den deutschen Königsbodengemeinden gibt es Gegenbeispiele wie den Autor des „Mediascher Predigtbüchleins" (1536/37) Thomas von Birthälm, Guardian des Franziskanerklosters Weißkirch, der um 1542-1550, etwa seit dem Beginn der Reformation im nahen Kronstadt, besonders im Weinland (Schäßburg, Mediasch) gegen die Neuerungen predigte. REINERTH, Karl: Die Gründung der evangelischen Kirchen in Siebenbürgen. Köln-Wien 1979, 70, 142, 147.

an[zu]schließen"[24]. Es scheint der Forschung heute immer noch nicht möglich, die raschen und vielgestaltigen Konfessionalisierungserfolge in ganz Ungarn zu begründen, auch wenn mehrere Quellen berichten, daß humanistisches Gedankengut, lutherische Schriften und Diskussionen darüber in gebildeten städtischen Kreisen schon in den frühen zwanziger Jahren nach Siebenbürgen vorgedrungen waren[25].

Für Siebenbürgen kann man festhalten, daß die weder linear noch eindeutig, sondern in oft unentwirrbarem Hin und Her verlaufende Konfessionalisierung im Fürstentum, anders als im Königlichen Ungarn, von keiner katholischen Zentralmacht wieder rückgängig gemacht wurde. Ungeachtet ihrer eigenen Konfession griffen die Landesfürsten zwar bremsend oder ordnend in die Konfessionalisierungsprozesse ein. Sie unterstützten im 16. Jahrhundert durch Schutzbriefe und Erlasse vorwiegend die lutherische Gemeindebildung[26], im 17. Jahrhundert, hauptsächlich durch Bildungsangebote, die Verbreitung des Calvinismus. Aus Sicht des lutherischen Kanzlers Mihály Csáki galten um 1557 die evangelischen Gemeinden auf Königsboden als staatstragend, den „Staat stützend", weswegen 1559 ihren Geistlichen der Zehnt wieder gewährt wurde; auch später kam dies zum Ausdruck, als der katholische Fürst István Báthory 1572 der deutschen Synode zu Mediasch „Acht Artikel" vorlegte, deren zweiter den Schwur jedes einzelnen Geistlichen auf die Confessio Augustana (invariata) forderte[27]. Aber diese Auslegung kam den deutschen Synodalen und Magistraten entgegen, und so stimmten auch sie dafür.

Die Spielräume für disziplinierende obrigkeitliche Eingriffe in den konfessionellen Bereich waren jedoch begrenzt. Eine von János Szápolyai für 1538 angeordnete Disputation unter Vermittlung des Weißenburger Propstes Anton Verancsics zwischen katholischen Prälaten, dem Hof und dem Protestantismus zuneigenden Geistlichen – das Schäßburger Religionsgespräch – konnte letztere nicht zur Aufgabe ihrer Ansichten zwingen. Über das Gespräch berichtet der Hermannstädter Chronist Andreas Rasor/Scherer: „1538 hat Khunig Johansen in der Schäspurg große Disputation in materia religionis mit Pfaffen gehalten, und dogmatibus Lutheri annuirt. Quod a nostribus magno gaudio

---

24 REINERTH: Gründung (wie Anm. 23) 192f.

25 PÉTER: Geschichte (wie Anm. 23) 51f., 54-56 mit dem Hinweis auf noch fehlende Forschungen über Volksfrömmigkeit, Laienpredigt und die Reformation als soziales Erlebnis des gemeinen Mannes in Ungarn. - REINERTH: Gründung (wie Anm. 23) 8-44. - BINDER: Grundlagen (wie Anm. 20) 22-24, 31-44.

26 Königin Isabella und Johann II. Sigismund stellten 1557, 1559 und 1570 Schutzbriefe aus, mit denen sie den evangelischen Geistlichen auf dem Königsboden die kanonische Jurisdiktion auch künftig sichern wollten – eine Position, gegen die sich Luther schon frühzeitig heftig empört hatte. REINERTH: Gründung (wie Anm. 23) 306-308. - ZACH: Stereotypenbildung (wie Anm. 20) 118-120. Quellen bei TEUTSCH, Georg Daniel: Urkundenbuch der evangelischen Landeskirche A.B. in Siebenbürgen. Teil 1. Hermannstadt 1862, 173-175.

27 REINERTH: Gründung (wie Anm. 23) 312f. In die Eidesformel der evangelischen Bischöfe wurde der Schwur auf die Confessio Augustana (invariata) 1647 endgültig aufgenommen, dazu JEKELI/BINDER: Bischöfe (wie Anm. 10) 67.

excipiebatur. Sed spes delusa"[28]. Dieser Bericht über die Zeit unmittelbar vor der Diskussion der „Religionsfrage" auf Regionallandtagen des Fürstentums ab 1542 verdient Beachtung. Trotz damals bereits gültiger Landtagsgesetze wie des *ius reformandi* versuchten die katholischen Báthory als Landesfürsten seit den achtziger Jahren vergeblich, einer Rekatholisierung von oben durch die Berufung von Jesuiten als Lehrer und Schulgründer in Klausenburg, Weißenburg und Großwardein Wege zu bahnen. Zwischen 1581 und 1604 scheiterten drei derartige Versuche. Jedesmal von neuem setzte sich der Landtag durch, die wenigen SJ-Ordensleute mußten entfernt werden[29]. Besser gelang es István Báthory, das von ihm gleich zu Beginn seiner Herrschaft auf einem Landtag zu Thorenburg (1572) durchgesetzte Neuerungsverbot wirksam zu erhalten. Der Nonadorantist und Gemeindespalter Franz Davidis wurde 1579 folgerichtig als „Neuerer und Zerstörer des Reiches"[30] durch den Landtag zu Weißenburg zu Kerkerhaft verurteilt[31]. Doch auch dieses Neuerungsverbot stimmte mit der mehrheitlichen Ansicht der Stände und der protestantischen Geistlichen überein.

In Siebenbürgen war die Gegenreformation im 17. Jahrhundert unwirksam und im 18. weitgehend eine Randerscheinung. Dagegen wurden vor allem in den Städten seit den späten vierziger Jahren des 16. Jahrhunderts protestantische Kirchenordnungen vorgelegt und angenommen. Diese prägten das Gemeindeleben nachhaltig, und zwar nach dem bereits 1542 schon beschlossenen Prinzip, daß auf seinem eigenen Territorium die „Religion" innere Angelegenheit eines jeden Standes sei[32].

Das Verhältnis zwischen *princeps et regnum* war, um Max Weber zu paraphrasieren, im Osten des ehemaligen Ungarn ein anderes als im habsburgisch dominierten Westen. Im Karpatenbogen begünstigte es die weitere Ausbreitung und Diversifizierung des Protestantismus und schließlich die Festschreibung der Ergebnisse in einem Grundgesetz des Fürstentums. Die Wahlkapitulationen für den Fürsten enthielten den Eid auf jeweils schon erzielte Religionsvereinbarungen[33]. Es scheint, als hätten sich die Landstände hier seit den frühen vierziger Jahren den Religionsbeschluß des Reichstags zu Speyer von 1526 zu eigen gemacht, nicht aber dessen Aufhebung auf einem weiteren Reichstag in

---

28 FABRITIUS, Karl: Das Religionsgespräch zu Schäßburg im Jahre 1538 und des Weißenburger Propstes, nachherigen Graner Erzbischofs Anton Verantius Briefe an Siebenbürger Sachsen. In: Archiv des Vereines für Siebenbürgische Landeskunde N.F. 10 (1872) 233-263, hier 239.

29 ZACH: Stereotypenbildung (wie Anm. 20) 144-146.

30 REINERTH: Gründung (wie Anm. 23) 303.

31 Der Nonadorantismus des Klausenburger unitarischen Gemeindeführers Franz Davidis trat kurz nach Rezeption des antitrinitarischen Bekenntnisses 1571 (Landtag zu Neumarkt) zutage. Fadenscheiniger Anlaß des Prozesses gegen den Fundamentalisten Davidis war die Scheidung von seiner zweiten Frau bzw. deren Klage (ebd., 292-301). - BINDER: Grundlagen (wie Anm. 20) 148-155. Der „Fall Davidis" wird auch in der zeitnahen Chronistik Siebenbürgens stark beachtet.

32 Monumenta Comitalia Regni Transylvaniae. Hg. v. Sándor SZILÁGYI, Bd. 1, Budapest 1876, 183-185.

33 Quellenbuch zur vaterländischen Geschichte. Hg. v. Robert CSALLNER, Teil 2, Hermannstadt 1905, 151: Der Eid Fürst Sigismund Báthorys vor den in Mediasch versammelten Ständen 1588.

Speyer (1529) beachtet und den Augsburger Religionsfrieden (1530) überbewertet. Im Fürstentum Siebenbürgen bestimmte die Mehrkonfessionalität seit 1571 die für jene Zeit eher ungewöhnlichen Herrschaftsverhältnisse.

Der in ihren Ergebnissen bekannten Entwicklung der Religionsfrage im Fürstentum Siebenbürgen, hin zur gegenseitigen Anerkennung und Gleichstellung von vier Konfessionen und aktiver Duldung einer fünften, lag während der entscheidenden Phase zwischen etwa 1542 und 1572[34] ein relativ einfaches und klares dreigliedriges ständisches Herrschaftsmuster der Konsensfindung zugrunde.

1. Nach 1556 entfiel in der Landespolitik des Fürstentums Siebenbürgen die dezisive Einwirkung *katholischer Mächte* – sei es in Gestalt eines überregionalen Herrschers, sei es durch katholische Bischöfe. Die Bistümer Csanád im Banat und Weißenburg in Siebenbürgen wurden ab 1542 (nach dem Tod des jeweils letzten Prälaten) nicht wieder durch einen residierenden Bischof besetzt; Propst Antun Vrančić (Verancsics) verließ 1549, nach Jahren der Vermittlung und einem tolerant verlaufenen „Ketzergericht“ (1543) gegen die Kronstädter Reformatoren, freiwillig Weißenburg. Ebenso blieb das Bistum Großwardein 1551 nach Martinuzzis Ermordung unbesetzt[35]. Das Zwischenspiel mit dem Königlichen Rat Paulus Bornemisza in Weißenburg (1551/56) beendete dieser *episcopus electus* selbst mit seiner Resignation nach dem Rückzug der habsburgischen Besatzungstruppen aus Siebenbürgen, auch weil seiner Einladung zu einer landesweiten Synode 1554 nur wenige Geistliche gefolgt waren[36]. Zudem erfuhr dieser Prälat, wie das bischöfliche Vermögen anderen Zwecken zugewendet wurde. Es war in Form einer Dotation des Fürsten zum Kammergut geworden, im Bischofspalais residierte seit dem Abzug der Habsburger der Landesfürst[37]. Siebenbürgen, einst katholische Randprovinz des Erzbistums Kalocsa, blieb nun in konfessioneller Hinsicht auf sich selbst gestellt.

2. Ein sehr junger *Fürst*, János II. Zsigmond Szápolyai, befürwortete und beförderte durch sein persönliches Engagement während etwa 15 Jahren die Ausbreitung mehrerer Konfessionsformeln in seinem Land. Er nahm selbst aktiv an den Glaubensgesprächen im Landtag und auf den Synoden der Geistlichen teil und wechselte viermal sein Bekenntnis: Katholisch getauft, wurde er als Junge noch zum Lutheraner, konvertierte

---

34 BINDER: Grundlagen (wie Anm. 20). - REINERTH: Gründung (wie Anm. 23). - BUCSAY, Mihály: Geschichte des Protestantismus in Ungarn. Stuttgart 1959. - DERS.: Der Protestantismus in Ungarn 1521-1978. Ungarns Reformationskirchen in Geschichte und Gegenwart. Bd. 1, Köln-Wien 1977. - Kurze Geschichte Siebenbürgens (wie Anm. 12) 286-334 (Kapitel „Kultur und Reformation. Die religiöse Toleranz“). - ZACH: Stereotypenbildung (wie Anm. 20) 109-154.

35 Die eigenartige Handhabung bei der Nachbesetzung ungarischer Bischofssitze *in partibus* klärte erstmals RITZSCHEL, Remigius: Die Bischöfe der ungarischen Krone. In: Römische Historische Mitteilungen 13 (1971) 137-164. - Vgl. auch den Beitrag TÓTH, István György (in diesem Bd.).

36 REINERTH: Gründung (wie Anm. 23) 231f.

37 ZACH: Stereotypenbildung (wie Anm. 20) 119.

aber einige Jahre danach zum Calvinismus und schließlich zur unitarischen (antitrinitarischen) Lehre. Es versteht sich, daß dieser Fürst eine tolerante Religionspolitik guthieß. Ein italienischer Berater, Giovanni Andrea Gromo, beschrieb den Fürsten 1565 als „von Natur gläubig und um Wahrheit bemüht“[38]. Er betrieb diese Politik nicht im Alleingang, die „permanente Reformation“ wurde von der Ständemehrheit getragen. Deutlichen Tendenzen hin zu einem wuchernden reformatorischen Rigorismus wie zu Schwarmgeisterei versuchte sein Nachfolger, Fürst István Báthory, zu wehren. Neben der Bestätigung der wichtigsten Errungenschaft der Stände „in religionibus“, des *ius reformandi* eines jeden Standes nach bisherigem Brauch (1571), setzte er kurz danach, 1572, ein erstes Neuerungsverbot im Landtag durch, das sogenannte Innovationsgesetz. Religiöse Eiferer und Radikalreformer sollten dadurch von Siebenbürgen ferngehalten werden. Das Neuerungsverbot konnte nicht immer durchgesetzt werden. Der mit Matthias Glirius aus Temeswar nach Klausenburg kommende Nonadorantismus und der Sabbathismus als radikale Fortentwicklungen des Unitarismus konnten zurückgedrängt, aber nicht wirklich ausgeschaltet werden[39].

3. Die *Stände* hatten in diesen drei Jahrzehnten raschen konfessionellen Wandels beachtliche politische Macht, wenn auch sicherlich niemals das Übergewicht im dualen Wechselspiel zwischen *princeps* und *regnum*. Zu den Trägern des konfessionellen Wandels gehörten neben den Ständen die reformfreudigen Städte, insbesondere Hermannstadt und Kronstadt auf Königsboden, Klausenburg und später die Landstadt Debreczin auf Adelsgebiet bzw. deren Stadtpfarrer, Magistrate und weltliche Standesvertreter. Ihr gemeinsames Wirken kann als entscheidendes Element der konfessionellen Neuerungen und der Konfessionalisierung für Siebenbürgen besonders thematisiert werden.

Die Stände der Wojewodschaft Siebenbürgen unterschieden sich seit dem Zeitpunkt ihres regionalen Zusammentretens im 14. Jahrhundert von den ungarischen Reichsständen (zu denen sie natürlich auch berufen worden waren). Die drei Landstände Siebenbürgens waren seit dem ausgehenden Mittelalter territorial, rechtlich und verwaltungsmäßig deutlich voneinander getrennte, unterscheidbare Einrichtungen. Sie entsprachen der Territorialgliederung im „historischen Siebenbürgen“ und danach auch im Fürstentum in Adelskomitate, Szeklergebiet und Königsboden, letzteres für die *hospes*-Regionen. Deren Vertreter bildeten die drei *nationes* oder Landstände. Vom restlichen Ungarn unterschied sich diese Provinz durch ihre ortsspezifische Territorialverfassung. Sowohl die Ständebildung als auch die Ausbreitung und Verfestigung der verschiedenen Reformationsformeln sind von dieser Territorialverfassung bestimmt worden. Die Entwicklung Siebenbürgens zu einem multikonfessionellen Ständestaat mit relativ ausgeglichen funktionierender dualer Struktur von *princeps* und *regnum*, die der Fürst dominierte, und

38 Călători străini în ţările române. Hg. v. Maria HOLBAN u.a., Bd. 2, Bucureşti 1970, 362.

39 PIRNÁT, Antal/DÁN, Róbert: Antitrinitarianism in the Second Half of the 16th Century. Leyden 1982. - PÁKOZDI, Samuel: Der Siebenbürgische Sabbatismus, seine Entstehung und seine Entwicklung vom Unitarismus zum Judentum sowie sein Untergang. Stuttgart-Berlin 1973.

zu tatsächlicher Religionsfreiheit verdankt sich im 16. Jahrhundert auch dem Desinteresse der religiös toleranten bzw. indifferenten islamischen Schutzmacht.

Der am häufigsten gebrauchte Name für die Landstände Siebenbürgens war *natio* bzw. *nationes* (seit der Mitte des 16. Jahrhunderts auch *statuus et ordines*). „Natio"[40] entspricht auch in Siebenbürgen einer weithin bekannten Konvention mittelalterlicher Institutionengeschichte. Recht, das an einem bestimmten Territorium haftet, ist für eine nähere Beschreibung der drei Landstände Siebenbürgens ausschlaggebend.

Zum *Adelsstand* aus den sieben siebenbürgischen Komitaten Hunyad, Weißenburg, Kokel, Thorenburg, Klausenburg, Doboka und Inner-Szolnok sowie, seit 1545, aus den Partes-Komitaten gehörten die adeligen *Hungari.* Dieser Begriff meint nicht ethnische Magyaren, sondern Angehörige aus den verschiedenen Völkern und Ethnien des Landes, darunter Magyaren, die rechtlich „more nobilium" lebten, also persönlich steuer- und zollabgabenfrei waren. In Siebenbürgen definiert sich dieser Adel noch im 17. Jahrhundert als eine wenig differenzierte Gesamtgruppe, als „una eademque nobilitas".

Die *Szekler* verfügten als Gemeinschaft über ein bestimmtes Territorium, das Szeklerland. Die traditionell dreigliedrige soziale Stufung innerhalb dieser Gruppe, deren Mitglieder alle zum Militärdienst verpflichtbare Freie waren – sie ließen sich gern „Soldaten des Königs" nennen –, verfloß im 16. Jahrhundert zu Unkenntlichkeit. Viele arme Szekler stellten sich im 16. Jahrhundert häufig freiwillig als Grundhörige. Nur drei bis vier Geschlechter beanspruchten für sich, „more nobilium", also abgabenbefreit, zu leben. Das sprengte im 16. Jahrhundert die Gemeinschaftsstruktur im Szeklerland und näherte sie jener der Adelskomitate an.

Die *Siebenbürger Sachsen* waren nach verschiedenen *hospites*-Rechten seit dem 12. Jahrhundert im Karpatenbecken ansässig geworden. Sie bildeten aber nur auf den Königsbodengebieten eine freie, rechtgeschützte Gruppe – das betraf etwa zwei Drittel von ihnen; der Rest lebte auf adeligem Komitatsboden und war somit grundhörig.

Es wäre vereinfachend und falsch, in Siebenbürgen nach allen Gliederungen eines traditionellen sozialen Ständemodells mitteleuropäischer Prägung – sei es in zwei Kammern wie in England, Böhmen, Polen und dem ungarischen Reichstag, sei es in Kurien wie in Frankreich oder im römisch-deutschen Reich – zu suchen. Es ergibt daher keinen Sinn, die *natio* der Siebenbürger Sachsen (die über 80 Prozent freier Bauern vertrat) als „den bürgerlichen Stand" und die der gemeinfreien Szekler insgesamt als „Bauernstand" im Fürstentum zu indexieren, um im Adelsstand der sieben Komitate (wie der Partes) nach Magnaten und hoher Geistlichkeit zu fahnden. Letztere gehörten als Grundbesitzer, nicht als Prälaten, zum Adelsstand[41]. Eine soziale Differenzierung nach „Bauer – Bürger

40 Dieser Begriff wird häufig mißverstanden oder irreführend gebraucht (letzteres schon seit dem 18. Jahrhundert): „Natio" steht in Siebenbürgen für Territorialkörperschaften, für Landstand, es ist kein sprachethnischer Indikator.

41 Im Königlichen Ungarn bildeten die Stände, nach sozialen Gruppen gegliedert, die beiden Kammern oder Tafeln. An der Oberen Tafel saßen die Grundherren *(barones)*, Prälaten und Bischöfe, an der Unteren Tafel der Kleinadel, auch Äbte und Pröpste, wie die Vertreter der Komitate und der frei-königlichen Städte. BENDA: Absolutismus (wie Anm. 3) 93.

– Edelmann“ wies, dessenungeachtet, natürlich auch die Gesellschaftsstruktur Siebenbürgens auf.

Die „Herren vom Land“ (eine kleine Zahl Delegierter) aus jeder der drei *nationes* vertraten ihr Territorium und dessen Rechte in den gemeinsamen Kongregationen. Jeder der drei Territorialstände genoß gesonderte Privilegien. Diese wurden im 16. Jahrhundert in jeweils einem eigenen „Rechtsbuch“ vorgelegt, in dem, meist ohne eine gewisse Systematik, Gewohnheitsrechte und Freibriefe aufgezeichnet oder zusammengetragen und dann zum Druck gebracht worden waren. Die Adelskomitate beriefen sich auf das 1514 vorgelegte „Tripartitum“ des István Verbőczi als dem Grundgesetz der *natio Hungarica*. Es konnte nach Mohács nur in Siebenbürgen zu beschränkter Geltung und Anwendung gelangen. Die Szekler gaben 1555 ihre Freibriefe und Munizipalverfassungen in Druck, und die Siebenbürger Sachsen brachten 1583 eine Zusammenstellung ihrer Privilegien und ihrer gewohnheitsrechtlichen Normen als *Eigenlandrecht* heraus.

Das bedeutete, daß beispielsweise ein Szekler oder ein Sachse vor dem eigenen Gerichtshof und nicht – letztinstanzlich – vor dem Fürsten zu erscheinen hatte. Ebenso war das Leistungs- und Abgabenwesen in den genannten Territorien auf sehr unterschiedliche Art und Weise geregelt: Die Abgaben von gemeinhörigem Land, der Zehnte und die Nonen, wurden dorfweise veranlagt und abgeführt, ebenso die Steuern vom Königsboden, die Ochsensteuer vom Szeklerland und der Schaffünfzigstel von den Rumänen. Auch die Heeresdienstpflicht (der Szekler wie mancher grundhöriger Bauern) unterlag territorialgebundenem Brauch, um nur einige Beispiele zu nennen. Das alles mag erklären, warum Siebenbürgen, anders als Ungarn, von der Habsburger Dynastie nach 1690 nicht als „persönliches Eigentum“ angesehen und behandelt wurde.

Grundherrschaft

Die Frage, inwiefern Grundbesitz und dessen Inhaber die Herrschaftsverhältnisse Siebenbürgens in der Zeit des Fürstentums prägten, ist leicht zu beantworten. Die in dieser Epoche häufig von Hand zu Hand gehenden Grundherrschaften fanden sich überwiegend – wie der folgenden Übersicht zu entnehmen – im Besitz der wechselnden politischen Machtträger wieder. Weniger Klarheit besteht in der Frage, ob und welche Folgen dieser Besitzerwechsel für die (rasche, aber zunächst wohl nur oberflächliche) Konfessionalisierung hatte. Wollten die (großen) Grundherren ihren Bauern und Hintersassen die eigene Konfession auch gleich schon nahebringen oder aufzwingen, und falls ja – wie tiefgehend oder erfolgreich verliefen derartige Missionierungsprozesse? Man weiß wenig darüber, ob es den Grundherren erstrebenswert erschien, den von ihnen Abhängigen mehrfachen Konfessionswechsel, der doch in ihrem Belieben stand, zuzumuten.

Der Grundherr hatte selbst als Fürst nicht die uneingeschränkte Macht, seine Wünsche in konfessionellen Angelegenheiten durchzusetzen. Im 16. Jahrhundert scheinen gewöhnliche Plebane beim grundherrlichen Adel kein besonderes Ansehen genossen zu haben. Ein italienischer Beobachter spricht (um 1581) davon, daß die Herren sie

„Sklaven gleich“ [42] behandelten, ein anderer, daß selbst auf den Gütern der damals regierenden Báthory für katholische Geistliche nicht gesorgt werde (um 1583). Die Jesuiten berichten in den achtziger Jahren einstimmig darüber, daß ihre Gottesdienste beim protestantischen ungarischen Adel in Klausenburg, Großwardein und Weißenburg auf große Beachtung, ja auf weitreichendes Wohlwollen stießen[43]. All das deutet für die Zeit bis 1600 nicht nur auf den Mangel an Gemeindegeistlichen weitum hin, sondern auch auf eine noch nicht festgelegte konfessionelle Ausrichtung innerhalb der *natio Hungarica*. In den deutschen Städten und bei den Unitariern herrschten damals schon weitaus klarere Verhältnisse.

Für das 16. Jahrhundert sind nur selten Quellen zu finden, die über die Art des Interesses an den – in städtischen, theologischen und intellektuellen Kreisen gerade Siebenbürgens heiß diskutierten (und in Archivalien überlieferten) – Glaubensmeinungen der einzelnen Untertanenschichten Auskunft geben. Doch im 17. Jahrhundert kann die Reformierte (Helvetische) Kirche unter den adeligen wie auch den städtischen und den untertänigen ungarischen Bevölkerungskreisen auf breite Zustimmung verweisen. Dorfschulen, einige Gymnasien, ein Collegium Academicum (durch Gábor Bethlen 1622 gegründet) und eine Kirchenorganisation mit zwei Bistümern (Superintendenturen) haben eine stabile Situation gestaltet[44]. Das hatte auch auf die Angehörigen der orthodoxen Konfession Auswirkungen.

Der rumänische und ruthenische Teil der Grundhörigen und Bauern gehörte fast ausschließlich zur orthodoxen Konfession, unter Städtern und unter dem Kleinadel gab es auch Katholiken. Dauerhaftere Konversionen – zum Calvinismus – gab es unter den bäuerlichen Rumänen erst im 17. Jahrhundert. Sie beruhten auf einem Angebot an Bildung (Schulen, Studienplätze) und dem Wort Gottes in der Volkssprache (statt des unverstandenen Kirchenslawisch), lockten aber auch mit sozialer Besserstellung (Befreiung von mancherlei Abgaben und Leistungen). Diese Angebote machten die calvinistischen Grundherren in Zentralsiebenbürgen, aber auch das Wort calvinistischer Landesfürsten wie Gábor Bethlens und György I. Rákóczis hatte Gewicht. Rumänische Untersuchungen der noch nicht genügend geklärten Problematik betonen dagegen einseitig, fast ausnahmslos und nach dem einfachen Schlußverfahren ohne Beweis durch Quellenbelege, einen seitens der magyarischen Obrigkeit ausgeübten Zwang zum Glaubensübertritt, verbunden mit dem Verlust der ethnischen Identität, was andere, auch ungarische und einige rumänische Darstellungen, in Abrede stellen[45].

---

42 Aus einem Bericht des Visitators von Siebenbürgen, János LELESZI SJ. In: HOLBAN: Călători străini (wie Anm. 38) 461. - POSSEVINO, Antonio SJ: De Transilvania. Ebd., 533.

43 LELESZI (wie Anm. 42).

44 BUCSAY: Protestantismus (wie Anm. 34) Bd. 1, 160-174. - FERENCZ: Kirche (wie Anm. 20) 74-76, passim.

45 SUTTNER, Ernst Christoph: Die rumänische Orthodoxie des 16. und 17. Jahrhunderts in Auseinandersetzung mit der Reformation. In: Kirche im Osten. Studien zur osteuropäischen Kirchengeschichte und Kirchenkunde 25 (1982) 64-120. - PĂCURARIU, Mircea: Istoria bisericii ortodoxe române. Bd. 2, Bucureşti 1994, 66-76. - MORARU, Alexandru: The Calvinist Catechism and the Orthodox Transylvanians of the XVIIth Century. In: Colloquia. Jour-

Die *natio Hungarica* war in Siebenbürgen, wie allgemein in Ungarn, wegen der vielen Nobilitierungen im 15. Jahrhundert bedeutend zahlreicher als in Mittel- und Westeuropa[46]. Der Allodialbesitz des Adels war steuerfrei. Die Abgaben und Leistungen flossen aus dem grundhörigen Anteil am Gutsbesitz. Da es aus historischen Gründen in Siebenbürgen keinen erblichen Magnatenstand gab – im 17. Jahrhundert kamen nur drei Magnatenfamilien aus dem Königlichen Ungarn hierher – und im Fürstentum kein Erbadel verliehen wurde, handelte es sich hauptsächlich um Kleinadelige.

Im 16. Jahrhundert fand eine Umschichtung in der Besitzerstruktur über die Grundherrschaften statt. Während viele einheimische Geschlechter ausstarben, wie z.B. in den Partes die Petrovics (mit Gütern im Komitat Temes), die Drágffy, Balassa, die Perényi (dominant in der Marmarosch und in Kraszna), oder ausgerottet wurden, wie im historischen Siebenbürgen die Kendeffy und Mayläd[47], erwarben einige wenige wirtschaftlich ohnehin schon mächtige Grundbesitzer aus dem Partium und dem Königlichen Ungarn – die Szápolyai, Báthory, Rákóczi – weitere Güter im Fürstentum. Desgleichen fiel 1556 mit der Säkularisation der katholischen Kirche der in den Komitaten gelegene Boden der Bistümer Csanád, Weißenburg und Warad an die staatliche Kammerverwaltung oder gegebenenfalls an den Fürsten. Grundbesitz von einiger Größe in Siebenbürgen war im 16. und 17. Jahrhundert also hauptsächlich Kammeralgut, dessen Erträgnisse sich aus den Abgaben der Grundhörigen summierten. Es gab nach 1556 in Siebenbürgen keine großen Grundherrschaften in Familienbesitz mehr. Nach 1630 sammelte er sich wieder in einer Hand: in der des Fürstenhauses Rákóczi. Die eigenartige Zersplitterung veranschaulicht folgende Übersicht:

Um 1550 waren etwa 15-20 Prozent des Landes (oder rund 700 Dörfer mit bis zu 15 Hufen) bischöflicher oder kammeraler Besitz. Die Waldgebiete Siebenbürgens waren noch sehr ausgedehnt. Bei der *natio Saxonica* gab es auch gemeinschaftlich genutzte Besitzungen, teils Wald, teils Hügelland mit bäuerlichen Siedlungen. Um 1650 besaßen etwa 80 Prozent (350-400 adelige Familien) Anteile an einem oder an mehreren Dörfern, wobei etwa 15 Prozent dieser Familien ein bis drei Dörfer gehörten. Um 1600 hatten nur sechs Familien zusätzlich zu solchen Dorfanteilen noch eine kleinere Gutsherrschaft (im Umfang von mehreren Dörfern) besessen; aber nur zwei siebenbürgischen Adelsfamilien (den Bánffy de Losonc und den Csáki) gehörte je eine große einheimische Herrschaft

---

nal of Central European History 1 (1994) 65-69, hier 65, dagegen: RÉVÉSZ, Imre: La Réforme et les Roumains de Transylvanie. Budapest 1937. - DUMITRAN, Ana: Calvinizarea – sinonim al maghiarizării? Cazul Turdaş. In: Apulum 34 (1997) 303-309. - SIPOS, Gábor: Calvinismul la românii din ţara Haţegului la începutul secolului al XVIII-lea. In: Nobilimea românească din Transilvania. Satu Mare 1997, 207-216.

46 BENDA: Absolutismus (wie Anm. 3) 88f. Benda nennt für 1750 Zahlen, die nach zeitgenössischen Konskriptionen ermittelt und auf die Zeit um 1650 übertragen wurden: In Ungarn gab es damals schätzungsweise 4,5 Prozent Adelige gegenüber nur einem Prozent in Frankreich und 2-3 Prozent im römisch-deutschen Reich oder in Böhmen, aber fast 10 Prozent in Polen. Dementsprechend betrug der Anteil der bürgerlichen Schichten in Ungarn 1,5-2 Prozent gegenüber 10-12 Prozent in Frankreich und 4-5 Prozent im römisch-deutschen Reich: Kurze Geschichte Siebenbürgens (wie Anm. 12) 286, 334f., 338.

47 Kurze Geschichte Siebenbürgens (wie Anm. 12) 264f., 285-287, 334f.

(Bánffyhunyad, Almás), daneben weitere Besitzungen im *Partium*. Ebenfalls im Partium legten sich nichtsiebenbürgische Geschlechter aus dem Königlichen Ungarn (Báthory de Somlyó, Bethlen von Iktar) eigene Güter an. Einen Teil dieser Besitzungen erbten und sammelten die Rákóczi nach 1630 in ihrer Hand[48].

Im Fazit bedeutet das: Um 1650 befanden sich die mittelalterlichen Grundherrschaften Siebenbürgens bereits überwiegend in Kammeralverwaltung. Grundbesitzer aus dem Königlichen Ungarn hatten seit etwa der Zeit zwischen 1560 und 1600 auch in Siebenbürgen Domänen erworben. Es fehlt jedoch an genaueren Aufschlüsselungen dessen, was von diesem Besitz privat oder Erbgut, was Kammeralgut war, und auch an der Antwort auf die Frage, ob bzw. wie der Sozialstatus der Bauern auf diesen Gütern davon beeinflußt wurde.

Studien über Aufstände, Hörigkeit, Schollenbindung der Bauern, die größte Bevölkerungsgruppe, sind zu unterschiedlichen bis gegensätzlichen Schlüssen gelangt. Ein zentrales Forschungsthema ist sowohl aus sozialwissenschaftlicher Sicht wie für die reformationszeitliche Historiographie Ungarns der Dózsa-Aufstand von 1514. Nach dem ungarischen Bauernaufstand von 1514, der im bischöflichen Kreuzfahrerheer emporbrandete und zu dessen Sprecher wie Anführer sich der Szekler Kleinadelige György Dózsa gemacht hatte, wurde den grundhörigen Bauern die Freizügigkeit durch ein ungarisches Landesgesetz untersagt. Dieses Gesetz wurde sogleich auch in Verbőczis „Tripartitum" einbezogen, und man fügte ihm noch eine Reihe von Strafmaßnahmen gegen die Bauern an. Hier war von ewiger Leibeigenschaft („mera et perpetua servitus") die Rede und von je einem Wochentag des Frondienstes für den Grundherrn – ohne daß diese neuen Bestimmungen jedoch älteres Gewohnheitsrecht wirklich hätten verdrängen können[49]. In Siebenbürgen regelten die Grundherren und Bauern die Abgabenfrage weiterhin durch private Vereinbarung, was im 17. Jahrhundert auch im Landtag verhandelt wurde, und nicht in Anwendung des „Tripartitum"[50]. Bald zeigte sich auf den Landtagen, daß nicht die Magnaten und Inhaber größerer Gutsherrschaften die dekretierte Schollenbindung befürworteten, sondern der Kleinadel, der meist nur über sehr geringen Grundbesitz verfügte – oft nur über einen Anteil an einem Dorf[51] – und der sich dadurch

48 Ebd., 334f.

49 PRODAN, David: Die Leibeigenschaft in Siebenbürgen vom 16. bis zum 18. Jahrhundert. In: Südost-Forschungen 33 (1974) 62-84, hier 76-78 (mit Quellenangaben). - MAKKAI, László: Ungarn 1382-1650. In: Europäische Wirtschafts- und Sozialgeschichte vom ausgehenden Mittelalter bis zur Mitte des 17. Jahrhunderts. Bd. 3. Hg. v. Hermann KELLENBENZ, Stuttgart 1986, 1006-1033, hier 1012f., 1015f.

50 PRODAN: Leibeigenschaft (wie Anm. 49). - Kurze Geschichte Siebenbürgens (wie Anm. 12) 318.

51 PRODAN: Leibeigenschaft (wie Anm. 49) 82 mit Zahlen aus dem 18. Jahrhundert: von 94 Dörfern auf der Siebenbürgischen Heide hatten nur 22 einen einzigen Grundherrn, hingegen 32 dieser Dörfer 10-30 Grundherren. Die hier lebenden untertänigen Bauern gehörten meistens allen Kategorien der Feudalstruktur an: Freie (darunter Hörige, die zu Geld gekommen und sich freigekauft hatten, Haiduken), Halbfreie *(cives)*, vom Frondienst Befreite *(szabados)*, Hufenbauern und/oder Grundhörige (*servi,* die seit dem 13. Jahrhundert Erbrecht und Freizügigkeit besaßen), Häusler. Die Robot wurde in Siebenbürgen nur nach örtlicher Gewohnheit und

ein stabileres Einkommen aus Steuern und Abgaben zu sichern hoffte. Wiederholt erklärten die siebenbürgischen Stände die Schollenbindung für aufgehoben, für null und nichtig[52].

Der Dózsa-Aufstand und damit verbunden die sogenannte „zweite Leibeigenschaft" wurden nicht nur in der marxistischen Historiographie als Auslöser für die Reformation in Ungarn apostrophiert. Beides hat sich für die Karpatenregion als Konstrukt erwiesen. Eingehendere Untersuchungen stehen noch aus, aber es scheint doch, daß im 16. und frühen 17. Jahrhundert das sonst in Mitteleuropa weithin geltende Prinzip des *cuius regio, eius religio* im Fürstentum Siebenbürgen von den großen Grundherren nicht durchgesetzt wurde oder werden konnte.

Der Stand „ungarischer Adel" aus den sieben siebenbürgischen und den Partes-Komitaten blieb im 17. und 18. Jahrhundert mehrkonfessionell; alle vier vom Landtag anerkannten Bekenntnisse waren vertreten. Die Bauern folgten nicht zwangsläufig der konfessionellen Entscheidung ihrer Grundherren, wie der letztendliche Mißerfolg bei der Calvinisierung der Orthodoxen um 1650/1700 zeigt, als die rumänischen Protopopen die Angebote Wiens für eine Kirchenunion mit der römischen Kirche vorzogen und in Siebenbürgen und den Partes eine Griechisch-Katholische Kirche entstand.

Die Bevölkerung war im Zeitabschnitt 1550-1650 weniger bodensässig als vor der „Türkenzeit". Es kam zu Migrationen, bedingt durch Kriege und Krankheiten sowie die Ungewißheit eines von kleinen Überfällen und Scharmüzeln auf beiden Seiten der „wandernden Grenzen" überschatteten bäuerlichen Daseins. Sicher nicht zuletzt die Steuererhebungspraxis löste beständige Fluktuationen aus. Das flache Partium war um die Wende zum 17. Jahrhundert weniger dicht besiedelt als Siebenbürgen. Dafür hatten unter anderem Epidemien und der Hunger, verursacht durch das Kriegselend, gesorgt. Schätzungen halten für die Zeit zwischen 1593 und 1606 einen Bevölkerungsrückgang von bis zu 50 Prozent fest. Erst um 1650 sei der Stand aus der Zeit vor dem langen Türkenkrieg (1592) wieder erreicht worden[53].

Konfessionalisierung

Der skizzierte politische Rahmen gab unterschiedlichen Reformatoren – Humanisten, Theologen wie Wanderpredigern und ihren Förderern: städtischen Magistraten, Landesfürst wie Grundherren – ab der Mitte des 16. Jahrhunderts einen breiten Aktionsraum.

Vereinbarung geleistet: Kurze Geschichte Siebenbürgens (wie Anm. 12) 276-279. - MAKKAI: Ungarn (wie Anm. 49) 1010-1012, 1015, 1022.

52 PRODAN: Leibeigenschaft (wie Anm. 49) 65-67. - Kurze Geschichte Siebenbürgens (wie Anm. 12) 276: So 1530 oder 1536 durch János Szápolyai im Landtag Siebenbürgens, vor allem zugunsten der sich selbst etwas anmaßend „cives" nennenden halbfreien Bewohner der Landstädte in der Puszta-Region um Debrecen, von deren schwunghaftem Viehhandel auch der Staat gute Einnahmen hatte.

53 Kurze Geschichte Siebenbürgens (wie Anm. 12) 303f. und Bevölkerungstabelle, 269: etwa 955 000 Bewohner.

Zunächst breitete sich überall in den Adelskomitaten (einschließlich dem Partium und dem Banat) und auf dem Königsboden der *natio Saxonica* ein durch Wittenberg (von Luther oder Melanchthon) und/oder Zwingli beeinflußter Protestantismus aus. *Renovatio* war auch im Fürstentum das Ziel ins Auge gefaßter Neuerungen. Nur die kleine Schar der Nonadorantisten ging nach 1571 andere, fundamentalistische Wege, die bis hin zur Leugnung des Neuen Testaments führen konnten. In organisatorisch seit 1542 bzw. 1549 deutlicher konturierten Formen behaupteten und festigten sich zahlreiche Protestantengemeinschaften (meist waren es Lutheraner)[54], trotz einer entschieden katholischen Obrigkeit in Gestalt des Locumtenens und Bischofs von Großwardein, Georg Martinuzzi und des Habsburger Interregnums im Bürgerkrieg von 1551 bis 1556. Die Landstände riefen nach dem Rückzug der habsburgischen Truppen 1556 die katholische Königin Isabella und den noch unmündigen János II. Zsigmond zurück. Es sah Anfang 1557 so aus, als sollte es eine lutherische „Landeskirche" im Fürstentum geben, mit je einem magyarischen und einem deutschen Superintendenten.

Der Landtag zu Thorenburg hatte im gleichen Jahr die freie Glaubensentscheidung jedes Adeligen und jedes Standes bestätigt. Dieser Beschluß legte den Grundstein zum sogenannten Religionsgesetz Siebenbürgens. Es gab zunächst keine scharf gezogenen Trennlinien zwischen Alt und Neu, und ebensowenig auch zwischen den reformierenden Territorial- und Sprachgruppen. Das Trennende zeigte sich zuerst in Fragen der Zeremonien. Die Sachsen auf Königsboden und jene in Klausenburg sollten das Unterschiedliche 1557 auf einer gemeinsamen Synode zu Klausenburg ausräumen, die auf Drängen des Landesherrn einberufen worden war. Diese Synode vertiefte die Trennung trotz des dort vorgelegten „Consensus doctrinae", den der gastgebende Stadtpfarrer Franz Hertel/Davidis verfaßt hatte. Diese Schrift war das letzte gemeinsame Bekenntnis der Lutheraner aus den beiden Ständen. (Im Szeklerland behielt die alte Kirche noch ihre Geltung.) Darüber, ob die Sprache der protestantischen Verkündigung – (mehrheitlich) Ungarisch in Klausenburg und in den Komitaten bzw. Deutsch auf dem Königsboden – damals schon eine essentielle Rolle spielte, kann gemutmaßt werden. Jedenfalls konstituierten sich 1557, nach der Klausenburger Synode, eine deutsche Superintendentur im Geltungsgebiet der „Geistlichen Nation" (Synode) der Siebenbürger Sachsen und eine

54 Die Ernennung oder Erwähnung lutherischer Bischöfe ist ein guter Hinweis: Der königliche Vormund und Locumtenens Péter Petrovics organisierte auf seinen Besitzungen im Banat 1549 eine lutherische Kirche mit Bischof Maté Gönci für die Komitate Temes, Arad, Makó und Szeged; 1553 wurde Paul Wiener Superintendent für den Königsboden und die benachbarten grundhörigen deutschen Gemeinden in den Komitaten Fehér und Kükülő; 1554 wurde in Klausenburg, wo seit 1544 Kaspar Helth (Heltai) als Stadtpfarrer amtierte, ein Bischof Tamás genannt; 1555 trat Bischof Demeter Tordai für die Partes-Komitate Szabolcs, Sathmár, Szilagy, Ugocsa auf und 1556 Márton Kalmancsehi als Stadtpfarrer in Debrecen sowie 1557 Franz Hertel (Dávid, Davidis) als Superintendent für die Adelskomitate in Klausenburg. Schon vor 1560 predigte Péter Mélius Juhasz im Geist des Heidelberger Katechismus in Debrecen, und um 1570 wandte sich der bereits calvinistische Stadtpfarrer von Klausenburg, Franz Davidis, der unitarischen Lehre zu. Kurze Geschichte Siebenbürgens (wie Anm. 12) 287-294. - BINDER: Grundlagen (wie Anm. 20).

ungarische Superintendentur im Verwaltungsgebiet des aufgehobenen Komitatsbistums Weißenburg[55].

Es gab auch später keine Verspottung, keine zwangsweise Massenbekehrung, die Bekenntnisfreiheit wurde auf weiteren Landtagen bekräftigt (1563, 1564, 1568). Daher konnten sich zwischen 1542 und 1572 im Fürstentum Siebenbürgen der Calvinismus (seit etwa 1560, zunächst in Debreczin, danach mehrheitlich unter den Ungarn in den Komitaten, einschließlich der Partes) und die Lehrmeinung der Unitarier in Klausenburg (1570) neben der katholischen Kirche, die sich schließlich bis auf einen Reststand von etwa 10 Prozent ihrer Anhänger zurückgedrängt sah[56], etablieren. Der Calvinismus wurde 1564 vom Landtag in Thorenburg, dem in Straßburg an der Marosch eine Synode vorangegangen war, offiziell zugelassen, die unitarische Gruppe, die zunächst sehr klein war, 1571 in Szekler Neumarkt. Das „Religionsgesetz" war damit gleichsam fertiggestellt. Im Jahr 1595 taucht in Landtagsbeschlüssen dafür die später unter diesem Namen bekanntgewordene Formel der „vier rezipierten Religionen" auf, die auch in die erste Sammlung der Landesgesetze von 1653, die „Approbatae constitutiones Regni Transylvaniae", aufgenommen wurde[57]. Daneben fanden im 17. Jahrhundert im Fürstentum auch einige Sektengruppen – Sabbatharier, Hutterer Brüder, Anabaptisten u.a. – gewisse Duldung.

Über die ständeterritorialen Normen legte sich mit der Konfessionalisierung im Karpatenbogen ein weiteres Geflecht von Ordnungskriterien – das Netz der fünf Bekenntnisse. Im Fürstentum Siebenbürgen gab es keine ausreichend wirksamen Mechanismen für „verordnete Religion"; aber ein bestimmter Druck, durch „überzeugendes Einwirken" Konfessionswechsel zu erzielen, läßt sich immer wieder feststellen.

Deckungsgleichheit oder ein Zusammentreffen von Territorium und Rechtsgruppe bzw. Landstand oder von Konfession und ethnischer Gruppe konnte punktuell zwar eintreten, blieb jedoch die Ausnahme. Ausnahme in engerem Sinn waren nur die Siebenbürger Sachsen als *natio*/Landstand, als rechtsterritoriale wie als sprachethnische Gruppe. Die Magyaren, ausgehend von der Landgemeinde Debreczin und der Grundherrschaft Hunyad, ließen sich weitgehend auch nur einer einzigen Konfession, dem Calvinismus, verpflichten. Aber diese Gebiete stellten kein ganzes Rechtsterritorium dar.

Die Konfessionalisierung prägte nach der Rückkehr der Szápolyai im Jahr 1556 die drei Ständegebiete des Fürstentums entscheidend, sie verlief aber nicht nur nach dem ständischen, sondern auch nach einem sprachethnischen Kriterium. Das Wort Gottes in der (jeweiligen) Volkssprache erforderte die Herstellung entsprechender Bücher und die Ausbildung von Geistlichen. In mehreren Städten des Fürstentums entwickelte sich rasch ein Netz von Druckereien für ungarische, deutsche, rumänische und sogar kirchenslawische Kirchenbücher. Ein reger Buchhandel kam ebenfalls in Gang, und schließlich wurde das Schulwesen stark gefördert. Die Konfessionalisierung verlief in den drei Ständeterritorien im einzelnen durchaus unterschiedlich.

---

55 BINDER: Grundlagen (wie Anm. 20) 76-78.

56 Diese Angabe ist konventionell.

57 Art. 8, CSALLNER: Quellenbuch (wie Anm. 33) 180.

Für die Adelskomitate, eingeschlossen das Partium, ist eine Vielfalt der Reformangebote, entsprechend dem *ius reformandi* der *natio Hungarica*, typisch. 1550 war der Adel mehrheitlich lutherisch, sechs Jahre danach schon mehrheitlich calvinistisch eingestellt, nach weiteren 15 Jahren begannen sich etliche Standesvertreter nach dem Klausenburger Beispiel den unitarischen Lehren zuzuwenden, doch blieb der Calvinismus nach dem Modell von Debreczin in allen Adelskomitaten dominant. Reformatorenbiographien wie die von Péter Melius Juhász, Márton Kálmáncsehi, Mátyás Biró Dévai, die in den Partes wirkten, oder die Viten der siebenbürgisch-sächsischen Klausenburger Stadtpfarrer Kaspar Helth (Heltai Gáspár) und Franz Hertel (Dávid Ferenc) geben dieses Muster einer Mehrfachkonversion in verkürzter Form exakt wieder: Sie hatten alle auch in Wittenberg studiert und/oder waren zunächst Anhänger von Luther. Dann wandten sie sich dem Calvinismus zu, einige von ihnen gingen aber auch davon wieder ab. Ihrem Konfessionswechsel folgte jeweils eine kleinere, allmählich wachsenden Gemeinde.

Die Umschichtung in den Besitzverhältnissen auf Adelsgütern und die Vielschichtigkeit der Besitzerstrukturen deuten zum einen gewissermaßen auf eine anarchische Lage hin. Nach der Beobachtung katholischer Geistlicher vom Ende des Jahrhunderts waren diese konfessionellen Optionen jedoch nicht die Folge tieferer theologischer oder geistiger Suche und Auseinandersetzung. P. János Leleszi betont 1581, die Zustände im Adelsgebiet seien als „weitgehend barbarisch“[58] – er meint wohl ungebildet – zu beschreiben. Die Forschung hat sich bislang stärker den Eliten, der Elitenkultur, dem Buchwesen zugewandt, und ein völlig anderes Bild skizziert. Schon seit der Jahrhundertmitte sind beträchtliche Bücherbestände bei einzelnen Familien aus den Komitaten und in städtischen Bibliotheken angesammelt worden[59]. Ádám Dankanits' Untersuchung der Lesestoffe ergab für das 16. Jahrhundert, daß es eine Buchkultur sehr wohl gegeben habe und Bücher religiösen Inhalts an erster Stelle gestanden hätten[60]. Die Bibelübersetzungen ins Ungarische und der Druck volkssprachiger Kirchen- und Gesangbücher in der Offizin des Kaspar Helth zu Klausenburg runden dieses Bild ab.

Einzelne Streiflichter auf die Reformation in den Komitaten ergeben ein buntes Mosaik:

Péter Petrovics (†1557) förderte die lutherische Lehre auf seinen Banater Besitzungen und bei Hofe. Nach der Eroberung des Temescher Banats durch die Türken (1552) scheint sich dieser Reformansatz allmählich verloren zu haben; jedenfalls berichten im

---

58 LELESZI (wie Anm. 42) 461.

59 In der Szegeder Buchreihe (wie Anm. 7) sind fünf Bände des Titels „Bibliotheken in Siebenbürgen“ verzeichnet, ferner unter anderem: Die Bibliotheken der Familie Rákóczi 1588-1660. Typoskript. Hg. v. István MONOK, Szeged 1996; Private Sammlungen im Gebiet des Königlichen Ungarn und im Fürstentum Siebenbürgen 1533-1721. Bibliographie. Hg. v. Zsuzsa FONT u.a., Szeged 1985.

60 DANKANITS, Ádám: Lesestoffe des 16. Jahrhunderts in Siebenbürgen. Bukarest 1982, 79-81, 134-136. Der meist verbreitete Autor war in allen Standesgebieten Erasmus von Rotterdam, von dem einige Schriften auch in siebenbürgischen Offizinen nachgedruckt wurden (ebd., 79).

17. Jahrhundert die katholischen Missionare nur noch von Einzelpersonen, nichts mehr über lutherische Gemeinden im Eyalet Temeswar[61].

Auf den Besitzungen der Drágffy, Balassa und der Perényi in den Partes-Komitaten Marmarosch und Szatmár predigt Mátyás Biró Dévai im Sinne Luthers (dessen Schüler er gewesen war). 1545, auf einer Partikularsynode zu Erdöd, bekennen sich 29 Plebane zur Confessio Augustana. 1556/57 sterben die drei Geschlechter aus, machtvolle Protektoren des Luthertums finden sich nicht mehr. Ihre Grundherrschaften wechseln den Besitzer, und bald wird die Lehrmeinung, die Kálmáncsehi und Péter Melius Juhász in Debreczin und im Bereich des Sprengels Großwardein verbreiten, fast überall in den Komitaten bei den Ungarn vorherrschend. Juhász hat sie 1562 in der „Confessio Ecclesiae Debreceniensis" niedergelegt. Zumindest in Landgemeinden wie Debreczin ist die Reformation nicht nur ein Elitenphänomen, breite Schichten werden von Juhász angesprochen. Erst die Reformierte Kirche sorgt in den Adelskomitaten für eine weitreichende Konfessionalisierung der Ungarn. Im 17. Jahrhundert unterstützen auch die calvinistischen Landesherren – Gábor Bethlen und die beiden Rákóczi – diesen Weg. Die Reformierte Kirche findet auch jenseits der Grenze, im Eyalet Tımış, bei den Ungarn Zugang[62].

Im Szeklerland regt sich bis Ende der sechziger Jahre nur wenig Interesse am Protestantismus. Hier hatte um 1566 eine Revolte alle Aufmerksamkeit und alle Kräfte beansprucht, danach standen wirtschaftlicher und sozialer Wandel im Vordergrund. Ausgehend vom Szekler Kleinadel begann in den siebziger Jahren in den vier westlichen Szekler Stühlen ein unübersichtliches reformatorisches Hin und Her, auch fundamentalistische Strömungen (gegen die prozessiert wurde) gehörten dazu. In diesen Stühlen fanden schließlich alle vier „rezipierten" Konfessionen Anhänger. Die drei östlichen Szekler Stühle Gyérgyő, Csík und Háromszék blieben dagegen weitgehend katholisch[63].

Am ehesten konservativ verlief die Konfessionalisierung auf dem Königsboden, in den Gebieten der *natio Saxonica*. Konservativ, weil zum einen alle deutschen Mitglieder auf dem Standesgebiet die Reformation nach der Wittenberger Norm (hauptsächlich Melanchthons) annahmen, zum anderen, weil Andersmeinende aus dieser evangelischen Kommunität ausgeschlossen werden konnten. Diese Konfession wurde auch auf die Siebenbürger Sachsen in den benachbarten grundhörigen Landkapiteln auf Komitatsgebiet ausgeweitet, nicht aber auf jene im Komitat Klausenburg und Umgebung, wo ebenfalls Sachsen lebten. Derartige Entscheidungen entsprachen pragmatischen Gesichtspunkten, sie folgten in damaliger Zeit nicht explizit einem wie immer gemeinten sprachethnischen Kriterium (wie es Historiker seit dem 19. Jahrhundert zu sehen beliebten)[64]. Die Geistliche

---

61 ZACH: Franziskanermission (wie Anm. 7) 20, 22f., 81, 83.

62 Erwähnungen der (ungarischen) Calviner sind in diesen Quellen recht häufig (ebd., 80, 87f., 91, 94, 97, 121, 135). - Weitere Quellenbelege in: Relationes (wie Anm. 7) passim.

63 Relationes (wie Anm. 7) Berichte Nr. 25 und 37f., aber auch in den übrigen 15 Berichten aus dem Zeitraum 1629-1677 über den Stand der katholischen Kirche in Siebenbürgen finden sich häufig Hinweise auf das Szeklerland und dessen Franziskanermönche.

64 BINDER: Grundlagen (wie Anm. 20) 77f.

Universität, zu der auch die grundhörigen Landkapitel der Siebenbürger Sachsen in den Komitaten Weißenburg und Kokel zählten, blieb erhalten, und sie wurde durch das gemeinsame evangelische Bekenntnis gefestigt. Bei den Klausenburger Sachsen, die sich dem Calvinismus oder dem Unitarismus zuwendeten, ist im späten 16. und während des 17. Jahrhunderts ein relativ rascher Sprachwechsel eingetreten, der unter anderem an deutsch/ungarischen Namensdubletten in den städtischen Quellen und an Übersetzungen deutscher Familien- wie Vornamen ins Ungarische nachzuweisen ist[65].

Dem Beschluß der Stadträte in Kronstadt vom Herbst 1542, die Zeremonien in den örtlichen Kirchen mögen vereinfacht werden, folgte gleich ein „Reformationsbüchlein"[66] für den Geltungsbereich des Burzenlandes, in dem die Maßnahme begründet und abgesichert wird, „damit nicht der christliche Glauben wegen unserer Gewohnheit in schlechten Ruf komme [...]"[67]. „Dabei ist sorgfältigst darauf geachtet worden, daß nichts Neues ohne Zeugnis der heiligen Schrift oder das Beispiel hochberühmter Städte in irgend einem Punkt eingeführt und daß auch nichts von dem, was zum Heil notwendig und ein offenbares Gebot Gottes ist, durch irgendwelche Nachlässigkeit verfehlt werde."[68] Die Forschung verweist auf das Nürnberger Vorbild und den starken Einfluß Melanchthons[69]. Bereits vier Jahre später erarbeiten weltliche und geistliche Vertreter in Hermannstadt eine Kirchenordnung, die den im „Reformationsbüchlein" vorgezeichneten Linien weitgehend folgt. Eine deutsche Fassung, „Kirchenordnung aller Deutschen in Sybembürgen", und eine lateinische Fassung, „Ecclesia Dei Nationis Saxoniae", werden 1547 bei Honterus in Kronstadt ausgedruckt. Die Nationsuniversität als oberste ständische Verwaltungsbehörde erklärt diese Kirchenordnung 1552 für verbindlich. In der Kirchenordnung werden Fragen der Zeremonien, des Gemeindelebens, der Errichtung von Schulen und ihrer Beaufsichtigung, der Kranken- und der Armenpflege usw. geregelt. Sie ist weniger eine Bekenntnisschrift als ein Katalog pragmatisch verstandener Anweisungen. 1553 wählt die Synode bzw. die Geistliche Universität den flüchtigen Paul Wiener aus Laibach zum ersten evangelischen Superintendenten. Gleichfalls 1543 wird das erste deutsche Gesangbuch, acht „Geistliche Lieder", darunter zwei eigene, von Andreas Moldner ediert; 1556 folgen „Geystliche Lieder und Psalmen, durch D. M. L.[uther] und andere gelerte Leuth gemacht", die ebenfalls die Honterusdruckerei herausbringt. Stadtpfarrer Valentin Wagner hat es nach Mustern aus dem römisch-deutschen Reich

---

65 PAPP, Francisc: Marchands Hongrois et Allemands à Cluj dans la première moitié du XVIIe siècle. In: Colloquia. Journal of Central European History 1 (1994) 70-77.

66 Der Kronstädter Humanist, Buchdrucker und Stadtpfarrer Johannes Honterus verfaßte 1542 eine (verlorengegangene) Anweisung für die „evangelische Mess" (Formula Reformationis Ecclesiae Coronensis ac Barcensis totius provinciae), auf Grund welcher etwas später das *Reformationsbüchlein* entstand. REINERTH: Gründung (wie Anm. 23) 94.

67 Gemeint sind die orthodoxen Nachbarn und auswärtigen Kaufleute in Kronstadt und aus der Walachei, die „ihre Gebräuche, wie sie auch sein mögen, als die reineren rühmen und den übrigen in übermütiger Weise vorziehen". „Reformationsbüchlein" (1543). Zit. nach Quellen zur Geschichte der Siebenbürger Sachsen 1191-1975. Hg. v. Ernst Wagner, Köln-Wien ^{2}1981, 108.

68 Ebd., 108.

69 BINDER: Grundlagen (wie Anm. 20) 33-35, 40f.

zusammengestellt. Die Annahme der „Formula pii consensus“[70] rundete 1572 dieses Beispiel einer Konfessionalisierung formal ab.

Die Notwendigkeit regelmäßiger Kirchenvisitationen durch den Bischof wie auch durch Magistrate wird in der Kirchenordnung betont. Folgerichtig ist aus einem Visitationsbericht von 1550 im Burzenland zu entnehmen, daß der Stadtrichter (Bürgermeister) von Kronstadt den Ortspfarrer zunächst über den Stand der Einhaltung der neuen Gebräuche befragte: „Ob der Herr Farrherr des Predigampts mit rechter evangelischer und apostolischer Lehr recht und fleissig auswartet?“; die Gemeindeväter aber: „Ob der Rat mitsampt der gemein auch fleissige Zuehörer wären der Predigt und des Wortes Gottes?“[71] Aus dem Bericht über eine Generalvisitation von 1650 durch Bischof Christian Barth geht hervor, daß an der Formulierung der 23 Fragen (die seit 1617 zur Anwendung kamen) auch der Hermannstädter Magistrat beteiligt gewesen ist. Die Fragen reichen von der Beachtung der wahren evangelischen Lehre und nach der Tugendhaftigkeit der Pfarrer und Lehrer wie der Gemeindemitglieder, nach Bräuchen, Schule, Gehältern, Kranken- und Armenpflege bis zu: „De luxu et superbia in habitu. Ob auch Überfluß in Kleidungen und Trachten mit Hoffahrt gehalten werde?“[72]

Im Rahmen umfassender Konfessionalisierung auf dem Königsboden durch die weltliche und die geistliche Obrigkeit wurde in besonderer Weise auf die „Reinhaltung der lutherischen Lehre“ geachtet: Der Fall des deutschen Humanisten Johannes Sommer (†1574), der als Lehrer in Bistritz vom Königsboden ausgewiesen wurde, als er unitarisches Gedankengut aufnahm, ist beispielhaft. Sommer ging ans Klausenburger Kolleg. Dorthin folgten ihm um 1570 wegen der guten Qualität des Unterrichts manche Schüler nach, z.B. die Söhne des Pfarrers Matthias Glatz. Doch sie wurden durch einen Synodalbeschluß nach Hause zurückbeordert[73]. Sowohl die unitaristische Vernunftslehre als auch der Calvinismus fanden jedoch immer wieder Anhänger unter gebildeten Siebenbürger Sachsen, „da doch jederman erlaubt sei zu glauben, was er wolle“[74]. Die Loslösung des Königsbodens vom geltenden *ius reformandi* erforderte einige Mühe. Synoden (1565, 1571) und schließlich das Wort des Landesfürsten an die Mediascher Versammlung der Geistlichen Universität (1572) versuchten, eine Mehrfachkonfessionalisierung auf diesem Standesgebiet auszuschalten[75]. Das „Gespenst“, Kryptocalvinisten oder Unitarier in den eigenen Reihen zu haben, ging noch bis zur Mitte des 17. Jahrhunderts um. Danach galt die Konfessionalisierung nach dem Vorbild Wittenbergs als abgeschlossen.

---

70 REINERTH: Gründung (wie Anm. 23) 304-322.

71 Quellen zur Geschichte der Siebenbürger Sachsen (wie Anm. 67) 119.

72 TEUTSCH, Georg Daniel: Eine Kirchenvisitation. In: Archiv des Vereines für Siebenbürgische Landeskunde N.F. 3 (1885) 1-30, hier 5.

73 REINERTH: Gründung (wie Anm. 23) 300f.

74 Ebd., 301.

75 Ebd., 304f., 312-316.

Einige abschließende Bemerkungen

Bei Untersuchungen zur Konfessionalisierung und zu wirksamen Formen der Sozialdisziplinierung müssen im Fürstentum Siebenbürgen zumindest eine ständische, eine grundherrschaftliche und eine sprachethnische Variable berücksichtigt werden. Mechanismen einer freiwilligen Sozialdisziplinierung aus der Gruppe heraus (oder von unten) kommen hier punktuell hinzu.

Seit etwa 1571 entstanden neben der katholischen Kirche und diese fast ganz verdrängend drei protestantische Konfessionskirchen, jede mit spezifisch konfessionsbetonter Kultur, denen sich im Zuge durchgängiger Gruppenkonfessionalisierung seit der Mitte des 17. Jahrhunderts eine „nationale" Komponente zugesellte. Daneben bestand die Orthodoxie mit der ihr eigenen Kultur als vierte Konfessionskirche und mit nur wenig Durchlässigkeit für die ihr gemachten Angebote der Protestanten auf deren jeweiligem Standesgebiet[76]. Im eigenen Bereich sorgten diese Kirchen durch bestimmte Mechanismen und Strukturen auch für Sozialdisziplinierung. Anstöße gingen nicht allein von der Obrigkeit aus, sondern sie kamen aus den Gemeinden selbst. Ein internalisiertes Normenverhalten war besonders bei den Siebenbürger Sachsen eingeübt. Aber nicht nur bei ihnen gab es Selbstverwaltungsanteile aus älteren Zunftordnungen, Stadtrechten und Gemeindeverbänden wie Bruder- und Schwesternschaften auf dem Lande oder Nachbarschaften in den Städten[77]. Diese Organisationen wurden nach der Reformation in ihrer Wirksamkeit erkannt und besonders letztere aufgewertet. Eine (bestimmte) Konfession, Sprache und Kultur wie die ständische Zugehörigkeit waren seit dem späten 17. Jahrhundert die Elemente, aus denen sich die jeweilige Gruppenidentität konstituierte.

Die vier Bekenntnisse, die sich 1571 rechtliche Gleichstellung und den freien Konfessionswechsel zugesichert hatten – die katholische, die evangelisch-lutherische, die calvinistisch-reformierte und die unitarische Religion – galten als „rezipiert". Die beiden Grundsätze „ständische Privilegien" und „Religionsfreiheit" blieben in dieser eigentümlichen Mischung von mittelalterlichen und modernen Rechtsstandpunkten bis 1848

---

76 Aus dem umfangreichen Quellenmaterial nur einige Daten: In den vierziger und fünfziger Jahren gab es Angebote von deutscher Seite, für die Rumänen auf dem Königsboden Kirchenbücher in der Volkssprache herzustellen und ihnen damit auch das reformatorische Anliegen nahezubringen. Ähnliche Bemühungen gab es in den siebziger Jahren auf Komitatsgebiet in Zentralsiebenbürgen. Drei Bischöfe wurden ernannt, weitere rumänischsprachige Kirchenbücher gedruckt, aber nur mit geringem Erfolg. István Báthory setzte 1579 einen orthodoxen Bischof mit Sitz in Weißenburg für das Fürstentum ein. ZACH, Krista: Orthodoxe Kirche und rumänisches Volksbewußtsein im 15. bis 18. Jahrhundert. Wiesbaden 1977, 110-134 (mit Lit.). Vgl. auch Anm. 45. - Gábor Bethlen setzte durch, daß auf calvinistischen Schulen aller Grade auch Rumänen aufgenommen werden mußten. MORARU: Catechism (wie Anm. 45) 67f.

77 Neue Gesichtspunkte auch für die Konfessionalisierung bringt eine kürzlich vorgestellte Untersuchung aus dem Bereich der *natio Saxonica* im Mittelalter. GÜNDISCH, Konrad: „[...] natürlichen Geboten zu gehorchen". Freiwillige Sozialdisziplinierung am Beispiel mittelalterlicher Zunftordnungen in Siebenbürgen. In: Historia urbana (1998) (im Druck).

gültiges Gesetz in Siebenbürgen. Im 19. Jahrhundert ließen sie diesen habsburg-ungarischen Landesteil der Monarchie allerdings als besonders antiquiert erscheinen. Die Grundbesitzstrukturen mit raschem Besitzerwechsel wirkten in den Komitaten einer konfessionellen Vereinheitlichung entgegen. Das Verhalten der *nobilitas* selbst wies in die gleiche Richtung. Sie hielt zäh an dem auf Landtagen erstrittenen *ius reformandi* fest und praktizierte es. So gelang es keinem Grundherren und selbst nicht dem Landesfürsten, weder das *regnum* Siebenbürgen noch die Adelskomitate oder die eigenen Domänen durchgängig zu konfessionalisieren. Die Báthory, sie hatten immerhin 42 Jahre geherrscht, sind das beste Beispiel hierfür. Eine Staatskonfessionalisierung war in diesem Ständestaat nicht durchzuführen.

Über den Alltag des gemeinen Mannes sagen die Quellen wenig aus, und das Wenige ist noch nicht genau erforscht worden. Jede der Konfessionsparteien nimmt wie selbstverständlich für sich in Anspruch, die Konfessionalisierung mittels bedeutender Bildungsangebote, aber ohne Zwang, durchgeführt und damit die „nationale" Gruppenidentität entschieden gefördert zu haben.

Die angedeutete Entwicklung Siebenbürgens zu einem multikonfessionellen Ständestaat mit relativ ausgeglichen funktionierender Dualstruktur von *princeps* und *regnum*, die der Fürst dominierte, und tatsächlicher Religionsfreiheit ist weder allein der innenpolitischen Autonomie noch der religiös toleranten bzw. indifferenten Schutzmacht zu verdanken. Das Auf und Ab zwischen den Habsburgern, den Osmanen, den rivalisierenden ungarischen Adelsgeschlechtern und den Szeklern im Ringen um Führungspositionen im Karpatenbogen prägt den Alltag in dieser Region. Schließlich stabilisiert sie der Frieden von Zsitvatorok (1606) gegenüber dem Osmanischen Reich. Beim Westfälischen Frieden 1648 ist Siebenbürgen protestantische Signatarmacht und kann sich als solche die staatsrechtliche „Selbständigkeit" international bestätigen lassen.

Schon das skizzenhafte Bild zeigt jedoch auch, vergleicht man es mit dem der Nachbarregionen, eine gewisse Ungleichzeitigkeit; Siebenbürgen erscheint fast wie ein *Antimodell.* Darüber – zumindest – ist die Forschung sich einig. Für viele andere Aspekte, wie die Fragen des Verhältnisses von Stände- und Fürstenmacht oder der Bedeutung Siebenbürgens für die Tradierung der Idee von der staatlichen Kontinuität Ungarns besteht weiterhin Forschungsbedarf. Auch die Ansichten über den Umfang und den Begriffsinhalt von Konfessionalisierung, Religionsfreiheit, Duldung sowie auch über Gemeindefreiheit und Grundhörigkeit gehen zum Teil weit auseinander. Doch liegen hier auch Chancen für regional übergreifende wissenschaftliche Untersuchungen.

AUSBLICK

Die Grenzen der Konfessionalisierung. Die Folgen der Gegenreformation für die Habsburgerländer (1650-1781)[1]

Robert J. W. Evans

Ausgangspunkt dieses Beitrags ist die stark vereinfachte und verallgemeinerte Fragestellung, inwieweit sich die gängige Debatte über frühneuzeitliche „Konfessionalisierung“ auf die Länder der Habsburgermonarchie anwenden läßt, und zwar auf lange Sicht. Eine Einführung in die neuere Literatur zu diesem Thema, mit ihren Vorläufern unter den Analytikern der „Sozialdisziplinierung“ und der „Christianisierung“, kann ich hier natürlich entbehren[2]. Nur eine einführende Bemerkung: Bekanntlich hat diese Literatur einerseits ersprießliche makrohistorische Ansätze entwickelt, wodurch Prozesse der Modernisierung in einer Epoche andauernder religiöser Verbundenheit besser veranschaulicht werden können. Andererseits stellt sie ein gutes Modell für die vergleichende Untersuchung mikrohistorischer Phänomene dar, wie z.B. die disziplinarische Wirksamkeit des reformierten Presbyteriums bzw. des katholischen Beichtstuhls. Auf der Ebene der Herausbildung konkreter politischer Gemeinwesen scheint sie mir viel weniger aussagekräftig zu sein, selbst – oder gerade – im Heiligen Römischen Reich mit seinen äußerst komplizierten Formen der (Vor-)Herrschaft. Letzten Endes obliegt es uns, nicht nur die Entwicklung des „wohlgeordneten Polizeistaates“ in Mitteleuropa, sondern auch den Zusammenbruch so vieler angeblich auf diese Weise zusammengeschweißter politischer Gebilde im Wirbel der Napoleonischen Kriege zu erklären.

Überraschenderweise wurde Österreich bisher vom Standpunkt der Konfessionalisierung weitgehend vernachlässigt. Galten doch seine Fürsten als die berühmtesten oder berüchtigsten Vollstrecker des Satzes *cuius regio eius religio*: Der Sicherung der prinzipiellen Alleinherrschaft des Katholizismus in ihren Erblanden waren sie bereit, während der Endphase des Dreißigjährigen Krieges sogar die Befriedung des Reichs unterzuordnen. Seit den ersten Jahrzehnten des 17. Jahrhunderts setzten die Habsburger Protestantismus

1 Angesichts des allgemeinen Charakters dieses Kapitels beschränken sich die Anmerkungen hauptsächlich auf die neuere Literatur.

2 SCHILLING, Heinz: Confessionalization in the Empire: Religious and Social Change in Germany between 1555 and 1620. Leiden 1992, 205-245. - REINHARD, Wolfgang: Ausgewählte Abhandlungen. Berlin 1997, 77-147. - Kirchenzucht und Sozialdisziplinierung im frühneuzeitlichen Europa. Hg. v. Heinz SCHILLING, Berlin 1994. - Die katholische Konfessionalisierung. Hg. v. Wolfgang REINHARD und Heinz SCHILLING, Münster 1995, bes. 1-49. - Vgl. auch SCHMIDT, Heinrich R.: Sozialdisziplinierung? Ein Plädoyer für das Ende des Etatismus in der Konfessionalisierungsforschung. In: Historische Zeitschrift 265 (1997) 639-682.

mit Untreue gleich[3], was unmittelbar zu ihrer Politik der Ausweisung unbotmäßiger Ständemitglieder und der zwangsweisen Konvertierung des gemeinen Volkes führte.

Es mag den unbefangenen Historiker ebenso überraschen, daß sich das Haus Österreich überhaupt für den unduldsamen Katholizismus entschieden hat. Gab es doch ganz andere Traditionen, innerhalb derselben die Dynastie bis Ende des 16. Jahrhunderts zwar nicht reibungslos, aber ganz ordentlich funktionierte. Der unlängst verstorbene Kálmán Benda, bester Kenner des ungarischen Ständetums, hat mir einmal diese Entscheidung als unsinnig hingestellt: Ob er dabei dem vordergründigen Materialismus seiner damaligen Zunft oder dem eingefleischten Calvinismus seiner eigenen Herkunft das Wort redete, weiß ich nicht zu sagen. Der Zusammengang der römischen Kaiser mit einem ausgespielten Rom, dem die überwältigende Mehrheit ihrer Untertanen den Rücken zugewandt hatte, war ihm jedenfalls schier unbegreiflich. Auf die Frage, ob die Habsburger letzten Endes aus dieser Partnerschaft Nutzen gezogen haben, möchte ich später zurückkommen.

Ich verweise flüchtig auf die drei bewährten Alternativen zur konfessionellen Exklusivität im österreichischen Herrschaftsgebiet:

Erstens gab es die Duldung von Protestanten, wenigstens von Lutheranern, in allen reichsinternen Ländern, einschließlich der Erblande, besonders ab 1555. Zwar galt diese Toleranz vorerst eher de facto als de iure, und der Anspruch seitens der Stände (und ihrer gelegentlichen binnendeutschen Befürworter) auf den öffentlichen Schutz des Augsburger Friedens war fadenscheinig. Dafür wurde dieser Anspruch aber seitens des Fürsten lange nicht aktiv streitig gemacht, und die Vereinbarungen der Jahre 1568 bis 1578 ließen die Frage in der Schwebe[4].

Zweitens bestanden herkömmliche Arten von Interkonfessionalität in den ostmitteleuropäischen ständestaatlichen Gemeinwesen, wo die Habsburger ab 1526 als Teilerben auftraten. Auf hussitische Kompaktate und Kuttenberger Dekret folgten dann Landtagsabschiede, gleichermaßen ab 1568, in Siebenbürgen, Polen, Böhmen und zuletzt Ungarn, die eine durchgängige Gleichberechtigung bei weitem nicht erreichten, jedoch Nichtkatholiken die Glaubensfreiheit weitgehend zusicherten[5]. Auf die östlichen und südlichen

---

3 EVANS, Robert, J. W.: Das Werden der Habsburgermonarchie 1550-1700. Gesellschaft, Kultur, Institutionen. Wien 1986, bes. 49-73.

4 Zur allgemeinen Entwicklung REINGRABNER, Gustav: Adel und Reformation. Beiträge zur Geschichte des protestantischen Adels im Lande unter der Enns im 16. und 17. Jahrhundert. Wien 1976.

5 Es gibt keine zusammenfassende Darstellung. Zu Böhmen EBERHARD, Winfried: Konfessionsbildung und Stände in Böhmen 1478-1530. München 1981. - DERS.: Monarchie und Widerstand. Zur ständischen Oppositionsbildung im Herrschaftssystem Ferdinands I. in Böhmen. München 1985. - HREJSA, Ferdinand: Česká konfesse. Její vznik, podstata a dějiny. Praha 1912: für 1575 immer noch unübertroffen. - Zu Siebenbürgen Erdély története. Bd. 1-3. Hg. v. Béla KÖPECZI, Budapest 1986, 454-522. - Zu Polen HALECKI, Oskar: Zgoda sandomirska 1570 r., jej geneza i znaczenie w dziejach reformacji polskiej za Zygmunta Augusta. Warszawa 1915. - SCHRAMM, Gottfried: Der polnische Adel und die Reformation 1548-1607. Wiesbaden 1965. - TAZBIR, Janusz: Państwo bez stosów. Warszawa 1967. - Für Ungarn ZOVÁNYI,

Randzonen, wo lateinische und orthodoxe Christen seit Jahrhunderten größtenteils friedlich nebeneinander lebten, komme ich später zu sprechen, im Zusammenhang mit dem Vorstoß der Habsburger in diese Gebiete.

Drittens rufe ich die gelehrten Formen geistlichen Zusammenlebens in Erinnerung, die im Zeitalter des Humanismus an mitteleuropäischen Fürstenhöfen, allen voran am Kaiserhofe obwalteten. Eine aufschlußreiche, wenngleich leicht übertriebene Analyse der Irenik im Umkreis Maximilians II. ist soeben veröffentlicht worden[6]. Dieser Faktor konnte dann mit den zwei anderen zusammenwirken, wie in dem für das südslawische Geistesleben wichtigen Fall der religiösen Übersetzungen des Teams um Primož Trubar. Hier arbeiteten Schützlinge des Herzogs von Württemberg unter der stillschweigenden Ägide der Habsburger an protestantisch gefärbten Texten für die konfessionell gemischten Bevölkerungen Südosteuropas[7]. Die Tätigkeit eines Johannes Crato, des mit Luther und Melanchthon eng befreundeten Leibarztes dreier Habsburger, der sich für das Wohl der Böhmischen Brüder einsetzte, wäre ähnlich einzustufen[8].

I

Um die Tragweite der daraufhin angestrengten Politik der Konfrontation sowie die Auswirkungen der gleichzeitig inszenierten Gegenreformation richtig ermessen zu können, halten wir zunächst fest, daß sehr viele ihrer andersgläubigen Untertanen sich gegenüber den Habsburgern völlig loyal verhalten haben. Wenn überhaupt, dann wurden sie erst durch behördliche Aufwiegelung in die Opposition getrieben, und zwar durch die gemeinsame Herausforderung eines zweifachen Modus operandi seitens der Regierung.

Einesteils gab es harte, kurzfristig geplante Zwangsmaßnahmen gegen nichtständische, meist städtische Protestanten, zuerst in der Steiermark ab etwa 1585 und danach mit erneuerter Wucht dort und auch anderwärts um 1600. Die Quellensammlung Johann Loserths zu den innerösterreichischen Ereignissen stellt immer noch die detailliierteste Chronik dar, die wir für irgendeinen Aspekt dieser ganzen Prozedur besitzen[9]. Prädikanten wurden ausgewiesen, Bethäuser und Schulen geschlossen, Andachtsbücher beschlagnahmt, Ratsmitglieder abgelöst, katholische Eide verlangt. Andernteils ging die namentlich für Böhmen und Österreich charakteristische meist allmählichere Ausgrenzung

Jenő: A reformáció Magyarországon 1565-ig. Budapest [2]1986. - DERS.: A magyarországi protestantizmus története 1565-től 1600-ig. Budapest 1977.

6 LOUTHAN, Howard: The Quest for Compromise. Peacemakers in Counter-Reformation Vienna. Cambridge 1997. - Kaiser Maximilian II. Kultur und Politik im 16. Jahrhundert. Hg. v. Friedrich EDELMAYER und Alfred KOHLER, Wien-München 1992.

7 KATIČIĆ, Radoslav: Ein Blick auf die slawischsprachige Völkerwelt im Südosten. Wien 1996.

8 LOUTHAN: Quest for Compromise (wie Anm. 6) 85-105. - Ausführlicher GILLET, J[ohann] F[ranz] A[lbert]: Crato von Kraffthеim und seine Freunde, Bd. 1-2. Frankfurt a.M. 1860.

9 Acten und Correspondenzen zur Geschichte der Gegenreformation in Innerösterreich unter Erzherzog Karl II. (1578-1590). Hg. v. J[ohann] LOSERTH, Wien 1898. - Akten und Korrespondenzen zur Geschichte der Gegenreformation in Innerösterreich unter Ferdinand II., Bd. 1-2. Hg. v. DEMS., Wien 1906/07.

adeliger Protestanten vonstatten, die besonders von Karin MacHardy so überzeugend dargelegt worden ist[10]. Es handelte sich in erster Linie um die Besetzung erledigter Hofstellen, aber auch um Nobilitierungen, finanzielle Begünstigungen, Erbschaftsangelegenheiten usw. Einzeln durchgeführt, zeitigten diese zwei Prozesse bemerkenswerte Erfolge. Ihre Überschneidung löste jedoch bewaffnete Auseinandersetzungen aus: ab 1604, als sich ein Streit um die oberungarische Stadt Kaschau und die Person István Illésházys zu allgemeinen Unruhen ausweitete[11]. Als Folge mußten beträchtliche Konzessionen zuungunsten der Katholiken gemacht werden. Ähnlich gestalteten sich dann, aus diesem Blickwinkel, die Ereignisse des grenzüberschreitenden Aufstands von 1618-1620. Lediglich ihr Ausgang war bekanntlich ein ganz anderer.

Unterdessen wurde die Dynastie in ihrer eigenen Haltung bestärkt. Während sich Matthias und Khlesl weiterhin abwartend verhielten, wurden sie von Ferdinand II. und seinen (ebenfalls klerikalen) Ratgebern ausgestochen[12]. Diese unternahmen nun nicht allein eine offizielle Gegenreformation; sie verbanden sie – was von nachhaltiger Wirkung für den weiteren Verlauf der Habsburgergeschichte bis ins 19. Jahrhundert hinein sein sollte – mit einer Politik der Retorsion (oder „Verwirkung" in der späteren Sachsprache). Was ursprünglich wohl als Kunstgriff beabsichtigt war, um den Bestimmungen des Augsburger Friedens und des soeben mit Kursachsen getroffenen Übereinkommens in bezug auf die böhmischen Lutheraner zu entgehen[13], wurde zum Regierungsprinzip. Ob damit den Zwecken einer ernsthaften „Konfessionalisierung" wirklich gedient wurde, geschweige denn den Interessen eines mutmaßlichen „österreichischen" Staates auf katholischer Grundlage, bleibe vorerst dahingestellt.

Vor diesem Ansturm waren protestantische Eliten größtenteils mit ihrem habsburgischen Landesfürsten zufrieden gewesen. Der religiöse Unterschied schien durch allgemeine Kaiser- bzw. Königstreue sowie durch Solidarität gegenüber Bauernaufruhr und Stadtkonkurrenz aufgewogen zu sein. Die meisten Stände in den Erblanden begnügten sich mit ihren mündlichen Assekurationen. Der mehrheitlich reformierte ungarische Landtag verteidigte lange auch die Privilegien der katholischen Kirche. Rudolf II. wurde nach seinem Tode nicht nur von konservativen Utraquisten nachgetrauert, sondern auch von Anführern der böhmischen Brüderunität, wie Václav Budovetz von Budov. Dessen mährischer Mitbruder Karl von Žerotín, der früher in der Armee von Heinrich IV. gedient

---

10 MACHARDY, Karin J.: Der Einfluß von Status, Konfession und Besitz auf das politische Verhalten des niederösterreichischen Ritterstandes, 1580-1520. In: Spezialforschung und „Gesamtgeschichte". Beispiele und Methodenfragen zur Geschichte der frühen Neuzeit. Hg. v. Grete KLINGENSTEIN und Heinrich LUTZ, Wien 1982, 56-83. - DIES.: Religion, Patronage and Rebellion in Early Modern Habsburg Austria, 1578-1620. Basingstoke u.a. 1997.

11 Zusammenfassend BENDA, Kálmán: A Bocskai-szabadságharc. Budapest 1955. - Eine ältere deutschsprachige Darstellung: LENCZ, Géza: Der Aufstand Bocskays und der Wiener Friede. Eine kirchenhistorische Studie. Debreczen 1917.

12 BIRELEY, Robert: Religion and Politics in the Age of the Counterreformation. Emperor Ferdinand II, William Lamormaini SJ, and the Formation of Imperial Policy. Chapel Hill NC 1981.

13 Zu dieser Episode MÜLLER, Frank: Kursachsen und der böhmische Aufstand 1618-22. Münster 1997.

hatte, weigerte sich 1618, seine Provinz in den Aufstand hineinzuziehen[14]. Man könnte zahlreiche spätere Beispiele anführen, bis in die Jahre des Krieges und sogar darüber hinaus, besonders im Heer. Als Rudolf von Teuffenbach Ferdinands eigene Truppen auf dem Weißen Berg befehligte, war er noch Lutheraner. Otto Melander, der letzte kaiserliche Oberbefehlshaber vor dem Westfälischen Frieden, blieb Calvinist bis zu seinem Tod.

Das Heer war zugegebenermaßen stets ein Sonderfall. Bei Armeeoffizieren sowie auch bei einigen anhänglichen Spezialbeamten hat die Regierung selbst Nachsicht geübt. Dennoch wurden die allermeisten Protestanten auf 150 Jahre hinaus abgestoßen. Durch diesen Ausschluß war eine katholische Konfessionsgemeinschaft förmlich wiederhergestellt, aber gleichzeitig zeichneten sich Kanäle zukünftiger Renitenz oder gar Widerstandsbewegungen vor. Ich versuche in aller Kürze, die Ergebnisse dieser Politik einzeln zu skizzieren, nach Maßgabe ihres Erfolgs in den drei Hauptregionen habsburgischer Herrschaft. Daß sich auch keine gemeinsame Opposition gebildet hat, sei an dieser Stelle bloß nebenbei erwähnt.

II

Zuerst zu den österreichischen Erblanden. Hier wurde mit dem Westfälischen Friedensschluß die erzwungene Konversion bzw. (im Falle von widerspenstigen Mitgliedern der adeligen Stände) Ausweisung aller Protestanten bestätigt. Die einzigen Ausnahmen bildeten treugebliebene niederösterreichische Adelige, denen die rein private Andacht weiterhin gestattet war. Dennoch gab es dieses verspätete und nunmehr im Reichsvergleich einzigartige landesfürstliche *ius reformandi* erst auf dem Papier. Wenngleich Geistliche, besonders aus den Orden, in vielen Städten die katholische Gemeinschaft wieder auf die Beine gebracht haben, erhärten neueste Untersuchungen die Vermutung, daß auf dem Lande gegenreformatorische Kampagnen bis in die dreißiger und vierziger Jahre des 17. Jahrhunderts hinein oft oberflächlich geblieben sind, selbst in der Umgebung von Wien und Graz[15]. Sogar vom Beichtzettelsystem und von örtlichen Wallfahrten und dergleichen ist noch wenig zu hören.

Bis 1700 schien sich das Bild verändert zu haben. Eine barocke Kirchenlandschaft war weitgehend ausgebaut worden (obwohl wir über diese Entwicklung kaum unterrichtet sind) und die neuen klerikalen Machthaber, mit den Jesuiten an der Spitze, mochten glauben, daß ihre Stellung lediglich von Rivalen innerhalb der römischen Kirche angetastet werden konnte. Außerdem waren die österreichischen Emigranten über

---

14 Když císař odchází. Lidská tragédie a posmrtná sláva Rudolfa II. očima současníků. Hg. v. Jaroslav PÁNEK, Praha 1997: eine Anthologie von Beurteilungen. - Neuerlich zu Budovec und Žerotín REJCHRTOVÁ, Noemi: Václav Budovec z Budova. Praha 1984. - Karel st. ze Žerotína. Z korespondence. Hg. v. DERS., Praha 1982.

15 JOHNSTON, Rona: The Bishopric of Passau and the Counter-Reformation in Lower Austria, 1580-1636. Phil. Diss. Oxford 1996. - PÖRTNER, Regina: Counter-Reformation in the Provinces: The Duchy of Styria, 1580-1780. Phil. Diss. Oxford 1998.

andere kulturell und sprachlich deutsche Gegenden zerstreut worden, wobei die meisten Gebiete Süddeutschlands als Cordon sanitaire wirkten, so daß der Assimilierungsprozeß beträchtlich beschleunigt wurde. Ihre Sprecher, wie Helmhard von Hohberg, nahmen sich eher elegisch als schädlich aus[16]. Aus dieser Perspektive wären die salzburgischen Vertreibungen um 1730 als letzter Sargnagel für den Protestantismus aufzufassen, wiewohl die kollaborierenden Habsburger dadurch dem Spott der Frühaufklärung ausgesetzt waren[17].

Gleichzeitig mit den Salzburger Ereignissen wurde jedoch in beunruhigendem Ausmaß das Überleben von Häresie unter Bergarbeitern und Handwerkern sowie auch unter soliden Bauern in angrenzenden Tälern der Steiermark, Kärntens und Oberösterreichs entdeckt. Dieser sogenannte Geheimprotestantismus bedeutete für die Behörden eine unbequeme Herausforderung, zeigte er doch Unzulänglichkeiten in der ideologischen Synthese des Barockkatholizismus ausgerechnet jesuitischer Prägung auf, denn unter den Aufsässigen gab es Untertanen der Gesellschaft Jesu – in Millstatt und anderswo[18]. Es handelte sich um eine rivalisierende Kultur des Buches und des Wortes, wo pietistische Texte, namentlich solche des im Salzburgischen gebürtigen Josef Schaitberger, kursierten, aber auch notgedrungen um eine quasi-mündliche Tradition, die auf auswendig gelernte Kirchenlieder und Bibelauszüge angewiesen war und sektiererische und apokalyptische Züge nährte. Als Religionsgemeinschaften entbehrten diese Gruppen jedweder Hierarchie, und sie standen deshalb neuen geistigen Enthusiasten vollkommen offen: Vor kurzem wurden sie plausibel als entscheidender Faktor in der Vorgeschichte des „Großen Erwachens" von unten innerhalb des zeitgenössischen westeuropäischen und nordamerikanischen Protestantismus hingestellt[19].

Dieser volkstümliche Geheimprotestantismus bildete im 18. Jahrhundert lediglich einen Bestandteil der wachsenden konfessionellen Vielfalt der Erblande. Einzelne Nichtkatholiken, Christen und Juden, wanderten als Kaufleute und Unternehmer ein (es fand sich z.B. eine ansehnliche Zahl calvinistischer Bankiers vor); andere Protestanten ließen sich als Facharbeiter, Akademiker, Beamte oder als Soldaten nieder. Manchmal konvertierten solche Leute, besonders in den höheren Berufszweigen; aber bei den meisten überwog ihre Nützlichkeit für den modernisierenden, merkantilistischen österreichischen Staat den Nachteil ihrer Andersgläubigkeit. Nur gegen die einheimische und vor allem

---

16 BRUNNER, Otto: Adeliges Landleben und europäischer Geist. Leben und Werk Wolf Helmharts von Hohberg 1612-88. Salzburg 1949. - Vgl. allgemein REINGRABNER: Adel und Reformation (wie Anm. 4). - HEILINGSETZER, Georg: The Austrian Nobility, 1600-50: Between Court and Estates. In: Crown, Church and Estates. Central European Politics in the Sixteenth and Seventeenth Centuries. Hg. v. Robert J. W. EVANS und Trevor V. THOMAS, London 1991, 245-260.

17 WALKER, Mack: The Salzburg Transaction. Expulsion and Redemption in Eighteenth-Century Germany. Ithaca NY 1992.

18 TROPPER, Peter G.: Staatliche Kirchenpolitik, Geheimprotestantismus und katholische Mission in Kärnten 1752-80. Klagenfurt 1989. - KOLLER-NEUMANN, Irmtraud: Zum Protestantismus unter der Jesuitenherrschaft Millstatt. In: Carinthia I 178 (1988) 143-163. - PÖRTNER: Counter-Reformation in the Provinces (wie Anm. 15).

19 WARD, W. Reginald: The Protestant Evangelical Awakening. Cambridge 1992.

die ländliche Heterodoxie blieb die Regierung Maria Theresias unerbittlich[20]. Ihre Vertreter mußten bis unmittelbar vor dem Toleranzpatent wiederholte Bekehrungsversuche hinnehmen; Widerstrebende oder Abtrünnige wurden häufig in Zuchthäuser eingesperrt oder nach Ungarn transportiert[21].

Diese amtliche Unnachgiebigkeit war sicher zum Teil darauf zurückzuführen, daß man verräterische Verbindungen zwischen solchen eingefleischten Protestanten und ihren Glaubensbrüdern im übrigen Reich befürchtete. Tatsächlich hat sich der Corpus Evangelicorum manchmal für sie eingesetzt, und vermeintliche preußische Agenten wurden gelegentlich in Österreich aufgespürt[22]. Aber ihre Behandlung legt zwei Schlüsse hinsichtlich der früheren Entwicklung nahe. Erstens verfuhr man weiterhin auf fast genau dieselbe Art und Weise wie im klassischen Zeitalter der Gegenreformation, wenngleich die Missionstätigkeit selbst, wie im benachbarten Bayern, wohl etwas schwunghafter und fachmännischer geworden war. Zweitens kam jedoch diese unerledigte Arbeit vielmehr unter Staatsaufsicht als vorher. Die katholische Konfessionalisierung in Österreich war vielmehr, wie Thomas Winkelbauer kürzlich überzeugend dargelegt hat[23], Sache der – weltlichen wie auch kirchlichen – Gutsbesitzer gewesen; daß sie mancherorts ziemlich bescheiden ausgefallen war, wurde der Regierung erst dann deutlich klar, als sie ihre Ergebnisse für ehrgeizigere Staatszwecke einspannen wollte.

III

In Böhmen erlitten die Protestanten während der zwanziger Jahre des 17. Jahrhunderts eine Attacke, deren Grausamkeit berüchtigt war; sie gipfelte in der Verneuerten Landesordnung (1627, in Mähren 1628), in der die Politik der Ausgrenzung mustergültigen Ausdruck erhielt[24]. Als direkte Folge zog eine riesige Anzahl der sowieso kriegsver-

---

20 KLINGENSTEIN, Grete: Modes of Religious Tolerance and Intolerance in Eighteenth-Century Habsburg Politics. In: Austrian History Yearbook 24 (1993) 1-16: eine wertvolle Zusammenfassung, die jedoch mit der Regierung wohl etwas zu viel Nachsicht übt. - Vgl. EVANS, Robert J. W.: Über die Ursprünge der Aufklärung in den habsburgischen Ländern. In: Das achtzehnte Jahrhundert und Österreich 2 (1985) 9-31.

21 BUCHINGER, Erich: Die „Ländler“ in Siebenbürgen. München 1980. - KOLLER-NEUMANN, Irmtraud: Zur protestantischen Einschreibbewegung und den Transmigrationen aus der Herrschaft Millstatt nach Siebenbürgen 1752-53. In: Carinthia I 172 (1982) 69-97.

22 REISSENBERGER, Friedrich: Das Corpus Evangelicorum und die österreichischen Protestanten (1685-1764). In: Jahrbuch der Gesellschaft für Geschichte des Protestantismus in Oesterreich 17 (1896) 207-221.

23 WINKELBAUER, Thomas: Sozialdisziplinierung und Konfessionalisierung durch Grundherren in den österreichischen und böhmischen Ländern im 16. und 17. Jahrhundert. In: Zeitschrift für Historische Forschung 19 (1992) 317-339.

24 EBERHARD, Winfried: Entwicklungsphasen und Probleme der Gegenreformation und katholischen Erneuerung in Böhmen. In: Römische Quartalschrift für christliche Altertumskunde und Kirchengeschichte 84 (1989) 235-257 sowie DUCREUX, Marie-Élizabeth: La reconquête catholique de l’espace bohémien. In: Revue des Études slaves 60 (1988) 685-702: beide liefern zu-

heerten Bevölkerung (sogar der katholische Apologet Slavata schätzte 36 000 Familien) in die Verbannung, größtenteils in die nahe gelegenen lutherischen Länder Sachsen und Brandenburg. Die Mehrheit dieser Emigranten waren muttersprachliche Tschechen, die sich nur langsam assimilierten – in Rixdorf am damaligen Rande Berlins behauptete sich diese Sprache noch Ende des 18. Jahrhunderts – und die mit dem Heimatland heimliche Kontakte unterhielten[25]. Auf der europäischen Bühne wurden sie von der heroischen Gestalt des Comenius (Komenský) vertreten, obzwar seine eigene Botschaft weniger gemeinprotestantisch als abwechselnd universal, im Sinne der ganzen Menschheit, oder sektiererisch, im Sinne der Böhmischen Brüderunität, ausgerichtet war[26]. Unter anderen prominenten Wortführern sei wenigstens der in den Niederlanden tätige Pavel Stránský genannt.

Das Überleben des Protestantismus stellte deshalb nötigenfalls eine offenere und ernstlichere Bedrohung in Böhmen als in den Erblanden dar. In gewissen Exilkreisen wurden noch wenigstens in die fünfziger Jahre des 17. Jahrhunderts hinein innige Erwartungen einer triumphierenden Rückkehr gehegt[27]. Dazu gab es die besonderen Umstände in Schlesien, wo das im Osnabrücker Frieden verbriefte Recht auf lutherische Gottesdienste in bestimmten Ortschaften gegen Verstöße habsburgischerseits durch den Altranstädter Vertrag von 1707 zwar in vermindertem Umfang, aber dennoch erfolgreich bekräftigt werden konnte. Erst infolge der preußischen Eroberung ließ dieser schlesische Einfluß auf die Kernländer der Böhmischen Krone nach; sogar danach blieb ironischerweise die lutherische Hochburg Teschen in österreichischen Händen[28].

Heftige Angriffe gegen Nichtkatholiken gab es das ganze 17. Jahrhundert hindurch in verschiedenen Teilen Böhmens, namentlich im Norden und Osten. Sie gingen auch in strenge Unterdrückung der gelegentlich auftretenden Bauernunruhen über, z.B. 1680 und 1717, wobei Protestanten stets verdächtigt wurden, diese angezettelt zu haben. In den späteren Jahren der Regierung Karls VI. setzte eine erneute Verfolgungswelle ein. Die Zahl der bekannten Ketzereiprozesse im 18. Jahrhundert beläuft sich auf mehr als 700; in den meisten Fällen lautete das Urteil auf Zwangsarbeit, sogar auf Galeerensklaverei[29]. Untergründige Auswanderung dauerte in erheblichem Ausmaße an, nun mit aktiver Unterstützung seitens der Hohenzollern. So steht quellenmäßig fest, daß der Hauptteil

---

gängliche neue Überblicke. - Vgl. auch HANZAL, Josef: Z dějin pobělohorské rekatolizace. In: Muzejní a vlastivědná práce 12 (1974) 22-35.

25 WINTER, Eduard: Die tschechische und slowakische Emigration in Deutschland im 17. und 18. Jahrhundert. Berlin 1955. - Vgl. die Artikel von Vladimír URBÁNEK u.a. In: Historické listy 4 (1995) 1-26.

26 Neueste Zusammenfassungen: PÁNEK, Jaroslav: Jan Amos Komenský - Comenius. La voie d'un penseur tchèque vers la réforme universelle d'affaires humaines. Praha 1990, und POLIŠENSKÝ, Josef: Komenský - muž labyrintů a naděje. Praha 1996.

27 KUMPERA, Jan/HEJNIC, Josef: Poslední pokus českého exilu kolem Komenského o zvrat v zemích České koruny. Brno-Uherský Brod 1988.

28 WINTER: Emigration (wie Anm. 25) 78ff. - WARD: Awakening (wie Anm. 19) 73-92. - CONRADS, Norbert: Die Durchführung der Altranstädter Konvention in Schlesien. Köln 1971.

29 DUCREUX, Marie-Élizabeth: Lire à en mourir: livres et lecteurs en Bohême au XVIIIe siècle. In: Les usages de l'imprimé. Hg. v. Roger CHARTIER, Paris 1987, 253-303.

der Rixdorfer Siedler auf einmal im Jahre 1736 aus Böhmisch Rothwasser über die Grenze floh[30]. Noch vierzig Jahre später leitete die Aufdeckung daheimgebliebener tschechischer Häretiker in der mährischen Walachei, unweit von Wien und sozusagen vor der eigenen Haustür des Fürsten Kaunitz, das letzte Rückzugsgefecht der österreichischen Gegenreformation ein[31]. Unterdessen konnten deutschböhmische Lutheraner im verfassungsmäßigen Niemandsland Asch im entgegengesetzten Zipfel des Königreichs die ganze Periode hindurch ihren Glauben öffentlich bekennen.

Dank älterer Quellensammlungen sowie der einfühlsamen Studien von Marie-Elisabeth Ducreux[32] wissen wir, daß diese Andersdenkenden ältere böhmische Werte bewahrten: Sie pflegten eine auf Buch und Predigt gegründete Kulturtradition, waren jedoch kaum mehr fähig, entweder ersteres zu lesen oder für letztere den nötigen geistlichen Zusammenhang herzustellen. Nach der Mitte des 17. Jahrhunderts flackerte religiöse Dissidenz nur noch unter ungebildeten Volksgruppen auf; es handelte sich um eine Bewegung der Einfältigen – *prostonárodní*, um einen tschechischen Terminus zu gebrauchen – die an *blouznivost* grenzte, d.h. an wilden Enthusiasmus mit deistischen, judaisierenden, und millenarischen Tendenzen[33]. Außerhalb der unmittelbaren Nähe von Teschen war irgendwelche Kirchenorganisation völlig unmöglich.

Die mutmaßlich rechtgläubige Mehrheit der Böhmen ist noch mangelhafter erforscht. Nicht alle akzeptierten den neuen Machtapparat. In jeder Generation gab es auch wenigstens vordergründig katholische Auswanderer, die erst im Exil zu Sektierern wurden. Aber ernstzunehmende Opposition entstand selten, allenfalls ab 1700, und beschränkte sich auf höhere Gesellschaftsschichten. Sie kam als hochadlige Unbotmäßigkeit zum Vorschein, wie im Falle des jansenistisch veranlagten Grafen Sporck, der abtrünnigen Hochwürdenträger nach der Thronbesteigung Maria Theresias, oder der ständischen Frondeurs von 1790[34]. Ihr Landespatriotismus schöpfte meist aus katholi-

---

30 PÁNEK, Jaroslav: Der Weg nach Rixdorf. In: Unitas Fratrum 19-20 (1987) 67-89.

31 WOLNY, Reinhold Joseph: Die josephinische Toleranz unter besonderer Berücksichtigung ihres geistlichen Wegbereiters Johann Leopold Hay. München 1973. - BEALES, Derek: Joseph II., Bd. 1: In the Shadow of Maria Theresa, 1741-80. Cambridge 1987, 465-473.

32 DUCREUX: Lire à en mourir (wie Anm. 29). - DIES.: Le livre et l'hérésie, modes de lecture et politique du livre en Bohême au XVIIIe siècle. In: Der Umgang mit dem religiösen Buch. Studien zur Geschichte des religiösen Buches in Deutschland und Frankreich in der frühen Neuzeit. Hg. v. Hans Erich BÖDEKER, Gerald CHAIX und Patrice VEIT, Göttingen 1991, 131-155.

33 Vgl. die reichhaltigen Materialiensammlungen: Listiny k dějinám lidového hnutí náboženského na českém východě v XVIII. a XIX. věku. Bd. 1-2. Hg. v. Karel Václav ADÁMEK, Praha 1911-1924. - Listář náboženského hnutí poddaného lidu na panství litomyšlském v století XVIII. Hg. v. Václav SCHULZ, Praha 1915. - Listář k dějinám náboženských blouznivců českých v stoletích XVIII. a XIX. Bd. 1-2. Hg. v. Antonín REZEK und Josef Vitězslav ŠIMÁK, Praha 1927-1934.

34 PREISS, Pavel: Boje s dvouhlavou saní. František Antonín Špork a barokní kultura v Čechách. Praha 1981. - HASSENPFLUG-ELZHOLZ, Eila: Böhmen und die böhmischen Stände in der Zeit des beginnenden Zentralismus. Eine Strukturanalyse der böhmischen Adelsnation um die Mitte des 18. Jahrhunderts. München-Wien 1982. - DRABEK, Anna M.: Die Desiderien der böhmischen Stände von 1791. Überlegungen zu ihrem ideellen Gehalt. In: Die böhmischen Länder zwischen Ost und West. Festschrift für Karl Bosl zum 75. Geburtstag. Hg. v. Ferdi-

schen Quellen, und am Werden ihrer Geistesart waren protestantische Einflüsse kaum beteiligt. Bohuslav Balbín empfand eine gewisse Verehrung für Comenius und seinesgleichen; aber seiner berühmten Verteidigung der tschechischen Sprache lag nationaler und gewissermaßen ethnischer Groll zugrunde[35].

Erst die Jahrzehnte nach 1750 brachten eine verhängnisvolle Wende. Eine zunehmend verbreitete Vaterlandsliebe vereinigte sich mit jansenistisch gefärbter Verurteilung barocker Auswüchse und einer Rückkehr zu gewissen aus der Zeit des Humanismus herübergeretteten Betrachtungsweisen; es begann eine Neubewertung des Erbes des Hussitismus und des spätmittelalterlichen Ständestaates, in welchem den Utraquisten eine herausragende Rolle zugefallen war. Auf diese Weise mündeten Elemente älterer (quasi-)protestantischer Traditionen allmählich in einen böhmischen Landespatriotismus ein, dessen aufgeklärte Erscheinungsformen wesentlich zum Zusammenbruch des konfessionsmäßigen Konsenses und zur Entstehung der künftigen tschechischen Nationalkultur beitrugen[36].

IV

Der ungarische Protestantismus war nichts weniger als geheim. Nach Rudolfs II. plumpem Versuch, in den Jahren 1603/04 an Stelle der bestehenden katholischen Reformbestrebungen eine politische Gegenreformation zu inszenieren, wurde er zu einer dauernden Oppositionsideologie im habsburgischen Rumpfkönigreich. Ab 1613 genoß er die Unterstützung einer ununterbrochenen Reihe von reformierten Fürsten Siebenbürgens. Die Regierung mußte nachgeben: Die Vereinbarungen zu Wien (1606) und dann zu Linz (1645), die beide eine nachträgliche Bestätigung seitens des ungarischen Landtags erfuhren, gewährten eine erweiterte Toleranz, die sich prinzipiell auf städtische und sogar ländliche Gemeinden erstreckte[37]. Nach der erschütternden Niederlage, die das unabhängige Siebenbürgen Anfang der sechziger Jahre des 17. Jahrhunderts erlitt, und der darauffolgenden verpfuschten Magnatenverschwörung konnten die Habsburger auch hier ihre Politik der Zwangskatholisierung erneuern, wodurch sie beinahe das ganze Land zu Aufruhr anstachelten.

---

nand SEIBT, München-Wien 1983, 132-142. - DIES.: Der Nationsbegriff in Böhmen an der Grenze von Aufklärung und „nationaler Wiedergeburt“. In: Vaterlandsliebe und Gesamtstaatsidee im österreichischen 18. Jahrhundert. Hg. v. Moritz CSÁKY und Reinhard HAGELKRYS, Wien 1989, 43-61.

35 Neuwertung bei KUČERA, Jan. P./RAK, Jiří: Bohuslav Balbín a jeho místo v české kultuře. Praha 1983.

36 Einige Hinweise bei EVANS: Ursprünge (wie Anm. 20). - DRABEK: Nationsbegriff (wie Anm. 34).

37 Immer noch unentbehrlich ZSILINSZKY, Mihály: A magyar országgyűlések vallásügyi tárgyalásai a reformációtól kezdve. Bd. 1-4. Budapest 1880-1897, hier Bd. 2-3. - Eine Übersicht (von László MAKKAI) in: Magyarország története 1526-1686. Bd. 1. Hg. v. Zsigmond Pál PACH, Budapest 1985, bes. 745-755, 826-841, 919-937. - PÉTER, Katalin: The Struggle for Protestant Religious Liberty at the 1646-7 Diet in Hungary. In: Crown, Church and Estates (wie Anm. 16) 261-268.

Es entstand ab 1681 eine mit weiteren Revolten durchsetzte Serie von ausgehandelten Übereinkünften, infolge derer sowohl Evangelische als auch Reformierte ihre Organisation und ihr Kulturvermächtnis bewahrten, wenngleich ihre Rechte schwer eingeschränkt wurden. Da die sogenannten Artikularorte der Protestanten schachbrettartig fast überall zerstreut lagen – die Situation war noch undurchsichtiger als in Frankreich nach dem Edikt von Nantes –, kann bis Ende des Jahrhunderts und sogar später von einem konsequenten Konfessionalisierungsprozeß kaum die Rede sein. Auf Landesebene herrschte immer noch eher eine konfessionelle Auseinandersetzung. Die Frage ist nach wie vor umstritten, inwieweit die Religion, besonders in ihrer calvinistischen Prägung, selbst den Widerstand in Ungarn angespornt hat[38]. Zweifellos wurde jedoch von Protestanten die konfessionelle Freiheit als grundsätzlicher Bestandteil ständischer Freiheiten angesehen, und diese Ansicht teilten auch manche Katholiken.

Nach 1711 gelang es der Regierung endlich, die ganze Angelegenheit aus der politischen Arena abzuziehen, indem sie Religionsdebatten auf dem Landtag unterband und ein System königlicher Gnadenerlässe einführte. Der Bekannteste von diesen, die Carolina Resolutio, schrieb für alle öffentlichen Ämter ein *juramentum decretale* bzw. einen Marieneid vor, der mit Hilfe örtlicher katholischer Eiferer weitgehend geltend gemacht werden konnte. Auch hier ließ solche Diskriminierung noch in den siebziger Jahren des 18. Jahrhunderts kaum nach (obwohl es bis dahin etwas leichter wurde, protestantische Beschwerden vorzubringen): Vom Sprengel des überheblichen Bischofs Padányi Biró in Transdanubien bis hin zu den Ländereien des Erlauer Kapitels im Osten sah alles ähnlich aus[39]. Als häufigste Zankäpfel galten Mischehen, Vormundschaft und Abtrünnigkeit, ferner Streit über den Besitz von kirchlichen Gebäuden, über Visitationsrechte und den Zugang zu Tochtergemeinden (Filialen) sowie das Verlagswesen, zu dessen Causes célèbres die Konfiskation im Ausland gedruckter Bibeln und ab 1747 sogar diejenige des Heidelberger Katechismus gehörten[40].

„Wir leben wie das Vieh, ohne kirchliche oder geistliche Betreuung"[41] – solche Klagen kamen unter Protestanten häufig vor, und es wurde offenbar versucht, ihre korporativen Rechte zu beschneiden. Dennoch sah die Lage in Ungarn ganz anders als in Österreich oder Böhmen aus, denn die dortigen protestantischen Gemeinden konnten auf ihr schon bestehendes gesellschaftliches und intellektuelles Kapital ordentlich zurückgreifen. Auf

38 BENDA, Kálmán: Absolutismus und ständischer Widerstand in Ungarn am Anfang des 17. Jahrhunderts. In: Südost-Forschungen 33 (1974) 85-124. - BENCZÉDI, László: Rendiség, abszolutizmus és centralizáció a XVII. század végi Magyarországon 1664-85. Budapest 1980. - Rebellion oder Religion? Hg. v. Peter F. BARTON und László MAKKAI, Budapest 1977.

39 Padányi Biró Márton veszprémi püspök naplója. Hg. v. Károly HORNIG, Veszprém 1903. - Vgl. die nachsichtige Biographie von PEHM [Mindszenty], József: Padányi Biró Márton veszprémi püspök élete és kora. Zalaegerszeg 1934. - Zu Erlau NYÍRI, Sándor: A nagybirtok vallásügyi magatartása a 18. században. Budapest 1941.

40 MÁLYUSZ, Elemér: A türelmi rendelet. II. József és a magyar protestantizmus. Budapest 1939, bes. 24ff. - ESZE, Tamás: A Heidelbergi Káté története Magyarországon a XVIII. században. In: A Heidelbergi Káté Magyarországon. Hg. v. Tibor BARTHA, Budapest 1965, 169-203.

41 MÁLYUSZ: Türelmi rendelet (wie Anm. 40) 62f., Beschwerde aus dem südungarischen Komitat Baranya.

der einen Seite genossen sie in vielen Landesteilen die Unterstützung wohlhabender Adeliger, gelegentlich auch des Stadtpatriziats. Dies führte unter den gegebenen Umständen zu einer zunehmend mittels gemischter Presbyterien und der Einsetzung von (Haupt-) Kuratoren formalisierten Machtübernahme durch den Laienstand, die heftige klerikale Verbitterung hervorrufen konnte: z.B. den Streit zwischen Lajos Domokos und Miklós Sinai in Debreczin[42].

Auf der anderen Seite erfreuten sich die Protestanten eines eindeutigen kulturellen Vorteils. Das war zwar in der Randsituation weniger spürbar, so in Transdanubien, wo sie großteils auf Grundschulen beschränkt waren und ihre Analphabetenrate (wie die Arbeiten von István György Tóth zeigen) derjenigen ihrer katholischen Nachbarn kaum nachstand[43]. Im Norden und Osten besaßen sie dagegen wirksame Schulnetze, die durch in den wichtigeren Städten oder stadtähnlichen Niederlassungen gelegene Kollegien versorgt waren, von Ödenburg und Preßburg bis Sárospatak und Debreczin. Darüber hinaus ermöglichten ihre zahlreichen ausländischen Verbindungen das ständige Eindringen neuer Ideen; der Besuch deutscher Universitäten – die meisten Lutheraner gingen nach Sachsen, viele Reformierte nach Halle, dann nach Göttingen und in die Niederlande – wurde sogar durch von Maria Theresia verhängte strenge Maßnahmen kaum beeinträchtigt (obwohl die Weiterreise nach England tatsächlich stockte)[44]. Denken wir an den – durch die Selbstbiographie seines Enkels Kazinczy berühmt gewordenen – Fall des sonst durchschnittlichen Gutsbesitzers Ferenc Bossányi, der nicht nur deutsche und lateinische Zeitschriften las, sondern auch (man schreibt die Jahre um 1770) die Werke von Febronius[45].

V

Diese sehr grobmaschigen Überlegungen erlauben vielleicht den vorläufigen Schluß, daß die habsburgische Ausgabe des „konfessionellen Absolutismus" nicht nur Schönheitsfehler – wie die kuriose Zeremonie, bei der der Herrscher dem ungarischen Landtag neben den zwei katholischen weiterhin zwei protestantische Kandidaten für die Wahl zum Palatin stellen mußte –, sondern auch wirkliche und dauernde Mängel aufwies. Im frühmodernen Ostmitteleuropa gibt es jedoch auch Beispiele für eine vollständigere Gegenreformation ohne Absolutismus ebenso wie für einen vollständigeren Absolutismus ohne Gegenreformation (überhaupt ohne staatliche Konfessionalisierung). Ich denke an Polen oder an Siebenbürgen. Da die Habsburger seit dem 16. Jahrhundert auf

42 RÉVÉSZ, Imre: Bécs Debrecen ellen. Sinai Miklós és kora. Adalékok a XVIII. századvég magyar társadalomtörténetéhez. Budapest 1959.

43 TÓTH, István György: Mivelhogy magad írást nem tudsz. Az írás térhódítása a művelődésben a kora újkori Magyarországon. Budapest 1996, bes. 12f., 30-32, 69f.

44 Eine Übersicht bei KOSÁRY, Domokos: Művelődés a XVIII. századi Magyarországon. Budapest 1980, 111-129.

45 KAZINCZY, Ferenc: Versek, műfordítások, széppróza, tanulmányok. Budapest 1979, 213.

beide dieser Territorien wiederholt Anspruch erhoben, einerseits (bis viel später) umsonst, andererseits letztlich doch mit Erfolg, mag es lehrreich sein, bei den zwei Fällen kurz zu verweilen.

Ich überspringe die rein spekulative Frage, was für Konsequenzen ein habsburgisches Königtum in Polen mit sich gebracht hätte[46]. Dies wäre vermutlich gleichbedeutend mit einer Art von Personalunion gewesen, die auch anderswo in der Habsburgermonarchie herkömmliche und pluralistische Gemeinschaftsformen begünstigt hätte. Wichtiger für uns ist der Stellenwert Polens als klassischen Landes einer friedlichen Wiederbelebung des Katholizismus. Sicher wurde diese Entwicklung gewissermaßen – um an das habsburgische Rezept zu erinnern – durch elitäre Ausgrenzung gefördert: Darin lag eine der Wurzeln des *Rokosz Zebrzydowskiego* von 1606/08, der selber, obzwar er ohne viel Blutvergießen geschlichtet wurde, zur Aushöhlung der protestantischen Stellungen beitrug[47]. Von grundlegender Bedeutung war sicher auch das 1596 in der Brester Union verkörperte Übernahmeangebot an die Orthodoxen, das übrigens von erheblichem Zwang begleitet wurde, obwohl er auch gleichzeitig beträchtliche Zugeständnisse erforderte, indem die neue Unierte Kirche ihre slawische Liturgie bis auf die päpstliche Souveränitätserklärung fast zur Gänze beibehalten durfte[48].

Auf die Ostchristen komme ich gleich zurück. Der Ausgang in Polen wirft außerdem zwei relevante allgemeine Gesichtspunkte auf. Erstens erwies sich die spontane Rückkehr des gesamten Adels zur alten Kirche als nicht unbedingt vorteilhaft für den Herrscher, der dadurch in einem Gemeinwesen wie der Rzeczpospolita – in der sich fast alle politische Macht (außer bei Berufungen auf hohe Staatsposten) in Adelshänden befand – auf öffentliche Manövriermöglichkeiten verzichten mußte. Der Gegensatz zu Ungarn, wo ähnliche Verfassungszustände noch bestanden, liegt nahe. War es nicht eigentlich leichter, mindestens schon im 18. Jahrhundert, Ungarn zu regieren, gerade weil sich dort konfessionelle Spaltungen innerhalb der politischen Nation ausnutzen ließen, solange nur der König nicht der Versuchung erlag, politische Freiheiten nach Art der religiösen übermäßig zu beschneiden?

Zweitens veranschaulichen die Umstände in Polen am glänzendsten die Potenz einer katholischen Erneuerung, die an politische Vorgaben überhaupt kaum gebunden war. Sie stützte sich auf protestantische Unstimmigkeiten, auf ethnischen Zwist, auf die konservative Religiosität der Bauern, auf die Rolle der Prälaten, auf die Ausbeutung von Kirchengut usw. Geht die Konfessionalisierungsthese nicht manchmal zu weit in der Voraussetzung, daß diese Mittel den Zwecken der Staatsbildung frei und offen zur

---

46 BUES, Almut: Die habsburgische Kandidatur für den polnischen Thron während des Ersten Interregnums in Polen 1572-73. Wien 1984. Ich kenne keine entsprechende Detailbehandlung der späteren habsburgischen Kandidaturen.

47 MACISZEWSKI, Jarena: Wojna domowa w Polsce 1606-09, Teil 1. Wrocław 1960. - Eine Zusammenfassung bei WISNER, Henryk: Rokosz Zebrzydowskiego. Kraków 1989.

48 Immer noch grundlegend PELESZ, Julian: Geschichte der Union der ruthenischen Kirche mit Rom. Bd. 1-2. Wien 1878-1880. - Eine bestechende Einführung in die ganze Problematik bei JOBERT, Ambroise: De Luther à Mohila. La Pologne dans la crise de la Chrétienté 1517-1648. Paris 1974.

Verfügung standen? Auch in den Habsburgerländern war das Verhältnis zwischen weltlichen und geistlichen Obrigkeiten stets ein zweigleisiges. Wieder einmal bietet Ungarn die auffälligste Parallele. Kardinal Pázmánys gegenreformatorische Kampagne in den ersten Jahrzehnten des 17. Jahrhunderts wurde durch das Vorhandensein von königlicher Patronage geebnet, aber nicht angetrieben[49]. Die Habsburger konnten ihren kirchlichen Amtsschimmel satteln, ihn jedoch nicht immer in die erforderliche Richtung reiten. Man könnte wohl behaupten, sie wären in der Zeit nach 1740 – ausgerechnet in der Person Josephs II. – fast heruntergefallen, und daß ihr Regierungsstil immer mehr von katholischen Kavalieren als von protestantischen Rundköpfen eingeengt worden sei.

VI

Die letzte Detailfallstudie mag diesen Eindruck bekräftigen. In Siebenbürgen sind die Habsburger nachher tatsächlich an die Macht gekommen, ohne jedoch eine katholische Mehrheit je zustande bringen zu können. Der unabhängige Kleinstaat Siebenbürgen gehört nicht unmittelbar hierher; wir sollten uns aber vergegenwärtigen, daß die einheimischen reformierten Fürsten, obwohl sie das 17. Jahrhundert hindurch den Calvinismus gewissermaßen begünstigen konnten und wollten, einem komplizierten System der multikonfessionellen Parität vorstanden, in dem alle Geistlichen der vier rezipierten Religionen gleiche Privilegien genossen, in dem sich an vielen Stellen der Gebrauch von Gebäuden und gelegentlich auch von Pfründen nach dem Majoritätsprinzip richtete und in dem etliche Gemeinden sogar dieselbe Kirche gemeinsam nutzten[50]. Dieses System haben die Habsburger ab 1690 nicht öffentlich umzustoßen versucht. Zusätzlich zum freien Glaubensbekenntnis wurden Ämter immer noch nach dem konfessionellen Proporz besetzt, selbst wenn die höchsten Würdenträger – der Gubernator, Hofkanzler und deren Ratgeber – nunmehr fast durchweg Katholiken, oft Konvertierte, waren und besonders die Unitarier de facto verdrängt wurden[51]. Verspätete gegenreformatorische Belastungen kamen zwar zunehmend ins Spiel, aber in Siebenbürgen blieb dies eine untergeordnete Beschwerde neben der gewaltigen politischen Verlagerung zugunsten der Staatsgewalt.

---

49 Zu Pázmány jetzt die wichtige Dissertation SCHIMERT, Peter George: Péter Pázmány and the reconstitution of the Catholic aristocracy in Habsburg Hungary, 1600-1650. Phil. Diss. Chapel Hill 1989. - DERS.: The Hungarian Nobility in the Seventeenth and Eighteenth Centuries. In: The European Nobilities in the Seventeenth and Eighteenth Centuries, Bd. 2: Northern, Central and Eastern Europe. Hg. v. Hamish M. SCOTT, London-New York 1995, 144-182.

50 BINDER, Ludwig: Grundlagen und Formen der Toleranz in Siebenbürgen bis zur Mitte des 17. Jahrhunderts. Köln-Wien 1976, ist nicht völlig befriedigend. Die ausgezeichnete allgemeine Geschichte Siebenbürgens (wie Anm. 5) behandelt diese Fragen stiefmütterlich, ebenso ihre gekürzte deutschsprachige Fassung (Kurze Geschichte Siebenbürgens. Hg. v. Béla KÖPECZI, Budapest 1990).

51 TRÓCSÁNYI, Zsolt: Habsburg-politika és Habsburg-kormányzat Erdélyben 1690-1740. Budapest 1988.

Diese den Josephinismus oder gar die Einverleibung Galiziens usw. vorwegnehmende Entmachtung örtlicher Eliten war zunächst von den einheimischen Fürsten in die Wege geleitet worden. Die Habsburger setzten sie nur erfolgreich fort. Es zeichneten sich unterschiedliche protestantische Reaktionen ab. Der überwiegend calvinistische Adel stand im Vergleich zu seinen ungarischen Landsleuten einem zäheren Regime gegenüber, das Militärmacht einzusetzen und Steuern einzutreiben wußte. Am bemerkenswertesten ist die Einstellung der lutherischen Einwohner des sogenannten Sachsenbodens, unter denen die innerkirchliche Zusammengehörigkeit (sprich „Konfessionalisierung"?) besonders stark ausgeprägt war, und deren Verhältnis zur Dynastie sich ausnehmend paradox entwickelte, indem einerseits religiöses Mißtrauen und Ausgrenzung, andererseits die ethnische und verwaltungsmäßige Anziehungskraft der Bindung an Österreich sich die Waage hielten. Der Höhepunkt sächsischer Bevorteilung ist überraschenderweise gerade unter der Regierung Maria Theresias zu verzeichnen, besonders als diese den lutherischen Arrivierten Samuel Brukenthal in ihre Gunst aufnahm. Der Tiefpunkt ihrer Unzufriedenheit erfolgte ebenso seltsamerweise gleich danach, als Josephs Pläne für *concivilitas* und Abschaffung der Nationsuniversität die Reize der kirchlichen Gleichstellung und der sprachlichen Germanisation total vergällte[52].

Die größte Kirchengemeinschaft in Siebenbürgen bestand immerhin nicht aus West-, sondern aus Ostchristen. In den Ländern der gesamten Stephanskrone – denn sie wohnten auch in den angrenzenden, gleichermaßen gegen Ende des 17. Jahrhunderts aus dem osmanischen Einflußbereich zurückgewonnenen Teilen Südungarns – waren diese Gruppen von Rumänen, Serben und Ruthenen zusammengenommen zahlreicher als die Protestanten. Sie verdienen hier Erwähnung – nicht nur, weil sie ihre eigene Variante von Opposition gegen katholische Vormachtsbestrebungen beisteuerten, sondern auch deshalb, weil die Einstellung der Katholiken zu ihnen die Natur ihrer Auseinandersetzung mit Andersgläubigen im allgemeinen, folglich auch mit Protestanten, auszuleuchten hilft. Übrigens kamen die Orthodoxen selber nicht umhin, in den Sog gegenreformatorischen Ringens zu geraten, namentlich in Siebenbürgen.

Wenn wir eine drastisch vereinfachte Hierarchie der Reaktionen des tridentinischen Katholizismus auf die Häresie aufstellen würden, dann fiele den östlichen Gläubigen ein Mittelplatz, irgendwo zwischen Heiden und Protestanten, zwischen irrenden Einfaltspinseln und störrischen Abtrünnigen, zu. Die Hauptstrategie habsburgischer Regierungen, die hier ausdrücklich auf das zu Brest (Litovsk) festgelegte polnische Modell aufbauten, zielte auf die Eingliederung hin, indem sie liturgische Zugeständnisse einräumten, um kaiser- und papsttreue Unierte Kirchen ins Leben zu rufen. Die Reihe von Vereinbarungen mit orthodoxen Bischöfen und ihren Herden erstreckte sich von den frühen Abkommen mit Ruthenen in Nordostungarn und Serben in Kroatien um 1610 bis hin zum großan-

52 SCHULLER, Georg A.: Samuel von Brukenthal. Bd. 1-2. München 1967-1969. - SCHASER, Angelika: Josephinische Reformen und sozialer Wandel in Siebenbürgen. Die Bedeutung des Konzivilitätsreskriptes für Hermannstadt. Stuttgart 1989.

gelegten Übertritt fast aller rumänischen Protopopen Siebenbürgens um die Wende zum 18. Jahrhundert[53].

Diese ostmitteleuropäischen griechisch-katholischen Unionen zeitigten offensichtlich dauerhafte Wirkungen. Indessen war das Projekt schlecht konzipiert, und zwar auf eine grundsätzliche Weise, die für die ganze habsburgische sozusagen „konfessionalisierende“ Vision bezeichnend ist. Einerseits überschätzte es die Attraktivität des neuen Status mangels reeller gesellschaftlicher oder politischer Vorteile, wie die rumänischen Angelegenheiten im 18. Jahrhundert (mit den häufigen Abfällen und beiderseitiger Verbitterung) zeigen sollten[54]. Andererseits unterschätzte das Projekt den Groll der verbliebenen Orthodoxen, die während der ganzen hier behandelten Periode und darüber hinaus die Zielscheibe heftiger, wenngleich fehlgeschlagener Missionsversuche waren. Serbische Reaktionen nach 1700 unter Leitung der Karlowitzer Metropoliten sowohl auf barocke als auch auf josephinische Kirchenpraktiken bezeugen dies[55]. Sie entsprechen wohl ungefähr der früheren Konfrontation in der Ukraine bzw. Westrußland, die mit dem Namen Piotr Mohyła verbunden ist. Überhaupt würde es sich lohnen, über den Vergleich zwischen dieser auf geistlicher Ebene dennoch im großen und ganzen ziemlich versöhnlichen katholischen Haltung gegenüber den ostchristlichen „Schismatikern“ und der gegenreformatorischen Haltung gegenüber protestantischer „Häresie“ weiter nachzudenken.

VII

1781 eröffnete Joseph II. seine Regierung mit einer Reihe von zwar mehr oder minder improvisierten Verordnungen, die aber einen radikal neuen Grundsatz zum Ausdruck brachten und daher zu Recht unter der Bezeichnung „Toleranzpatent“ in die Geschichte eingegangen sind[56]. Sie bilden einen natürlichen Terminus ad quem für meine Ausführungen: Das Zeitalter der gegenreformatorischen Konfessionalisierung – im Sinne eines wenigstens durch gesellschaftlichen und wirtschaftlichen Druck, wenn nicht durch Gewalt erzwungenen Bekenntnisses zum Katholizismus – war unwiederbringlich vorbei. Die Oppositionen, die diese Politik ausgelöst hatte, dauerten dennoch in veränderter Form an.

---

53 EVANS: Habsburgermonarchie (wie Anm. 3) 296-298 und (weiterführende Literatur) 406-408.

54 BERNATH, Mathias: Habsburg und die Anfänge der rumänischen Nationsbildung. Leiden 1972. Aus rumänischer Sicht DRAGOMIR, Silviu: Istoria desrobirei religioase a românilor din Ardeal în secolul XVIII. Bd. 1-2. Sibiu 1920-1930. Neuerlich zur Hauptfigur der Auseinandersetzungen PALL, Francisc: Ein siebenbürgischer Bischof im römischen Exil: Inochentie Micu-Klein (1745-1768). Studien und unveröffentlichte Dokumente. Köln-Weimar-Wien 1991.

55 SCHWICKER, Johann Heinrich: Politische Geschichte der Serben in Ungarn. Budapest 1880.

56 Zum ideologischen Hintergrund O'BRIEN, Charles H.: Ideas of Religious Toleration at the Time of Joseph II. In: Transactions of the American Philosophical Society NS 59 (1969), pt. 7. - KARNIEL, Josef : Die Toleranzpolitik Kaiser Josefs II. Gerlingen 1986. - Eine meisterhafte Darstellung der Ereignisgeschichte bei MÁLYUSZ: Türelmi rendelet (wie Anm. 40).

Die Rechte der Nichtkatholiken in Österreich blieben lange Zeit angefochten, und ihre Bitterkeit mündete endlich in die rachsüchtigen Kampagnen der Liberalen und die deutsch-nationalistischen Phantasien der Los-von-Rom-Bewegung. In Böhmen verbreitete sich eine ähnliche Gesinnung viel früher, trotz der geringen Zahl erklärter Protestanten nach 1781; sie drehte sich vornehmlich um die Gestalt von Hus und wurde besonders durch den Einfluß des Lutheraners Palacký und dann des Wahlprotestanten Masaryk gespeist. Die Identifizierung des Erbes der Hussiten mit Frühformen des Humanismus und der Demokratie fand bei vielen Tschechen ein Echo, besonders weil die Erneuerung ihrer Volkssprache damit in Verbindung zu stehen schien – die Melodien der Brüderbibel von Kralitz usw. sind tatsächlich darin erkennbar. Unter gewissen kritischen Umständen war dieses Erbe, wie sich schließlich herausstellen sollte, exportfähig. Um so eher sorgte der ungarische Protestantismus für ständige internationale Komplikationen. Trotz versöhnlicher Haltungen seitens vieler seiner hochgestellten Vertreter wurde die Mitte des 19. Jahrhunderts im Lutheraner Kossuth verkörperte Nationalsache weitgehend als antikatholisch empfunden. Am gescheiterten Protestantenpatent vom Jahre 1859 zerbröckelte endgültig der letzte habsburgische Absolutismusversuch.

Das alles steht auf einem anderen Blatt. Für unsere Zwecke ist es wichtiger festzuhalten, daß Joseph II. bloß den gegenreformatorischen Impuls verurteilte, nicht die Idee einer einzigen allumfassenden Konfession innerhalb seiner Länder. Als Ideal scheint ihm gerade ein Staatskirchentum nach dem zeitgenössischen Muster des aufgeklärten Katholizismus vorgeschwebt zu haben, der in vieler Hinsicht dem protestantischen Ethos nahestand[57]. Seine Methoden ließen jedoch frühere Ansätze seitens der Habsburger zur „Sozialdisziplinierung“ als rückständig und dilettantisch erscheinen. In der Flut josephinischer Patente und Erlässe, Normalien und Verordnungen betreffs geistlicher und kultureller Angelegenheiten aller Art sollten wir wohl eine erste echt österreichische Konfessionalisierungswelle erkennen.

Darüber hinaus kommt unter Joseph erstmals die Betonung eines Einheitsstaates, d.h. der modernen österreichischen Monarchie, zum Tragen. Seine Vorgänger hatten es dagegen immer noch auf eine Universalmission abgesehen, keiner mehr als der Gründer der barocken Loyalitätsthese, Ferdinand II., der die Vorherrschaft des Katholizismus im ganzen Reich, wenn nicht in ganz Europa und in Übersee, ins Auge gefaßt hatte. Die anfänglichen Erfolge seiner Religionspolitik innerhalb der Erblande ermutigten ihn zu seinen Angriffen im übrigen Reich; seine und seines Sohnes letztendlich erfahrenen Rückschläge ließen dann einer rein österreichischen Gegenreformation erst freien Lauf. Gleichzeitig brachte es jedoch (worauf schon früher hingewiesen wurde) der Mangel an einer Verdichtung der habsburgischen Hausmacht mit sich, daß die einheimischen Gegner ihre Opposition auf keinen gemeinsamen Nenner zu bringen vermochten. Der Protestantismus erwies sich als ebenso unfähig wie das Ständetum, den wachsenden Antagonismus

---

57 Außer den in der letzten Anmerkung angegebenen Titeln WINTER, Eduard: Der Josefinismus. Die Geschichte des österreichischen Reformkatholizismus 1740-1848. Berlin [2]1962 [[1]1943] sowie die wichtigen Überlegungen bei BEALES: Joseph II (wie Anm. 31) 465-479.

zwischen Böhmen und Ungarn zu überbrücken[58]; so war eine der Hauptbedingungen für den Bestand der neuzeitlichen Monarchie gegeben.

Eine andere Hauptbedingung war freilich die katholische Kultur des Barockzeitalters, über die ich meine schon im Druck erschienenen Ansichten hier nicht wiederholen wollte[59]. Mein gegenwärtiges Anliegen ist es gewesen, einigen Nachteilen dieser gegenreformatorischen Synthese nachzugehen. Gesetzt, daß sie die landesfürstliche Autorität an einigen Stellen zu untermauern half: eine etwas stärkere Position gegenüber dem Adel (aber nirgendwo mehr als im geistlich fremden Siebenbürgen); erhöhte Kontrolle über die Städte (die jedoch lange immer weniger als Aktivposten fungierten); mehr Entgegenkommen seitens der bäuerlichen Unterschichten (die jedoch, wenn überhaupt, meist von ihren Grundherren gezähmt worden waren, und deren traditionelle Auffassung des Katholizismus späteren Reformregierungen ein Pfahl im Fleische sein würde). Gesetzt auch, daß die Habsburger – wie schon angedeutet – ein Opfer dafür bringen mußten, daß sie das internationale „tridentinische Projekt" in seinen ostmitteleuropäischen Erscheinungsformen beeinflussen und lenken konnten. Meine abschließende Frage lautet immerhin, ob nicht der „konfessionelle" Absolutismus andere Spielarten von Absolutismus eher verhinderte als förderte.

---

58 Als Beispiel die Flugschrift, die von Milan ŠMERDA vorgestellt wird: Rozhovor Čecha s Uhrem v r. 1671. In: K poctě Jaroslava Marka. Hg. v. Lubomír SLEZÁK und Radomír VLČEK, Praha. 1996, 183-197.

59 EVANS: Habsburgermonarchie (wie Anm. 3).

DISKUSSIONSBILANZ

Michael G. Müller

Zwei Perspektiven des historischen Vergleichs haben die Diskussionen dieser Tagung über Phänomene der Konfessionalisierung in Ostmitteleuropa im Jahrhundert zwischen 1550 und 1650 angeleitet. Es ging einerseits um den Versuch einer Zusammenschau der Entwicklungen in den Ländern und Staaten Ostmitteleuropas unter der Frage, welche konfessionellen Muster hier seit der Reformation ausgebildet wurden und welche Bedeutungen dem Konfessionellen im Kontext politisch-staatlichen und gesellschaftlichen Wandels in Ostmitteleuropa zugewachsen sind. Andererseits stand – durchaus gleichgewichtig – das Verhältnis zwischen Ostmitteleuropa und „dem Westen" in der Epoche der Konfessionalisierung zur Diskussion. Unter welchen Kategorien und auf welchen Ebenen, das war die Frage, läßt sich Konfessionalisierung in Ostmitteleuropa im Vergleich mit parallelen westlichen Entwicklungen beschreiben – und inwieweit fügen die hier gewonnenen Befunde sich in herkömmliche Deutungsmuster ein, wonach Ostmitteleuropa seit der Frühneuzeit in einer Sonderentwicklung der „Rückständigkeit", d.h. verspäteter, unvollständiger oder gar versäumter Modernisierung, begriffen war?

Von dem Paradigma der Konfessionalisierung auszugehen erwies sich für dieses Unternehmen als produktiv. Zwar waren sich alle Beteiligten der Tatsache bewußt, daß die in den späten sechziger Jahren begonnene geschichtswissenschaftliche Theoriebildung um das Phänomen der Konfessionalisierung auf ihre Weise zeitgebunden war, mit den Jahren also bestimmten Modifikationen und (zum Teil) Revisionen unterliegen mußte; die zentralen Einwände gegen das Paradigma sowie die methodischen Konsequenzen, die aus der daran anknüpfenden „Wegediskussion" gezogen werden können, sind auf der Tagung denn auch ausführlich zur Sprache gekommen. Doch zeigte sich rasch, daß die Aufgabe, über Konfessionalisierung in Ostmitteleuropa nachzudenken, sich damit keineswegs erledigt hat. Denn noch ist die Forschung hier weit davon entfernt, die in der deutschen und westeuropäischen Konfessionalisierungsdebatte der siebziger und achtziger Jahre aufgeworfenen Fragen gründlich exploriert zu haben. Außerdem, gerade dadurch, daß das Paradigma der Konfessionalisierung im Zuge der kritischen Forschungsdiskussion erheblich differenziert und sozusagen verflüssigt wurde, ist es für die vergleichende Betrachtung anderer europäischer Geschichtsregionen auch anschlußfähiger geworden: Während es wenig Ertrag versprochen hätte, mit einem verbindlich auf Staatsbildung und Sozialdisziplinierung bezogenen Verlaufsmodell von Konfessionalisierung an die Analyse der Entwicklungen in Ostmitteleuropa zu gehen – und den negativen Befund der „Abweichung" damit eigentlich schon vorzugeben, ließ sich für den Vergleich sehr gut mit einem modifizierten Konzept hantieren, welches nicht nur zwischen den verschiedenen staatlichen und gesellschaftlichen Kontexten von Konfessionalisierung stärker unterscheidet, sondern auch zwischen deren intendierten und nichtintendierten, unmittelbaren und langfristigen Wirkungen.

Zu den allgemeinen Einsichten aus den Tagungsdiskussionen gehört zunächst, daß Ostmitteleuropa sub specie Konfessionalisierung eben nicht als eine einheitliche Geschichtsregion gesehen werden kann. Zwar war es ein verbindendes Moment, daß hier überall (zumindest zeitweise) ständisch verfaßte Adelsgesellschaften eine dominante Rolle als Akteure in Konfessionalisierungsprozessen gespielt haben; von der Bedeutung dieses Aspekts wird noch die Rede sein. Doch wird man kaum behaupten können – was durchaus eine der Ausgangsvermutungen bei dem Tagungsunternehmen war –, daß die ostmitteleuropäische Gemeinsamkeit adelsständischer Strukturen ihre Entsprechung in einem eigenen Muster von Konfessionalisierung gefunden habe. Zu weit nämlich divergierten offenbar schon die Voraussetzungen, unter denen die Länder und Staaten Ostmitteleuropas mit der reformatorischen Glaubensspaltung und der nachfolgenden Konfessionsbildung konfrontiert wurden: Es gab sehr unterschiedliche Erfahrungen und Traditionen der Kohabitation christlicher Bekenntnisse, aber auch der religiösen Konfrontation *(antemurale Christianitatis)* aus vorreformatorischer Zeit. Jeweils besonders waren die ständepolitischen, aber auch die sozialen Interessen- und Konfliktlagen beschaffen, an welche die konfessionelle Parteienbildung anknüpfte. Nicht zuletzt hatten Größe und innere Struktur der fraglichen Ständegesellschaften Einfluß auf den Verlauf konfessioneller Formierungsprozesse; in einem kulturell so vielgestaltigen, ständeinstitutionell aber so hoch integrierten Flächenstaat wie der polnisch-litauischen *Rzeczpospolita* etwa war ein enges Ineinandergreifen von konfessioneller und staatlich-gesellschaftlicher Integration, wie es für die Epoche der Territorialisierung im Reich beobachtet werden konnte, wahrscheinlich nicht einmal denkbar – jedenfalls nicht in der hier betrachteten Epoche.

Dagegen läßt sich nicht behaupten – wie es vielleicht zu vermuten gewesen wäre –, daß die verschiedenen Entwicklungen in Ostmitteleuropa etwa anhand einer Typologie von Herrschaftsordnungen buchstabiert werden könnten. So wenig wie die Präsenz einer starken Fürstenmacht an sich „erfolgreiche" Konfessionalisierung von Territorium und Untertanengesellschaft gewährleistete, so wenig blieb ständische Herrschaft ihrerseits ohne konfessionalisierende Impulse. So hat sich zum einen bestätigt, daß die Gegenreformation in den habsburgischen Ländern keineswegs, und zwar auch nicht nach der Schlacht am Weißen Berg, eine ungebrochene Erfolgsgeschichte konfessionell geleiteter Disziplinierung und Integration von Eliten und Untertanenschaft war: Selbst in Böhmen konnten der gewaltsame Elitenaustausch, die Vertreibung der Dissidenten und nicht zuletzt die langen Bemühungen um die Grundlegung einer gegenreformatorischen Frömmigkeitskultur das Potential an konfessioneller Widerständigkeit in Anknüpfung an nationale Traditionen langfristig nicht ausmerzen; daß dagegen in Kroatien die katholische Konfessionalisierung sich unter den Ständen rasch durchsetzte und auch in einem nationalen Sinne unmittelbar identitätsbildend wirken konnte, hatte vor allem mit der ständischen Interessenlage im Lande selbst, also mit eher ständisch-endogenen als herrschaftlich-exogenen Faktoren zu tun. Zum andern, auch unter den konstitutionellen Bedingungen von

„Adelsherrschaft" war Konfessionalisierung möglich, hat solche stattgefunden. Das heißt, sowohl als ständische Korporation als auch aufgrund seiner grundherrschaftlichen Prärogativen ist der Adel als konfessionalisierende „Obrigkeit" wirksam geworden.

So hat es überall zumindest zeitweise konfessionelle Parteienbildungen im Zusammenhang mit Konflikten *inter maiestatem ac libertatem* gegeben – Parteienbildungen unter dem Adel, die ihrerseits zum Teil auch an das Projekt einer konfessionell integrierten Ständegesellschaft als Modell libertärer Staatsbildung anknüpften. Die Tatsache aber, daß solche Projekte, soweit es sich um protestantische Ständebewegungen handelte, langfristig erfolglos blieben, bestätigt an sich noch keine grundsätzliche Regel. Nicht immer hat sich nur das Bekenntnisprogramm der in den Verfassungskonflikten siegreichen monarchischen Macht durchgesetzt. Vielmehr bietet der Fall Polen-Litauens ein Beispiel dafür, daß gerade die umfassende Durchsetzung des ständerepublikanischen Programms dazu führte, die Glaubensspaltung konstitutionell zu entpolitisieren – und zwar über die freiwillige Rekonversion der Mehrheit der adligen Protestanten zum Katholizismus; seit 1609 gab es hier keinen plausiblen Grund mehr, die politische Identität der Ständesozietät gegenüber der Krone *sub specie religionis* abzugrenzen. Allenfalls in einem Aspekt aber wies die ständische Mobilisierung unter konfessionellen Vorzeichen in Ostmitteleuropa eine Besonderheit auf: Da die adlige Rezeption der Reformation in der Regel nicht in die Bildung einheitlicher protestantischer Bekenntniskirchen mündete, verliefen hier – Polen-Litauen und Ungarn sind dafür Beispiele – die Fronten oft zwischen den gegenreformatorischen Kräften auf der einen sowie der Gesamtheit der protestantischen (bzw. der akatholischen christlichen) Bekenntnisse auf der anderen Seite – ein Umstand, welcher der konfessionellen Integration protestantischer Ständebewegungen im Wege gestanden haben mag.

Eine zentrale Rolle als Träger von Konfessionalisierung spielte der Adel aber besonders auf der Ebene der Grundherrschaft. Vor allem durch „Adelskonfessionalisierung" wurde in Ostmitteleuropa offenbar der kirchlichen und gemeindlichen Disziplinierung der bäuerlichen Bevölkerung der Weg bereitet und damit eine Brücke zwischen staatlichen und territorialen Instanzen (und deren Formierungsbestrebungen) einerseits und der ländlichen Untertanengesellschaft andererseits geschlagen. Dabei ging es, ähnlich wie bei städtischer und territorialherrschaftlicher Konfessionalisierung, zunächst um ein Mehr an Lenkung und Kontrolle der eigenen Untertanen, hier vorrangig um den institutionellen Ausbau der Gutsherrschaft, der in manchen Regionen in einen „grundherrlichen Absolutismus" münden sollte. Doch konnte das Streben geistlicher und weltlicher Grundherren nach konfessioneller Disziplinierung ihrer Untertanen sich auch unmittelbar mit „staatlichen" Konfessionalisierungszielen verbinden, d.h. die Durchsetzung einheitlicher Verhaltensnormen und Sanktionsformen auf lange Sicht unterstützen. Wie für die böhmischen und einige österreichische Länder gezeigt wurde, war die gegenreformatorische Adelskonfessionalisierung eine maßgebliche Voraussetzung dafür, daß die konfessionelle Vereinheitlichung von Staat und Gesellschaft hier derart weit vorangetrieben werden konnte.

Freilich, andere ostmitteleuropäische Beispiele belegen, daß sich davon auch kein allgemeines Muster ableiten läßt. Nicht überall in Ostmitteleuropa hat die generell starke Position der Grundherren diese zu Adelskonfessionalisierung im beschriebenen Sinne befähigt; nicht überall ist das Prinzip eines *cuius latifundium eius religio* überhaupt zur Geltung gekommen. So konnte der siebenbürgische Adel sein gegen viele Widerstände vehement verteidigtes grundherrliches *ius reformandi* schlicht oft deshalb nicht wahrnehmen, weil das enge Nebeneinander der rezipierten Bekenntnisse sowie die Häufigkeit des Besitzwechsels an Adelsgütern kaum Chancen für die längerfristige Durchsetzung eines Konfessionswechsels auf der grundherrschaftlichen Ebene ließen. Aber auch in Litauen, wo – zumindest für den katholischen Adel – das *ius reformandi* gegenüber den Gutsuntertanen eigentlich nie umstritten war, blieb es oft bei der Ungleichheit der Bekenntnisse von Grundherr und Bauernschaft – sei es, weil der katholische oder protestantische Grundherr es mit orthodoxen bzw. unierten Untertanen zu tun hatte, der Glaubensdissens mithin von altersher als eine unveränderliche Normalität galt, sei es, weil die Litauischen Statuten (anders als die Gesetze der Krone Polen) auch die Existenz von ländlichen Kirchengemeinden ohne grundherrliches Patronat vorsahen, d.h. die protestantischen Landeskirchen die *cura religionis* im Fall eines Bekenntnis- oder Besitzwechsels in der Grundherrschaft grundsätzlich übernehmen konnten.

In jedem Fall gab es auf der lokalen Ebene in Ostmitteleuropa neben dem Phänomen der Adelskonfessionalisierung auch das einer minoritären „Selbstkonfessionalisierung" von Land- und Stadtkommunitäten – und zwar auch dort, wo dies im Blick auf die konstitutionelle Ordnung und die Sozialverfassung nicht unbedingt zu erwarten gewesen wäre. Die zunächst reformierte, dann aber lutherische Konfessionalisierung in den großen Städten des Königlichen Preußen z.B. war ein Prozeß, der sich nicht nur gegen die bekenntnisrechtlichen Vorgaben der polnisch-litauischen Ständeverfassung durchsetzen sollte, sondern letztlich auch gegen die Rationalitäten der politischen und sozialen Machtverhältnisse in dem adelsrepublikanischen Unionsstaat.

Insgesamt wird man also in Ostmitteleuropa – fragt man nach analogen Befunden zu denen im Reich oder zu anderen europäischen „Modellfällen" der Konfessionalisierung – wenige unmittelbare Entsprechungen finden. Eine Konstellation von „integralem Konfessionalismus", wie sie für einige habsburgische Länder zumindest am Ende der Epoche, oder doch wenig danach, konstatiert werden kann, war für den Großteil Ostmitteleuropas weniger die Regel als die Ausnahme. Was auch nach der weithin erfolgreichen Gegenreformation im 17. und zum Teil noch im 18. Jahrhundert vielmehr überwog, war der Fortbestand mehr oder weniger stabiler konfessioneller Koexistenzlagen, die sich – auch wenn die akatholischen Gruppen zu Minderheiten geworden waren – mit Entwürfen einer konfessionell einheitlichen „Mehrheitsgesellschaft" nur schwer vereinbaren ließen. Ungarn und vor allem Siebenbürgen blieben lange Zeit formal und de facto multikonfessionelle Gemeinwesen. Noch in der zweiten Hälfte des 17. Jahrhunderts schien es aber auch in Polen-Litauen (aller antiprotestantischen, antiorthodoxen und türkenfeindlichen Propaganda zum Trotz) eben nicht möglich, die Mission des Unionsstaates als katholisches *antemurale Christianitatis* dem gesamten Adelsstand als verbindliches Leitmotiv zu vermitteln; auch die Ideologie des polnischen „Sarmatismus“ war in erster Linie ein die kulturellen und konfessionellen Trennungen überbrückendes Identifikationsangebot, das erst in zweiter Linie, d.h. mit erheblicher Verzögerung, mit bekenntnisspezifischen, gegenreformatorischen Bedeutungen ausgestattet wurde.

Und dennoch gehörte Ostmitteleuropa in der fraglichen Epoche zweifellos zum „konfessionellen Europa“. Auch wenn frühmoderne Staatsbildung, Sozialdisziplinierung und Konfessionalisierung hier nur partiell (d.h. je nach Land mit unterschiedlicher Intensität und auf unterschiedliche Weise) miteinander verkoppelt waren, so ist doch unverkennbar, daß das Konfessionelle seit dem 16. Jahrhundert als Leitfigur für staatliches, ständepolitisches und soziales Handeln in stetig wachsendem Maße bedeutungsvoll wurde.

Am ehesten kommt diese Dimension wohl in den Blick, wenn man sich verdeutlicht, daß Konfessionalisierung in Ostmitteleuropa – und vielleicht nicht nur hier – vor allem in kontextuellen Bezügen gesehen werden muß. Die Anlässe, aus denen politische und soziale Kontrahenten (in innerstaatlichen wie zwischenstaatlichen Konflikten) sich nach Bekenntnisparteien formierten, vermehrten sich unverkennbar, ohne daß die konfessionelle Integration territorialer oder ständischer Gemeinwesen zwangsläufig im gleichen Maße voranschreiten mußte. So resultierte die Dynamik der konfessionellen Mobilisierung unter dem polnisch-litauischen Adel um die Mitte des 17. Jahrhunderts vor allem aus der Bedrohung durch protestantische und orthodoxe Konkurrenzmächte im Nordischen Krieg, während die Koexistenz der Bekenntnisse innerhalb des Unionsstaates dadurch zumindest nicht grundsätzlich in Frage gestellt wurde. Die Anläufe gegen die politischen Rechte der Dissidenten seit 1717 dagegen sollten sich gezielt gegen einheimische wie fremde (sächsische und preußische) Protestanten im Adel richten, während die anderen akatholischen Bekenntnisse wie auch andere soziale Milieus der Dissidenten nun eher im Windschatten der konfessionellen Ausgrenzungsprozesse blieben. Schließlich, ob die *Rzeczpospolita* des „Religionskrieges“ von 1768 wirklich von einer emphatisch katholischen Adelsnation getragen wurde, läßt sich in mancher Hinsicht bezweifeln.

Jedenfalls scheint man es vielerorts in Ostmitteleuropa während der gesamten Frühneuzeit mit einem Auf und Ab konfessioneller Integrations- und Abgrenzungsschübe zu tun zu haben, ohne daß man diese Schübe (und die gegenläufigen Entwicklungen) säkularen Prozessen von Konfessionalisierung und Säkularisierung verbindlich zuordnen könnte. In den Diskussionen der Tagung sind mehrere Deutungsmodelle dafür vorgeschlagen worden. Von „lockerer Konfessionalisierung“ war im Hinblick auf die Widersprüchlichkeit und partielle Unverbundenheit sektoraler Konfessionalisierungsprozesse die Rede, auch von Konfessionalisierung „weiten Grades“. Ferner wurde darauf hingewiesen, daß Impulse für die Konfessionalisierung in Ostmitteleuropa stärker von Bedürfnissen der Distinktion als, wie für den „Westen“ eher typisch, von Absichten territorialgesellschaftlicher Integration ausgegangen zu sein scheinen – eine Beobachtung, die wohl ebenfalls auf eine Zuordnung der Region zu einem sekundären Typus von Konfessionalisierung hinausläuft. In dieser Hinsicht neutraler erschiene es dagegen, von „kontextueller Konfessionalisierung“ zu sprechen. Denn in vielen Bereichen hat das

Konfessionelle die politischen und sozialen Lebensbereiche in Ostmitteleuropa ebenso intensiv durchdrungen wie anderswo, und in der Ablösung des Konfessionalismus ist die Religion hier nicht schneller, aber eben auch nicht signifikant langsamer – um eine Formulierung von Wolfgang Reinhard abzuwandeln – „aus der Geschichte ausgeronnen" als in anderen Teilen des Kontinents. Vermittels einer Betrachtung, welche die makro- und mikrohistorischen Kontexte von Konfessionalisierung analytisch zunächst auseinanderhält, kommen die dennoch sicher vorhandenen Spezifika der ostmitteleuropäischen Entwicklungen wahrscheinlich am besten ins Bild. Vielleicht aber wäre die Frage nach den Kontexten der Konfessionalisierung sogar eine, die man auch für die besser erforschten Regionen des frühneuzeitlichen Europa mit Gewinn noch einmal neu diskutieren könnte.

MITARBEITERVERZEICHNIS

JOACHIM BAHLCKE, Dr. phil., M.A., geb. 1963 in Göttingen. Wissenschaftlicher Mitarbeiter am Geisteswissenschaftlichen Zentrum Geschichte und Kultur Ostmitteleuropas Leipzig. Forschungen zur Genese politischer Systeme in Ostmitteleuropa in der Frühneuzeit, zur ostdeutschen Landesgeschichte und zur Historiographiegeschichte im 20. Jahrhundert. Wichtigste Veröffentlichungen: „Regionalismus und Staatsintegration im Widerstreit. Die Länder der Böhmischen Krone im ersten Jahrhundert der Habsburgerherrschaft (1526-1619)“ (1994), „Schlesien und die Schlesier“ (1996), Mithg. v. „Ständefreiheit und Staatsgestaltung in Ostmitteleuropa. Übernationale Gemeinsamkeiten in der politischen Kultur vom 16.-18. Jahrhundert“ (1996) und „Handbuch der historischen Stätten Böhmen und Mähren“ (1998).

WINFRIED EBERHARD, Prof. Dr. phil., Dipl. theol., geb. 1941 in Bad Buchau (Württemberg). Gründungsdirektor des Geisteswissenschaftlichen Zentrums Geschichte und Kultur Ostmitteleuropas Leipzig. Forschungen zur Geschichte Ostmitteleuropas im Mittelalter und in der Frühen Neuzeit. Wichtigste Veröffentlichungen: „Konfessionsbildung und Stände in Böhmen 1478-1530” (1981), „Monarchie und Widerstand. Zur ständischen Oppositionsbildung im Herrschaftssystem Ferdinands I. in Böhmen”, Mithg. v. „Europa 1500: Integrationsprozesse im Widerstreit. Staaten, Regionen, Personenverbände, Christenheit“ (1987), Westmitteleuropa – Ostmitteleuropa. Vergleiche und Beziehungen” (1992), „Humanismus und Renaissance in Ostmitteleuropa vor der Reformation” (1996), „Handbuch der historischen Stätten Böhmen und Mähren” (1998).

ROBERT J. W. EVANS, Prof. Dr. phil., geb. 1943 in Leicester. Regius Professor of Modern History an der Universität Oxford. Forschungen zur Geschichte der Habsburgerländer vom 16. bis 20. Jahrhundert. Wichtigste Veröffentlichungen: „Rudolf II. Ohnmacht und Einsamkeit“ (^{3}1997, engl. 1973), „Das Werden der Habsburgermonarchie, 1550-1700. Gesellschaft, Kultur, Institutionen“ (1986, engl. 1979), Mithg. v. „Crown, Church and Estates. Central European Politics in the Sixteenth and Seventeenth Centuries“ (1991).

ISTVÁN FAZEKAS, Dr. phil., geb. 1964 in Mosonmagyaróvár (Ungarn). Archivar, Leiter der Ungarischen Archivdelegation beim Österreichischen Staatsarchiv Wien. Forschungen zum katholischen Klerus in Ungarn im 17. und 18. Jahrhundert, zur Geschichte des Adels sowie zur Rekatholisierung der Gemeinden in Ungarn. Wichtigste Veröffentlichungen: „A győry egyházmegye katolikus alsópasága 1641-1714 között“ [Die niedere katholische Geistlichkeit der Diözese Raab zwischen 1641 und 1714] (1993), „Katholische Restauration der Grafschaft Forchtenstein und Herrschaft Eisenstadt im 17. Jahrhundert“ (1993), Mithg. v. „Zenta 1697 – Neubeginn für Ungarn und Österreich“ (1997).

KARIN FRIEDRICH, Dr. phil., M.A., geb. 1963 in München. Dozentin an der University of London, School of Slavonic and East European Studies. Forschungen zur Geschichte Polen-Litauens, zum Königlichen Preußen, zur Stadtgeschichte sowie zur Kulturgeschichte und politischen Ideengeschichte. Wichtigste Veröffentlichungen: „The Other Prussia: Poland, Prussia and Liberty, 1569-1772“ (1999), Aufsatzstudien: „Gottfried Lengnich (1689-1774) und die Aufklärung in Preußen königlich-preußischen Anteils“ (1996), „Cives Patriae: German Burghers in the Polish-Lithuanian Commonwealth“ (1998).

ROBERT FROST, M.A., Ph.D., Fellow of the Royal Historical Society, geb. 1958 in Edinburgh, Scotland. Dozent für Early Modern History am King's College, University of London. Forschungen zur Geschichte Polen-Litauens, zur Militär- und Sozialgeschichte in der Frühneuzeit. Wichtigste Veröffentlichungen: „After the Deluge: Poland-Lithuania and the Second Northern War, 1655-1660“ (1993), Aufsatzstudien über den polnischen Adel, Polen-Litauen im Dreißigjährigen Krieg und zum polnisch-litauischen Königtum im 17. Jahrhundert.

GEORG HEILINGSETZER, Dr. phil., geb. 1945 in Mondsee (Oberösterreich). Direktor-Stellvertreter am Oberösterreichischen Landesarchiv Linz. Forschungen zur Landesgeschichte (bes. Oberösterreich), zu Adel und Ständen in der Frühen Neuzeit, zur katholischen Aufklärung sowie zu den politischen und kulturellen Beziehungen zwischen Österreich und Großbritannien im 18. und 19. Jahrhundert. Wichtigste Veröffentlichungen: „Der oberösterreichische Bauernkrieg 1626“ (^{2}1985), Mithg. v. „Schloß Weinberg im Lande ob der Enns“ (1991) und „Mondsee. Die Geschichte des Klosters“ (1998).

EVA KOWALSKÁ, Dr. phil., geb. 1955 in Bratislava. Abteilungsleiterin und wiss. Mitarbeiterin am Historischen Institut der Slowakischen Akademie der Wissenschaften. Forschungen zur Schul- und Kirchengeschichte Ungarns in der Frühen Neuzeit. Wichtigste Veröffentlichungen: „Štátne ľudové školstvo na Slovensku na prelome 18. a 19. storočia“ (1987), Aufsatzstudien: „Johann Ignaz von Felbiger and the Hungarian monarchy“ (1995), „Die Schulfrage und das Toleranzpatent: Die politischen Haltungen der lutherischen Protestanten in Ungarn“ (1996), Mithg. v. „Bratislava a počiatky slovenského národného obrodenia“ (1992).

FRANZ MACHILEK, Prof. Dr. phil., geb. 1934 in Auspitz (Hustopeče u Brna) in Südmähren. Hon.Prof. für Mittelalterliche Geschichte und Historische Hilfswisenschaften an der Otto-Friedrich-Universität Bamberg, bis 1997 Leiter des Staatsarchivs Bamberg. Forschungen zur spätmittelalterlichen und frühneuzeitlichen Geschichte der böhmischen Länder und Frankens, Humanismusforschung. Wichtigste Veröffentlichungen: „Ludolf von Sagan und seine Stellung in der Auseinandersetzung um Konziliarismus und Hussitismus“ (1967), Beiträge zum „Handbuch der bayerischen Geschichte Bd. III/1“ (1997) und „Handbuch der bayerischen Kirchengeschichte Bd. I/1“ (1999), Hg. v. „Haus der Weisheit. Von der Academia Ottonia zur Otto-Friedrich-Universität Bamberg“ (1998), Mithg. v. „Caritas Pirckheimer 1467-1532“ (1982).

ANTONI MĄCZAK, Prof. Dr. phil., geb. 1928 in Lemberg. Professor für Neuere Geschichte an der Universität Warschau. Forschungen zur europäischen Politik-, Gesellschafts- und Sozialgeschichte in der Frühneuzeit, insbesondere Polens. Wichtigste Veröffentlichungen: „Der Staat als Unternehmen. Adel und Amtsträger in Polen und Europa in der Frühen Neuzeit“ (1989), „Travel in Early Modern Europe“ (1995), „Money, Prices and Power in Poland, 16-17th Centuries“ (1995).

SERGIUSZ MICHALSKI, PD Dr. habil., geb. 1951 in Warschau. Vertretungsprofessur an der TU Braunschweig. Forschungen zur Kunst der Neuzeit und der Moderne. Wichtigste Veröffentlichungen: „Protestanci i sztuka“ (1989), „The Reformation and the Visual Arts“ (1993), „Public Monuments. Art in Political Bondage 1870-1997“ (1998), „Tableau und Pantomime. Historienmalerei und Theater in Frankreich zwischen Poussin und David“ (1999), Hg. v. „Les Iconoclasmes“ (1992).

MICHAEL G. MÜLLER, Prof. Dr. phil. habil., geb. 1950 in Frankfurt am Main. Professor für Osteuropäische Geschichte an der Martin-Luther-Universität Halle-Wittenberg. Forschungen zur Geschichte Ostmitteleuropas und Rußlands sowie zur ostdeutschen Landesgeschichte in der Frühen Neuzeit. Wichtigste Veröffentlichungen: „Polen zwischen Preußen und Rußland. Souveränitätskrise und Reformpolitik 1736-1752“ (1983), „Die Teilungen Polens 1772, 1793, 1795“ (1984), „Zweite Reformation und städtische Autonomie im Königlichen Preußen. Danzig, Elbing und Thorn in der Epoche der Konfessionalisierung“ (1997); Mithg. v. „Regional and National Identities in Europe in the 19th and 20th Centuries“ (1998).

ANDREW PETTEGREE, Prof. Dr. phil., geb. 1957 in Rhyl, Clwyd (Wales). Professor für Neuere Geschichte an der University of St Andrews (Schottland). Forschungen zur Reformation in Großbritannien und Europa, zum internationalen Calvinismus und zur Buchgeschichte. Wichtigste Veröffentlichungen: „Foreign Protestant Communities in Sixteenth Century London“ (1986), „Emden and the Dutch revolt. Exile and the Development of Reformed Protestantism“ (1992), „The Early Reformation in Europe“ (1992), „Marian Protestantism. Six Studies“ (1996), Mithg. v. „Calvinism in Europe, 1540-1620“ (1994).

WOLFGANG REINHARD, Prof. Dr. phil. habil., geb. 1937 in Pforzheim. Professor für Neuere Geschichte an der Universität Freiburg/Brsg. Forschungen zur Geschichte des Papsttums, des Katholizismus und ihrer Konfessionalisierung, zur Geschichte der europäischen Expansion, zur Staatsbildung und zur Historischen Anthropologie. Wichtigste Veröffentlichungen: „Papstfinanz und Nepotismus“ (1974), „Geschichte der europäischen Expansion“ (1983-90), „Kleine Geschichte des Kolonialismus“ (1996, franz. 1997), Mithg. v. „Die katholische Konfessionalisierung“ (1995), „Ausgewählte Abhandlungen“ (1997), „Geschichte der Staatsgewalt“ (1999).

HEINZ SCHILLING, Prof. Dr. phil. habil., geb. 1942 in Bergneustadt/Rheinland. Professor für Geschichte der Frühen Neuzeit an der Humboldt-Universität Berlin, Forschungen zur deutschen Reichs- und Territorialgeschichte; zu Migration und Minderheiten in Alteuropa (Deutschland, England, Niederlande); Stadt und Bürgertum in der Frühneuzeit und im Übergang zur modernen

Welt; Geschichte der politischen Theorie; Reformation und europäische Konfessionalisierung; Sozial- und Mentalitätsgeschichte des Calvinismus vom 16. bis 19. Jahrhundert; zum Internationalen Systen; zur Geschichte im Museum. Wichtigste Veröffentlichungen: „Niederländische Exulanten im 16. Jahrhundert. Ihre Stellung im Sozialgefüge und im religiösen Leben deutscher und englischer Städte" (1972), „Konfessionskonflikt und Staatsbildung. Eine Fallstudie über das Verhältnis von religiösem und sozialem Wandel in der Frühneuzeit am Beispiel der Grafschaft Lippe" (1981), „Aufbruch und Krise. Deutsche Geschichte von 1517 bis 1648" (1988), „Höfe und Allianzen. Deutsche Geschichte von 1648 bis 1763" (1989), „Civic Calvinism in Northwestern Germany and the Netherlands, Sixteenth to Nineteenth Centuries" (1991), „Religion, Culture and the Emergence of Early Modern Society. Essays in German and Dutch History" (1992), „Die Stadt in der Frühen Neuzeit" (1993), „Die neue Zeit 1250-1750. Vom Christenheitseuropa zum Europa der Staaten. Europäische Geschichte vom 13. bis 18. Jhd." (1999), Hg. v. „Die reformierte Konfessionalisierung in Deutschland. Das Problem der 'Zweiten Reformation'" (1986), „Die Kirchenratsprotokolle der reformierten Gemeinde Emden, 1557-1620" (1989-92), „Kirchenzucht und Sozialdisziplinierung im frühneuzeitlichen Europa" (1994), Mithg. v. „Die katholische Konfessionalisierung" (1995), „1648 – Krieg und Frieden in Europa" (1998).

LUISE SCHORN-SCHÜTTE, Prof. Dr. phil. habil., geb. 1949 in Osnabrück. Professorin für Neuere Geschichte unter besonderer Berücksichtigung der Frühen Neuzeit an der J.W. Goethe-Universität Frankfurt/M. Forschungen zur Historiographiegeschichte, zur Geschichte der Reformation, der politischen Theorien sowie der Rolle der Geistlichkeit in der Frühen Neuzeit. Wichtigste Veröffentlichungen: „Karl Lamprecht. Kulturgeschichtsschreibung zwischen Wissenschaft und Politik" (1984), „Evangelische Geistlichkeit in der Frühneuzeit. Deren Anteil an der Entfaltung frühmoderner Staatlichkeit" (1996), „Die Reformation. Vorgeschichte, Verlauf, Wirkungen" (1996), Mithg. v. „Protestantische Pfarrer. Zur sozialen und politischen Rolle einer bürgerlichen Gruppe in der deutschen Gesellschaft des 18. bis 20. Jahrhunderts" (1997), Hg. v. „Alteuropa oder Vormoderne? Deutungsversuche der Frühen Neuzeit aus dem Krisenbewußtsein der Weimarer Republik" (1999), „Strukturen des politischen Denkens im Europa der Frühen Neuzeit" (1999).

ARNO STROHMEYER, Mag. phil., Dr. phil., geb. 1963 in Obergrafendorf (Niederösterreich). Wissenschaftlicher Mitarbeiter am Geisteswissenschaftlichen Zentrum Geschichte und Kultur Ostmitteleuropas Leipzig. Forschungen zu den internationalen Beziehungen in der Frühen Neuzeit, zur Diplomatie- und Adelsgeschichte, zur Geschichte der politischen Theorien sowie zur Historiographie- und Ständegeschichte. Wichtigste Veröffentlichungen: „Theorie der Interaktion. Das europäische Gleichgewicht der Kräfte in der Frühen Neuzeit" (1994), Bearb. v. „Die Korrespondenz Ferdinands I. und Maximilians II. mit Adam von Dietrichstein, 1563-1565" (1997), Mitautor v. „Schloss Weitra" (1996), Mithg. v. „Die Fürstenberger. 800 Jahre Herrschaft und Kultur in Mitteleuropa" (1994).

ISTVÁN GYÖRGY TÓTH, Univ. Doz., Dr., geb. 1956 in Budapest. Dozent an der Central European University Budapest, Assistenzprofessor, stellv. Abteilungsleiter und wiss. Hauptmitarbeiter (senior research fellow) am Institut für Geschichte der Ungarischen Akademie der Wissenschaften. Forschungen zur Gesellschafts- und Kulturgeschichte Ungarns in der Frühen Neuzeit. Wichtigste Veröffentlichungen: „Jobbágyok hajdúk deákok“ [Leibeigene, Haiducken, Literaten] (1991), „Három ország – egy haza“ [Drei Länder, eine Heimat] (1992), „Szent Lajos utódai“ [Die Nachfolger des Hl. Ludwig] (1995), „Mivelhogy magad irást nem tudsz. Az írás térhódítása a művelődésben a kora újkori Magyarországon“ [Da du selbst nicht schreiben kannst. Die Verbreitung der Schriftlichkeit in der Kultur Ungarns in der Frühen Neuzeit] (1996). Hg. v. „Relationes missionariorum de Hungaria et Transilvania (1627-1707)“ (1994).

PETR VOREL, PhDr., geb. 1963 in Pardubice. Wissenschaftlicher Mitarbeiter am Ostböhmischen Museum Pardubice und am Institut für tschechische Geschichte an der Karlsuniversität Prag. Forschungen zur Landesgeschichte Böhmens, zum Adel und zu den Ständen sowie zum Geldumlauf in der Frühen Neuzeit. Wichtigste Veröffentlichungen: „Česká a moravská aristokracie v polovině 16. století“ (1997), Hg. v. „Pernštejnové v českých dějinách“ (1995) und „Stavoský odboj roku 1547. První krize habsburské monarchie“ (1999).

THOMAS WINKELBAUER, Prof. Dr. phil. habil., geb. 1957 in Wien. Professor am Institut für Geschichte der Universität Wien (Institut für Österreichische Geschichtsforschung). Forschungen über die politische, Sozial-, Wirtschafts-, Finanz-, Rechts-, Religions-, Verfassungs- und Verwaltungsgeschichte der Habsburgermonarchie (insbesondere der österreichischen und böhmischen Länder). Wichtigste Veröffentlichungen: „Robot und Steuer. Die Untertanen der Waldviertler Grundherrschaften Gföhl und Altpölla zwischen feudaler Herrschaft und absolutistischem Staat“ (1986), „Fürst und Fürstendiener. Gundaker von Liechtenstein, ein österreichischer Aristokrat des konfessionellen Zeitalters“ (1999), Hg. v. „Kontakte und Konflikte. Böhmen, Mähren und Österreich: Aspekte eines Jahrtausends gemeinsamer Geschichte“ (1993).

KRISTA ZACH, Dr. phil., geb. 1939 in Hermannstadt/Rumänien. Leiterin des Instituts für deutsche Kultur und Geschichte Südosteuropas München. Forschungen zur Geschichte und Kultur Südosteuropas in der Neuzeit. Wichtigste Veröffentlichungen: „Orthodoxe Kirche und rumänisches Volksbewußtsein im 15. bis 18. Jahrhundert“ (1977), „Die bosnische Franziskanermission im südöstlichen Niederungarn“ (1979), Hg. v. „Rumänien im Brennpunkt. Sprache und Politik, Identität und Ideologie im Wandel“ (1998, rumän. 1998), Mithg. v. „Die Deutschen in Ostmittel- und Südosteuropa. Geschichte – Wirtschaft – Recht – Sprache“ (1995) und „Raymund Netzhammer. Bischof in Rumänien. Im Spannungsfeld zwischen Staat und Vatikan“ (1995).

Abbildungsnachweis

Titelbild: Ausschnitt eines Genfer Kupferstichs um 1600: „Die Bibel und die päpstlichen Insignien auf den Waagschalen“ (Zentralbibliothek Zürich, Graphische Abteilung)

Abb. 1: Hans Vredeman de Vries. Pietas (Gottesfurcht und Götzenkult). 1594/95. Rechtstädtisches Rathaus, Gdánsk (Photo: Instytut Sztuki PAN, Warszawa)

Abb. 2: Isaak van der Blocke. Die Apotheose Danzigs. 1606-1608. Rechtstädtisches Rathaus, Gdánsk (Photo: Instytut Sztuki PAN, Warszawa)

Abb. 3: Anton Möller. Sieben Werke der Barmherzigkeit. 1607. Mittleres Bild der Almosentafel in der Marienkirche Gdánsk (Photo: Instytut Sztuki PAN, Warszawa)

Abb. 4: Anton Möller. Drittes Gebot. Um 1610 . Ehemalige evangelische Pfarrkirche in Pruscz Gdánski (Praust) (Photo: Instytut Sztuki PAN, Warszawa)

Abb. 5: Herman Han. Marienkrönung. Um 1624. Pelplin, Kathedrale (Photo: Instytut Sztuki PAN, Warszawa)

Abb. 6: Emblem „Mellifico“ aus Daniel Cramers „Emblemata Sacra“. 1622. Frankfurt a.M. (Photo: Herzog August Bibliothek Wolfenbüttel, Th 470)

Abb. 7: Unbekannter Maler. Epitaph der Adelgunde Zappio. 1664. Vor 1945 St. Johannis, jetzt in der Marienkirche, Gdánsk (Photo: Instytut Sztuki PAN, Warszawa)

Abb. 8: Siebenbürgen im 15.-17. Jahrhundert. Karte mit freundlicher Genehmigung des Verlages entnommen aus: Kurze Geschichte Siebenbürgens. Hg. v. Béla Köpeczi, Budapest 1990, 288f.

Ortsregister

Personenregister

FORSCHUNGEN ZUR GESCHICHTE UND KULTUR DES ÖSTLICHEN MITTELEUROPA
Herausgegeben von **Winfried Eberhard**

5. **Christian Lübke,** Hrsg.: **Struktur und Wandel im Früh- und Hochmittelalter.** Eine Bestandsaufnahme aktueller Forschungen zur Germania Slavica. 1998. 380 S. m. 72 Abb., 2 Tab. u. 8 Taf. m. 14 farb. Abb., geb.
ISBN 3-515-07114-8
6. **Eva Behring, Ludwig Richter, Wolfgang F. Schwarz,** Hrsg.: **Geschichtliche Mythen in den Literaturen und Kulturen Ostmittel- und Südosteuropas.** 1999. 418 S., geb. 7445-7
7. **Joachim Bahlcke, Arno Strohmeyer,** Hrsg.: **Konfessionalisierung in Ostmitteleuropa.** Wirkungen des religiösen Wandels im 16. und 17. Jahrhundert in Staat, Gesellschaft und Kultur. 1999. 439 S., geb. 7583-6

Bde. 1–3 im Akademie-Verlag, Berlin; Bd. 4 im Leipziger Universitätsverlag

FRANZ STEINER VERLAG STUTTGART